추천의 글

어떤 이론도 종교적으로 중립적일 수 없다는 도예베르트의 주장을 수학이나 자연과학을 포함한 현대학문 이론들을 분석하여 논리적으로 증명하고 있다. 과학이 종교를 대체하는 것으로 오해하는 현대인과 많은 그리스도인들에게 학문적 이론과 종교의 관계를 근본적으로 다시 보게 하는 데 큰 도움을 주는 책이다.
_손봉호(기독교세계관학술동역회 이사장, 서울대학교 명예교수)

저자는 단순히 추상적인 사변으로만 논증하지 않고, 이론의 의미를 살피고 종교적 믿음의 유형과 본질을 분석하여, 수학·물리학·심리학 이론 등이 어떻게 신적인 혹은 종교적 믿음이라 부를 만한 전제의 영향을 받고 있는가를 보여 준다. 과학과 종교의 관계를 이처럼 폭넓게 다룬 책은 한국에는 지금까지 없었다. 본서는 첨단 과학시대를 살아가는 우리에게 새로운 시야를 열어 줄 것이다.
_김유신(부산대학교 전자공학과 교수)

학문의 세계에서 종교적인, 특히 기독교적인 요소를 추방해 버리려는 인간 자율성의 집요한 노력은 지금도 계속되고 있다. 그 목적은 무엇보다도 하나님 없는 학문이론의 발굴이다. 모든 그리스도인은 이 도전 속에 놓여 있을 뿐만 아니라, 이를 학문 내적인 체계와 비기독교를 포함하는 학문 공동체 안에서 풀어가야 하는 과제도 안게 된다. 이런 고민을 안고 있는 그리스도인들에게 본서는 좀 더 강한 격려가 될 것으로 확신한다.
_김재윤(아세아연합신학대학교 조직신학 교수)

객관성의 전형이라고 알려진 수학에서도 가치중립성이 유지될 수 없음을 명쾌하게 논증하는 본서는 자신의 종교란에 '무교(無敎)'라고 적는 사람들도 무언가를 비의존적인 것으로 믿는 종교적 믿음이 있을 수밖에 없고, 그 믿음을 전제로 학문이론을 구성하고 있음을 논리적으로 증명하는 뛰어난 연구서다.
_박창균(서경대학교 교수, 수학·철학 담당)

저자는 어떤 이론도 종교의 규제적 역할에서 자유로울 수 없다는 점을 명확히 논증한다. 유신론적 관점에서 비환원주의적 이론의 가능성을 제시하며, 이런 접근으로 이론의 구성, 평가 및 재구성에 매진할 것을 요청한다. 신앙과 학문의 통합 문제를 진지하게 고민하거나 자연물과 인공물의 본질을 구분하여 바르게 이해하려는 모든 이들에게 일독을 권한다.
_배종석(고려대학교 경영학과 교수, 기경원 좋은경영연구소 소장)

"학문과 신앙의 통합"(혹은 "학문에 대한 기독교적 관점의 확립")과 관련하여 본서만큼 근본적이고 일관성 있는 분석과 적용을 시도하는 경우는 드물 것이다. 학문에 대한 기독교적 관점의 형성에 관심이 있다면—어차피 어떤 이론가든 자기 나름의 종교적 믿음에 영향을 받아 이론을 형성하는 만큼 기독교인인 우리로서는 어떻게 해야 하는지 알고 싶다면"—, 결코 이 책을 비껴갈 수 없다.
_송인규(한국교회탐구센터 소장, 종교철학 전공)

이성은 객관적이고 중립적이기에 보편적 진리의 기초라는 생각은 이제 힘을 잃었다. 포스트모더니스트들은 학문의 객관적 보편성 주장은 백색신화임을 주장한다. 이런 상황에 유독 기독교인들이 여전히 그 주술에서 벗어나지 못하는 것은 역설적이다. 본서는 많은 기독교인들이 씨름해 온 이 신화를 넘어 성경적이며 기독교적 학문으로 나가는 길을 열어 줄 것이다.

_신국원(총신대학교 신학과 철학교수)

1980년대 초, 국내에서 기독교 세계관 운동이 시작된 이래 일반인들을 위한 입문 수준의 세계관 서적들은 여러 권 출간되었지만 아쉽게도 좀 더 고급 독자를 위한 서적은 별로 없었다. 본서는 세계관 운동의 원조들의 사상을 다시 들추어내어 세계관 운동의 이론적 토대와 그 실효성을 재점검하는, 말하자면 세계관 분야의 고급 독자를 위한 책이라고 할 수 있다. 기독교 세계관에 대해 진지하게 고민하는 모든 독자들에게 가뭄의 단비 같은 역할을 할 것이라고 확신한다.

_양승훈(밴쿠버기독교세계관대학원[VIEW] 원장)

본서를 통해 모든 이론의 배후에 신념의 규제가 있다는 것을 누구나 다 인정하고, 특히 그리스도인들이 "신약성경의 가르침에 의해 규제되는 이론을 개발"하는 일에 적극석으로 참여해 진정한 기독교 학문이 나타나기를 간절히 바란다. 다소 시간이 걸리더라도 끝까지 읽는다면 분명 큰 깨달음을 얻게 될 것이다.

_이승구(합동신학대학원대학교 조직신학 교수)

종교는 인간과 세상에 대한 총체적 주장을 담고 있는 이야기로 삶의 전 영역에 영향을 미칠 수밖에 없기에 우리가 개발하는 학문이론도 종교적 전제를 피할 수 없다는 것이 본서의 주장이다. 종교적 중립성을 확고히 보장하고 있는 듯 보이는 여러 현대 학문 분야의 근본에서, 숨겨진 종교성을 찾아 드러내는 통쾌함이야말로 이 책이 주는 독특한 즐거움이다.
_장수영(포스텍 산업경영공학과 교수)

저자는 도예베르트의 통찰에 의거하여 삶의 어떤 영역이나 실재의 어떤 분야도 하나님(또는 비의존적 존재)에 대한 믿음의 태도와 무관한 중립지대는 없다는 것을 통렬하게 설파한다. 그런 점에서 본서는 이 시대의 지성인들에게는 종교적 믿음과 복음의 설득력 있는 변증서로 다가가고, 하나님의 백성에게는 그 믿는 바를 더욱 더 견고케 하는 강력한 영적 응고제로 다가온다.
_전광식(고신대학교 총장)

학문이론조차 종교적인 믿음을 전제로 한다는 저자의 통찰은 가치로 죽고 사는 세상에 가치중립의 가능성과 타당성을 묻는 근본적인 통찰이다. 저자는 중립적이지 않기에 피할 수 없는 갈등과 충돌에 대한 대책으로 "이론들을 하나님의 통제 아래 놓기 위해 새로운 이론을 구성하거나 기존 이론을 재해석하는 프로그램을 위한 청사진을 제시"한다. 자칫 종교적 제국주의를 주장하는 듯이 보이지만 '근본주의'가 환원주의일 뿐이라고 비판하면서 '성경적 입장'의 타당성을 더욱 정교하게 다듬어간다. 어떻게 근본주의와 같은 환원주의에 빠지지 않으면서 '성경적 입장'을 학문적 이론에 적용하며, 나아가 사회와 국가에 대한 보다 적절한 이해를 도모하는지 저자가 다듬어간 길을 함께 더듬어 보자.
_정재현(연세대학교 교수, 종교철학 전공)

종교적 중립성의 신화

The Myth of Religious Neutrality
An Essay on the Hidden Role of Religious Belief in Theories
by Roy A. Clouser

The Myth of Religious Neutrality by Roy A. Clouser
ⓒ 2005 University of Notre Dame Press

Korean language translation rights licensed from the English-language publisher, University of Notre Dame Press, by arrangement with Indiana University Press. All rights reserved.

This Korean edition Copyright ⓒ 2017 by Abba Book House, Seoul, Republic of Korea.
All rights reserved.

이 책의 한국어판 저작권은 Indiana University Press와 독점 계약한 아바서원에 있습니다.
신 저작권법에 따라 한국 내에서 보호를 받는 저작물이므로 무단 전재와 복제를 금합니다.

학문이론과 종교적 믿음의 상관관계

종교적 중립성의 신화

로이 클라우저 | 홍병룡

THE MYTH
OF RELIGIOUS NEUTRALITY

아바서원

추천 서문

 이 책은 현대 학문과 관련해서 20세기 중반 네덜란드 암스테르담 자유대학교를 중심으로 발전한 헤르만 도예베르트의 기독교 철학에서 얻은 통찰을 가장 탁월하게 적용한 경우라고 생각한다. 법철학과 정치철학, 사회철학 분야에서는 도예베르트를 따르는 사람들의 저작이 많이 나왔지만 도예베르트가 심혈을 기울였던 인식론과 과학철학, 학문이론과 관련된 책은 드물었다. 월터스토프의 『종교의 한계 내에서의 이성』과 함께 바로 이 책이 이 부분의 공백을 채워 줄 수 있다고 생각한다.
 내가 믿기에 도예베르트와 그의 스승격인 아브라함 카이퍼의 가장 큰 기여는 어떤 학문이라도 그 바탕에는 '종교적 뿌리'가 있다는 통찰이다. 예컨대 철학에서 오늘 영미 철학계에 널리 퍼진 자연주의의 관점을 취한다고 할 때, 존재하는 것은 자연밖에 없다. 그 안에 하나님이 들어설 자리가 없고, 인간은 당연히 자연의 일부로 이해되고 해석된다. 이러한 입장은 이론적 탐구의 결과라기보다 이론에 앞서, 자연주의자의 마음을 사로잡은 근본적인 믿음과 헌신에 기인한다. 이와 반대로 유신론의 관점을 취한다고 하면, 이 세계는 하나님이 창조하고 섭리하시는 세계이며 거기에는 의미와 목적이 있다는 입장을 갖게 될 것이다. 그리고 이를 통해 철학뿐만 아니라 심리학, 사회학, 정치학 등을 구성해 나갈 것이다. 이처럼 어떤 철학, 어떤 심리학, 어떤 학문을 하는가는 어떤 신앙, 어떤 근본 헌신, 어떤 근본 신념, 어떤 세계관을 갖는가에 달려 있다.
 최근의 과학철학은 신념이나 근본 헌신, 세계관의 역할에 관한 것을 거의 모두 수용한다. 20세기 중반을 지배한 실증주의가 무너진 뒤에는 역사나 문화, 사회 경제적 조건, 사람의 편견이 이론에 영향을 미칠 수 있다는 생각이 거의 상식이 되었다. 따라서 여성주의적 관점, 마르크스주의적 관점, 역사주의적 관점, 반인간주의적 관점 등 어떤 관점이라도 이론 구성과 이론 평가에 적극적으로 개입할 수 있게 되었다. 그럼에도 조지 마스덴이 『기독교적 학문연구@현대 학문세계』(IVP, 2000)에서 미국 학계의 예를 들어 분명하게 보여 주듯이 유독 종교적 관점만은 여기에 끼어들어서는 안 되는 것처럼 보는 현상은 여전하다.

이 책은 이러한 편견을 다시 생각해 보도록 요구한다. 그뿐만 아니라 다른 몇 가지 점에서도 매우 중요한 가치를 지닌다. 첫째, 이론적 사유에는 종교적 뿌리가 있다는 도예베르트와 카이퍼의 주장이 무엇을 뜻하는지 매우 치밀하게 분석하고, 아울러 이론을 만들고 평가하는 과정이 하나님을 믿는 유신론적 신앙과 얼마나 밀접한 연관이 있는지를 보여 준다. 둘째, 자신의 입장을 수학과 물리학과 심리학을 예로 들어 증명한다. 저자는 이러한 예증을 통해 이론의 차이는 이론이 전제하는 종교적 신앙의 차이 때문임을 보여 준다. 셋째, 우리의 학문 활동에는 실재에 대한 이해(존재론), 앎의 성격에 대한 이해(인식론), 사람에 대한 이해(인간론)가 매우 깊숙이 들어와 있다는 것을 보이며, 이를 통해 종교와 철학과 학문이 매우 밀접한 연관을 맺고 있다는 것을 설득력 있게 주장한다.

이러한 점에서, 이 책은 기독교 학문에 관심 있는 사람뿐만 아니라 학문이론이 신앙과 무관하다고 생각하는 학자나 학생들에게도 자신이 하고 있는 학문의 종교적 성격을 이해하는 데 좋은 예가 될 것이다. 그리스도인과 비그리스도인을 막론하고 학문세계에 몸담은 모든 사람에게 진심으로 추천하는 바이다

강영안(고신대학교 이사장, 서강대학교 명예교수)

개정판 서문

비평가의 이름은 기억나지 않지만 1960년대 초에 도예베르트의 4부작, 『이론 사상에 대한 새로운 비판』(A New Critique of Theoretical Thought)에 대한 비평을 읽었던 것이 생각난다. 비평가는 이 저서의 방대한 범위와 굉장한 박식함과 놀라운 독창성을 인정했으나 그 비평을 비꼬는 말로 마무리했다. 현재의 철학 풍토에서 도예베르트의 저서를 발견하는 일은 마치 사막 한가운데서 거대한 오크 나무를 찾는 것과 같다는 코멘트였다. 그리고는 그 오크 나무가 인상적으로 다가왔지만 그 나무가 도대체 왜 거기에 있는지 모르겠다는 어리둥절한 느낌에 압도되었다고 말했다.

이 책에서 나는 그 어리둥절한 느낌을 줄이기 위해 오크 나무 둘레에 오아시스를 심어서 독자로 하여금 그 대작의 진정한 정체를 발견하도록 돕고자 한다. 그것이 칸트 이래 가장 독창적인 철학 이론임을 알게 하려는 것이다.

이 개정판은 흔히들 오해한 부분을 명료하게 정리하고 반론에 답변하며 이 책의 주된 주장을 좀 더 뒷받침하기 위해 손질한 것이다. 가장 손을 많이 본 곳은 2장, 4장, 10장, 11장, 12장, 13장이고 조금씩 손질한 곳은 책 전체에 걸쳐 있다. 그리고 주(註)와 색인을 보다 완전하게 정리했다.

이렇게 손질하는 과정에 도움을 준 많은 사람에게 감사를 드리고 싶다. 더크 스타플로와 제럴드 반즈는 모든 원고를 읽고 논평을 해주었고, 월터 하트와 브루스 원과 마틴 라이스는 많은 이슈들에 대해 귀중한 제안을 제공했다. 아울러 텍스트를 정리하고 조판작업을 훌륭하게 완수한 루즈 마리아 가르시아 드 라 시엔라에게도 고마움을 표하는 바이다.

이 책의 초판은 4개월 동안 자기 집에서 나와 만나 인터뷰에 응해 준 도예베르트 교수와 편집을 해준 내 아내, 애니타에게 헌정했었다. 이제 이 개정판을 그들에게 다시 헌정할 뿐 아니라 오랜 세월 나를 지도해 준 멘토들에게도 헌정하고 싶다.

윌리엄 화이트
로버트 루돌프
T. 그래디 시피레스
요한 반데르 후벤
제임스 로스

그들의 영향과 인내와 가르침이 없었다면 이 책은 결코 태어날 수 없었을 것이다.

2005년 봄
로이 클라우저

초판 서문

이 책은 종교와 과학과 철학 사이의 일반적인 관계에 대해 급진적 재해석을 제공한다.

여기서 변호하는 사상은 비록 이 세 분야에 몸담고 있는 전문가들 사이에 잘 알려지진 않았지만 역사적으로 새로운 것은 아니다. 그 계보를 추적하면 장 칼뱅을 거쳐서 성경에까지 거슬러 올라갈 수 있다. 하지만 이 사상은 그동안 프로테스탄트 전통이 잘 보존하지 않았던 칼뱅 사상의 한 요소이며, 절대 다수의 유대교 및 기독교 사상가들에게 관심을 받지 못했던 성경의 가르침에 기초해 있다. 그렇지만 19세기에 화란 칼뱅주의자였던 흐룬 반 프린스테레르와 아브라함 카이퍼가 주도한 르네상스를 거친 뒤에 20세기 철학자인 더크 볼렌호벤과 헤르만 도예베르트의 저술을 통해 괄목할 만한 발전을 이룩했다.

이 책에 반영된 것은 특히 도예베르트의 사상이고, 이 사상을 특별히 화란 칼뱅주의 배경에 친숙하지 않은 독자들이 이해할 수 있는 방식으로 잘 소개하고 있다.

이 책의 원고를 부분적으로나 전체적으로 읽은 분들과 내용을 개선하도록 귀중한 제안을 해준 분들에게 감사를 드리는 바이다. 요한 반데르 후벤(암스테르담 자유 대학교), 제임스 로스(펜실베이니아 주립 대학교), 그래디 스피레스(고든 대학), 데니 스트라우스(남아프리카 블룸폰테인의 오렌지 자유주 대학교), 폴 헬름(리버풀 대학교), 핸드릭 하트(토론토의 기독교학문연구소), 리처드 러셀 목사(성 토마스 베켓 교회), 조나단 골드(웨스트 리버티 주립 대학), 마르틴 라이스(피처버그 대학교), 제임스 스킬렌(워싱턴 D.C.의 공공 정의 협회), 노트르담 대학교 출판부의 담당 편집자인 캐롤 루스 등이 그들이다.

이 밖에도 특별한 방법으로 도움과 위로를 베풀어 준 분들이 있다. 찰스 스티븐슨 박사, 플레밍 부부(데일과 로렌), 고(故) 베 쉬멜리, 반 다이크 부부(존과 오드리), 길 헌터, 아놀들 올트, 고(故) 피터 스틴 등이다.

그리고 이 책을 위한 연구과 집필의 여러 단계에서 지원을 아끼지 않은 여러 기관에도 감사를 표하고 싶다. 해리슨 펠로쉽을 제공한 펜실베이니아 주립 대학교, 두 차례의 여행 경비를 부담해 준 암스테르담의 자유 대학교, 집필 기금을 마련해 준 고등 기독교학문연구소와 앤드리아스 재단 등이다.

하지만 무엇보다도 이 저서에 결정적인 도움을 제공한 두 사람에게 가장 깊은 감사를 드리고 싶다. 첫째 인물은 4개월에 걸쳐 일주일에 두세 번씩 자기 집에서 나와 만나 긴 토론에 응해 준 고(故) 헤르만 도예베르트이고, 둘째 인물은 원고 전체를 맨 처음 편집해 준 사랑하는 아내, 애니타이다. 그래서 사랑을 담아 이 책을 두 분에게 헌정하는 바이다.

이 책을

헤르만 도예베르트(1894-1977)와
나의 사랑하는 아내, 애니타에게 드립니다.

추천 서문 :: 8
개정판 서문 :: 10
초판 서문 :: 12

1장 머리말 :: 20

PART 1 종교

2장 종교란 무엇인가?

2.1 문제점 :: 30

2.2 해결안 :: 41

2.3 명료하게 정리할 사항 :: 51

2.4 반론에 대한 답변 :: 55

2.5 보조적인 정의들—신뢰, 신앙, 믿음에 대해 :: 60

2.6 비의존적인 것에 대한 믿음은 모두 종교적인가? :: 64

3장 종교적 믿음의 여러 유형

3.1 종교 유형 분류의 기초 :: 73

3.2 이교적 유형 :: 74

3.3 범신론적 유형 :: 79

3.4 성경적 유형 :: 82

3.5 어떤 것을 신적인 것으로 생각하는 이유는? :: 89

2 PART 이론

4장 이론이란 무엇인가?

4.1 서론 :: 96
4.2 이론이란 무엇인가? :: 97
4.3 추상화 작업 :: 100
4.4 경험의 여러 양상 :: 102
4.5 이론의 유형들 :: 107
4.6 이론의 평가 기준 :: 124

5장 이론과 종교: 몇 가지 대안

5.1 종교적 비합리주의 :: 131
5.2 종교적 합리주의 :: 135
5.3 철저한 성경적 입장 :: 138
5.4 종교적 스콜라주의 :: 144
5.5 대안들 간의 갈등 :: 157

6장 종교적 통제의 개념

6.1 근본주의의 오류 :: 159
6.2 전제 :: 173

PART 3 사례집

7장 수학 이론

7.1 서론 :: 184

7.2 수-세계 이론(number-world theory) :: 187

7.3 J. S. 밀의 이론 :: 188

7.4 러셀의 이론 :: 190

7.5 듀이의 이론 :: 192

7.6 이런 이론들은 어떤 영향을 미치는가? :: 195

7.7 이런 이론들에서의 종교의 역할 :: 199

8장 물리학 이론

8.1 몇 가지 오해 :: 206

8.2 마하의 이론 :: 209

8.3 아인슈타인의 이론 :: 212

8.4 하이젠베르크의 이론 :: 215

8.5 이런 이론들은 어떤 영향을 미치는가? :: 218

8.6 이런 이론들에서의 종교의 역할 :: 220

9장 심리학 이론

9.1 서론 :: 223

9.2 왓슨, 손다이크, 스키너의 이론들 :: 227

9.3 아들러와 프롬의 이론들 :: 237

9.4 인간의 본성 :: 248

10장 새로운 출발의 필요성

10.1 서론 :: 254

10.2 이론은 왜 종교적 믿음의 규제를 피할 수 없는가? :: 256

10.3 이론을 위한 전략으로서의 환원에 대한 철학적 비판 :: 263

10.4 이론을 위한 전략으로서의 환원에 대한 종교적 비판 :: 271

10.5 카파도키아와 종교개혁의 신학적 전통 :: 300

10.6 반론에 대한 답변 :: 306

10.7 결론 :: 320

4 PART
비환원주의 이론들

11장 비환원주의 실재론

11.1 비환원주의 이론 프로젝트 :: 324

11.2 몇 가지 지도원리 :: 329

11.3 법칙 이론의 틀 :: 332

11.4 사물의 본질 :: 355

12장 비환원주의 사회론

12.1 서론 :: 366

12.2 사실 vs 규범 :: 373

12.3 개인주의 vs 집단주의 :: 381

12.4 부분과 전체 :: 387

12.5 영역 주권 :: 394

13장 비환원주의 국가론

13.1 서론 :: 408

13.2 국가의 성격은 무엇인가? :: 410

13.3 국가의 성격에 대한 오해 :: 430

13.4 후기 :: 433

에필로그 :: 436

주 :: 439

색인 :: 510

THE MYTH
OF RELIGIOUS NEUTRALITY

1장 **머리말**

"종교가 인류에게 무엇이고 과학이 무엇인지에 대해 생각하노라면, 역사의 장래가 양자의 관계에 대한 이 세대의 결정에 달려 있다고 말해도 결코 과장이 아니다."

_알프레드 노스 화이트헤드

종교적 믿음은 사람들이 자기네 인생을 이해하고 살아가는 방식에 얼마나 영향을 미치는가?

흔히들 그 문제는 본인이 얼마나 종교적인지에 달려 있다고 대답한다. 무신론자의 경우는 종교가 전혀 영향을 주지 않는 데 비해 광신자는 종교 이외의 다른 것을 거의 생각하지 않는다고 한다. 그리고 대다수의 사람은 이 양극단 사이 어딘가에 위치해 있으며, 종교는 인생의 중요한 부분들과는 상관이 없고 주로 도덕과 개인적 운명의 문제를 다루고 있다고 본다. 그래서 일상적인 일은 대부분 종교적 믿음과는 무관한 중립적인 것으로 보는 게 보통이다.

그러나 나는 거의 오십 년에 걸쳐 종교적 믿음과 그 영향력을 조사해 본 결과 이런 일반적인 견해가 완전히 잘못되었다고 확신하기에 이르렀다. 오히려 종교적 믿음이야말로 세상에서 가장 강력하고 영향력이 큰 믿음이라는 것을 알게 되었다. 그뿐만 아니라, 종교적 믿음은 인간 경험의 모든 스펙트럼을 가로질러 인생의 중요한 이슈들을 이해하는 데 그 어떤 것보다 더 결정적인 영향을 미친다는 점도 발견했다. 더 나아가, 사람들이 제각기 친숙한 종교적 전통을 의식적으로 수용하든 배척하든지 상관없이 모든 이들에게 그런 영향력을 행사하고 있다는 사실도 알게 되었다.

그런데 종교적 믿음의 엄청난 영향력이 겉으로는 잘 보이지 않는다. 그 믿음과 나머지 삶의 관계는 **지구 표면의 거대한 지질학상의 플레이트**와 여러 대륙 및 대양들의 관계와 같다. 이 플레이트들의 움직임은 어느 풍경을 눈으로 조사한다고 볼 수 있는 게 아니고 굉장한 노력을 기울여야만 탐지할 수 있다. 그럼에도 불구하고 이 플레이트들은 매우 거대하고 엄청난 힘을 갖고 있어서 가시적으로 드러난 결과—산맥, 지진, 화산 폭발 등—는 그 막강한 플레이트들의 위력에 비하면 지극히 작은 점에 불과하다. 이와 비슷하게, 종교적 가르침의 거대한 역사적 전통들과 그 가르침을 보존하기 위한 기관들은 종교적 믿음의 표면적 결과에 불과하다. 이 믿음은 그 모든 전통과 기관을 다 합쳐 놓은 것보다 더 방대하고 보편적인 위력을 갖고 있다.

이런 영향력을 보지 못하고 종종 놓치는 이유는 흔히 종교적 믿음에 대해 두 가지 잘못된 관념을 품고 있기 때문이다. 하나는 모든 주요 종교 전통들은 본인이 잘 알고 있는 종교 전통과 기본적으로 비슷하다는 생각이고, 다른 하나는 종교 전통들 간의 유사점은 눈에 가장 잘 띄는 특징들에 있다는 생각이다. 이 두 가지 잘못된 관념 때문에 종교적 믿음의 진정한 본질과 그 영향력이 눈에 잘 보이지 않는 것이다.

그러므로 우리가 맨 처음 할 일은 세계 종교 전통들의 핵심 믿음들 가운데 공통된 특징을 찾아서 종교적 믿음의 본질을 정의하는 것이다. 우리가 도달할 정의(定義)에 많은 사람이 깜짝 놀랄 것이다. 종교적으로 보이는 많은 믿음이 실은 예배로 귀결되지 않는다는 점을 보여 줄 것이기 때문이다. 따라서 방금 언급한 잘못된 관념을 품은 사람들에게는 그 정의가 이상하고 의심스럽게 보일 것이다. 그러나 그 정의가 도모하는 가장 큰 기여 중의 하나는 바로 모든 종교적 신념들이 의식(儀式)이나 윤리적 **강령을 갖고 있는 게 아닌 이유**를 보여 주는 일이다. 이런 발견은 보통 종교적 중립성을 지닌 것으로 주정되는 이슈들과 그것들의 해석을 실제로 좌우하는 종교적 신념들 사이의 방대한 연결망을 노출시키는 작업의 첫 단계로서 굉장히 유익하다.

종교적 믿음이 인간 경험의 모든 영역에 걸쳐 영향을 미친다는 말은 우리의 종교에 따라서 우리가 고유한 언어를 다르게 말한다거나 덧셈을 다르게 한다는 뜻이 아니다. 보통 말과 계산은 모든 사람에게 놀랄 만큼 동일한 주변 세계에서 우리가 관여하는 활동으로서 특정 차원에 속하는 경험이다. 하지만 인간들이 언제나 추구해 왔던 그보다 더 깊은 차원의 이해가 있는데, 이는 우리 세계의 본질과 우리 자신의 본성을 해석하고 설명하는 차원이다. 우리 문화의 경우, 이 차원은 오래도록 **이론들**을 통하여 추구해 왔다고 할 수 있다. 우리가 겪는 모든 경험의 깊은 본질을 탐구하고 그것을 설명하는 일은 철학 및 과학 이론들을 통해 이뤄진다.

이 책의 핵심 주장은 그 어떤 이론도 이런저런 종교적 믿음에 의해 규제되고 지도되지 않는 경우는 하나도 없다는 것이다.

많은 독자는 이 주장을 놀랍게 여길뿐더러 터무니없다고 생각할 것이다. 특히 과학 이론을 모든 것에 대한 가장 중립적이고 편향되지 않은 설명으로 가정하기 때문이다. 그래서 일부 독자는 내가 진정으로 그런 주장을 펴는 것은 아니라고 생각하고 싶을 것이다. 그런즉 이 시점에 나는 그것을 지금은 과장하지만 나중에는 약화시키는, 이른바 용두사미(龍頭蛇尾)격으로 다루지 않는다는 점을 확실히 말하고 싶다. 예컨대, 모든 이론은 증명될 수 없는 가정들을 갖고 있다고 주장하고, 그 가정들을 "신앙"으로 부른 뒤에, 종교적 믿음은 이런 의미에서 이론에 영향을 준다는 식으로 논의를 전개하진 않을 것이다. 그런 식의 논의는 엄청난 시간 낭비에 불과하리라. 철학과 과학 분야에 몸담은 사람은 누구나 이론이 증명될 수 없는 가정을 갖고 있다는 사실을 알고 있다. 하지만 어떤 믿음이 증명될 수 없다고 해서 그것이 종교적 믿음인 것은 아니다.

나는 이론 구성이 이론가의 도덕적 신념에 영향을 받는다고 주장한 뒤에 종교를 도덕과 연결시키려는 노력도 하지 않을 것이다. 도덕이 이론 구성에 영향을 미침을 보여 주는 뚜렷한 예들이 많이 있고, 그중의 일부는 도덕이 어느 종교적 전통에서 직접 유래하는 경우들이다. 그러나 이런 영향을 모든 이론에서 찾을 수 있는 것은 아니고, 이는 내가 주장하고자 하는 바도 아니다. 그리고 과학자들이 때로는 종교나 신학에서 아이디어를 빌려 와서 그것을 변형시켜 이론에 활용한다는 사실을 지적할 생각도 없다. 이것은 편만함과 규제성이 없기 때문에 내가 주장하려고 하는 그런 규제에 훨씬 못 미치는 것이다. 끝으로, 내가 변호할 입장은 자주 주장되는 견해, 즉 철학과 과학은 설명할 수 있는 것에 한계가 있어서 종교적 믿음이 메울 수 있는 간격을 남겨 놓는다는 견해의 또 다른 변형이 아니다. 칸트가 말하듯이 이론들은 "신앙이 들어설 여지를 남긴다"는 주장을 반복할 생각은 없다. 오히려 내가 주장하려는 바는 다음과 같다. 이런저런 종교적 믿음은 항상 그 어떤 추상적 이론에도 규제성 있는 전제의 역할을 한다는 것과 이것이 불가피한 이유는 그것이 그런 믿음의 역사적/사회적 현존 때문일 뿐만 아니라 이론 구성 과정 자체에서 생기기 때문이라는 것이다.

좀 더 자세히 말하자면, 내가 주장하려는 논점은 이런저런 종교적 신념이 이론 구성을 통제하되, **한 이론의 내용에 대한 해석이 그것이 전제하는 종교적 믿음의 내용에 따라 달라지도록 통제한다**는 것이다. 이 주장을, 종교적 믿음이 어떻게든 사상가에게 영감을 주어서 어떤 가설을 만들게 한다는 뜻으로 이해하면 안 된다. 오히려 어느 이론이 주장하는 것이 무엇이든 그 본질은 그 이론이 전제하는 종교적 믿음에 따라 다르게 생각되기 마련이라는 뜻이다. 그렇다면 이것은 이론의 제안이 모두 종교적 신념으로부터 나온다는 주장이 아닌 것이 분명해진다(때때로 그런 경우도 있긴 하지만). 오히려 종교적인 믿음은, 가설이 제안하는 것이 무엇이든 그 본질을 해석할 때 수용할 수 있는 범위를 한정시킨다는 것을 뜻한다. 이런 의미에서 종교적 신념이 아주 편만한 영향력을 미친다는 것을 알게 된다. 그리고 바로 이런 의미에서 과학과 철학 분야에서 경쟁적인 이론들 간의 중요한 의견불일치는 궁극적으로 그 이론들을 지도하는 종교적 믿음들 간의 차이로 거슬러 올라갈 수 있다고 말할 수 있다.

이는 수학과 물리학, 사회학과 경제학, 예술과 윤리학, 정치학과 법학 등에 관한 이론들이 결코 종교적으로 중립적일 수 없다는 것을 의미한다. 모든 이론은 하나같이 모종의 종교적 믿음에 의해 통제되고 있다. 그리고 이런 식으로 종교적 믿음은 죽음 이후의 삶에 대한 소망을 주거나 도덕적 가치관과 판단에 영향을 미치는 것을 훨씬 뛰어넘는 결과를 낳는다고 할 수 있다. 종교적 믿음은 이론 구성을 통제함으로써 삶의 전 영역에 걸친 많은 이슈들을 해석할 때 중요한 차이점을 낳게 되는 것이다.

이 입장은 여러 진영으로부터 강한 저항을 불러오기 마련이다. 그중에서도 가장 강력한 반론의 하나는 종교적 믿음이 **모든 사람**에게 영향을 미친다는 나의 주장에 대해 제기될 것이다. 오늘날 많은 사람들이 종교적 믿음을 갖고 있지 않거나 아예 원하지 않는다고 말함에도 불구하고, 과연 나는 정말로 모든 사람에게 종교적 믿음이 있다고 주장하는 것일까? 이 점에서도 나는 지배적인 여론과 다시금 의견을 달리하는 편이다. 여론에 따르면, 사람은 자기가 종교적 믿음을 갖고 있는지 여부를 확실히 알고 있고, 모든 종교 신념을 거부한다고 주장하는 사람이 그 점에 대해 틀릴 수 없다고 한다. 그뿐만 아니라, 많은 사람들이 완전히 비종교적인 것은 너무도 자명한 사실이 아니냐고 여론은 말한다.

이런 여론은 앞에서 언급한 두 가지 잘못된 관념 때문에 상당히 그럴 듯하게 보인다. 종교적 믿음이 만일 예배와 신조의 고수를 포함해야 한다면, 물론 그런 믿음이 없는 사람이 많은 것이 사실이다. 그러나 일단 종교적 믿음을 분명히 정의하고 또 그것이 이론에 개입하고 있다는 점을 밝히고 나면, 사람들이 자기도 의식하지 못한 채 그런 믿음을 보유하고 있다는 주장이 그럴 듯하게 들릴 것이다.

그럼에도 불구하고, 나는 모든 사람이 본래 종교적이라는 점을 증명하려고 하지는 않겠다. 여기서 다루는 프로젝트는 그보다는 덜 복잡하지만 여전히 의미심장한 것이다. 여기서 증명하려는 바는 그 어떤 추상적인 설명 이론이라도 어떤 종교적 믿음을 포함하거나 전제하지 않을 수 없다는 것이다. 그렇다면 **모든 종교적 믿음을 피할 수 있는 사람들은 그 어떤 이론이라도 믿지 않는 이들밖에 없다**고 말해도 무방하리라.

이제 변호가 불가능한 듯이 보이는 이런 주장을 내가 어떻게 변호할 것인지 그 개요를 간략하게 소개할까 한다.

먼저 종교적 믿음을 정의한 뒤에 이론 구성에 대해 자세히 살펴보고, 이론의 중요한 유형들을 구별하고, 이론 구성에서 피할 수 없는 추상화 작업을 분석할 것이다. 나중에 종교적 믿음이 이론에 개입하는 일을 불가피하게 만드는 것이 바로 추상화 작업과 그 한계임을 입증할 예정이다. 이어서 종교적 믿음과 이론 간의 관계에 대한 가장 일반적인 관념을 검토하고, 그것이 우리가 발견하게 될 보다 광범위한 영향에 비해 왜 부족한지 그 이유를 알게 될 것이다. 이후 종교적 믿음이 어떻게 이론에 영향을 미치는지를 좀 더 명료하게 보여 주기 위해 몇 가지 이론을 샘플로 제시할 생각이다. 이 샘플 이론들은 수학과 물리학과 심리학에서 여태껏 제시한 이론들 중에 가장 유명하고 중요한 것들이다. 이 샘플들은 종교적 믿음이 영향력을 행사하는 방식을 보여 줄 뿐만 아니라 이 분야들에 경쟁적인 이론들이 존재하는 이유가 궁극적으로 제각기 전제하는 종교적 믿음 간의 차이점으로 인한 것임을 분명히 해 줄 것이다. 이런 영향이 불가피한 이유에 대한 논증은 사례집(7-9장)에 이어 10장에서 개진할 생각이다.

종교적 믿음과 이론 구성의 관계에 대한 발견은 단지 지적인 호기심의 문제에 그치지 않고 삶의 전 영역에 걸쳐 매우 중요한 함의를 지니고 있다. 만일 이론이 그것을 통제하는 종교적 믿음에 따라 달라진다면, 우리 중에 하나님을 믿는 사람들은 우리가 구성하거나 채택하는 모든 이론을 해석할 때 다른 신을 전제하는 사람들과는 다르게 해석할 것이다. 이 때문에 이 책의 결론부분은 이론들을 하나님에 대한 믿음의 통제 아래 놓기 위해 새로운 이론을 구성하거나 기존 이론을 재해석하는 프로그램을 위한 청사진을 제시할 것이다. 그 대목에는 하나님이 통제하는 실재론에 관한 간략한 스케치가 포함되어 있다. 이 이론의 결과는 그것을 유신론적인, 아니 구체적으로 기독교적인 사회 이론과 정치 이론에 적용함으로써 설명할까 한다. 말하자면, 그 이론들은 하나님에 대한 믿음뿐만 아니라 인간 본성, 사회적 관계, 제도 등에 관한 신약 성경의 견해에 의해 지도될 것이란 뜻이다.

그러므로 내가 분명히 하고 싶은 점이 있다. 이 책의 일차적인 의도는 하나님을 믿도록 독자들을 회심시키려는 것도 아니고, 무신론이나 불가지론이나 세속적 휴머니즘 등 여러 "주의(ism)"를 논박하려는 것도 아니다. 물론 이런 주의들을 언급은 하겠지만 그것은 나의 주요 목적에 따라오는 부차적인 논의일 뿐이다. 이 책의 주요 대상은 하나님을 믿는 사람들이다. 나는 한 명의 그리스도인으로서 아브라함과 이삭과 야곱의 하나님을 섬기는 신앙 공동체에 속한 내 형제와 자매들에게, 초월적 창조주를 믿는 우리의 믿음은 삶의 모든 측면을 해석할 때 독특한 관점을 갖도록 요구한다는 것을 설득하려고 이 글을 쓰고 있다. 그리고 이 독특한 관점은 철학과 과학을 비롯한 모든 이론의 구성과 해석에까지 확장되는데, 그것은 삶의 어떤 영역이나 이슈도 하나님에 대한 믿음과 상관없이 중립적인 것은 하나도 없기 때문이다. 아울러 동료 그리스도인들에게 이론에 대한 유신론적 해석이 기독교의 가르침과 손을 잡고 어떻게 기독교적 이론들을 개발할 수 있는지를 보여 주고 싶다.

다수의 성경 저자들이 모든 지식과 진리는 진정한 하나님을 모시는 일로부터 영향을 받는다고 거듭해서 가르침에도 불구하고, 내가 변호하는 입장이 역사상 대다수의 그리스도인이나 유신론자들이 견지한 적이 없다는 사실을 나는 알고 있다. 이런 가르침을 진지하게 받아들이지 않았기 때문에 오랜 세월 그리스도인과 다른 유신론자들은 부지중에 하나님에 대한 믿음과 양립할 수 없는 이론들을 수용하는 잘못을 범했다. 더군다나, 하나님에 대한 믿음이 이론에 어떤 영향을 주는지에 대한 통찰력의 결여로 말미암아 오늘날 과학과 성경적 종교의 관계에 대해 많은 혼란이 생긴 것이다. 여기서 변호되는 입장은 과학과 종교가 본래 서로 적대관계가 아니라는 점을 분명히 보여 줄 것이다. 하지만 동시에 하나님에 대한 믿음이 모든 이론에 영향을 준다는 입장을 고수한다고 해서, 근본주의자들이 시도하는 것처럼 모든 이론이 성경이나 신학에서 도출되거나 그에 의해 확증되어야 하는 것은 아니라는 점도 보여 줄 것이다. 그리하여 오늘날 종교적 믿음과 이론의 일반적 관계에 대한 모든 지배적인 견해들에 대해 하나의 대안을 제시할 것이다.

이런 이슈들에 대한 논의를 이제 초보적 수준에서 시작하려고 한다. 말하자면, 독자가 철학에 대한 사전 지식이 없고, 고등학교 수준의 과학을 대충 알고 있고, 종교에 관해 소박한 지식만 갖고 있다고 가정한다는 뜻이다. 그렇다고는 해도 진도에 따라 이어지는 장은 이미 앞장들에서 설명한 내용을 전제로 삼기 때문에 앞장을 뛰어넘으면 뒷장에서 변호하는 입장을 이해할 수 없을 것이다. 그러나 가장 높은 수준에서 논의하는 대목이라도 좀 더 전문적인 논점은 각주로 처리하여 비전문가도 충분히 텍스트를 이해할 수 있도록 배려했다.

물론 이런 수준으로 논의를 진행하면 불리한 점이 없지 않다. 제기할 수 있는 많은 논점을 생략하는 게 필요하고, 논의에 포함된 논점들을 그 수준에 맞추어 더욱 길게 분석하고 논증하는 일도 피할 수 없다. 이런 논의는 답답할 때도 있지만 그 입장 전체를 책 한 권으로 개진할 수 있고, 또 철학적 배경이 거의 또는 전혀 없는 독자들이라도 이해하기 쉽게 해 주는 장점이 있다. 나로서는 이 논의가 주요 논점을 상세하게 잘 설명해 주어서 앞으로 더 많은 논의가 진행될 경우 그 노선에 따라 그 논점들이 더욱더 변호될 수 있기를 바라는 마음이다.

이처럼 초보적 수준에서 시작할 때 여러 제약이 있긴 하지만, 이 책이 가장 지성적인 독자들조차 종교적 믿음의 큰 영향에 눈을 뜨게 하고, 하나님을 믿는 신자들이 다 함께 협력하여 이 입장을 증진하도록 격려하며, 그리스도인들로 신약 성경의 가르침에 의해 규제되는 이론들을 개발하도록 고무하게 되기를 기도하는 바이다.

1
PART

종교

RELIGION

THE MYTH
OF RELIGIOUS NEUTRALITY

2장 종교란 무엇인가?

2.1 문제점

"종교(religion)"란 단어는 정의하기 어렵기로 악명이 높다. 이 단어는 온갖 방식으로 사용되고 있다. 힌두교, 불교, 도교, 유대교, 기독교, 이슬람교와 같은 대규모 전통들에 적용되는 것은 물론이고 의식, 조직, 믿음, 교리, 정서 등에도 적용된다. 더구나 종교적 믿음이란 주제 자체에도 종종 감정이 실려 있다. 종교는 사람들의 신념과 가치관의 가장 깊은 차원과 관계가 있기 때문에 그런 감성이 개입되는 것은 자연스러운 현상이다.

이런 어려움을 최소화하기 위해 이제 두 가지 생각을 꼭 염두에 두도록 하자. 첫째는 우리가 지금 어느 종교가 참인지 거짓인지, 옳은지 틀린지를 확증하려고 하지 않는다는 점이다. 우리는 어느 종교를 막론하고 종교가 과연 무엇인지를 이해하려고 애쓰는 중이다. 이 질문에 대한 답변의 일환으로 나는 "진정한" 정의라고 불리는 것, 곧 일반적인 대화에서 사용되는 것보다 더 정확하고 과학적인 정의를 제안하고 또 변호할 것이다. 둘째로 염두에 둘 사항은, 내가 제공할 정의는 "종교"라는 용어의 한 특정한 용법에 초점을 맞출 것인데, 이는 **믿음**(belief)을 수식할 때 종교가 지니는 의미를 가리킨다. 그러므로 종교의 정의를 찾는 우리의 여정은 종교적 믿음을 종교적이지 않은 믿음에서 구별하는 정의를 찾는 과정이 될 것이다. 이는 내가 믿음을 핵심 이슈로 생각하기 때문이다. 종교적 믿음이야말로 우리가 보통 "종교적"이라고 부르는 모든 것—사람, 행습, 의례, 의식, 전통 등—을 유발하고 지도하기 때문에 그렇다.

그러면 종교적 믿음이란 무엇인가? 이런 식으로 한번 생각해 보자. 우리는 문자 그대로 수천 개의 사물에 대해 수천 개의 믿음을 갖고 있다. 예컨대, 이 순간 나는 나 자신이 어떤 사람들의 친척이라고 믿는다. 나는 1+1=2라고 믿는다. 나는 다음 금요일이 급여일이라고 믿는다. 약 2만 년 전에 빙하기가 있었다고 믿는다. 1640년대에 잉글랜드에서 내전이 있었다고 믿는다. 아마 대다수의 사람은 이 가운데 어느 것도 종교적이라고 생각하지 않겠지만, 고대의 피타고라스는 1+1=2를 종교적 믿음으로 간주했다! 그런즉 우리는 과연 무엇이 어떤 믿음을 종교적으로, 또 다른 믿음을 비종교적으로 만드는지를 알아야 할 뿐만 아니라, 어떻게 해서 동일한 믿음이 한 사람에게는 종교적이 되고 또 다른 사람에게는 비종교적이 되는지도 알 필요가 있다.

우리는 논의를 진행하는 가운데 어떤 정의가 독단적이 되지 않으려면 그것이 반드시 수행해야 할 역할도 염두에 두어야 한다. 비(非)독단적인 정의는 그것이 정의하는 유형에 속한 모든 사물이 독특하게 공유하는 일련의 특징들을 진술해야 마땅하다. 그렇게 하려면 그 유형에 속한 사물을 최대한 많이 조사해서 그것들만이 지닌 특징들의 조합을 분리해 내려고 노력해야 한다. 이 작업은 컴퓨터나 의자와 같이 우리가 조사하기 쉬운 사물의 경우에도 어려운 일인데, 종교적 믿음 같은 추상적인 관념은 보통 까다로운 것이 아니다.

그런 정의를 가능하게 해 주는 것은 우리 모두가 어떤 유형을 정확하게 정의하기에 앞서 그 유형에 속한 사물들을 인식할 수 있다는 점이다. 예를 들면, 우리가 모든 나무가 소유한 일련의 특징들을 분석하는 어려운 작업을 수행하기 훨씬 전에 우리 눈에 보이는 많은 것들이 나무임을 알고 있다. 그래서 정의를 내리는 과정은 그 유형에 속한 사물들의 최초 목록을 조사하는 것으로 시작하지만, 그 사물들의 정의를 만들기 위해 그것들을 모두 조사할 필요는 없다. 실은 그렇게 할 수가 없다. 왜냐하면 어떤 애매한 사례를 포함시킬지 또는 배제시킬지 여부를 결정하려면 우리가 이미 어떤 정의를 갖고 있어야 하기 때문이다. 그러므로 정의의 작업은 애매한 사례들을 배제시킨 채 정의할 사물의 목록을 조사함으로써 시작되는 것이다.

첫눈에는 여러 종교의 핵심 믿음들 사이에 공통된 요소를 찾기 위해 비교적 확실한 종교들의 최초 목록을 작성하는 일이 쉬운 듯이 보인다. 사실상 모든 사람이 유대교, 기독교, 이슬람교, 힌두교, 불교[1], 도교 등을 그 목록에 포함시키는 것에 동의할 것이다. 그리고 거의 모든 사람이 옛 그리스의 올림퍼스 신들, 그리스의 신비 종파들, 로마의 만신전, 이집트의 다신교에 대한 믿음, 또는 고대 가나안의 바알 신앙 역시 종교적 믿음이라고 생각한다. 또한 대규모 추종자들을 창출한 적이 없는 가르침을 종교로 간주한다고 해도 반론을 불러일으키지는 않을 것이다. 이를테면, 신들에 관한 고대 에피쿠로스 학파의 믿음과 가르침이 그런 경우다. 사실 이 밖에도 드루이드교(Druidism: 고대 켈트족의 종교), 이시스(Isis)와 미트라(Mithra)에 대한 믿음, 조로아스터교와 신도교의 가르침 등까지 포함하는 상당히 큰 "후보 명단"이 있는 것 같다. 어쨌든 이런 것들이 모두 종교이고 그 핵심 신조가 종교적 믿음이라는 것을 인정하지 않을 만한 이유가 있을 수 있겠는가? 그것들은 예나 지금이나 그 신도들에게 종교로 간주되고 있고, 그런 종교들의 대다수 신도는 이 목록에 나오는 다른 것들을 흔쾌히 대안적인 종교들 내지는 경쟁적인 종교들로 인정한다.

우리가 수용할 만한 종교 목록이 있음에도 불구하고, 그 종교들이 공유하는 어떤 믿음을 도출하는 일은 지극히 어려운 것으로 판명되었다. 예를 들어, 가장 널리 수용되는 정의들이 우리 목록에 있는 전통들에 적용되었을 때 얼마나 엉성한지를 잠깐 살펴보도록 하자. 먼저는 현재 가장 대중적인 관념들과 함께 시작하고, 이어서 가장 영향력 있는 학문적인 제안들 몇 가지를 고찰할까 한다.

가장 대중적인 관념의 하나는 종교적 믿음이 모종의 도덕률을 불러일으키고 또 재가한다는 생각이다. 사실 많은 사람은 종교적 믿음의 주된 목적이 삶에 도덕적 방향을 제공하는 일이라고 추정한다. 이는 그럴 듯하게 들릴지 몰라도 우리 목록에 있는 종교들 중에는 윤리적 가르침을 전혀 포함하지 않은 것들도 있다. 예컨대, 고대 에피쿠로스 학파는 신들에 대한 믿음과 동료 인간들에 대한 도덕적 의무를 서로 연결하지 않았다. 에

피쿠로스 학파에 따르면, 신들은 인간사에 대해 전혀 관심이 없는 만큼 신들을 믿는 사람도 얼마든지 도덕적으로 타락할 수 있다고 한다. 다른 예로는 일본의 신도 전통과 고대 로마 종교의 몇 가지 형태를 들 수 있다. 이런 관념을 더욱 곤란하게 만드는 것은 비종교적인 믿음 중에도 도덕적 가르침을 유발하거나 포함하는 경우가 있다는 사실이다. 예를 들면, 학교, 스포츠클럽, 군대, 그리고 심지어는 범죄 조직에도 명예의 도덕률이 존재한다. 따라서 모든 종교가 설사 윤리적 가르침을 제공한다 하더라도, 이 특징만으로는 종교적 믿음과 비종교적 믿음을 구별하기에 충분하지 않다고 할 수 있다.

그리고 모든 종교적 믿음이 예배를 드리도록 고무하는 것도 아니다. 아리스토텔레스는 본인이 제1의 동자(the Prime Mover)라고 부른 최고의 신의 존재를 논증했다. 그러나 제1의 동자가 지상의 사건에 관해 알거나 신경을 쓰는 일은 그의 본성과 위엄에 걸맞지 않는다고 믿었기 때문에 예배를 헛된 행위로 간주했다. 위에서 언급한 고대 에피쿠로스 학파도 마찬가지였다. 그들에 따르면, 신들은 세상에 대해 전혀 관심이 없으므로 신들이 존재한다는 것은 사람에겐 흥미로운 사실이지만 그것이 예배로 이끌어 주지는 않는다. 오늘날에도 힌두교와 불교 내에는 아예 예배가 없는 형태들이 있다.

만일 이 두 가지 제안의 범위를 조금 넓히고 양자를 합치면 훌륭한 정의를 만들 수 있을 것이라는 주장이 때때로 제기되었다. 가령, 종교적 믿음을 굳이 예배는 아니더라도 어떤 종류든 의식(儀式)과 윤리를 창출하는 것이라고 생각해 보자. 그러면 만족스러운 정의가 되지 않을까? 사실은 그렇지 않다. 의식의 경우, 종교적 믿음을 파악하기 위해서는 어느 의식이 종교적인지를 알 필요가 있고, 또 의식을 알기 위해서는 어느 믿음이 종교적인지를 알 필요가 있기 때문에 악순환에 빠질 뿐이다. 만일 오직 종교적 믿음만이 창출하는 의식의 목록이 존재한다면 그것이 만족스런 정의가 될 수 있을 것이다. 그러나 때로는 종교적이고 때로는 종교적이지 않은 의식이 너무나 많다. 집을 불태우는 일, 불꽃을 쏘는 일, 금식, 축제, 성교, 노래, 주문, 자해(自害), 영아 할례, 분뇨를 몸에 바르는 일, 씻기, 동물을 죽이는 일, 사람을 죽이는 일, 떡과 포도주를 먹고 마시는 일, 삭발하기 등등. 그러므로 어떤 의식이 종교적인지 아닌지 여부를 알 수 있는 유일한 방법은 거기에 참여하는 사람들이 가진 믿음을 아는 것임이 분명하다. 만일 그런 의식을 유발하는 믿음이 종교적이라면 그 의식도 종교적일 것이다. 그러나 그 의식이 종교적 이유로 행해지는 것인지를 모른다면, 기도의 행위처럼 보이는 것이라 해도 공상이나 혼잣말과 구별할 수가 없다. 그리고 방금 인용한 의식들 중에 다수가 비종교적인 이유로 행해질 때에도 그와 연결된 윤리강령을 갖고 있는 데 비해, 또 어떤 의식들은 종교적인 이유로 행해지지 않는 한 비윤리적인 것으로 간주되고 있다! 윤리강령을 가진 클럽들이 행하는 의식, 또는 윤리강령을 가진 회사나 정부에서 행하는 취임식이 윤리적 신념을 수반한 비종교적인 의식의 예들이고, 아즈텍족은 종교적 이유로 사람을 죽이는 의식을 경건한 행위로 여겼다(만일 종교적 이유가 없으면 그것을 살인행위로 간주했다). 그러므로 나는 이 제안에 낙제점을 주는 바이다. 종교적 믿음이 반드시 윤리적 가르침이나 의식을 창출하는 것은 아니다. 양자가 결여된 종교적 믿음들도 있고, 양자를 모두 창출하는 비종교적 믿음들도 존재하기 때문이다.

가장 널리 퍼져 있는 종교의 정의는 아마 "종교적 믿음은 곧 최고의 존재(Supreme Being)에 대한 믿음이다"라는 것이리라. 많은 사람은 이 정의가 모든 종교를 포괄한다고 생각할뿐더러 모든 종교는 제각기 다른 이름으로 **동일한** 최고 존재를 예배한다고까지 추정한다. 이는 한마디로 잘못된 생각이다. 우리 목록에 있는 모든 전통이 최고의 지위를 지닌 것에 대한 믿음을 포함하고 있는 것은 아니다. 그뿐만 아니라, 힌두교에서는 궁극적 실재인 브라만-아트만(Brahman-Atman)을 하나의 존재로 생각하지 않는다. 이는 범아일여(梵我一如)의 사상으로서 불확정적인 "존재 자체"를 일컫는다. 이와 똑같은 이유로, 만일 신을 개별적이고 인격적인 존재로 가정한다면, 엄밀하게 말해서 브라만-아트만은 신이라고 부를 수 없다. 불교 역시 신성을 하나의 존재로 생각하지 않고 이보다 한 걸음 더 나간다. 신성에 대해 "존재 자체(being itself)"라는 단어도 너무 확정적이라고 우려한 나머지 오히려 "공(空)", "비(非)존재", "무(無)"와 같은 용어를 사용하자고 주장한다. 그런즉 이런 종교들은 신적 실재가 있다고 믿기는 하지만, 그 실재가 최고의 존재라고 믿기는커녕 아예 하나의 존재라고도 믿지 않는다.

그런데 종교적 믿음을 정의하려는, 가장 널리 수용되는 학문적인 시도들조차 대중적인 것들보다 별로 낫지 않다는 건 의외의 사실이다. 과거 50년 동안 가장 영향력이 컸던 정의 중 하나는 폴 틸리히의 것인데 그는 종교적 믿음 또는 신앙을 "궁극적 관심(ultimate concern)"과 동일시했다.[2] 이 표현은 모든 종교의 본질을 다 드러낼 것으로 보인다. 틸리히는 모든 사람은 궁극적으로 어떤 것에 대해 관심이 있고, 궁극적인 관심을 품은 상태가 곧 그 사람의 종교라고 주장했다.

그런데 어떤 것에 궁극적인 관심을 품는다는 말은 무슨 뜻인가? 가장 그럴듯한 해석은 궁극적인 실재가 무엇이든 그것에 대해 관심을 품은 상태를 언급하는 것으로 이해하는 것이다. 이 해석은 여전히 "관심을 품다"는 것이 무슨 뜻인지를 명백히 밝히진 못해도 어떤 식으로든 궁극적인 실재를 다루고 있기에 종교 내에 일어나는 일을 대변하는 듯이 보인다. 또한 그것이 틸리히 자신이 본래 의도했던 바라고 생각할 만한 이유도 있다.[3] 그러나 "관심을 품다"는 말의 모호성은 제쳐 놓더라도, "궁극적"이란 단어를 어떻게 정의하느냐의 문제가 남아 있다. 이 문제를 풀어야만 과연 어떤 믿음과 관심이 궁극적 실재에 관한 것이고, 따라서 종교적인 것인지를 알 수 있기 때문이다.

틸리히는 궁극적인 것을 "거룩한 것", "신적인 것"과 동일시하지만,[4] 이는 물론 큰 도움이 안 된다. (이런 용어들은 과연 무슨 뜻인가?) 그런데 그는 참으로 궁극적인 것—궁극적 관심을 품기에 유일하게 올바른 대상—은 "존재 자체" 또는 "무한한 것"이라고 덧붙인다.[5] 더 나아가, 무한한 것이 무엇이든 그 어떤 것도 그것과 별개로 존재할 수 없다는 면에서 한계가 없는 것임이 틀림없다고 분명히 밝힌다. 만일 누군가 하나님은 궁극적 존재라고 말하면서도 우주가 하나님과 별개로 존재하는 실체라고 믿는다면, 그 사람은 일관성이 없다는 것이다. 만일 하나님과 별개로 존재하는 사물이 있다면, 하나님은 한계가 있는 존재일 것이므로 무한하지 않고, 따라서 진정 궁극적 존재가 아닐 것이다. 그 결과, 이런 종류의 하나님(존재 자체가 아니라 하나의 존재에 불과한 신)에게 궁극적 관심을 가진 사람은 진정으로 궁극적이지 않은 것을 신뢰하는 만큼 그릇된 종교적 믿음(그는 "그릇된 신앙"이라고 부른다)을 갖고 있는 셈이라고 틸리히는 말한다.[6]

그러나 "궁극적"이란 말을 이렇게 이해하면 틸리히가 내린 신앙의 정의는 너무 좁은 것으로 드러난다. 그는 모든 종교적 믿음의 공통 요소를 찾기보다는 그가 생각하는 **참된** 종교가 무엇인지를 규정하는 잘못을 범한다. 그리하여 "궁극적"이란 단어에, 참된 종교적 믿음과 그릇된 종교적 믿음이 모두 들어설 여지가 있는 뜻을 부여하지 못한다. 만일 종교적 믿음이 오직 틸리히가 말하는 의미의 궁극적인 것과만 관계가 있다면, 스스로 궁극적인 것이라고 여기지만 틸리히가 생각하는 "무한한" 것이 아닌 어떤 것에 관심이 있는 사람은 아예 종교적 믿음이 없다고 봐야 할 것이다. 그러므로 틸리히는 신앙을 정의하되 자기가 지닌 참된 신앙의 개념에 맞는 신앙만을 신앙으로 인정한 셈이다. 이렇게 되면 그가 지닌 참된 종교의 개념이 옳은지 그른지 여부는 아예 핵심에서 벗어나고 만다. 왜냐하면 세상에는 그 어떤 것도 궁극적이지 않다고(그가 말하는 "무한하다"는 의미에서) 믿는 종교들이 엄연히 존재하기 때문이다.

틸리히는 물론 이런 반론을 의식하고 있었지만 그것이 그의 정의에 치명타라는 점은 알지 못했다. 그는 이 반론의 중요성을 회피하려고 그가 보기에 무한하지 않은 것에 관심을 두는 종교들은 본래 무한한 것에 관심을 품으려고 했으나 실제로는 그에 못 미치는 것에 관심을 두게 되었다는 식으로 얼버무렸다. 달리 말하면, 참된 종교는 무한한 것을 겨냥하는 면에서 **성공한** 관심 내지는 믿음인 반면에, 그릇된 종교는 무한한 것을 겨냥하고픈 **의향은 있으나** 그것을 놓쳐 버린 관심이라는 것이다. 그러나 이런 설명은 설득력이 없다. 유대교와 기독교, 이슬람교와 같은 유신론적 종교들은 창세기에 나온 창조 교리를 신봉하기 때문이다. 이 종교들은 틸리히가 말하는 무한한 것이면 무엇이든 다 믿을 의향이 없다. 그 대신 창조주 하나님, 곧 자기가 창조한 우주와 별개로 존재하는 하나님을 의도적으로 믿는다. 우주는 하나님의 일부가 아니라 그분이 무(無)로부터 창조한 것이기 때문에 그분에게 의존된 존재라고 믿는다. 그런즉 틸리히가 정의하는 대로의 "궁극적 관심"은 이런 종교들의 특징이 아니므로 모든 종교적 믿음의 본질적 정의가 되기에는 너무 좁다고 하겠다.

영향력이 있는 또 하나의 학문적 정의를 예로 들어 보자.

> 종교란 사람들이 그들에게 무제한적 가치를 지닌 것으로 인정하는 것에 대한 다양한 상징적 표현과 적절한 반응을 말한다.[7]

달리 말하면, 무제한적 가치를 지녔다고 믿는 것이면 무엇이든 종교적 믿음의 핵심으로 간주된다는 뜻이다. 우리는 때로 한 사람이 열광하는 것을 그의 "종교"라고 은유적으로 말하기 때문에 이 정의는 그 실상보다 더 그럴듯하게 보인다. 예를 들어, 우리는 어떤 스포츠에 열광하는 스포츠 마니아의 헌신이 마치 어느 성자나 선지자의 종교적 헌신과 비슷하다는 이유로 그것을 그의 종교라고 부르는 것이다. 그러나 스포츠광의 열정이 어느 성자의 열정과 비슷하다고 해서 스포츠가 종교가 되지 않듯이 종교가 스포츠로 변하지도 않을 것이다. 이것 말고도 이 정의가 결코 옳지 않다고 생각할 만한 더 타당한 이유들이 있다.

첫째, 거의 가치가 없거나 심지어는 미움을 당하는 신들이 존재하는 여러 다신교들이 있다.[8] 만일 종교적 믿음이 한 사람이 가장 귀중하게 여기는 것에 대한 믿음과 같다면, 이런 신들에 대한 믿음은 비종교적이라고 해야 할 것이다! 그런데 어떤 신에 대한 믿음이 종교적 믿음이 아니라면 도대체 무엇이 종교적 믿음이란 말인가? 이후로는 어떤 신에 대한 믿음을 비종교적인 것으로 보는 정의는 스스로 신용을 잃은 것으로 간주하고 아예 변호할 필요가 없는 것으로 여기겠다.

하지만 이 제안에 반하는 예는 다신교뿐만 아니라 기독교도 해당한다. 물론 기독교도 최고의 가치를 지닌 것을 무척 중요시하는 게 사실이지만, 신약 성경에서 적절한 가치의 순위는 하나님에 대한 믿음과 동일한 것이 아니라 그 믿음의 결과로 제시되어 있다. 그리스도인이 무엇보다도 귀중하게 여겨야 할 것은 하나님의 은총이다. 즉, 하나님이 자기를 믿는 사람에게 주시는 하나님의 나라와 그의 의(義)다(마 6:33). 그러나 신약 성경은 또한 하나님을 기쁘게 하려면 먼저 그분이 존재하는 것과 자기를 찾는 자들에게 보상하시는 분임을 믿어야 한다고 말하고 있다(히 11:6). 따라서 하나님의 실존과 신뢰성에 대한 믿음이 하나님의 나라와 은총에 최고의 가치를 두는 데 필요한 전제조건이라면, 하나님에 대한 믿음은 그로부터 초래되는 가치부여와 동일할 수 없다. 요컨대, 기독교 가르침에 따르면, 하나님은 하나의 가치가 아니라 모든 가치들의 창조주이다. 그리고 하나님과 적절한 관계를 맺는다는 것은 단지 그분을 소중히 여길 뿐만 아니라 우리의 전 존재로 그분을 사랑하는 것이다. 그러므로 기독교는 이 제안에 반하는 또 다른 예에 해당한다. 그 제안대로 종교적 믿음을 본인이 가장 귀중하게 여기는 것에 대한 믿음으로 정의할 경우 하나님에 대한 그리스도인의 믿음은 비종교적인 것이 되어 버리기 때문이다. (그렇다고 해서 사람들이 가장 귀중히 여기는 것이 종종 신적 존재로 간주하는 것의 지표라는 점을 부정하는 건 아니다. 그러나 본인의 최고의 가치가 어떤 종교적 믿음을 반영할 수 있다는 사실이 항상 그렇다는 것을 입증하는 것은 아니며, 종교적 믿음이 그런 가치로 정의될 수 있다는 것은 더더욱 아니다.)

여기에는 다른 많은 제안들[9]을 검토할 만한 지면이 없지만, 현재 너무나 많은 종교학자들이 그 가운데 어느 것도 만족스럽지 않다고 생각하고 일부는 종교적 믿음의 정확한 정의가 불가능하다고까지 결론을 내린 상황[10]이라 굳이 더 검토할 필요가 없을 것이다. 따라서 오늘날의 지배적인 견해는 종교적 믿음들이 "가족적 유사성"만 갖고 있을 뿐이지 그 모두가 공유하는 정의상의 세부 특징은 없다고 본다. 왜 그토록 많은 사상가들이 그렇게 말할 수밖에 없는지를 이해하려면 진정한 정의를 내리지 못하게 하는 장애물을 생각해 보라. 예컨대, 우리가 그들에게, 각 종교는 이런저런 신적인 것에 대한 믿음을 그 특징으로 한다고 답변한다고 가정해 보라. 얼핏 보기에는 옳은 것 같아도 실제로는 도움이 안 된다. 이 말은 문제의 핵심을 단지 "신적인 것"을 정의하는 것으로 바꿔 놓을 뿐이다. 그들은 이렇게 물을 것이다. 당신은 어떻게 오늘날의 대표적인 세계 종교들이 가진 신성의 개념들 사이에서 하나의 공통 요소를 찾아낼 것인가? 유대교와 이슬람교와 기독교의 하나님 개념, 힌두교의 브라만-아트만 개념, 대승불교의 화신불(化身佛) 개념, 도교의 도(道) 개념 등이 공유하는 요소는 무엇인가? 이런 개념들 사이에서 공통 요소를 찾는 것만 해도 벅찬 일인데, 설사 우리가 성공한다 할지라도 이어서 그 밖의 수많은 개념들—고대 이집트, 바빌론, 팔레스타인, 그리스 등지에서 발견하는 신성의 개념들, 중국과 일본, 태평양 군도, 호주, 드루이드 등지의 신성 개념들, 아프리카와 북남미의 부족 종교들이 가진 신성 개념들—에서도 그와 똑같은 요소를 찾아내야 할 것이다. 그러므로 이 모든 전통들의 신성 개념에 공통된 특징은 존재하지 않는다는 것이 자명하지 않느냐고 그들이 묻는다. 이런 식으로 문제를 제기하면 나로서는 그들의 논리에 수긍하지 않을 수 없다. 우리가 추정할 만한 신성의 개념들은 너무도 다양해서 공통된 특징을 찾는 것이 불가능하다.

그러나 우리가 정확한 정의를 포기하기 전에 우리가 검토하는 목록에는 문제가 없는지 물어볼 필요가 있다. 물론 그 목록에 포함된 믿음들은 모두 얼핏 보기에는 종교적이지만 모두가 동일한 의미에서 종교적인가? 혹시 그 목록은 "종교적"이란 말의 의미에 변화가 일어난 것을 감추고 있지는 않은가? 보다 구체적으로 말하면, 그 목록에 있는 일부 믿음은 다른 믿음들의 기초가 된다는 의미에서 종교적이므로 후자는 이차적인 의미에서만 종교적일 가능성은 없는지를 묻고 있는 것이다. 만일 그렇다면, 그 목록은 일차적 의미에서 종교적인 믿음들과 이차적 의미에서만 종교적인 믿음들을 서로 구별하지 못한 셈이고, 이것이 전체 목록을 위한 정확한 정의를 얻을 수 없는 원인일지도 모른다.

한 믿음은 다른 믿음과의 관계에서 적어도 두 가지 의미에서 우선적이 될 수 있다. 첫째는 이지적인(noetic) 의미, 곧 믿음들의 순서와 관련된 의미이다. 한 믿음이 다른 믿음의 필수적인 전제가 되는 경우, 즉 누구든지 일차적인 믿음을 보유하지(또는 가정하지) 않고는 이차적인 믿음을 견지할 수 없는 경우, 전자는 후자보다 우선적이라고 할 수 있다. 둘째는 존재적(ontic) 의미의 우선성으로서 실재의 순서와 관련된 것이다. 이차적인 믿음의 대상이 그 실재를 일차적인 믿음의 대상에 의존하고 있는 경우, 일차적인 믿음이 이차적인 믿음에 우선한다고 볼 수 있다. 따라서 양자 모두에서 "일차적인" 것은 이차적인 것의 필수적인 전제조건이 되는 셈이다. 두 번째의 경우에는 일차적 믿음의 대상은 이차적 믿음의 대상의 실재를 창출하는 것이라고 할 수 있다.

이로 보건대 우리가 애초에 사용했던 종교 목록이 일차적인 믿음들과 이차적인 믿음들을 섞어 놓은 것이 아닌가 하는 우려가 든다. 만일 그렇다면 정확한 정의를 포기하는 것이 어쩌면 시기상조일지도 모른다. 왜냐하면 전체 목록은 단지 가족적 유사성만 갖고 있을지 몰라도, 일차적 종교적 믿음들은 이차적인 종교적 믿음들이 공유하지 않는 공통된 특징을 갖고 있을지 모르기 때문이다.

이제 다음과 같이 유추해 보자. 가령, 우리가 학교의 정의를 내리고 싶어서 "교육 기관"이란 제목으로 그 작업을 한다고 가정하자. 이 제목에 따라 우리는 생각나는 많은 종류의 학교들뿐 아니라 지역별 공립 초등학교의 보조기관으로 구성된 학부모-교사 협의회(PTA, 사친회)까지 목록에 포함시켰다. 이후 우리가 정확한 학교의 정의를 내리려고 애썼으나 그 목록에 있는 모든 기관들이 공유하는 특징이 없다는 사실을 알게 되었다. 그 이유는 유치원, 초등학교, 고등학교, 칼리지, 종합대학교 등이 공유하는 특징들은 존재하지만 이것들이 사친회에는 해당되지 않기 때문일 것이다. 그런데 사친회는 분명히 이차적인 의미에서만 교육 기관일 뿐이다. 학교가 없다면 사친회도 있을 수 없고, 우리에게 학교가 있다고 믿고 또 학교의 필요가 무엇인지에 대한 믿음이 없으면 사친회가 필요하다고 믿을 수 없고, 이 협의회가 학교를 지원하기 위해 해야 할 일에 대한 믿음도 가질 수 없다. 이 경우 우리가 학교의 정확한 정의를 내릴 수 없는 것은, 학생들에게 교육을 제공하는 일차적 의미의 교육 기관인 학교들과 학교를 지원하는 이차적 의미의 교육 기관인 사친회를 우리 목록에 나란히 포함시켰기 때문이다. 모든 학교들은 교육을 제공하고, 교육자와 학생 간의 동일한 내적 관계를 보여 주고, 교육자의 전문지식에 기초한 동일한 권위 개념과 함께 움직인다는 등 공통된 목표를 갖고 있지만, 사친회는 이런 특징 중 어느 것도 공유하지 않는다. 그러므로 우리가 학교의 정확한 정의는 있을 수 없다는 잘못된 결론에 도달한다면, 그것은 "교육적"이란 말의 일차적 의미와 이차적 의미를 구별하지 못한 탓이리라.

    종교적 믿음을 정의하는 일은 많은 것이 걸린 문제인 만큼 이 경우에도 그런 문제가 개입되어 있지 않은지 물어볼 필요가 있겠다. 그래서 최초 목록을 재검토하여 혹시 동일한 사상과 행습의 전통 안에 어떤 믿음들이 다른 믿음들에 의존하고 있지 않은지, 또는 어떤 믿음들의 대상이 다른 믿음들의 대상에 의존해 있지 않은지를 살펴보는 게 필요하다. 만일 그런 것으로 판명되면, 우리는 그 목록에서 이차적인 믿음들을 제거한 후 일차적 믿음들만 갖고 거기에 정말로 가족적 유사성만 있는지, 아니면 어떤 특징들을 공유하고 있는지를 재검토할 수 있을 것이다.

2.2 해결안

이제까지 살펴본 내용에서 한 가지 분명한 사항을 도출할 수 있다. 모든 종교적 전통들은 그들이 신적인 것(divine)으로 믿는 것을 중심으로 하지만 무엇이 신적인 것인지에 대해선 의견이 분분하다는 점이다. 예컨대, 한 초월적 창조자, 두 개의 상반된 세력들, 수많은 신들, 존재 자체, 무(無) 등 아주 다양한 대상을 신적인 것으로 믿는다. 바로 이런 지극히 다양한 믿음 때문에 방금 검토한 정의들이 낙제점을 받게 되고, 많은 사상가들이 모든 종교적 믿음의 공통 요소를 도무지 포착할 수 없다고 절망의 한숨을 쉬는 것이다. 그래서 앞 대목에서 시도한 구분에 따라서 이제 우리 목록에 있는 믿음들 중에 일차적 의미가 아닌 이차적 의미에서 종교적인 것이 포함되어 있는지 물어보고 싶다.

이 물음에 대한 대답은 단연코 "그렇다"이다. 많은 다신교 전통에는 신들이 어떻게 존재하게 되었는지를 이야기하는 대목이 있다. 따라서 이런 신들의 신성은 무조건적인 실재와 그 기원에 대한 이야기를 갖고 있는 신적인 것들에 비해 이차적인 것으로 간주될 수 있다(이후로는 후자를 본질적 신성을 가진 존재로 부르겠다). 이를테면, 기원전 8세기의 헤시오도스와 호메로스에 나오는 고대 그리스 신들에 관한 이야기를 생각해 보라. 헤시오도스에 따르면, 미분화된 상태의 자연 세계가 곧 존재하는 모든 것이다. 그 세계는 무조건적으로 존재하고 땅과 하늘 사이의 공간(이를 카오스라고 부른다)을 만든 뒤에 다른 모든 것을 발생시켰다. 이런 최초의 변화가 있은 후 신들을 포함한 다른 모든 구체적인 존재 형태들이 생성되었다고 한다. 호메로스에 따르면 최초의 실재는 오케아노스(Okeanos), 즉 신들을 포함한 다른 모든 것의 발생 근원인 방대한 물이라고 한다. 이 두 이야기 사이에 차이점은 있지만, 신들은 그보다 더 근본적인 실재에 의존되어 있으므로 사실상 파생된 실재라는 점에서 서로 의견이 일치한다.[11] 그렇기 때문에 그 신들 중 어느 하나도—그리고 그들을 다 합쳐도—창세기에 나오는 하나님과 같은 의미에서 "창조자"라고 부를 수 없는 것이다. 게다가 그 신들이 존재적으로 본질적인 신적 존재에 의존되어 있기 때문에만 이차적인 신성인 것은 아니다. 그들에 대한 믿음이 오케아노스나 카오스를 믿는 믿음에 의존해 있기 때문에 이지적인 의미에서도 그들은 이차적이라고 할 수 있다. 어떤 개별적인 존재라도, 다른 모든 것에 다양한 수준의 능력을 부여하는 신적 근원이 존재한다는 것을 이미 믿지 않는다면, 사람보다 더 많은 신적 능력을 가진 존재라는 의미에서의 신으로 믿을 수 없기 때문이다.

이 점은 고대 바빌로니아의 신화에도 적용된다. 그 신화들에서도 신들은 그들의 신적인 지위와 능력을 파생적으로 획득한다. 그 신화들에 따르면,

> 만물의 기원은 압수(Apsu)와 티아마트(Tiamat)의 쌍이 대변하는 원초적인 물의 카오스였다. … 그들과 함께 우주선(宇宙線)적 신들의 계보가 시작한다.[12]

다른 전통들에서도 신들은 인간보다 더 힘이 센 존재들이다. 예컨대, 본질적 신을 "가미(Kami)"라고 부르는 일본의 신도(神道) 전통도 그러하다. 또 어떤 전통들에서는 신적 능력이 만물에 스며 있지만 특별한 물체나 장소 또는 사람 속에 집중되어 있다. 이를테면, 고대 로마의 누멘(Numen) 관념, 멜라네시아의 마나(Mana) 관념, 아메리카 인디언의 와칸(Wakan) 내지는 오렌다(Orenda)에 대한 믿음 등이 그런 경우에 해당한다.[13] 여러 아프리카 종교들에서도 똑같은 점을 볼 수 있다고들 말했다. 그 가운데 일부는 최고의 신을 믿고 있지만, 그들은 그 믿음을 성경적인 유신론의 믿음과 다른 방식으로 보존했다. 이를 가리켜 한 저자는 "확산된 단일신론(diffused monotheism)"이라고 불렀다.

> 여기에 최고의 신(Deity)에서 파생하는 다른 권세들이 존재하고, 실질적인 목적을 목표로 삼아 그 권세들을 다룰 수 있는 그런 신을 믿는 단일신론이 있기 때문이다.[14]

그런데 중요한 점은 얼마나 많은 이차적인 믿음이 그 목록을 오염시키느냐 하는 것이 아니라 그 목록이 오염되었다는 사실인 만큼, 이차적인 믿음에 해당하는 것을 모두 골라낼 필요는 없다. 어쨌든 그 목록은 우리에게 본질적 신에 대한 믿음과 그 존재와 초인적 능력을 본질적 신에 의존하고 있는 신들에 대한 믿음을 서로 비교하도록 강요했다. 그리하여 우리는 근본적인 믿음과 이를 전제로 삼는 의존적인 믿음을 서로 비교해

왔다. 그랬기 때문에 그것들 가운데서 공통된 특징을 찾지 못한 것은 결코 놀랄 일이 아니다!

그러면 우리의 목록에서 이차적 의미에서 신적인 것들을 모두 제거하면 어떻게 될까? 목록에 남은 일차적인 신들에 대한 믿음의 정의를 내리는 일이 여전히 벅찬 과업일까? 물론 그렇다. 그래서 나는 일차적인 신들의 공통 요소에 초점을 맞추기 위해 그 신들을 고찰하는 방법을 제안하고 싶다. 한편에는 여러 일차적 신들의 공통된 것을 **신적인 지위**(status of divinity)로, 다른 편에는 **그 지위를 점유하고 있는 것에 대한 구체적인 묘사**로 놓고 이 양자를 구별하자는 것이다. 이것은 물론 무언가를 발견하기 위한 고안일 뿐이다. 한 사물의 지위와 특성 사이에는 절대적 차별성이 없는 법이다. 그 지위는 특성 중의 하나이기 때문이다. 하지만 이런 식으로 생각하면 우리가 앞에서 그릇된 것으로 판명한 여러 정의들에 다시 빠지는 것을 방지할 수 있다. 말하자면, 신으로 추정되는 것을 본질적인 신으로 만들어 주는 것이 무엇인지에 초점을 맞추고, 사람들이 그것을 어떻게 간주하는지에(예컨대, 예배의 대상으로) 초점을 맞추지 않게 도와준다는 뜻이다.

이 점에 대해 다른 유추를 이용해서 설명해 보겠다. 만일 누가 "미국의 대통령은 누구인가?"라고 묻는다면 우리는 두 가지 방식으로 대답할 수 있다. 한 가지 방식은 현재 대통령직을 보유하고 있는 인물을 묘사하는 것이다. 다른 하나는 대통령은 다음과 같은 책임과 권력을 가진 사람이라고 말한 뒤에 대통령직을 묘사하는 것이다. "대통령은 누구인가?"라는 물음에 대한 이 두 가지 방식의 답변의 차이점은 "신"이란 용어의 의미에 대한 물음에 대답할 수 있는 두 방식 간의 차이점과 비슷하다. 우리가 "신이란 무엇인가?"라고 묻는 것은 신적 지위를 갖고 있는 것이 무엇인지를 묘사해 달라는 뜻일 수 있다. 또는 누가 또는 무엇이 그 지위를 갖고 있다고 믿든지 상관없이, 그 지위의 정의를 요구하는 질문으로 생각할 수 있다. 이 차이점은 무척 중요하다. 만일 어떤 대통령 선거가 박빙의 승부라서 누가 당선되었는지에 대해 사람들의 의견이 분분하다면, 그들은 또한 그 직책에 당선된 사람에 대한 묘사도 분분할 것이다. 그러나 그들은 그 선거가 무슨 직책을 위해 치러졌는지에 대해서는 의견이 일치하리라.

그렇다면 신적 지위로 따로 구별할 수 있는 어떤 것이 존재할까 하는 의문이 떠오른다. 비록 신적 지위를 가진 것에 대한 생각은 너무도 다양해서 공통 요소가 없는 듯이 보임에도 불구하고, 모든 종교들 사이에 **'신적인 것이 된다'는 말의 의미**에 대한 의견일치는 과연 있을 수 있을까? 설사 이것이 가능하더라도 종교들 사이의 폭넓은 의견불일치는 여전히 중요한 문제로 남을 것이다. 누가 또는 무엇이 신적 지위를 갖고 있는지에 대해서는 의견이 분분하겠지만, 어떤 것이 신적 지위를 갖고 있다는 말의 뜻이 무엇인지에 대해서는 보편적인 의견일치가 그대로 유지될 것이다.

바로 이것이 사실임을 내가 알게 되었다! 나로서는 지금까지 본질적인 신을 **무조건적으로 또 비(非)의존적으로 실재하는 것**으로 이해하지 않는 종교를 단 하나도 본 적이 없기 때문이다.

이 점을 오해하지 말기를 바란다. 나는 지금 신적 지위를 갖는다는 것의 의미에 대해 의견불일치가 없다고 말하는 것이 아니다. 분명히 있다. 그러나 그런 불일치는 모두 비의존성을 제외한 문제들을 둘러싼 것이다. 사람들이 본질적 신의 지위에 관해선 논쟁을 벌일지 몰라도 사실 비의존성에 관해서만은 의견이 일치한다는 것이다. 그렇다고 해서 모든 신화나 경전이나 신학이 "비의존성"이란 표현이나 이와 유사한 용어를 사용했다는 뜻은 아니다. 다수는 그런 표현을 쓰지만 모두 그런 것은 아니다. 예컨대, 어떤 저자들은 신적 존재를 "자존(自存)하는 것", 또는 "절대적인 것", 또는 "원인이 없고 막을 수 없는 것", 또는 "그냥 저기에 있는 것"이라고 말한다. 반면에 또 어떤 이들은 비(非)신적인 모든 것의 기원을 원초적인 그 무엇으로 거슬러 올라가되 후자의 기원은 강조하거나 설명하지 않는다. 이런 설명에서는 원초적인 그 무엇이 자연스럽게 비의존적인 실재의 역할을 떠맡게 된다. 말하자면, 그것은 아무것에도 의존하지 않는 반면에 다른 모든 것이 그것에 의존되어 있다는 뜻이다. 그런즉 그것은 암묵적으로 비의존적인 지위를 얻은 셈이다. 그러므로 이 점을 아무리 적게 강조하든 잠정적으로 주장하든 상관없이, 신적인 것은 변함없이 비의존적인 것으로 취급되고 있다.

다른 모든 정의들은 낙제할지라도 이 정의만은 합격점을 받을 수 있다고 나는 생각한다. 우선 이 정의는 (앞에서 너무 벅찬 듯이 보였던 간단한 목록에 실린) 하나님, 브라만-아트만, 화신불, 도(道) 등에 대한 믿음들 가운데 있는 한 가지 공통 요소를 밝힐 수 있다. 더 나아가, 다음과 같은 일차적인 종교적 믿음들까지도 모두 포괄하고 있다. 시크교의 남(Nam), 초기 조로아스터교의 아후라 마즈다(오르마즈드) 또는 후기의 주르반(Zurvan), 자이나교의 영혼/물질 이원론, 디에리 원주민의 고등 신, 트로브리안드 군도의 마나 신앙, 신도 전통의 가미, 반투 종교의 랄루브힘바(Raluvhimba), 다양한 형태의 불교가 말하는 공(空), 실제(Suchness), 무(無), 그리고 북남미의 여러 부족들이 보유하고 있는 와칸 또는 오렌다 관념 등. 아울러 고대 로마의 누멘 관념과 호메로스 신화의 오케아노스 등 다른 많은 관념들에도 적용된다. 좀 더 정확히 표현하자면, 이 정의는 이차적인 의미의 신적 존재를 믿는 믿음이 아니라 본질적 신을 믿는 믿음과 관련하여 내가 아는 모든 종교적 믿음에 해당한다고 말해야겠다.

이 마지막 진술에 대해 혹자는 내가 다루는 종교 전통들이 폭넓기는 해도 모든 전통을 망라하는 건 아니므로 내 정의가 충분히 큰 경험적 기반을 갖고 있지 않다고 대꾸할 것이다. 이에 대해 나는 이 정의가 나만의 해석에 따른 것은 아니라고 응답하는 바이다. 이 해답을 찾은 뒤에야 나는 이 정의가 새로운 게 아니라 많은 옹호자를 갖고 있다는 사실을 알게 되었다. 그러므로 이것은 나만의 조사에 근거한 게 아니라 많은 사상가들의 축적된 해석과 경험에 토대를 두고 있다. 이제 그 가운데 몇 사람을 거론할까 한다.

먼저 사실상 소크라테스 이전 철학자들은 모두 신적 지위는 그 자체의 실존을 다른 어떤 것에도 의존하지 않는 존재라고 생각했고, 과연 어느 실재(들)가 그런 지위를 갖고 있는지를 놓고 뜨거운 논쟁을 벌였다.[15] 피타고라스 학파가 좋은 예이다. 그들은 우리의 일상 경험의 대상들이 수(數) 및 수들 간의 관계로 구성되어 있다고 생각했기 때문에 신적 실재는 수라고 보았다. 말하자면, 모든 사물이 수로 만들어졌다고 믿은 것이다. 그들의 견해에 따르면, 사물을 구성하는 수의 조합은 생겼다가 사라지지만 그것들을 함께 구성하는 수는 완전히 독립적이고 영원하다고 한다. 신적 지위와 수에 그 지위를 부여하는 모습은 숫자 10에 바치는 그들의 기도에 아름답게 묘사되어 있다.

> 신들과 사람들을 창조하는 그대, 신적인 수(數)여, 우리를 축복하소서! 아, 거룩하고 거룩한 테트라크티스(tetraktys, 1+2+3+4=10-역주)여, 그대는 영원히 흐르는 창조세계의 뿌

리와 근원을 담고 계십니다! 신적인 수는 거룩한 4에 이르기까지 심오하고 순수한 연합과 함께 시작하기 때문입니다. 그 순간 모든 것의 어머니, 모든 것을 포괄하고, 모든 것이 풍성하고, 맨 처음 태어나고, 빗나가는 일이 없고, 결코 지치지 않는, 만물의 열쇠를 쥐고 있는 거룩한 10을 낳습니다.[16]

여기서 수의 신적 지위는 변하는 모든 것의 변치 않는 "뿌리와 근원"으로 묘사되어 있다. 이는 다른 모든 것은 수에 달려 있지만 수는 그 어느 것에도 의존하지 않는다는 것을 뜻한다. (앞서 언급했듯이, 바로 이런 의미에서 피타고라스 학파는 1+1=2를 하나의 종교적 믿음으로 생각했던 것이다.)

플라톤의 경우, 수만이 신적인 것이 아니라 그가 "형상(Forms)"이라고 부른 실체들도 신적 속성을 갖고 있었다. 그는 이것들을 가리켜 "자존한다"고 말하고(*Tim*. 50ff., *Phil*. 53-54), "신들"이라고 명시적으로 언급한다(*Tim*, 37). 아리스토텔레스 역시 어떤 것이 신적이라는 말의 뜻이 무엇인지에 대해 가능한 명시적으로 말하고 있다.

> 그러므로 독자적으로 존재할 수 있고 변하지 않는 것에 관한 학문이 있다. … 그리고 세상에 만일 그런 종류의 사물이 존재한다면, 그것은 분명히 신적인 것이고, 이것이 제1 원리이자 가장 지배적인 원리임에 틀림없다(*Metaphysics* 1064a33 ff.).

여기에서 신적인 것은 다른 모든 것에서 독립하여 존재할 수 있다는 점을 그 특징으로 얘기하고 있다. 물론 아리스토텔레스는 변하지 않는 속성을 더하고 있지만, 이는 보편적으로 인정되는 점은 아니다. 직후에 그는 그것이 "제1 원리이자 가장 지배적인 원리"라고 덧붙이는데, 이는 다른 모든 것이 그것에 의존해 있다는 의미에서 다른 모든 것보다 "우선하는" 것이란 뜻이다.[17]

이 견해는 그리스에만 국한되는 것이 아니었다. 성경의 여러 저자들도 이 점을 전제로 하는 주장을 펴고 있다. 그 가운데 하나는 다름 아닌 하나님에 관한 기본적인 가르침이다. 하나님은 그분 이외의 모든 것을 창조한 창조자라는 것. 이는 하나님은 그의 실존을 어떤 것에도 의존하지 않는 데 비해 다른 모든 것은 그 실존을 그분에게 의존하고 있다는 뜻이다.[18] 물론 하나님은 구속자 또는 구원자의 지위도 갖고 있고 예배를 받을 만한 유일한 분이기도 하다. 그러나 성경 저자들은 하나님의 창조자 되심을 근본적인 진리로 간주한다. 하나님은 창조자이기 때문에 자기를 믿는 모든 사람의 구원을 보장할 수 있고, 하나님은 구원자이기 때문에 신자들은 그분에게 경배와 감사를 드려야 하는 것이다.[19]

성경의 다른 가르침들도 이 정의를 전제로 삼고 있는 듯이 보인다. 가령, 일부 저자들이 거짓 신 또는 "우상"을 모시는 것에 관해 말하는 내용을 보라. 오늘날의 많은 사람은 거짓 신을 모신다는 것을 대리 구원자나 예배의 대상을 모시는 것으로 생각하지만, 성경 저자들은 그런 대상이 예배를 받는다는 이유만으로 어떤 것을 거짓 신이라고 부른 건 아니었다(예컨대, 일부는 탐욕을 우상숭배라고 부른다). 오히려 어떤 것이 어떤 식으로든 참 하나님을 대치하는 경우에 그것을 거짓 신 내지는 우상이라고 부른다. 이 관점에서 보면, 대리 창조자를 모시는 일은 대리 구원자를 모시는 일에 못지않게 거짓 신을 숭배하는 것이다. 사실 성경 저자들은 곳곳에서 모든 사람은 본래 종교적이므로 참 하나님이나 우상을 모실 수밖에 없다고 생각하는데, 이런 생각을 이해하려면 상기한 점을 반드시 알아야 한다. 종교적이란 말이 만일 무엇을 구원자로 믿든지 간에 무언가를 예배하는 것만을 의미한다면, 모든 사람이 종교적이라는 말은 분명히 오류일 것이다. 그러나 만일 그 말이 하나님을 다른 무엇으로, 곧 모든 비신적인 것들이 의존해 있는 비의존적인 실재로 간주되는 그 무엇으로 대치하는 것을 포함한다면, 과연 누가 그런 믿음을 피할 수 있을지 모르겠다.[20]

중세에는 유대교와 기독교와 이슬람교의 신학자들과 철학자들이 신적인 지위와 그것을 보유한 존재를 서로 구별하지 않는 경향이 있었다. 그리고 그럴 만한 타당한 이유가 있었다. 이 세 종교는 똑같이 초월적 창조주를 유일한 신으로 받아들였기 때문에 다른 고대 사상가들이 신적 지위의 특징으로 보았던 독자적인 실존을 자연스럽게 하나님의 속성으로 생각했던 것이다. 그러나 자존(自存)을 단지 하나님의 많은 속성 중 하나로만 생각한 것이 아니었다는 사실을 주목하라. 오히려 그것을 하나님의 본질로 주장했다. 즉, 하나님은 그 본질이 곧 실존인 절대존재(the Being)라고 말했던 것이다. 그러므로 그들 역시 하나님의 무조건적인 비의존적 실재를 신성의 본질적 특징으로 인식했다고 할 수 있다.

그리고 16세기의 종교개혁자들은 중세신학을 많이 비판했지만 이 점에 대해서는 이견이 없었다. 루터와 칼뱅 둘 다 하나님의 무조건적 실재를 인정했다. "영원성과 자존성만큼 하나님께 고유한 속성은 없다"라고 칼뱅은 말한다.[21] 그리고 유신론은 존재적인 신적 지위와 그 지위의 보유자를 서로 구별하지 않는데도 불구하고 루터는 그 구별을 회복시키는 방향으로 많이 나갔는데, 이는 비(非)유신론적 믿음을 이해하는 데 큰 도움을 주었다.[22]

끝으로, 20세기에만 해도 (일차적인) 종교적 믿음에 대한 이 정의는 다수의 뛰어난 사상가들이 거듭해서 인정했던 것이다. 그중에서 몇 명만 거론하면 윌리엄 제임스, A. C. 부케(Bouquet: The Christian Faith and Non-Christian Religion의 저자), 도예베르트, 한스 큉, 폴 틸리히, 미르치아 엘리아데, N. 켐프 스미스, 요아힘 바흐(Joachim Wach: 1898-1955, 독일의 종교학자), C. S. 루이스, 빌 헤르베르그(Will Herberg: 1901-1977, 유태계 미국인 신학자이자 철학자), 로버트 네빌(Robert Nevill: 1939- , 미국의 철학자이자 신학자), 베르너 예거(Werner Jaeger: 1888-1961, 20세기 독일의 대표적인 고전문학자), 피에르 쇼뉘(Pierre Chaunu: 1923-2009, 프랑스 역사학자-이상 역주) 등이다.[23]

이제까지 다룬 내용은 종교적 믿음에 대한 내 정의가 충분히 넓은 경험적 토대에 기반을 두지 않았다는 지적에 대한 나의 답변이다. 이 모든 사람들, 곧 시대와 문화와 종교와 직업과 신적 지위에 대한 신념 등에서 다양하기 그지없는 사람들이 동일한 정의에 의견을 같이한다는 사실은 실로 강력한 증거가 아닐 수 없다. 그 정의를 나는 다음과 같이 정리해 보았다.

> 종교적 믿음이란 무언가를 신적인 것으로—어떻게 더 자세히 묘사하든지 간에 "본질적인 신"은 무조건 비의존적인(non-dependent) 실재를 보유한 것을 의미한다는 점에서—믿는 믿음을 말한다.

그런데 이 정의가 일차적 의미의 종교적 믿음이 지닌 본질은 잘 포착한다고 생각하지만, 본질적 신성이 아닌 의존적 신성을 지닌 실재들에 대한 믿음은 아직도 허용하지 않는다. 또한 다른 이차적인 의미에서 "종교적"이라고 불릴 만한 다른 믿음들 역시 포괄하지 못한다. 한 가지 예로, 비신적인 것들이 어떻게 신적인 것에 의존해 있는지에 관한 믿음을 들 수 있고, 또 다른 예는 사람이 어떻게 본질적인 신과 올바른 관계를 맺을 수 있느냐에 관한 믿음이다. 이런 이차적 믿음들도 적절한 정의에 포함되어야 하는 이유는 그런 믿음이 대다수 종교 전통이 가진 믿음의 내용의 알짜에 해당하기 때문이다. 예를 들어, 힌두교는 브라만-아트만이 존재하는 모든 것을 포괄하는 비의존적인 실재라고 가르치는 한편, 카르마, 환생, 브라만-아트만과의 연합에 도달하는 다양한 방법 등에 관한 믿음도 포함하고 있다. 기독교 역시 창조주 하나님이 다른 어떤 것에도 의존하지 않는다는 교리만을 가르치는 게 아니라 하나님과 인간의 언약, 예수 그리스도를 통한 하나님의 성육신, 신자들의 영생으로의 부활 등에 관한 믿음도 포함하고 있다. 보다 일반적으로 표현하면, 신성의 본질적 핵심은 신적 지위를 갖고 있는 것에 관한 내용이 전부가 아니라는 말이다. 그러므로 신성의 본질적 핵심은 빈 투입구와 같고 그 투입구를 점유하고 있는 것에 관한 다양한 관념들이 그 속에 투입된다고 할 수 있다. 또한 그 투입구를 점유하는 것에 관한 자세한 묘사는 다른 믿음들, 특히 신적 존재와 올바른 관계를 맺는 법에 관한 믿음과 결합되어 있다.

그러나 투입구의 비유를 이해할 때 마치 그것을 점유하는 것에 관한 일차적 믿음이 그와 관련된 이차적 믿음들과의 관계에서 **시간적인** 우선성을 갖고 있는 것처럼 오해하면 안 된다. 말하자면, 사람들이 먼저 빈 투입구를 찾아낸 뒤에 그것을 점유하는 것(들)에 관해 올바로 묘사하는 방법을 찾는 것이 아니라는 뜻이다. 오히려 동시에 이 양자의 믿음의 근원이 되는 것이 바로 종교적 경험이다. 본질적 신이 무엇인지를 밝혀 주는 경험은 언제나 신의 지위뿐만 아니라 그에 관한 폭넓은 묘사도 제공한다. 심지어는 대체로 부정적인 묘사일지라도 그렇다(예: 불교). 따라서 본질적 신에 대한 믿음은 비신적인 것이 어떻게 신적인 것에 의존해 있는지에 관한 관념과 사람이 어떻게 신적 존재와 올바른 관계를 맺을 수 있는지에 관한 관념과 결합한 형태로 생기는 것이다. 그런즉 이 점에서 종교적 경험은 매우 중요하다. 왜냐하면 신적 존재와 올바른 관계를 맺는 법에 대한 관념은 본질적 신에 관한 묘사로부터 합리적으로 나오는 것이 아니고 순전히 역사적인 우연의 산물도 아니며, 이 양자 모두 종교적 경험에서 도출되기 때문이다.

그러므로 우리의 정의가 완전해지려면 다음과 같이 확대되어야 한다.

어떤 믿음은 다음과 같은 조건을 충족할 때에만 종교적 믿음이라고 할 수 있다.

① 얼마나 더 자세히 묘사되든지 상관없이, 어떤 것을 본질적 신으로 믿는 믿음이거나
② 비신적인 것이 어떻게 본질적 신에 의존해 있는지에 관한 믿음이거나
③ 사람이 어떻게 본질적 신과 올바른 관계를 맺을 수 있는지에 관한 믿음이며
④ 본질적 신의 핵심은 무조건 비의존적인 실재의 지위를 보유하고 있다는 것

곧바로 두 가지 사항을 언급할 필요가 있다. 첫째, 내가 ②와 ③에 정의된 믿음을 "이차적인 믿음"으로 부르긴 했지만 그 중요성을 축소할 생각은 전혀 없다. 이 확대 정의에 앞서 내가 말한 것처럼, 그 믿음은 종교적 믿음의 본질적 정의를 찾는 면에서 이차적인 것일 뿐이지 실제 종교 생활과 행습에서는 결코 이차적인 게 아니다. 실생활과 행습에서는 본질적 신에 관한 가르침은 언제나 ②유형과 ③유형의 가르침에 뿌리박고 있고, ③유형에 속한 믿음은 인간이 참된 인간 본성의 완전한 실현에 이르는 것을 가능하게 해 준다. 나는 이미 ③유형에 속한 믿음들이 신적 지위를 보유한 것에 관한 묘사에서 도출되는 것이 아니라는 점을 지적한 바 있다. 그와 반대로, ②유형의 믿음과 ①유형의 믿음의 관계는 종종 논리적 함의와 종교적 경험의 혼합물이라는 것을 여기서 언급해야겠다. 왜냐하면 본질적인 신적 지위를 보유한 것에 대한 묘사는 인간의 본성과 행복과 운명에 대한 어떤 견해를 함축하지 않을 수 없기 때문이다.

둘째, 본질적 신성이 없는 신들에 대한 믿음을 포함시키는 일이 애초에 종교적 믿음의 정의를 내리려고 사용한 목록을 어째서 망가뜨렸는지 이제야 명백해졌다는 점이다. 이 믿음들은 진정 종교적인 것이긴 하지만 어디까지나 이차적인 의미에서 그렇다는 것을 이제 알 수 있다. 비록 그 믿음들이 속한 전통들의 다수가 본질적 신성을 보유한 것

에 거의 주목하지 않았지만 말이다.[24] 이런 전통들에서 신들이 온통 주목을 받았던 것은 사람들은 그 신들을 통해서만 간접적으로 본질적 신과 관계를 맺을 수 있었기 때문이다. 그런 신들에 대한 믿음이 현실적인 삶에서 굉장히 중요했기 때문에 본질적 신성의 필수요소가 가려졌다는 말이다. 동시에 이로 말미암아 "신(god)"이란 단어가 지닌 의미가 바뀌는 것을 진지하게 고려하지 못하는 결과를 낳았다. 즉, "신"이란 단어가 유신론에서는 본질적 신성을 보유한 것을 의미하는 데 비해, 다신교에서는 인간보다 더 신적인 능력을 소유함으로써 본질적 신을 매개하는 하나의 실재를 의미한다는 점을 간과한 것이다.

2.3 명료하게 정리할 사항

종교적 믿음의 일차적 의미를 이차적 의미와 구별하는 일은 종교적 믿음과 관련된 다른 종류의 혼동도 피할 수 있게 해 준다. 그 가운데 하나는 사람들이 어떤 믿음을 "종교적"이라고 부를 때 사실은 일차적 믿음도 이차적 믿음도 아니고 다만 그런 믿음의 영향을 받은 것을 일컫는 경우이다. 예를 들면, 노예제가 잘못된 것이라는 유대교인과 그리스도인의 믿음을 생각해 보라. 이런 신념은 유대-기독교의 하나님 사상의 일부도 아니고, 토라나 선지서나 신약 성경에 명시적으로 진술되어 있는 것도 아니다. 그러나 유대교인과 그리스도인이 그들의 일차적인 종교적 믿음과 이차적인 종교적 믿음에 비추어 노예제도를 검토했을 때, 그것이 그들의 믿음이 말하는 사회정의와 양립할 수 없다는 결론에 도달했다. 그런 영향은 간접적인 것이었던 만큼 어떤 지역들에서는 이 관점이 효과를 발휘하는 데 많은 시간이 걸렸다. 여기서 나의 취지는, 사람들이 종교적 가르침과 또 다른 믿음 간의 연관성을 볼 때 종종 그것을 과장하여 그런 믿음 자체를 종교적 믿음과 동일시하는 경향이 있음을 경고하려는 것이다. (이런 일이 미국에서 노예제 반대 운동이 일어났을 때 실제로 있었다.) 물론 종교적 믿음이 비종교적 믿음에 중대한 영향을 미쳤을 수도 있지만 개념적으로 이 둘을 혼동하지 않는 것이 중요하다. 한마디로, 어떤 믿음이 종교적 믿음의 영향을 받았다고 해서 그것이 종교적 믿음인 것은 아니라는 뜻이다.

그리고 이 정의에는 본질적 신이 단 하나밖에 없다는 조건이 달려 있지 않다는 점도 주목하길 바란다. 많은 종교에서는 둘 이상의 신이 존재하고, 그들은 서로서로 그리고 비신적인 세계와 다양한 방식으로 관계를 맺고 있는 것으로 간주된다. 이를테면, 무조건 실재하는 것으로 간주되는 X라는 존재가 있을 수 있다. 그러나 이 믿음이(X에 대한 믿음이) 다른 두 실재인 (그 자체로는 무조건적으로 존재하지 않지만 다 함께 또 하나의 무조건적 실재를 형성하는) Y와 Z에 대한 믿음과 결합하지 못할 이유가 없다. 이 경우에는 X와 Y, Z가 각각 본질적인 신적 존재로 간주될 테고, 이런 믿음은 두 개의 신적 본질 중 하나가 세분화된 이원론적 종교에 해당한다. 더 나아가, 제각기 무조건적이고 비의존적인 실존을 가진 존재들이 속한 영역을 믿는 종교들도 실제로 있다. 나는 이런 입장이 논리적 비일관성을 갖고 있다고 보지 않는다. 그리고 이차적이고 의존적인 의미에서 신적 존재로 간주되는 개체들은 무한히 많을 수 있다는 것은 말할 필요도 없다.

하나 이상의 본질적 신을 믿는 경우에는 비(非)신적인 사물들이 다양한 방식으로 신적 존재에 의존해 있다고 생각할 수 있다. 예컨대, 어떤 종교는 비신적인 세계의 일부는 한 신에 의존해 있고, 다른 일부는 다른 신에 의존해 있다고 가르칠 수 있다. 또는 어느 종교는 각각의 비신적인 사물들의 한 부분이 한 신에게 의존해 있고, 각 사물의 나머지 부분은 다른 신에 의존해 있다고 가르치는 것도 가능하다. 그러므로 본질적 신이 아닌 존재들의 총합은 언제나 신적인 것의 일부에 의존해 있되 그 의존관계를 분석하는 방식은 매우 다양하다. 가장 널리 퍼져 있는 이런 "의존관계"는 내가 다음 장에서 설명할 예정이다.

이 정의는 신적 존재/비신적 존재 간의 의존관계의 다양성을 허용하고 있는데, 이는 다른 정의들에게 문제가 되는 한 가지 점을 잘 설명해 준다. 다름 아니라 내가 앞에서 언급한 사실, 곧 우리의 일상세계가 거의 또는 전혀 의존하고 있지 않는 신들을 믿는 종교들이 존재한다는 사실이다. 이런 종교들은 어떤 것을 신적인 존재로 간주하지만, 그 신자들은 그것을 존경하지 않고 예배하지도 않는다. 그 신적 존재가 너무 게을러서 그들의 삶에 관심이 없기 때문이든지, 그 존재를 두려워하거나 심지어는 미워하기 때문이다. 이를테면, 우리가 이미 언급한 것처럼 일부 전통에서는 악의 근원으로 생각하는 신들도 존재한다. 이런 경우에, "신"이란 단어가 존경의 대상으로 사용된다면, 그런 신들은 신적인 존재라고 말할 수 없을 것이다. 그럼에도 위에서 정의한 의미들 중 하나로는 여전히 신적 존재로 간주될 것이므로 그런 존재에 대한 믿음 역시 종교적인 것으로 남을 것이다. 다시 말하건대, 무언가를 신적으로 만드는 것은 그것이 인격인가, 선한가, 사랑을 받는가, 예배를 받는가의 여부가 아니다. 그것이 무조건 실재하는 것으로 간주되는가, 또는 사람보다 더 신적인 능력을 갖고 있는가의 여부이다. 어떤 신적 존재가 존경을 받지 못하더라도 이것은 사실이다(귀신들은 하나님을 섬기지도 않고 사랑하지도 않지만 그분의 존재를 믿는다는 야고보서 2장 19절을 생각해 보라).

   이 지점에서 어쩌면 모든 종교가 어떤 의존관계를 갖고 있는 건 아닐지 모른다는 이야기가 나오기도 한다. 모든 것이 신이라고 가르치는 종교들도 있지 않은가? 이런 경우에는 신적 존재에 의존하는 비신적인 실재가 없는 게 사실이 아닌가? 예컨대, "모든 자연이 신이고 모든 신이 자연"이라고 믿는다고 말하는 사람들이 있다. 그리고 힌두교와 불교는 우주에는 신적인 존재만 있다고 가르치지 않는가?

   이에 답변하기에 앞서, 비록 이것이 참이라 할지라도 종교적 믿음에 대한 나의 정의에 진정한 반론이 되는 것은 아니라고 말하고 싶다. 그 정의에 따르면, 어떤 것이 완전히 비의존적인 실재로 인정된다면 그것에 의존하는 다른 사물이 있는지의 여부와 상관없이 그것은 신적 존재로 간주되는 것이다. 이 논의에서 의존관계의 이슈가 떠오른 이유는 대다수의 종교적 믿음이 신적 실재와 비신적인 실재가 모두 존재한다고 인정하고, 그 의존성을 비신적인 것과 신적인 것을 대조시키는 도구로 사용하기 때문이다. 그런즉 설사 누군가 나서서 우주에 있는 모든 사물이 자존한다며 모든 것을 신으로 만드는 실로 터무니없는 입장을 내세운다고 할지라도, 이런 입장이 내가 내린 정의에서 약점을 찾아내지는 못할 것이다.

   비신적인 실재를 모두 부정하는 입장이 개연성이 없는 이유는 우리가 날마다 목격하는 사물들이 생기고 또 사라지는 것이 너무도 자명하기 때문이다. 그러므로 우리는 그 모든 사물, 사건, 상황이 비신적인 것임을 직접 경험하고 있는 셈이다. 따라서 누군가 자연적인 우주밖에는 존재하는 것이 없다고 믿는다 할지라도(그러면 우주는 아무것에도 의존하고 있지 않는 만큼 신적인 존재가 된다), 그 사람은 우리가 우주 안에서 목격하는 사물들이 신이 아니라는 것을 인정할 수밖에 없을 것이다. 그런 믿음조차도 우주에 있는 비신적인 개체들이 어떻게 (신적인) 우주 전체에 의존해 있는지에 대한 관념을 필요로 할 것이다. 그리고 이 관념은 하나의 의존관계와 다를 바가 없다.

힌두교와 불교는 우리가 일상에서 경험하는 각 사물들의 비신적인 속성을 마야(Maya, 환상)라고 부른다. 이 전통들은 모든 비신적인 실재를 부정하다시피 하는 셈이다. 그러나 어떤 것을 "환상"이라고 부른다고 해서 그것이 완전히 제거되는 것은 아니다. 오히려 눈에 보이는 것과 같지 않다고 말하는 방식일 뿐이다. 어떤 환상이 있으려면 눈에 보이는 것과 같지 않은 무엇이 존재해야 하기 때문이다. 그러므로 환상의 세계와 신적인 실재를 구별한다면, 마야가 어떻게 신적인 것에 의존해 있는지를 설명할 필요성은 여전히 남는다. 그래서 힌두교는 브라만-아트만이 환상의 세계를 창조한다고 가르치는 데 비해, 불교는 환상의 세계에 관해 생각하는 것 자체가 영적으로 건강하지 못하다는 이유로 이 문제를 회피하고 만다.[25] 그러나 우주 전체를 신으로 여기는 사람이든 힌두교와 불교의 마야 교리든, 내가 변호하는 정의에 어떤 문제도 제기하지 않는다.

그와 반대로, 우리의 정의는 소승불교(Theravada Buddhism)가 과연 종교인지 여부에 관한 이슈를 해결하는 데 이용될 수 있다. 이에 대해 많은 학자들이 의심스런 태도를 보인 것은 부처가 언젠가 본인은 어떤 신들이 존재하는지 여부를 모른다거나 상관하지 않는다고 말했고, 소승불교의 전통도 계속해서 똑같은 태도를 보이고 있기 때문이다. 그럼에도 불구하고, 우리가 내린 정의에 따르면 소승불교를 하나의 종교로 확증할 수 있다. 비록 일부 소승불교도는 그들의 믿음이 종교가 아니라고 말한 것이 사실이지만, 그들 모두를 장차 다시 흡수할 무(Nothingness)[니르바나의 경지]라는 것이 그 어떤 것에도 의존해 있다고는 당연히 아무도 말하지 않을 것이기 때문이다. 또한 아무도 니르바나의 경지가 문자 그대로 무의 상태라고 말하진 않을 테며 오히려 "말할 수 없이 행복한 상태"라고 묘사할 것이다. 그뿐만 아니라, 소승불교도들은 신적 존재와의 올바른 관계에 도달하기 위해 훈련과 명상에 참여한다고 말할 텐데, 그것은 올바른 관계가 곧 니르바나의 경지이기 때문이다. 그렇다면 소승불교가 단일한 신과 예배를 모두 부정하면서도, 그 저변에는 '종교는 이 두 가지를 포함해야 한다'는 서구적 믿음이 깔려 있다고 할 수 있다.[26]

2.4 반론에 대한 답변

이 정의에 대한 첫 번째 반론은 사람들이 "종교적" 내지는 "종교적 믿음"이란 용어를 사용하는 방식과 달라서 불편함을 야기한다는 것이다. 어쨌든 내가 내린 정의는 윤리와 예배를 종교의 본질적인 요소로 여기지 않는다는 지적이다.

이 점이 마음에 거슬린다는 것은 충분히 이해할 수 있지만 본질적인 정의는 언제나 그런 불편함을 야기한다는 점을 상기시키고 싶다. 고래를 예로 들어 보자. 오래전에는 고래가 물고기로 정의되었었다. 물고기처럼 생겼고, 물고기처럼 바다에서 살고, 물고기처럼 헤엄치기 때문이다. 그러나 고래에 대해 더 많이 알게 된 뒤에는 포유동물로 다시 정의되었다. 고래는 온혈 동물이고, 아가미가 없어서 공기 호흡을 하고, 새끼를 산 채로 출산하여 양육한다는 점을 배운 것이다. 그래서 물고기를 닮은 꼬리와 지느러미를 갖고 있고 물에서 살고 있지만, 물고기보다는 포유동물과 공통점이 더 많다. 이는 고래의 몸이 물고기의 몸보다 사람의 몸과 더 공통점이 많다는 것을 의미하므로, 이 사실을 처음 발표했을 때 어떤 이들에게는 꽤 거슬렸을 것이다! 그러나 마음에 거슬린다거나 우리가 이미 알고 있던 것과 다르다는 이유로 정확한 정의가 잘못된 정의가 되는 것은 아니다. 그런 정의를 내리는 것은 그 대상에 대해 더 많이 배우기 위해서이고, 우리가 예전에 잘못 알고 있었던 것을 바로잡기 위함이기도 하다. 그리고 고래를 포유동물로 재정의할 만한 타당한 이유들이 있는 것처럼, 이제는 (일차적인) 종교적 믿음을 어떤 것을 본질적 신으로 믿는 믿음으로 받아들일 만한 타당한 이유들이 있다.

또 하나 유념할 사항이 있다. 우리가 어떤 유형을 정확하게 정의하려고 하면 언제나 그 정의가 우리가 흔히 연상하는 여러 특징을 빠뜨릴 수밖에 없다는 점이다. 예컨대, 우리가 나무를 생각할 때면 보통 무성한 잎을 머릿속에 떠올린다. 그러나 이런 잎이 나무의 정의에 포함되지는 않는다. 어떤 나무들은 잎이 전혀 없기 때문이다. 이와 비슷하게, 우리가 보통 중요하다고 생각하지 않는 사물의 특징이 그 유형을 정의하는 데 결정적인 특징으로 판명되는 경우도 있다. 물론 과학 이전의 정의들이 일상생활에서는 실질적인 가치를 지닐 수 있다. 나는 지금 그 모든 것을 버려야 한다고 말하는 것이 아니다. 다만 과학적 정의는 우리의 일상적인 사물 개념을 더 정교하게 다듬어 주고 더 정확하게 만들어 준다는 것을 말하고 싶을 뿐이다. 따라서 더 정확한 정의가 우리의 일상적인 개념과 다르다고 해서 전자를 거부하면 안 된다.

이 반론에 대해 논평할 두 번째 사항은 그것이 주로 유대교나 기독교나 이슬람교를 믿는 서구인들의 종교 개념에서 나온다는 점이다. 어느 면에서는 충분히 이해할 만한 반론이다. (맨 처음) 우리가 종교적 믿음을 생각할 때면 우리에게 가장 친숙한 종교에 기대어 생각하는 것이 타당하다. 그러나 우리가 상당히 다른 종교들을 접한 뒤에도 모든 종교적 믿음이 우리에게 친숙한 종교들과 비슷한 게 틀림없다고 주장한다면 그것은 결코 타당하지 않다. 이 점은 특히 그 정의가 예배를 본질적인 요소로 포함하지 않는다고 지적하는 반론과 관련이 있다. 많은 사람은 종교적 믿음과 예배를 강하게 결합시킨 나머지 오직 그 이유 때문에 이 정의를 거부하고 싶어 한다. 하지만 나로서는 브라만 힌두교와 소승불교같이 전혀 예배를 드리지 않는 전통에 뿌리를 둔 종교적 믿음들도 있다는 사실을 얘기하고 싶을 뿐이다.

소승불교의 사례는 또 다른 이슈, 즉 무신론자인 사람도 종교적 믿음을 갖고 있다고 말하는 게 타당한지의 문제에도 시사하는 바가 많다. 우리가 이미 살펴본 대로, 가령 수(數)나 비인격적인 실재를 비의존적인 존재로 믿는 사람들도 인격적 하나님이나 신들을 신봉하는 사람과 조금도 다름없이 종교적 믿음을 갖고 있다. 그리고 진정한 종교적 믿음의 특징은 믿음의 대상이 한 집단에게 가장 친숙한 종교의 신과 비슷한지 여부에 있지 않다는 것도 살펴보았다. 그렇게 잘못 생각하는 사람들은 유물론과 같은 믿음을 종교의 정반대편에 있는 것으로 생각하곤 한다. 그러나 우리가 내린 정의에 따르면 이런 생각은 전혀 개연성이 없다. 고대 그리스에는 "언제나 흐르는 생명과 **물질**의 흐름"을 신으로 믿는 신비종교들도 있었다. 그리고 오늘날에도 브라만-아트만을 물질과 동일시하는 힌두교의 한 분파가 있다. 따라서 유물론자는 대부분 무신론자라는 식으로 반론을 제기할 수도 없다. 지금쯤이면 많은 사람이 스스로 무신론자라고 자처하면서도 여전히 종교적 믿음을 갖고 있는 이유가 분명해졌을 것이다. 엄밀히 말하면 "무신론자"란 "신이 없다"는 뜻으로, 성경의 하나님이나 다른 어떤 신들도 존재하지 않는다고 부인하는 사람이다. 그러나 우리의 정의는 비의존적인 것을 믿는 사람은, 그것이 신이든 신이 아니든 상관없이 종교적 믿음을 갖고 있다는 것을 보여 주었다. 이런 면에서 무신론자가 되는 것은 채식주의자가 되는 것과 비슷하다. 만일 내가 누군가가 채식주의자라는 것을 안다면, 나는 그 사람이 먹고 싶지 않은 것을 알 뿐 먹고 싶어 하는 것은 모른다. 마찬가지로, 내가 어떤 사람이 무신론자임을 안다면, 나는 그 사람이 신으로 믿지 않는 것이 무엇인지를 알 뿐이지, 그 사실이 그가 정작 신으로 믿는 것에 대해서는 아무것도 말해 주지 않는다. ("무신론자"는 넓은 의미에서 본질적 신성을 가진 존재이면 무엇이든 부인하는 사람을 일컫는데, 이런 입장은 일관성이 없다는 것을 다음 장에서 보여 줄 예정이다.)

　이 답변에 반기를 드는 사람들이 넘어야 할 가장 큰 장애물은 진정한 종교적 믿음은—실은 그런 믿음에 헌신한 집단조차 그렇게 생각하지 않는데도—예배를 초래해야 한다는 생각이다. 물론 예배를 종교적 믿음과 연결시키는 데는 타당한 이유가 있다. 사람이 신적인 존재를 경험하면 자연스레 경외신과 존경심이 생기기 마련이다. 그럼에도 불구하고, 우리가 이미 살펴본 것처럼 이런 자연스러운 성향을 피하는 전통들이 있다. 그 이유는 무척 단순한 편이다. 신을 인격적인(또는 인격화된) 존재로 생각할 때는 예배가 적절한 반응이라 할 수 있다. 그런 경우에는 감사의 표현이 인격적 관계의 일부가 될 것이다. 그러나 소승불교의 스님들과 브라만 제사장들은 신을 인격적 존재로 믿지 않기 때문에 예배를 드리지 않는다. 이와 비슷하게, 물리적인 물질을 자존하는 것으로 간주하는 유물론자는 그런 믿음을 갖고 있다고 해서 원자보다 작은 입자들에게 기도를 한다거나 세력장(場)을 찬송하지는 않을 것이다. 또한 가령, 수학 법칙을 자존하는 것으로 여기는 현대의 합리주의자의 경우 예배를 위해 분량 경배의 전례를 개발하려는 마음이 생기진 않을 것이다. 먼 과거에는 피타고라스 학파가 그렇게 하긴 했지만 말이다. 예배를 드리지는 않지만, 이런 믿음들이 각각 물질이나 수학 법칙에 부여하는 비의존적인 지위는 유대교인이나 그리스도인이나 무슬림이 하나님에게, 힌두교인이 브라만-아트만에게 부여하는 지위와 다를 바가 없다. 그런 사람들은 전혀 종교가 없다기보다는 신적인 것에 대한 아주 다른 관념, 즉 예배를 부적절하게 만드는 관념을 갖고 있을 뿐이다.

이 점은 종교적 믿음과 이론의 관계에 의미심장한 함의를 갖고 있고, 이 책의 중심 주제에도 매우 중요한 부분이다. 따라서 여기서는 잠깐 소개하는 데 그치고 그에 대한 반론을 이번 장의 끝부분에서 따로 다룰 생각이다.

이 정의에 대해 제기되는 또 다른 유보사항은 일차적인 종교적 믿음을 관심의 초점으로 삼을 경우 종교를 정신적인 것으로 축소시킬 수 있다는 우려이다. 그리하여 믿음만큼이나 종교의 진정한 일부인 예배와 다른 행습을 평가 절하할 수 있다고 한다. 그리고 어떤 반론자들은 심지어 믿음을 핵심 이슈로 삼고 출발하는 것은 역사학자나 사회학자가 종교를 연구할 가능성을 배제시키기 때문에 잘못이라고까지 주장한다.

첫째, 이것은 내 정의에 대한 진정한 반론이 아니라고 말해야겠다. 믿음에 초점을 두면 설사 종교 생활과 행습의 다른 면들을 평가 절하할 위험이 있다고 할지라도, 그 정의는 옳을 수 있다. 그렇지만 내가 보기에 그 정의는 이런 혐의에서 자유롭다. 여기서 "축소하다"는 말이 만일 종교가 정신적 차원으로 **국한되는** 것을 의미한다면, 그 정의는 종교를 정신적인 것으로 축소시키지 않는다. 내 주장은 무조건적인 의미에서 종교적인 존재는 사람밖에 없다는 것이고, 그런 능력은 주로 신에 대한 믿음으로 나타난다는 것이다. 그렇다고 해서 그런 믿음 및 그 믿음의 보유자와 관련하여 종교적 중요성을 획득하는 비정신적인 사물이 존재하지 않는다는 뜻은 아니다. 동일한 이유로, 내 정의가 역사적, 사회학적, 또는 다른 유형의 종교 연구를 배제시킨다는 주장도 옳지 않다. 그러나 이 정의가 보여 주는 바는 이런 연구가 성공하려면 우리가 어느 믿음이 종교적인지를 인식하고 또 역사적 사건이나 사회 집단이 그런 믿음과 어떤 관계에 있는지를 알 수 있는 능력이 필요하다는 점이다. 왜냐하면 만일 우리가 종교적 믿음과 비종교적인 믿음을 구별할 수 없다면, 그래서 만일 우리가 연구하는 행습에 참여하는 사람들이 보유한 종교적 믿음의 내용을 발견할 수 없다면, 우리는 특정한 행습이나 기관이 종교적인지의 여부를 알 수 없고, 그것이 어떤 의미에서 종교적인지를 결코 확신할 수 없을 것이기 때문이다. (종교적인 것과 그렇지 않은 것을 막론하고 앞에서 인용한 많은 행습에 대해 다시 생각해 보라.)

우리가 때로는 그 저변에 깔린 믿음의 내용을 알 수 없어도 어떤 행습이나 기관이 종교적이란 것을 추론할 수 있다고 해도, 이것이 이 마지막 논점과 상충되지는 않는다. 때로 우리는 우리에게 낯선 관습과 언어를 보고 들을 때라도 어떤 행위가 예배라는 것을 추론할 수 있는 게 사실이다. 그들의 행위와 **우리가 이미 예배행위로 알고 있는 것** 사이에 유사점이 있기 때문이다. 그러므로 우리가 어떤 행습을 종교적인 것으로 인식할 수 있는 것은 그 행습과 일차적인 또는 이차적인 종교적 믿음과의 관계를 앎으로써―그 믿음을 직접 알든지 유추를 통해 추론하든지―가능하다고 할 수 있다.

이런 이유로, 내 정의가 사회학적 종교 연구나 역사적 종교 연구를 방해하지 않는다고 생각할뿐더러, 오직 그것만이 우리로 어떤 행습이 종교적 행위에 해당하는지를 알 수 있게 해 준다고 확신한다. 그런 역할을 어떻게 하는지를 이해하려면, 우리가 여기서 어떤 행습이나 기관이 ③유형에 해당하는 이차적 믿음의 자격이 있기 때문에 그것이 종교적인지 여부를 논하고 있다는 점을 유념할 필요가 있다. (이미 언급했듯이, ①유형에 속하는 믿음만이 일차적 의미에서 종교적인 것이다.)

이런 의미에서, 어떤 기관이나 행습의 핵심 목적이 사람들로 신과의 올바른 관계를 맺게 하려는 것일 경우에 종교적이라고 할 수 있다. 그러즉 교회, 회당, 모스크, 또는 신전 등은 확실히 종교적 기관들이다. 그리고 캠프 참가자들의 종교적 진보를 위해 운영되는 캠프장도 마찬가지다. 기도, 금식, 제사, 또는 성일(聖日)의 의식 같은 것도 그와 똑같은 이유로 실행될 경우에는 종교적 행습으로 간주될 수 있다. 반면에 가정이나 학교, 사업체나 정부는 종교적 믿음의 영향을 받아 다르게 운영되더라도 종교적 기관은 아니다.[27] 특정한 종교적 믿음을 교과목에 포함시키거나 옹호하는 학교는 분명히 종교적 영향을 받고 있고, 일부다처제를 불법화하거나 고용인들에게 특정한 성일을 공휴일로 제정해 주는 정부도 마찬가지다. 그러나 이런 기관들의 핵심 목적은 각각 교육하고, 다스리고,

생계를 유지하는 것이지 사람들로 신과의 올바른 관계를 맺게 하는 것이 아니므로 종교적 영향을 받는다고 해서 종교적 기관이 되는 것은 아니다. 이런 식으로 내 정의는 역사적 및 사회학적 종교 연구에 중요한 해석의 열쇠를 제공할 수 있다.

여러 비판에 대해 이렇게 답변한 만큼 이제는 내가 제공한 정의들이 의심의 여지가 없이 완전히 증명되었다고 말할 수 있을까? 글쎄, 그렇게 말하는 것은 좀 지나친 주장인 듯하다. 완벽하게 증명될 수 있는 정의는 매우 드물다. 그래서 이렇게 물어야 할 것 같다. 여기서 변호하는 정의들은 다른 어떤 정의보다 더 압도적으로 우월한 증거를 갖고 있는 것으로 확증된 만큼 정확한 것일 가능성이 매우 높다고 할 수 있을까? 나는 이 정의들이 적용될 수 없는 종교 전통은 없다고 알고 있고, 이 견해를 견지해 온 다른 사상가들도 똑같은 이야기를 해 왔다. 그뿐만 아니라, 이 정의들이 혹시 종교적인 것으로 잘못 분류하는 비종교적 믿음이나 가르침도 전혀 생각나지 않는다(이 점은 이번 장의 마지막 대목에서 상세히 변호하겠다고 약속한 바 있다). 그러므로 나는 여기서 변호되는 종교적 믿음의 정의가 종교적 믿음을 이해하는 면에서 최상의 것이라고 주장하고, 그것이 그릇된 것으로 입증되지 않는 한 정확한 정의로 받아들일 생각이다.

2.5 보조적인 정의들 – 신뢰, 신앙, 믿음에 대해

우리가 종교적 믿음과 관련해 사용하는 중요한 용어들 중에 명료한 정의가 필요한 것은 "신앙(faith)"과 "신뢰(trust)"이다. 나는 이 용어들을 명료하게 정리하면서 그것들이 믿음과 관련해 사용되는 방식에 관심을 둘 생각이다. 믿음에 대한 내 입장은 이러하다. 믿음(belief)이란 어떤 사태에 대한 개념이 실상에 부합하는 것으로 신뢰하고, 실상이 무엇인지를 주장하는 그 개념의 언어적 진술을 신뢰하는 방식으로 다른 믿음들을 생각하거나 말하거나 보유하는, 타고나거나 습득된 기질을 말한다.

한 가지 주목할 점은 내가 "신뢰"라는 단어를 모든 믿음에 적용되는 것으로 사용했기 때문에 영어에서 일반적으로 사용되는 것보다 더 넓은 의미로 사용했다는 것이다. 그런데 일반적인 용법에 따르면, "신뢰"나 "신앙"은 바람직한 믿음과 관련해서만 사용되므로 "믿음"이란 단어가 더 폭넓게 사용되는 편이다. 예를 들면, 어떤 사람이 자기는 진료보고가 나쁠 것으로 믿는다거나 그녀가 곧 해고될 것으로 믿는다고 말하는 것은 통상적인 어법이지만, 자기는 진료보고가 나쁠 것으로 신뢰한다거나 그녀가 곧 해고될 것이라는 신앙을 갖고 있다고 말하는 것은 결코 통상적인 어법이 아니다. 더 나아가, "신앙"과 "신뢰"는 믿는 내용에 대한 **강한** 개인적 신임을 표명하는 믿음에 국한되는 것이 보통이다. 이는 모든 믿음의 행위가 다 갖고 있지 않은 또 다른 특징에 해당한다. 예컨대, 내가 2만 년 전에 빙하기가 있었다고 믿는다고 말할 때는, 내가 실질적인 영향을 받을 만큼 그 믿음에 기대지 않고 그렇게 말할 수 있다. 그러므로 내가 (여기서) "신뢰"라는 단어를 사용할 때는 통상적인 어법에서 볼 수 있는 그런 제약이 없이 사용하고 있다는 점을 분명히 할 필요가 있겠다. 나는 어떤 개념을 참으로 신뢰한다는 의미로—신뢰하는 내용이 바람직한지 여부와 상관없이—그 단어를 사용하고 있는 것이다. 그러므로 본질적 신에 대한 믿음은 모두 그것이 바람직한 진리인지 여부와 상관없이 내가 말하는 '신뢰'를 포함하고 있는 셈이다. 그리고 그런 믿음은 하나같이 그 믿는 자들의 삶에 중요한 실질적인 결과를 초래한다.

    그런데 종교적 신뢰는 비종교적 신뢰에는 해당되지 않는 적어도 한 가지 특성을 갖고 있다. 어떤 것을 본질적인 신으로 믿는 종교적 신뢰는 그 대상을 무조건 믿을 만한 대상으로 삼는 데 비해, 비종교적인 신뢰는 보통 그 대상이 환경의 영향을 받기 때문에 그 신뢰성에도 변화가 있을 수 있다는 유보조건을 달고 있다. 앞에서 인용한 루터의 말을 이렇게 각색할 수 있겠다. "우리의 마음이 스스로 무조건 신뢰할 만한 것으로 의탁하는 것이면 무엇이든 우리의 하나님이다(우리가 말하는 본질적인 신이다)." "신"에 대한 우리의 정의에 따르면 이 말은 옳을 수밖에 없다. 왜냐하면 어떤 것이든 무조건적 실재를 갖고 있지 않는 한 무조건 믿을 만한 것일 수 없기 때문이다. 그러므로 어떤 것을 무조건 믿을 만한 것으로 간주한다는 것은 그것이 우리의 정의가 말하는 의미에서 신적인 존재라는 뜻이다. 그리고 신자의 주관적인 신뢰의 감정이 과연 그 대상이 소유한 무조건적 지위에 부합하는지 여부와 상관없이 그것은 사실이다. 사람들은 그 신뢰의 대상이 마땅히 받을 만한 신뢰의 정도보다 더 적은 또는 더 많은 신뢰의 감정을 느낄 수 있는 것이다.[28]

이 정도로 정리하고 이제는 "신앙"과 "신뢰"가 종교적 믿음에 대해 사용될 때 얻게 되는 미묘한 의미의 차이에 관해 생각해 보자. 그 차이 중 하나는 그 단어들 뒤에 "that"이 따라오느냐 또는 "in"이 따라오느냐에 의해 좌우된다. 예를 들면, 우리는 때로 하나님이 우리를 도울 것이라고 신뢰한다(believe **that** God will help us)고, 또 어떤 경우에는 하나님에 대한 신앙(faith **in** God)을 갖고 있다고 말한다. 물론 이 양자는 밀접한 관계를 갖고 있지만 약간의 차이점도 있는 것 같다.[29]

내가 보기에는, 무언가에 대한 신앙이나 신뢰(faith or trust in something)가 좀 더 기본적인 표현으로 그 핵심적 의미에 대한 신뢰를 나타내는 데 사용된다. 말하자면, 믿음의 대상에 대한 전폭적인 수용과 신뢰를 강조한다는 뜻이다. 다른 한편, 어떤 것이 어떠하다고(that) 믿는 신앙이나 신뢰는 성찰적인 판단을 거친 믿음과 관련해 사용되는 표현이다. 이는 그 내용을 분석한 뒤에 의식적으로 표명한 신앙이다. 즉, 신뢰받고 있는 것에 대한 진술의 형태를 띠고 있다는 말이다. 따라서 종교적 영역에서는, 하나님이 이런저런 일을 행하실 것이라는 "신앙"(faith that)은 보통 하나님을 믿을 만한 존재로 여기는 "신앙"(faith in)의 성찰적인 결과에 해당한다. 그렇다고 해서 무엇에 "대한" 신앙이나 신뢰가 무엇을 신뢰하는 것과 상충된다고 말하는 것은 아니다. 인간은 자기가 신뢰하는 것에 관해 생각하지 않을 수 없기 때문에 모든 신뢰행위는 성찰의 요소를 갖고 있기 때문이다. 이미 마치 모든 사유행위가 신뢰의 요소를 갖고 있는 것과 같다. 그러므로 무엇에 "대한 종교적 신앙"(faith in)은 언제나 어떠어떠하다고 "믿는 신앙"(faith that)이기도 하다. 이 두 요소는 결코 따로따로 존재할 수 없다. 그렇지만 이 두 가지 표현이 유용한 것은 두 가지 요소를 구별하게 해 주고 또 필요할 경우 따로따로 언급할 수 있게 해 주기 때문이다.

무엇에 "대한" 믿음(belief in)과 무엇을 믿는 믿음(belief that) 간의 차이점과 밀접한 관계가 있는 것은 "신앙"과 "신뢰"가 믿음의 행위나 내용을 가리키는 것으로 사용될 때 양자 간의 차이점이다. 그것은 "기독교 신앙(the Christian faith)", "유대교 신앙(the

Jewish faith)" 등과 같은 표현에서 볼 수 있듯이 믿음의 내용에 대한 "신앙"이다. 이런 의미에서 "신앙"은 "신조"와 같은 뜻이다. 이런 구별이 유용한 것은 우리가 종종 신뢰의 행위를 말하는지 또는 믿음의 내용에 대한 진술을 말하는지를 분명히 할 필요가 있기 때문이다. 하지만 다시 한 번 말하건대, 여기서 구별하고 있는 것은 모든 믿음의 구성요소들, 곧 결코 따로따로 존재하지 않는 구성요소들임을 유념해야 한다.

지금까지 종교적 믿음에 대한 논의를 위해 가장 중요한 용어들을 정의했고, 이제는 내가 "어떤 것을 신으로 간주하는" 사람에 관해 말했을 때 생길 수 있는 오해를 불식시키고 싶다. 누군가 어떤 것을 비의존적인 실재로 믿는다면 그것을 본질적인 신으로 믿는 셈이라고 말했다. 하지만 이런 식으로 말했다고 해서 신적인 것에 대한 모든 관념이 똑같이 옳기 때문에 그런 믿음은 전부 동일하게 참이라는 뜻은 아니다. 누군가 어떤 것을 완전히 비의존적인 것으로 간주한다고 해서 자동적으로 그렇게 되는 것은 아니다. 본질적인 신에 대한 믿음이 아무리 경건하고 열렬하고 성실하다 할지라도 그것은 여전히 그릇될 수 있는 소지가 있다.

이와 관련하여 종교적 믿음의 정의는 본질적인 신적 지위에 대한 정의였음을 기억하는 것이 중요하다. 그것이 모든 일차적 종교적 믿음이 의견을 같이하는 유일한 사항임을 나는 발견했다. 이런 의견일치에도 불구하고, 종교들은 다른 면에서는 의견이 매우 분분한 편이다. 예컨대, 무엇이 신적 지위를 갖고 있느냐, 신적 존재가 신이 아닌 것과 어떤 관계를 맺고 있느냐, 사람이 어떻게 신과 올바른 관계를 맺을 수 있느냐 등의 문제이다. 이런 이슈들에 대해 양립 불가능한 관념들이 있을 경우, 그것들이 모든 참일 수는 없다고 논리적 법칙은 말한다. 예를 들면, 토라나 신약 성경이나 코란에 계시된 유일한 하나님만이 신일 뿐 아니라 브라만-아트만 역시 신이라는 주장은 옳지 않다는 뜻이다. 이것이 옳은 주장이 되려면, **서로 다른 실재들에게 동일한 무조건적 지위를 부여한 것**이 아니라 "하나님"과 "브라만-아트만"이 동일한 실재를 일컫는 다른 이름들인 경우라야만 한다. 그리고 하나님은 다른 모든 것에서 구별되는 단일한 인격인 데 비해 브라만-아트만은 양자 중 어느 것도 아니기 때문에 그들은 동일한 실재일 수 없다. 그러니까 우주는 그것이 의존해 있는 본질적인 신에서 완전히 구별되는 것인(하나님의 경우에 그렇듯이) 동시에 우주 전체가 그것이 의존해 있는 신의 일부라는 것은 논리적으로 불가능하다. 다만 "(무엇)에서 구별되는" 이란 말과 "(무엇)의 일부"라는 말이 동의어일 경우에만 그것이 참일 수 있다. 그러므로 성경의 하나님은 다른 모든 종교들이 희미하게 또는 잘못 알고 있는 하나님이라는 것은 틀린 주장이다.[30]

요컨대, 논리적으로 보면 종교적 믿음은 비종교적 믿음과 마찬가지로 정확한 대상을 겨냥하든지 잘못된 대상을 겨냥할 수밖에 없고,—다른 모든 믿음과 마찬가지로—신에 관한 믿음도 참이거나 그릇된 것이지 참인 동시에 그릇된 것일 수는 없는 법이다. 따라서 무엇이 과연 신적 존재인지에 대해 서로 다른 두 견해가 있다면, 둘 중 하나가 또는 양자 모두 (적어도 부분적으로) 틀린 것이 분명하다. 다음 장에서 여기서 개발한 정의를 이용하여 세계의 여러 주요 종교 전통에서 생긴 의존관계의 유형들을 구분할 때 이에 관해 좀 더 자세하게 살펴볼 예정이다. 논의가 진행됨에 따라 동일한 유형의 의존관계를 견지하는 전통들 사이에는 상당한 유사점이 있지만, 다른 유형들을 견지하는 전통들은 결코 양립할 수 없다는 사실이 분명해질 것이다. 이 전통들은 동일한 산에 오르는 서로 다른 길이기는커녕 어느 산에 올라야 할지에 대해서도 의견을 달리하고 있다.[31]

2.6 비의존적인 것에 대한 믿음은 모두 종교적인가?

이는 내가 앞에서 소개하면서 되돌아가겠다고 약속한 점이다. 이 점을 따로 분리해서 다루는 것은 나의 중심 논지에 매우 중요할 뿐 아니라 종교적 믿음이 이론 구성에 어떤 역할도 할 필요가 없다고 주장하는 사람들이 이론(異論)을 제기할 소지가 가장 많은 점이기 때문이다. 반론은 다음과 같다. 비록 위에서 제공한 정의들이 정확하고, 그 정의들이 종교 연구에 중요한 기여를 한다고 할지라도, 지금까지 말한 것 중에 무언가를 무조건적 실재로 믿는 모든 믿음이 종교적일 필요가 있다는 결론을 보장하는 건 하나도 없다는 것이다. "어쨌든 모든 개는 동물이지만 모든 동물은 개가 아니다. 마찬가지로,

일차적인 종교적 믿음은 모두 무언가를 비의존적인 것으로 믿는 믿음이지만, 그런 믿음이 모두 종교적이어야 할 필요는 없다. 확실히 그렇지 않다! 철학과 과학의 이론들 가운데서도 무언가를 비의존적인 것으로 명백히 가르치거나 가정하는 것들이 있지 않은가? 이런 믿음은 분명히 종교적인 것이 아니고, 그런 믿음을 그런 식으로 정의해서 종교적인 것으로 만들려는 시도는 값싼 속임수에 불과할 뿐이다."

많은 사람이 종교에 대해 그토록 강한 반감을 품고 있기 때문에 내가 종교가 이론이나 다른 어떤 것에든 중요하다고 그들을 설득하려 해도 소용이 없다는 것을 나도 알고 있다. 대학원 시절, 동료 대학원생 한 명이 "내가 어떤 의미로든 종교적인 믿음을 갖고 있다는 것을 보여 주라. 그러면 당장 갖다 버리겠다!"라고 말했던 것이 생생하게 기억난다. 그럼에도 불구하고, 논증의 저울은 무언가를 무조건 비의존적인 것으로 믿는 모든 믿음은 종교적인 믿음이라는 주장 쪽으로 기울어진다.

먼저, 누군가 비의존적인 실재로 간주하는 것이 무엇이든 그것은 종교에서 신에 대한 믿음이 하는 역할과 동일한 역할을 그의 전반적 신념 체계 안에서 수행한다. 비의존적인 것이라고 믿어지는 것은 좀 더 자세히 묘사되기 마련이고, 그 묘사는 ②유형의 이차적인 종교적 믿음에 해당하는 함의들―이는 인간의 본성과 행복과 운명에 관한 믿음들을 포함한다―을 수반하기 때문이다.

철학적 유물론을 예로 들어 보자. 이 관념은 실재는 궁극적으로 물리적이므로 모든 것이 물질이든지 물질에 의존되어 있다고 주장한다.[32] 이는 종교적 믿음과 반대되기는커녕 그 자체가 신적 지위를 가진 것에 대한 하나의 가능한 관념이다. 이와 관련하여 앞에서 든 예들, 곧 물질을 본질적인 신적 존재로 받아들인(또는 받아들이는) 여러 종교들을 상기해 보라. 현대 유물론의 궁극적 실재에 대한 주장과 이런 종교들이 내세우는 궁극적 실재에 대한 주장 사이에 어떤 차이점이 있는가? 나로서는 중요한 차이점을 전혀 찾을 수 없다. 양자는 인간의 본성, 인간의 운명, 가치관, 인간의 행복 등에 대해 똑같은 견해를 갖고 있다.

이런 논점은 보통 몇 가지 반론을 불러일으킨다. 첫 번째 반론은, 종교적인 전통들은 궁극적 실재에 대한 관념에 ③유형의 이차적인 믿음들, 즉 신과 올바른 관계를 맺기 위해 인생을 어떻게 살아야 하는지에 대한 믿음을 덧붙이는 데 비해, 철학과 과학 이론들은 신과의 올바른 관계를 맺는 법이 아니라 주변 세계를 설명하는 데 관심이 있다는 것이다. 달리 말하면, 어느 믿음이 어떤 것을 비의존적인 실재를 가진 것으로 믿는다는 이유로 종교적인 것이 되는 게 아니라, ③유형의 이차적 믿음―개인적인 유익을 얻기 위하여 신과 올바른 관계를 맺는 법에 관한 믿음―과 결합될 때에만 종교적인 것이 된다는 주장이다. 게다가, 내가 이미 ②유형과 ③유형의 이차적인 믿음이 모든 종교적 전통의 공통점이라고 인정한 만큼, ③유형의 믿음도 결코 무시할 수 없을 것이라고 덧붙일 수 있을 것이다.

이 반론은 중요한 진리를 건드리는 동시에 중요한 오류에 빠지게 되어 있다. 중요한 진리란, 종교 전통에서 ③유형의 이차적 믿음이 언제나 일차적인 종교적 믿음과 결합되어 있다는 사실을 무시하면 잘못이라는 점이다. 중요한 오류란, 이론에서 발생하든 종교 전통에서 발생하든 궁극적 실재에 대한 관념이 두 유형의 이차적 믿음을 창출하는 것을 피할 수 있다고 생각하는 것이다. 다시금 유물론을 예로 들어 보자. 종교 전통의 이차적인 믿음과 마찬가지로, 유물론 역시 인간의 본성 및 운명뿐만 아니라 인간의 상태를 개선시키기 위해 할 수 있는 일과 할 수 없는 일에 대해 수용할 만한 관념의 범위를 제한한다. 사실 유물론은 그 나름의 진리에 비추어 합당한 삶의 방식으로 제시하는 인간의 가치관과 행복에 대한 독특한 견해를 필요로 하지 않는가? 가령, 이 세계에는 진정한 가치를 지닌 것이 없다거나 모든 것은 물리적으로 결정된다는 식으로 주장하지 않는가? 유물론 옹호자들은 그 관념이 우리를 모든 잘못된 대안들로부터 "해방시켜" 주고 우리 인생에 유익을 제공한다고 강조하지 않았던가? 이것은 물론 유물론에만 적용되는 것이 아니다. 궁극적 실재에 대한 모든 관념은 하나같이 ②유형과 ③유형의 이차적 믿음에 상당한 것을 수반할 것이다. 이런 면에서 서로 다를 바가 없고, 그런 관념은 종교 전통이나 이론 중 어느 곳에서 발생하든 차이점이 없다고 할 수 있다.[33]

이렇게 말한다고 해서 이론과 종교 간의 진정한 차이를 부정하려는 것은 아니다. 이론의 경우, 종교적 믿음은 설명을 만드는 데 사용되며 그 과정에서 이론은 가설의 구성을 지도하는 기본 가정이 된다. 반면에 종교 전통은 신자들에게 현세의 행복과 (항상 그런 것은 아니지만 종종) 궁극적 운명을 획득하기 위해 신과의 올바른 관계를 정립하도록 강조한다. 이는 중요한 차이점이긴 하지만 강조점의 차이일 뿐 서로 배타적인 것은 아니다. 종교 전통 안에서 발생하는 종교적 믿음 역시 설명을 제공하는 데 사용되며, ―내가 말했듯이―이론은 그것을 믿는 사람들의 개인적 태도와 행위에 대한 함의를 지닐 수밖에 없다. 대다수의 철학자들은 이 점을 인정했을 뿐 아니라 그들의 이론이 지닌 궁극적 실재 관념이 개인적인 유익을 준다고 열심히 지적하기도 했다. 그들은 그들의 이론이 실제로 우리의 삶을 인도하는 결과를 낳는다는 점을 보여 주려고 애썼다. 사회과학의 이론들도 마찬가지다. 흔히 (진리를 아는 것을 넘어서) 그 지지자들에게 베푸는 개인적인 유익에 대해 무관심해 보이는 것은 자연과학의 이론들이다. 그러나 만일 자연과학 이론들조차 궁극적 실재에 대한 모종의 관념을 전제할 수밖에 없다면―이 점이 바로 내가 이어지는 장들에서 입증하려는 것이다―, 그런 표면적인 무관심은 종교의 이론 통제에 대한 나의 주장과는 상관이 없을 것이다. 만일 자연과학 이론들이 궁극적 실재에 대한 어떤 견해를 전제하지 않을 수 없다면, 그 이론들이 구체적으로 설명하든 하지 않든 그 지지자들의 개인적인 삶에 대한 함의를 수반하기 마련이다.

보다 구체적으로 말하자면, 다음 장들에서 나는 모든 이론은 직접적으로나 간접적으로 본질적 신에 대한 믿음에 의해 통제된다고 주장할 것이다. 직접적인 통제는 한 이론이 실재의 본질에 대한 주장을 담고 있을 때 일어나는데, 그것은 (내가 주장하듯이) 실재의 본질에 대한 모든 견해는 궁극적 실재에 대한 관념을 포함하거나 가정하지 않을 수 없기 때문이다. 간접적인 통제는 한 이론이 실재의 본질에 대한 견해를 명시적으로 담고 있진 않지만 그런 견해를 전제하고 있는 것으로 보일 때 일어난다. 그런즉 만일 어떤 철학 이론이나 과학 이론이라도 실재의 본질에 대한 어떤 견해를 포함하거나 전제할 수밖에 없다면, 어떤 이론도 모종의 종교적 믿음을 포함하거나 전제하는 것을 피할 수 없다.

그러므로 첫 번째 반론에 대한 나의 답변은 그것에 동의한다는 것이다. 어떤 것을 궁극적 실재로 믿는 믿음이 그 자체로 종교적이든, 인간의 본성과 운명과 가치관과 올바른 행실에 관한 믿음과 결합할 때 종교적인 것이 되든, 그것은 내 정의에 별로 중요하지 않다. 설사 그런 입장이 옳을지라도, 어떤 것을 궁극적 실재로 믿는 믿음은 이론 안에서 발생하는 경우라도 종교 전통 안에서 발생하는 경우와 마찬가지로 종교적인 것으로 판명될 것이다.

두 번째 반론은 이렇게 말한다. 궁극적 실재에 관한 핵심 믿음과 이차적인 믿음 모두를 신앙이 아니라 합리적 근거로 받아들인다면 종교적이지 않다는 것이다. 그런 믿음들이 그것을 뒷받침하는 이유와 논증을 갖고 있다면 철학이나 과학으로 간주되어야 마땅하고 종교적인 것은 아니라고 한다. 그것들을 신앙으로 받아들이는 경우에만 종교적 의미를 지닌다는 것이다. 이 반론은 첫 번째 반론과는 달리 이론을 종교의 영향에서 보호하되 그 내용상의 차이가 아니라 그 내용을 받아들이는 근거의 차이로 그렇게 하려고 한다.

그런데 이유와 논증은 결코 철학과 과학에 국한되지 않는다. 이제까지 종교 사상가들과 신학자들이 제시한 논증들도 많이 있다. 예컨대, 하나님의 존재를 증명하고 다른 믿음들을 비판하는 논증들이 있다. 이런 논증들은 두 번째 반론에 치명적이다. 왜냐하면 이 반론에 따르면 그런 논증을 수용하는 사람은 비종교적인 하나님에 대한 믿음을 갖게 되는 셈이기 때문이다! 그러나 앞서 말했듯이, 하나님(또는 어떤 신)에 대한 믿음을 비종교적인 것으로 만드는 결과를 초래하는 견해는 스스로 신빙성을 잃어버린다. 그뿐만 아니라, 이 반론은 이성의 원칙에 신적 지위를 부여하는 것인즉 종교적 믿음에 바탕을 두고 있다. 왜냐하면 이성의 신빙성을 논증하려면 반드시 이성을 사용해야 하므로 논점을 교묘히 회피하기 때문이다!

이 반론이 유효하지 않은 이유들이 더 있다. 이 입장은 종교적인 믿음이 논증에 근거하고 있든지, 맹목적 믿음에 근거하여 수용되든지 둘 중 하나라는 식으로 말한다. 그러나 내가 아는 종교들 가운데는 사람들에게 그것을 맹목적으로 믿으라고 요구하는 것은 하나도 없다. 그것들은 모두 사람들이 스스로 그것이 진리라는 것을 경험해야 한다고 주장한다. 그런데 왜 논증과 맹목적 믿음 중에 하나를 선택해야 한다고 생각할 필요가 있는가? 종교적 믿음과 비종교적 믿음 모두 사실 이런 두 가지 선택안만 있는 것이 아니다. 우리 믿음의 많은 내용은 직접 경험에 근거하고 있으므로 논증에 의해 다른 믿음에서 나온 것도 아니고 맹목적 믿음으로 수용한 것도 아니다. 예컨대, 당신은 현재 이 글을 읽는 중이다. 당신이 이것을 읽고 있다는 당신의 믿음은 당신이 다른 믿음에서 추론한 것이 아니고 맹목적인 믿음도 아니다. 그리고 많은 사상가들은 종교적 믿음도 이와 비슷하게 수용된다고 주장했다. 저명한 철학자인 폴 지프(Paul Ziff)도 언젠가 자신의 유물론을 이런 식으로 묘사한 적이 있다. "당신이 나에게 왜 유물론자인지를 물으면 내가 무슨 말을 할지 모르겠다. 여러 논증 때문이 아니다. 글쎄, 실재가 나에게는 물리적인 것으로밖에 보이지 않는다고 말해야 할 것만 같다."[34] 그리고 놀랍게도 장 칼뱅 역시 하나님에 대한 믿음을 그런 식으로 말했다.

> 우리가 [성경이] 하나님에게서 왔다는 것에 어떻게 설득될 수 있을까 하는 질문에 대해서는… 마치 우리가 어떻게 어둠에서 빛을, 검은색에서 하얀색을, 쓴맛에서 단맛을 구별하는 법을 배울 수 있을까 하는 질문을 받는 것과 똑같다. 하얀색과 검은색, 단맛과 쓴맛이 그렇듯이 성경도 그 얼굴에 스스로 진리라는 명백한 증거를 지니고 있다.[35]

나중에 나는 너무도 많은 이론들이 옹호해 온 다양한 후보들(합리적 법칙, 물질, 감각적 지각 등)에게 독자적인 실존을 부여하는 데는 이론적 정당화가 있을 수 없는 이유를 제시함으로써 간접적으로 이 논점으로 되돌아올 예정이다. 만일 그게 옳다면, 어떤 이론이 수용하는 그런 믿음은 순전한 오류나 맹목적인 믿음이 아니면 그럴 만한 경험적 근거가 있을 것이다. 칼뱅과 지프 둘과 같은 인물들이 후자에 속한다.

나는 이미 다른 책에서 종교적 믿음의 경험적 근거에 대해 상세히 논증한 적이 있으므로 여기서 그것을 반복할 필요는 없을 것이다.[36] 여기서 할 수 있는 일은 어떤 것을 본질적인 신으로 경험하는 일이 모든 시대와 장소에 걸쳐 인간들이 가졌던 종교적 믿음의 보편성에 대한 더 나은 설명임을 간단하게 지적하는 것이다. 사람들은 언제나 그들의 기원에 관한 질문에 관심이 있었다. 그들이 어떤 과정을 통해 존재하게 되었는지뿐만 아니라 그들이 궁극적으로 무엇에 의존해 있는지도 알고 싶어 했다. 그렇기 때문에 나는 "종교적"이란 말이 인간 존재의 실존적인 상태를 묘사하는 것이라고 주장한 것이다. 이것은 생각이나 감정이나 의지 등에 국한되지 않고 전인(全人)이 관련된 상태이다. 이런 종교성의 일차적 표현은 본질적인 신에 대한 믿음이지만, 이 믿음조차도 인간의 타고난 욕구, 곧 그들을 비롯한 모든 것이 의존해 있는 궁극적인 실재를 향하게 하고 그 궁극적 실재에 비추어 그들의 본성과 올바른 행실을 이해하고 싶은 욕구에서 나오는 것이다.[37] 사람들은 논증을 생각해 내기도 전에 항상 본능적으로 그런 믿음을 만들었다. 그래서 그들이 때때로 신적 능력을 지닌 존재로 구체적인 신들을 발명한 건 사실이지만—내가 앞에서 지적했듯이—그런 일을 하기 위해서는 이미 무언가를 본질적인 신으로 믿어야만 했던 것이다. 구체적인 신들은 발명품이었을지 모르지만 종교는 결코 그런 고안물이 아니었다. 종교는 사람들이 경험을 통해 비의존적인 것으로 "보이는" 어떤 것을 발견함으로써 발생한 것이다. 만일 이게 사실이라면, 신에 대한 믿음은 다른 믿음에서 유래한 게 아니라 "기본적인" 믿음이라고 할 수 있다.[38] 그렇다면 이 믿음은 맹목적인 신앙도 아니고 논증에 근거한 것도 아니므로, 그런 믿음이 이론을 통해 논증된다면 비종교적이라는 반론은 무너지고 만다. 더 나아가, 만일 (나중에 내가 논증할 것처럼) 궁극적 실재에 대한 믿음이 이론적으로 정당화될 수 없다면, 오히려 그런 믿음이 직접 경험의 산물이라면(내가 다른 곳에서 이미 논증했으므로 여기서는 이렇게 전제하겠다), 이론을 통해 제공되는 논증들은 그런 믿음의 진정한 근거가 아니라 단지 결과물일 뿐이다.

다른 한편, 신에 대한 믿음이 경험에 근거한다는 견해는, 만일 논증될 수 있는 믿음이라면 그것은 비종교적이라는 주장을 무너뜨린다. 그런 믿음의 진정한 근거가 논증이 아닌 경험일 수 있는 가능성 자체가 그런 주장을 미확정된 것으로 만들기 때문이다. 그런 믿음이 맹목적인 신앙이나 논증이 아니라 경험에 근거하고 있음을 보여 주는 그럴듯한 설명이 존재한다는 사실은 그 양자만이 가능한 대안들이라고 말하는 게 합당하지 않다는 것을 보여 준다. 그 양자만이 가능한 대안들이 되려면 먼저 논증이 실패해야 하고, 종교적 경험이 그것들의 진정한 근거라는 견해를 아예 제쳐 놓아야 한다. 그러나 이제까지 아무도 이와 비슷한 일조차 한 적이 없고 앞으로도 그럴 가능성이 거의 없을 것이다. 그러므로 내 입장에 대한 두 번째 반론은 실패한 것으로 결론을 내리는 바이다.

끝으로, 궁극적 실재에 관한 믿음이 종교적 성격을 갖고 있다는 내 입장을 거꾸로 뒤집으면 종교적 믿음의 철학적 성격을 지지하게 될 수도 있다는 반론이 있다. "종교 대신에 철학 이론들을 조사하는 것을 출발점으로 삼아 어떤 궁극적 실재에 대한 믿음이 실재와 지식에 관한 이론들의 공통점이라는 것을 발견하지 말란 법이 있는가?" 하고 말한다. 그리고는 이론들이 종교적 가정을 갖고 있을 수 있듯이, 모든 종교도 철학적 가정을 공유한다는 결론을 내릴 수 있다고 한다. 이것은 종교의 이론 통제를 지지하는 입장을 약화시키지 않는가?

이에 대해 두 부분으로 나누어 답변할 수 있다. 첫째, 나는 "종교적"이란 용어를 특별히 지지하고 있는 것이 아니라는 점을 말하고 싶다. 누군가 그 용어를 다른 용어로—가령, "궁극적 실재에 대한 믿음"으로—바꿔야 한다고 주장하더라도 나의 중심 논지에는 아무런 영향을 미치지 않을 것이다. 만일 그런 믿음이 모든 이론을 통제하는 불가피한 영향력을 행사한다면, 이름을 바꾼다고 해서 내 입장이 변경되지는 않을 것이다. 나의 중심 논지는 이런 식으로 진술될 수도 있다. 이론을 통제하는 믿음은 종교의 본질과 같고, 이런 믿음은 합리적으로 정당화하는 것이 불가능하며, 그 믿음은 이론과 별개로 인간 경험에서 발생하므로 이론으로부터 나오는 것이 아니라는 것이다. 그렇기 때문에 어떤 용어를 사용하든지 상관없이 나의 중심 논지의 중요한 부분은 전혀 변함이 없을 것이다.

하지만 그런 믿음을 묘사하는 가장 적절한 용어에 관한 질문은 합법적인 것이다. "형이상학적"이란 용어는 "종교적"이란 용어만큼 적절한가? 이것은 분명 설득력이 없는 이상한 제안이다. 만일 어떤 것을 비의존적이라고 믿는 믿음이 이론 이전의 경험에서 발생했고 이론의 경우처럼 정당화하는 게 불가능할뿐더러 형이상학적 이론의 내력과 상관없이 모든 시대와 장소에 존재했던 것이 사실이라면, 이제 와서 그것을 특정한 이론의 이름으로 부를 만한 이유가 도대체 무엇인가?

이 답변의 위력을 느끼기 위해 잠시 입장을 바꿔 놓고 생각해 보자. 그런 믿음이 모두 이론 바깥에서 존재한 적이 없고 정교하고 추상적인 형이상학 체계 안에서만 발생했다고 가정하자. 이후 그 이론들이 제의한 독립적인 실재를 옹호하는 종교들이 발생하여 그것을 설명의 용도로 활용할 뿐만 아니라 예배해야 한다고 주장한다고 치자. 이 경우에 궁극적 실재에 대한 믿음은 형이상학적이지 않고 종교적이라고 주장하는 것은 설득력이 있을까? 그들은 '이 믿음은 철학 안에서 발생한 것인 만큼 종교적이라고 불러야 마땅하다는 주장은 독단적인 제국주의의 행태'라고 말하지 않을까? 그들은 '그런 믿음을 직접 경험에 근거한 것으로 간주하는 입장은 그것이 본래 논증을 통해 수용된 형이상학적 이론의 전제로 발생한 만큼 설득력이 없다'고 말하지 않을까? 그들은 분명히 이렇게 말할 것이고, 나는 그들이 그렇게 하는 것이 옳다고 생각한다. 그러나 내 입장에서는 똑같은 이유로 그런 믿음이 이론 안에서 발생하든 그렇지 않든 상관없이 그것을 "종교적"이라고 부르는 것이 가장 적절하다고 본다.

이런 반론들이 결국 실패할 수밖에 없기 때문에 내가 제안한 정의들은 그대로 유효하다고 결론을 내리는 바이다. 어떤 것을 무조건적인 실재로 믿는 믿음은 어떤 맥락에서 발생하든지와 상관없이 종교적 성격을 지녔다는 사실도 그대로 남는다. 그래서 다음 장에서는 이 정의들의 도움을 받아 오늘날의 대표적인 세계 종교들이 지닌 의존관계의 유형들을 살펴볼 생각이다. 이런 의존관계들의 중요성은 그런 전통들에만 국한되지 않는다. 그런 관계들을 구별하는 작업은 나중에 철학 이론과 과학 이론에 나오는 동일한 의존관계를 파악할 수 있게 해 줄 것이다.

THE MYTH
OF RELIGIOUS NEUTRALITY

3장 종교적 믿음의 여러 유형

 이제는 오늘날의 대표적인 세계 종교들로 눈을 돌려서 우리가 개발한 정의들이 그 종교들을 이해하는 데 어떤 도움을 주는지 살펴보자. 여기서 우리는 대여섯 종교 전통은 커녕 두 개의 전통도 상세히 비교할 수 없다. 그럴 경우 완전히 삼천포로 빠질 것이기 때문이다. 그러나 세계에서 가장 영향력 있는 종교들을 비신적인 것들이 신적인 것에 의존하는 방식에 따라, 말하자면, 내가 앞장에서 ②유형의 이차적 믿음으로 언급한 의존관계에 따라 간략하게 살펴보는 일은 많은 시사점을 제공할 것이다. 이런 관계에 대해 좀 더 정확하게 알게 되면 그 전통들을 잘 이해할 수 있을 뿐만 아니라 나중에 이론 안에서 그런 관계를 잘 분별할 수 있게 되리라.

3.1 종교 유형 분류의 기초

 대표적인 세계 종교들이 비신적인 것이 신적인 것에 어떻게 의존해 있다고 생각하는지에 따라 그들을 다루는 일은 앞장에서 개발한 정의들이 주는 중요한 유익 중의 하나다.

이것은 그저 자의적으로 선택한 특징(들)에 따라 여러 전통을 분류하는 것보다 더 나은 접근이다. 과거에는 종교들이 얼마나 많은 신을 갖고 있는지, 또는 엄격한 도덕을 옹호하는지 여부 등에 따라 여러 범주로 나누곤 했었다. 그러나 이런 유형 분류 방식은 자의적일 뿐 아니라 적용 범위가 아주 제한되어 있다는 점에서 너무 편협하기도 하다.

하지만 의존관계를 하나의 지침으로 삼으면 오늘날 세계를 주름잡는 의존관계가 세 가지라는 점이 분명해진다. (물론 이 세 가지가 전부는 아니다. 나는 가능한 의존관계가 적어도 14가지가 있다는 것을 발견했다.) 나는 이 세 가지를 각각 이교적 유형, 성경적 유형, 그리고 범신론적 유형이라고 부르겠다. 여기서 "성경적" 유형은 유대교와 기독교와 이슬람교에서 볼 수 있는 초월적 창조주에 대한 유신론적 믿음을 총괄하는 용어로 사용하는 바이다. "범신론"이란 용어는 힌두교와 불교, 그리고 보다 최근에 등장한 도교의 일부 형태를 포괄한다. 종교적 믿음의 이교적 유형은 내가 지금 한두 종교로 거론할 수 없는 폭넓은 전통들을 포함하지만, 잠시 후에 그중에서 가장 영향력 있는 몇 개를 살펴볼 예정이다. 그에 앞서 내가 분명히 하고 싶은 것은 "이교적"이란 용어를 결코 경멸적인 말로 사용하고 있지 않다는 점이다. 말하자면, 기독교 선교사들이 19세기에 "이방"이란 용어를 사용했던 식으로 쓰고 있지 않다는 뜻이다. 그 용어는 소위 원시적인 사람들만이 보유했던 미신적인 믿음이나 불합리한 믿음만을 가리키지 않는다. 이와 반대로, 이교주의는 아주 정교할 수 있고 또 그 정교한 형태가 오늘날 세계에서 굉장한 영향력을 발휘하고 있음을 알게 될 것이다.

3.2 이교적 유형

이교적 의존 관념의 핵심적 특징은 본질적인 신을 우리의 일상 경험과 생각에 열려 있는 우주 속의 어떤 부분, 측면, 힘, 또는 원리라고 보는 데에 있다. 달리 말해서, 이교적 의존관계에 따르면 오직 하나의 연속적인 실재만이 존재하며 그중의 일부가 본질적인 신이고 나머지 부분은 모두 거기에 의존하고 있다고 한다. 다음과 같은 도형이 이 점을 분명히 하는 데 도움이 될 것 같다. 실선은 신적 존재를 상징하고 점선은 비신적인 존재를 상징한다고 가정하면 이교적 의존 관념을 이렇게 그릴 수 있을 것이다.

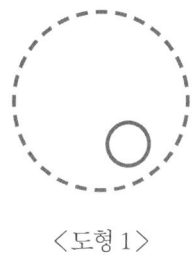

〈도형 1〉

아주 다양한 종교적 믿음들이 이 유형에 속한다. 지구와 태양과 강과 바다 등에 있는 신적 능력을 예배했던 자연 종교들과 대다수의 다신론은 이 유형의 예들이다. 예를 들면, 고대 세계에서 가장 흔하게 경배를 받았던 신들 중의 하나는 폭풍을 통제하는 신이었다. 이 신은 근동 지방에서는 바알로, 그리스에서는 제우스로, 로마에서는 주피터로 각각 불렸다. 각 경우에 사람들은 이 신을 이차적인 의미의 많은 신들 중 하나인 것으로 믿었다. 그 신들은 본질적 신성을 지닌 무언가에 의존하고 있지만 사람보다는 더 신적인 능력을 갖고 있었다. 내가 앞에서 언급한 믿음들 중에 마나, 누멘, 가미를 본질적인 신으로 믿는 믿음들도 이 유형에 속한다. 물론 이 전통들은 각 신들의 이름과 세부적인 면에서는 서로 의견을 달리하고, 또 일부 전통은 다른 전통들에 없는 신들을 보유하고 있지만, 모두가 본질적인 신이 비신적인 존재와 동일한 일반 관계를 맺고 있다고, 말하자면 본질적인 신이 모든 비신적인 사물 각각의 **일부**라고 믿었다. 그래서 이런 의존관계가 헤시오도스의 영향으로 철학 안에 등장했을 때 베르너 예거는 그 특징을 모든 이교의 믿음에 잘 적용하고 있다.

> 헤시오도스의 사상이 마침내 철학적 사고로 바뀌게 되자 이 세계 안에서 신을 찾게 되었다. 그러니까 창세기에서 나오는 유대-기독교 신학처럼 세계 바깥에서 찾지 않았다는 말이다.[1]

나는 오늘날의 세계에도 이교적 믿음이 여전히 강력하게 자리 잡고 있다고 말했는데, 이와 관련해 내가 앞장에서 개진한 논점, 곧 종교가 항상 예배를 초래하는 것은 아니라는 점을 유념할 필요가 있다. 우리가 의식과 예배로 표현되는 이교의 여러 형태만 생각하는 한, 이교가 오늘의 세계에서 중요한 세력을 이루고 있다는 말을 도무지 믿을 수 없을 것이기 때문이다. 왜냐하면 예배를 포함하는 이교 신앙—이를 "의식(儀式)적" 이교라고 부르자—은 힌두교와 불교와 기독교와 이슬람교는 물론이고, 무의식적인 이교 신앙—예컨대, 우주의 어떤 측면을 비의존적인 존재, 즉 본질적인 신으로 간주하는 유물론과 같은 이론들—의 압력을 받아 오랫동안 내리막길을 걸어왔기 때문이다. 반면에 이런 무의식적인 이교사상은 계속 번성해 왔다. 철학과 과학 분야에 몸담은 많은 현대 사상가들은 고대의 이교에 못지않게 이교적인 믿음을 가정으로 삼는 이론들을 견지하고 있다. 예를 들면, 피타고라스 학파의 종교 공동체는 오래전에 사라졌고 이제는 수(數)를 **예배하는** 사람이 아무도 없지만, 수 내지는 수학의 다른 요소들이 자존하는 실재의 영역에 속해 있어서 다른 모든 것이 (적어도 부분적으로) 그것에 의존되어 있다고 믿는 믿음은 결코 죽지 않았다. 사실 이러한 믿음은 이날까지 과학적 사고의 큰 분야들을 계속 지배하고 있다.[2] 그리고 우리가 이미 살펴본 것처럼, 수가 아니라 물질과 에너지를 비의존적인 실재로 간주하는 것도 똑같이 무의식적인 이교 신앙이다. 이것 역시 자연세계의 한 측면을 신적인 것으로 믿는 사례이기 때문이다.

이 지점에서 내가 말하는 이교적 유형을 칼 마르크스가 주창한 변증법적 유물론에 적용해 보는 것도 시사하는 바가 많을 것이다. 마르크스주의는 공공연한 반(反)종교적 이론이기 때문에 특히 흥미로운 사례이다. 물리학과 생물학, 경제학, 역사학, 정치학 등 모든 것을 해석할 때 마르크스주의는 어떤 종류를 막론하고 모든 종교에 반대한다고 천명했다. 마르크스의 이론에 따르면, 물질/에너지가 근본 실재이고, 물질 안에는 이른바 "변증법적" 발전과정에 따라 사물을 변하게 하는 타고난 법칙이 있다고 한다. 이 법칙이 수백만 년에 걸쳐 물질이 수많은 형태로 조직되도록 만들었다는 것이다. 은하계와 태양계, 생물들, 인간, 인간 사회 등은 모두 변증법적 발전의 법칙에 의해 조직되는 물질의 산물이라고 한다.

마르크스주의 가설은 이어서 이 변증법적 법칙을 제대로 이해하면 자유시장(자본주의) 경제가 불의하고 억압적인 정부의 원인인 만큼 결국 사라질 운명임을 보여 준다고 주장한다. 이는 악의 뿌리인 사적 소유권을 기꺼이 폐지시키려고 하는 정부로 발전함에 따라 이뤄진다는 것이다. 일단 공산주의 경제체계가 확립될 수만 있다면, 이는 역사상 가장 정의로운 정부를 만들 테고, 그 결과 모든 인류는 갈수록 더 큰 행복을 누리게 될 것이다. 그리고 최종적인 결과는 역사의 마지막 단계인 공산주의 사회의 출현이다. 그런 사회에서는 시민들이 사적 소유권을 자발적으로 포기할뿐더러 결코 갖고 싶어 하지도 않을 것이다. 이로 말미암아 범죄는 물론이고 정부의 필요성까지 사라질 것이다. 그때는 적대적 이해관계를 가진 계급이 더 이상 없을 것이므로 한 집단이 다른 집단으로부터 소외되는 일도 발생하지 않을 것이다. 그리고 더 이상 자연으로부터 소외되는 일도, 생활필수품을 생산하는 도구로부터 소외되는 일도 없을 것이다. 사람들은 모두 행복하고 선하게 되어 평화로운 인생을 살게 되리라.

마르크스는 분명 무신론자이긴 했지만 그의 이론은 물질의 비의존성 내지는 자존을 전제로 삼고 있다는 점이 너무도 분명하다. 물리적인 물질은 타고난 변증법적 발전 법칙과 나란히 "그냥 저기에" 있는 것이다.³ 물질은 그 어떤 것에도 의존하지 않고, 모든 실재는 물질과 동일하든지 물질에 의존해 있다. 이런 이유로 마르크스의 이론은 정반대의 주장을 펴고 있지만 실제로는 종교적 믿음에 기초를 두고 있는 것이다. 더 나아가서, 이 종교적 믿음은 우주의 어떤 것(물질과 그 변증법적 법칙)을 다른 모든 것이 달려 있는, 실재의 자존하는 부문으로 간주하는 만큼 이교적 믿음의 전형인 셈이다. 우리가 충분히 이런 결론을 내릴 수 있는 이유는 우리의 정의가 어째서 어떤 믿음이 예배를 포함하지 않고도 종교적일 수 있는지와 그 신봉자들이 바라든 말든, 인정하든 말든 상관없이 종교적일 수 있음을 보여 주었기 때문이다. 내가 이것을 다시 언급하는 이유는, 특히 무의식적인 이교사상의 옹호자들이 그들의 믿음이 종교적임을 부인하며 그것을 "세속적"이라거나 "비분파적"이라는 식으로 부르기 때문이다. 이는 그 사상이 종교적으로 중립적임을 전달하기 위해 사용하는 용어들이다. 그러나 이런 믿음과 우리가 내린 "본질적 신"의 정의를 비교해 보면, 즉시 인본주의적 내지는 세속적이란 딱지가 붙은 많은 믿음이 실은 또 다른 종교적 믿음이라는 것을 알 수 있다.

피타고라스주의와 유물론은 본질적 신에 해당하는 단 한 가지 실재밖에 없다고 주장하는 이교 신앙의 사례들이다. 그러나 역사적으로 가장 대중적인 이교 신앙의 형태는 소위 "이원론"이라는 하부유형에 속해 있는데, 이는 본질적인 신이 단 하나가 아니라 둘이 있다고 믿는 믿음이다. 이 하부유형 중 가장 유명한 믿음에 따르면, 두 신들 사이의 상호작용이 비신적인 모든 실재를 낳는다고 한다. 고대 그리스인의 형상-질료 믿음이 이런 이원론의 실례이고, 도교의 음양 교리도 마찬가지다. 〈도형 2〉는 이런 차이점을 반영하여 앞에서 소개한 도형을 고친 것이다.

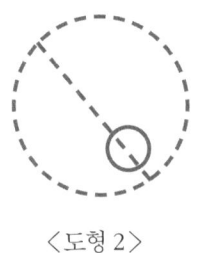

〈도형 2〉

두 가지 신적 실재가 있다고 믿는 종교의 경우, 보통 그 가운데 하나는 선한 것의 근원이고 다른 하나는 악한 것의 근원이라고 간주한다. 방금 언급한 고대 그리스의 이원론적 이교사상이 좋은 본보기다. 이 사상이 두 가지 신성으로 간주하는 것은 다음과 같다. ① 만물이 만들어질 때 사용된 원자재인 질료(Matter, 물질)와 ② 원자재를 우리가 경험하는 이해 가능한 세계로 빚어내는 질서의 원리인 형상(Form)이다. 일부 그리스 사상가들은 이 신적 질서를 논리적 성격을 지닌 것으로 보았고, 다른 사상가들은 그것을 본질상 수학적인 것으로 보았다. 이 이원론적 신앙은 인간 본성의 개념에도 적용되어 인간 역시 형상과 질료의 조합이라고 가르쳤다. 인간의 몸은 물질로 구성되어 있으며 감정과 정념을 창조한다. 반면에 인간의 정신은 논리적으로 또(또는) 수학적으로 추론할 수 있는 능력이 있기 때문에 형상의 구현물이다. 이 견해에 따르면, 선하고 아름답고 진실한 것은 모두 본질적으로 이성적 특성을 지니고 있으며, 정신이 행사하는 이성적 사고에 의해 알 수 있다. 이와 반대로, 악하고 무질서한 것은 모두 비이성적인 감정과 정념 같은 몸의 충동에 의해 생기게 된다. 그러므로 인생은 감정적 본성과 이성적 본성 사이의, 몸과 정신 사이의 끊임없는 싸움이라고 할 수 있다.

이런 유형의 이교사상은 두 가지 신성이란 이원성에 의거하여 인간의 본성은 물론이고 모든 실재에 서로 상반되는 쌍이 스며 있다고 보았다. 선 vs 악, 이성적 vs 비이성적, 안정 vs 변화, 질서 vs 무질서, 아름다움 vs 꼴사나움 등이 몇 가지 예다. 이런 관점은 오늘날 우리 문화에서도 큰 인기를 누리고 있다. 그러나 다수의 비이방인들이 이 사상에 대해 아무리 편하게 느낀다 해도, 이런 이원론적 그림은 종교적 믿음의 성경적 유형과 범신론적 유형과 갈등관계에 있다.

3.3 범신론적 유형

오늘날의 종교 가운데 범신론적 의존관계를 옹호하는 대표적인 실례는 힌두교와 불교이다. 이 관계는 이교주의가 견지하는 관계와 정반대되는 것이다. 범신론적 믿음은 신적 존재를 한 연속적 실재의 하위분과로 보지 않고 우리가 비신적인 실재로 경험하는 것은 무엇이든 무한하고 모든 것을 포괄하는 신적 실재의 하위분과라고 간주한다. 우리가 무한히 큰 원을 그릴 수 없기 때문에 이 유형을 그림으로 묘사하는 데 문제가 있다. 그래서 다음과 같은 〈도형 3〉에 나오는 유한한 원은 사실상 무한한 원을 상징하는 것임을 밝히는 바이다.

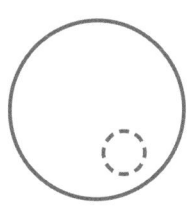

〈도형 3〉

이 그림은 범신론적 종교들이 이방 종교들과 함께 단 하나의 연속적 실재가 존재한다는 믿음을 공유하고 있음을 보여 준다. 하지만 이 둘이 의견을 달리하는 부분이 있다. 이교적 유형은 실재에는 본질적인 신 이상의 것이 있다고 보는 입장이고, 범신론적 유형은 신적 존재가 비신적인 것보다 더 크거나 동연(同延)적 관계에 있어서 후자를 전자의 하위분과로 보는 입장이다. 이런 차이점을 감안할 때, 이교적 관점에서 보면 신적인 것과 비신적인 것 사이에는 뚜렷한 차별성이 있는 반면에, 범신론적 관점에서 보면 양자의 구별은 무척 까다로운 문제이다. 만일 비신적인 것이 통째로 신적인 것의 일부라면, 신적이지 않은 것이 어떻게 있을 수 있을까? 그리고 만일 신적이지 않은 것이 없다면, 양자를 구별하는 선을 어떻게 그을 수 있겠는가?

이 질문에 대한 범신론적 전통의 답변은 이미 앞장에서 잠깐 언급했다. 신성이 만물의 본질이긴 하지만, 그럼에도 우리는 개별적인 사물들과 일상의 사건들을 비신적인 것으로 경험하고 있다는 것. 이 전통들은 본질적 신성을 지닌 실재의 한 부분과 그렇지 못한 부분을 서로 구분하는 게 아니라, 만물의 신적 본질과 **신적이지 않은 사물이 있는 듯이 보이는 환상적인 겉모습**을 구분하는 것이다. 환상에 불과한 우리의 일상 경험(마야)과 그 배후에 있는 신적 실재 사이의 차이점이 너무도 크기 때문에 범신론적 전통의 경전들과 훈련들은 이 교리를 가르치는 데 그치지 않고 만물의 하나 됨을 신비롭게 체험하도록 유도하고 있다. 오직 이런 신비적 체험을 통해서만 환상의 베일을 극복하고 겉모습의 세계 배후를 보며 그에 가려져 있는 신적 실재를 인식하게 된다고 한다. 이 신적인 실재는 힌두교에서는 브라만-아트만으로, 불교에서는 화신불, 공(空), 실제(Suchness), 무(無), 니르바나(그리고 이 밖의 다른 용어들)로, 그리고 도교에서는 도(道)로 불린다.

여기서 강조할 것은 일상적인 경험과 이성이 인식하는 것이 비실재적이라는 이런 전통의 주장은 심각한 문제가 아닐 수 없다는 점이다. 이 전통들은 일상의 세계가 그것이 가리는 신적 실재보다 덜 실재적이라고만 주장하는 게 아니다. **신적 실재를 둘러싼 모든 것이 비실재적**이라고 주장한다. 그들에 따르면, 신비적 체험은 신성이 만물의 참된 본성일 뿐만 아니라 사실은 유일한 실재인즉 존재하는 모든 것이 신이라고 한다. 그러므로 이 견해에 따르면 일상 세계의 가장 평범한 특징들도 한갓 환상에 불과하다.[4] 예컨대, 이런 전통들의 대표적인 형태에 따르면, 실제로는 독특한 개별적인 사물들이 존재하지 않고 질적인 차이도 없다고 한다. 심지어는 선과 악의 차이도 존재하지 않는다는 것이다! 본질적으로 만물은 하나이고, 오직 신적 실재밖에 없다는 주장이다.

이 교리에 대해 서구인은 보통 그것이 논리적 모순으로 귀결된다고 지적하며 이상한 것으로 취급한다. 이런 비판에 대해 이 전통들은 신비 체험이 없으면 만물과 신적 실재의 (감춰진) 동일성을 깨달을 수 없고 믿지도 못한다고 대답한다. 이 입장이 자기모순이라는 비판은 논리적 사고 자체가 환상의 세계의 일부라는 것을 인식하지 못한 탓이라고 한다. 따라서 그것은 만물의 신적 통일성을 발견하지 못하도록 방해하는 하나의 속임수라는 것이다. 그러므로 범신론적 의존관계에 의하면, (이교신앙이 주장하듯이) 신적 실재를 세계의 어느 부분이나 측면으로 생각하면 안 된다. 그뿐만 아니라 논리가 배제되므로 신적 실재는 결코 **생각으로** 파악할 수 없는 것이다. 그렇기 때문에 힌두교와 불교 전통들은 본질적 신에 관한 진리를 발견하는 유일한 수단으로써 신과의 합일이라는 신비적인 체험을 주장하는 것이다.

이교적 의존관계와 범신론적 의존관계의 차이점은 또 다른 중요한 의견불일치를 낳는다. 예컨대, 그들이 인간 본성과 가치들의 우선순위를 해석하는 기준인 ③유형의 이차적 믿음을 한번 생각해 보자. 앞서 개관했던 유명한 그리스판 이교사상에 따르면, 사람들의 잘못은 인간 이성을 모든 실재에 질서를 부여하는 동일한 신적 원리들의 구현체로 인식하지 못하는 점이고, 합리성을 개인 생활과 인간 사회에서 최고의 가치로 삼음으로써 감정적 충동을 극복하지 못하는 것이라고 한다. 이 견해에 의하면, 이성에 따라 사는 것이 신적 존재, 인생의 최고의 가치, 진정한 행복으로 이끄는 것과 관계를 맺는 올바른 길이다.

이와 반대로, 범신론적 전통들은 사람들의 잘못이 인간의 합리성을 포함한 환상의 세계를 실재하는 것으로 믿는 점이라고 주장한다. 범신론적 관점에서 보면 자연세계의 어느 부분이나 특징도 신적인 것이 아니고 실재하는 것도 아니기 때문에, 신과 관계를 맺는 올바른 길은 일상 경험의 환상적 세계를 버리고 그로부터 초연해져서 참된 (신적) 실재를 발견하는 것이다. 이 견해에 따르면, 인간의 최고 가치는 합리적인 삶의 질서 수립이 아니라 이성을 포함한 일상적인 경험을 완전히 버리는 일이다! 이는 신과의 완전한 합일이라는 신비적인 체험을 통해 성취될 수 있다. 더 나아가, 이 체험은 신적 실재를 드러낼 뿐만 아니라 환상과 고통의 (비실재적인) 세계로부터 해방되는 수단이기도 하다. 그러므로 모든 범신론적 전통의 공통점은 신과 관계를 맺는 올바른 방법과 인생의 최고 가치는 신비 체험을 통해 깨달음에 이르는 것이다. 이생을 사는 동안 그런 체험을 하지 못하면 환상과 고통으로 가득 찬 또 다른 생애로 환생하게끔 되어 있다. 그리고 이런 환생은 그 사람이 마침내 신비 체험으로 깨달음을 얻고 더 이상의 환생에서 면제될 때까지 (보통은 수백만의 생애를 거치면서) 계속 이어진다고 믿는다. 말하자면, 일단 깨달음을 얻으면 니르바나(열반)가 보장된다는 뜻이다. 니르바나란 "물 한 방울이 대양에 흡수되듯이" 인간의 (환상에 불과한) 개별적 자아가 신적 존재 속으로 흡수되는 상태를 일컫는다. 이것이 바로 "말할 수 없이 행복한 상태", 곧 참된 인간 본성과 진정한 행복이 최대한 성취되는 상태이다.

3.4 성경적 유형

성경적 유형은 이교적 의존관계 및 범신론적 의존관계와는 달리 **단 하나의 연속적인 실재가 존재한다는 점을 부정한다.** 기독교와 이슬람교의 기초에 해당하는 히브리의 창조개념은 창조주 하나님(또는 알라)이 자신이 무로부터 창조한 우주와 구별된 존재라고 한다. 이 가르침에 따르면, 본질적 신은 우주의 일부가 아니고, 우주도 신의 일부가 아니다. 창조자와 그의 창조물 사이에는 근본적인 불연속성이 존재한다는 말이다. 이 기본적인 차이를 빌 헤르베르그는 다음과 같이 잘 표현했다. 다음 인용문에 나오는 "그리스-오리엔탈"이란 용어는 이교 및 범신론의 의존 관념을 모두 포괄하고 "히브리"란 용어는 성경적 관념을 가리키고 있다.

히브리 종교와 그리스-오리엔탈 종교는, 종교로서 어떤 절대적 실재(Absolute Reality)를 궁극적인 것으로 긍정하는 면에선 의견을 같이하지만 이 실재에 관해 말하는 내용에는 근본적인 차이가 있다. 그리스-오리엔탈 종교의 경우, 궁극적인 실재는 신비적이든 철학적이든 모종의 원초적인 비인격적 힘이고… 우주에 만연한 말로 표현할 수 없고 변치 않고 감정이 없는 신적 실체로 보거나, 우주가 실재하는 한 우주 그 자체라고 본다.

이보다 표준적인 히브리 종교에서 더 먼 것은 없다. … 신성이 만물에 스며 있고 만물의 실재를 구성한다는 이른바 **내재성**(immanence)이란 그리스-오리엔탈 개념과는 정반대로, 히브리 종교는 하나님은 우주를 창조했고 결코 우주와 동일시될 수 없는(동일시하는 것은 신성모독이다) 초월적 인격이라고 주장한다. 그리스-오리엔탈 종교는 하나님과 우주 간의 연속성을 보는 반면에, 히브리 종교는 불연속성을 주장하는 것이다.⁵

그 결과, 성경적 전통은 창조세계의 일부를 신적 지위로 격상시키지도 않고 창조된 우주를 하나의 환상으로 치부하지도 않는다. 우주는 하나님께 의존해 있고 하나님은 다른 무엇에도 의존하지 않기 때문에, 물론 우주는 하나님보다 덜 실재적인 것이라고 할 수 있다. 우주는 비록 의존적이긴 하지만 하나님에 의해 창조되었기 때문에 실재하는 것이다. 우주가 중요한 이유는 그곳이 곧 인간이 하나님과 교제하며 또 그분을 섬기며 살도록 되어 있는 장(場)이기 때문이다. 그런즉 창조된 세계는 중요하면서도 완전히 의존적인 실체이다. 거기에는 하나님께 의존하고 있지 않은 것이 하나도 없다. 모든 사물, 사건, 사태, 모든 부분과 속성, 사실과 양상, 법과 규범 등 요컨대 하나님이 아닌 모든 것은 하나님에 의해 창조되었고 유일한 신인 하나님께 계속 의존하고 있다. 이런 성경적 의존관계를 다음과 같이 도형으로 그릴 수 있겠다.

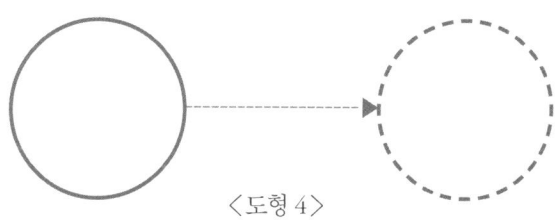

〈도형 4〉

계시의 개념이 성경적 전통에서 그토록 중요한 것은 바로 이런 의존관계 때문이다. 하나님은 그 본성과 목적을 우주를 샅샅이 뒤져서 발견할 수 있는 실재가 아니고, 범신론적 의미의 신비 체험을 통해서 알 수 있는 존재도 아니다. 성경적 전통들은 하나님이 자신과 우주의 관계, 특히 그분과 인간의 관계를 나타내는 이해 가능한 계시를 세계 내에 창조했다고 믿는 믿음에 근거를 두고 있다. 이런 가르침들은 (특별한 종교적 체험에 대한 해석을 포함한) 하나님에 관한 모든 지식에 이르는 권위 있는 안내자에 해당한다. 이는 오직 하나님만이 본질적인 신이라는 것과, ③유형의 이차적 믿음, 곧 인간이 하나님과 올바른 관계를 맺는 데 필요한 믿음인 하나님의 구속의 언약(들)의 내용을 전달한다. 사람들은 그분의 언약 내지는 구원의 조약에 가입함으로써 하나님 나라의 일원이 되어 영생을 받게 된다. 따라서 유신론의 기초인 종교적 체험은, 이교적 전통과는 반대로, 신적 존재가 자연세계의 일부나 어떤 측면에 있는 것이 아니라 한 책에 계시되어 있다는 것을 안다. 그리하여 무슬림은 유대교인과 그리스도인이 자기네와 상당히 다른 데도 불구하고 그들 역시 "그 책의 백성"이라고 인정하는 것이다.

성경적 종교는 하나님에 대한 믿음에서 체험의 역할을 강조하지만 힌두교나 불교가 말하는 의미의 "신비적인" 체험을 요구하지는 않는다. 성경적 견해에 따르면, 하나님은 창조세계를 완전히 초월하기 때문에 하나님과의 합일조차 하나님의 본질적 존재와 하나가 되는 체험일 수는 없고 하나님이 창조한 어떤 것을 통해(또는 어떤 것에게) 매개되는 체험일 수밖에 없다. 게다가, 하나님의 일부가 되게 하는 체험은 더더욱 있을 수 없다. 성경적 종교는 인간을 언제나 하나님과 구별된 피조물로 보기 때문에 신자에게 약속된 운명은 하나님의 존재 속으로 흡수되는 것이 아니다. 하나님의 사랑과 용서를 받는 대상은 하나님의 백성의 공동체의 일원인 제각기 독특한 개인들이다. 그리고 마지막 날에 하나님의 나라에서 영원한 생명을 받게 될 사람들도 그 개개인들이다. 인간의 본성이 실현되고 인간의 참 행복을 이루는 것도 하나님과의 교제와 하나님을 사랑하는 다른 사람들과의 교제이다. 기독교 교리문답 중의 하나는 이렇게 말한다. "질문: 사람의 최고의 목적은 무엇인가? 대답: 하나님을 영화롭게 하고 그분을 영원히 즐거워하는 것."

그런데 하나님과 창조세계 사이에 메울 수 없는 큰 차이가 있다고 해서 하나님이 창조세계 속으로 들어가서 행동할 수 없다는 뜻은 아니다. 말하자면, 하나님이 사람들과 함께할 수 없다거나 그들과 의사소통을 할 수 없다는 뜻이 아니다. 오히려 하나님의 임재와 의사소통은 언제나 그분이 그런 목적을 위해 창조한 관계들을 통하여 매개됨으로써 인간이 이해할 수 있는 수준으로 맞춰진다는 뜻이다. 하나님의 의사소통은 또한 정상적인 인간의 기능들을 제쳐 놓지 않는 게 보통이다. 하나님이 인간을 설계하셨기 때문에 그들이 지닌 경험과 지식의 역량은 하나님을 섬기는 장소인 그분의 세계를 이해할 뿐만 아니라 그분의 계시를 받을 수 있다. 그런즉 성경의 선지자들이 하나님에게 계시를 받을 때 특별한 경험을 하는 경우에도, 그 계시는 결코 일반적인 인간의 경험과 이성을 몽땅 내버리게 하지 않고, 또 세계를 환상에 불과한 것으로 보여 주지도 않는다. 성경적 견해에 따르면, 이 세계는 범신론이 생각하듯이 신적 존재를 감추는 게 아니라 하나님을 나타내려고 창조되었다. (사람들이 자연과 하나님의 말씀 안에서 하나님의 계시를 인식하지 못하는 것은 바로 "죄" 때문이라고 성경 저자들은 말한다. 이 점에 대해서는 곧 다룰 예정이다.) 그래서 하나님에게는 인간이 이해할 수 없는 면이 언제나 있지만, 그래도 인간이 하나님에 관한 진리를 알 수 있는 이유는 그분이 다음 두 가지 일을 행하셨기 때문이다. 첫째, 하나님이 우주의 구조를 만들 때, 제대로 보기만 하면 그것이 그 자체 너머에 있는 초월적인 창조주를 가리키도록 창조하셨다. 둘째, 하나님이 스스로 인간의 경험과 이성의 수준으로 낮아지셔서 역사 내내 그분의 사랑과 용서와 영생의 언약으로 소통하셨다. 그리고 여기에는 그런 의사소통의 기록을 성경으로 남긴 것까지 포함된다.

이와 같이 하나님에 대한 체험은 그분의 계시를 통해 매개되는 것이지, 범신론적 전통이 가르치듯 인간의 노력으로만 이뤄지는 것이 아니다. 그래서 성경에 나오는 선지자의 역할은 힌두교의 스와미나 불교의 대사(大師)의 역할과 다른 것이다. 힌두교나 불교에서 큰 스승은 자발적인 노력으로 신을 체험하는 데 필요한 공식을 찾은 전문가들이다. 반면에 성경의 선지자는 하나님이 그의 메시지를 전달하려고 선택한 대리인이다. 선지자는 자기의 힘으로 종교적 진리를 발견한 전문가가 아니라 하나님이 종교적 진리를 계시해 준 전달자일 뿐이다. (사실 선지자들은 자기에게 주어진 메시지를 이해하지 못하겠다고 종종 불평했다.) 모든 계시에서 주도권을 잡은 것은 사람이 아니라 하나님이었다. 더 나아가, 성경적 종교에서 인간의 종교적 체험 자체는 결코 믿음의 기준이 아니다. 오히려 하나님의 말씀을 인식하는 경험이 믿음의 기준이자 표준에 해당한다. 달리 말하면, 체험이 아닌 하나님의 자기계시가 궁극적인 종교적 권위라는 뜻이다. 이는 체험 자체를 궁극적인 종교적 권위로 생각하는 범신론적 신비체험의 개념과 정반대되는 점이다.

종교적 체험과 계시와 관련된 이런 차이점에 상응하는 또 다른 중요한 차이가 있다. 범신론적 관점에서 보면, 한 사람은 많은 생애를 거치면서 신비 체험을 이룰 것을 열심히 추구해야 한다. 이것이 이뤄질 때에만 그는 만물의 합일이란 진리를 보게 될 테고, 따라서 니르바나에 도달함으로써 끝없는 환생의 저주에서 해방될 수 있다. 그러나 성경적 견해에 따르면, 언약 규정은 하나님에 대한 믿음과 사랑을 품으면 이미 구원을 확신할 수 있다고 보장한다. 구원은 처음부터 하나님의 선물이지 도중에 얻은 성취가 아니다. 그런즉 구원의 확신은 유대교인이나 그리스도인이나 무슬림이 되는 것의 필수 부분이며, 나중에 가서야 얻는 평생에 걸친 몸부림의 결과가 아니다.

성경적 종교에 따르면, 일상생활에서 하나님을 섬기다 보면 물론 몸부림을 칠 때도 있다. 하나님이 값없이 주시는 사랑에 반응하려고 애쓰는 일은 노력과 고통을 수반하기도 한다. 그리고 하나님에 대한 신앙과 타인을 향한 사랑이 깊어지려면 기도와 노력이 반드시 필요하고, 후자는 종종 아픔을 동반하곤 한다. 그렇지만 하나님을 섬기기 위한 일상의 몸부림에 걸려 있는 문제는 신자의 궁극적 운명이 아니라 신자와 하나님의 친밀한 관계와 장차 하나님이 내릴 상급의 수준이다. 성경에 따르면, 하나님의 계시의 진리를 믿고 하나님을 사랑하는 사람은 누구나 이미 하나님의 구속의 약속과 영생의 선물을 받았기 때문이다.

그뿐만 아니라, 성경적 관점은 또한 인간 본성에 대한 독특한 견해를 갖고 있음을 주목할 필요가 있는데, 이는 이교적 견해와 범신론적 견해의 차이보다도 이 양자에 대해 더 적대적인 성격을 지니고 있다. 사람의 잘못에 관한 성경의 가르침은 가장 대표적인 이교적 견해와는 대조적으로 그들이 몸과 정서와 감정을 갖고 있는 게 아니라고 한다. 성경 저자들에 의하면, 사람의 마음과 몸과 감정과 생각 등은 하나님을 섬기는 데 사용되는지 여부에 따라 모두 선할 수도 있고 악할 수도 있다. 다시 한 번 헤르베르그의 글을 인용해 보자.

> 이원론적 견해가 오늘날 많은 종교인들에게 아무리 친숙하고 그럴듯하게 보일지 몰라도 그것은 히브리적 안목과 정반대되는 것이다. 진정한 히브리 사상은 사람을 두 가지 "실체들"의 복합물로 보지 않고 역동적인 통일체로 본다. … 충동과 정념을 지닌 몸은 악한 것이 아니다. 하나님의 창조의 일부로서 무죄하고, 올바로 규제하면 확실히 선한 것이다. 다른 한편, 인간의 영 또한 그리스인이 말하는 "거짓 신"이 아니다. 영은 의지와 자유와 결정이므로 선과 악, 양자의 근원이다.[6]

이와 관련하여 성경이 말하는 죄의 개념은 일차적으로 도덕적 악행의 개념이 아님을 주목할 필요가 있다. 물론 비도덕적 행위는 "죄악"(sins, 복수형)으로 불리며 정죄를 받지만, 성경적 종교에 따르면 사람의 핵심 문제는 **종교적인** 것이다. 말하자면, "죄"(sin, 단수)란 인간 본성의 상태를 일컫는 이름이며, 이 상태가 사람으로 하여금 하나님의 계시의 진리를 인식하지 못하게 하고, 따라서 그들의 존재 전체로 하나님을 사랑하고 섬기지 못하게 하는 것이다. 이런 종교적 의미를 지닌 "죄"는 무언가를 하나님의 자리에 놓고 참 하나님이 아닌 거짓 신을 섬기는 일이다. 그렇기 때문에 하나님의 언약이 요구하는 첫째 사항은 우리의 온 마음을 다해 하나님을 사랑하고, 이어서 우리의 이웃도 "하나님의 형상으로" 창조된 만큼 그들을 우리 자신과 같이 사랑하라는 것이다. 따라서 성경적 견해에 따르면, 비도덕적 의향과 행실은 이차적인 의미에서 죄라고 할 수 있다. 죄라는 것은 무엇보다도 우리의 신앙과 사랑을 창조주를 향하게 하지 않고, 그 대신 하나님이 창조한 어떤 것을 신으로 간주하는 것이다. 이에 대해 한 랍비는 오래전에 이렇게 말했다.

> 하나님의 진노가 불의로 진리를 막는 사람들의 모든 경건하지 않음과 불의에 대하여 하늘로부터 나타나나니… 이는 그들이 하나님의 진리를 거짓 것으로 바꾸어 피조물을 조물주보다 더 경배하고 섬김이라. (롬 1:18-25)[7]

이방인 사상가인 알프레드 노스 화이트헤드(A. N. Whitehead)가 말한 이방 종교와 성경적 종교 간의 차이점에 비추어 사도 바울의 글을 숙고해 보면 무척 흥미롭다. 화이트헤드는 성경에 나타난 "네가 하나님의 오묘함을 어찌 능히 측량하며 전능자를 어찌 능히 완전히 알겠느냐?"(욥 11:7)는 질문을 인용한다. 그는 이 텍스트가 부정적인 답변을 예상하고 있음을 알고, 이는 "좋은 히브리인의 태도지만 나쁜 그리스인의 태도"라고 재치 있게 말한다. 즉, 성경적인 자세이지 이교적인 자세는 아니라는 뜻이다. 이어서 성경적 입장은 "세계의 토대가 도무지 침투할 수 없는 안개 속에 놓였다는 관념을 자랑하는 우둔한 지식인들"의 입장이라고 비웃는다.[8] 화이트헤드는 다른 곳에서 이 논점으로 되돌아가서 성경적 관점과 범신론적 관점을 모두 배격하고 이교사상이야말로 인간의 이성을 신적인 세계 질서에 가까운 것으로 본다고 하며 이 입장을 선호한다.

> 자연 질서 속에 있는 영구적인 안정 상태는 무엇인가? 이에 대해 자연이 그 배후에 서 있는 더 큰 실재를 가리킨다고 하는 간결한 답변이 있다. 이 실재는 사상사(思想史)에서 절대자, 브라마, 하늘의 질서, 하나님 등 많은 이름으로 등장한다. 내 논점은, 그런 자연 질서로부터 도약하여 어떤 궁극적 실재가 존재한다는 손쉬운 가정에 이르는 간결한 결론은 합리성이 그 권리를 주장하길 거부하는 일에 해당한다는 것이다. 우리는 자연이 그 본질상 스스로 설명이 필요 없는(self-explanatory) 존재임을 보여 주지 않는지 여부를 열심히 탐구해야 한다.[9]

이교적 관점을 두둔하기 위해 진술한 이 같은 (합리주의적인) 이교적 믿음과 성경적 믿음의 분명한 대조는 사도 바울이 묘사한 대조 및 내가 방금 제시한 구도와 완벽하게 들어맞는다. 이 모두는 이방인과 범신론자, 유신론자가 견지하는 의존의 개념들 간의 핵심적인 차이점을 잘 보여 준다. 그리고 이교적 믿음-적어도 무의식적 형태들-이 서구 사상과 문화에 아직도 생생하게 살아 있다는 나의 논점을 잘 확증해 주고 있다.

하지만 방금 묘사한 세 가지 유형의 의존 개념들 간의 대조점은 가장 두드러진 소수의 특징만을 비교한 것이므로 피상적인 논의에 불과하다. 그럼에도 불구하고, 이어지는 논의에 도움이 되는 다음 세 가지 논점을 강화하기에는 충분하다고 생각한다. ① 무엇이 본질적인 신인지, 그리고 신적 존재가 비신적인 것과 어떤 관계에 있는지를 둘러싸고 얼마나 다양한 믿음들이 존재하는가 하는 점. ② 여기서 검토한 믿음의 유형들이 어째서 서로 조화될 수 없는가 하는 점. ③ 어떤 믿음이 생소한 형태를 지니거나 낯선 전통에서 나올 경우, 특히 그 믿음에 예배가 딸려 있지 않은 경우에는 그것을 종교적 믿음으로 알아채지 못하기가 얼마나 쉬운가 하는 점 등이다.

3.5 어떤 것을 신적인 것으로 생각하는 이유는?

지금까지 작금의 종교적 믿음에서 볼 수 있는 대표적인 세 가지 유형의 의존관계를 개관했으므로 이제 1장에서 제기한 질문, 즉 무엇이든 본질적인 신으로 생각하는 이유에 관해 다루면서 이 장을 마무리할까 한다. 혹자가 나서서 이제까지 말한 모든 내용에 대해 이런 식으로 반응하지 않을 이유가 없을 것이다. "나는 당신이 종교적 믿음의 본질을 잘 짚었다고 생각하고, 심지어는 그런 믿음이 이론에서 중요한 역할을 담당했다는 것도 인정한다. 그러나 그것은 불가피한 점이 아니라 유감스러운 사실이 아닌가? 우리가 더욱 열심히 노력해서 우리 이론들이 종교적 믿음으로 윤색되지 않도록 하지 말란 법이 있는가? 그리고 무신론을 더욱 확대시켜서 신들의 존재를 부정할 뿐 아니라 무엇이든 본질적인 신은 아니라고 부정해야 할 게 아닌가?"

이론이 종교적 믿음을 포함하거나 전제하는 것을 피할 수 있는지 여부는 10장에서 따로 다룰 예정이다. 여기서는 이 반론의 마지막 부분, 곧 "아무것도 본질적인 신은 아니다"라는 주장을 변호하는 게 과연 가능한지 여부에 초점을 맞추려고 한다. 이 주장은, 우리가 살펴본 것처럼, "아무것도 비의존적인 실재를 갖고 있지 않다"라고 말하는 것과 마찬가지다. 이에 대해 나는 **이 주장이 일관성 있는 해석을 갖고 있지 않다**고 답변하고 싶다. 우리는 아무리 노력해도 신적 지위를 가진 것이 아무것도 없는 상태를 도무지 생각할 수 없다. 그런즉 우리가 "아무것도 신적 존재가 아니다"라고 말하며 그 의미를 알고 있다 하더라도, 그 구체적인 실례에 해당하는 어떤 상황도 생각해 낼 수가 없다. 이는 "사각 원"이란 단어를 입에 담고 그 의미를 이해할 순 있지만 그것에 해당하는 것은 하나도 생각할 수 없는 것과 마찬가지다.

본질적 신이 아예 존재하지 않는다는 실재관(實在觀)으로서 가장 그럴듯한 후보는 아마 실재는 단지 제각기 의존적인 성격을 지닌 개별적 사물들과 사건들로 구성되어 있다는 제안일 것이다. 이 견해에 따르면, 각 사물이나 사건은 어쩌다가 탄생해서 다른 사물들, 사건들과 상호작용을 하고, 새로운 사물이나 사건을 낳고, 사라져 버린다. 그리고 우리가 아는 한, 이와 같은 의존적인 사물들의 연속작용은 영원 전부터 계속 이어져 왔기에 아예 시발점이 없다. 이런 경우에는 모든 것이 의존적이라고 볼 수 있지 않은가? 그런즉 이것을 오직 의존적인 사물들과 사건들만 존재하는 상태로 생각할 수 있지 않을까? 그러므로 이것은 모든 것이 신이 아닌 세계를 명시하는 게 아닌가?

이에 대해선 부정적으로 답할 수밖에 없다. 이 경우에 모두가 신의 지위를 피하려고 협력한다고 할지라도 무언가가 신의 지위로 남게 된다. 이 제안에 의해 신으로 남게 되는 것은 **의존적인 사물들의 총체적 집합체**이다. 이 제안에 따르면, 총체적인 집합체의 구성원들 밖에는 아무것도 존재하지 않으므로 그 집합체가 의존해 있는 것은 전혀 없는 셈이다. 그리고 그것이 존재하는 이유를 설명해 주는 것도 없다. 그냥 존재할 뿐이다. 그런즉 그 집합체 전체가 본질적인 신도 아니고 신의 정의(定義)에 들어맞지도 않기 때문에 모든 사물과 사건 하나하나가 의존적이라는 사실은 이 제안에 전혀 중요하지 않다. 그러면 "무(無)가 아니라 왜 이런 집합체가 존재하는 것인가?"라는 질문에 전혀 답할 수 없다. 그러므로 그 총체적인 집합체는 자동적으로 무조건적 존재의 지위를 가진 것으로 남게 된다.

때로는 이런 답변이 제시된다. 이 제안에 따르면 그 집합체가 어떤 것에 의존하고 있는데, 그것은 곧 그 구성원들이라고 말이다. 어쨌든 그 집합체는 구성원들 없이는 존재할 수 없지 않은가? 그러나 이 답변은 매우 헷갈리는 것이다. 여기서 "집합체"란 실재를 구성하는 모든 의존적 사물들을 가리키는 집합명사이지 어떤 개체를 지칭하는 고유명사가 아니다. 그래서 총체적 집합체는 그 구성원들에게 의존해 있는 단일한 물체로 간주될 수 없는 법이다. 달리 말하면, 그 집합체는 그 구성원들에게 의존하지 않는다. 이 구성원들은 어디까지나 그 집합체의 구성원들일 뿐이다. 그런즉 그 집합체가 그 구성원들에게 의존해 있다는 말은 그것이 스스로에게 의존해 있다는 말과 다름이 없다. 이는 그것이 비의존적이라는 것을 또 다른 방식으로(덜 명료하게) 말하는 것과 다름없다.

아직도 명료하지 않을지 모르겠다는 노파심에서 또 다른 방식으로 "그 어떤 것도 신이 아니다"라는 입장을 비판해 보겠다. 실재의 총합은, 그것을 어떻게 이해하든지 상관없이, 부분적으로든 총체적으로든 신적 존재가 될 수밖에 없다. 왜냐하면 그것 말고는 그것이 의존할 것이 전혀 없기 때문이다. 이런 결론을 피하는 유일한 방법은 "실재의 총합"은 하여튼 터무니없는 개념이라고 주장하는 일이다. 그런데 왜 그렇게 생각하는가? 나는 그 의미를 알 수 있을 것 같다. 그것은 존재하는 모든 것을 뜻한다. 만일 독자적인 것이 한 덩어리로서의 실재의 총합이라면, 모종의 범신론적 의존관계가 옳을 것이다. 만일 실재의 총합이 부분적으로는 비의존적이고 부분적으로는 의존적이라면, 이교적 의존관계나 성경적 의존관계 중 하나가 옳을 것이다. 양자 가운데, 만일 실재의 독립적인 부문이 의존적인 부문 내에 포함되어 있고 또 스며 있다면, 정확한 것은 바로 이교적인 의존관계이다. 반면에 만일 실재의 독립적인 부분이 실재의 의존적인 부문을 초월한다면(즉, 후자의 일부가 아니고), 성경적 의존관계가 옳은 것이다.

이 논증과 관련하여 우리가 주목할 점이 여러 개 있다. 첫째, 앞서 지적했듯이 과거와 현재에 존재하는 세계적 종교들에서 볼 수 있는 이 세 가지 의존관계가 전부는 아니라는 점이다. 내가 이 세 가지를 논한 것은 그 밖의 다른 의존관계가 없기 때문이 아니라 그것들이 대표적인 유형들이기 때문이다. 둘째, 내가 그 관계들에 대해 지적한 내용은 신적 지위에 대해 아무리 자세하게 묘사한다 하더라도 여전히 참일 것이다. 나는 이제까지 의존관계에 대해서만 논했을 뿐 비신적인 실재가 의존해 있는 신의 본성에 대해 말한 것이 아니다. 그래서 혹자가 이 의존관계들 중 어느 하나를 견지하되 그런 관계를 역사적으로 옹호해 온 종교 전통의 가르침에 따라 신적 지위를 가진 것에 대한 다른 묘사로 대체하는 일은 얼마든지 가능하다. 셋째, 이 논증은 어느 의존관계가 옳은지, 또는 신적 지위를 가진 것에 대한 어느 관념이 옳은지를 입증하려고 하는 것이 아니다. 단지 신적 지위를 가진 것이 하나도 없다고 말하는 것이 난센스임을 보여 주고자 할 따름이다. 말하자면, 신적인 존재가 전혀 없다고 믿는 그런 실재관은 도무지 가질 수 없다는 뜻이다.

끝으로, 이 논증이 모든 사람이 신에 대한 어떤 믿음을 갖고 있다는 것을 입증하지는 않는다. (모종의 믿음이 있다고 나는 생각한다. 그러나 이 논증 때문이 아니라 성경이 그렇게 가르치기 때문에 그렇다고 믿는 것이다.) 일관성 있는 대안이 없다고 해서 모든 사람이 실제로 그런 신을 믿을 것이란 보장은 없다.

이로써 종교적 믿음에 대한 논의를 마감하는 바이다. 이제는 이론이 무엇인지를 살펴보고 몇 가지 중요한 유형을 구분해 보고자 한다. 이 논의를 통해서 우리는 본질적 신에 대한 묘사가 왜 그리고 어떻게 추상적 이론에서 통제의 역할을 할 수밖에 없는지 볼 수 있게 될 것이다.

2
PART

이론

THEORIES

4장 이론이란 무엇인가?

THE MYTH
OF RELIGIOUS NEUTRALITY

4.1 서론

논의를 시작하는 마당에 이런 질문을 던져 보자. 왜 우리가 특별히 종교적 믿음과 이론의 관계에 관심을 가져야 하는가? 인생에 대한 해석에는 이론들이 제공하는 것 이상의 것이 분명히 있지 않은가! 그리고 이론은 과학자와 철학자만이 이해하는 고도로 전문적인 것이 아닌가? 이론들은 대다수 사람들의 그들 자신과 그들의 일상에 대한 이해에 기여하는 바가 적지 않은가?

물론 어떤 이론들은 매우 전문적이라서 전문가들만 이해할 수 있는 것이 사실이다. 하지만 많은 이론들은 그렇지 않다. 모든 이론이 평범한 사람의 수준을 뛰어넘는다는 생각은 "이론"이란 단어를 물리학이나 화학이나 천문학에서 획득한 최신 지식과 연관시키기 때문에 생긴다. 그러나 우리는 영향력이 큰 이론들도 있다는 사실을 기억할 필요가 있다. 몇 가지 예를 들자면, 정치적 권리, 인간의 행복, 도덕, 예술의 이해, 자녀 양육, 효과적인 의료, 공공 교육 등에 관한 이론들이다. 이런 주제에 관한 많은 이론들은 평범한 사람도 충분히 이해할 수 있다. 더 나아가, 대다수의 사람은 이런 주제들 중 한 가지 이상에 대해 나름의 이론을 갖고 있다. 따라서 사실은 평범한 사람도 이론의 영향을 크게 받고 있는 것이다.

우리가 종교적 믿음과 이론의 관계에 관심을 가져야 할 또 다른 이유는 이론들에게 부여되는 권위와 관련이 있는데, 특히 과학 이론들이 그런 권위를 자랑한다. 요즘에는 일단 어떤 과학 이론이 구성되고 시험을 거쳐 대다수의 전문가에게 수용되면, 그것은 그 분야의 진리를 판단하는 가장 권위 있는 표준이 된다는 게 보편적인 믿음이다. 따라서 누군가 자신의 종교적 믿음이 널리 수용되는 이론의 반대에 직면해도 이론을 버리고 그 믿음을 지킨다면, 그것은 큰 잘못이라고들 생각한다. 지난 한 세기 반 동안 여러 진영에서 반복하여 이런 결론을 내렸는데, 그중에서 가장 두드러진 예를 들자면 다윈주의 생물학, 프로이드 심리학, 마르크스주의 정치학 등이다.

우리 중에 하나님을 믿는 사람들은 과연 이론이 진리의 최종 잣대라는 주장을 받아들일 수 있는가? 이론은 종교적 믿음과 관련하여 정말로 중립적이어서 흔히 이론에게 부여되는 최우선적인 충성심을 요구할 수 있는가? 만일 그렇다면 이론들이 종교적 믿음의 진리성(또는 합리성)을 결정할 수 있는 위상을 갖고 있는가? 그리고 이론은 삶의 한 영역에서 권위를 갖고 있으나 종교적 믿음은 다른 영역에서 권위를 갖고 있다는 일반적인 견해는 어떻게 봐야 하는가? 유신론자의 경우, 하나님에 대한 믿음과 이론의 관계를 이런 식으로 보는 것이 바람직할까? 이와 같은 중요한 질문들에 답하려면 먼저 이론이 무엇인지를 파악하고 이어서 이론과 종교적 믿음의 상호관계도 조사해야 할 것이다.

4.2 이론이란 무엇인가?

이론의 영혼은 가설이고, 가설은 어떤 것을 설명하려고 제안한 유식한 추측이다. 모든 가설이 추측이라고 해서 모든 추측이 가설인 것은 아니다. 모든 추측이 무언가를 설명하려는 것은 아니기 때문이다. 예컨대, 우리는 어떤 상을 받기 위해 추측할 때도 있고 농담을 하려고 그럴 때도 있다. 이어지는 내용에서 우리의 관심사는 어떤 것을 설명할 목적으로 한 추측에만 국한될 것이다. 말하자면, "가설"이라고 부를 수 있는 추측만이 관심의 대상이란 뜻이다.

분명히 하고 싶은 점이 있다. 흔히 단일한 설명용 추측이나 서로 연관된 일련의 설명용 추측들을 가리키기 위해 "가설"과 "이론"을 교호적으로 사용하는데, 나는 이런 행습을 바로잡을 생각이 없다는 점이다. 하지만 대체로 나는 따로 고립된 가설들이 아니라 가설들의 복합체, 그리고 논증과 증거로 변호되는 고도의 추상적이고 체계적인 설명을 형성하는 최초의 조건과 배경적 가정(假定)에 관심을 둘 것이다. 다른 한편, 오늘날 "이론"이란 용어가 사용되는 방식 가운데 내가 완전히 배격해야 할 용법이 있다. 그것은 가설을 사용하는지 여부와 상관없이, 많은 저자들이 온갖 종류의 설명을 위해 "이론"이란 용어를 쓰는 행습을 말한다. 그들에게는 "이론"이란 용어가 어떤 설명이나 해석, 또는 이해를 돕는 도구를 의미할 뿐이다.

이런 식으로 "이론"을 사용하는 것은 다른 방식의 설명과 대비되는 이론의 본질적 요소를 모호하게 만들기 때문에 혼동과 오도를 초래할 뿐이다. 예를 들면, 이론과 신화의 차이점을 전혀 모르게 한다. 많은 신화는 자연의 작용을 의인화하고 그 상호관계를 우리가 인간관계를 설명하듯이 설명하고 있다. 바로 이런 유형의 설명을 고대 그리스 철학자들은 가설로 대체하려고 했던 것이다. 즉, 그들은 가설을 이용하여 다양한 자료를 설명하되 그것들이 소유한 속성들과 그것들을 지배하는 법칙에 의해 설명하려고 했고, 가설에 유리하거나 반대로 불리한 논증과 증거를 갖고 서로 논쟁을 벌였다. (이로 말미암아 "신화"란 용어는 마침내 열등하고 그릇된 설명이란 의미를 내포하게 되었다.) 이제는 우리가 신화를 자연에 대한 설명으로 여기지 않는 만큼 이론과의 차이점을 견지하는 게 중요하지 않은 듯이 보일 수도 있다. 그러나 신화를 제쳐 놓더라도 우리는 이론이 아닌 다른 설명 방식을 여전히 사용하고 있다. 예컨대, 사무실로 가는 방법이나 헬리콥터를 운전하는 법에 관한 지침은 설명을 제공하지만 어떤 가설도 제안하지 않기 때문에 이론이라고 불릴 수 없다. 그러므로 나는 가설을 제공하고 그 가설을 논증과 증거로 정당화하려고 하는 설명에 한하여 "이론"이란 말을 사용할 것이다.

"이론"을 이렇게 정의하면 이론을 만드는 작업이 과학자들과 철학자들의 독점 영역이 아니라는 사실을 분명히 알 수 있다. 탐정은 자기가 조사하고 있는 사건에 대한 이론을 만들 수 있고, 운전자는 자동차 엔진에서 나는 이상한 소리에 대한 이론을 고안할 수 있으며, 사무실 직원은 오늘따라 왜 사장이 그토록 까다로운지에 대한 나름의 가설을 세울 수 있다. 이 모든 추측은 무언가를 설명하기 위해 만든 것이므로 원자론이나 프로이드 심리학의 이론만큼이나 이론으로서 손색이 없다. 더 나아가, 이 두 종류의 이론들 모두—과학자와 철학자의 이론과 상식적인 추측—동일한 욕구불만에 의해 촉발된 것이다. 말하자면, 우리가 어떤 의문에 대한 해답을 직접 발견할 수 없을 때에 만들어졌다는 뜻이다. 그런 경우에 우리는 어떤 해답을 추측하기 마련이다.

그러나 과학자와 철학자가 이론을 만드는 방식이나 가정과 사무실에서 이론을 만드는 상식적인 방식 사이에는 중요한 차이점이 있다. 거의 보편적으로 인정되는 두 가지 차이점은 다음과 같다. ① 과학과 철학의 이론은 상식적인 것보다 더 추상적이다.[1] 그리고 ② 과학과 철학에서 제공되는 이론의 평가 방법은 훨씬 더 복잡하고 정교하다. 이런 정교함은 부분적으로 이런 이론들의 추상적 성격에 따른 것인 동시에 동일한 자료를 설명하는 이론들이 서로 의견을 달리하기 때문이기도 하다. 평가 방법은 따라서 어떤 이론을 내부적으로 판단할 뿐만 아니라 경쟁하는 이론들과 비교 평가하기도 한다. 그런즉 가설들은 더 추상적일뿐더러 그것들을 지지하는 이유들도 그러하다.

이번 장의 남은 부분에서는 고도로 추상적인 이론들과 상식적인 이론들 사이의 중요한 몇 가지 차이점을 검토할 생각이다. 이 작업이 필요한 것은 모두들 그 차이점을 인정하지만 면밀히 검토한 적이 거의 없고, 그에 따른 결과를 의미심장하게 여긴 적도 드물기 때문이다.[2] 또한 이 말을 하는 것은 그런 결과 중에는 이론과 종교적 믿음괴의 관계에 대한 설명에 꼭 필요한 특징들이 포함되어 있기 때문이다. 그래서 먼저 추상화 작업을 분석한 뒤에 과학 이론과 철학 이론의 차별성을 살펴보는 게 필요하겠다. 이후에 과학과 철학 모두에서 일어나는 두 가지 유형의 추상적 가설을 구별하게 될 것이다. 그리고 마지막으로 각 유형의 이론을 평가하는 몇 가지 지침을 설명하려고 한다.

4.3 추상화 작업

　모두가 과학 이론과 철학 이론이 고도로 추상적이라는 점에는 동의하지만, 저자들이 "추상적"이란 용어와 "고도의"라는 단어가 무슨 뜻인지를 정확하게 설명하는 경우는 드물다. 먼저 이 용어의 문자적인 의미를 생각해 보는 것도 좋을 듯하다. "추상하다(abstract)"라는 말은 더 넓은 배경으로부터 (정신적으로) 어떤 것을 추출하거나 제거한다는 뜻이다. 이 활동은 우리가 날마다 행하는 일, 곧 주의를 집중하는 일과 사실상 같은 것이다. 예컨대, 만일 우리가 녹색 표지를 가진 어느 책을 찾으려고 한다면, 책장에서 녹색 표지가 달린 모든 책을 주목하게 될 것이다. 이 작업을 하기 위해 먼저 정신적으로 다른 모든 색깔로부터 녹색을 골라내고(추상하고) 또 각 책의 색깔을 책들이 지닌 다른 모든 특질이나 속성에서 골라냈을 것임이 틀림없다.

　이런 수준의 추상화 작업은 너무 흔해서 우리가 거의 주의를 기울이지 않는다. 예를 들면, 종종 냄새가 나쁘다는 이유로 어떤 것을 피하거나, 어떤 것을 어느 상자에 넣기에 너무 크다고 판단하거나, 공정하다는 이유로 어떤 행위를 선호할 때, 바로 그런 작업을 수행하는 것이다. 이런 작업은 무척 흔하긴 해도 우리에게 먼저 해당 사물이 보여 주는 다른 모든 속성으로부터 냄새나 크기나 공정함을 추상해 낼 것을 요구한다. 하지만 그런 경우에 우리가 생각으로 이런 속성을 추출하는 일은 그 속성을 그 사물이나 사건으로부터 분리시킬 목적으로 수행하는 건 아니다. 말하자면, 이런 수준의 추상화 작업은 이런 속성과 다른 모든 속성들의 연속성을 단절시킬 목적으로 그 사물의 냄새나 크기 등에 초점을 맞추는 게 아니라는 뜻이다. 이 수준의 추상화 작업에서는 어떤 속성을 골라내긴 해도 그 속성을 여전히 **그 사물의** 특성으로 경험할 수 있다. 나는 이것을 낮은 수준의 추상화라고 부르겠다. 이와 대조적으로, 우리가 주의를 매우 집중하여 실제로 어떤 속성을 그 사물로부터 분리시킨 뒤에 그 속성 자체에 초점을 맞추는 일도 수행할 수 있다. 이것을 나는 "높은" 수준의 추상화라고 부를 생각이다.

　이 높은 수준의 추상화는 과학과 철학 이론들의 중요한 특징이므로, 이제 예를 들어가며 낮은 수준의 추상화와의 차이점을 상세히 설명할까 한다. 예컨대, 누군가 방금 새로운 차를 사서 한 무리의 친구들에게 보여 준다고 가정해 보자. 한 친구는 그 차의 색깔을 좋아한다고 말하고, 다른 친구는 그 차가 아름답다고 평하고, 또 어떤 친구들은 그 차가 얼마나 비싼지와 얼마나 무거운지를 묻는다. 이 모든 소견은 그 화자들이 낮은 수준의 추상화로 그 차의 여러 속성을 골라냈다는 사실을 보여 준다. 바로 차의 색깔과 아름다움과 가격과 무게 등이다. 그러나 이런 속성 중 어느 것도 그 차에서 분리되지는 않았다. 그것들은 여전히 그 차의 속성들로 경험할 수 있고 또 생각할 수 있다.

그런데 만일 누군가 그 차(또는 다른 어떤 특정한 물체)로부터 무게와 같은 어떤 속성에 초점을 맞춘다면, 그는 고도의 추상적인 방식으로 무게에 관해 생각할 것이다. 물론 속력, 질량, 밀도, 부피 등과 같은 다른 속성들도 그처럼 분리해 낼 수 있다. 이런 식으로 고도로 추상적인 사고 작용은 우리에게 다른 모든 개념들 위에 어느 특정한 개념을 공급해 줄 수 있다. 그런 사고 작용은 가설이 그 사물과 사건에 관한 것이라는 점에 덧붙여, 가설을 고도로 추상화된 속성과 기능과의 관계 등에 대한 추측이 되도록 해 줌으로써 이론화 작업에 새로운 차원을 더한다. 그래서 고도로 추상적인 개념들은 다른 추상화 작업을 설명하는 데, 또 우리가 경험하는 모든 속성을 통째로 지닌 사물과 사건을 설명하는 데 이용될 수 있다. 그런즉 속성들을 추출함으로써 우리는 이런 속성들 간의 관계에 대해 묻고 그런 관계들 사이에서 연결 패턴을 찾을 수 있는 가능성을 창조하는데, 이 모든 속성들에 대해서는 해당 사물이나 사건으로부터 분리시켜 생각하게 되는 것이다.[3] 이론이 이런 식으로 발견할 수 있는 관계들 가운데 가장 중요한 것은 법칙이다. 방금 거론한 샘플 속성들의 경우에는 다음과 같은 법칙들이 성립된다.

$$\text{운동량} = \text{질량} \times \text{속도} \qquad \text{또는} \qquad \text{밀도} = \frac{\text{질량}}{\text{부피}}$$

다른 속성들 간의 법칙들 중에는 운동의 법칙, 열역학 법칙, 또는 아인슈타인의 유명한 $E=mc^2$ 등이 포함되어 있다. 그런즉 고도의 추상화로 말미암아 우리는 그 사물에서 분리시키지 않았다면 도무지 물을 수 없는, 그 속성들에 관한 질문을 던질 수 있다. 또한 그들 간의 구체적인 관계(특히 법적 관계)를 더욱 분리함으로써 그런 질문에 답할 수 있게 된다. 그러므로 과학과 철학 분야의 이론들의 경우, 고도의 추상화가 없이는 질문도 제기할 수 없고, 그에 대한 답변도 제공할 수 없다. 그뿐만 아니라, 그런 이론의 진리성을 지지하기(또는 반대하기) 위한 논증과 증거를 생산하는 일에도 고도의 추상화가 포함된다. 사실은 이론을 위한 논증이 가설 자체보다 더 복잡하고 정교할 때가 많다.

그러므로 과학과 철학의 이론들은 적어도 다음 세 가지 방식 중의 어느 하나(또는 조합)로 고도의 추상화 작업을 한다는 점에서 상식적인 이론들과 다르다고 할 수 있다. ① 그 이론이 답변을 제공하려는 질문을 제기하는 것, ② 질문에 대한 답변으로 제안된 가설을 만드는 것, 또는 ③ 논증과 증거로 가설의 진리성을 평가하는 것 등이다.[4] 이제부터는 내가 고도의 추상화를 사용하는 이론들만 다룰 것이므로 이런 구별이 필요 없을 것이다. "이론"이란 용어는 항상 고도의 추상적인 유형을 지칭하고, "추상화"란 용어는 언제나 어느 사물에서 한 속성을 분리하지 않은 채 그냥 골라내는 것이 아니라 **고도의** 추상화 작업을 가리키게 될 것이다.

4.4 경험의 여러 양상

높은 추상화는 이론 구성에서 방금 열거한 세 가지 방식 이외에도 또 하나의 필수적인 역할을 담당한다. 우리는 개별적인 속성들과 관계들과 패턴들을 추출할 뿐 아니라 다양한 **종류들**도 추출하기 때문이다. 우리가 현재 고려하고 있는 속성들—무게, 질량, 운동량, 밀도—을 생각해 보자. 이 속성들과 그것들 간의 법칙은 모두 '물리적'이란 속성을 공유하고 있다. 이 대규모의 포괄적인 속성과 법칙의 종류를 구별해 내는 일은 그 종류에 속한 추출된 속성들과 법칙들로부터 또 추출해 내는 작업인 셈이다. 그런즉 개별적인 속성들과 법칙들은 우리가 일상적으로 경험하는 사물과 사건에서 직접 추출한 것인 데 비해, 그것들이 속해 있는 **종류**의 개념은 추상적 개념들에서 또 한 번 추출한 것이다. 이런 종류 개념들은 별도의 탐구 및 연구 영역의 범위를 한정함으로써 이론 구성에 기여하게 된다. 상기한 예의 경우로 보면, 우리가 겪는 경험의 물리적 영역이 하나의 연구 분야로 분리되는 것이다. 이는 물리학 이론들 및 그 모든 하위분과와 부문들이 속한 영역이다.

이런 식으로 많은 종류의 속성-과-법칙이 추출되어 구체적인 연구 영역으로 자리를 잡았다. 예를 들면, **생물학적** 속성과 법칙은 생물학의 연구 분야이고, **공간적** 속성과 법칙은 기하학의 연구 분야로 구별된다. 마찬가지로, 경제학이나 윤리학 이론들은 먼저 그런 종류의 속성과 법칙들을 따로 분리한 뒤에, 각 종류 내의 다양한 속성들이 서로서로 그리고 그것들을 소유한 사물들과 어떤 관계에 있는지에 대한 이론을 구성한 결과라고 할 수 있다. 지난 26세기에 걸쳐 이런 종류들이 계속 추출되어 별도의 조사 및 이론 구성의 분야가 되었고, 분야마다 그것을 연구하는 학문이 발생해 왔다. 그동안 이론 구성을 위한 분야로 따로 분리되어 온 속성-과-법칙의 종류들 가운데 대표적인 본보기를 들자면 다음과 같다(각각의 구성원과 질서에 관한 상세한 논의는 차후에 할 예정이다).

신앙적

윤리적

사법적

심미적

경제적

사회적

언어적

역사적

논리적

지각적

생명적

물리적

운동적

공간적

양적

    나는 이런 종류의 속성과 법칙을 우리가 경험하는 사물들의 "양상(aspect, 측면)"이라 부르고, 그 양상들의 연구에 전념하는 학문을 "과학"이라고 지칭할 생각이다. 이 "양상"이란 용어는, 그런 종류들은 우리의 전(前)이론적 경험의 대상들이 보여 주는 것이고, 또 그 대상들로부터 (간접적으로) 추출한 것임을 강조하는 역할을 할 것이다. "과학"이란 용어는 이론 구성이 이뤄지는 분야로서 한 가지 양상 또는 그 이상의 양상들로 그 범위가 한정되는 특정한 학문을 의미한다.

    상기한 목록을 볼 때 이 양상들만을 진정한 것으로 간주하는 독단적인 주장으로 생각하면 안 된다. 사상가에 따라 어느 정도 다른 목록을 제시할 수도 있기 때문이다. 첫째, 이 목록은 우리가 사물의 속성들을 제각기 그리고 통째로 경험하게 되는 방식(그런 경험에 대한 이론이 아니라)에 대한 일종의 묘사이다. 둘째, 이것은 대다수 사상가들이 조사 및 이론 구성이 필요한 진정한 분야들로 간주한 양상들의 목록에 해당한다. 그런즉 이 목록은 이 세계의 진정한 양상들에 대한 유일한 참 목록으로 내놓은 게 아니라, 오늘날 이론 구성의 대표적인 부문들을 이해하도록 돕기 위해 만든 것이다. 그러므로 지금부터 내가 "사물의 양상", "세계의 양상", 또는 "우리 경험의 양상"과 같은 표현을 사용할 때는 이 목록과 같이 양상을 언급하는 것으로 이해할 필요가 있다. 말하자면, 이론화 이전에 우리가 경험하는 대상들이 보여 주는 것으로, 대다수 사상가들이 인정하는 독특한 종류의 속성들과 법칙들을 언급한다는 뜻이다. 이 목록은 다음과 같은 독단적인 주장들을 일삼지 않는다. 이것 외에는 다른 어떤 목록도 정확할 수 없다든가, 우리의 일상적 경험을 어느 측면에서 결코 잘못 이해할 수 없다든가, 세계는 어떤 면에서 우리가 전(前)이론적으로 경험하는 방식과 다르다는 것을 어떤 이론도 입증할 수 없다든가 하는 주장들 말이다.

많은 과학은 어느 특정한 양상에 의해 규정되고, 그 양상의 연구에 몰두하며, 이름까지 거기서 끌어오지만, 어떤 과학들은 그 분야의 경계를 정하고, 조사하고 싶은 사물들의 특정한 부류에서 그 이름을 끌어오기도 한다. 곤충학, 고생물학, 식물학 등이 좋은 본보기다.[5] 그렇다고 이것이 내가 강조하는 바 이론 구성에서의 양상의 역할을 약화시키는 것은 결코 아니다. 왜냐하면 어느 과학이 사물의 특정한 유형에 따라 그 이름을 짓는다 하더라도 그런 사물들의 모든 양상을 빠짐없이 연구할 수는 없기 때문이다. 그들이 조사하는 것은 언제나 곤충이나 화석이나 식물의 특정한 양상(들)일 뿐이다. 생명과학이 그런 예이다. 다른 한편, 과학은 어느 한 양상에만 국한될 필요가 없다. 예를 들어, 문화 인류학은 고대 문화의 여러 양상들을 다루며, 특정한 자료들이 여러 양상에 걸쳐 어떤 관계를 맺고 있는지에 관한 이론들을 포함하고 있다. 이것 역시 이론 구성에 있어서 양상 추출의 역할과 중요성을 약화시키지 않는다. 어느 과학이 그 이름을 특정한 양상, 또는 특정 범위의 사물, 또는 특정 범위의 사물들의 여러 양상에서 끌어오든지 간에, 각각의 경우에 범위를 한정하는 양상의 역할이 여전히 중요하기 때문이다. 모든 점에서 이론은 자기가 다루고 있는 속성의 종류(들)와 자료들의 상호관계나 그것들을 설명하기 위해 사용하는 법칙의 종류(들)를 분명히 밝혀야 한다.

이제까지 양상 분리에서의 추상화의 역할을 강조한 만큼, 이제는 내가 순순히 시인하는 바가 있다. 과학에 종사하는 많은 사람이, 질문을 받으면, 스스로 전체적인 양상들을 추출하고 있음을 의식하진 않는다고 말할 것이란 사실이다. 그게 사실이라고 생각하지만, 그렇다고 해서 이런 추상화의 필요성과 중요성이 약화되는 것은 아니다. 누군가 어느 양상 전체를 추출하고 있다는 사실을 의식하지 않는 이유는 이런 작업이 자동적으로 수행되므로 그 일을 하는 사상가가 알아차리지 못할 수도 있기 때문이다. 이는 마치 우리가 글을 읽을 때 눈동자를 움직이는 사실을 의식하지 않는 것과 같다. 양자의 경우 모두, 더 큰 행위를 위해 그 속에서 일어나는 하부행위가 존재하는 것이다. 우리는 읽기 위해 눈을 움직이고, 우리의 주의는 그 목적을 이루려고 수행하는 눈동자의 움직임보다 그 목적 자체에 집중된다. 이와 마찬가지로, 또 동일한 이유로, 어느 양상의 추출 작용을 알아채지 못하는 것은 그 범위에 속한 속성들과 법칙들을 조사하고 그에 관한 이론을 구성하기 위해 그런 행위를 하기 때문이다. 그래서 과학에 종사하는 사람이 특정한 속성이나 관계의 개념화 작업에서 추상화가 담당하는 역할은 인식하면서도, 전체적인 양상들의 분리에서 추상화가 하는 역할은 인식하지 못할 수 있는 것이다. 이 역할은 너무도 기본적인 것이라서 그냥 지나칠 수 있기 때문이다.

나는 이제 양상들의 추출이 과학에 어떻게 포함되어 있는지를 보여 주기 위해 몇 가지 예를 들 생각이다. 이런 예들의 목적을 이해하려면, 앞에서 개진한 논점, 곧 어느 양상을 추출한다고 해서 그 사상가의 경험이나 생각에서 그 양상만 빼놓고 모든 것이 사라져 버리는 것이 아니라는 점을 유념할 필요가 있다. 이 예들은 한 양상의 추출이 어떻게 우리의 경험에 더해지는지와 그것이 과학적 이론화 작업에서 필수적인 부가물이란 점을 보여 줄 것이다.

첫 번째 예로 한 생물학자가 현미경으로 미생물을 관찰하는 경우를 들어 보자. 그녀가 미생물을 경험할 때 그들은 공간적 크기와 모양, 지각용 색채, 물리적 질량 등을 갖고 있는 것으로 보인다. 아울러 특정 영역에 얼마나 많이 존재하는지도 중요할 수 있다. 그러나 이런 속성들은 모두 미생물의 **생물학적 양상**에 초점을 둔 그녀의 관점에서만 이해할 수 있는 것이다. 그녀의 사고 작용을 지도하는 것은 바로 그 초점이다. 미생물의 크기와 질량, 색채와 숫자는 그 자체가 생물학적 속성은 아닐지라도 그들의 삶의 과정을 이해하는 데 기여하는 한 중요하다. 그녀가 그들에 관해 제기할 질문들과 그 질문들에 대답하려고 만드는 설명용 추측을 지도하는 것은 바로 그들의 생물학적 양상에 맞춘 초점이다.

이 논점이 다른 과학에도 똑같이 적용된다는 것을 보려면, 어느 사상가의 초점이 경제적 양상을 구별해 내는 일에 맞춰진다고 생각해 보라. 이 경제학자는 그 생물학자가 조사하고 있는 바로 그 미생물 세트에 관심을 가질 수도 있다. 하지만 그들을 생물학적 설명을 제공해야 할 자료로 관심을 갖기보다는 그들에 대해 경제적인 이론을 제공하게 될 것이다. 이는 설명의 원리로 수요와 공급의 법칙과 수확체감의 법칙 등을 포함하는 설명을 일컫는다. 그리하여 이 미생물들은 살아 있을 때보다 죽어 있을 때 경제적 속성이 바뀔지 몰라도, 그들의 경제적 속성 때문에 경제학자가 설명을 제공할 수 있을 것이다.

이런 것이 보통은 사람들이 충분히 이해하지 못하는, 이론 구성에서 추상화가 하는 역할이다. 전체 양상의 추상화 작업이 없으면 조사할 속성의 종류를 거론할 수도 없고, 어느 이론이 설명하려고 하는 것을 설명하는 데 사용되는 법칙의 종류를 얘기하는 것도 불가능하다. 이런 이유로—그리고 우리가 곧 발견할 다른 이유들로 인해—양상의 추상화 작업은 이론 구성에 반드시 필요하다. 사상가가 어떤 양상의 목록을 채택하든지 간에 이론화 작업은 반드시 어떤 목록을 전제로 삼을 수밖에 없다.

4.5 이론의 유형들

먼저 과학 이론과 철학 이론의 차이점부터 살펴보도록 하자. 물론 둘 다 고도로 추상적이긴 하지만, 과학자들은 한두 가지 양상을 그들의 분야로 삼는 데 비해 철학자들은 그런 "홈그라운드"가 없는 듯이 보인다. 앞서 제시한 양상 목록을 대충 훑어보면, 우리 경험의 각 양상을 연구하는 과학들이 존재하는 만큼 철학이 차지할 양상은 전혀 남아 있지 않다고 생각하기가 쉽다. 설상가상으로, 철학자들이 집필하는 주제들 중 다수가 단일한 양상을 연구하는 사상가들이 다루는 주제들과 똑같다. 예를 들면, 수학 철학, 역사 철학, 법철학 등을 전적으로 다루는 저서들이 상당히 많은 편이다. 이로 보건대 철학은 그 고유한 분야가 없고 남들의 영역에 침범하는 것만 같다. 그럼에도 불구하고, 나로서는 철학이 분명 그 고유한 영토를 갖고 있다고 말할 수 있고, 그 영토를 제대로 이해만 하면 어느 양상에 대한 과학 이론과 동일한 양상에 대한 철학 이론의 차이점이 명확해진다고 얘기할 수 있어서 흐뭇하다.

앞에서 일부 과학들은 어떤 양상들 내에서 그리고 여러 양상에 걸쳐 이론을 만든다는 것을 살펴보았다. 이를 계기로, 한 구체적인 양상에 국한되지 않은 보다 일반적인 이론을 개발할 수 있을 뿐 아니라, 다양한 양상들의 속성이 특정 자료 안에서 어떻게 서로 연관되어 있는지에 관해 설명하는 이론도 개발할 수 있음을 우리가 알게 된다. 이 점은 총체적인 일반론(wholly general theory), 즉 **모든** 양상들이 어떻게 연결되어 있는지에 관한 이론의 가능성을 제기한다. 바로 이것이 철학을 과학과 구별되는 학문으로 만들어 준다. 과학은 단지 하나 내지는 소수의 양상들에만 전념하는 데 비해 철학의 목표는 모든 것을 포괄하는 개괄적인 학문이 되는 것이다. 즉, 모든 양상들의 총체적인 연결 관계를, 따라서 모든 과학의 연결 관계를 설명하려는 이론들을 제공하는 것이다. 물론 소수의 철학자는 이따금 이런 정의에 동의하지 않고 철학이 덜 모호한 목표를 가져야 한다고 주장하나, 그들의 주장 자체가 처음부터 철학 이론들이 이런 개괄적 관점을 개발하려고 했다는 사실을 증언한다. 길버트 라일의 글을 인용해 보자.

> 생물학을 발전시키는 사고는 생물학과 물리학 사이에 일어나는 주장과 반대주장을 해결하는 그런 사고가 아니다. 이런 이론 내적(內的) 의문들은 그 이론들의 내부 문제가 아니다. 그것들은 생물학적 문제도 물리학적 문제도 아니다. 그것들은 철학적 문제들이다.[6]

유명한 심리학자 장 피아제도 철학의 이런 특징을 인정했다.

> 자신의 고유한 학문의 경계를 넘어가는 것은 곧 종합을 의미하고, 이 종합을 전공하는 학문은… 다름 아닌 철학이다.[7]

철학자들이 "종합하기" 위해 또는 경험의 모든 양상을 연결하여 하나의 개관(overview)을 만들기 위해 창안한 두 가지 이론은 ① 실재에 관한 일반 이론(general theory of reality)과 ② 지식에 관한 일반 이론(general theory of knowledge)이다. 이 이론들을 전문적인 용어로는 각각 "존재론"(별명은 "형이상학")과 "인식론"이라고 부른다. 이 존재론과 인식론이 발달함에 따라 철학 이론에 차별성이 생기고, 나름의 독특한 "홈그라운드"를 갖게 되었다. 당신은 그것이 다른 모든 홈그라운드를 둘러싸는 홈그라운드라고 반론을 제기할지 모르겠다. 사실 당신의 말이 맞다! 그러나 바로 그런 이유로 수학, 물리학, 논리학, 또는 윤리학에 관한 철학 이론이 단순히 그런 과학들의 영역을 침범하는 것이 아닌 것이다. 철학 이론은 실재나 지식에 관한 일반 이론의 결과물을 그런 양상들의 연구에 반영시키기 때문에 단순히 그 영역들을 침범한다고 말할 수 없는 것이다. 이 때문에 과학자들이 자기네 연구 분야와 다른 분야들과의 관계에 대해 어떤 입장을 취해야 할 경우, 그로 말미암아 과학의 경계를 가로질러 철학으로 진입하게 되는 것이다.

이는 결코 비판하기 위해 하는 말이 아니다. 특정 양상 내에 있는 이론들이 더 넓은 관점과 관계를 맺는 일은 전혀 문제가 없다. 사실 나로서는 어느 특정 양상 내에서 이론들을 구성할 때 그것이 다른 모든 양상들과 어떤 관계에 있는지에 대한 (무의식적으로라도) 모종의 답변을 가정하지 않는 한 그런 구성작업이 불가능하다고 주장하고 싶다. 그러므로 강조점에 차이가 있는 셈이다. 왜냐하면 과학 이론들은 모든 양상들이 어떻게 연결되어 있는지에 대한 어떤 일반적인 개관을 피할 수는 없지만, 그런 개관은 결코 의식적으로 제기되거나 의문시되거나 변호되지 않고 단지 배후의 가정(假定)으로만 남을 것이기 때문이다. 그런데 과학자는 단지 어떤 개관을 가정하는 데 비해 철학자는 그것을 전공하는 사람이다. 철학자들은 그들이 창안하거나 채택하는 개관을 정당화하는 일을 최우선 과제로 삼으며, 그들의 다른 모든 이론은 그들의 존재론이나 인식론에서 개발된 개관이 요구하는 사항에 따라 개발되기 마련이다.

그러면 "실재에 관한 일반 이론"이란 무슨 뜻인가? 이는 실재의 **본질**을 발견하려고 애쓰는 이론이다. 그 목표는 어떤 **종류**의 사물들이 존재하는지를 찾는 일이라고 할 수 있다. 그러나 이 말을 어떤 **유형**의 사물들이 존재하는지를 묻는 것으로 오해하면 안 된다. 사물의 유형들을 열거하자면 신발, 산, 동물, 구름, 사람 등 그 목록이 엄청나게 길 것이다. 그래서 여기서 묻는 질문은 어떤 유형의 사물들이 존재하는지가 아니라 그 모든 사물의 가장 기본적인 본질이 무엇이냐 하는 것이다. 이 질문에 대한 답변을 찾는 전통적인 접근은 이런 식으로 묘사될 수 있다. 우리가 경험하는 사물들의 다양한 양상을 목걸이에 꿰인 구슬들로 비유하면, 실재에 관한 일반 이론은 "그 끈은 무엇인가?"를 알고 싶어 한다. 이 양상들은 과연 무엇의 양상들인가? 이 질문을 던지는 이유는, 전통적으로 여러 실재론은 한두 가지 양상 자체를 그 끈—모든 사물의 기본적 본질—이라고 주장함으로써 이 질문에 답하려고 했기 때문이다. 예를 들면, 일부 이론들은 모든 사물이 기본적으로 물리적이라고, 어떤 이론들은 실재의 본질은 물리적인 것과 논리적 속성 및 법칙을 묶어 놓은 것이라고, 또 어떤 이론들은 모든 것이 근본적으로 수학적 또는 지각적 또는 그 밖의 어떤 것이라고 주장했다.

이 점은 지식에 관한 일반 이론에도 해당된다. 이것은 수학 지식이나 미학 지식이나 윤리적 지식과 같은 구체적인 종류가 아니라 모든 지식의 본질을 설명하려고 애쓰는 이론이다. 이 이론은 "지식을 단순한 의견과 구별시켜 주는 특징은 무엇인가?", "우리는 어떻게 지식을 얻는가?", "진리란 무엇인가?" 등과 같은 질문에 답하려고 한다. 인식론이 이런 질문에 답하려면 모든 (양상적인) 종류의 지식을 묶어 주는 일반적인 연결 관계를 설명해야 한다. 전통적인 실재론이 그렇듯이 전통적인 지식론들도 지식의 한두 종류를 다른 모든 것의 열쇠로 주장하는 접근을 취했다. 예컨대, 일부는 지식을 본질적으로 수학적이라고 주장했고, 또 어떤 이론들은 지식이 지각적이거나 논리적이거나 역사적이라고 각각 내세웠다.[8]

이제 다음과 같은 점이 분명해졌다. 지식론들과 실재론들이 모든 과학 분야를 형성하는 여러 양상들 사이의 일반적 연결 관계를 설명하려는 것은 대다수의 과학이 한 특정 양상 내에 있는 자료들의 관계를 설명하려는 것과 비슷하다는 점이다.

이론과 관련하여 우리가 구별해야 할 점이 또 하나 있다. 그것은 과학과 철학 모두에서 볼 수 있는 두 유형의 가설들 간의 차별성이다. 나는 첫 번째 것을 "존재자 가설(entity hypothesis)"이라고 부르겠다. 여기서 "존재자(entity)"라는 용어를 사용하는 이유는 영어에서 그 어떤 종류의 실재든지 언급할 수 있는 가장 폭넓고 불명확한 용어이기 때문이다. 말하자면, 사물, 사건, 사태, 관계, 속성, 법칙 등 수많은 것을 거론할 때 이 단어를 사용할 수 있다는 뜻이다. 존재자 가설이란 어떤 의문이나 궁금증을 해결하는 방안으로 새로운 실재를 제안하는 가설을 말한다. 달리 말하면, 이런 유형의 가설은 우리가 설명하려는 그 무엇에 대한 설명으로서 저변에 깔린 어떤 숨은 실재를 가정한다. 이런 식으로 우리가 경험하는 것에 관한 우리 지식의 공백이 우리가 경험하지 못하는 존재자들에 관한 유식한 추측에 의해 메워지는 것이다. 이것은 마치 우리에게 맞출 퍼즐이 주어졌는데 그 전반적인 윤곽은 알지만 구체적인 그림이 없는 경우와 비슷하다. 그 윤곽을 만들려고 조각을 맞추지만 잘 들어맞지 않을 때, 우리는 잃어버린 조각이 있을 것으로 추측하며 이런 모양이라면 어느 지점에 집어넣어서 모든 조각이 정확한 형태를 형성할 것으로 생각한다. 우리에게 잘 알려진 대다수의 이론은 이런 유형이다. 물리학 분야의 원자론과 빅뱅 이론, 생물학의 진화론, 이드와 에고와 슈퍼에고를 전제로 하는 프로이드의 심리학 이론 등은 모두 우리가 경험하는 사물의 특징을 설명할 목적으로 우리가 경험하지 못하는 존재자들을 제안하는 이론들이다.

이런 존재자 이론이 어떻게 만들어지는지를 보여 주는 한 가지 예를 들어 보자. 가령, 우리가 붉은 페인트에 파란 페인트를 섞으면 보라색이 되는 광경을 관찰하고 왜 그렇게 되는지를 알고 싶다고 하자. 그 광경을 아무리 자세히 관찰해도 해답을 구할 수 없을 것이다. 설사 용기에 머리를 처박아도 그 페인트가 어째서 다른 색깔이 아니라 보라색으로 변하는지를 볼 수 없을 것이다. 그래서 우리는 한 이론을 창안한다. 페인트는 우리 눈으로 볼 수 없는 너무나 미세한 성분들로 구성되어 있고, 그 부분들은 빛의 서로 다른 파장을 반영하는 모양을 지니고 있다고 우리가 말한다. 그래서 붉은 페인트가 붉게 보이는 것은 그 미세한 성분들이 우리 눈에 붉게 보이는 파장의 빛을 반영하기 때문이고, 파랗게 보이는 페인트는 그 미세한 성분들이 우리 눈에 파랗게 보이는 빛의 파장을 반영하는 모양을 지니고 있기 때문이나. 이어서 양자를 섞으면 서로 다른 모양을 지닌 미세한 성분들이 합쳐져서 새로운 모양을 형성하게 된다고 우리가 주장한다. 즉, 우리 눈에 보라색으로 보이는 빛의 파장을 반영하는 모양이 되는 것이다.

이 이론은 여러 가지 존재자들을 전제로 삼았다. 미세한 페인트 성분들, 빛의 파장, 인지된 색깔과 특정한 파장의 연관성, 페인트 성분들이 합쳐져서 새로운 모양의 성분이 되는 법칙 등. 여기서 설명의 형식이 대체로 논리적 증명의 형태를 띠고 있음을 주목하라. 논증에서는 우리가 어떤 결론의 진리성을 지지하는 이유들을 전제로 열거하고, 이후 그 전제들로부터 그 결론이 따라오게 하는 논리적 규칙들을 명기하게 된다. 존재자 이론에서는 초기의 조건들이 전제를 대신하고, 설명될 필요가 있는 것이 결론을 대신하게 된다. 그래서 이렇게 도식화할 수 있다.

P1. 우리는 붉은 페인트를 갖고 있다
P2. 우리는 파란 페인트를 갖고 있다
P3. 우리는 그 페인트들을 섞는다

C. 페인트가 보라색으로 변한다

그런데 우리가 모르는 점은 왜 1과 2와 3이 C에 기술된 결과를 낳는가 하는 것이다. 그래서 우리가 관찰할 수 없는 그 무엇이 진행되고 있지 않는가 하고 자문해 본다. C를 낳는 데 있어서 1과 2와 3 이외에 개입하고 있는 다른 요인은 무엇일까? 그게 무엇일지에 대한 우리의 추측이 그 잃어버린 정보의 조각, 곧 1과 2와 3과 합쳐지면 논리적 법칙에 따라 C로 귀결될 그 조각에 관한 우리의 가설을 형성한다. 이 경우에는 우리의 이론이 그 잃어버린 정보의 조각들이 무엇인지를 제안한다. 이어서 이 가설의 진술이 최초의 조건들(1, 2, 3)의 진술과 더불어 논리적 규칙에 따라 C 진술로 귀결된다. 바로 이런 의미에서 그 이론이 C를 설명한다고 할 수 있는 것이다.

이 (지나치게 단순한) 설명만 들어도 그런 이론들이—앞서 말한 것처럼—가설만 포함하는 게 아니라 최초의 조건들(1, 2, 3과 같은 것)과 배후의 가정(증명의 규칙 같은 것)도 내포하고 있다는 것을 분명히 알 수 있다. 내가 가설의 역할을 강조하는 이유는 그 본질이 종종 오해를 받고, 또 중요한 면에서 종교적 믿음의 통제를 받는 것이 특히 가설이기 때문이다. 우리가 또 주목할 점은 존재자 이론들은 그 가설들을, 장차 논리적 규칙뿐 아니라 수학 규칙에 의해, 또는 논리적 내지는 수학적 영역보다 그 확률의 결정에 의해 설명될 것과 연결시킬 수 있다는 것이다. 이론 전체가 여전히 논리적 증명의 형식 안에 있기 때문에 확률 논증은 여전히 동일한 형식 내에 머문다. 말하자면, 논증은 적절한 요인들만 주어지면 그 이론이 아마 X 확률을 갖고 있을 것이라는 게 아니라 실제로 X 확률을 갖고 있다는 것을 입증하려는 것이다.

새로운 존재자가 제안될 때마다 그 분야의 사상가들은 그 제안된 존재자들이 실재하는 것인지 여부를 알고 싶어 한다. 그러나 이론에 의해 제안된 존재자들은 직접 경험할 수 없는 것이므로 그 실재 여부는 간접적으로만 조사할 수 있을 뿐이다.[9] 그런 간접적인 평가를 가장 쉽게 묘사하면 이렇다. 한 이론은 그것이 설명하고자 하는 것을 얼마나 잘 설명하는지에 따라 평가되는데, 여기에는 그것이 다른 경쟁 이론들보다 더 잘 설명하는지의 여부도 포함된다. 평가 항목은 보통 그 이론의 일관성, 그 자료들을 얼마나 철저히 설명하는가, 그 가설은 얼마나 폭넓게 적용될 수 있는가 등을 포함한다. 이 마지막 단계가 가장 설득력이 큰 것이고, 나는 그것을 "의도를 뛰어넘는 범위"라고 부른다. 즉, 한 가지 수수께끼를 설명하기 위해 제공된 어떤 이론이 뜻밖에도 다른 여러 수수께끼들도 설명하는 것으로 밝혀지면, 그 이론이 실재에 부합하는 어떤 것을 발견했다는 사실을 부인하기 어렵다.[10] 특별히 설득력이 강한 또 다른 확증의 형태는 애초에 좁은 범위의 증거만 갖고 있었던 어떤 가설이 뜻밖의 출처에서 나온 새로운 증거의 수혜자가 되는 경우이다. 이런 "증거의 수렴현상" 역시 반박하기가 어렵다. 본래의 의도와 상관없이 뜻밖에도 다른 것을 설명해 주는 가설을 완전히 틀렸다고 믿는 것이 어려운 것처럼, 폭넓은 출처에서 나온 여러 종류의 증거가 모두 어떤 가설을 지지할 때는 그것을 완전히 틀린 것으로 믿기 어려운 법이다. 그렇다고 해서 그런 증거가 추호의 의심도 할 수 없는 이론으로 증명될 수 있다는 말은 아니다. 이 점은 그 증거가 성공적인 실험들로 구성되어 있다고 해도 마찬가지다. 그 이유는 다음과 같다.

많은 존재자 가설들은 평가의 방법들 중에 실험도 포함하고 있다. 그런데 실험의 역할에 대한 오해들이 널리 퍼져 있는 만큼 그중에서 가장 흔한 두 가지 오해를 불식시키고 싶다. 첫째, 어떤 이론을 테스트하는 실험이 없으면 그 이론은 과학적인 것으로 간주될 수 없다는 생각이다. 그러나 실험이 바람직해도 실험이 불가능한 경우가 종종 있고, 어떤 이론이 실험의 테스트를 받을 수 없다고 해서 버림을 받는 것은 아니다. 둘째, 만일 실험이 성공적이면 그 이론은 명백한 것으로 증명된 만큼 이제부터는 의심의 여지가 없는 진리로 간주되어야 한다는 생각이다. 이 오해는 종종 또 다른 생각과 결부되는데, 다름 아니라 실험적 증명이 과학 이론과 철학 이론을 구별시켜 준다는 생각이다. 이 복합적인 오류에 따르면, 과학 이론은 실험에 의해 증명될 수 있지만 철학 이론은 실험이 불가능해서 증명될 수 없다고 한다. 물론 오랜 세월 서로 적대관계를 유지해 온 철학 이론들이 있는 것은 사실이지만, 그것은 과학 이론들은 언제나 증명될 수 있는 반면 철학 이론은 증명이 불가능하기 때문도, 실험이 없기 때문도 아니다. 그리고 이 두 가지 오해는 마지막 오해로 이어진다. 바로 실험이 어떤 이론을 의심할 여지가 전혀 없는 진리로 증명할 수 있다는 생각이다. 그러나 사실상 실험은 그와 다른 역할을 수행한다.

실험이 왜 어떤 이론을 진리로 증명할 수 없는지를 이해하려면 먼저 두 가지 단순한 논리적 규칙을 알 필요가 있다. 첫째 규칙은 이렇다. "A이면 B이다"라는 것이 참이라면, A가 참일 경우 B도 분명히 참이다. 예컨대, A는 "비가 오고 있다"를 뜻할 수 있고, B는 "인도가 젖고 있다"를 의미할 수 있다. 이 경우, "A이면 B이다"는 "만일 비가 내리고 있다면 인도가 젖고 있다"로 번역될 것이다. 이 규칙은, 만일 그게 참이라면, 그리고 만일 비가 내리고 있다는 것이 참이라면, 인도가 젖고 있다는 게 분명히 참이라고 말한다. 이를 이렇게 도식으로 표시할 수 있다.

1. A이면 B이다
2. A
   _____
3. 그러므로 B

이 규칙의 중요한 점은 그것이 왼편에서 오른편으로는 성립하지만 오른편에서 왼편으로는 성립하지 않는다는 것이다. 그러므로 우리는 다음과 같이 말할 수 없다.

4. A이면 B이다

5. B

———————

6. 그러므로 A

비록 인도가 젖고 있다 해도 그것은 비가 내리고 있다는 것을 알려 주지는 않기 때문이다(비 말고도 다른 것이 인도를 젖게 할 수 있다). 성공적인 실험이 어떤 이론을 증명했다고 주장하는 것은 바로 4, 5, 6이 보여 주는 오류를 범하는 것이다. 이 논증을 도식화하면,

7. 이 이론이 옳다면 실험은 성공할 것이다

8. 실험이 성공하다

———————————————

9. 그러므로 이 이론이 옳다

그런즉 성공적인 실험이 어떤 이론을 참으로 증명할 수 있다는 생각은 논리적 오류이다. 하지만 오른편에서 왼편으로 움직이는 또 다른 논리적 규칙이 있다. 그것을 이렇게 도식화할 수 있다.

10. A이면 B이다

11. B가 아니면

———————

12. 그러므로 A가 아니다

이를 위의 샘플에 적용하면 이렇게 옮길 수 있을 것이다. 만일 비가 인도를 젖게 할 것임이 참이라면, 그리고 만일 인도가 젖고 있지 않은 것이 참이라면, 비가 내리고 있지 않다는 것도 참이다. 실험의 가치를 이런 식으로 이해하면 논리적으로 타당한 논증을 다

음과 같이 그릴 수 있다.

13. 만일 이 이론이 옳다면 실험이 성공할 것이다
14. 실험이 성공하지 못하다
_____

15. 그러므로 이 이론은 (적어도 부분적으로) 틀리다

여기에서 이론에 있어서 실험의 중요한 역할을 알 수 있다. 실험은 어떤 이론이 옳다는 것을 증명할 수는 없지만, 그것이 (적어도 부분적으로) 틀리다는 것은 증명할 수 있다. 어떤 이론이 부분적으로 틀리다는 것을 보여 준다고 해서 정확히 어느 부분이 틀리는지를 보여 주는 것은 아니다. 그리고 실험이 제대로 진행되지 않았거나 처음부터 제대로 고안되지 않았을 가능성도 있다. 설사 실험이 잘 계획되고 진행되었다 하더라도, 이론은 종종 커다란 설명력을 갖고 있기 때문에 실험을 몇 차례 실패했다고 버림받는 것은 아니다. 그래서 이론 구성에서의 실험의 역할은 포착하기가 어렵다. 그렇기 때문에 어떤 이론이 그것을 틀린 것으로 증명하려는 여러 차례의 (잘 계획되고 잘 진행된) 시도에도 불구하고 살아남으면, 그 분야에 속한 이론가들은 그 이론에 대해 더 자신감을 품어도 정당하다고 생각한다. 이런 경우에 그 이론은 실험에 의해 **확증되었다**고들 말한다. (물론 실험은 다른 용도로 이용될 수도 있다. 가령, 경쟁적인 이론들 중에 어떤 것을 선택하는 일을 도울 수 있다.) 그러나 성공적인 실험을 아무리 많이 거듭한다고 해도 어떤 이론이 참이란 것을 결정적으로 증명할 수는 없는 법이다.

이렇게 말하면 일부 독자는 이런 물음을 던지고 싶을 것이다. "그러면 실험에 의한 반증이 왜 철학보다 과학에서 더 자주 일어나는 듯이 보이는가?" 그것은 존재자 이론 이외에 또 다른 유형의 이론이 있기 때문이며, 이는 실험으로 전혀 검사할 수 없는 경우가 많다. 그리고 존재자 이론들과 이 다른 유형의 이론들 모두 과학과 철학 둘 다에 나오지만, 과학에서 가장 유명한 이론들은 존재자 이론들인 데 비해 가장 유명한 철학 이론들은 이 다른 유형에 속한다. 이 다른 유형은 예전에 의심받은 적도 없고 경험한 적도

없는 실재의 존재를 제안하는 일로 시작하지 않고 그 자료를 다른 방식으로 설명한다. 우리가 앞에서 들었던 퍼즐의 비유를 다시 생각해 보자. 여기서 설명해야 할 것이 퍼즐의 전체적인 윤곽이라고 가정한다면, 이 둘째 유형의 이론은 그 조각들 중 하나를 다른 모든 조각들을 제자리에 놓기 위한 열쇠로 봄으로써 퍼즐의 윤곽에 도달하려고 노력한다. 이런 유의 이론은 새로운 존재자를 제안하기보다 이미 갖고 있는 모든 조각들의 정렬과 배열에 대한 새로운 **관점**을 제의한다. 말하자면, 이 접근은, 우리가 다른 조각들을 올바로 배열하는 데 필요한 핵심 조각만 파악한다면, 현재의 조각들만으로도 충분히 수수께끼를 풀 수 있다고 생각한다는 뜻이다. 그래서 나는 이 둘째 유형을 "관점적인 (관점에 기초한, perspectival)" 가설이라고 부른다.

관점 가설의 한 가지 예는 마르크스주의 역사 해석이다. 이 이론에 따르면 역사를 이해하는 핵심 요인은 언제나 **경제**이다. 이는 역사의 흐름을 설명하는 데 경제적 요인을 결정적인 것으로 보기 때문에 다른 가능한 설명적 요인들—종교적 믿음, 인종적 증오, 정치적 경쟁, 권력욕, 또는 권력자의 재능과 영향력 등—이 언제나 경제에 의해 좌우되는 것이지 전자가 후자를 좌우하지 않는다는 것을 의미한다. 이것은 분명히 존재자 가설이 아니다. 인간 역사에서 경제적 힘이 어떤 역할을 수행한다는 것은 하나의 추측이 아니기 때문이다. 오히려 오직 경제적 힘만이 역사의 흐름 전체를 결정한다는 가설이다.

관점적인 이론과 존재자 이론을 서로 구별하는 일은 여러 가지 이유로 중요하다. 첫째, 그것은 철학의 중심을 차지하는 이론들—실재나 지식의 개관을 제공하는 이론들—이 관점적인 이론들이라는 사실을 우리에게 인식시켜 준다. 이 점에 관해서는 이미 실재니 지식에 관한 일반 이론을 구성하는 법에 내한 서양철학의 지배적인 가정과 관련하여 다룬 적이 있다. 이는 실재나 지식의 본질에 도달하는 길은 곧 그것을 파악하기 위해 한두 가지 양상(한 사상가가 채택한 목록으로부터)을 선택하는 것이라는 가정이다. 앞서 들었던 비유로 보면, 목걸이의 구슬에 불과한 듯이 보이는 한두 가지가 실제로는 그 끈을 구성한다고 생각하는 것이다. 이런 식으로 이 가정은 한두 가지 양상에 다른 모든 것들을 뛰어넘는 우선권을 부여함으로써 실재나 지식의 본질을 밝힌다. 이어서 그 선택된 양상이 다른 모든 양상의 연결 관계를 설명한다고 주장함으로써 그 우선권을 변호한다.

다른 모든 양상들은 우선권을 부여받은 양상(들)과 동일하든지, 또는 그 양상에 의해 생성되었기 때문이라고 한다. 그러므로 그 우선권은 존재론적 우선권인 셈이다.

이 후자는 상당히 중요하기에 너무 빨리 넘어가지 않도록 다른 각도에서 다시 진술하고 싶다. 실재나 지식의 본질이 우리 경험의 한두 가지 양상과 동일하다는 가정은 어떤 이론이 그 역할을 하도록 선택한 양상을 변호하도록 구체적인 전략을 취하게 한다. 그것은 다음 둘 중 한 가지 방식으로 그런 이론을 위한 논증 전략을 취하도록 요구한다. 이론들이 자기가 선택한 양상(들)을 위해 논증하는 가장 흔한 방법은 실재가 많은 양상을 지닌다는 점은 인정하면서도 이 선택된 양상(들)이 다른 모든 양상을 생성하기 때문에 우선권을 갖고 있다고 주장하는 것이다. 그러므로 이 첫째 방식을 취하는 이론들은 그들이 선호하는 양상이 실재나 지식의 **기본적** 본질을 구성한다고 주장하는 것으로 비친다. 이와 대조적으로, 어떤 이론이 그 전략을 사용할 수 있는 둘째 방식은 그 선택된 양상이 유일한 참 양상이므로 다른 모든 양상이 그것으로 내려앉는다고 주장하는 것이다. 이 둘째 방식에 따르면, 선택된 양상은 단지 모든 실재의 기본적 본질일 뿐만 아니라 **유일한** 본질이기도 하다. 그런즉 이 두 가지 대안의 공통분모이자 그 전략의 핵심은, 우선권이 부여된 양상은 다른 모든 것과 별도로 존재할 수 있지만 다른 것들은 그 양상이 없이는 존재할 수 없다는 주장이다. 그러므로 그 우선권은 곧 존재론적 우선권인 셈이고, 그것은 비의존적인 실재의 지위를 부여받은 것인즉 본질적인 신의 지위를 얻은 셈이다.[11]

끝으로, 관점적인 이론들의 독특성을 인식하는 일이 중요한 이유는 실재나 지식의 본질에 관한 개관이 철학에만 국한되지 않고 어떻게 과학의 개념들과 이론들에도 스며들어 있는지를 볼 수 있게 해 주기 때문이다. 사실 종교적 믿음은 특히 실재의 본질에 관한 견해들을 통하여 과학 이론에 영향력을 미친다. 달리 말하면, 종교가 이론을 통제한다는 우리의 중심 주제는 두 가지 단계를 갖고 있다. 과학 이론들은 반드시 어떤 실재관(觀)을 전제로 삼고, 실재관은 반드시 어떤 종교적 믿음을 전제로 삼는다. 그런즉 종교적 믿음은 직접 실재관을 규제하고, 어떤 실재관을 매개로 하여 간접적으로 과학 이론을 규제하는 것이다.

내가 강의실에서 과학 이론은 실재의 본질에 대한 어떤 견해를 전제로 삼지 않을 수 없다고, 따라서 신에 대한 견해를 전제로 삼는다고 말하면 종종 반대에 부딪히곤 한다. 실재에 관한 철학 이론이 종교적 믿음을 전제할 수밖에 없다는 관념을 기꺼이 수긍하는 학생들이라도, 그 점을 과학까지 확대하는 것에는 난처한 태도를 보인다. 이 주장에 대한 완전한 변호는 10장에 이르러야 개진되겠지만 여기서는 일종의 예비 설명이 필요한 것 같다. 이 점이 철학 이론에만 국한되지 않음을 보여 주기 위해 먼저 평범한 물체인 소금통의 개념을 예로 들고, 이어서 원자의 개념을 사용할까 한다. 이로써 그런 개념들을 분석하다 보면 그것들 속에 내포된 다양한 양상들의 속성이 서로 어떤 관계를 맺고 있는가 하는 질문이 생기는 것을 알 수 있다. 과연 어떤 관계가 다양한 양상들의 속성들을 연결시켜 주는지에 대한 질문이야말로 너무도 많은 사상가들로 하여금 다른 모든 양상을 생성하는 한두 가지 양상을 발견하도록 촉구했다. 동일한 양상의 속성들 간의 관계는 서로 다른 양상들의 속성들 간의 관계만큼 문제가 된 적이 없기 때문이다. 동일한 양상 내에서는 속성들이 서로 임의의 관계를 맺거나, 서로 양립이 불가능하거나, 전형적 패턴 안에서 나타나는 것 등을 볼 수 있다. 왜냐하면 그 속성들이 관여하고 있는 것은 동일한 종류의 관계이기 때문이다. 그러나 서로 다른 양상들 간의 관계는 여러 문제를 제기한다. 그것은 어떤 종류의 관계들인가? 예컨대, 한 종류의 속성들은 어떻게 다른 양상의 속성들을 낳는가? 바로 이런 질문들에 답하기 위해 사상가들이 내가 우선권 부여라고 부르는 것을 만든 것이다. 그들은 한 가지(또는 두 가지) 양상의 속성들과 법칙들이 다른 양상들로부터 독립된 하나의 실재를 갖고 있고, 또 전자가 실제로 후자를 생산할 수 있다고 가정한다. 그래서 우리가 사물들에서 발견하거나 이론들 안에 있는 것으로 가정하는, 서로 다른 양상적 속성들 간에 존재하는 그런 관계를 그들이 찾게 되는 것이다. 그리고 그렇기 때문에 이것을 행하면 우리가 경험하는 사물들이나 가설적 존재자들이 의존해 있는 실재의 종류를 파악하게 되는 것이다. 그런즉 이런 종류의 답변은 실재의 본질에 대한 관점과 동일하고, 따라서 신적 존재로 간주되는 것의 본질도 파악하게 된다.

만일 내가 어떤 유물론자와 함께 식탁에 앉아서 그에게 소금을 건네 달라고 부탁하면, 그는 몇 가지 이유로 내 부탁을 완전히 이해할 수 있을 것이다. 첫째, 그는 나와 똑같이 소금통 앞에 앉아 있고 그의 인지능력이 제대로 작동하고 있는 중이다. 따라서 그 사람 역시 그가 앉은 쪽에 소금통이 있다는 믿음을 형성했다. 우리 둘 모두 우리가 신적 존재로 간주하는 것 때문이 아니라 그것이 거기에 있음을 보기 때문에 그 믿음을 형성한다. 더 나아가, 소금통에 대한 우리의 인지는 지각적일 뿐만 아니라 그 통이 보여 주는 여러 다른 (양상적) 종류들의 속성들도 포함하고 있다. 이런 속성들이 우리 속에서 논리적 구별과 조합을 거쳐 소금통의 개념이 되고, 그로 말미암아 우리의 개념들 사이에 겹치는 부분이 많아지기 때문에 우리가 동일한 물체를 다루고 있다는 믿음을 확증시켜 준다.

따라서 이 수준의 경험과 사고에서는 철학적인 이슈나 종교적 이슈가 생기지 않는다. 그는 나에게 소금을 건네준다. 그러나 만일 우리가 지닌 소금통의 개념들을 좀 더 폭넓게 분석하기 시작하면, 나는 소금통이 보여 주는 속성들과 법칙들 중 어느 것도 다른 어떤 것에 의해 생성되는 게 아니라 모두 하나님의 창조물이라고 믿는 데 비해, 그는 그 모두가 물리적인 어떤 것에 의해 생성되거나 그것과 동일하다고 믿는다는 것을 알게 된다. 이처럼 일상 경험의 초보적 수준에서는 그 사람이 소금통이 아름답다거나 너무 비싸다는 나의 의견에 동의할지 몰라도, 좀 더 폭넓게 조사해 보면 그의 소금통 개념 때문에 그는 아름다움과 가격 같은 비물리적인 속성이 존재한다는 것을 부정할 수도 있고, 그것들이 소금통에 적용되는 물리적 속성과 법칙들에 의존해 있다고 주장하지 않을 수 없을 것이다. 왜냐하면 그의 견해에 따르면, 비물리적인 속성들은 존재하지 않거나, 설사 존재하더라도 그 실존이 물리적인 것에 달려 있기 때문이다.[12] 하지만 우리가 일상경험에 필요한 평범한 사고보다 훨씬 더 자세히 우리의 개념을 분석할 때에만 이 점을 발견할 수 있을 것이다.

이론들은 또한 우리 주변의 세계에 대한 공통된 경험과 함께 시작한다. 이런 이론들 역시 우리의 인지능력, 타인들의 인지보고, 경험하는 물체들이 보여 주는 다른 (양상적) 종류들의 속성과 법칙에의 순응성에 대한 인식에 바탕을 두고 있다. 그러나 우리의 소금통 개념과는 달리 가설적 존재자의 개념은 우리 자신의 창안물이다. 우리는 우리 지식의 간격을 메우기 위해 우리가 제의하는 존재자의 본질로 묶고 싶은 속성들을 그 속에 집어넣는다. 말하자면, 우리가 어떤 존재자를 제안할 때는 반드시 그 본질을 명기한다는 뜻이다. 가령, 우리는 그냥 "저기에 원자들이 있다"라고 말하지 않는다. 원자가 무엇을 설명하고 또 그것을 어떻게 설명하는지를 알려면 원자라는 것이 어떤 종류의 사물인지를 알아야 할 것이다. 그러므로 가설적 존재자의 개념은 전(前)이론적으로 경험하는 사물들의 개념보다 그 속에 포함된 여러 종류의 속성들 간의 관계에 대해 훨씬 더 즉각적이고 명료하게 보여 준다. 원자 개념의 경우, 예컨대, 그 물리적 속성들이 우리가 관찰하는 지각적 속성과 같은 다른 종류의 속성들과 더불어 수학적 속성과 공간적 속성에 특정 방식으로 관계를 맺고 있는 것으로 생각해야 한다. 즉, 이런 양상 상호 간의 관계는 특정한 방식으로 생각해야 하고, 그 질문에 어떤 답변이 주어지든지 간에 그것은 실재의 기본적 본질에 대한 하나의 입장이다. 그것들이 구성하는 원자들과 사물들 모두 그들의 속성 간의 연결 관계에 의존해 있으므로 그런 연결 관계를 한정하는 것이면 무엇이든 우리가 경험하는 세계를 궁극적으로 한정하는 것(본질)이기도 하다.

동일한 논점을 또 다른 각도에서 풀어쓰면 다음과 같다. 특정 양상을 실재의 궁극적 본질로 보는 사상가는 그 믿음과 일관된 실재관을 품지 않을 수 없을 것이다. 그리고 이것은 그 사상가가 실제로 전반적인 철학적 관점을 설명했는지 여부와 관계없이 사실일 것이다. 그런 이론을 설명하지 않아도, 그 실재관을 의식하지 않을지라도, 그것은 그 과학자가 수용하는 가설적 개념들에 함축되지 않을 수 없을 것이다. 그 어떤 가설적 존재자의 개념도, 그 속성들이 합쳐져서 그 본질을 구성하는 방식 가운데 어느 종류(들)가 독자적인 실존을 갖고 있는지, 그리고 어느 것이 그 독자적인 실재에 의존하고 있는지를 반영할 것이다. 만일 존재자의 본질을 구성하는 특정한 (양상적) 종류의 속성을 유일하게 참된 종류로, 또는 다른 모든 종류를 생성하는 종류로 생각한다면, 그 양상이 모든 실재의 본질을 한정하는 것으로 간주되는 셈이고, 따라서 신의 지위를 가진 것으로 여겨지는 셈이다. 다른 한편으로, 만일 그 개념이 존재자의 본질로 묶어 놓는 어떤 종류의 속성이 그 존재를 다른 종류(들)의 속성과 법칙에 의존해 있다고 하면, 그 가설적 존재자의 본질은 비신적인 것이다. 그러나 이 경우에는 그 존재자의 설명력은 그것이 궁극적으로 의존해 있는 신적 종류의 속성과 법칙에 비해 상대화된다. 양자 중 어느 경우든 양상들 간의 관계의 본질이란 이슈는 도무지 피할 수 없는 사안이다.

그런데 이런 풀이는 실재의 궁극적 본질에 관한 믿음 덕분에 이미 우선권을 부여받은 사상가를 예로 들기 때문에 논점을 교묘히 회피하는 것처럼 보일지 모른다. 그래서 그 경위만 설명하는 것으로 비칠 수도 있다. **이미 어떤 실재관과 종교적 믿음을 갖고 있는 사상가들**의 경우에는 그런 믿음이 그들의 과학적 개념들에 영향을 미칠 것이기 때문이다. 그러나 이는 옳지 않다. 이에 앞서 들었던 예화는 가설적 존재자의 개념이 그 존재자 내에서 여러 종류의 속성들이 어떤 관계를 맺는지에 대한 모종의 관념을 전제로 삼지 않을 수 없는 이유를 이미 보여 주었기 때문이다. 그리고 이 점은 그것을 (의식적으로) 수용하는 본인이 어느 양상에 대한 우선권 부여에 바탕을 둔 실재관을 보유하는지 여부와 상관없이 모든 개념에 해당되는 것이다. 어느 가설적 존재자의 본질을 구성하는 속성들은 다음 세 가지 중 하나로 간주되는 것을 피할 수 없기 때문이다. ① 유일한 참 종류의 속성들에 속하거나 다른 모든 종류를 생성하는 종류에 속하거나, ② 그들의 존재가 독자적 실존을 갖고 있는 다른 양상의 속성들과 법칙들에게 의존하거나, ③ 그들의 존재와 연결성을 어느 양상이 아닌 다른 무엇에 의존하고 있을 것이다. 이 가운데 어느 것인가 하는 점은 결코 사소한 문제가 아니다. 그것은 그 본질에 포함된 속성들이 독자적 존재인지 여부를 알기 위해, 만일 그렇지 않다면 그것들이 (궁극적으로) 의존해 있는 것을 알기 위해 한 존재자에 대한 설명의 범위와 힘을 이해하는 데 필수적이기 때문이다. 이런 식으로, 어떤 존재자의 개념에 내포된 속성들이 서로 어떤 관계를 맺는지는 그 양상들이 일반적으로 어떤 관계를 갖고 있는지에 대한 모종의 관점을 전제하고 있는 것이다. 후자는 내가 말했듯이 실재의 본질을 파악하는 일과 같은 것이다. 그런즉 다양한 양상들이 서로 어떤 관계에 있는가 하는 문제는 피할 수 없는 사안이다. 어떤 답변이 암묵적으로 가정되어 있든지 명시적으로 변호되고 있든지 간에, 그런 관점이 모든 존재자의 개념이 형성되는 방식을 지도한다. 그렇기 때문에 과학에서 가장 단순하고 가장 기본적인 개념들조차 사상가가 가정하고 있는 실재관에 따라 다르게 이해되는 것이다.[13] (이 점을 보여 주는 많은 예들은 수학과 물리학과 심리학에서의 이론 충돌을 검토하게 될 사례집에서 살펴보게 될 것이다.)

  분명히 할 점이 있다. 이제까지 나는 대안 ①이나 ②의 가정에 바탕을 둔 이론들과 개념들을 주로 다루어 왔는데, 그런 것들이 과학과 철학을 오랫동안 지배해 왔기 때문이다. 그러나 대안 ③이 분명히 보여 주듯이 그 둘만이 전부는 아니다. 나는 대안 ①과 ②가 이방의 종교적 신념을 전제하고 있다고 주장하듯이, 그것들은 유신론자에 의해 배격되어야 한다고 주장하는 바이다. 그래서 마지막 세 장에서는 대안 ③에 바탕을 둔 이론들과 개념들이 어떤 모습을 지니고 있는지 조사할 예정이다.

  이제까지 예비적인 스케치를 하는 동안 나는 존재자 가설의 개념들만 다루었다. 종교적 믿음이 존재자 이론들에게 미치는 영향은 양상적인 우선권 부여가 개념들 내에 나타나는 방식에서 나오는 것이지 철학 이론들과의 접촉에서만 나오는 게 아니라고 말해 왔다.[14] 그러나 이 점은 과학의 존재자 이론들뿐 아니라 과학 내에 있는 관점 이론들에도 똑같이 적용된다. 앞서 언급했던 것처럼, 관점 가설은 철학에서는 물론 과학에서도 나온다. 예를 들면, 식물학자는 벌을 끄는 것은 꽃의 냄새가 아니라 색채라는 아주 단순한 주장을 할 수 있다. 이것은 관점 가설이지 모든 양상들의 관계에 대한 개관적인 이론이 아니다. 그렇지만 이처럼 단순한 경우라도 그 속에 사용된 개념들을 보다 폭넓게 분석해 보면—소금통이나 원자의 경우와 같이—, 서로 다른 양상의 속성들 간의 관계에 대해 설정한 전제를 반영하고 있다는 점을 알게 될 것이다. 그렇기 때문에 이 개관의 문제는 결코 제거될 수 없고, 이것이 또한 과학이 결코 철학에서 완전히 독립할 수 없는 이유이기도 하다. 그리고 우리가 이미 그런 개관들이 모종의 종교적 믿음을 전제하고 있는 이유를 살펴보았기 때문에, 동일한 이유로 관점적인 이론들 역시 종교적인 규제에서 결코 자유로울 수 없는 것이다. 이는 사상가가 그것을 원하든 원하지 않든, 그것을 시인하든 시인하지 않든, 그것을 의식하든 의식하지 않든, 사실이다.

4.6 이론의 평가 기준

존재자 이론들을 확증하는 방법은 관점적인 개관 이론들을 확증하는 방법보다 더 정확하고 확실한 것처럼 보인다. 앞에서 이미 언급했듯이, 존재자 이론들의 설명력은 논리와(또는) 수학을 이용하여 어떤 존재자의 제안이 한 이론이 다루는 최초의 자료들에 덧붙여질 때 이미 알려진 사실들이 포함되는지 여부를 확인함으로써 검사할 수 있다. 또한 어느 존재자 가설이 경쟁적인 가설보다 더 확률이 높다는 것을 보여 주는 논증을 시도할 수도 있다. 아울러 존재자 이론들은 종종 실험으로 검사할 수 있는 예측을 낳기도 한다. 적용의 범위를 결정하는 것 역시 존재자 이론의 경우가 더 쉽다. 그 제안된 존재자가 다른 이론에 의해 사용될 때 확증 가능한 결과를 낳는지 여부는 분명히 알 수 있다. 이론가들은 또한 존재자 이론을, 얼마나 많은 새로운 존재자들을 제안할 필요가 있는지에 따라 평가하기도 한다. 그들의 규칙은 이러하다. 서로 경쟁하는 두 이론이 사물을 똑같이 잘 설명하는 경우에는 가설이 더 적은 쪽을 선호한다는 것. 이런 방식으로 존재자 가설들은 평가되거나 개선되거나 반증될 수 있다.

이와 반대로, 존재자 가설을 평가하는 이런 표준적인 절차가 관점적인 개관에는 전혀 효과가 없는 것 같다. 실재의 본질에 대해 어떤 관점을 제의하는 일은 새로운 존재자들을 최초의 조건에 합류하면 특정한 결과를 낳는지 여부를 살펴보는 것이 아니므로, 관점적인 개관은 존재자 이론들처럼 논리적 주장의 형식으로 제의되지 않는다. 이 때문에 그것들은 실험으로 결코 확증될 수 없는 것이다. 그리고 경쟁적인 관점들이 철저성의 면에서 서로 비교될 때, 본인의 눈에 옳게 보이는 관점이 사물을 더 잘 설명하는 듯이 보일 것이다(설사 다른 관점이 더 철저하게 설명한다 하더라도). 사실 다른 관점이 더 많은 사물을 더 상세히 설명할 때라도, 그것을 배격하는 사람의 눈에는 그보다 더 상세한 차원에서는 그것이 그릇된 것으로 비칠 것이다.[15] 더 나아가, 모든 개관적인 관점은 (적어도 잠재적으로는) 보편적인 범위를 갖고 있다. 말하자면, 양적인 양상, 공간적 양상, 물리적 양상, 지각적 양상, 또는 논리적 양상 등의 관점에서 모든 실재를 조망할 수 있다는 뜻이다. 그리고 끝으로, 이런 관점들은 아무런 존재자도 제안하지 않기 때문에 어느 관점이 더 적은 존재자를 제안하는지를 비교하는 것은 아무런 의미가 없다.

그러므로 관점적인 개관들은 그들 나름의 지침이 필요하다. 물론 이런 개관들은 존재자 이론들과 똑같이 논리적 일관성을 지닐 필요가 있다. 자기모순적인 이론은 결코 옳을 수 없기 때문이다. 하지만 이것은 전혀 새로운 점이 아니다. 논리적 일관성 이외에 지금까지 개관적 이론에 적용된 유일한 규칙은 그 관점으로부터 개연성 있는 설명을 전혀 얻을 수 없는 자료가 있는지 여부를 살펴보는 것이었다. 예를 들어, 과거의 유물론은 개념들에 대해 개연성 있는 설명을 제공하지 못했다. 그러나 현대의 유물론은 컴퓨터의 역량을 가리키며 인간의 개념 형성도 본질적으로 그와 똑같은 작용이라고 주장한다. 이 주장이 성공적으로 변호될 수 있는지 여부와 상관없이, 유물론은 이제 과거와는 달리 개념적 사고에 대해 일종의 설명을 갖고 있는 셈이다. 이런 평가 기준은 물론 존재자 이론들이 평가되는 방식보다 느슨하고 덜 확실한 결과를 낳는다. 이미 언급했듯이, 어떤 관점이 어느 범위의 자료에 대해 아무런 설명도 내놓지 못한다면 그 관점은 불리한 입장에 처할 테고, 그것은 다른 관점을 보유한 사람에게 그릇된 것으로 보일 것이다. 게다가, "개연성 있는 설명"에 대한 뚜렷한 평가기준이 없는 형편이다. 문제를 더 복잡하게 만드는 것은, 어떤 자료에 대해 특정한 관점에서 제공하는 모든 기존의 설명이 개연성이 없다 하더라도, 이는 그 관점에서 영원히 개연성 있는 설명을 주지 못할 것임을 입증하는 것이 아니다. 그러므로 개관적인 관점들 간의 논쟁은 여러 세기에 걸쳐 계속 이어지고 있는 것이다.

그러나 나는 개관적인 가설들을 예리하게 평가할 수 있는 추가적인 지침들을 제공하는 일이 가능하다고 믿는다. 이 지침들은 각각 피해야 마땅한 비정합성(incoherence)에 관한 진술이다. (이런 비정합성은 물론 단기적 관점 이론들과 존재자 이론들 모두 피해야 마땅하지만, 여기서는 실재나 지식에 대한 관점적인 개관에 적용할 것을 염두에 두고 제시할 것이다.)

내가 보기에, 논리적 비일관성 이외에도 마땅히 드러내고 규정하고 피해야 할 비정합성은 적어도 세 가지가 있는 것 같다. 이 세 가지는 종종 논리적인 모순보다 더 미묘해서 탐지하기가 더 어려운 편이다. 그리고 논리적 비일관성은 보통 수정하기가 쉽고, 수정한다고 해서 이론 자체를 크게 바꿀 필요가 있는 경우는 드물다. 이와 반대로, 내가 다루려고 하는 이 세 가지 비정합성은 쉽게 수정될 수 없다. 이런 문제는 종종 한 이론의 핵심에서 생기기 때문에 그 이론의 핵심 주장을 크게 바꾸거나 양보하지 않고는 제거할 수 없는 것이다. 이런 비정합성 중 두 가지는 과거에 철학자들에 의해 발견되긴 했으나 아직도 충분히 심각하게 여겨지지 않는 듯이 보인다. 세 번째 비정합성은 비교적 새로운 것으로 약 50년 전에 헤르만 도예베르트에 의해 처음으로 규정되고 개진되었던 것이다.[16]

첫 번째 평가 기준은 그 이론의 다른 진술과는 모순되진 않아도 그 자체와 양립 불가능한 주장을 하는 이론을 모두 배제시킨다. 최근의 여러 사상가들처럼 나도 그런 주장을 "자기 지시적인 비정합성(self-referentially incoherent)"이라고 부르겠다. 어떤 주장은 강한 의미에서 또는 약한 의미에서 정합성을 위반할 수 있다. 강한 의미에서는, 어떤 주장이 스스로 주장하는 바의 예외에 해당하는 경우에는 자기 지시적인 비정합성을 안고 있다. 그런 경우는 그 자체가 참일 가능성을 아예 없애 버린다. 약한 의미에서는, 이런 비정합성을 범하는 진술이 그 자체의 그릇됨을 요구하진 않지만 누군가 그것이 참이라는 것을 알 수 있을 가능성을 없애 버린다. 그런즉 그것이 참일 가능성이 있다 하더라도, 우리가 그것이 참인지 여부를 결코 알 수 없기 때문에 그것은 아주 엉성한 추측으로 전락해 버린다.

강한 의미의 비정합성의 본보기로 도교 신자가 때때로 펴는 주장, 즉 "도(道)에 관해서는 아무 말도 할 수 없다"는 진술을 들어 보자. (이 주장의 본래 의도대로) 아무런 조건 없이 그 진술을 취하면, "도에 관해서는 아무 말도 할 수 없다"고 말하는 것 자체가 도에 관해 무언가를 말하는 것인즉 자기 지시적 비정합성을 안고 있는 셈이다. 따라서 이 진술은 그 자체에 대한 언급으로 보면 스스로의 진리성을 부정하고 있다. 그리고 약한 의미의 비정합성의 본보기로는 프로이드가 언젠가 내세운 주장, 곧 모든 믿음은 신자의 무의식적인 정서적 욕구의 산물이라는 주장을 들 수 있다. 만일 이 주장이 옳다면, 그것이 프로이드의 믿음인 만큼 그 자체에도 해당되는 것이다. 따라서 그것은 다름 아니라 프로이드의 무의식적인 정서적 욕구의 산물에 불과한 것이 되고 만다. 이 자체가 그 주장을 거짓으로 만들 수는 없지만, 비록 그것이 옳다고 해도 프로이드를 비롯한 어느 누구도 그것이 참이라는 것을 결코 알 수 없게 된다. 이 주장이 허용할 수 있는 최대치는 기껏해야 그는 그것을 믿지 않을 수 없다고 말하는 것뿐이다.

두 번째 평가 기준은, 이론은 그것이 참이라는 것을 가정해야 할 어떤 믿음과 양립 불가능해서는 안 된다는 것이다. 이 규칙을 위반하는 이론에 대해 나는 "자기 가정적인 비정합성(self-assumptively incoherent)"을 안고 있다고 말하겠다. 한 가지 예로서 일부 철학자들이 내세우는 주장, 곧 모든 사물은 오로지 물리적인 것일 뿐이라는 주장을 생각해 보자. 이 주장을 옹호하는 자들의 설명에 따르면, 이것은 아무것도 물리적 속성이 아닌 그 어떤 속성도 갖고 있지 않고 물리적 법칙이 아닌 그 어떤 법칙의 지배도 받지 않는다는 뜻이라고 한다. 그러나 이 주장을 표현하는 문장, 곧 "모든 사물은 오로지 물리적인 것일 뿐이다"라는 문장은 언어적 의미를 지니고 있는 것으로 가정하지 않을 수 없다. 이것은 물리적 속성이 아니다. 그런데 그 문장이 이런 의미를 갖고 있지 않다면 문장이 아닐 테고, 언어적으로 어떤 뜻이라도 표시할 수 없는 물리적인 소리나 부호에 불과하여 어떤 주장도 표현할 수 없을 것이다. 이는 마치 일단의 자갈이나 구름이나 나뭇잎이 그 어떤 의미도 표시할 수 없고 어떤 주장도 표현할 수 없는 것과 마찬가지다. 게다가, 이 배타적인 유물론을 주장하는 것은 그것이 참이라고 주장하는 것과 똑같은데, 이 주장 역시 또 다른 비물리적인 속성이다. 그리고 그것이 참이라는 주장은 그 주장에 대한 부정이 거짓일 수밖에 없다는 점을 가정하고 있다. 왜냐하면 그 부정은 물리적 법칙이 아닌 논리적 법칙이 보증하는 관계이기 때문이다. (사실상 논리적 법칙의 존재를 부정하는 이론이 즉시 그리고 어쩔 수 없이 자기 가정적인 비정합성을 지닐 수밖에 없는 것은, 그런 부정 자체가 논리적으로 그것이 거짓임을 배제하는 가운데 참인 것으로 주장되기 때문이다.) 그러므로 "모든 사물은 오로지 물리적인 것일 뿐이다"라는 주장은 비물리적 속성을 지니고 있고 비물리적인 법칙의 지배를 받는다고 가정해야 한다. 만일 그렇지 않으면 그 명제는 이해될 수 없고 또 참일 수도 없기 때문이다. 그런즉 이 주장을 지지하는 논증들이 아무리 그럴듯하게 보일지라도, 이 주장 자체는 그것이 참이기 위해 필요한 가정과 양립이 불가능하다. 그래서 이는 강한 의미의 자기 가정적인 비정합성의 본보기에 해당하는 것이다.[17]

앞의 본보기가 양상의 다원성을 부정한 이론과 관계가 있다는 사실은 결코 우연이 아니다. 그런 이론들이 이 기준을 위반하는 유일한 것은 아니지만, 우리가 경험하는 세계가 다원적인 속성들과 법칙들을 지닌 사물을 갖고 있다는 사실을 부정하는 이론들은 반드시 자기 가정적인 비정합성의 잘못을 범할 수밖에 없다. 따라서 이 기준은 양상의 다원성에 대한 우리의 경험이 진정한 것임을 변호해 주는 첫 번째 것이다. 여러 양상들이 존재한다는 것을 부인하거나 그 모든 양상을 단 하나의 양상으로 환원하려는 시도는 모두 이런 비정합성의 잘못을 범하는 것으로 판명되기 마련이다.

마지막 평가 기준은 두 번째 기준처럼 한 이론이 그 명시적인 내용 바깥에 있는 어느 요인과 양립이 가능한가 하는 점과 관계가 있다. 그런데 이 기준은 한 이론의 그 자체의 미진술된 가정과의 양립 가능성과 관련된 것이 아니라, 한 이론이 그것이 생산되는 데 필요한 조건들과 양립이 가능한가 하는 문제와 관련이 있다. 달리 말하면, 이론은 그 이론의 주장을 형성하기 위하여 반드시 필요했던 어떤 사상가의 상태나 그 사상가가 수행해야 했던 활동과 양립이 가능해야만 한다는 것이다. 그 옛날 마르크스의 표현을 빌려서 말한다면, 이론은 반드시 "그것의 생산 수단"과 양립이 가능해야 한다고 할 수 있다. 이 기준을 범하는 이론에 대해서는 "자기 수행적인 비정합성(self-performatively incoherent)"을 안고 있다고 말할 생각이다.

이 규칙을 이해하기 위해 아주 단순한 본보기를 들어 보자. 누군가 아무도 말할 수 없다고 말하는 경우나 언어 같은 것은 아예 없다고 말하는 경우를 들 수 있다. 아무도 말할 수 없다고 말하려면 한 사람이 입을 열어야 하고, 언어가 존재하지 않는다고 말하려면 누군가 언어로 말해야 한다. 따라서 그런 주장은 강한 의미에서 그 기준을 위반하는 것이기에 결코 참일 수가 없다. 이 기준의 약한 형태를 예로 들어 보자. 가령, 우리가 온도계를 이용하여 컵 속의 물의 온도를 측정하라는 요구를 받았다고 하자. 그런데 일단 우리가 온도계를 물속에 넣으면 그 행동을 하기 이전의 온도를 안다고 정합성 있게 주장할 수 없다는 것이다. 그 행동 자체가 물의 온도를 변화시켰기 때문이다. 그래서 우리가 알고 싶은 바를 발견하는 데 필요한 행동 그 자체가 영구히 그것을 알지 못하게 하는 것이다(그것은 "불확정 관계"를 낳는다). 그리하여 "온도계는 컵 속의 물이 섭씨 20도였다는 것을 보여 준다"라고 주장하는 것은 이 정보를 얻기 위해 취한 행동이 영구히 그 주장이 참인지를 알지 못하게 한다는 사실을 무시하는 것이다.

강한 의미의 비정합성을 보여 주는 좀 더 심각한 예는 데카르트가 제공한 것이다. (하지만 그는 그 점을 인식하지 못했고 그것을 별개의 기준으로 규정하지도 않았다). 데카르트는 합리적으로 의심할 수 있는 것과 할 수 없는 것을 성찰하면서 도무지 합리적으로 의심할 수 없는 한 가지는 그의 존재라고 보았다. 의심하는 행위를 하려면 그가 존재해야 했기 때문이다. 또한 "나는 존재하지 않는다"라고 생각하거나 말하기 위해서도 존재해야만 했다. 그런즉 그의 존재 상태와 생각하거나 말하는 행위는 모두 "나는 존재하지 않는다"라는 주장과 양립이 불가능했다. 그리하여 그는 "나는 존재하지 않는다"는 주장은 거짓이라고 인정했다. 그럴 경우에는 언제든지, "나는 존재한다"의 말의 진실성을 합리적으로 의심할 수 없기 때문이다. 이 본보기가 중요한 것은 이 기준이 한 이론의 주장을, 그 이론 밖에 있을 뿐만 아니라 믿음이 아닌 조건들과 비교함으로써 의미심장한 결과를 초래하는 것을 부각시키기 때문이다. 이전의 기준들과 마찬가지로, 자기 수행적인 정합성에 대한 요구는 논리적 법칙과 구별을 제쳐 놓는 게 아니라 오히려 가정하고 있다. 그럼에도 불구하고, 그것은 단순한 논리적 일관성을 뛰어넘는 이론들을 테스트할 수 있는 방법을 선사한다. 어느 이론은 그 어떤 논리적 규칙도 명시적으로 위반하지 않고 심지어는 그 자체의 가정들과 양립하면서도 얼마든지 치명적인 결함이 있을 수 있다는 것을 상기시켜 준다. "나는 존재하지 않는다"는 문장에는 논리적으로 자기모순적인 점이 하나도 없다는 것을 주목하라. 그리고 "나는 존재한다"는 말의 진실성은 논리적인 규칙만이 요구하는 것이 아니다. 그래도 데카르트는 논리적인 의미 이상의 의미에서 첫째 주장은 참일 수 없고, 둘째 주장은 거짓일 수 없다는 것을 알았다. 그 의미는 이제야 확실히 파악되어 이름이 붙여진 것이다.

어떤 이론의 자기 수행적인 정합성 여부에 대한 테스트는 우리가 10장에서 전통적인 실재론들을 상세히 검토할 때 알게 되리라. 거기에서 우리는 이 기준을 사용하여 어째서 양상 상호 간의 연결성의 이슈를 피할 수 없는지와, 어느 양상에 독자적인 실존을 부여하면 왜 약한 의미에서 자기 수행적인 비정합성의 잘못을 항상 범하게 되는지 그 이유를 보여 줄 것이다. 말하자면, **어떤 추상화된 양상이 자존한다는(따라서 신적이라는) 주장**

을 정당화하려는 모든 시도는 언제나 그 주장을 펴는 데 필요한 추상화의 활동과 양립할 수 없기 때문에 그런 주장을 하나의 이론으로 정당화할 수 없다는 점을 보여 주겠다는 뜻이다.[18] 그리고 앞에서 말했듯이, 이것은 더 나아가서 그런 주장들의 종교적 특성을 확증하고, 또 그것들은 이론이 추구하는 정당화보다 경험에 근거를 두고 있다는 입장을 확증할 것이다.

하지만 이 입장을 변호하기에 앞서 이 점을 좀 더 명료하게 정리할 필요가 있다. 이것이 다음 두 장이 맡은 작업이다. 5장은 종교적 믿음과 이론의 관계와 관련하여 이 입장을 다른 경쟁적인 견해들과 대조하게 될 것이다. 이어서 6장은 종교적 믿음이 언제나 추상적 이론들을 "통제한다"거나 "규제한다"는 말이 무슨 뜻인지를 보다 자세히 설명할 것이다. 이런 작업을 거친 후에야 우리는 수학과 물리학과 심리학 분야의 여러 과학이론들에서 그런 통제가 어떻게 일어나고 있는지 살펴볼 준비를 갖추게 될 것이다.

THE MYTH
OF RELIGIOUS NEUTRALITY

5장 이론과 종교
: 몇 가지 대안

이번 장에서는 종교적 믿음과 이론의 관계에 대하여 서양 사상사가 취한 중요한 입장들을 간략하게 개관하려고 한다. 물론 각 입장 내에는 많은 변종들이 있으므로 이것들을 서로 묶어서 다양한 순열로 만드는 일도 가능하다. 그러므로 여기서 개관한 관념들은 가장 기본적인 대안들을 가장 단순한 형태로 진술한 것임을 유념할 필요가 있다.

5.1 종교적 비합리주의

첫 번째 대안에 이런 호칭을 붙였다고 해서 종교적 믿음을 합리적으로 평가하면 그 모두가 어느 의미에서 표준에 못 미치거나 난센스에 불과하다는 뜻은 결코 아니다. 이 입장을 옹호하는 사람들 중에는 그런 결론을 내리는 사람도 있고 그렇지 않은 사람도 있다. 그러므로 이 입장 자체는 반드시 종교적 믿음의 진리성에 대한 평가라고 볼 수는 없고, 대체로 종교적 믿음과 합리적 근거의 관계에 대한 하나의 견해라고 할 수 있다. 이렇게 이해하면 비합리주의적 견해는 다음과 같이 아주 간단하게 진술할 수 있다. 이성과 종교적 믿음은 서로 아무런 관계가 없다는 것. 따라서 어느 것도 상대방에 대해 어떤 평가를 내릴 수 없다. 이는 여러 가지 뜻을 내포하고 있는데, 그중의 하나는 종교적 믿음은 증명될 수도 없고 반증될 수도 없다는 것이다. 이 견해에 따르면, 사람들이 갖고 있는 종교적 믿음을 "신앙(faith)"이라고 부른다는 사실은 곧 그런 믿음의 정당성을 증명하지 않은 채 그 믿음의 진리성을 신뢰한다는 뜻이다(이는 내가 앞에서 주장했듯이 종교적 믿음이 경험에 기초해 있다는 견해와는 다르다). 이 견해는 신앙을 맹목적인 믿음, 곧 다른 어떤 것과의 강한 연결성도 없이(어쩌면 윤리만 제외하고) 그냥 공중에 떠 있는 불가해한 것으로 보는 입장이다.

이 입장은 내가 대학원을 시작하는 첫날에 접했던 것이다. 철학과의 한 강사가 내게 왜 그 대학교에 왔는지 그리고 내 관심사가 무엇인지를 물었다. 내가 종교 철학 프로그램에 들어가고 있다고 응답하자 그는 실망스러운 듯이 이렇게 말했다. "이곳 하버드에서 우리는 철학을 가르치고 또 우리는 종교를 가르치고 있소. 양자 간의 연결성을 찾아보는 것은 당신에게 달린 문제요." 이런 식의 표현은 다른 사상가들이 진술한 방식에 비하면 상당히 온건한 편이다. 종교적 믿음과 이론적 추론은 너무도 사이가 나빠서 신앙의 이유를 제시하려는 시도 자체가 그 관계를 파괴하고 만다고 주장한 사람들도 있다. 예컨대, 쇠렌 키에르케고르는 자기 신앙을 합리적 방식으로 설명하거나 정당화하려는 사람들에 대해 이렇게 말했다.

> 차라리 신앙과 함께 멈추는 편이 낫지 않은가? 모두가 한 걸음 더 나가고자 하는 것은 실로 혐오스런 일이 아닌가? … 그들이 믿음의 위치에 가만히 서고, 서 있는 사람은 넘어지지 않도록 조심하는 편이 낫지 않은가? 왜냐하면 신앙의 운동은 끊임없이 불합리성의 힘으로 움직여져야 하기 때문이다.[1]

키에르케고르가 신앙을 "불합리한 것"이라고 부른다고 해서 합리적으로 정당화될 수 없다는 뜻은 아니고, 이론적 이성과 신앙은 서로 배타적이라는 뜻이다.

그러므로 기독교 변호란 개념을 처음 창안한 사람은… 사실상 제2의 유다임이 확실하다.²

이어서 이보다 훨씬 더 길게 설명한다.

신앙을 갖고 싶은 사람이 있다고 가정하자. 그러면 이런 희극이 시작되도록 내버려 두라. 그는 신앙을 갖고 싶어 하지만, 동시에 객관적인 탐구에 의해 그 자신을 지키고 싶어 한다. … 그러면 무슨 일이 일어날까? … 그것은 꽤 가능성이 있고, 갈수록 가능성이 많아지고, 가능성이 굉장히 커진다. 이제 그는 그것을 믿을 준비가 되어 있고, 그는 스스로 자기는 제화공과 재봉사와 단순한 사람이 믿듯이 믿지 않고 오랜 심사숙고 끝에 믿는다고 감히 주장한다. … 그리고 보라, 이제는 그것을 믿는 일이 불가능해지고 말았다. 어떤 것이든지… 그가 거의 알 수 있는 것은… 믿기가 불가능하다. 왜냐하면 불합리한 것이 바로 신앙의 대상이고, 그것이 믿을 수 있는 유일한 대상이기 때문이다.³

이 노선을 취한 또 다른 사상가는 19세기의 유명한 독일 신학자인 프리드리히 슐라이어마허이다. 그에게는 종교가 엄밀히 말해 감정의 문제이기 때문에 종교적 믿음은 이성과는 별개의 사안이었다. 그래서 그는 종교를 모든 고차원적 감정의 총합으로 정의하며 이런 결론을 내렸다.

따라서 관념들과 원리들은 모두 종교에 생소한 것들이다. … 관념들과 원리들이 무엇이든 되려면, 그런 것들은 종교와는 다른 삶의 부문인 지식에 속해야 한다.⁴

이처럼 키에르케고르와 슐라이어마허 모두 신앙과 이론적 이성을 서로 배타적인 것으로 보지만, 슐라이어마허는 이성이 설사 원하더라도 신앙의 영역에 침범할 수 없다고 생각하는 데 비해, 키에르케고르는 그런 침범이 가능하지만 언제나 신앙을 파괴할 뿐이라고 생각한다.

나는 앞서 종교적 믿음과 이론적 이성의 관계에 대한 기본적인 대안들 내에 여러 변종이 있을 수 있다고 말했는데, 이는 다른 대안들과 마찬가지로 이 대안에도 해당된다. 방금 인용한 두 사상가들이 이런 입장을 취한 유일한 인물들이 아닌 것처럼, 그들의 유형이 이 입장의 유일한 변종도 아니다. 그러나 그런 입장을 취하는 모든 사람의 공통점은 종교적 믿음과 관련하여 이성의 역할을 깔본다는 것이다. 그들은 이성이 기껏해야 아무런 유익도 주지 못하고 최악의 경우에는 큰 해를 끼칠 뿐이라고 주장한다. 이 점을 도식으로 그려보면 좀 더 분명해진다.

종교적 믿음은
1. 선택적이다
2. 이론적 이성에서 분리되어 있다

이론적 이성은
1. 종교적으로 중립적이고 자율적이다
2. 그 영역에서 상소할 수 있는 최종 법정이다

다른 대안들을 살펴보기 전에 나는 이 입장의 두 가지 특징에 주목하라고 권하는 바이다. 위의 도식의 왼편 숫자가 가리키듯이, 첫째 특징은 모든 정상적인 사람은 이성을 갖고 있는 데 비해 신앙은 행사되거나 되지 않을 수 있는 선택의 사안이라는 것이다.

둘째 특징은 이 입장이 이성의 범위를 한정하고 있음에도 이성을 몽땅 깔보지 않고 또 사유의 중단을 옹호하지도 않는다는 것이다. 삶의 합리적 측면과 관련된 문제에서는 기꺼이 이성의 능력을 최고로 평가하는 입장을 취한다. 이성을 이런 문제에서 상소할 수 있는 최종 법정으로 받아들이고, 외부의 영향과 관련해서는—원칙적으로—중립적이고 심지어 자율적이라고까지 본다. 내가 종교적 비합리주의라고 부르는 이 입장은 이성을 깔보기보다는 "신앙이 들어설 여지를 남겨두는" 삶의 비합리적 측면이 존재한다고 주장할 뿐이다. 종교적 믿음을 위한 영역은 이성이 침범할 수도 없고 침범해서도 안 되는 곳인즉 이 입장은 신앙에 대한 합리적 뒷받침을 포기하는 대신 신앙에 대한 합리적 비판에서 면제되는 특권을 부여받는다. 이에 대한 보답으로 이성을 신앙에 의한 검열에서 면제시켜 준다. 요컨대, 이 견해에 따르면 이 두 구성원은 서로 담을 쌓고 있기 때문에 신앙의 조항과 과학이론이나 철학이론 사이에는 갈등이 있을 수 없다. 이성이 최고

자리를 차지하는 "삶의 부문"은 신에 대한 믿음을 신앙으로 취하는 삶의 영역과 전혀 겹치지 않기 때문이다.

5.2 종교적 합리주의

이런 비합리주의적 입장과 대조되는 것은 내가 "종교적 합리주의"라고 부르는 대안이다. 이 입장에 따르면 **모든** 믿음은 합리적 심문의 심판석 앞에 나와야 하며 종교적 믿음도 예외가 아니다. 철학자인 A. N. 화이트헤드가 언젠가 말했듯이 "이성에의 호소는 모든 권위가 굴복해야 할 궁극적인 심판관, 곧 보편적이면서도 개별적인 차원의 심판관에 대한 호소이다."[5] 이 입장에 의하면, 다른 어떤 고려사항—신뢰, 희망, 감정 등이 아무리 많다 하더라도—도 이성의 판결과 경쟁하는 권위로 허용되어서는 안 되고, 그 어떤 종교적 믿음도 그것을 판단하는 이성의 권한 바깥에 있어서는 안 된다.

그런즉 종교적 합리주의는 이성의 중립성을 인정하는 점에서 종교적 비합리주의와 의견을 같이하고, 다만 이성이 적용되는 범위에 있어서는 의견을 달리할 뿐이다. 양자 모두 이성을 자율적인 것으로 여기고, 원칙적으로 이성은 그 자체의 규칙 이외의 다른 것에 의해 지도될 수 없다고 주장한다. 그렇다고 해서 사람들이 믿음을 평가하거나 이론을 구성할 때 언제나 중립적이고 공정하다는 뜻은 물론 아니다. 그러나 사람들이 설사 외부적 요인이 그들의 판단에 영향을 못 주도록 막는 면에서 아무리 실패한다고 하더라도, 우리가 이론을 구성하고 평가할 때 사용하는 합리적 사고의 규칙과 절차는 중립적이다. 사람들이 다른 영향들을 막을 수만 있다면 그런 규칙과 절차는 공정한 결론을 이끌어 낼 것이다.

이런 합리주의의 옛 형태는 이성을 중립적인 대법원과 같은 것으로 추정했을 뿐 아니라 무슨 이슈든지 판단할 수 있을 만큼 유능한 것으로 생각하기도 했다. 이 견해를 가진 사람들은 실제로 그들에게 모든 문제를 해명할 수 있는 능력이 있다고 생각한 건 아니고, 모든 것은 원칙적으로 합리적인 결정과 인식이 가능하다고 생각한 것이다. 이런 신념의 바탕이 되는 것은 온 실재의 저변에 있는 질서정연함이 인간의 합리성을 가능케 하는 질서정연함과 동일한 종류라는 믿음이다.

그런데 처음부터 많은 합리주의자는 이 점에 대해 문제를 제기했다. 일부는 실재가 논리적인 또는 수학적인 법칙에 의해 완전히 정돈되어 있어서 합리적 설명에 열려 있는지 여부에 대해 의심했다. 그래서 인간의 이성이 과연―원칙적으로라도―모든 문제를 판단할 수 있는지를 의심한 것이다. 오늘날에는 그들의 의심에 이의를 제기하는 사람이 거의 없다. 그러나 종교적 합리주의자라고 해서 자신의 입장을 견지하기 위해 꼭 이성이 전능하다고 주장할 필요는 없다. 그들이 부인할 필요가 있는 바는 이성이 판결할 수 없는 믿음을 갖는 일이 합법적이라는 주장뿐이다. 그들은 합리적으로 판단할 수 없는 믿음이 들어설 여지를 허락하기보다는 오히려 그런 사례에 속하는 믿음을 중단하도록 요구한다. 더 나아가, 종교적 믿음도 이론적 이성이 판단할 수 있는 이슈 중의 하나라고 주장한다. 이처럼 종교적 믿음이 이론적 이성의 판결에 달려 있다는 입장은 다음과 같은 도식으로 그릴 수 있다.

종교적 믿음은

1. 이성의 한 이론이나 결론이다
2. 선택적이다

―――――― ↕ ――――――

이론적 이성은

1. 모든 문제와 관련하여 중립적이다
2. 모든 문제에서 대법원과 같다
3. 모든 문제를 판단할 수 있다(?)

이론적 추론과 종교적 믿음의 관계에 대해 합리주의자가 된다고 해서 어느 사상가가 종교적 믿음에 대한 이성의 판결에 대해 어떤 결론을 내릴지 확실히 알 수 있다는 뜻은 아니다. 이 입장의 가장 위대한 옹호자 중 하나였던 플라톤은 이성이 (그의) 종교적 믿음의 증거를 제공한다고 결론을 내렸다.

> 우리가 합리적이 될 때 사람들로 신들을 믿게 하는 것이 두 가지임을 확신하게 된다. … 하나는 영혼에 관한 논증이다. … 그것은 모든 것 중에 가장 오래되고 가장 신성한 것이다. … 다른 하나는 우주에 질서를 부여한 그 지성(the mind)의 지배 아래 있는 별들과 만물의 움직임의 질서에 기초를 둔 논증이었다. (*Laws* XII, 966)

그런데 이와 똑같은 합리주의 입장을 20세기 사상가인 버트란드 러셀도 견지했지만, 그는 상당히 다른 결론에 도달했다.

> 과학적 증거에 관한 한, 우주는 천천히 기어서 이 지구상에 가련한 결과를 가져왔고 지금도 더욱 가련한 움직임으로 우주의 죽음에 이르기까지 기어가는 중이다. 이것을 목적의 증거로 삼아야 한다면, 나는 그 목적은 나에게 전혀 매력적이지 않다고 말할 수 있을 뿐이다. 그러므로 아무리 모호하고 아무리 희미하다 할지라도, 그 어떤 종류의 하나님이라도 믿을 만한 이유를 찾지 못하겠다.[6]

합리주의 입장을 취하는 사람들 사이에서는 지난 3세기에 걸쳐 플라톤의 결론에서 점차 멀어져서 러셀의 결론에 가까워지는 뚜렷한 추세를 보여 왔다. 그 결과 이 견해를 견지하는 많은 사람은 오늘날 이성이 종교적 믿음을 논박했고, 그것을 과학 이론과 철학 이론으로 대치했다는 것을 당연시하고 있다.

다음 대안으로 넘어가기 전에 주목할 만한 점이 한 가지 있다. 합리주의와 비합리주의는 앞에서 언급한 논점, 곧 모든 사람이 종교적 믿음을 갖고 있진 않다는 점에 서로 동의한다. 양자 모두, 한 사람이 종교적 믿음을 가질 것인지 여부와 만일 가진다면 어떤 믿음일지는 선택의 문제라고 생각한다. 합리주의자는 비합리주의자와 달리 종교적 믿음이 합리적 절차의 판단을 받아야 하며 그렇지 않으면 합법적이지 않다고 주장할 뿐이다.

5.3 철저한 성경적 입장

내가 이것을 "급진적인(radically)" 성경적 입장이라 부른다고 해서 극단적이거나 이상한 견해라는 뜻은 아니고 성경의 저자들에게서 볼 수 있는 견해라는 뜻이다. 여기서 "급진적"이란 용어는 문자 그대로 "뿌리"라는 뜻인즉 "철저히 성경적인"이란 말과 동의어라고 할 수 있다. 이 입장을 별도로 취급하는 데는 두 가지 이유가 있다. 첫째, 이것이 내가 변호하려고 하는 견해이고, 둘째, 마지막에 다룰 견해, 곧 철학과 과학 분야에 속한 대다수의 유신론자들이 취해 온 견해를 이해하려면 이에 대해 분명히 알아야 하기 때문이다. 마지막 견해는 철저히 성경적인 입장과 합리주의 입장의 조합이다.

합리주의 입장은 기독교의 발흥과 전파가 세계무대에 또 다른 권위에 대한 믿음을 소개했을 때 옛 그리스-로마 문화를 지배하고 있던 것이었다. 성경적 종교들(당시에는 유대교와 기독교)은 이성을 최종 권위로 삼거나 모든 진리에 이르는 유일한 또는 최상의 길로 보는 입장을 배격했다. 그 대신 그들은 이성이 중요하긴 하지만 이성의 최고 기능은 인간들로 하나님의 계시를 이해하게 하고 그 계시에 기초해 하나님을 섬기게 하는 것이라고 가르쳤다. 그래서 대다수의 유대인 사상가와 그리스도인 (그리고 나중에는 무슬림) 사상가는 합리주의 입장을 배척한 것이다. 그리하여 가능한 한 합리주의에 가까이 있으려는 사람들조차 어떤 식으로든 이성과 (또 다른 별도의 권위로서의) 하나님의 말씀의 관계를 다루지 않으면 안 되었다.

내가 말했듯이, 오늘날의 유신론자들은 대부분 철저한 성경적 입장과 합리주의 입장의 조합형을 지지하고 있다. 이 조합은 너무도 오랫동안 폭넓은 패권을 장악한 나머지 이를 견지하는 다수는 철저한 성경적 입장을 완전히 잊어버리고 그런 것이 있다는 사실조차 부인하기 일쑤다. 오히려 그들은 성경 저자들이 하나님에 대한 믿음과 이론의 관계와 같이 추상적인 주제에 대해 아무런 입장도 취한 적이 없다고 주장하면서 이 주제에 대한 성경적 입장은 존재하지 않는다고 말하곤 한다. 이런 오해가 너무나 널리 퍼져 있어서 나는 약간의 시간을 들여 사실상 이 주제에 대한 입장을 시편과 선지서와 신약 성경에서 찾을 수 있음을 보여 주려고 한다. 이 입장을 한마디로 말하면 이렇다. 하나님에 대한 믿음과 관련해 중립적인 지식이나 진리는 존재하지 않는다는 것이다. 이를 주장하는 저자들은 하나님에 대한 믿음이 어떻게 "온갖 지식"이나 "모든 진리"에 영향을 주는지를 구체적으로 말하진 않지만 분명히 밝히는 점이 있다. 다름 아니라, 다른 신에 대한 믿음이 진리나 지식으로 간주되는 모든 것이 (부분적으로) 거짓임을 입증한다고 여기고, 하나님을 아는 지식은 원칙적으로 우리로 그런 부분적인 거짓을 피할 수 있게 해 준다고 여긴다는 점이다.

성경 저자들이 하나님을 아는 것이 "지혜와 지식의 근본"이라고 주장하는 텍스트는 상당히 많지만, 다수가 시적인 작품에 나오기 때문에 보통은 과장법으로 치부되기 일쑤다(시 111:10, 잠 1:7, 9:10, 15:33, 렘 8:9). 그래서 지금은 내가 그냥 넘어가되, 그 구절들이 어쩌면 과장 어구가 아닐 수도 있다는 것과, 이 주제를 훗날 신약 성경 저자들이 발전시킨 것을 보면 과장 어구가 아님을 알 수 있다는 견해만 피력할까 한다.

훗날에 발전된 양상 중의 하나는 하나님의 율법을 왜곡하는 자들이 "지식의 열쇠를 치워버렸다"(눅 11:52)라고 지적하신 예수님의 말씀이다. 여기서 예수님이 하나님의 말씀을 왜곡하는 일은 **하나님에 관한** 지식의 열쇠를 치워버린다고 말하지 않는다는 점을 주목하라. 그분은 그냥 "지식"이라고 말한다. 성경이 결코 철학적인 것을 말하지 않는다는(여기서 예수님이 그렇게 보이듯이) 견해를 가진 사람들은 그분의 발언이 에둘러 하는 표현인즉, "하나님에 관한"이란 어구가 생략되었을 뿐 실은 하나님에 관한 지식을 짧게 말한 것이라고 응답할 것이다. 그러나 예수님의 이 말씀과 고린도전서 1장 5절, 즉 사도 바울이 그리스도를 통해 하나님을 아는 것이 우리에게 "모든 지혜와 지식"을 풍성하게 부어 주었다고 말하는 구절을 비교해 보라. 이 구절은 생략법도 아니고 시(詩)도 아니다. 그리고 하나님에 관한 지식을 언급하는 것일 수도 없다. 왜냐하면 같은 책의 뒷부분(12:8)에서 그는 하나님이 신자들에게 주시는 다양한 은사를 얘기하면서 구체적으로 지식의 은사도 언급하기 때문이다. 이후 13장에 이르면 이 지식의 은사도 예언과 같은 다른 은사들과 함께 사라질 것이나 하나님에 관한 지식은 온전하게 되어 우리가 하나님을, 마치 그분이 우리를 아는 것처럼 얼굴을 맞대고 알게 될 것이라고 말한다. 그러므로 지식의 은사—하나님이 주시는 재능에서 나오는 지식, 하나님을 앎으로써 생기는 지식—는 하나님에 관한 지식에만 국한되지 않는다.

게다가, 성경 저자들이 빛을 진리를 상징하는 은유로 사용하고, 또 "빛이 비친다"는 말을 지식의 획득을 뜻하는 표현으로 사용하고 있다는 점도 주목할 필요가 있다. 시편 43편 3절은 하나님께 "당신의 빛, 당신의 진리를 보내 주소서"라고 간구함으로써 이런 용법을 명시적으로 확증해 준다. 그리고 시편 36편 9절도 "주의 빛 안에서 우리가 빛을 보리이다"라고 말함으로써 앞서 인용한 예수님의 말씀과 고린도전서 1장 5절—하나님에 대한 지식이 온갖 지식을 얻는 데 핵심 역할을 한다는 것—이 주장하는 것과 똑같은 내용을 표현하고 있음이 분명하다. 이 빛의 은유는 신약 성경에서도 계속 이어지고 있다. 예컨대, 고린도후서 4장 3-6절은 불신자들이 복음의 빛을 보지 못한다고 말하고, 다시금 이 "빛"은 "하나님을 아는 지식"이라고 단언한다. 이를 유념하면 에베소서 5장 9절의 명백한 진술은 어쩌면 하나님을 믿는 믿음과 온갖 지식의 관계에 대한 가장 강력한 진술일 것이다. 이 구절은 복음의 빛의 열매가 "**모든** 착함과 의로움과 진실함에 있다"고 말하고 있다.

그러므로 나는 이런 텍스트들을 축적하면 결국 어느 종류의 지식도 종교적으로 중립적이지 않다는 가르침으로 귀결된다고 결론을 내리는 바이다. 이것이 바로 내가 "급진적인" 또는 철저한 성경적 입장으로 여기는 것이다. 그리고 그것은 모든 진리와 "온갖" 지식에 해당된다고 말하고 있는 만큼, 이론으로 얻는 지식은 물론 다른 모든 경로로 획득하는 지식에도 적용되는 것이다. 나는 이미 4장에서 도예베르트의 주장을 언급할 때 이 점을 어떻게 이해해야 할지를 간략하게 다룬 적이 있다. 거기에서 우리가 경험하는 물체(예컨대, 소금통)의 개념들이나 이론이 가정하는 실체(예, 원자)의 개념들이 어떻게 종교적 믿음을 반영하는가 하는 것을 지적했다. 10장에서 나는 종교적 헌신이 불가피한 이유에 대한 논증을 비롯하여 이 주장을 더욱 자세히 변호할 생각이다. 그리고 마지막 몇 장에서는 도예베르트의 주장에 따라 하나님에 대한 믿음이 구체적으로 어떤 영향을 미쳐야 하는지를 설명할 예정이다.

종교적 믿음과 이론의 일반적 관계에 대한 이 입장을 도식으로 표현하면 다음과 같다.

이론적 이성은
1. 종교적 믿음의 통제를 받기 때문에 중립적이지 않다
2. 대법원과 같은 것이 아니다
3. 모든 문제를 판단할 능력이 없다

⋮

종교적 믿음은
삶의 모든 영역에서 이성의 사용을 지도한다

이런 입장들을 비교하면서, 종교적 믿음이 과연 선택의 문제인지 여부와 관련하여 철저한 성경적 입장이 앞의 두 입장들과 다르다는 점을 주목해야 한다. 성경 저자들은 종교적 믿음을 사람에 따라 취하거나 취하지 않을 수 있는 어떤 것으로 보지 않고, 각 사람이 모종의 종교적 믿음을 갖고 있는 것으로 항상 간주한다. 그들에 따르면, 사람들의 문제는 그늘에게 종교적 믿음이 결여되어 있는 게 아니라 잘못된 신을 믿는다는 점이라고 한다. 이 입장에 의하면, 사람의 종교성은 사람에게 이성이나 지각력이 있는 것처럼 아주 자연스러운 사람의 일부이다. 이 속성을 올바르게 또는 잘못 발휘할 수는 있으나 없애 버릴 수는 없다는 것이다.

이 지점에서 유신론자들이 자신의 믿음을 합리적으로 정당화하려는 것은 과연 잘못된 태도인지 물어보는 게 좋겠다. 불신자를 설득할 목적으로 하나님을 믿는 믿음을 이론적으로 정당화하려는 시도는 가능하지도 않고 바람직하지도 않다는 것이 성경적 입

장이라고 나는 생각한다. 그렇다고 성경의 가르침을 더 잘 이해하기 위해서 또는 그것을 다른 종교의 가르침과 비교하기 위하여 본인의 신앙을 비판적으로 성찰하는 일을 배제할 필요는 없다. 또한 비(非)유신론자들과의 합리적 토론이 완전히 쓸데없다는 뜻도 아니다. 이런 토론은 우리 자신은 물론이고 불신자들을 위해서도 성경의 가르침을 명료하게 해 줄 수 있고, 그런 가르침에 대한 비판에 대해 적절한 답변을 제공하는 데 도움이 된다. 그러므로 성경 저자들의 입장을 하나님에 대한 믿음과 관련해 모든 추론을 배격하는 것으로 보면 곤란하다. 오히려 합리적인 설득만으로 비(非)유신론자들이 하나님을 믿을 것으로 기대하면 안 되고, 우리의 믿음이 지적으로 존중을 받으려면 그것을 지지하는 모종의 논증을 해야 한다고 생각해서도 안 된다. 하지만 이 마지막 논점을 일종의 신앙주의(fideism)로 오해하면 안 된다. 그것은 모든 종교적 믿음은 추론이 아니라 경험에 토대를 두고 있다는 내 주장을 다시 언급하는 것이다. 이 입장을 칼뱅은 다음과 같이 잘 표현했다.

> 그 자체의 증거를 지니고 있는 성경은 증명과 논증 따위에 굴복하지 않고, 우리가 그것을 받을 때 마땅히 품어야 할 확신은 하나님의 영의 증거로 말미암는다(*Institutes*, I, vii, 5).

그런즉 성경적인 입장은 하나님에 대한 믿음의 추론적 정당화를 요구하진 않지만 그렇다고 맹목적인 헌신을 요구하는 것은 아니다. 또한 경험에 호소한다고 해서 이상한 경험을 요건으로 삼는 것도 아니다. 우리가 종교적 경험을 하려면 가구가 방 주위를 날아다닐 필요는 없다. 내가 말하는 경험은 성경의 메시지가 하나님이 주신, 하나님에 관한 자명한 진리임을 아는 것을 뜻한다. (방금 인용한 칼뱅의 글과 2장에 나온 파스칼의 말을 상기하라.)

그러므로 이 입장은 하나님에 대한 믿음이 곧 맹목적인 신뢰라는 주장이나 합리성과 격리되어 있다는 주장을 부정함으로써 종교적 비합리주의와 의견을 달리한다. 그와 반대로, 이런저런 종교적 믿음이 항상 사람들이 그들의 전반적 경험을 해석하기 위해 합리성을 사용하는 방식을 지도하기 때문에 어떤 주제든 그에 관한 온전한 진리는 올바른 신을 모시는 데 달려 있다고 주장한다. 이 두 가지 가르침, 곧 이론적 사유에 대한 종교의 통제와 신앙을 정당화할 필요성의 부정이 서로 연결되어 있다는 점을 주목하라. 만일 종교적 믿음이 추론을 통제하고 지도한다면, 종교적 믿음을 증명하거나 의심하려는 모든 이론적인 시도는, 설사 공식적으로는 타당하다고 해도, 종교적으로 중립적일 수 없으므로 논점을 교묘히 회피하는 셈이다. 달리 말하면, 다른 신을 믿는 사람들에게 하나님의 존재를 증명하려는 모든 시도가 헛될 수밖에 없는 것은 하나님에 대한 믿음이 증명의 가정(假定)을 비롯한 모든 것을 해석할 때 그 전제로 작용하기 때문이다. 그리고 이 점은 다른 신에 대한 믿음을 증명하려는 시도에도 그대로 적용된다. 이 믿음 역시 그 신자들이 다른 모든 것을 해석하는 방식을 규제할 것이기 때문이다. 이 점을 파스칼은 이렇게 잘 표현했다. 믿는 자들에게는 증명이 필요 없고, 믿지 않는 자들에게는 그 어떤 증명도 가능하지 않다고.

이어서 내가 변호하게 될 것은 바로 철저한 성경적 입장이다. 이론적 이성의 행사는 언제나 어떤 신에 대한 믿음에 의해 규제되고 또 지도되기 때문에 이성은 자율적이지 않고 이론화 역시 종교적으로 중립적이지 않다. 만일 신에 대한 믿음을 "신앙"이라고 부른다면, 이 견해에 따르면 신앙은 이성의 기능에서 분리된 정신의 독특한 기능이 아니라 이성의 불가결한 일부이다. 이 견해는 자명성(self-evidency)의 합리적 직관이 논리적이고 수학적인 공리들에만 국한되지 않고 언제나 신앙의 직관도 포함하고 있다고 주장한다. 그 결과, 모든 사람에 있어서 이성은 본질적으로 신앙의 지도를 받는 것이다.

그런데 이 견해의 차별성을 충분히 알리려면 앞에서 간단하게 언급한 가장 대중적인 입장과 대비시키는 일이 필요하다. 이는 신앙과 이성이 각각 별개의 기능이므로 이성의 권위가 작동하는 영역과 신앙의 권위가 작동하는 영역이 별도로 존재한다는 입장이다. 앞서 살펴보았듯이, 이 대안은 비합리주의와 같이 신앙과 이성을 완전히 단절시키진 않지만 양자의 관계를 훨씬 더 복잡하게 생각하고 있다.

5.4 종교적 스콜라주의

앞에서 이미 인정했듯이, 철저한 성경적 입장은 대다수의 유대인 사상가들이나 그리스도인 사상가들이 견지해 온 것이 아니다. 기독교가 발생하기 오래전 유대인들 사이에서는 그들의 신앙과 삶의 전 영역의 관계에 대한 올바른 태도, 특히 그리스-로마 세계를 지배하던 합리주의 문화에 대한 올바른 태도를 둘러싸고 의견이 분분했다. 일부 유대인 학자들은 그 문화를 유대인의 정체성과 완전히 양립 불가능한 것으로 배척한 데 비해, 또 어떤 학자들은 대다수의 고대 문화를 수용 가능한 것으로 보았다. 후자의 견해에 따르면, 진정한 유대인이 되는 데 필요한 것은 이방인의 다신교 신앙과 느슨한 도덕에 반하여 참 하나님에 대한 예배와 모세 율법 준수를 유지하는 일뿐이라고 한다. 달리 말하면, 이 두 번째 견해는 삶과 문화의 대다수 영역을 종교적으로 중립적인 것으로 보았기 때문에 유대인의 독특성을 신앙과 도덕에서만 찾았던 것이다. 학자들 사이에서는 두 번째 견해가 지배적이었다.

초기 그리스도인들도 그와 똑같은 이슈에 직면했는데 그들 사이에도 유대인을 분열시킨 것과 동일한 의견불일치가 발생했다. 일부 학자와 신학자들은 유대-기독교 전통과 고대 세계의 문화 사이에 메울 수 없는 간극이 존재한다고 생각했다. 그들은 자기네 신앙이 삶의 모든 영역에 영향을 미친다고 보았다. 예컨대, 터틀리안은 성경적 관점을 "예루살렘"의 안목으로, 그리고 지배 문화를 "아테네"의 안목으로 각각 지칭하면서 "예루살렘이 아테네와 무슨 상관이 있느냐?"라고 물었다.

그러나 대다수 그리스도인 학자들은 유대인의 지배적인 견해를 좇아 당대의 문화가 잘못되었다기보다는 불완전하다고 생각했다. 그리하여 과학, 철학, 예술, 법 등을 종교적으로 중립적인 인간 이성의 산물로 간주했고, 그러한 것들이 그 발생 배경인 이방 문화를 반드시 반영하는 것은 아니라고 보았다. (어쨌든 1+1=2라는 공식은 하나님을 믿는 사람들뿐만 아니라 이방인을 위한 것이기도 하지 않은가?) 그래서 하나님을 믿는 믿음과 이방인의 도덕을 성경적 표준으로 바로잡을 필요성을 제외하면, 양심의 가책 없이 당대의 문화를 대부분 받아들일 수 있다는 태도를 취했다. 요컨대, 그들은 삶의 영역이 대체로 종교적으로 중립적인 만큼 성경적 종교와 특정 문화 사이에 근본적인 대립관계가 없다는 입장을 취한 것이다. 그리하여 문화의 여러 측면을 올바로 이해하는 일은 본인의 종교에 따라 달라지지 않는다는 견해를 채택했다. 그래서 우리가 방금 검토한 성경 텍스트들을 오직 **종교적인** 지혜와 지식만이 참 하나님을 믿는 일에 달려 있다는 뜻으로 해석했던 것이다.

이와 같은 해석은 기독교의 발생과 확산이 진행된 첫 두어 세기 동안 대다수 신학자들의 사고를 지배하기에 이르렀다. 이는 마침내 교수로 일했던 많은 신학자와 철학자들의 저술을 통해 훌륭하게 발전했기 때문에 훗날 "학자들"의 입장이라고 불리게 되었고, 이후에는 간단하게 "스콜라주의(scholasticism)"라는 이름이 붙여졌다. 이 입장을 13세기에 토마스 아퀴나스가 매우 뛰어난 솜씨로 폭넓고 정교하게 다듬어 큰 영향력을 미치게 해서, 오늘날 많은 역사가와 철학자들은 "스콜라주의"를 토마스의 이론들이나 그와 유사한 이론들을 지칭하는 말로만 사용하고 있다. 하지만 나는 "스콜라주의"를 어느 특정 집단이나 이론화의 양식만을 지칭하는 용어로 사용하진 않을 생각이고, 토마스와 같이 아리스토텔레스적인 성향이 강한 이론들만을 가리키는 것으로 사용할 생각은 더더욱 없다. 아울러 오늘날의 스콜라주의에 토마스가 어느 정도 영향을 미쳤는가 하는 것도 내 관심사가 아니다. 그 대신 나는 이것을 종교적 믿음과 이론의 일반적 관계를 매우 다른 두 종류의 정보에 상응하는 것으로 이해하는 입장을 가리키는 용어로 사용한다. 즉, 이성의 구출자로서의 믿음, 그리고 신앙으로 수용되는 계시의 구출자로서의 믿음으로 나누되 여기서 신앙을 이성과는 다른 별개의 정신적 기능으로 이해하는 입장이다.

이 견해는 신앙과 이성 모두를 진정한 권위로 보기 때문에 양자 간의 모순을 피하기 위해 서로 조화시킬 필요가 있다고 강조한다. 그리고 양자의 조화를 유지하는 과업은 신학의 몫이라고 토마스는 말했다. 이 입장을 달리 표현하면, 이방의 합리주의가 이성에게 부여한 전(全)포괄적인 속성과 올바른 신앙이 온갖 지식의 필수 조건이라는 성경적 주장 사이에서 하나의 타협안을 고안했다고 할 수 있다. 이 과업은 각 주장의 범위를 한정하는 일을 통해 수행되었다. 이 타협안의 열쇠는 성경의 가르침, 곧 창조세계에는

"하늘"과 "땅"으로 불리는 두 가지 차원이 있다는 가르침에서 찾았다. 내용인즉, 이 두 차원은 서로 다른 방식으로, 즉 하나는 이성으로 그리고 다른 하나는 신앙으로 알 수 있다는 주장이었다. "땅"의 차원을 "자연"이라 부르면서 인지능력과 이성으로 알 수 있는 것이라고 했다. 아울러 이런 지식은 모든 사람에게 동일하다고 주장했다. 자연과 관련해서는, 이성을 합리주의자들이 말한 그대로 중립적인 것으로, 모든 진리의 최종 권위로 받아들였다. 실재의 천상적 차원은 "초자연"이라 부르면서 하나님의 계시로만 알 수 있고 신앙으로 받아들여야 하는 것이라고 했다. 이 계시된 진리는 이성으로 증명될 수 없는 지식을 전달했으며, 거기에는 하나님, 인간 영혼의 본질, 천사, 죽음 이후의 삶 등에 관한 정보가 포함되어 있다. 그러므로 이런 진리는 모든 사람에게 주어진 게 아니라 하나님의 은혜가 신앙의 선물을 준 사람들에게만 주어진 것이다. 이런 계시를 수용하는 신앙이 없다면, 이성은 초자연적 영역에 관한 진리를 발견하는 데는 비교적 무력하기 때문이다. (내가 "비교적 무력하다"라고 말하는 데는 그만한 이유가 있다. 대다수의 스콜라주의 사상가들은, 계시의 도움이 없이는 이성이 하나님이 존재한다는 것과 인간이 영혼을 갖고 있다는 것 정도밖에 증명할 수 없다고 주장하기 때문이다. 예컨대, 사람이 어떻게 하나님과 올바른 관계를 맺을 수 있는지에 대해서는 아무것도 보여 줄 수 없다.) 이런 식으로 모든 것을 포괄하는 각 주장이 어느 의미에서는 폐기되었고 또 다른 의미에서는 보존되었다고 할 수 있다. 말하자면, 이성이든 신앙이든 이방의 합리주의자와 성경 저자들이 주장한 대로 진정한 의미에서 모든 것을 포괄하는 것은 아니지만 제각기 **그 고유한 영역에서는** 최고의 권위를 갖고 있는 셈이다.

이 견해에 따르면 신앙은 비합리주의자가 생각하듯 맹목적인 신뢰가 아니라는 것을 특히 주목할 필요가 있다. 오히려 계시된 진리를 파악하기 위한 특별한 기능이고 확실성을 얻는 수단이다. 그런즉 어떤 면에서든 스콜라주의 입장을 비합리주의 입장과 혼동하면 안 된다. 전자는 자연의 영역에 관한 한 합리주의 주장이 옳다고 생각하지만 비합리주의적 신앙관에 대해서는 결코 동의하지 않는다. 더 나아가, 비합리주의 입장은 삶의 합리적 측면과 신앙적 측면을 벽으로 단절시키는 데 비해, 스콜라주의는 신앙과 이성의 분립을 상호침투가 가능한 얇은 막으로 본다. 그래서 신앙과 이성 사이에는 쌍방

통행적인 상호작용이 있다. 이 상호작용을 잘 이해하려면 신앙과 이성은 각각 상대방에 대한 의무를 갖고 있다고 생각하면 된다. 즉, 제각기 고유한 영역을 갖고 있으면서도 상대방에게 영향을 미친다는 말이다. 예를 들면, 이성은 자연에 관한 진리를 발견하고 초자연적 영역의 존재를 증명할 뿐 아니라, 계시된 교리들을 체계화하고 또 모든 합리적 이론들이 그런 교리들과 양립할 수 있는지를 검사하기도 한다. 이것이 바로 신학의 과업이다. 만일 어떤 철학 이론이나 과학 이론이 계시된 진리와 조화될 수 없을 만큼 모순된 것으로 판명되면, 그 이론은 틀린 것으로 폐기되어야 한다. 그러므로 이성에 대한 신앙의 의무는 이성이 오류에 빠졌는지 여부에 대한 외적인 검사를 제공하는 것이고, 이성으로서는 그 가설을 테스트할 수 있는 무오(無誤)한 진리를 갖고 있는 것이 하나의 장점인 셈이다. 그리하여 결국에는 신앙으로 받아들인 계시의 권위가 이성의 권위보다 우월한 것으로 간주된다.

이 입장은 신앙을 이성보다 우위에 둠에도 불구하고 여전히 철저한 성경적 입장에는 못 미친다. 이 견해는 이성을 자연의 영역에서는 자율적인 것으로 여기는 데 비해, 성경 저자들은 초자연뿐 아니라 자연을 이해하는 데도 올바른 종교적 믿음이 필요조건이란 (충분조건은 아니라도) 입장을 취한다. 더 나아가, 스콜라주의 입장에 따르면 대다수의 이론과 다른 많은 종류의 지식과 진리가 종교적 중립성을 갖고 있다고 한다. 그것들이 계시된 진리와 모순이 되지 않는 한, 굳이 하나님을 믿는 믿음—또는 다른 신에 대한 믿음—의 영향을 받을 필요가 없다는 것이다.

그 결과, 스콜라주의 사상가들의 최대 이슈는 언제나 신앙과 이성, 자연과 초자연 간의 잠재적 갈등을 조화시키기 위해 양사 사이의 관계를 추론하는 일이었다. 스콜라주의의 구조적인 특징은 방금 개관한 것처럼 아주 뚜렷해 보일지 몰라도, 실제로는 특정 사례에 어떻게 적용하느냐를 둘러싸고 복잡한 논쟁이 한없이 일어난다. 스콜라주의의 주요 특징을 도식으로 표현하면 다음과 같다.

초자연 내지는 은혜의 영역	신앙은 하나님과 영혼과 관련된 사안들에 대해 계시를 최고의 권위로 수용한다.
자연의 영역	1. 이성은 자연과 관련하여 중립적이고 최종적인 권위를 지닌다. 2. 이성은 종교와 과학 이론 및 철학 이론을 조화시킨다. 3. 이성은 초자연세계의 존재를 증명하고 계시된 교리들을 체계화한다.

스콜라주의 사상가들 사이에 신앙과 이성이 구체적인 사례들에서 어떻게 상호작용을 하는지를 둘러싸고 의견이 분분하긴 하지만, 여러 중요한 논점에서는 폭넓은 의견일치를 이루었다. 무엇보다 먼저, 모든 인간은 이성적 존재로 태어나지만 모두가 신앙의 능력을 갖고 있지는 않으므로, 이 점에서는 비합리주의 입장 및 합리주의 입장과 의견을 같이한다. 신앙의 능력은 하나님의 선물로 주어지는 것인 만큼 사람의 선천적인 본성에 덧붙여지는 것이다. 신앙의 능력을 하나님의 은혜로운 선물로 영접하는 것에 관해 토마스 아퀴나스는 이렇게 말한다.

> 모든 능력을 동원해 최선을 다한다 할지라도 스스로 은혜를 받는 자리에 설 수 있는 사람은 아무도 없다. … 왜냐하면 은혜는 인간의 모든 노력을 뛰어넘기 때문이다. … 마음을 만지는 것이 하나님의 뜻이라면 은혜는 반드시 따라올 것이다(*Summa Theologica* 1a-11ac, q. 112, a. 3).

이렇게 추가된 신앙은 한 사람의 이성을 쫓아내는 게 아니라 그것을 보충한다. 다시 아퀴나스의 글을 인용해 보자.

> 은혜의 선물들이 우리에게 더해지는 것은 자연의 선물들을 내쫓기 위해서가 아니라 증진하기 위함이다. 선천적인 이성의 빛은 신앙의 빛에 의해 말살되지 않는다. … 이성의 원리들은 철학[과 과학]의 토대이고, 신앙의 원리들은 기독교 신학의 토대이다. 철학의 진리들

은… 신앙의 진리들과 모순이 될 수 없다. … 자연은 은혜의 전주곡이다. 신앙에 반하는 진술을 도발하는 것은 과학과 철학의 오용이다.[7]

그러므로 신앙이 이성에 제공하는 지침은 대체로 이성이 수용할 만한 것에 대한 부정적이고 외적인 감시에 해당한다. 그것은 내부적인 통제장치로 간주되지 않는다. 왜냐하면 만일 신앙적 진리들이 이성의 작동에 내부적으로 영향을 미친다면, 이성은 더 이상 종교적으로 중립적이지도 않고 자율적일 수도 없기 때문이다. 그리고 만일 이성이 중립적이지 않다면, 신앙이 없는 사람들과 공동으로 견지할 수 있는, 자연에 관한 종교적으로 중립적인 이론들도 존재할 수 없을 것이다. 하지만 스콜라주의는 모든 사람이 공유하는 이론들과 진리들이 존재한다고 생각하기 때문에 자연에 관한 추론은 중립적이라고 주장하는 것이고, 따라서 신앙으로 배울 수 있는 것과 이성으로 알 수 있는 것 사이에 뚜렷한 차별성이 있다는 주장을 편다. 더 나아가, 만일 이성이 중립적이지 않다면, 이성은 초자연적 영역이 존재한다는 것을 설득력 있게 증명할 수 없을 것이다. 그러나 스콜라주의는 실제로 이성은 하나님과 인간 영혼의 존재를 증명함으로써 초자연적 영역이 있다는 합리적 증거를 제공할 수 있다고 말한다. 이런 식으로 이성은 우리가 더 많은 지식을 얻으려면 하나님의 계시가 꼭 필요한 영역을 가리키고 있다.

이 마지막 논점은 신앙과 이성의 경계를 흐리게 만드는 것처럼 보이기 때문에 아퀴나스는 거기에 약간의 중복이 있다는 식으로 설명한다. 이성이 알 수 있는 어떤 항목들을 하나님이 계시하기도 하시는 이유는 약한 지성이 그것들을 놓치지 않게 하기 위해서라고 말이다. 하지만 이런 항목들은 이성만으로도 알 수 있기 때문에 엄밀히 말하면 신앙의 조항은 아니다. 그래서 아퀴나스는 이렇게 말한다.

> 자연적 이성으로 알 수 있는, 하나님이 존재한다는 진리와 여러 신학적 진리들은 신앙의 조항들은 아니지만 그 신조의 서문에 해당한다. 즉, 신앙이 이성을 전제로 삼듯이 은혜는 자연을 전제로 삼는다(*Summa Theologica* 1a, q. 2, a. ad 1).

스콜라주의는 이처럼 신앙과 이성의 강한 상호작용을 인정하면서도 양자에게 넓은 운신의 폭을 허용하기 때문에, 이를 옹호하는 사람들은 굳이 철저한 성경적 견해를 견지해야 할 이유를 모른다. 그렇기 때문에 하나님에 대한 믿음이 모든 지식에 영향을 준다는 주장을 들으면, 그것은 **초자연적 영역에 관한** 모든 지식을 의미하는 것으로 계속 해석하고, 특히 수학과 논리학과 물리학의 지식은 모든 사람이 공유하는 진리의 본보기들이라고 지적하는 것이다.

끝으로, 이 견해가 인정하는 점이 있다. 다름 아니라, 창조세계를 한두 가지 양상에 의존되어 있는 것으로 설명하는 이론들은, 만일 모든 사물이 X 양상에 의존해 있다는 입장으로 끝난다면, 이방의 종교적 믿음을 반영할 것이라는 점이다. 그러나 이런 입장을 지닌 이교주의는 쉽게 피할 수 있다고 스콜라주의는 말한다. 우리에게 필요한 것은 그런 이론에 추가적인 주장을 덧붙이는 일뿐이라고 한다. 말하자면, 모든 창조세계는 X 양상에 의존해 있지만, X는 하나님께 의존해 있다는 주장이다. 이 추가적인 조항과 함께 그런 이론의 이교적 특성은 금방 중화될 수 있다는 것이다.

스콜라주의에 대한 나의 반론 중 첫 번째 부분은 이미 피력한 바 있다. 이는 성경적 관점, 곧 모든 진리는 올바른 하나님을 모시는 것에 의해 (어떻게든) 영향을 받는다는 견해와 관련이 있다. 이것은 단순히 계시된 진리와 정면으로 배치되는 이론들을 배격하는 것보다 더 강한 입장을 함축하고 있다. 만일 어떤 이론이 계시된 진리와 모순된다면 결코 옳지 않다는 주장은 모든 유신론자에게 충분히 타당한 것이다. 그러나 성경의 가르침을 포착할 정도로 강하지는 못하다. 이 규칙을 아무리 열심히 적용한다 하더라도, 절대 다수의 이론들(과 많은 믿음들)은 여전히 하나님에 대한 믿음의 영향을 받지 않은 채 남겨지게 된다. 거의 모든 주제에 관한 대다수 이론들은 계시된 교리와 모순이 되지 않기 때문에 성경의 가르침이 부정하는 그런 의미에서 종교적으로 중립적인 것으로 판명되고 만다. 그런데 이런 경우에는 계시된 진리와 정면으로 배치되는 이론들만이 배제된다는 규칙이 그 자체의 요건을 충족하지 못한다! 그런즉 신앙의 권위가 이성의 권위보다 우월하고, 초자연에 관한 계시된 진리가 자연에 관한 진리보다 더 중요하다는 스콜라주의 주장에도 불구하고, 스콜라주의 규칙은 종교적 믿음과 이성의 관계에 대한 성경적 입장을 포착하기에는 너무 약하다고 할 수 있다.

조금 전에 언급한 문제, 곧 모든 창조세계를 한두 가지 양상과 동일시하거나 거기에 의존해 있다고 설명하는 이론의 이교적 특성을 중화시키는 스콜라주의 책략에 대해서도 이와 똑같은 논점을 반론으로 제기할 수 있다. 스콜라주의에 따르면, 나머지 창조물이 의존해 있는 어느 양상이 하나님께 의존하고 있다는 추가적인 주장이 없다면 그것은 이교적 입장으로 남을 것이라고 한다. 그러나 그 주장과 함께, 그냥 두면 이교적 믿음이 될 것이 세례를 받아(또는 할례를 받아) 유신론적 믿음으로 받아들여지게 된다. 이 책략에 대한 나의 반론은 이렇다. 그 이론의 진정한 설명력은 하나님에게 있는 게 아니라 나머지 창조물을 설명하는 것으로 간주되는 바로 그 양상에게 있다는 점이다. 그 이론의 설명력은 하나님의 존재에 대한 추가적인 주장이 없을 때나 있을 때나 사실상 별반 차이가 없다는 것이다(그 이론이 전혀 설명할 수 없는 문제를 모조리 하나님의 기적으로 돌리지 않는 한 그러하다). 그러므로 추가적인 주장은, 어느 지식이나 진리도 하나님을 믿는 믿음의 영향을 받지 않을 수 없다는 성경의 가르침을 무시하는(또는 부정하는) 또 다른 방식일 뿐이다.

스콜라주의에 대한 또 다른 반론은 인간이 종교적 존재로 태어난다는 성경적 견해를 부정한다는 점이다. 성경은 인간이 하나님과의 교제를 위해 창조되었다고 주장하고, 내가 앞에서 지적했듯이 성경 저자들은 언제나 독자들이 하나님이나 대리 하나님을 믿는 것처럼 그들에게 말하고 있다. 이 때문에 시편 기자는 하나님이 없다고 주장하는 사람은 어리석은 자라고 말하는 것이다("어리석은 자는 그의 마음에 이르기를 '하나님이 없다' 하는도다"). 왜냐하면 그 사람이 이런 주상을 하면서도 사실은 어떤 것을 신으로 간주하고 있기 때문이다. 그러므로 철저한 성경적 입장은 신앙을 갖는 일이 "추가적 선물(donum superadditum)"—한 사람의 선천적 능력에 덧붙여지는 능력—이라는 점에 동의할 수 없는 것이다. 하나님의 은혜의 선물은 예전에는 없던 능력의 추가가 아니라 제대로 작동하지 않던 기능을 회복시켜 그 방향을 조정하는 것이다. 그래서 칼뱅이 다음과 같이 말한다. 우리가 창조된 것은, "만일 인간의 부패한 마음이 우리의 욕망을 올바른 탐구 방향에서 이탈시키지 않았더라면, 선천적으로 그분[하나님]을 신뢰하고 그분에게 이끌리는 욕망을 품게 하기 위해서였다"(*Institute*, I, ii, 2).

더 나아가서, 철저한 성경적 입장은 창조세계의 두 가지 차원을 서로 다른 인간의 능력으로 각각 알 수 있다는 점도 부정한다. 하나님과 창조세계 모두 동일한 능력, 즉 그 본성상 언제나 종교적 믿음의 지도를 받는 이성에 의해 알 수 있다. 이렇게 말한다고 해서 우리가 창조세계를 알기 위해 이성을 사용하는 방식과 우리가 하나님을 알려고 이성을 사용하는 방식에 차이점이 없다는 뜻은 아니다. 하나님은 창조세계의 일부가 아니기 때문에 우리가 그분을 알려면 그분이 스스로를 계시해야 한다. 그뿐만 아니라, 타락이 인간의 이성에 미친 영향도 있다. 인간의 이성은 그들이 신으로 경험하는 것과 관련해 작동이 불량하기 때문에, 하나님의 계시를 있는 그대로 인식하려면 그들의 자명한 안테나가 제대로 작동하도록 회복되는 일이 필요하다. 이는 자연이 하나님을 "증언"하는 방식에도 그대로 적용된다. 시편 19편 1절과 로마서 1장 20절은—제대로 보기만 하면—자연이 자기가 의존적인 피조물임을 나타낼 것이라고 말한다. 그러나 그릇된 신앙의 지도를 받는 이성은 자연이 나타내는 바를 올바로 읽지 못한다. 그 대신 그처럼 분명한 것을 억압하고 하나님이 아닌 어떤 것을 신으로 간주하게 된다(롬 1:25). 이에 대한 유일한 해결책은 이성이 올바로 작동하도록 회복시켜서 하나님의 말씀을 있는 그대로 보고 자연을 올바로 해석하게 하는 일이다. 칼뱅이 언젠가 말했듯이, 성경은 자연의 책을 올바로 읽을 수 있는 안경을 제공한다.

5.5 대안들 간의 갈등

위에서 개관한 스콜라주의 관점은 6세기에 이르러 유럽 전역에 퍼져서 사실상 모든 대표적인 유대인 사상가와 그리스도인 사상가에 의해 채택되었다. 훗날에는 다수의 중요한 무슬림 사상가들까지 채택했다.[8] 이 관점은 지식을 자연적 영역과 초자연적 영역으로 나눈 것처럼 삶의 모든 영역도 둘로 나눠진 것으로 보았다. 각 이슈는 신앙의 문제가 아니면 이성의 문제로, 신성한 것이 아니면 세속적인 것으로, 영혼의 사안이 아니면 몸의 사안으로 간주되었던 것이다. 그래서 삶은 완전히 통합되지 않았고 고도의 다양성도 없었다. 모든 것은 초자연적인 문제거나 자연적인 문제였고, 전자에서는 신앙이 최고의 권위를 갖고, 한 사람의 영혼의 운명이 걸려 있으며, 교회가 초자연세계를 대표하는 기관이었고, 후자에서는 이성이 최고의 권위를 갖고, 한 사람의 신체적 안녕이 걸려 있으며, 국가가 권위 있는 기관이었다.

하나님을 믿는 사상가들 사이에서는 스콜라주의가 지금도 가장 대중적인 입장이라고 할 수 있다. 종교학, 철학, 과학, 예술, 문학 등의 영역에서 스콜라주의를 따르는 사람의 수는 다른 세 가지 입장 중 어느 하나의 지지자들을 훨씬 뛰어넘고 있지만, 주후 500-1500년 사이에 누리던 거의 총체적인 지지는 더 이상 존재하지 않는다. 이보다 더 중요한 점은 그것이 이제는 서구 문화의 대표적인 관점이 아니라는 사실이다. 이런 지도력의 상실은 16세기에 이르러 두 가지 운동의 도전을 동시에 받는 바람에 발생했다. 그중의 하나는 르네상스로서, 모든 문제에서 이성의 자율성과 중립성을 주장하며 이교적 합리주의로의 복귀를 옹호한 결과 신앙이 이성에 제한을 가하는 것을 없애 버렸다. 다른 하나는 종교개혁으로서, 이 운동의 일부는 신앙이 초자연적인 문제에만 국한되는 것을 거부하고 이성은 본래 모든 문제에서 신앙의 지도를 받는다고 주장했다.

합리주의적 입장은 고대 세계의 업적의 점차적인 재발견에 힘입어 다시 부흥하게 되었다. 이 재발견에 참여한 학자들은 고대 문화를 그들의 문화보다 우월한 것으로 간주하기에 이르렀고, 시간이 흐르면서 로마의 몰락과 그들 사이의 기간을 "중세"로 지칭하기 시작했다. 이는 과거에 속한 최후의 위대한 문화와 그들이 진입하고 있는 차후의 위대한 문화 사이의 기간을 가리킨다. 그들은 스스로를 이성의 변호인, 곧 합리주의의 부흥으로 이성의 최고의 명령을 회복시킴으로써 "그 옛날 그리스의 영광과 로마의 위엄"을 되찾을 자들로 보았다. (그들과 의견을 같이했던 19세기 역사가들은 그 운동을 "르네상스", 즉 서구 문명의 위대성을 재건하기 위해 이성의 자유를 재생시키는 움직임이라고 부르기 시작했다.) 이 르네상스 사상가들은 예전과 달리 이성이 수용할 수 있는 것과 수용할 수 없는 것에 제한을 가하지 않는 새로운 관점, 또 초자연의 영역을 자연세계보다 더 중요한 것으로 간주하지 않는 그런 관점을 요구했다. 만일 그들의 관점에 무제한의 자유가 주어진다면, 그들은 죽음 이후의 낙원을 바라보는 대신 지금 여기에서 낙원을 창조할 수 있다고 자신 있게 예측하기도 했다. 그리고 16세기 후반에 시작하여 17세기를 거치는 동안 이런 주장의 증거로 과학의 놀라운 발전을 가리켰다.

이 르네상스 운동에 탄력이 생기는 것과 동시에 종교개혁 역시 기존의 스콜라주의에 도전을 가했다. 이 운동은 르네상스와 달리 교회 안에서 발생했고, 르네상스와는 반대로 종교적 믿음은 합리적 증명이 필요한 게 아니라 이론적 이성의 기초가 된다고 주장했다. 이는 여러 장소에서 일어났기 때문에 지도자에 따라 약간의 차이가 있긴 했지만, 그 핵심 중의 하나는 철저한 성경적 입장을 소생시키려는 것이었다. 대표적인 종교개혁가들—루터와 특히 칼뱅, 그리고 그들의 동료들—은 하나님의 말씀이 삶의 모든 영역에 스며들어 삶을 변화시킨다고 보았다. 그 말씀은 이성에 대한 외적인 통제장치일 뿐 아니라 내적인 안내자이기도 했다. 그들의 노력은 주로 신학의 재정립과 교회의 재조직을 겨냥했지만, 그런 개혁의 배후에 있는 기본적인 신념은 종교적 믿음과 이성을 분립시키는 스콜라주의를 거부한다는 것이었다.

종교개혁을 추진하는 과정에서 루터는 여러 이슈에 대한 스콜라주의적 견해로 되돌아갔지만, 칼뱅은 루터의 사상 중에 반(反)스콜라주의적인 요소를 더욱 밀고 나갔다. 예컨대, 칼뱅은 자연에 관한 연구 대목에서 소위 이성의 중립성에 대해 이렇게 논평했다.

> 이 세계의 창조에 대해… (바울의 표현대로) 자신의 모든 지성적인 지혜를 십자가의 어리석음에 굴복하는 법을 배운 사람들을 제외하면… 추론하는 것은 쓸데없는 짓이다. … 보이지 않는 그리스도의 왕국이 모든 것을 가득 채우고 있고 그분의 영적인 은혜가 만물에 널리 퍼져 있다.[9]

칼뱅의 저술을 관통하는 사상에 따르면, 인간의 이성은 죄의 영향을 받기 때문에 결코 중립적일 수 없고, 여기서 죄란 것은 실재를 해석하려는 이성의 노력에 해로운 영향을 미치는 잘못된 종교적 믿음으로 이해되고 있다. 잘못된 종교적 믿음은 신학과 윤리 분야뿐만 아니라 모든 영역에 왜곡된 결과를 초래할 수밖에 없다고 한다. 이 때문에 성경이 참된 하나님을 계시할 때는 신앙의 올바른 대상을 계시할 뿐만 아니라 이성의 작동에 대한 올바른 관점도 회복시키는 것이다. 물론 칼뱅은 성경의 저자들과 마찬가지로 하나님에 대한 믿음이 **어떻게** 이런 일을 수행하는지를 정확하게 설명하진 않는다. 하지만 나는 이미 이에 대한 도예베르트의 설명을 이야기하기 위해 그 배경을 설정하기 시작했고, 이어지는 장들에서 그 논의를 계속 진전시킬 생각이다. 6장에서는 그의 주장의 구체적인 형태를 살펴볼 것이고, 7장과 8장, 9장에서는 수학과 물리학과 심리학에서 본보기를 끌어와서 종교적 믿음이 이론에 미치는 영향을 예증할 것이다. 그리고 10장에서는 어째서 이론에 대한 종교적 규제가 불가피한지를 설명하고, 이론을 위한 전통적인 (이방의) 전략에 대한 그의 비판을 소개할 생각이다. 마지막 세 장에서는 하나님에 대한 믿음을 기초로 이론을 구성하기 위한 그의 프로그램을 설명할까 한다. 거기서는 하나님이 아닌 모든 것이 하나님께 달려 있다는 교리가 어떻게 독특한 실재론을 낳는지, 그리고 그런 실재론이 과학의 가설을 포함하여 모든 개념에 대한 독특한 해석을 어떻게 낳는지 보여 주고자 한다.

16세기 중반에 이르러 르네상스와 종교개혁이 확고한 스콜라주의와 정면충돌했다. 서로 충돌하는 일이 발생했을 때, 그 충돌로 인한 최초의 손실 중 하나는 종교개혁자들이 주장했던, 삶의 모든 영역의 비(非)중립성에 대한 철저한 성경적 가르침이었다. 루터와 칼뱅이 이룩한 신학적 및 교회학적 개혁의 많은 부분은 프로테스탄티즘의 여러 분파에 보존되었지만 비중립성의 교리는 보존되지 못했다. 실은 종교개혁 운동의 리더십을 곧바로 이어받은 후계자들(필립 멜란히톤과 테오도레 베자)이 모든 지식이 종교적 믿음의 영향을 받는다는 사상을 노골적으로 버리고 스콜라주의 입장으로 되돌아가고 말았다. 그리하여 프로테스탄트 신학자들과 가톨릭 신학자들은 교회 조직, 성례의 해석, 교황의 권위 등과 같은 항목에서는 여전히 의견을 달리하고 있음에도 불구하고, 신앙과 이성의 관계에 대한 견해는 대체로 같은 편이다. 후자에 관한 주요 차이점은 기껏해야 가톨릭 사상가들은 그들의 신앙을 아리스토텔레스에서 유래하는 자연 이론들과 조화시키는 경향이 있는 데 비해(이는 토마스 아퀴나스의 영향이다), 프로테스탄트 사상가들은 그들의 신앙을 당대에 유행하는 자연 이론들과 조화를 시킨다는 점일 뿐이다. 그 결과, 하나님에 대한 믿음을 온갖 이론들—데카르트식 이원론, 현상론, 칸트식 관념론, 헤겔식 일원론, 낭만주의, 마르크스주의, 실존주의 등—과 조합하려는 현상이 줄줄이 나타났다. 그동안 철저한 성경적 입장은 비록 소수 사상가의 저술과 소규모 신학 전통에 살아남긴 했지만 주류 프로테스탄트 사상에 밀려서 변두리로 쫓겨나고 말았다.

그 결과, 주류 서구 기독교 사상의 양 진영은 다수의 유대인 및 무슬림 사상가들과 더불어 아직까지도 삶의 전 영역에 대한 종교의 규제를 전혀 이해하지 못하고 있다. 특히 이론은 하나님이나 거짓 신을 전제로 삼기 때문에 규제를 받고 있다고 보지 않고 오히려 종교적으로 중립적인 것으로 간주된다. 하나님에 대한 믿음은 마치 생일파티용 당나귀 꼬리와 같이 이론의 끝부분에 붙여지기 마련이다. 그 믿음은 이론을 통제하는 전제로 여겨지는 게 아니라 그냥 두면 이교적 특성이 될 것을 중화시키는 추가부분으로 간주될 뿐이다. 따라서 대다수의 유신론적 사상가들은 이론 구성이 중립적으로 진행된다고 생각하고, 유신론자가 이론에 덧붙일 것은 단순한 주장, 곧 하나님이 그 이론이 제안하는 모든 것을 창조하셨고 그 이론의 어떤 요소도 계시된 진리와 모순되지 않는다는 것만 검사하면 된다는 주장일 뿐이라고 한다. 그런즉 종교적 믿음과 이론의 일반적 관계는 결국 조화의 문제라고 보는 것이다.

하지만 이것은 우리가 이미 검토한 바 있는 철저한 성경적 견해와 정반대다. 그 관점에서 보면, **하나님에 대한 믿음을 어느 주어진 이론과 조화시키는 프로젝트는, 그 이론이 이미 하나님을 전제로 삼지 않는 한 불가능하고, 만일 전제로 삼는다면, 그런 프로젝트가 불필요하다!** 왜냐하면 자기 가정적인 정합성을 가진 이론이라면 그 자체의 전제와 조화를 이루지 않을 수 없고, 그와 배치되는 전제와는 양립이 불가능하기 때문이다. 그런데 스콜라주의는 어느 이론이 하나님에 대한 믿음을 전제로 하지 않는다면 결코 중립적일 수 없고 다른 신에 대한 믿음을 전제로 삼을 수밖에 없다는 점을 인식하지 못하기 때문에, 유신론자들은 그들의 신앙과 계시된 진리에 정면으로 배치되지 않는 이론 사이에 평화조약을 자유로이 맺을 수 있다고 생각하는 것이다. 이에 대한 철저한 성경적 반론은 이러하다. 어느 이론과 하나님에 대한 믿음의 **외적인** 조화는, 그 이론의 설명 전략이 또 다른 정반대의 종교적 믿음을 전제로 삼는 한, 한갓 환상에 불과하다는 것이다.

이제 나는 이 철저한 성경적 입장을 지지하는 논점을 질문의 형태로 표현하고자 한다. 우리가 곧 살펴보겠지만, 만일 모든 이론이 이런저런 종교적 믿음의 규제를 받되 믿음에 따라 그 이론들의 해석이 달라진다면, 왜 하나님에 대한 믿음은 유일한 예외가 되는 것인가? 어느 이론이 물질, 감각, 수학 법칙, 형상/질료의 실체, 또는 논리적 법칙 등을 전제로 삼는지 여부가 그 이론의 내용에 중요한 영향을 미치는 반면에, 창조세계의 한 양상 대신에 창조주 하나님을 신으로 간주할 때에만 중요한 영향을 미치지 못하는 이유는 무엇인가? 이는 명백히 개연성이 없음에도 불구하고 여전히 지배적인 견해로 남아 있다.

철저한 성경적 입장이 몰락하게 된 중요한 이유는 르네상스 사상가들이 그들의 견해에 대한 증거로 내세운 과학의 업적 때문이었던 것으로 보인다. 종교개혁의 시대와 그로부터 한 세기 반이 흐른 뒤에 종교적 믿음과 관련해 완전히 중립적인 것으로 칭송을 받았던 눈부신 업적들이 줄줄이 이어졌다. 이는 대수학의 부활, 분석 기하학과 계산법의 발달, 현미경과 망원경의 발명, 운동 및 중력 법칙의 발견, 역학과 광학과 천문학 같은 분야들에 걸친 포괄적 이론들의 출현 등을 포함했다. 이런 업적들 대부분이 종교적 믿음과 상관없이 옳은 것처럼 보인다는 사실은 철저한 성경적 요소를 포기한 프로테스탄트 전통의 입장을 재가하는 것 이상의 역할을 했다. 궁극적으로, 그것은 르네상스가 이룩한 합리주의의 부활에 승리를 안겨 주었다. 이것이 처음에는 "휴머니즘"이란 이름을 지녔고, 나중에는 "계몽주의"라고 불렸다. 이 입장은 서구 세계의 지적인 리더십과 문화적 리더십을 장악했고 오늘까지 그대로 남아 있다. 현재 이에 대한 최대의 도전은 다양한 형태의 역사주의와 실용주의와 상대주의에서 오는데, 이들은 대체로 비합리주의적 방식으로 종교적 믿음을 보는 이념들이다.

사실 지난 한 세기 반 동안 철저한 성경적 입장을 프로테스탄트 전통이 더욱 피하게 된 연유는 그 전통에 속한 최대 집단인 근본주의자들이 옹호한 특별한 해석 탓이었다. 근본주의자들은 종교적 신앙이 이론을 포함해 삶의 전 영역을 지도해야 한다는 사상을 견지해 왔다. 그들 역시 종교적 믿음의 역할을 이론이 신학적 교리와 모순되지 않도록 하는 데 그치지 않고, 이론을 적극적으로 또 내적으로 지도하는 것이라고 보았다. 그러나 하나님을 믿는 믿음이 이론에 영향을 미치는 방식에 대한 그들의 이해는 너무나 개연성이 없는 나머지 철저한 성경적 입장과 이론의 관계라는 개념 자체의 평판을 떨어뜨리고 말았다.

이제까지 나는 스콜라주의자들이 과반수를 차지하고 있고, 합리주의자들이 운전석에 앉아 있으며, 비합리주의자들이 도전자로 다가오고, 철저한 성경적 입장을 취하는 최대 집단은 근본주의자들이라고 말했는데, 이 입장을 변호하기 위해 무슨 말을 할 수 있을까? 이 입장은 역사상 적어도 두 차례 표면에 떠올랐으나 기대했던 옹호자들에게 찬밥 신세를 면치 못하고 말았다. 그런데 이제 와서 왜 그것을 다시 끄집어내는 것일까?

간단하게 답변하자면 이렇다. 철저한 성경적 입장은 근본주의자들의 해석처럼 성경이나 신학에서 여러 이론들이나 확증을 끌어낸다고 해서 제대로 변호될 수 없다는 것이다. 나는 곧 이론화 작업에서 양상의 추상화가 모든 이론이 모종의 종교적 믿음을 전제로 삼을 수밖에 없게 만든다는 점을 보여 줄 것이다. 하지만 이 입장을 논증하기에 앞서, 종교적 믿음이 이론의 전제로 작동함으로써 이론을 "통제"하거나 "지도"하거나 "규제"하거나 이론에 영향을 미친다는 말이 도대체 무슨 뜻인지 분명히 정리할 필요가 있다. 그러므로 다음 장은 근본주의자들이 품은 종교적 통제의 개념을 비판한 뒤에, 성경이 가르치는 종교적 믿음과 이론의 관계에 대한 올바른 해석으로서의 바람직한 통제의 개념을 제시할 것이다.

THE MYTH
OF RELIGIOUS NEUTRALITY

6장 종교적 통제의 개념

6.1 근본주의의 오류

"근본주의자"란 용어는 이제까지 다양한 방식으로 쓰여 왔고 다수의 교리와 태도를 지칭하는 말로 사용되고 있는데, 여기서는 종교적 믿음과 이론의 관계에 대한 하나의 견해로서만 다룰까 한다. 이 점에 관한 한 근본주의적 태도는 유대교와 기독교와 이슬람교를 막론하고 모두 동일하다. 그러나 일반적인 정의와는 반대로, 각 전통에 속한 근본주의자의 차별성은 성경의 문자적인 해석을 취하는 것이 아니다. 그들의 진정한 차별성은 내가 "백과사전적인 가정(encyclopedic assumption)"이라고 부르는 것에 있다. 이는 거룩한 성경(또는 그로부터 나오는 신학)이 사실상 모든 주제들에 관해 영감을 받은, 따라서 오류가 없는 진술을 담고 있다는 견해이다. 바로 이 가정과 그에 따른 결과들이 근본주의적 사고방식을 특징짓는 것이다.

이 가정이 낳는 한 가지 결과는 이러하다. 이론화 작업은 조사할 주제에 관해 성경이 말하는 내용을 살펴봄으로써 시작되고, 이어서 그 성경의 가르침을 중심으로 이론이 세워진다는 주장이다. 바로 이런 식으로 근본주의는 이론에 대한 종교의 통제를 인식한다. 이 주장의 필수요소는 근본주의자들이 성경을 문자적으로 해석하는지 여부에 있지 않고, 성경이 모든 주제에 관한 진리를 계시한다고 믿고 그것을 찾는 일에 헌신되어 있다는 점이다. (나는 나중에 어느 의미에서 이 프로그램은 근본주의자들을 충분히 문자적이지 않은 해석으로 이끈다는 점을 논증할 것이다!)[1] 그런즉 거의 모든 유대인과 그리스도인과 무슬림은 성경으로부터 이론에 대한 모종의 지침을 기대하는 데 비해, 유독 근본주의자만은 그 지침이 특정한 진리를 모든 주제에 공급하는 것이어야 한다고 고집하고 있다.

백과사전적인 가정의 또 다른 부분은 성경 텍스트를 아무리 쥐어짜도 어느 주제에 관한 정보를 전혀 찾을 수 없을 때 일어나는 일과 관련이 있다. 그런 경우에는 그 지침이 출발점이 되는 초기 정보를 공급하기보다 한 이론에 대한 확증적인 증거를 제공하는 형태를 띤다고 본다. 그런즉 스콜라주의자는 생물학, 지질학, 물리학 등에 대한 하나의 이론이 계시된 신앙의 교리와 모순이 되지 않는 한 수용할 수 있다고 말하는 데 비해, 근본주의자는 이론들이 그보다 더 많은 지침을 얻게 된다고 말할 것이다. 이론들은 실제로 그 주제에 관해 계시된 진리를 포함해야 하거나, 그 확증적인 증거 중에 성경에 대한 호소를 포함해야 한다. 또는 둘 다를 포함해야 한다.

백과사전적인 가정이 낳는 결과를 보여 주는 구체적인 예로서 영국 광물학의 아버지인 리처드 커완(Richard Kirwan)의 저술을 들어 보자. 새로 출범하는 지질학에 관심이 많았던 커완은 『지질학 에세이』(*Geological Essays*, 1799)란 제목의 책을 출판했다. 그 에세이들에 담긴 모든 이론에 걸쳐 커완은 창세기에 기록된 노아의 홍수가 지구 역사에서 대표적인 지질학적 사건임에 틀림없다고 가정한다. 하지만 성경은 그렇게 말하지 않을 뿐더러 백과사전적인 가정에 따른 기대치에 부응하는 많은 정보를 제공하지도 않는다. 그래서 커완은 우리가 지금 갖고 있는 텍스트는 요약판임이 틀림없고 창세기의 원본은 훨씬 많은 지질학적 정보를 갖고 있음이 틀림없다고까지 억측하기에 이르렀다! 더 나아가, 창세기가 말하는 6일간의 창조가 지질학 연구에 필요한 기본 지침이라고 가정하고, 지구의 역사를 여섯 단계로 나눌 수 있는 증거를 "찾고", 이런 주장을 펼친다.

여기에서 우리는 일곱 내지는 여덟 가지 지질학적 사실들을 보았는데, 한 부분에 관해서는 모세가 얘기했고 다른 부분은 가장 정확하고 가장 잘 검증된 지질학적 관찰에서만 연역한 것이되, 서로가 내용에서뿐만 아니라 연결 순서에서도 의견을 같이한다는 것을 알 수 있다. 이 가운데 어느 것을 우리가 신뢰하든지, 그것이 다른 것과 의견을 같이한다는 것은 다른 것의 진리성을 증명해 주고 있다. 그러나 우리가 만일 어느 것도 신뢰하지 못한다면, 양자의 의견일치에 대해 설명하지 않으면 안 된다. 이를 시도해 보면 두 가지 이야기 모두가 틀렸을 확률은 전혀 없다는 것을 알게 된다. 그러므로 어느 하나는 분명히 옳고, 따라서 다른 하나도 옳은 것임에 틀림없다.[2]

이 주장의 잘못된 논리는 그냥 지나치더라도, 백과사전적인 가정을 표현하고 있는 방식에 주목해 보기를 바란다. 여기서 표명되고 있는 것은 자연의 진리와 초자연의 진리 간의 조화를 유지하려는 스콜라주의적 목표가 아니란 점은 분명하다. 이보다 더 분명한 점은 비합리주의자가 주장하듯이 신앙과 이론적 이성의 완전한 분리도 찾아볼 수 없다는 것이다. 그 대신, 성경이 언급하는 것이면 무엇이든 그 어떤 주제에도 영향을 줄 수 있는 만큼, 그 영향을 거의 모든 것—이 경우에는 지질학—을 이해하는 데 필요한 핵심적 사실, 곧 진리를 공급하는 것으로 보는 셈이다.

이와 동시에, 커완에 따르면 지질학을 비롯한 여러 과학들도 성경을 확증해 줄 것으로 기대할 수 있다. 이는 근본주의자들만 취하는 견해가 아니기 때문에 그들만의 독특한 입장이라고 말하는 것은 아니다. 그러나 그것이 백과사전적인 가정과 합류할 때는 더 치명적인 잘못으로 전락한다. 이는 하나님의 섭리라는 것을 하나님이 자연 질서를 **붙들고** 있는 것으로 보지 않고 자연 질서에 개입하는 것으로 보는 오해에서 비롯된다. "섭리"란 용어는 하나님께서 자기를 제외한 모든 것을 지탱하신다는 가르침을 일컫는 신학적 이름이다. 성경에서는 이 섭리를 최대한 광범위하게 묘사하고 있다. 해가 뜨고 지는 것, 계절이 바뀌는 것, "의로운 자와 불의한 자에게" 비가 오는 것, 그리고 자연법이 계속 우주를 규제하는 것(창 8:22) 등은 모두 하나님의 섭리에 의한 것이다. 물론 성경 저자들은 하나님이 친히 자신을 계시하기 위해 또는 기적을 일으키기 위해 창조세계에서 활동하는 경우에 대해서도 말하고 있다. 그런 사건들은 하나님의 섭리의 일부일 뿐만 아니라 그분이 섭리로 지탱하는 창조세계 내에서 행하는 그분의 활동이기도 하다.

그런데 하나님의 섭리를 그분의 언약을 나타내는 일과 관련된 특별한 행위와 혼동하면 안 된다. 그분의 특별한 행위는 (사람의 행위도 그렇듯이) 그것 없이는 발생할 수 없었던 어떤 일을 불러일으키려고 일상적인 흐름에 개입하는 일이다. 하나님은 종종 섭리를 통해 이 세계에서 그분의 목적을 이루신다. 하지만 그분의 섭리는 결코 **어쨌든 저기에 존재하고 있을 자연 질서에 개입하는** 행동이 아니다. 성경적 관점에서 보면, 설사 하나님이 창조해서 계속 지탱하지 않았더라도 그냥 "저기에" 존재하고 있을 것은 하나도 없다. 그러므로 하나님이 때때로 창조세계 속에서 활동하신 것을 두고 성경은 섭리를 통해 그분의 목적을 이루시는 것으로 묘사하곤 하는데, 이것을 그분 자신의 행위 내지는 기적과 혼동하면 안 된다. 그런데 근본주의자들은 하나님이 어떤 목적을 이루시는 것을 묘사하는 성경의 모든 선언을 (적어도 부분적으로) 기적적인 사건의 선언으로 해석하는 경향이 있다.

이처럼 만물을 지탱하는 하나님의 섭리와 그분의 특별한 행위를 혼동하는 경향으로 말미암아 근본주의자는 사물의 자연적 질서 안에서(또는 그 자연 질서에 대한 우리의 설명에서) 간격을 찾게 되었고, 마치 하나님이 기적과 역사 속 구원의 행위의 직접적인 원인인 것처럼, 오직 그분만이 그 원인이 된다고 주장한다. 이어서 이런 간격들을 보건대 과학이 성경의 진리성을 확증할 수 있다는 식으로 주장한다. 말하자면, 과학은 그런 것을 설명할 수 없으므로 오직 하나님의 특별한 행위에 의해서만 설명될 수 있다는 주장이다. 이런 식으로, 근본주의적 입장은 창조질서에 대한 하나님의 섭리적인 개입을 언제나 우주를 지탱하는 일 이상의 것으로 본다. 이 입장은 사실상 하나님을 과학이 조사한 일련의 자연적인 원인들 가운데 최후의 단계로 보는 것이다. 그리고 이는 결국 하나님을 일련의 자연적인 원인들의 일부로 만들기 때문에 창조세계의 일부로 삼는 셈이라는 점을 미처 알아채지 못한다.

이 마지막 논점을 분명히 하려고 달리 설명해 보겠다. 당신이나 나는 보통 창문을 내다보며 "비가 오고 있다"라고 말하는 데 비해, 성경의 선지자는 "주님이 땅에 비를 보내고 계시다"라는 식으로 말했을 것이다. 이 두 발언은 똑같은 사실을 보도하지만, 후자는 하나님의 섭리와 목적에 의해 모든 자연적인 힘들이 다 함께 작용하여 특정한 장소와 때에 비를 내리게 했다는 점을 추가로 상기시켜 준다. 그러나 근본주의자는, 비를 생산하는 조건들이 지닌 어떤 특징 때문에 그것을 과학적으로 조사한다고 해도 하나님을 끌어들이지 않고는 비를 설명할 수 없다는 말로 선지자의 발언을 이해하는 것이다. 바로 이 점이 잘못되었다. 성경의 가르침을 보면, 하나님이 세계를 지탱하시는데, 비록 우리가 (창조된) 자연적 과정에서 인과관계를 조사해도 도무지 설명할 수 없는 간격을 발견하게 되리라고 시사하는 점은 전혀 찾을 수 없다. 성경적인 견해는 비를 비롯한 자연적인 사건들이 모두 부분적으로 기적에 해당한다는 게 아니라, 자연에서 발견되는 그 어떤 사물이나 사건, 법칙도, 만일 하나님이 그것을 창조하고 계속 지탱하지 않는다면 결코 존재할 수 없을 것이라는 것이다.[3]

그러므로 하나님의 창조능력과 섭리가 바람과 구름과 물, 그리고 자연 질서를 보장하는 법칙 같은 것들이 존재하는 궁극적인 이유인 게 사실이지만, **과학이 설명을 찾는다는 의미에서 창조된 사건들을 설명하는 것은 바로 창조 질서이다.** 비에 대한 과학적 설명은 왜 공간과 시간과 물질/에너지, 그리고 창조물을 지배하는 모든 법칙이 존재하는가 하는 것은 포함하지 않는다. 그것은 형이상학적인 이슈이고 궁극적으로는 **종교적인** 이슈이다. 더 나아가, 하나님은 우리로 강우(降雨)를 설명하게 해 주는 인과 순서의 창조자이긴 하지만, 그분 자신은 다른 모든 원인들과 나란히 존재하는 원인들 중의 하나가 아니다. 심지어는 최초의 원인자도 아니다. 엄밀히 말하면, 하나님은 우주의 대표적 원인이 아니라 우주에 존재하는 **모든 종류의 인과 관계**의 창조자이다.[4]

이 마지막 단락은 창조된 우주가 그 창조자를 나타낸다는 성경의 가르침을 부인하려는 것이 아니다. 그러나 근본주의자들(및 다른 이들)과는 반대로, 성경은 창조세계가 그 창조주를 증언하되 우리에게 창조세계의 작동방식을 설명하기 위해 자주 그분을 개입시키도록 요구한다고 가르치지 않는다. 성경은 창조세계가 스스로, 부분적으로든 전체적으로든, 자존하지 않는 의존적인 존재임을 보여 줌으로써 창조자를 나타내는 것으로 본다(롬 1:20, 23절을 보라). 그런즉 성경의 가르침에 비춰볼 때, 창조세계가 하나님을 증언한다고 해서 하나님의 섭리를 다른 사건들로—하나님이 자신의 언약을 계시하고 인간 역사에서 자신의 약속을 성취하는 과정에서 인간들과 함께 행동하고 또 반응하는 경우로—혼동하는 것과 같은 심각한 잘못은 변명의 여지가 없다. 그리고 창조세계가 하나님을 증언하는 방식은 하나님의 존재가 추론되도록 그 전제 역할을 하는 구체적인 정보를 제공하든가, 온갖 이론을 위해 어떤 내용이나 확증을 제공하는 것이라고 해석하는 일은 실로 터무니없는 합리화에 불과하다.

설상가상으로, 과학이 성경의 가르침에 의해 확증되어야 한다는 견해는 종종 쌍방통행적인 것으로 이해되고 있다. 성경이 어느 이론을 확증해 주고 그 이론은 그 주제에 관한 최상의 설명이므로, 이로써 과학은 이미 성경을 확증해 주었다는 식이다! 내가 이미 언급했듯이, 이런 조합이 백과사전적인 가정과 결합하면 더욱 치명적인 성격을 띠게 된다. 그것은 그 조합에 내재되어 있는 강한 합리주의적 요소 때문이다. 종교적 가르침을 논증으로 증명하거나 이론에 의해 확증할 수 있다고 기대하는 일은 하나님에 대한 믿음을 하나의 이론인 것처럼 (또는 적어도 이론처럼 평가되어야 하듯이) 취급하는 것이다. 이런 경향은 일부 근본주의자들이 오늘날의 많은 과학 이론에 반대하면서 그 대안으로 성경에서 끌어왔다거나 성경에 의해 확증되었다고 주장하는 "과학적 창조론"을 제시하며, 이것은 거꾸로 성경을 확증한다는 식의 논리를 펴는 데서 볼 수 있다. 이는 우리가 살펴본 커완의 논리와 같은 것이다. **그러나 계시된 성경의 진리는 결코 이론이 아니다.** 그 진리들은 우리가 설명의 간격을 메우기 위해 창안하는 가설들, 곧 다른 경쟁적인 가설들보다 더 낫다고 변호할 필요가 있는 그런 가설들이 아니다. 우리가 그 진리들을 믿는 것은, 성경의 가르침이 하나님에게서 온 하나님에 관한 자명한 진리임을 하나님의 은혜로 경험하기 때문이다. 이런 이유로, 하나님이 이론이 지닌 설명의 간격을 메운다는 근본주의적 관념은 계시된 진리를 변호하는 방법 중에서 비성경적인 것인데, 이는 백과사전적인 가정이 계시된 진리를 해석하는 방법 중에서 비성경적인 것과 비슷하다. 이 두 가지 오류는 물론 서로를 지지해 주는 관계이다. 일단 성경이 모든 과학을 위해 진리를 제공하는 것으로 보고, 일단 성경이 제공하는(또는 확증하는) 이론들이 다른 어떤 가설보다 더 성공적인 설명을 제시하는 것으로 보면, 그런 성공을 성경의 진리성을 확증하는 것으로 간주하는 태도로 쉽게 이어지기 때문이다.[5]

이런 오해를 피하려면 다음과 같은 점을 유념할 필요가 있다. 성경의 저자들에 따르면, 성경의 목적은 하나님이 인간과 언약을 맺고 그 언약 메시지의 내용을 보존하려는 하나님의 활동을 기록하는 것이라는 점이다. 성경 저자들이 자연적 사건, 역사적 사건, 정치적 사건 등에 관해 말할 때는 언제나 하나님의 언약에 관한 어떤 것을 선포하거나 해석하거나 예증하기 위한 것이다. 그런즉 성경의 글들은 무엇보다도 먼저, 그리고 언제나 **종교**에 관한 것이다.[6] 그러므로 어떤 사건이 종교적으로 중요하다고 해서—예컨대, 홍수가 노아와의 언약에 중요한 것처럼—당연히 지질학이나 다른 과학에게도 매우 중요한 것임에 틀림없다고 추정하는 것은 한마디로 굉장한 오류이다. 따라서 이와 같은 성경의 종교적 초점은 언제나 성경을 그 자체로 이해하는 기본적인 지침이 되어야 한다. 말하자면, 우리는 성경의 메시지를 최대한 명료하게 파악하기 위해 언제나 성경의 언어, 성경의 구조, 성경의 관심사, 성경의 배경과 환경을 이해하려고 애써야 하는 것이다. 그리고 성경을 이런 식으로 취급하는 것은 그것을 **우리**의 관심사를 위한 백과사전적인 자료집으로 생각하는 것과 정반대되는 접근이다.

성경을 그 자체로 이해하고 성경이 모든 곳에서 **종교적** 초점을 보여 준다는 말의 뜻이 무엇인지를 설명하기 위해 이제 창조의 순서와 인간의 기원에 관한 창세기 이야기를 예로 들까 한다. 많은 근본주의자들은 이 텍스트가 지질학은 물론 천문학과 생물학과 고생물학을 위한 기본 지침을 제공해 준다고 생각해 왔다. 창세기에 언급된 바, 하나님이 창조활동을 펼치신 "날들"은 24시간 또는 지구역사상의 특정한 시대나 단계임에 틀림없다고 추정했다. 이와 마찬가지로, 하나님이 생물을 "그 종류대로" 재생산하도록 창조하셨다는 말은 저자(들)의 관찰에 기초한 상식적인 발언이 아니라 생물학에 필요한 기본 원리를 표현한 것으로 생각했다. 그러나 그 텍스트를 비밀히 살펴보면 그것이 근본주의자의 해석을 부인하는, 전혀 다른 목적을 품고 있다는 것을 알 수 있다. 그 텍스트의 언어와 내부 구조(이는 "문자적인" 의미를 나타내고 있다고 나는 생각한다)가 백과사전적인 가정과 정면으로 배치되기 때문이다.

창세기 이야기에서 하나님은 먼저 무로부터(*ex nihilo*) "하늘과 땅"을 창조하신다. 이후 천상의 차원은 제쳐 놓고 모든 주의를 땅("우주"라고 불러도 좋다)에 집중하고 있다. 이어지는 내용은 하나님의 목적에 따라 점차적으로 땅이 형성되어 가는 과정에 관한 유명한 이야기다. 이는 하나님이 단 한 주에 걸쳐 날마다 수행하는 일로 표현되어 있다. 창조의 날들은 이렇게 묘사되어 있다. 첫째 날에는 하나님이 빛과 어둠을 나누시고, 둘째 날에는 바다와 대기권을 분리하시고, 셋째 날에는 땅과 바다를 나누고 식물을 창조하시고, 넷째 날에는 해와 달과 별들을 창조하시고, 다섯째 날에는 바다 생물과 새들을 창조하시고, 여섯째 날에는 땅의 짐승들과 사람을 창조하신다. 이 이야기의 강조점은 분명 모든 것이 하나님께 의존해 있다는 사실에 있다. 하나님과 대등한 위치에 있는 다른 경쟁적인 세력은 전혀 존재하지 않는다. 그 자신을 제외한 모든 것을 창조하고 그의 목적에 따라 창조세계에 질서를 부여하신 분은 바로 하나님이다. 그래서 이 텍스트는 하나님의 창조의 주권을 강조하고 있는 것이다. "하나님이 이르시되, '…이 있으라' 하시니." 그 대목에는 만일 우리가 우주의 초기 단계를 관찰할 수 있었다면 무슨 일이 일어나는 장면을 보았을 것이라는 내용은 전혀 없다. 하나님의 창조 명령에 따른 결과에 대해 텍스트가 말하는 내용은 "그대로 되었다"는 것뿐이다.

  이 텍스트의 종교적 초점을 유지하는 데 가장 중요한 요소는 이 이야기가 과학적 주제들에 관한 독립 에세이와는 거리가 멀고, **시내 산에서 모세에게 주어진 언약의 서문이자 그 일부라는 점**이 아닐까 생각된다. 이런 이유로, 하나님이 창조활동을 하신 "날들"을 이해하는 가장 자연스런 방식은 그것을 인간에게 6일 동안 일하고 안식일에는 쉬라는 명령을 주신 것과 연관시키는 것이다. 이 텍스트가 주간 노동이란 문학적 비유를 사용하여 하나님의 목적 달성(땅의 창조)을 묘사한 것은, 그것을 인간 역시 6일 동안 일하고 안식일에는 쉬어야 한다는 명령과 병행하는 것이자 그 명령의 좋은 본보기로 제시하기 위함이다. 그런즉 이 기사는 문자적인 6일을 말하는 게 아니라—비유적 표현으로서—하나의 문학적인 틀을 언급하는 것이다.[7] 이를 확증해 주는 것은 넷째, 다섯째, 여섯째 날이 첫째, 둘째, 셋째 날과 상응하는 내부 구조를 갖고 있다는 사실이다. 첫째 날은 빛과 어둠을 나누고, 넷째 날은 해와 달과 별들을 소개한다. 둘째 날은 바다와 대기권을 분리하고, 다섯째 날은 바다 생물과 새들의 창조에 관해 말한다. 셋째 날은 육지와 식물의 출현을 얘기하고, 여섯째 날은 짐승들과 사람의 창조를 기록하고 있다. 이를 도표로 그리면 다음과 같다.

첫째 날	둘째 날	셋째 날
빛	바다	육지
어둠	대기권	식물
넷째 날	**다섯째 날**	**여섯째 날**
해	바다 생물	짐승
달/별	새	사람

이 상응구조는 너무도 두드러진 특징이기 때문에 단순한 우연의 일치로 돌릴 수 없다. 그런데 이것이 우연의 일치가 아니라면 이 이야기를 올바로 이해하는 데 중요한 그 무엇을 보여 주는 것이다. 말하자면, 여기에 나온 "날들"은 본래 창조의 순서를 연대기적으로 서술하기 위한 게 아니라, 그런 창조의 "경위"보다는 창조의 "이유"를 표현하는 방식으로 볼 수 있다는 뜻이다. 즉, **시간적인 순서가 아닌 목적의 순서**를 전달하는 것이란 말이다. 예를 들면, 빛과 어둠의 기본적 차이점은 해와 달과 별들의 존재를 위한 배경적 조건으로 소개되고 있다. 그리고 육지와 바다의 분화와 식물의 창조는 짐승과 사람의 생명을 유지하기 위한, 사전에 계획된 조건들이다. 이런 식으로 보면, 근본주의자처럼 그 "날"이 24시간인지 지질학적 시대인지를 놓고 왈가왈부하는 것은 참으로 웃기는 일이 아닐 수 없다. 이미 오래전에 아우구스티누스는 창세기의 창조 기사에 나오는 "날"은 비유적인 단어임에 틀림없다고 말하면서, 해와 달과 별들이 출현하기도 전에 어떻게 24시간이 있을 수 있느냐고 물었다. (그의 말은 지질학적 시대에도 그대로 적용된다는 점을 주목하라.) 나는 거기에 이렇게 덧붙이고 싶다. 만일 그 날들이 본래 우주의 연대기적 역사를 알려 주려고 하는 게 아니라 하나님의 목적의 목적론적 순서를 전달하려는 것이라면, 그 날을 24시간이나 지질학적 시대로 해석하는 것을 어떻게 정당화할 수 있겠는가? 24시간이란 해석과 지질학적 시대란 해석은 모두 백과사전적인 가정에 기초해 있으며, 이 가정은 그 이야기의 종교적 특성을 파악하지 못할뿐더러 완전히 가리고 있다고 할 수 있다.

이렇게 말한다고 해서 창조세계가 어떻게 작동하는지, 또는 그것이 얼마나 오래 되었는지를 묻고, 이런 물음에 답하기 위해 나름대로 이론을 만드는 것이 잘못되었다는 뜻은 아니다. 그러나 이런 질문들이 우리에게 중요하다는 이유로, 그것들이 창세기 기사의 관심사임에 틀림없다고 추정하는 것은 곤란하다. 근본주의자의 오류는 창세기 텍스트를 그 자체의 (종교적) 질문과 관심의 견지에서 읽지 않고 그들 자신의 질문과 관심사를 그 텍스트에 부과하는 데에 있다.[8] 창세기는 결코 과학이 아니기 때문에 그것을 좋은 과학으로 칭송할 필요도 없고 나쁜 과학으로 비난해서도 안 된다. 그 텍스트의 관심사는 바로 **언약**이다. 그것은 하나님에 관한 진리, 하나님이 인간에게 베푸시는 사랑의 언약과 영원한 생명을 가르치려는 것이다.

  이 텍스트의 종교적 초점은 또한 인간의 기원에 관한 이야기를 해석하는 데 필요한 열쇠이기도 하다. 이 대목 역시 시내 산 언약의 일부로, 즉 종교적 금지사항과 첫 인간들의 타락에 이은 초기 언약들을 얘기함으로써 시작되는 그 언약의 일부로 읽어야 한다. 그래서 그 기사는 하나님이 "땅의 흙으로" 최초의 인간을 만들었다고 일러줌으로써 시작한다. 여기에서도, 주간 노동의 날들을 통해 우주의 질서가 잡혔듯이, 하나님의 **목적**과 그분이 만드신 것(이 경우에는 인간)의 **본성**이 이 기사의 진정한 요점이고, 다시금 그것은 노동 내지는 "창조"의 이야기로 표현되어 있다. 이 해석을 확증해 주는 것은 성경 도처에서 "땅의 흙"을 인간의 죽을 운명을 가리키는 말로 사용하고 있다는 사실이다(참고. 시 22:15, 29, 44:25, 103:14, 104:29, 전 3:20, 12:7, 사 26:19, 단 12:2). 이런 해석은 창세기 이야기의 문맥도 확증해 준다. 인간들이 하나님께 불순종하여 그분의 특별한 보호망을 상실할 경우, 그들은 생존을 위해 싸워야 할 것이고 결국에는 그 싸움에서 져서 죽을 것이라는 하나님의 말씀을 듣게 된다는 것을 주목하라. "네가 흙에서 취함을 입었음이라. 너는 흙이니 흙으로 돌아갈 것이니라"(창 3:19). 그런즉 이 이야기의 요점은 우리로 하여금 하나님이 진흙 마네킹을 빚어서 그 속에 숨을 불어넣어 생명체로 만드셨다는 것을 믿게 하려는 게 아니라, 우리를 하나님께 의존해 있는 죽을 운명의 피조물로 만드시는 게 바로 하나님의 목적이었음을 믿게 하려는 것이다. 게다가, 이 요점이 그 이야기 전체의 핵심 취지를 이해하는 데도 꼭 필요한 것은 하나님이 인간에게 주시는 언약이 영원한 **생명**의 약속을 포함하고 있기 때문이다(창 3:22). 그러므로 창세기는, 고대 이집트인과 그리스인이 생각했던 것과는 반대로, 영생이 인간에게 자연스러운 것임을 부정한다. 창세기에 따르면, 우리는 약간의 신성을 물리적인 몸에 집어넣었기 때문에 차라리 몸이 없는 편이 나은 그런 존재가 아니다. 플라톤의 사상과는 반대로, 몸은 결코 "영혼의 감옥"이 아니다. 우리는 다른 모든 것과 같은 재료로 만들어졌고, 우리는 다른 모든 것 만큼이나 하나님께 의존해 있다. 그러므로 궁극적으로, **우리의 삶은 하나님과의 올바른 관계에 달려 있는 것이다.** 그런즉 이 기사의 취지는 최초의 인간들이 하나님의 명령을 위반함으로써 검정에 실패했을 때 영생의 약속을 상실하게 되었다는 사실을 기록하는 것이다. 이후 하나님은 인간에게 영생의 약속을 되돌려 주려고 구속의 언약들을 세우셨다. 그리고 이 서문에 따라오는 모세와의 언약은 그런 구속의 언약의 역사에서 가장 최신판으로 제시되어 있다.

이는 하나님이 땅의 흙을 인간으로 변모시키는 기사에도 그대로 적용된다. 여기서도 하나님의 언약적 목적과 인간의 본성이 초점으로 등장하고, 다시금 이것들이 "창조의" 이야기로 표현되어 있다. 하나님이 아담에게 "생명의 숨(생기)"을 불어넣으니 아담이 "살아 있는 영(생령)"이 되었다. 그런데 여기에서 "생명의 숨"이란 정확히 무슨 뜻인가? 다시금, 이 기사가 모세와의 언약에 대한 서문이자 그 일부라는 사실을 유념하면 단 하나의 답변밖에 있을 수 없다. 하나님의 숨은 그분의 말씀, 곧 언약을 맺는 생명의 말씀이다. 여기서 우리는 "숨"을 뜻하는 히브리어가 "영"을 가리키는 단어와 똑같다는 점을 기억할 필요가 있다. 이 이야기 전체에 걸쳐 이 두 가지 의미를 놓고 고의적인 말장난이 진행되고 있는 것이다. 이 텍스트는 하나님의 "영"이 우주에 현존하고 있다고 말한 뒤에 하나님이 6일 동안 날마다 명령을 내려 우주의 실서를 탄생시켰다고 이야기힌다. 따라서 그 영은 하나님의 명령의 말씀과 동일하고, 이는 하나님의 숨과 동일한 것이다. 그러므로 하나님의 말씀에 의해 우주가 존재하게 되었고, 그분의 영(숨, 명령)에 의해 질서정연한 형태가 주어졌으며, 하나님의 생명의 숨(명령과 약속의 말씀)을 받음으로써 아담이 인간이 되는 것이다(참고. 삼하 22:16, 욥 4:9, 37:10, 시 18:15, 33:6, 사 11:4). 아담이 인간으로서, 즉 하나님과 교제를 나눌 수 있는 종교적 존재로서 인생을 시작하게 된 것은 바로 하나님의 말씀 덕분이다. 마찬가지로, 아담—그리고 다른 모든 인간—이 영원한 생명의 약속을 되찾을 수 있게 되는 것도 나중에 받은 하나님의 구속(救贖)의 말씀 덕분이다.

이 텍스트는 물론 우리의 생명이 양식과 물과 공기 등에 의존해 있다는 것을 인정한다. 하지만 그런 것들 역시 하나님에게 의존하고 있는 만큼 생명의 준(準)궁극적인 조건들로 간주한다. 사실 생명의 궁극적인 조건은 하나님과 언약 관계를 맺는 것이다. 그래서 신명기 8장 3절은 "사람이 떡으로만 사는 것이 아니요 여호와의 입에서 나오는 모든 말씀으로 사는 것"이라고 말한다. 달리 말하면, 생명의 삶은 생물학적 차원을 초월하는 목적을 갖고 있기 때문에 충만한 인생은 단지 생물학적 신진대사와 생존에만 있지 않다는 뜻이다. 그 목적은 하나님을 알고 그분과의 교제를 영원히 즐기는 것이다. 그런즉 하나님이 아담을 진정한 인간, 즉 종교적 존재로 만드신 것은 그 자신을 아담에게 나타냄으로써 이뤄진 일이다.[9]

이제까지 이 텍스트는 수많은 오해를 받아 왔고, 너무도 많은 슬픔을 야기했고, 너무나 큰 논란거리가 되어 왔기 때문에, 인간의 기원을 다루는 창세기 기사에 대한 나의 해석을 또 다른 각도에서 다시 진술할까 한다. 이번에는 맨 먼저 인간의 기원에 대한 어떤 이야기라도 인간이란 존재에 대한 모종의 정의를 가정해야만 한다는 점을 지적하면서 시작할까 한다. 가령, 우리가 유골을 발굴한다고 해서 살아있을 때 그 골격을 사용했던 사람의 본성이 우리 자신의 본성과 똑같다는 것(그리고 사람과 비슷한 어떤 동물의 잔해가 그 피조물이 **우리**와 얼마나 비슷했는지에 관해 우리에게 알려주는 것)을 입증해 주진 않는다. 그러나 이런 질문에 답하려면 인간으로 간주되는 것에 대한 모종의 정의를 사용하지 않으면 안 된다. 인간은 언어를 사용하고, 예술작품을 만들고, 추상적으로 생각하고, 도덕의식을 갖고 있는 존재인가? 또는 다른 무엇을 하는 존재인가? 우리가 인간의 특징을 무엇으로 간주하느냐에 따라 최초의 인간이 언제 그리고 어디에서 출현했는지를 알 수 있기 때문이다. 달리 말하면, 최초의 인간은, 그런 특징(들)을 어떻게 간주하든지 간에, 그런 인간의 특징(들)을 지녔던 최초의 존재였던 셈이다.

인간 기원을 묘사하는 창세기 이야기에 대해 내가 제시한 해석은 인간 존재에 대한 창세기 자체의 정의와 완벽하게 들어맞기 때문에 확증적인 근거를 갖고 있다. 창세기의 견해에 따르면, 인간은 하나님과 교제를 나누기 위해 하나님의 형상으로 창조된 존재이다. 달리 표현하면, 인간은 **종교적** 존재라는 말이다. 그러므로 최초의 인간은 종교적인 의식(意識)을 가진 최초의 존재, 신이 무엇인지를 묻고 또 그 물음에 대답할 수 있는 최초의 존재였다. 그런데 이 경우에 하나님이 아담과 언약을 맺은 것은 **문자 그대로** 아담이 인간이 되는 과정의 최후 단계였다. 종교적 의식을 품을 수 있는 역량이 아담 안에 나타났을 때, 하나님이 자신을 나타냄으로써 그 의식을 발동시켰고, 그러한 행동이 아담을 완전한 인간(즉, 종교적 존재)으로 만들었다. 종교적 의식이 출현하는 데 어떤 사전 과정들이 있었는지, 또는 그 과정을 거치는 데 얼마나 오랜 시간이 걸렸는지에 대해서는 창세기가 침묵하고 또 알려고 하지도 않는다. 이 이야기의 초점은 최초의 종교적 존재의 출현에 맞춰져 있다. 그래서 그런 존재의 출현을 가능하게 한 하나님의 행위를 묘사하고 있기 때문에 한순간에는 땅에 인간이 없었다가 다음 순간에는 존재하게 된 것이다. 그리고 그 행위는 다름 아니라 하나님의 사랑과 교제와 영생의 선물을 계시하는 일이었다. 따라서 이 해석에 따르면, 인간이 땅에 출현하게 된 최후의 단계는 비록 기적은 아니라도 실로 하나님의 특별한 행위였다. 말하자면, 하나님이 그 자신을 계시하시고, 인간 이전(pre-human)의 존재를 자유와 책임을 지닌 종교적 존재가 되도록 하신 행위였던 것이다.

이와 똑같은 해석을 첫 여성의 기원에 대한 창세기 이야기에도 그대로 적용할 수 있다. 이 대목에서도 하나님의 목적과 여자의 본성이 "창조의" 이야기로 표현되어 있다. 여자가 아담의 갈비뼈로 만들어졌다는 사실은 남자와 똑같은 인간 본성을 공유한다는 것을 의미한다. 이 텍스트는 "이는 내 뼈 중의 뼈요, 살 중의 살이라"(창 2:23)는 아담의 평을 긍정적으로 기록함으로써 그 점을 강조하고 있고, 이 말은 그녀가 아담의 유일하게 적합한 파트너라는 점을 부각시키고 있다. 아담에게서 "취했다"는 개념은 물론 아담의 창조 기사에는 없던 새로운 요소를 그녀의 창조에 도입하고 있는데, 이는 그녀의 인간성이 어느 면에서 그의 인간성에 달려 있다는 점을 시사한다. 그런데 이 점 역시 내가 제시한 해석과 아름다운 조화를 이룬다. 그 텍스트에서 아담은 계시된 명령과 약속을 하나님에게 직접 받은 반면에, 하와는 그것들을 아담에게서 받았기 때문이다. 그런즉 하와를 인간으로 만든 그녀의 종교 의식(意識)의 활성화는 (부분적으로) 아담에게 달

려 있었다고 할 수 있다.[10]

그러므로 나는 이렇게 결론을 내리는 바이다. 근본주의의 창세기 해석은 모세 언약에 대한 서문에 해당하는 그 이야기의 종교적 성격을 가리고, 창조하신 날들의 내부 구조를 무시하며, 창세기가 내리는 "인간"의 정의를 인간의 기원에 대한 이야기와 연결시키지 못하고 있다고.

이처럼 나는 백과사전적인 가정을 배격하고, 섭리와 기적을 혼동하는 것을 반대하며, 과학적 질문들에 답하는 식으로 창세기를 읽는 것을 싫어한다. 그럼에도 불구하고, 종교적 믿음이 영향을 미치는 **범위**에 대해서는 근본주의자와 완전히 의견을 같이한다.[11] 이 이슈에 관한 한, 나는 비합리주의 입장과 스콜라주의 입장이 우리의 모든 지식이 하나님을 아는 지식의 영향을 받는다는 성경의 중요한 주장을 제대로 고려하지 못하고 있다는 비판에 동의한다. 그런데 우리가 종교적 믿음이 이론에 영향을 미치는 방식에 대한 근본주의적 견해를 배격한다면, 철저한 성경적 입장을 견지할 수 있는 어떤 대안이 남아 있을까? 이에 대한 내 답변은 이미 4장에서 간략하게 개관한 바 있다. 하나님을 유일한 신으로 믿는 우리의 믿음은 **각 가설이 제안하는 실재들을 포함하여 피조물들의 본질에 관한 우리의 생각을 규제하고 지도함으로써** 가장 심대한 영향력을 행사한다는 것이다. 하나님에 대한 믿음은 어느 특정한 이론의 내용의 일부가 되거나 그것을 확증하는 역할을 하기보다는 모든 이론 구성의 **전제** 역할을 함으로써 각 이론의 폭넓고 중요한 지침이 된다. 게다가, 이런 종류의 지도는 우리의 모든 가설뿐만 아니라 우리의 모든 개념에도 영향을 주기 때문에, 이 해석은 어느 지식도 종교적으로 중립적이지 않다는 성경의 주장을 올바로 반영하고 있다.

그러면 하나님에 대한 믿음은 어떻게 이런 지침을 제공하는가? 그 방식은 다른 종교적 믿음이 이론에 영향을 미치는 방식과 똑같다. 즉, 앞에서 묘사한 두 단계 과정을 통해 영향을 미친다. 내용인즉, 한 이론이 제안하는 실재들은 한 사상가가 어떤 일반적인 실재론을 갖고 있느냐에 따라 아주 다르게 이해되고 해석된다는 것이다. 예컨대, 원자론만 해도 유물론적 유형, 이원론적 유형, 현상주의적 유형 등 다양한 유형이 있다. 그리고 각 실재론은 제각기 다른 신을 전제하고 있기 때문에 다른 실재론들과 다를 수밖에 없다. 그러므로 만일 물질이나 감각이나 감각적 유형과 논리적 범주들의 연합 등을 대신하여 하나님을 신으로 간주한다면, 그와 똑같은 차이점을 낳게 될 것이라고 나는 주장할 생각이다. 내 주장은, 하나님에 대한 믿음은 과학 이론들의 여러 전제를 그 특유의 유신론적 방식으로 해석하게 하는 독특한 실재론을 필요로 한다는 것이다. 그런즉 유신론자는 과학 분야에서 "방법론적 자연주의자"가 아니다. 이런 입장을 취한다는 것은 하나님이 아닌 창조세계에 속한 어떤 것을 신으로 가정한다거나 하나님에 대한 믿음이 자연에 대한 해석에 영향을 미치지 않는다고 생각하는 것이기 때문이다. 하지만 이와 동시에, 내가 주장하는 기독교적 유신론 특유의 실재론은 자연의 작용을 설명하려고 기적을 끌어들이지 않는다. 오히려 수(數)나 원자나 진화 등 그 어떤 것이든지 비환원주의적 속성을 지닌 것으로 해석한다. 바로 이런 입장을 하나님에 대한 믿음이 요구한다는 것이 나의 주장이다.

6.2 전제

나는 이 책의 핵심 주장을 이미 여러 차례 표명한 바 있는데, 각 이론은 어떤 종교적 믿음을 명시적으로 담고 있거나 암시적으로 전제하고 있다는 것이다. 이제부터는 이 점을 반복해서 언급하지 않고 그냥 가정하고 논의를 진행할 생각이다. 말하자면, 한 이론이 어떤 종교적 믿음을 전제로 삼는다는 것이 무슨 뜻인지를 다룰 때는, 한 이론이 적어도 그런 믿음을 전제로 삼는다는 걸 의미하는 것으로 이해하면 된다. 이 경우에 그 이론이 명시적으로 어떤 믿음을 담고 있을 수 있음도 배제하지 않는다. 전제가 무엇인지와 그것이 어떻게 다른 믿음에 영향을 줄 수 있는지 설명하려면 예를 드는 게 제일 좋겠다.

두 사람이 비공식적인 논쟁을 벌이고 있다고 가정해 보자. 조지는 이렇게 말한다. 자기는 어느 누구 못지않게 정부에 세금을 내는 것을 달가워하지 않지만, 정부가 여전히 가난의 문제를 제대로 다루지 않는 것으로 보인다고. 이어서 우리나라는 다른 대부분의 나라들에 비해 굉장히 부유한 편이기에 어느 국민이든 생활필수품이 부족하도록 내버려 둔다는 것은 변명의 여지가 없다고 덧붙인다. 자넷은 정부가 이미 너무 많은 돈을 구제비로 사용하고 있다고 대꾸한다. 그리고 무상 복지기금 자체가 사람들에게 의존심을 부추길 뿐이라고 덧붙이며 정부는 사람들이 손수 돈을 벌도록 격려해야 마땅하다고 한다.

이에 대해 조지는 대다수의 사람은 복지기금을 받는 일을 수치스럽게 생각한다고 반박한다. 그리고 설사 일부 사람이 구제금의 수령을 선호한다 할지라도, 정부는 자신이 마땅히 해야 할 일을 그만두면 안 된다고 말하면서, 그것은 가난한 자들에게 필수품을 공급하는 일이라고 덧붙인다. 그러자 자넷은 정부가 매주 열심히 일하는 사람들의 소득의 일부를 압류하여 일하지 않는 자들에게 나눠 줄 권한이 없다고 응수하며, 조지의 견해를 따르면 결국 정부가 모든 사람을 총체적으로 돌보기 위해 경제를 완전히 통제하게 될 것이라고 우려를 표명한다. 이에 조지는 정부가 경제나 국민의 생활을 완전히 통제하는 것을 변호하는 게 아니라고 항변한다. 이어서 자신의 아이디어는 항공모함단 한 척의 값으로도 실행할 수 있다고 덧붙이고, 자넷은 그 돈을 기생충 집단의 후원에 사용하기보다는 모든 사람의 안전을 위해 쓰는 편이 나을 것이라고 응답한다.

이제 조지와 자넷 중 어느 쪽도 상대방보다 더 가혹하거나 냉정하지 않고, 어느 쪽도 상대방보다 세금의 부담을 더 느끼지 않는다고 가정하자. 그렇다면 그들은 왜 그 이슈에 대해 그토록 상반된 관점을 갖는 것일까? 이런 의견불일치의 배후에 있는 중요한 한 가지 요인은 정부의 합당한 역할과 한계에 대해 서로 다른 개념을 **전제로 삼고** 있다는 점이다. 이 이슈는 조지나 자넷이 명시적으로 제기한 적이 없지만 여전히 그들의 발언을 지도하고 규제하는 가정으로 남아 있다.

조지와 자넷 모두 정부가 국민들에게 특정한 의무―예컨대, 외국의 침략에서 보호하는 것―를 지고 있다고 가정했다. 그리고 둘 다 정부의 권한에는 한계가 있기 때문에 해서는 안 될 일들―예컨대, 각 시민에게 모든 필수품을 나눠 주려고 모든 것을 압류하는 일―이 있다고 가정했다. 그러나 경제 분야와 관련된 정부의 의무에 대해서는 서로 다른 전제들을 갖고 있었다. 조지의 경우, 스스로 생계를 유지할 수 없는(또는 그럴 의지가 없는) 국민들에게는 정부가 생계 수단을 공급할 의무가 있다고 가정하는 반면, 자넷은 정부의 합당한 역할이 궁핍한 자의 후원까지는 포함하지 않는다고 가정한다. 각 사람은 그 논쟁이 정부의 복지기금을 둘러싼 것이라 생각하고, 둘 다 그 의견불일치가 그보다 더 기본적인 이슈, 곧 사회에서의 정부의 합당한 역할에 관한 것임을 인식하지 못하고 있다.

  이 예는 내가 전제에 관해 강조하고 싶은 첫 번째 특징을 잘 보여 준다. 즉, 비록 무의식적으로 품고 있을지라도, 다른 여러 믿음에 영향력을 행사할 수 있는 믿음이란 것이다.[12] 전제가 사람들에게 영향을 미치는 또 다른 특징은, 그것을 무의식적으로 품고 있을지라도, 사람들의 사고방식을 규제하거나 지도한다는 것이다. 조지와 자넷의 사유 작용은 정부에 관한 상반된 전제들에 의해 각기 다른 방향으로 치달았다. 그들이 논쟁을 길게 벌일수록 의견이 더욱 벌어지는 이유는 그들이 가진 가정들로 인해 상대방의 새로운 논점이 갈수록 더 얼토당토않다고 생각하기 때문이다. 각 사람이 자신의 전제에서 나온 결과를 상대방이 제기한 논점에 적용하면 할수록 서로 다른 방향으로 치달아서 서로의 관점에서 더욱 멀어지게 된다. 예를 들면, 양자 모두 복지 프로그램이 사람들로 하여금 그 프로그램에 의존하게 할 소지가 있으므로 그들의 주도권을 억제할 위험이 있다는 점에 동의한다. 조지는 그런 위험을 용납할 수 있다고 생각한다. 어느 형태로든 공적인 도움이 정부의 의무라고 가정하기 때문이다. 정부가 그런 의무에서 면제되려면 그보다 더 큰 위험이 있어야 한다고 보는 것이다. 하지만 자넷은 그런 위험을 용납할 수 없다고 생각한다. 그런 도움은 결코 정부의 합당한 의무가 아니라는 가정을 품고 있기 때문이다. 애초부터 그 프로그램이 정부의 의무에서 벗어난 것이라고 생각했기 때문에 그 동일한 위험이 그녀에게는 터무니없어 보이는 것이다. 그러므로 그들이 비록 그런 위험의 정도에 대해서는 의견이 같다고 하더라도, 이것이 그 이슈에 대한 그들의 입장에는 아무런 영향을 미치지 못한다. 자넷에게는 그 위험이 정부의 도움을 반대하기에 좋은 사유가 될 것이고, 조지에게는 그것이 타당한 반론으로 보이지 않을 것이다.

  이런 의견불일치는 흔히 일어나는 일이다. 우리 모두는 똑똑한 사람들이 동일한 사실을 서로 다르게 해석하는 모습을 본 적이 있다. 예컨대, 한 사람은 어떤 해석을 무척 그럴 듯한 것으로 보지만, 또 한 사람은 그것을 터무니없는 것으로 보고, 제3자는 그것을 가능하지만 그럴듯하지 않게 보는 경우 말이다. 그리고 제대로 잘 조사하고 토론하다 보면 그런 의견불일치의 핵심에 있는 전제들이 드러나는 경우가 많다.

누군가의 전제를 잘 발견하지 못하게 하는 최악의 장애물은 두 가지 유형이 있다. 첫째 유형은 속임수가 개입된 경우들이고, 둘째 유형은 우리와 전혀 다른 문화에 속한 사람들이 견지하고 있는 전제를 알려고 애쓰는 경우들이다. 왜냐하면 누군가의 전제를 알 수 있는 핵심 요소는 우리가 그 사람의 입장에 서 볼 수 있는 상상력이기 때문이다. 우리가 비교적 정확하게 상대방의 입장에 서 볼 수 있다면 그 사람이 품고 있는 무언의 가정(假定)을 분별할 수 있다. 그러나 속임수나 큰 문화적 차이가 개입되어 있는 경우에는 상대방의 입장에 서는 일이 굉장히 어렵다. 그렇기 때문에 어떤 추상적 이론이 전제하고 있는 것을 발견하는 일은 이론의 일부가 아닌 믿음이 전제하고 있는 것을 발견하는 일보다 더 쉬운 편이다. 과학 이론이나 철학 이론을 구성하는 상황에서는 사람들이 자기네가 하고 있는 일에 대해 매우 진지하고, 최대한 명료하게 하려고 신경을 쓰기 때문이고, 또한 그들이 믿지 않는 이론을 제의하거나 변호해서는 얻을 것이 전혀 없기 때문이다. 그래서 이론 구성의 세계에서는 속임수가 개입할 가능성이 거의 없다고 할 수 있다. 다른 한편, 문화적 차이라는 장애물은 여전히 남아 있고, 이 문제는 아마 다른 문화를 경험하고 이해할 때에만 극복할 수 있을 것이다. 하지만 우리가 고도의 추상적 이론을 다룰 때에는 상기한 두 가지 장애물 중에 적어도 하나는 최소한으로 줄어든다.

이런 전제의 특징들이 중요한 것은, 종교적 믿음이 전제의 역할을 함으로써 과학 이론과 철학 이론의 정립에 가장 중요한 영향을 미친다는 것이 나의 입장이기 때문이다. 이 점은 종교적 믿음과 이론 구성의 관계와 관련하여 내가 변호하는 입장과 다른 모든 입장들을 뚜렷이 구별해 주는 차별성이다. 철저한 성경적 견해는 이론에 포함시키거나 이론을 확증해 줄 수 있는 모든 종류의 주제에 관한 성경의 진술을 찾으려 하지 않고, 하나님에 대한 믿음의 영향을 계시된 진리와 가설이 서로 상충되는 드문 사례에만 국한시키려고 하지도 않는다. 우리가 말하고 싶은 바는 이것이다. 종교적 믿음이 가장 포괄적이고 강력한 영향을 미칠 수 있는 것은 그것이 어떤 사물에 대한 이론을 지도하는 전제의 역할을 하는 경우라는 것.

이제 이런 지침이 어떻게 작동하는지를 설명하기에 앞서, 우선 전제가 무엇인지에 대해 보다 정확하게 이해하는 일이 필요하다. 그러면 이 전제란 개념은 어떻게 정의할 것인가?[13]

무엇보다 먼저, 전제가 하나의 믿음이란 점은 아무리 강조해도 지나치지 않다. 그렇기 때문에, 엄밀히 말하면 전제를 표명하는 것은 신념들이나 문장들이 아니라 바로 **사람들**인 것이다. 또 다른 믿음을 갖고 있을 때 어느 믿음의 진리성을 전제로 삼을 수 있는 것은 사람들이다. 그래서 전제는 다른 모종의 믿음과 관계가 있는 어떤 믿음이라고 할 수 있다.[14] 즉, 그것은 누구든지 또 다른 믿음을 수용하기 위해 반드시 품어야 할 전제에 해당하는 믿음이다. 그런즉 어느 진술이 어떤 전제를 갖고 있다고 말하는 것은 그 진술이 표명하는 믿음을 보유하는 사람은 누구나 그 전제(들)도 수용해야 할 것이라는 말을 짧게 표현하는(하지만 오도하는) 방식이다. 예를 들어, 누군가 우리 집 대문을 두드리며 존이 집에 있는지 묻는다고 하자. 나는 "존이 30분 뒤에 돌아올 것"이라고 대답한다. 여기서 내 대답은 존이 집에 없다는 사실을 명시적으로 말하지도 않고, 그 사실을 내 대답에서 논리적으로 추론할 수도 없다. 그러나 내 답변은 그것을 전제하고 있다. 만일 내가 존이 집에 있는 줄 알면서도 그렇게 대답했다면, 나는 속였다는 비난을 받아야 마땅하다.

전제에 대한 이런 견해는 일부 비판가들의 반대에 직면하는데, 이들은 그것을 어떤 문장에 적용할 때는 그 문장이 전제하는 바와 그로부터 논리적으로 추론할 수 있는 바를 제대로 구별하지 못한다고 주장한다. 예컨대, "존이 30분 뒤에 돌아올 것"이라는 말은 "존이 지금 여기에 없다"는 사실을 전제하고 있음이 분명한 것 같지만, 그 말이 "존이 존재한다"는 것을 전제하고 있는지 여부는 분명하지 않다고 그들은 말한다. 물론 그 말이 "존이 존재한다"는 것을 전제하는 듯이 보이지만, 문제는 존이 존재한다는 사실은 "존이 30분 뒤에 돌아올 것이라"는 말로부터도 논리적으로 추론될 수 있다는 점이다. (이는 우리가 그 말을 어떻게 논리적으로 구성하느냐에 달려 있다). 그리고는 똑같은 문장이 동일한 믿음을 진제하는 동시에 논리적으로 수반한다는 것은 무언가 이상하다고 그들은 말한다. 이상한 점은 우리가 어떤 것을 전제하려면 **이미** 그것을 믿어야만 하는 데 비해, 그것이 논리적으로 수반하는 바를 아는 일은 그로부터 추론을 이끌어 낸 **뒤에야** 가능하다는 것이다. 그런즉 문제는, "존이 존재한다"는 사실이 어떻게 "존이 지금 여기에 없다"는 말보다 앞서 믿어야 하는 동시에 그 말의 결과가 될 수 있는가 하는 것이다.

나는 그것을 전혀 문제라고 보지 않는다. 이 비판의 오류는 앞서 지적한 논점, 즉 전제하는 행위는 문장이 아니라 사람들의 소행이라는 점을 무시하기 때문에 생긴다. 이와 똑같은 점을 논리적 결과를 이끌어 내는 행위에도 적용할 수 있다. 문장들이 스스로 논리적 결과를 모두 낳은 것이 아니다. 사람들이 그런 결과를 이끌어 내야 한다. 바로 여기에 문제의 핵심이 있다. 일반적인 발언에는—우리가 혼잣말을 하지 않는 한—말하는 사람과 듣는 사람 등 적어도 두 사람이 관여되어 있다. 그리고 "존이 30분 뒤에 돌아올 것"이라고 말하는 사람은 "존이 존재한다"고 전제할 수 있고, 동시에 그 말을 듣는 사람이 논리적 추론으로 그 사실을 알게 되는 것에는 전혀 이상한 구석이 없다. 여기에는 두 사람이 관여하고 있으므로 역설적인 면이 하나도 없다. 그런즉 말하는 사람이 이미 알고 있는 정보가 나중에 그 사람이 스스로 말한 것에서 추론되었다는 식의 부조리한 결론을 내릴 필요가 없는 것이다. 말하는 사람은 이미 그 정보를 알고 있었기 때문에 아무런 추론도 끌어내지 않았을 뿐이다. 다른 한편, 존이 존재하는지 여부를 몰랐던 듣는 사람은 "존이 30분 뒤에 돌아올 것"이라는 말로부터 그 사실을 추론할 수 있는 것이다.

요약하자면, 우리는 전제가 다음과 같은 특징을 갖고 있다는 것을 알게 되었다.

첫째, 전제는 또 다른 믿음과 어떤 관계가 있는 하나의 믿음이다. 전제라는 것은 그 다른 믿음을 보유하는 데 필요한 일종의 정보에 해당한다는 뜻이다. 그런즉 아무도 어떤 믿음의 전제를 부인하면서 그 믿음을 일관성 있게 보유할 수는 없는 법이다(비록 그 믿음이 그 전제로부터 논리적으로 추론된 것이 아니라고 할지라도). (만일 그것이 논리적 추론의 결과라면, 그리고 존이 만일 30분 뒤에 돌아오지 않는다면, 그가 지금 여기에 없다는 말은 거짓으로 판명될 것이다.)

둘째, 전제가 그것을 보유하고 있는 사람의 다른 믿음에 영향을 미치려면 꼭 의식되어야 하는 것은 아니다. 따라서 사람들은 자기가 품은 다른 믿음들이 무의식적으로 특정한 전제를 가정하고 있거나 자기 가정적인 비정합성의 잘못을 범하고 있는데도 불구하고, 그 전제를 모른다고 고백하거나 심지어 부인할 수도 있다.

셋째, 일상에서는 온갖 믿음과 문장들이 너무도 다양한 전제를 가질 수 있기 때문에 누군가가 전제로 삼고 있는 것이 무엇인지를 말하기 어려운 경우가 많다. 우리가 이미 살펴보았듯이, 이런 어려움은 큰 문화적 차이가 개입되어 있는 경우나 누군가 자기가 전제하고 있는 것에 대해 일부러 남을 오도하려고 하는 경우에는 더욱 복잡해지기 마련이다. 하지만 속임수가 개입되어 있지 않은 경우에는 상상력을 발휘하여 상대방이 처한 상황에 스스로 서 봄으로써 상대방이 전제로 삼고 있는 것을 잘 분별해 낼 수 있다. 그리고 이론 구성의 상황에서는 속임수가 있을 가능성이 상당히 줄어든다.

이런 특징들 이외에도 내가 지적하고 싶은 것이 있다. 전제의 역할을 하는 일부 믿음은 직접 경험에서 습득된 것이므로 그 자체의 전제는 갖고 있지 않다는 점이다. 이런 믿음의 예를 들자면 일반적인 지각작용, 기억, 자기반성, 자명한 합리적 직관 등으로 얻는 것들이다. 나는 이런 믿음을 "기본 전제(basic presuppositions)"라고 부를 생각이다. 그리고 본질적 신에 대한 믿음을 자명한 직관에 속한 것으로 보는 입장과 맥을 같이하여, 이어지는 내용에서는 종교적 믿음을 우리의 기본 전제에 속하는 것이란 입장을 취할 것이다.

그러므로 이 입장은 종교적 믿음과 이론의 관계에 대한 다른 견해들과 매우 대조가 된다. 그런 견해들 중 하나는 아예 양자 간의 관계를 배제시켜 버렸다. 그 밖의 견해들은 특정한 종교적 믿음과 특정한 이론 간의 논리적 양립가능성에 초점을 맞추거나, 성경의 가르침을 이론의 내용이나 확증에 포함시키는 일에 초점을 두었다. 그러나 이 입장은 계시된 진리가 때로는 이론에 대한 "통제 신념(control beliefs)"의 역할을 할 수 있다는 점을 부인하진 않지만, 종교적 믿음이 이론에 영향을 줄 수 있는 가장 중요한 또는 유일한 방식이라는 견해는 부정한다.[15] 물론 특정한 계시된 진리가 어떤 이론과 상충되거나 그 내용을 공급하는 경우는 종교적 믿음이 이론의 전제 역할을 하는 경우보다 알아내기가 더 쉽다. 그러나 앞에서 언급했듯이, 그런 경우들이 종교적 믿음과 이론의 관계를 보여 주는 일반적 모델이 되는 것은 아니다. 특히 이런 상호작용이 조금씩 일어나고, 비교적 드물고, 그 범위가 아주 제한되어 있을 때는 더욱 그러하다. 따라서 그것은 참된 하나님이 모든 지식과 진리에 영향을 미친다는 성경적인 주장에 훨씬 못 미치는 것이다.

다음 세 장은 종교적 전제가 수학과 물리학과 심리학 등의 이론들에 대해 통제 역할을 수행하는 방식을 보여 주는 본보기를 다루고 있다. 이 본보기들은 이론들에게 왜 그런 통제가 불가피한지에 대한 논증은 미처 제시하지는 않지만 현재 논의 중인 통제를 좀 더 분명하게 해 줄 수는 있을 것이다. (내가 앞에서 말했듯이, 그런 통제가 왜 불가피한지에 대한 논증은 10장에 가서야 다룰 것이다.) 이 샘플 이론들과 관련하여 주목할 점은 종교적 믿음이 전제의 역할을 할 때 한 사상가가 반드시 보유해야 할 구체적인 가설들을 요구하지는 않는다는 것을 보여 준다는 사실이다. 종교적 믿음은 이런 면에서 이론들을 결정하는 것은 아니라고 할 수 있다. 그러니까 세계의 어떤 양상을 신적인 것으로 보는 믿음은 구체적인 가설들을 요구하기보다는 그런 믿음을 가진 사람에게 그럴듯하게 보일 가설의 범위를 제한하는, 일종의 우선권 부여라는 뜻이다. 이와 동시에 또 다른 가설의 범위, 즉 정반대의 종교적 믿음을 가진 이론가들에게 그럴듯하게 보이는 범위를 배제시키기도 한다.

이 세 장에서 나는 우선권 부여에 기초한 실재의 본성에 대한 개관들에 대해서 "환원주의(reductionism)"라는 용어를 사용할 생각이다. 따라서 샘플 이론들에 관해 얘기할 때 나머지 양상들이 우선권이 부여된 어느 양상(들), 즉 신적 지위를 부여받은 양상으로 "환원되고" 있다는 식으로 말할 것이다. 그러므로 어떤 이교적 믿음이든 모든 실재의 본질을 그 믿음이 선호하는 양상(들)으로 환원하게끔 되어 있고, 따라서 한 이론의 전제들의 본질도 그 선호된 양상(들)으로 환원될 필요가 있다는 점을 다룰 것이다. 그런즉 그 가설이 쿼크나 진화 과정 또는 그 무엇이든 상관없이, 그 이론이 전제하는 것의 본질에 대한 해석은 실재 전체의 본질에 대한 해석만큼 많은 것이다. 요컨대, 다음에 소개하는 샘플 이론들은 **한 이론이 제의하는 것의 본질은 무엇을 신적 존재로 전제하는가에 따라 다르게 생각된다는 것**을 보여 주는 본보기들인 셈이다. 이어서 이 논의는 이론에 대한 독특한 성경적 관점, 즉 한 이론이 제의하는 것의 본질을 체계적인 비환원주의적 방식으로 생각하는 관점과 얼마나 대조되는지를 보여 줄 것이다. 이것이 바로 하나님만이 유일한 신이라는 전제를 채택하는 이론들, 따라서 피조물의 한 양상에 신적 지위를 부여하지 않는 이론들에게 요구되는 사항이라고 나는 주장할 것이다.

3
PART

사례집

A CASEBOOK

7장 수학 이론

7.1 서론

이미 오래전부터 서구 문화에서 이 책의 핵심 주장에 대한 반례(反例)로 드는 것은 바로 수학이다. 이런 반론을 제기한다. 어쨌든 1+1=2는 종교적 믿음과 상관없이 모든 사람에게 해당되는 것이 아닌가? 그러므로 이 공식은 당신이 부정하는 바로 그런 의미에서 중립적이고 또 보편적으로 수용되는 믿음이 아닌가?

이 장은 이런 반론에 대한 답변을 다루고 있다.

맨 먼저, 단순한 상식적 수준에서는 이 반론이 얼핏 개연성이 있는 듯이 보이지만 궁극적으로는 거짓된 개연성일 뿐이다. 거의 모든 사람은 간단한 산술을 자명한 것으로 생각한 경험이 있다. 앞에서 추상화에 관해 말한 내용에 비추어 보면, 우리가 경험하는 사물들이 양을 나타내기 때문에 충분히 그렇게 생각할 만하다. 그 사물들에게 "얼마나 많은가" 하는 측면이 있다는 뜻이다. 이런 양적 속성들은 추출될 수 있고, 숫자로 표현될 수 있고, 그것들 간의 관계도 인지되고 기호로 표현되고 공식화될 수 있다. 이런 식으로 많은 수학적 진리들과 테크닉들은 굳이 이론을 구성하지 않고도 발견될 수 있다. 그리고 이 수준에서는 분명히 의견일치가 존재한다.

그럼에도 불구하고, 1+1=2에 내포된 개념들에 관한 질문들이 있는데, 이는 단지 양을 추출하고 기호화하고 그것들 사이의 자명한 법칙을 인지하는 것으로는 답변할 수 없는 것이다. 이 질문들은 그 공식이 정확히 무엇을 **뜻하는지**를 이해하는 데 필수적인 이슈들과 관계가 있다. 일단 이런 질문들이 명백히 제기되고 그에 대한 답변이 제안되면, 그 답변들은 존재자 가설과/또는 관점 가설을 구성하는 것으로 볼 수 있다. 이런 질문들 중에 가장 유명한 것은 그 공식의 기호들이 정확히 무엇을 상징하는가 하는 것이다. 달리 말하면, 수(數)란 무엇인가? 이 문제를 제기하는 순간, 이에 대한 답변과 관련해 수학자들 사이에 심각한 의견불일치가 있다는 사실을 알게 된다. 그들의 의견불일치가 밝히 드러날 수밖에 없는 것은 이 질문이 각 사상가가 품은 수의 개념을 폭넓게 검토할 것을 요구하기 때문이다. 이런 면에서, 수의 개념을 둘러싼 의견일치와 불일치는 4장에서 논의한 바 있는 소금통의 개념을 둘러싼 의견일치와 불일치와 무척 비슷하다. 소금통의 경우와 같이, 다양한 수의 개념들 사이에는 1+1=2는 자명하다고 동의하는 등 겹치는 부분이 많이 있다. 그러나 소금통의 경우와 같이, 일단 수의 개념에 대한 자세한 분석이 필요한 상황이 발생할 경우, 그 내용을 좀 더 폭넓게 조사하면 서로 다른 사상가들이 그 본질에 대해 서로 다른 개념을 품고 있다는 사실을 알게 된다. 그래서 소금통의 경우와 같이, 폭넓은 수의 개념들은 사람들이 그 속에 양적 속성과 다른 종류의 속성 간의 관계를 포함하고 있음을 보여 준다. 이런 관계가 진술되고 변호되는 경우에는 수의 본질에 대한 어떤 견해를 구성하게 된다. 물론 그런 견해를 무의식적으로 가정하는 경우도 있는데, 이런 경우라면 그것은 이론이 아니다. 그러나 만일 그 견해를 의식하고 변호하는 경우라면, 그것은 실새의 본질에 대한 일반적 견해, 따라서 신에 대한 견해를 반영하는 수학의 본질에 관한 이론이다. (만일 그것이 가정되기만 한다면, 그것이 행사하는 통제는 미검토된 신앙으로 남을 테지만 그래도 여전히 종교적 성격을 갖고 있다.) 사실은 수의 개념들 간의 차이점이 너무도 크기 때문에 수학 역사상의 대표적인 학자들은 수학이 무엇인지, 수학을 어떻게 연구해야 하는지, 그러기 위해서 무엇을 의존할 수 있는지 등에 관해 완전히 상충된 관념들을 품어 왔다. 이 분야의 의견불일치는 서구의 이론 구성에서 가장 폭넓고 날카로운 것으로 알려져 있다.

그러면 이제 "1+1=2라는 기호들은 무엇을 나타내는가?" 하는 질문을 생각해 보자. 우리가 직접 목격할 수 있는 것은 물론 한 사물과 또 다른 사물이 **종종** 두 개의 사물을 이룬다는 사실이다. 이 자체는 이론이 아니고, 1+1=2라는 공식의 뜻도 아니다. 이 공식은 추상적인 양에 관한 진리를 표명하는 것이지 전(前)이론적 경험의 대상에 관한 진리의 표현이 아니다. 만일 이 공식이 일반적인 물체에 관한 것이라면 항상 옳지는 않을 것이다. 언젠가 화이트헤드가 말했듯이, 한 불꽃은 하나의 사물이고 화약 한 더미도 또 다른 사물이지만, 둘을 합치면 두 개의 사물이 아니라 한 번의 폭발이 일어난다. 곧 이어서 "상식은 즉시 우리에게 그 의미를 알려 준다"라고 덧붙였다.[1] 화이트헤드가 상식이라고 불렀던 것은 1+1=2라는 기호들이 무엇을 상징하든지 간에 그것은 전(前)이론적인 경험의 대상들이 아니라 추상적 수(數)임을 인식하는 것이고, 우리의 질문은 그에 대한 설명을 요구하는 것이다. 그러므로 추상적인 수와 우리가 숫자를 적용하는 일반적인 물체를 구별하는 일이 매우 중요하다. 어린아이가 맨 처음 산술을 배울 때는 숫자가 일상 경험의 사물과 사건을 상징한다고 추정한다. 이런 인상을 받기 쉬운 것은 초등학교 교과서에 주어진 문제들은 보통 건초더미나 신발짝, 사과 등과 같은 것을 계산함으로써 산술을 연습시키기 때문이다. 그러나 조만간에 숫자가 일상 경험의 물체들에 **적용될** 수는 있어도 그 물체들이 숫자 자체가 **상징하는** 것은 아니라는 점이 분명해진다. 만일 숫자가 사물을 상징한다면, 5에서 8을 빼는 일은 불가능할 것이다. 다섯 개밖에 들어 있지 않은 더미에서 여덟 개를 뺄 수는 없기 때문이다. 하지만 우리는 5에서 8을 빼서 -3을 얻을 수 있다.

그래서 이는 다시 앞의 질문으로 되돌아간다. 만일 기호들이 우리가 경험하는 물체를 상징하지 않는다면 그것은 무엇을 나타내는 것인가? 이 질문에 답하기 위해 수학자와 철학자들은 서로 다른 이론들을 내놓았다.

7.2 수-세계 이론(number-world theory)

이 질문에 대한 답변 가운데 아주 유명한 가설은 수학의 숫자를 비롯한 여러 표시들이 또 다른 현실 세계나 차원 속의 진정한 실재를 상징한다는 것이다. 이런 실재들은 우리가 결코 관찰할 수 없고 또 공간상의 위치를 알아낼 수도 없다. 말하자면, 우리가 창문을 내다볼 때 뒷마당에서 숫자 2에 해당하는 사물을 결코 볼 수 없다는 뜻이다. 우리는 단지 이 수의 개념이 적용될 수 있는 사물들만 목격할 수 있을 뿐이다. 이 이론에 따르면, 그럼에도 수학적 존재자의 세계는 실재할 뿐만 아니라 시공간 안에 존재하는 관찰 가능한 사물들보다 **더 실재적**이라고 한다. 두 가지 이유 때문이다. 첫째, 거기에 거주하는 실재들은 독자적인 존재를 갖고 있고, 영원하고, 결코 변하거나 사라지지 않기 때문이다. 둘째로, 이 영역을 지배하는 수학 법칙들은 독자적이고 변치 않을 뿐 아니라 모든 것을 지배하기 때문이다. 그 법칙들은 수의 세계뿐만 아니라 모든 실재에 무엇이 가능하고 무엇이 불가능한지를 정해 준다. 이 이론의 여러 유형은 고대에 피타고라스와 플라톤이 보유한 바 있고, 그와 다른 유형들이 오늘날에도 여전히 수학자들 사이에 인기가 많다. 위대한 수학자였던 라이프니츠(G. W. Leibniz: 미적분을 창안한 인물)도 이 이론에 속하는 한 유형을 견지했고 그것을 아주 깔끔하게 표현했다. 어느 학생이 우리가 어떻게 1+1=2라는 것을 확신할 수 있느냐고 질문하자 라이프니츠는 이렇게 대답했다.

> 그것은 다른 모든 수학 진리와 마찬가지로 영원하고 필연적인 진리로서, 비록 [관찰 가능한] 모든 세계가 파괴되고 계산할 수 있는 사람과 계산될 수 있는 문제가 하나도 없다 하더라도, 전혀 영향을 받지 않을 것이다.[2]

이것은 분명히 존재자(entity) 가설이다. 이는 우리 일상 경험의 가변적이고 관찰 가능한 대상들과 더불어 무한히 큰 수학적 존재자의 영역이 존재한다고 주장한다. 이 존재자들은 모든 자연수, 모든 분수, 소수, 모든 완전한 기하학 도형들, 근(根) 등을 포함한다. 이것들은 일상 경험의 세계로부터 구별되고 또 독립된 존재자들이다. 그럼에도 불구하고, 이런 존재자들 사이에 적용되는 법칙들은 수에 대한 수학 공식들이 표명하는 진리를 보장할 뿐 아니라 변화무쌍한 일상 세계도 지배한다. 이것이 바로 숫자를 비롯한 수학적 기호들이 무엇을 상징하느냐 하는 질문에 대해 피타고라스와 플라톤과 라이프니츠가 내놓은 대답이다.

그런데 이 존재자 가설은 거꾸로 어떤 관점에 기초한 가설을 전제로 한다. 이 관점 가설은 우리가 경험하는 사물의 양적 양상이 다른 모든 양상들과 어떤 관계에 있는지에 관한 것이다. 이유인즉, 수-세계 이론이 참이 되려면, 사물의 양적 속성이 다른 모든 속성들 및 법칙들로부터 완전히 독립되어 그것들과 관계를 맺는 경우라야 하기 때문이다. 그런즉 양적인 양상은 (적어도 부분적으로나마) 사물들과 그들의 다른 속성들의 존재가 의존해 있는 양상인 것이다. 그래서 이 이론에 의하면, 우리가 경험하는 사물들은 그들의 다른 양상들과 더불어, 수의 세계의 존재자들과 법칙들에 의해 그 존재가 가능하게(또는 가능하게 또 현실화) 되는 셈이다.[3]

이론 구성 이전에 겪는 우리의 직접 경험의 관점에서 보면, 양적인 양상은 사물이 나타내는 다양한 양상들 중의 하나에 불과하다. 그러나 플라톤과 라이프니츠와 같은 인물들은 그것이 목걸이의 한 구슬에 불과한 게 아니라 그 줄(적어도 줄의 일부)이라는 관점을 받아들였다. 그것이 다른 양상들의 기본이라고 본다. 그리하여 그들은 수학이 양적 속성을 다룰 뿐만 아니라 우리의 경험과 사고에서 모든 관찰 가능하고 변화하는 사물들이 의존해 있는 관찰 불가능하고, 독립적이고, 변치 않는 존재자들의 영역을 반영하고 있다고 믿게 된 것이다.

7.3 J. S. 밀의 이론

이제 숫자가 상징하는 것에 대한 수-세계 이론을 존 스튜어트 밀(1806-1873)의 이론과 대조해 보자. 밀의 이론은 숫자가 감각적 지각(sensory perception)을 상징한다고 보았다. 그는 어떤 종류의 지식이든 그 발생 근원인 관찰을 능가할 수 있다고 말하는 것은 설득력이 없다고 생각했다. 그는 우리가 경험하는 것은 모두 우리 자신의 감각이므로, 그것이 우리가 알 수 있는 전부라고 말했다. 그런즉 단지 우리가 경험하는 느낌, 광경, 맛, 접촉, 냄새, 소리에 관해서만 말하고 계산하기 위해 우리는 수를 사용할 수 있는 것이다.

밀은 양적인 양상뿐만 아니라 우리의 전(前)이론적 경험의 다른 모든 양상들도 사실상 그 경험의 감각적 양상과 동일하다고 주장함으로써 이런 수학관을 변호했다. 말하자면, 밀의 이론은 모든 실재의 본질이 한마디로 감각적이란 것이다. 우리가 알 수 있는 것은 **오로지** 감각적 본질밖에 갖고 있지 않다는 뜻이다. 밀의 이론에 따르면, 감각적 양상과 다른 많은 양상들이 있는 듯이 보이는 것은 착각이고, 사물이 이런 식으로 보이는 상식적인 경험은 사실 우리를 오도하고 있다. 우리가 경험하는 사물은 다름 아니라 감각의 덩어리일 뿐이라는 것이다. 이로 말미암아 그는 수학을 포함한 모든 지식이 순전히 감각적인 자료에서 추론되는 것이 틀림없다는 이론을 폈다.

따라서 당연히 밀은 감각적으로 인지될 수 없는 영원한 수와 법칙의 영역에 관한 이론과 의견을 달리했다. 그 대신에 1+1=2를 비롯한 수학 공식들은 우리의 감각에 대한 일반화에 불과한 만큼 단지 시각, 미각, 촉각, 후각, 청각, 또는 감정을 상징할 뿐이라고 주장했다. 그러므로 1+1에 관한 공식은 우리가 한 감각과 또 다른 감각을 경험했을 때마다 두 가지 감각을 경험하고 있음을 지각으로 발견한다고 말하는 것과 다름없다.[4] 밀이 시인했듯이, 이 견해는 1+1이 반드시 2가 되어야 한다거나 언제나 그렇다는 것을 우리가 모른다고 인정할 것을 요구한다. 우리는 기껏해야, 1+1은 아마 상래에 2를 만들 것으로 믿는데, 이는 과거에도 자주 2를 만들었기 때문이라고 믿을 따름이다! 그것은 또한 숫자가 상징하는 바가 존재하는 것은 오직 계산할 물체들이 있고 그 물체들을 계산할 사람들이 있을 경우에만 가능하다는 것을 의미한다. 그리고 이와 똑같은 이유로, 우리는 수학에 관한 어떤 것도 영원하다거나 변함이 없다고 추정할 만한 근거가 없음을 의미한다. 여기서 우리는 수-세계 이론의 경우와 마찬가지로, 숫자가 상징하는 것과 관련해 밀의 이론도 실재의 본질에 관한 어떤 철학적 관점을 전제로 삼고 있다는 것을 알 수 있다.

7.4 러셀의 이론

숫자가 무엇을 상징하느냐는 질문에 대한 또 다른 대답은 버트란드 러셀(1872-1970)이 채택한 이론이다. 밀과 달리 러셀은 수학의 기호들이 감각적 지각을 가리킨다는 주장을 수용할 수 없었다. 그럴 경우에는 수학적 진리의 필연성과 예외 없는 특성을 제거할 것이기 때문이었다. 그러나 밀과 비슷하게, 눈에 보이지 않는 수학적 실재의 영원한 영역에 관한 이론은 배격했다. 하지만 그 이론을 배격한다고 해서 1+1=2라는 것을 거짓으로 본다는 뜻은 아니라고 서둘러 덧붙였다.

> 점이나 경우, 또는 수(數)나 [수학의] 다른 어떤 실재에 관한 진술들이… 거짓이라는 뜻은 아니고, 다만 그것들은 그 언어적 형태가 오도하고 있음을 보여 주는 해석이 필요하고, 올바로 분석하면 문제의 가짜 존재자들이 그것들 속에 언급되고 있음을 찾을 수 없다는 뜻이다.[5]

이 인용문에서 러셀은 독자적인 수학적 실재들의 영역에 관한 이론을 배격하는 것에 그치지 않고 한 걸음 더 나간다. 밀이 그랬던 것처럼 러셀 역시 우리의 경험에 독특한 양적인 양상이 존재한다는 것을 부인했고, 양이란 것은 가짜 존재자라고 언급한다. 그러나 밀과는 달리, 모든 수학은 감각으로 환원되지 않고 논리로 환원된다고 주장하는 데까지 나갔다. 수학은 다름 아니라 논리를 개진하는 지름길이라고 그는 말한다.[6] 그런즉 러셀이 변호하는 존재자 가설은, 숫자가 상징하는 것은 곧 **논리적 유목**(class)이란 것이다. 이는 피타고라스와 플라톤이 말했던 영원한 수적 실재라든가 밀이 말한 감각적 지각과는 다른 것이다. 그러므로 러셀의 존재자 가설 또한 모든 양상의 상호관계에 대한 어떤 철학적 관점을 전제로 삼고 있는 것이다. 그의 이론에 따르면, 수학이 연구하는 것은 논리적 양상으로 환원되므로 수학 전체는 논리와 동일하든지 아니면 그로부터 파생되는 것이다. 따라서 그가 논리의 위상에 대해 다음과 같이 말하는 것은 놀랄 일이 아니다.

> 철학자들은 흔히 수학의 저변에 있는 논리 법칙이 사유의 법칙, 곧 우리 지성의 작동을 규제하는 법칙이라고 주장해 왔다. 이 견해에 의해 이성의 진정한 존엄성이 크게 떨어졌다. 이성은 더 이상 현실적인 것, 가능한 것, 생성되고 있는 것 등 만물의 핵심 및 불변하는 본질을 탐구하는 것이 아니고, 그 대신 대체로 인간적인 것과 우리의 한계에 종속되어 있는 사물을 탐구하는 것이 되고 말았다. … 그러나 수학은 [정말로] 우리를… 인간적인 것에서 절대적인 [논리적] 필연성의 영역으로, 즉 현실 세계뿐 아니라 모든 가능한 세계도 따라야 하는 필연성의 영역으로 우리를 데려간다.[7]

그렇다면 수학의 기호들이 무엇을 상징하느냐에 관한 러셀의 존재자 이론은 또한 실재의 본질에 관한 견해, 모든 양상의 상호관계에 관한 견해를 전제로 삼고 있는 것이다. 그의 이론에서는 논리적 양상이—적어도 논리적 법칙에 관한 한—다른 모든 양상에서 독립된 지위를 누리는 데 비해, 다른 모든 양상은 논리적 양상으로부터 그런 지위를 누리지 못한다. 논리 법칙은 현실 세계와 가능한 세계를 망라하는 모든 실재에 유효하다. 다시금 우리가 주목할 점은 우리의 전(前)이론적인 관점에서 보면 논리는 많은 양상들 중의 하나에 불과하다는 사실이다. 그러나 러셀은 일단 그 양상을 추출한 뒤에 그것을 우리 경험의 한 양상 이상의 것으로 간주하고 있다. 오히려 그것은 "만물의 핵심 및 불변하는 본질"이라고 말했다. 요컨대, 러셀의 철학적 관점은 다름 아니라 실재의 궁극적인 본질은 (적어도 부분적으로) 논리적인 것인즉 사물의 비궁극적인 양상들은 논리적 양상에 의존해 있다는 것이다.

7.5 듀이의 이론

끝으로, 상기한 이론들과는 달리 존 듀이(1859-1952)는 또 다른 답변을 내놓는다. 수학적 기호들이 무엇을 상징하느냐는 질문에 대한 답변으로 듀이는 "무(Nothing)"라고 말한다. 이와 같은 맥락에서 그는 1+1=2라는 공식은 참이 아니라고 주장한다. 아니, 좀 더 정확하게 말하자면, 그것은 참도 아니고 거짓도 아니라는 것이 그의 주장이다.

듀이에 따르면, 인간은 본질적으로 어떤 환경에서 살아남으려고 몸부림치는 생물학적 존재로 이해해야 한다고 한다. 물론 모든 살아 있는 존재가 다 그렇지만 인간은 스스로를 환경에 적응시키기보다 환경을 고쳐서 자신에게 맞추려고 노력함으로써 환경에 대처하는 존재이다. 그들이 이렇게 대처할 수 있는 것은 진화에 의해 우월한 지능을 부여받았기 때문이고, 이 지능을 활용하는 방식은 **도구**를 만드는 것이다. 듀이가 생각하는 도구의 개념은 우리가 보통 생각하는 것보다 훨씬 폭이 넓다. 듀이는 인간의 모든 문화적 산물을 도구로 보는데, 거기에는 가치들과 제도들까지 포함되어 있다. 또한 어떤 관념, 언어, 이론, 또는 개념 등도 도구에 속한다.

따라서 그의 견해에 따르면, 다른 이론들이 답변하려고 애쓰는 애초의 질문 자체가 잘못 제기된 것이다. 수학의 기호들은 망치나 삽과 마찬가지로 아무것도 상징하지 않는다. 다른 모든 도구들과 같이 수학의 기호들도 특정한 작업만 수행할 뿐이다. 그런즉 망치가 무엇을 표상하는지를 묻는 것은 부적절하고 무엇을 할 수 있는지를 묻는 것이 적절한 것처럼, 수학의 기구에 대해서도 그런 물음을 제기해야 한다. 수와 공식은 다른 어떤 것을 표상하는 게 아니라 특정한 작업을 수행할 따름이다. 이와 똑같은 논점을 수학의 진리성에 대한 질문에도 적용할 수 있다. 망치가 참인지 거짓인지를 묻는 일이 부적절한 것처럼, 수학적 도구에 그런 질문을 제기하는 것 역시 부적절한 처사다. 그러므로 1+1=2라는 공식은 비록 특정한 작업은 잘 수행하지만 참도 아니고 거짓도 아니라고 듀이는 말한다. 우리는 흔히 어떤 수학 공식이 참이라고 (잘못) 말하지만, 그것은 사실 특정한 작업을 성공적으로 수행하는 것을 가리키는 말이다. 듀이는 이렇게 말한다.

만일 관념들, 의미들, 개념들, 생각들, 이론들, 체계들이 환경의 재조직을 능동적으로 수행하는 도구라면… 만일 그것들이 자신의 직분을 성공적으로 해내고, 믿을 만하고, 건실하고, 선하고, 참되다면… 우리를 지도하는 그것은 참되다. 그런 지도를 해낼 수 있는 입증된 역량이 바로 진리란 말의 의미다.[8]

달리 말하면, 어떤 것을 참이라고 말하는 것은 그것이 효과가 있다고 말하는 것과 다름없다. 그리고 듀이는 이를 상당히 문자적인 의미로 말한다. 그는 어떤 것이 효과가 있는지 여부가 그것이 참인지를 가늠하는 **시금석**이라고 말하지 않고 그것이 바로 참(true)이란 말의 **뜻**이라고 말한다는 점을 주목하라.

듀이는 수학이 고도로 정련되고 굉장히 유용한 도구라는 것과, 수학이 정확성과 유용성의 면에서 다른 대부분의 개념적 도구들을 능가한다는 점을 인정한다. 그러나 오늘날 대다수의 수학자가 무시하는 사실이지만 수학은 기나긴 실험의 시행착오를 거쳐 지금과 같은 발달단계에 도달했다고 주장한다. 지금은 수학이 너무도 확실한 듯이 보이기 때문에 플라톤과 라이프니츠가 부여한 최고의 지위를 누릴 때가 많다고 그는 말한다. 즉, 나머지 실재와 분리된 독자적인 진리의 덩어리로 간주된다는 말이다. 그러나 이것은 잘못이라고 듀이가 말한다.

> 수학과 같은 연역적인 과학은 완벽한 방법을 대표한다. 어떤 방법이 그와 관련된 자들에게 그 자체가 목적인 양 내세우는 것은 어떤 도구를 만들려면 별도의 사업이 있어야 한다고 생각하는 것처럼 결코 놀랄 일이 아니다.[9]

그리고 이렇게 말을 잇는다.

수학은 종종 [절대적 규칙들]과 [내세의] 재료에 달려 있는 순전히 규범적인 사유의 본보기로 인용된다. … 오늘날의 수리 논리학자는 수학의 구조를 마치 순수 논리로 이뤄진 제우스의 뇌에서 튀어나온 것처럼 제시할지 모른다. 그러나… [수학은] 그 주제와 방법이 [경험

적 성공과 실패의 토대 위에서 끊임없이 선택되고 다듬어져 온 역사를 갖고 있다.[10]

요약하자면, 듀이의 이론에 따르면 수학 그 자체는 전통적 의미에서 참도 아니고 거짓도 아니며 그냥 효과가 있다는 것이다. 수학의 기호들과 공식은 아무것도 상징하지 않기 때문에 보이지 않는 영원한 실재나 감각적 지각이나 논리적 유목을 상징하는 게 아니다. 그것들의 의미는 바로 유용성에 있다. 그것들은 "우리의 환경을 재조직하는" 일에서 우리의 지침이 된다. 그것들이 이 작업을 성공적으로 수행하면 우리가 참이라고 부르지만, 이는 그것들을 지침으로 삼을 때 우리가 성공한다는 말과 다름없이 우리를 오도하는 것이다.

흔히 도구주의라고 불리는 이 이론을 1+1=2에 적용해 보면, 이것이 모든 실재의 본질에 관한 어떤 견해에 의해 인도되고 통제되는 또 하나의 수학관(觀)임을 알 수 있다. 듀이의 도구주의는 분명히 경험의 모든 양상의 상호관계에 대한 어떤 견해를 주장하기 때문이다. 처음부터 수학을 비롯한 모든 인간의 개념적 활동에 대한 그의 견해는 **생물학적** 관점의 지배를 받고 있다. 그는 인간을 본질적으로 생존을 위해 투쟁하는 살아 있는 유기체로 보기 때문이다. 이런 관점으로 말미암아 그는 진리에 대한 도구주의적인 해석을 취하고, 따라서 수학에 대해서도 그런 해석을 취하는 것이다. 그리하여 소위 수학의 진리들은 다른 모든 "진리들"과 마찬가지로 생물학적 생존의 도구일 뿐이다. 그런즉 수학의 진리들이 만일 우리 스스로 고안한 도구에 불과하다면, 그것들이 실재의 핵심과 본질을 보여 준다거나 불변하는 진리를 제공한다고 믿을 만한 이유가 없는 셈이다. 오히려 그것들은 모두 인간의 발명품일 따름이고, 이는 궁극적으로 우리의 진화에 달려 있다고 할 수 있다. 그래서 만일 우리의 두뇌가 다르게 진화했더라면, 우리의 현 두뇌로서는 도무지 상상할 수도 없는, 전혀 다른 수학을 갖게 되었을 것이다. 하지만 현재의 수학이 우리가 현재 소유하고 있는 두뇌에 확실한 것으로 보이듯이 그 수학 역시 그런 상황에서는 우리에게 확실한 것으로 비칠 것이다.[11] 이런 식으로, 실재의 생물학적 양상은 실재의 다른 모든 양상들의 기본으로서 특별한 지위를 부여받고 있다.

위에서 언급한 관점들이 물론 수학의 역사상 채택되었던 모든 관점은 아니다. 피타고라스와 플라톤과 라이프니츠의 수적 세계, 러셀의 논리주의, 밀의 경험론, 듀이의 도구주의 이외에도 서로 경쟁하는 다른 "학파들"이 있다. 예컨대, 데이비드 힐베르트와 같은 형식주의자들, 앙리 푸앵카레, 헤르만 바일, 라위천 브로우베르와 같은 직관주의자들 등이다.

7.6 이런 이론들은 어떤 영향을 미치는가?

수학이란 학문에 관한 이론들 간의 이런 차이점은 **그 분야 내에서** 매우 중요한 영향을 미쳤고, 수학을 연구하는 행습과 절차를 둘러싸고 폭넓은 의견불일치를 초래했다. 예를 들면, 피타고라스 학파는 무리수의 사용에 대해 크게 반발했다. 피타고라스 학파는, 훗날의 플라톤과 라이프니츠와 같이, 숫자는 가시적인 세계가 의존해 있는 비가시적인 수학적 존재자들의 영역을 표상한다고 믿었다. 이런 수학적 존재자들은 세계의 궁극적 단위들 내지는 구성요소들로 추정되기 때문에 도무지 나눌 수 없는 것으로 간주되었다. 이런 신념 때문에 피타고라스 학파는 나누기와 분수와 무리수에 대해 혐오감을 품었다. 그렇기 때문에 분수를 비율이나 선분(線分)으로 바꾸고, 진정한 의미의 무리수는 있을 수 없다고 주장했던 것이다. 사실 비율로 표시될 수 없는 분수들—파이(π)와 같은 무한 소수의 수들—은 주전 5세기에 메타폰툼의 히파수스(Hippasus of Metapontum)가 발견한 것으로 알려져 있다. 히파수스기 그의 발견에 관해 생삭했을 당시 피타고라스 학파를 가득 태운 배와 함께 바다에 있었는데, 이들은 너무나 분노한 나머지 그를 물속으로 집어던졌다는 이야기가 전해지고 있다!12

무리수에 대한 피타고라스 학파의 반발과 비슷한 것은 음수에 대한 라이프니츠의 저항이었다. 그는 음수의 형태가 타당하다는 이유로 음수를 방정식에는 도입했으나, 음수를 순전히 가상적인 양으로 간주한다는 조건부로 그렇게 했다.13 달리 말해서, 그는 양수만 실재하고 음수는 허구라고 주장했던 것이다. 그가 이런 (개연성 없는) 해석을 하지 않을 수 없었던 것은 수학을, 실재하지만 보이지 않는 영원한 수의 영역이 생각 속에 반영된 것으로 믿었기 때문이다. 이 견해에 따르면, 우리가 사용하는 각 숫자는 실재하는 한 가설적 존재자, 그런 존재자들의 집합, 또는 그들 간의 관계를 표상해야 한다. 이게 사실이라면, 수가 어떻게 부정적일 수 있는가? 수가 어떻게 무를 표상할 수 있는가? 그런즉 이 견해는 음수 계산은 참일 수 없다고 하는 개연성 없는 결과를 낳는다. 왜냐하면 음수는 그 어떤 진상(眞相)도 주장할 수 없기 때문이다!

이런 것들은 실재에 대한 전반적인 관점으로 인해 수학을 제각기 다르게 생각하는 사례들인 까닭에 어쩌면 역사적 호기심에 불과한 것으로 보일지 모르는 만큼, 이제 우리 시대의 생생한 이슈를 하나 생각해 보자. 다름 아니라 직관주의 이론의 관점이 초래하는 차이점이다.

수-세계 이론의 옹호자들과 마찬가지로 직관주의자들 역시 수학적 양상을 다른 모든 양상들로부터 완전히 독립된 것으로 보는 전반적인 관점을 견지하고 있다. 그러나 피타고라스와 플라톤과 라이프니츠는 논리와 수학을 한 덩어리로 만들었지만, 직관주의자들은 수학을 논리의 기본으로 간주하되 수학이 논리 법칙에서 부분적으로 독립하도록 허용한다. 그들은 직관적인 수학 진리들은 다른 어떤 양상의 진리들보다 더 기본적이고 더 믿을 만하다고 주장하며, 후자에는 논리적 공리들도 포함된다고 한다. 그래서 만일 어떤 수학 체계와 관련해 논리적 역설이 생기면, 그것은 논리적으로는 문제가 되지만 수학자에게는 문제가 안 된다고 한다. 모리스 클라인은 위대한 직관주의자 라위천 브로우베르(Luitzen Brouwer)의 입장을 이렇게 묘사한다.

> 논리는 언어에 속한다. 그것은 진리를 소통하려는 더 많은 언어적 연결을 추론하도록 허용하는 규칙 체계를 제공해 준다. 그러나… 논리는 진리를 밝히는 데 믿을 만한 도구가 아니고, 다른 어떤 방식으로 얻을 수 없는 어떤 진리도 추론할 수 없다. … 수학에서 가장 중요한 진보는 논리적 형식을 완벽하게 갖춘다고 얻어지는 게 아니라 기본 이론 자체를 수정함으로써 얻어지는 것이다. 논리가 수학에 기대고 있지, 수학이 논리에 기대고 있는 게 아니다. 논리는 우리의 직관적 개념들보다 훨씬 덜 확실하고, 수학은 논리의 보증을 필요

로 하지 않는다. … 역설은 논리의 결점이지 진정한 수학의 결점이 아니다. 그러므로 일관성은 하나의 도깨비다. 그것은 아무런 의미가 없다.[14]

그리고 직관주의 수학자인 헤르만 바일은 이 논점을 이런 식으로 표현한다.

고전적인 논리는 유한 집합들과 그 부분집합들의 논리로부터 추출되었다. … 혹자는 이런 한정된 기원을 망각한 채 훗날 논리를 모든 수학 위에 또 그 앞에 있는 어떤 것으로 착각했고, 마침내 아무런 정당성도 없이 그것을 무한 집합들의 수학에 적용했다. 이것은 집합론의 타락이자 원죄이고, 이는 이율배반에 의해 정당한 벌을 받는다.[15]

이런 견해의 실질적인 결과 중 하나는 1960년대에 미국의 공립학교 교과과정에 도입된(그리고 현재는 중단된) 이른바 "신(新)수학"의 배척이다. 신(新)수학은 러셀의 견해와 같은 것에 기초를 두고 있으며, 먼저 교환과 결합과 분포와 같은 논리 규칙을 가르치는 것으로 시작한 뒤에 그것들을 산수의 핵심으로 간주되는 집합에 적용한다. 위의 인용문에서 바일은 집합론이 논리적 역설에 빠지기 때문에 산수의 기초로는 부적합하다고 경고한다.

직관주의적 견해의 또 다른 중요한 결과는 배중률(excluded middle)이란 논리적 법칙에 기대고 있는 증명을 모두 배격하는 것이다. (배중률이란 어떤 진술이든 참이 아니면 거짓이지 그 이외의 다른 것일 수 없다는 법칙이다. 즉, 참이나 거짓 이외의 제3의 대안 내지는 "중간적" 대안은 없다는 뜻이다.) 그 결과, 그들은 귀류법(*reductio ad absurdum*: 어떤 명제가 진리임을 증명하려고 할 때, 주어진 전제에서 직접 증명하지 않고 그것의 부정명제를 전제에 포함시켜 논증이 모순에 귀결하는 것을 밝히는 간접적 증명의 방식-역주)의 형식으로 증명하는 것을 모두 배격한다. 그들은 또한 '만일 두 가지 대안 중 하나가 참이어야 한다면, 그 둘 중 하나가 거짓임을 입증할 수 있다면 다른 하나가 참임에 틀림없다'는 논리적 규칙에 기대고 있는 증명도 모두 부정한다. 이 두 가지 결과는 다음과 같은 뚜렷한 차이점을 낳는다. 즉, 직관주의자가 타당한 증명으로 수용하는 것과 다른 입장들을 취하는 수학자들이 수용하는 것이 크게 다를 수 있다는 점이다.

직관주의자는 수학적 양상의 완전한 독자성을 주장하기 때문에 수-세계 이론의 관점과 비슷한 관점을 수용함에도 불구하고, 숫자는 진정한 객체라는 가설에는 결코 동의하지 않는다. 그 대신 수학은 완전히 정신적인 것인 만큼 수학 안에서 진행되는 모든 것은 우리가 실제로 생각할 수 있는 것과 부합해야 한다고 말한다. 그래서 그들 중 다수는, 플라톤주의자와 형식주의자와 논리주의자는 수용하지만 피타고라스 학파는 그토록 혐오했던 복소수와 무리수를 무의미한 것으로 배격한다.

이와 똑같은 이유로, 직관주의자는 실(實)무한(actual infinity)의 존재를 부정한다. 이에 대해 앙리 푸앵카레는 이렇게 말한다.

> 실무한은 존재하지 않는다. 우리가 무한이라고 부르는 것은 이미 얼마나 많은 사물이 존재하고 있든지 간에 새로운 사물을 창조할 수 있는 한없는 가능성일 뿐이다.[16]

실무한 집합의 존재에 대한 부정은 직관주의자들에게 또 다른 부정을 강요한다. 즉, 그들은 게오르크 칸토어가 개발한 초한수(transfinite numbers) 이론, 곧 **수학의 중요한 한 분파**를 완전히 배격한다. 그래서 대다수의 수학자들은 칸토어의 업적을 과거 백 년 동안에 일어난 최대의 진보로 간주하고 있음에도 불구하고, 직관주의자들은 그것이 거짓의 위상에 올라갈 정도는 아니지만 완전히 무의미하다고 주장하고 있다!

이런 것들은 양상 간의 관계에 대한 철학 이론들의 차이점이 수의 개념과 수학의 역할에 어떤 영향을 주었는지를 보여 주는 몇 가지 실례일 뿐이다. 이와 같은 의견불일치와 그에 따른 중요한 결과들 때문에 클라인은 이렇게 말한다.

> 오늘날 수학의 곤경은 단 하나의 수학이 아니라 다수의 수학들이 있다는 것과, 여러 이유로 인해 각 수학은 반대 학파들의 멤버를 만족시키지 못한다는 사실에 있다. 이제는 보편적으로 수용되고 오류가 없는 추론 체계의 개념—1800년의 장엄한 수학과 인간의 자랑거리—은 거대한 환상일 뿐이다. … "가장 확실한" 이 과학의 토대에 관한 의견불일치는 참

으로 놀랍기도 하고, 온건하게 표현하자면, 당황스럽기도 하다. 수학의 현 상태는 이제까지 뿌리도 깊고 평판도 좋았던 수학의 진리와 논리적 완전성을 조롱하고 있다.[17]

물론 수학 분야에 종사하는 사람들이 우리가 논의하고 있는 이슈들에 대해 전혀 신경을 쓰지 않을 수도 있다. 많은 과학자들은 어느 관점이 옳은 것인지를 고심하지 않은 채 자기네 일을 하고 있다고 정직하게 말할 수 있지만, 그들이 관점을 의식하지 않아도 관점이 영향력을 발휘한다는 점을 우리는 다시 기억할 필요가 있다. 중요한 것은 수학의 절차와 테크닉이란 것이 그것들을 사용하는 사람들로 하여금 모종의 철학적 관점을 전제하도록 요구하는지 여부이지, 모든 사람이 그렇게 하고 있다는 것을 의식하는지 여부가 아니다.

7.7 이런 이론들에서의 종교의 역할

그런데 철학적 관점이 수학에 개입되어 있다는 것을 입증하더라도, 그런 관점들이 모두 종교적 믿음을 전제로 하고 있다는 점도 그만큼 분명한가? 지금쯤이면 그래야 할 것이다. 사실 이런 관점들 각각의 중심에는 종교적 믿음이 있다. 플라톤의 이론과 같은 것들은 별개의 독립적인 수학적 존재자의 영역을 주장한다. 그 견해에 따르면, 우리가 수학적 신리를 파악할 수 있는 것은 우리가 경험하는 세계가 독립적으로 존새하는 수학 영역의 존재자들에 의존해 있기 때문이라고 한다. 그렇기 때문에 라이프니츠가 주장했듯이, 우리가 그 영역에 관해 알게 되는 진리는 우리가 경험하는 세계의 영향을 받지 않게끔 되어 있다는 것이다. 그러나 이런 가설적인 영역이 독자적인 존재성을 갖고 있다고 간주하는 사람은 누구나 그 영역에 신적 지위를 부여한 셈이다. 그런데 그 가설적 영역이 신적인 이유는 영원하고 변치 않는, 또는 논리적으로 필연적인 존재자들로 구성되어 있기 때문이 아님을 기억하라. 이런 특징들만으로는 충분하지 않을 것이다. 어떤 존재자가 비록 영원하다 하더라도 여전히 다른 어떤 것에 영원히 의존해 있을 수 있다. 마찬가지로, 수학적 진리들도 양들 간의 필연적 연결 관계를 표현할 수 있더라도 그 존재가 여전히 다른 어떤 것에 달려 있을 수 있다. 그 가설적 존재자들과 법칙들이 다른 모든 실재로부터 독립된 존재성을 갖고 있다는 것은—수학적 진리는 다른 어떤 것이 존재하든 존재하지 않든지 간에 똑같을 것이라는 견해—바로 그것을 신적인 존재로 간주하는 것과 다름없다.[18]

게다가, 그런 견해는 본질적 신에 대한 믿음일 뿐만 아니라 이교의 의존관계에 완벽하게 들어맞는 것이기도 하다. 왜냐하면 비록 수학적 존재자의 영역이 비가시적이고 비(非)물리적이며 영원하고 변치 않는 것이 사실일지라도, 그것은 여전히 우리가 관찰하는 나머지 세계와 두 가지 면에서 연속성을 갖고 있기 때문이다. 첫째, 그것은 우리의 일상 경험 세계의 한 측면 이상의 것으로 간주된다고 해도 여전히 이 세계에 대한 진리라야 한다. 즉, 우리가 경험하는 세계가 양을 나타내는 사물들을 포함하고 있다는 뜻이다. 둘째, 그 가설적인 영역과 관찰 가능한 세계 모두 수학 법칙을 따른다. 사실상 소위 수학적 세계의 자존하는 법칙들은 우리가 경험하는 세계를 가능하게 만들거나 또는 가능한 동시에 현실적인 것으로 만들게끔 되어 있다. 플라톤과 같이 두 가지 신(神)을 갖고 있는 사람의 경우, 가설적 영역의 법칙들이 질료(이것 역시 신적 존재이다)를 지배함으로써 코스모스를 가능한 것으로 만들기 때문이다. 다른 한편, 피타고라스는 세계가 수와 수들 간의 관계로만 구성되어 있다고 생각한다. 그런즉 수와 수의 법칙들이 코스모스를 가능한 것으로 만들 뿐 아니라 현실적인 것으로도 만든다고 보는 것이다.

이 견해의 이교적 특성을 더 명확하게 보려면, 관찰 가능한 세계와 가설적 영역의 관계에 대한 이 이론의 관념과 우주와 하나님의 관계에 대한 유신론적 관념을 서로 대조시켜 보라. 플라톤의 견해에 따르면, 가설적 영역을 지배하는 법칙들은 관찰 가능한 세계의 질서이기도 하다. 사실 이 보이지 않는 (신적인) 영역은 바로 우리에게 보이는 세계의 존재의 핵심이다. 그 결과, 신적인 것이 우리가 경험하는 세계의 한 양상과 동일시되고 있기 때문에 그것은 이교적인 입장임이 분명하다. 성경적 관념에 따르면, 하나님은 우주를 지배하는 온갖 질서를 포함하여 우주에 해당하는 모든 것을 (무로부터) 창조하신다.

우리가 법의 진술로 포착하려고 하는 것은 바로 그 질서이다. 그런즉 하나님이 양을 지닌 사물들이 존재하도록 하셨고, 양들 사이의 관계는 그것들이 따르는 법칙에만 순응하게 되는 것이다. (하나님을 "한 분" 내지는 "삼위일체"라고 부르는 것은 하나님이 그 자신을 인간에게 계시하기 위해 창조된 속성들을 자유로이 취한 결과이다. 이 점은 10장에서 더 자세하게 설명할 예정이다.)

이제까지 수-세계 이론의 이교적 특성을 지적했으므로, 여기서는 유신론적 사상가들 사이에 이 이론을 하나님에 대한 믿음과 양립하도록 개조할 수 있다고 믿는 기나긴 전통이 존재한다는 사실을 언급해야겠다. 이 책략은 5장에서 내가 "스콜라주의"라고 부르는 전통을 다루면서 설명한 바 있다. 그것은 이 세계의 어느 양상(들)을 선택하여 그 양상에 나머지 창조물이 의존되어 있다고 주장하는 이론을 탈(脫)이교화시키려는 시도였다. 나의 입장과 그 전통이 동의하는 바는 수학적(또는 다른 어떤 종류든) 존재자들을 자존하는 것으로 여기는 견해는 유신론적 관점에서 수용할 수 없다는 점이다. 그런데 그 전통은 만일 그 이론이 거기서 끝난다면 그렇다는 것이라고 덧붙인다. 하지만 그 이론의 이교적 특성은 중립화시키면서도 그 기본 관념은 그대로 보존할 수 있다고 한다. 이는 수학적 영역이 하나님께 의존해 있는 것으로 간주하면 얼마든지 가능하다는 것이다. 이와 관련해 가장 대중적인 제의는 수학적 진리가 하나님의 일부라고 말하거나 하나님의 생각 속의 개념이라고 말하는 것이다. 이렇게 하면 그 이론은 굳이 자존성과 독립성을 주장하지 않고도 그 가설적 영역의 필연성과 영원성을 설명할 수 있다고 한다. 5장에서 나는 이런 견해가 종교적 근거와 철학적 근거에서 왜 반대할 만한 것인지 그 이유를 실명하기 시작했다. 거기에서 우리는 어떤 이론에 하나님을 덧붙인다고 해서 그 이론의 설명력의 내용이 변하는 것은 아니며, 따라서 종교적 중립성을 지닌 것으로 취급하는 면이 전혀 바뀌지 않는다는 것을 보았다. 그래서 여기서 그 내용을 다시 반복하지는 않겠다. 하지만 10장에 가서 이 반론으로 되돌아가서 그것을 더 자세하게 개진할 생각이다.

종교적 믿음은 수-세계 이론에서뿐 아니라 러셀의 이론에서도 중요한 역할을 한다. 주된 차이점은 러셀의 경우, 신적 존재라서 모든 실재를 지배하는 원리들이 수학의 원리가 아니라 논리의 원리라는 점이다. 논리적 법칙은 모든 실재―가능한 것이든 현실적인 것이든―가 따라야 할 법칙일 뿐만 아니라 모든 사물의 "핵심이자 변치 않는 본질"이라고 그는 말한다. 다시 말하건대, 이 입장은 우리 경험의 한 양상을 추출하여 그것에 신적 지위의 우선권을 부여하는 것과 다름없다. 그런즉 러셀의 이론 역시 이교적인 전제에 기대고 있는 셈이다.

일부 스콜라주의 학자들은 또한 이 논리주의가 말하는 수 이론을 하나님에 대한 믿음과 조화시키려고 했고, 그 방법은 다른 이들이 수-세계 이론에 대해 시도했던 것과 대체로 비슷했다. 말하자면, 논리적 법칙들과 집합들 등이 그 영원성과 필연성을 보존하기 위해서는 하나님의 존재의 일부로 간주되거나 하나님의 생각 속의 관념으로 간주되되 하나님께 의존하고 있다는 점을 발견하는 일이 필요하다고 주장했다. 10장에서 우리는 이 견해가 수학적 법칙과 존재자에 대해 성공할 수 없는 것처럼 논리적 법칙과 유목(class)에 대해서도 성공할 수 없는 이유를 알게 될 것이다.

밀의 이론은 어쩌면 이런 이론들보다 더 이교적인 것 같다. 밀의 견해에 따르면, 수학적 진리들과 법칙들은 우리의 감각에 대한 일반화일 뿐이고, 우리가 감각을 갖고 있는 이유는 모든 물체들이 순전히 감각적 속성들로 구성되어 있기 때문이라고 한다. 그것들은 감각의 덩어리들이라는 뜻이다. 밀은 왜 우리 모두가 동일한 감각 덩어리들을 목격하고 있는지를 설명하려고 그 각각에 대해 이른바 "감각의 영구적 가능성(permanent possibility of sensation)"이란 신비로운 존재자의 존재를 가정했다. 그러면 왜 그런 영구적인 가능성들이 존재하고 그 원인이 무엇이냐는 질문을 밀에게 던지자, 그는 우리가 그 해답을 결코 발견할 수 없다고 대답했다. 이는 우리가 아는 한, 그것들은 그냥 거기에 있는 것이라는 답변이므로, 그의 이론은 자연스럽게 그런 가능성들에 신적 지위를 부여하는 것이다(이는 2장에서 설명한 것과 같다).[19] 그런즉 밀의 이론 역시 어떤 이교적인 믿음을 전제로 삼고 있는 셈이다.

이 점은 듀이의 이론에도 그대로 적용된다. 물론 듀이는 그가 실재의 기본 속성으로 간주하는 물리적-생물학적 양상(들)의 지위에 대해 훨씬 모호한 입장을 취하지만 말이다. 내가 아는 한, 듀이는 그런 양상들이 독자적 존재성을 갖고 있다고 명시적으로 말하지는 않는다. 그러나 듀이는 이론화 작업 전체에 걸쳐서 다른 모든 양상들이 물리적-생물학적 양상에 의존해 있고, 이 양상은 다른 어떤 것에도 의존하고 있지 않은 것으로 간주한다. 문제를 더 복잡하게 만드는 것은 듀이가 이따금 완전히 독자적인 것(그는 "절대적인 것"이라고 불렀다)은 아예 존재하지 않는다고 주장했다는 점이다. 그런데 그는 또한 우주가 의존하고 있는 것이 우주 바깥에 존재한다는 것을 완강하게 부정하기도 했다. 그러므로 우리가 내린 신의 정의에 비춰 볼 때, 그는 일관성이 없다고 말하지 않을 수 없다. 말하자면, 오직 존재하는 것은 우주밖에 없다고 말하는 동시에 우주는 신적 존재가 아니라고 말하는 것은 있을 수 없다는 뜻이다. 왜냐하면 만일 오직 우주밖에 존재하지 않는다면, 우주가 의존하고 있는 것은 아예 없는 것이므로 우주는 "절대적인" 자존성을 갖고 있는 셈이기 때문이다. 그러므로 듀이의 이론은 이교적인 믿음이 수학의 본질에 관한 이론의 발달을 통제하고 있는 또 다른 사례라고 말하는 것이 공정하리라.

이와 똑같은 현상을—종교적 믿음이 실재의 본질에 관한 견해를 통제하고, 후자는 거꾸로 수학 이론들을 통제하는 상황—논리의 영역에서도 볼 수 있다. 러셀의 견해에 동의하여 논리 법칙을 궁극적인 실재로(또는 그 일부로) 간주하는 철학 사상가들이 어느 정도 존재한다. 그래서 그들은 현대 논리학을 절대적인 실재와 종교적 중립성을 지닌, 진리에 기초한 문제 해결 방법으로 본다. 그러나 모든 양상들 간의 상호관계를 어떻게 설명하는가 하는 문제는 수학의 영역에서 도외시될 수 없는 것처럼 논리의 영역에서도 도외시될 수 없다. 그리고 논리 법칙이란 것은 절대적인 것으로 이해되어 왔을 뿐만 아니라 언어 구조의 산물로, 우리의 두뇌가 진화된 방식 때문에 그 규칙에 따라 생각할 수밖에 없다는 식으로, 역사적 조건의 산물로 이해되어 오기도 했다. 심지어는 가장 고도로 형식화된 논리적 상징체계들 중의 일부는 이와 같은 차이점으로 인해 서로 양립할 수 없는 실정이다.[20] 각각의 경우, 이런 견해들은 논리적 진리를 자존하는 것으로 보든지, 자존하는 다른 양상에 의해 생성되는 것으로 간주한다. 그러므로 그것들은 한결같이 **종교적** 통제를 받고 있다.

이제는 다양한 이교의 종교적 믿음이 내가 앞에서 언급한 불안정하고 혼란한 성격을 분명히 보여 준다는 사실이 더욱 명백해졌다. 성경적 종교의 관점에서 보면, 이교주의는 의존적이고 상대적인 우주를 절대적이고 자존하는 것으로 착각하고 있다. 그리고 창조물의 신적인 양상(들)을 발견했다는 주장이 제기될 때마다 그와 다른 양상을 들고 나오는 반대 주장이 생기기 마련이고, 이 양자는 똑같은 개연성(그러므로 똑같은 비개연성)을 갖고 있다고 할 수 있다.

 그런데 우리가 창조물의 어느 양상을 믿는 이교적 믿음이 아닌 하나님을 믿는 믿음을 전제로 삼는다면, 수의 본질에 관한 이론이 어떻게 달라지겠는가? 이 질문에 제대로 답변하려면 우리가 먼저 하나님에 대한 믿음을 전제로 하는 실재론을 설명하고 또 변호한 뒤에, 그것이 수학을 비롯한 여러 과학 이론이 말하는 존재자의 개념들에 어떤 결과를 낳는지를 보여 주어야 할 것이다. 이런 실재론의 청사진은 11장과 12장과 13장에서 제시할 예정이다. 지금으로서는 당신에게 4장에서 대충 개관한 그 모양새를 상기하라고 권할 수 있을 뿐이다. 거기에서 우리는 초월적 창조자에 대한 믿음은 창조세계의 어떤 양상도 자존하지 않고 모든 것이 하나님께만 의존해 있기 때문에 그 어떤 양상도 다른 양상을 생성하지 못한다는 견해로 귀결된다는 것을 살펴보았다. 이런 이유로 우리는 우리가 경험하는 모든 양상들을 똑같이 실재하고, 모든 창조물에 해당되고, 서로서로 환원될 수 없는 것으로 간주해야 마땅하다. 따라서 과학이 다루는 존재자들의 본질이 결코 어느 한두 가지 양상으로 한정되어서는 안 된다. 즉, 그 어떤 것의 본질이라도, 이교적 이론들이 항상 주장해 왔던 것처럼, 본래 어느 한두 가지 양상에 불과하다거나 오로지 그런 양상만 갖고 있다고 말할 수 없다는 뜻이다. 이런 점들은 나중에 좀 더 자세히 설명하게 될 것이다. 지금으로서는 이런 실재관이 1+1=2가 상징하는 것의 본질을 설명하는 이론을 어떤 식으로 지도하는지를 간략하게 살펴볼 수 있을 따름이다.

 이런 수학관에 의거하여 숫자는 사물의 양적인 속성을 상징한다는 점이 명백해졌을 것이다. 우리는 우리 주변의 세계로부터 우리 경험의 이런 양상을 추출하여 "1"이란 숫자로 그 추상적인 양을 상징한다. 그리고 이후에 이어지는 각 상징—2, 3, 4 등—이 이전의 상징보다 하나씩 늘어가는 것을 나타내는 방식으로 일련의 숫자를 상징으로 사용한다. 그리고 추가적인 추출작용을 통하여 이런 양들 사이에 적용되는 관계들과 법칙들을 발견할 수 있다.[21] 그러나 우리가 도달하는 추상개념, 곧 수와 집합 등을 독립적으로 존재하는 실재들로 보는 일은 결코 없을 것이다. 그것들은 일상적으로 경험하는 사물과 사건에 해당하는 양적 양상의 속성, 관계, 기능 등이지 그 이상도 그 이하도 아니다. 그런즉 그것들은 피타고라스나 플라톤이나 라이프니츠의 자존하는 수의 세계의 구성원들도 아니고, 듀이의 주장처럼 우리 스스로 창안한 완전한 허구도 아니다. 그리고 밀이나 러셀이나 듀이가 주장한 것처럼 다른 어떤 양상(들)에 완전히 의존해 있는 것으로 생각해서도 안 된다. 왜냐하면, 우리가 10장에서 살펴볼 것처럼, 우리 경험의 어느 양상을 독립적인 존재성을 가진 것으로 주장하면 반드시 자기 수행적인 비정합성에 빠지기 때문이다. 달리 말하면, 어떤 양상이 나머지로부터 독립되어 있어서 후자가 전자에 의존해 있다고 주장하는 것은 결코 정당화될 수 없다는 뜻이다.

8장 물리학 이론

THE MYTH
OF RELIGIOUS NEUTRALITY

수학 다음으로 흔히들 종교적 믿음과 상관이 없는 것으로 생각하는 과학은 물리학이다. 하지만 수학과 마찬가지로 물리학 역시 그 속에 서로 경쟁하는 이론들이 있고, 그 이론들 간의 갈등은 실재의 본질에 대한 다른 관점들로 거슬러 올라가고, 이는 서로 다른 종교적 믿음을 전제로 삼고 있다.

8.1 몇 가지 오해

이 작업을 수행하기에 앞서 "물리적(physical)"이란 용어의 뜻에 대한 몇 가지 오해를 지적하고 싶다. 일상 언어에서 우리가 어떤 것을 물리적이라고 말하는 경우는 그것이 가상적인 것이 아니라 실재하는 것이란 뜻이다. 하지만 물리학에서는 그런 뜻이 아니고 나도 여기서 그 용어를 그런 뜻으로 사용하지 않을 것이다. 이번 장의 관심사는 우리가 일상적으로, 전(前)과학적으로 경험하는 사물 및 사건이 보여 주는 물리적 양상이다. 그래서 우리가 앞서 내린 양상의 정의와 맥을 같이하여 "물리적"이란 용어를 특정한 종류의 속성과 법칙들, 즉 물리학의 모든 분과들이 다루는 그런 속성과 법칙들을 언급하는 것으로 사용할 예정이다. 예컨대, 질량, 무게, 밀도, 비중, 전하 등과 같은 속성들이 여기에 포함된다. 그리고 이런 종류의 속성들 간에 적용되는 법칙으로는 파스칼의 법칙, 보일의 법칙, 만유인력, 역학 법칙, 아인슈타인의 유명한 E=mc^2 등이 있다. 다른 모든 양상에 붙는 형용사와 마찬가지로 "물리적"이란 형용사의 정확한 정의를 내리는 일도 불가능하다. 그러나 앞서 제시한 양상들의 (잠정적인) 목록과 맥을 같이하여 다음과 같이 정의해도 무방할 듯하다. 즉, 시간적, 수적, 공간적 전제조건을 갖고 있되 생명학적으로(biotically) 살아 있는 사물이 능동적으로 소유하고 있는 것들이 아닌, 따라서 살아 있는 존재와 생명이 없는 존재를 구별하는 것들이 아닌 그런 종류의 속성들과 법칙들이라고 말이다.[1]

"물리적"이란 용어를 오해할 수 있는 또 다른 경우는 "물리적 실체"라는 표현에 사용될 때이다. 이 경우에 그 물체가 **오직** 물리적이기만 하다는 뜻으로 해석하면 안 된다. 물론 순전히 물리적인 실체들이 존재한다고 주장하는 이론들이 있긴 하지만 우리는 그 어떤 것도 그런 식으로 경험하지는 않는다. 그러므로 일상 언어에서 그런 표현은 결코 그와 같은 뜻을 갖고 있지 않다. 예를 들면, 나무는 분명 물리적 실체이지만, 그것이 다른 많은 양상들을 갖고 있는 것으로 우리가 경험하고, 따라서 물리적 법칙뿐만 아니라 여러 종류의 법칙들에 종속되는 것으로 알고 있다. 각 나무는 여러 속성을 보여 주며, 양적 법칙, 공간적 법칙, 생물학적 법칙, 감각적 법칙, 논리적 법칙, 미학적 법칙 등을 따르는 모습을 드러낸다. 전(前)과학적으로 우리가 경험하는 다른 물체들처럼 나무 역시 복수의 양상을 지닌 사물로 우리가 경험한다. 물론 물리학 분야에서 일하려면 사물의 물리적 양상을 추출하여 거기에 초점을 맞추고 나머지(비물리적인) 양상들은 관심의 초점에서 벗어나게 내버려 두는 일이 필요하다. 그러나 이런 과학적인 절차가 어떤 것이 오직 물리적 양상만 갖고 있음을 입증하는 것은 아니다. 우리의 직접 경험의 관점에서 보면, 우리가 순전히 물리적인 것으로만 경험하는 사물이 있다는 것이 오류인 만큼 물리학의 소재가 순전히 물리적인 실체라고 생각하는 것도 잘못이다. 오히려 물리학은 다른 많은 과학과 마찬가지로 일상 경험의 여러 양상을 지닌 물체들과 함께 시작하고, 그중에서 특정한 양상을 전문 분야로 삼아 추출하는 것이다. 요컨대, 물리학은 순전히 물리적인 실체들에 관한 학문이 아니라 **모든** 사물의 **물리적** 양상을 연구하는 학문이다.

내가 이 점을 상세히 논하는 이유는 많은 유명한 사상가들이 물리학은 **오로지** 물리적인 실체들만을 다룬다는 견해를 취하기 때문이다. 그러므로 우리가 그들의 견해를 검토할 때 유념할 점은 물리학 분야를 이런 식으로 간주하는 것 자체가 실재의 본질에 대한 어떤 관점에 기초한 견해의 결과라는 사실이다. 따라서 이런 관점적인 견해는 충분히 변호될 필요가 있다고 할 수 있다.

지금까지 몇 가지 사항을 정리했으므로, 이제는 몇몇 중요한 물리학 이론을 고찰하면서 물리학자들 간의 의견불일치가 정말로 실재의 본질에 대한 다른 견해를 전제로 삼기 때문인지, 또 이것은 다른 종교적 믿음을 전제로 하기 때문에 생기는 것인지를 살펴보기로 하자. 이를 위해서는 물리학 이론 가운데 가장 널리 수용되고 있는 원자론을 검토하는 것으로 충분하다. 대충 말하자면, 원자론은 우리의 일상 경험의 사물들은 너무 작아서 직접 관찰할 수 없는 부분들(원자들과 아원자 입자들)로 구성되어 있다고 한다. 그런데 여기서도 상기할 점이 있다. 이론에 대한 종교의 규제는 이론의 창안이 특정한 종교적 믿음의 소유에 달려 있다는 의미가 아니란 점을 계속 유념하길 바란다. 누군가 "원자들이 존재한다"는 가설을 생각해 내려면 유물론자 또는 합리주의자 또는 다른 어떤 믿음의 보유자가 되어야 할 것이라고 내가 주장하는 것이 아니다. 오히려 종교적 규제란 종교적인 믿음이 한 이론의 전제의 본질을 해석하는 방식을 좌우한다는 뜻이다. 이는 원자론에도 해당한다. 우리는 지금 우리가 어떤 종류의 사물에 관해 얘기하고 있는지를 알아야 한다. 말하자면, 원자론은 세계의 어떤 특징들을 설명하려고 창안된 만큼 그런 것을 설명하는 방식을 알려면 우리가 원자 등의 **본질**을 자세히 묘사해야 한다. 그런데 사실은 물리학자들 사이에 원자와 입자의 본질에 대해 의견이 분분하고, 따라서 그들이 설명하려는 자료를 설명하는 방식에 대해서도 서로 의견을 달리한다. 이런 차이점을 보려면 20세기를 지배했던 원자론에 대한 가장 최근의 해석 세 가지를 고찰하기만 하면 된다.

8.2 마하의 이론

우리가 논의할 첫 번째 해석은 에른스트 마하(1838-1916)의 것이다. 대다수의 사람은 마하란 말은 들어본 적이 있지만 이것이 사람의 이름인지는 몰랐을 것이다. 마하의 동료들이 그의 업적을 기념하기 위해 소리의 속도에 "마하 1"이란 이름을 붙여 주고, 소리의 속도의 두 배를 "마하 2"라고 불렀기 때문이다. 대다수가 모르고 있는 또 하나의 사실은 **마하 자신은 원자가 존재한다고 믿지 않았다**는 점이다! 그리고 마하만 그런 견해를 갖고 있었던 것이 아니다. 그가 살아 있는 동안 아주 저명한 과학자들과 철학자들 중 다수가 그와 의견을 같이했기 때문에 그는 20세기의 첫 3분의 2 기간 내내 엄청난 영향력을 미쳤던 독특한 과학 운동의 선구자가 되었다. 마하는 원자 및 다른 입자들의 실재를 부정했음에도 불구하고 원자론은 폐기되어서는 안 된다고 주장했다. 버리기에는 너무나 성공적인 이론이라는 이유에서였다. 그는 듀이가 수(數)와 수학의 절차에 관한 논의를 수용한 것과 비슷한 방식으로 원자론을 수용해야 한다고 주장했다. 듀이의 경우, 비록 수학이 언급하는 존재자들이 실재하지 않기 때문에 수학적 진술은 참이 아니지만 우리의 경험을 설명하는 유용한 방식으로 그것을 받아들여야 한다고 주장했다. 그래서 마하는 원자와 아원자 입자들을 "유용한 허구(useful fictions)"라고 불렀다.

마하와 그의 제자들이 이런 입장을 취한 것은 우리 경험의 모든 양상이 감각적 양상으로 환원된다는 관점 가설을 채택했기 때문이었다. 앞에서 다룬 것처럼, 이와 똑같은 근거로 밀은 수학 공식이 감각에 관한 일반화에 불과하다는 입장을 취했었다. 마하는 이런 실재관을 물리학에 구체적으로 적용했던 것이다. 그 결과, 그 역시 감각적 지각과 느낌을 제외한 그 어떤 존재도 부정하게 되었던 것이다.

마하가 이런 견해를 갖게 된 이유와 물리학에 미친 심대한 결과를 이해하려면, 이런 철학적 관점의 배경을 좀 더 아는 것이 좋을 듯하다. 모든 사물이 오로지 감각적 본질만 갖고 있다고 주장하는 실재론은 17세기 초로 거슬러 올라가는데, 당시는 인간의 정신이 눈이나 카메라와 같이 작동한다는 믿음이 발생한 시기였다. 이 견해에 따르면, 마치 눈이나 카메라 바깥에 있는 사물의 세계가 망막이나 필름에 나타나는 이미지와 구별되는 것처럼, 우리 정신 바깥에 있는 실재를 우리 정신 속에 있는 그 복사물로부터 구별해야 한다. 그래서 정신을 망막이나 필름과 같은 것으로 생각했고, 그 위에 시각과 촉각과 후각과 청각과 미각 같은 감각들이 정신 바깥에 있는 사물의 표상을 찍어낸다고 생각했던 것이다.

18세기에 이르러 조지 버클리와 데이비드 흄 같은 사상가들은, 만일 이 정신상의 사진이 정확하다면 우리가 참으로 알 수 있는 것은 우리 정신 속의 감각적 이미지들일 뿐이므로, 그것들이 정신 바깥에 있는 어떤 것을 복사한다는 것을 알기란 불가능하다는 점을 설득력 있게 입증했다. 달리 말해서, 만일 당신의 정신이 카메라이고 당신이 아는 것은 당신의 "필름"에 찍힌 것뿐이라면, 당신은 당신의 정신 바깥에 있는 세계가 정말로 당신의 필름에 찍힌 것과 같은지 여부를 결코 알 수 없고, 심지어는 당신의 카메라 바깥에 실제 세계가 있는지조차 확신할 수 없다는 것이다. 당신의 필름에 찍힌 것은 내면에서 생성된 가상현실의 쇼일지도 모르지 않은가!

이 괴상한 결론은 버클리와 흄과 밀과 마하가 결국 수용한 것과 매우 비슷하다. 우리가 경험으로 알 수 있는 한, 실재는 감각들로 **이뤄져 있다**고 그들은 결론을 내렸다. 그들에 따르면, 우리가 들에 있는 나무를 관찰할 때 우리가 목격하는 것이 물리적인 것이라고—특히 물리적 속성을 갖고 있다는 의미로든, 지각하는 사람 바깥에 그것이 존재한다는 의미로든—추정해서는 안 된다. 우리가 목도하고 있는 것은 사실상 우리의 정신 속에 새겨지는 지각을 형성하는 감각적 속성들 덩어리이다. 나무(또는 다른 어떤 사물)는 색채 조각들, 촉감, 소리 효과, 맛, 냄새 등의 배열이다. 그리고 우리의 정신 바깥에 우리의 나무 인상을 유발하는 실제 나무가 있음에 틀림없다고 주장하고 싶은 마음이 자연스레 들겠지만, 우리는 결코 그것을 알아낼 수 없다고 그들은 지적했다. 바로 이런 실재관에 기초하여, 즉 감각적 양상에 배타적인 실재를 부여한 관점에 기초하여, 마하를 비롯한 많은 물리학자들은 우리 자신의 지각 이외의 것이 존재한다는 것을 우리가 알 수 없다고 믿기에 이른 것이다. 그들의 논증이 너무나 설득력이 있어 보이기 때문에 심지어는 그들의 결론에 동의하지 않는 사상가들조차 우리 바깥에 물체들이 정말로 존재한다는 것은 기껏해야 하나의 **이론**(유식한 추측)일 뿐이라고 인정했다.

앞에서 나는 우리의 직접 경험의 관점에서 보면, 어떤 사물이든 오로지 물리적인 것이라고 추정할 만한 타당한 이유가 없는 것은 우리의 경험상 모든 것이 복수의 양상을 갖고 있는 듯이 보이기 때문이라는 논점을 개진한 바 있다. 그래서 당신이 의아해할지도 모르겠다. 왜 내가 그런 논점을 개진한 후 이어서 버클리와 흄과 밀과 마하와 같이 모든 것을 오로지 물리적인 것으로 보지 않고 우리가 직접 경험하는 모든 것이 오로지 감각적인 것이라고 주장하는 인물들의 이론을 다루었는지 궁금할 것이다. 왜냐하면 내 논점이 이 두 가지 이론에 똑같이 적용되고, 각 이론은 다른 이론을 하나의 응답으로 불러오기 때문이다.[2] 우리의 정신 바깥에 있는 물체들이 오로지 물리적이라는 입장을 취한 사상가들은(예, 갈릴레오와 데카르트) 또한 우리 정신 속의 감각들은 물리적이 아니라 순전히 감각적이라고 주장했다. 문제는, 그렇다면 우리 정신 속의 감각들이 그 바깥에 있는 사물들의 정확한 복사물인지를 우리가 어떻게 알 수 있는지 설명해야 한다는 것이다. 버클리와 흄은 결코 그런 설명을 할 수 없다는 점을 입증했다. 그리하여 그들은, 훗날의 밀과 마하와 같이, 외부의 (순전히) 물리적인 사물들의 존재를 확증이 불가능한 하나의 이론으로 간주한 것이다. 바로 이런 근거로, 마하는 지각하는 사람의 바깥에 있는 동시에 독특한 물리적 속성을 소유한 사물의 존재를 비과학적인 이론으로 치부했고, 이어서 그것이 없이도 어떻게 물리학을 연구할 수 있는지를 입증하려고 애썼다. 그의 말을 들어보라.

> 만일 평범한 "질료"를 단지 복잡한 [감각들]을 가리키는… 고도로 자연스럽고, 무의식적으로 구성된 정신적 상징으로 간주해야만 한다면, 물리학과 화학이 말하는 인위적인 가설적 원자들과 분자들은 더더욱 그래야 할 것이다.[3]

> 우리가 외모 배후에서 우리 자신에게 표상하는 것은 오직 우리의 오성(悟性) 안에만 존재할 뿐이다.[4]

> 우리와 같은 탐구자들에게는 "영혼"의 개념이 적실성 없는 웃음거리일 뿐이지만, 질료는

그와 똑같은 종류의 추상적 개념이다. … 우리는 질료에 관해 아는 만큼 영혼에 관해 알고 있다.[5]

내가 앞에서 언급했듯이, 마하는 우리의 일상적 논의에서 질료와 원자론이 물리학에서 수행하는 역할을 마치 듀이의 사상에서 숫자가 수학에서 수행하는 역할과 같은 것으로 받아들였다.[6] 말하자면, 원자론의 용어와 상징이 실재를 상징하지는 않지만, 그것들은 우리로 일단의 경험에서 또 다른 일단의 경험을 예측하도록 돕기 때문에 인지된 세계를 다루는 데 여전히 유용하다는 것이다. 상기한 인용문이 보여 주듯이, 마하의 관점이 실재에서 배제시키는 것은 원자와 아원자 입자들뿐만 아니라 물리적 속성을 소유한 모든 사물들이다. 마하는 『지식과 오류』(Knowledge and Error)라는 책에서 그의 견해를 물리학 법칙에까지 확장시켜서 그것들을 단순한 우리 자신의 심리적 투영으로 간주했다. 그것들은 "자연에서 우리의 길을 찾기 위한 우리의 정신적 필요의 산물"에 불과하다고 말했고, (흄을 좇아서) 그것들은 "한 관찰자의 기대를 충족시키기 위한 주관적인 처방"이라고 단언했다.[7] 그러나 동시에 그것들을 물리학 이론 안에 계속 두기를 원했는데, "일정한 한계 내에서" 그것들은 우리로 (장래의 지각에 대한) 올바른 기대를 품게 하므로 버려서는 안 된다고 했다.

8.3 아인슈타인의 이론

모든 물리학자가 마하와 의견을 같이한 것은 아니다. 아인슈타인(1879-1955)과 같은 일부 물리학자는 우리의 감각은, **오로지** 물리적이기만 하고 우리의 정신 바깥에 있어서 우리가 지각할 수 없는 물체들에 의해 유발된다고 주장했다. 그럼에도 불구하고, 이 믿음도 단지 하나의 이론일 뿐이라고 시인하지 않을 수 없었다. 그는 마하와 달리 이렇게 주장했다.

우리의 심리적 경험은… 감각 경험들, 그 경험들에 대한 기억상의 그림들, 느낌 등을 포함하고 있다. 심리학과 대조적으로, 물리학은 오직 감각 경험들과 그것들의 연관성에 대한 "이해"만을 직접 취급한다. 그러나 일상적 사고 작용의 "실제 외부 세계"의 개념조차 오로지 감각적 인상에만 기대고 있다. … 우리가 구체적인 사물에 "실재적인 존재성"을 부여한다는 뜻은… 그런 개념들을 도구로 삼아… 우리가 감각적 인상들의 미로에서 방향을 감지할 수 있다는 것이다.[8]

이 인용문에서 아인슈타인의 실재관이 마하에 동의함으로써 시작되는 것을 알 수 있다. 마하와 같이, 그는 우리가 직접 경험하는 물체들이 순전히 감각적 성격을 갖고 있다고 주장하는 관점적인 이론을 수용한다. 그래서 어떤 것을 실재하는 것으로 **직접** 알 수 있는지 여부는 그것이 감각으로 지각되는지 여부에 달려 있다는 점을 받아들인다. 다른 모든 것은 가설임에 틀림없다. 따라서 외부의 "구체적인" 물체들이 정말로 존재하는지는 결코 확신할 수 없다는 점을 인정한다. 그렇지만 그는 마하와 의견을 달리하는 면도 있다. 먼저 그는 우리의 지각 바깥에 물리적 사물들이 분명히 존재한다고 믿었다. 왜냐하면 그런 사물들을 고려하도록 제안하는 이론이 우리의 감각적 지각에 너무도 많은 합리적인 이해를 제공하기 때문에 그것이 참이라고 충분히 믿을 만하다는 것이다. 이것이 바로 양자 사이의 중요한 차이점이다. 즉, 아인슈타인은 우리의 감각을 유발하는, 우리의 정신 바깥에 있는 (순전히) 물리적인 사물들이 존재한다고 말할 만하다고 믿었던 데 비해, 마하는 그것을 부인했던 것이다.

아인슈타인은 우리의 정신이 지각작용과 더불어 논리적이고 수학적인 추론의 역량까지 소유하고 있다는 점을 강조함으로써 마하와 의견을 달리하는 본인의 입장을 변호했다. 더 나아가서, **논리적이고 수학적인 속성들과 법칙들은 감각적인 속성들과 법칙들만큼 실재적이기 때문에 합리적 사고는 지각과 상관없는 개념들을 형성할 수 있다**고 주장했다.

> 우리의 사유 속에 생기는 개념들은… 모두… 감각적 경험에서 얻을 수 없는 사유의 자발적인 창조물이다.[9]

아인슈타인은 논리적이고 수학적인 속성들과 법칙들에 독립적인 실재를 부여했기 때문에 지각뿐만이 아니라 합리적 사유도 실재하는 것에 대한 잣대로 간주될 수 있다고 주장했다. 앞에 나온 그의 인용문의 끝부분이 말하듯이, "구체적인 사물들"이 "실재적인 존재성"을 갖고 있다는 믿는 것은 그 믿음이 "감각적 인상들의 미로"를 이해하도록 돕기 때문에 정당화된다는 점을 주목하라. 달리 말하면, 물리적 사물들이 존재한다는 이론이 합리적인 이해를 가능케 하므로 감각적 지각뿐 아니라 물리적 사물들도 실재하는 것으로 받아들여야 한다는 것이다. 그런즉 다른 모든 존재자 가설과 마찬가지로, 만일 물리적 사물에 대한 믿음이 "감각적 경험과 확고하게 연결되어 있는… 하나의 개념 체계"로 구성되어 있고 "감각적 경험을 정돈하고 조사하는 작업에서 최대한의 통일성과 [효율성]"을 보여 준다면, 그 믿음을 실재의 지표로 보아도 무방할 것이다.[10]

감각적인 것과 더불어 논리적/수학적인 것도 실재의 본질을 가늠하는 잣대로 보는 이 관점은 17세기의 수학자이자 철학자였던 르네 데카르트의 연구로 거슬러 올라가는 긴 전통에 속해 있다. 데카르트는 철학과 물리학 양자의 잣대를 이렇게 말했다.

> 대체로 말해서, 순수 수학의 대상으로 파악되는 모든 것은 실로 외부적인 사물로 인정되어야 한다.[11]

이 주장의 핵심에는 수학과 논리의 법칙들이 우리의 사유작용뿐 아니라 모든 실재를 지배하고 있되 실재와 우리의 사유 간의 대응관계를 보증하는 방식으로 그렇게 한다는 가정이 있다. 이 가정은 흔히 합리적인 것(즉, 논리적으로 또는 수학적으로 계산 가능한 것)은 무엇이든 실재한다는 믿음으로 표현되곤 했다. 하지만 아인슈타인은 자연이 이런 의미에서 합리적이란 신념은 결코 증명될 수 없는 것이라고 시인한다. 그는 "자연은 오감으로 지각될 수 있는 만큼 그처럼 잘 공식화된 퍼즐의 특성을 갖고 있다는 것은 신앙의 문제"라고 말한다. 그러나 과학의 성공이 "이런 신앙에 어느 정도의 격려를 주고 있다"라고 덧붙였다.[12] 실재의 본성이 부분적으로 합리적이란 이 신앙은 바로 마하가 실재의 본성이 오로지 감각적이라고 생각한 나머지 부정했던 그것이다.

이로 말미암아 마하를 좇았던 물리학자들과 아인슈타인을 따랐던 물리학자들 사이에 아주 날카로운 의견충돌이 발생했다. 먼저, 마하의 부정은 이론에 대해 특정한 태도를 취하게끔 요구하는데, 이론들이란 기껏해야 우리의 발명품일 뿐이고, 만일 우리가 이러이러한 일을 행한다면 충분히 예상 가능한 일을 예측하기 위한 고안물의 역할을 할 따름이라는 것이다. 이는 중요한 의미에서 이론들이 우리가 몸담고 있는 세계에 관해 아무것도 발견하지 못한다는 것을 뜻한다. 이론들은 장래의 경험을 예측하는 일을 성공적으로 수행하기 때문에 계속 보존되고 사용되고는 있지만, 다른 한편 어째서 일부 이론은 성공적으로 예측하는 데 비해 일부 이론은 그렇지 못한지는 최대의 미스터리로 남아 있다. 이와 같이 마하의 관점은 물리학이란 학문 전체에 다른 **의미**를 부여한다. 말하자면, 그 관점은 물리학이 말하는 실체들의 본질에 대한 다른 해석을 요구할 뿐 아니라 물리학이 무엇인지에 대해서도 그러하다는 뜻이다.

8.4 하이젠베르크의 이론

베르너 하이젠베르크(1901-1976)는 마하와 아인슈타인 둘 다와 의견을 달리했다. 하이젠베르크의 경우, 기본적인 원자 입자들을 관찰 가능한 물체들이 실재한다는 의미에서의 실재로 생각하면 안 되고, 그렇다고 마하의 생각처럼 명백한 허구로 생각해도 안 된다고 주장했다. 그 대신 그것들은 본질적으로 **수학적인 가능성**이라는 견해를 취한다. 이를 설명하면서 기본 입자들은 그 어떤 감각적 성질도 결여되어 있을 뿐 아니라, 그것들이 존재를 갖고 있다고 말하는 것조차 정확하지 않다고 주장한다. 그는 이렇게 말한다.

혹자가 기본 입자들에 대해 정확한 묘사를 제공하고 싶다면—여기에서 "정확한"이란 단어에 강조점을 둔다—, 하나의 묘사로 적을 수 있는 것은 오직 확률 함수(probability function)뿐이다. … 심지어는… 존재조차도… 묘사된 내용에 속하지 않는다. 그것은 존재할 수 있는 가능성 내지는 존재할 수 있는 성향일 뿐이다.[13]

하지만 이것은 실재의 본성 자체가 **단지** 수학적인 것일 뿐이라는 뜻은 아니다. 하이젠베르크는 이어서 실재가 이중적 본질을 갖고 있다는 점을 분명히 한다. 즉, "세계의 으뜸가는 실체"인 에너지가 존재하고, 에너지가 취할 수 있는 특정한 형태들을 가능케 하는 수학 법칙들이 존재한다는 것. 그래서 그는 다음과 같이 자신 있게 예측한다.

현대 양자 이론에서는 기본 입자들이 결국에는 수학적 형태가 될 것임은 의심의 여지가 없다. … 기본 입자들을 표상하는 수학적 형태들은 물질을 위한 모종의 영원한 운동 법칙의 해결책이 될 것이다.[14]

사실 하이젠베르크는 기본적인 원자 입자들을 완전히 수학적인 것으로 생각한 나머지 수학적으로 설명할 수 없는 면은 전혀 있을 수 없다고 본다. 그래서 이렇게 말한다.

현대 과학이 양성자(proton)가 어느 근본적인 물질 방정식의 해결책이라고 말할 때는 우리가 수학적으로 **양성자의 모든 가능한 속성들**을 추출할 수 있고, 그 해결책의 정확성을 **샅샅이** 검사할 수 있다는 뜻이다.[15] (강조체는 추가한 것)

실재를 본래 수학적 설명이 가능한 것으로 보는 이런 견해가 이른바 "불확정 관계(uncertainty relations)"에 대한 하이젠베르크의 유명한 해석 배후에 놓여 있다. 이는 아원자 입자의 운동량을 발견하는 일과 그 위치를 찾는 일 사이에 존재하는 관계를 말한다. 이런 불확정성이 생기는 것은 한 입자의 위치를 파악하는 방법은 그것을 중단시킬 만큼 큰 물체에 부딪히게 하는 것이기 때문이다. 그런 경우에 우리는 그것이 어디에 있는지 알게 되지만, 그것이 얼마나 빨리 움직이고 있었는지는 파악할 수 없다. 다른 한편, 한 입자의 운동량을 파악하는 방법은 그것을 중단시킬 만큼 크지 않은 어떤 것에 부딪히게 하는 것이다. 만일 우리가 그 입자가 부딪히는 대상의 질량을 이미 알고 있다면, 우리는 그 물체를 얼마나 움직이느냐에 따라 그 입자의 속력을 계산할 수 있다. 그러나 일단 그 입자가 다른 물체와 충돌하면 그것이 너무도 빠른 속도로 튕겨 나오기 때문에 그 위치는 도무지 알 수 없다. 이런 이유로 한 입자의 위치와 운동량을 **동시에** 파악하는 일은 불가능하다. 말하자면, 둘 중에 어느 하나를 발견하면 다른 것은 발견할 수 없다는 뜻이다.

이런 유의 불확정성은 그리 낯선 것이 아니다. 우리의 일상 경험에도 불확정 관계가 많이 있다. 앞에서 언급했듯이, 우리가 유리컵에 있는 물의 온도를 측정하려고 온도계를 집어넣을 때 불확정성이 발생한다. 그런 행위 자체가 물의 온도를 바꾸기 때문이다. 그런즉 그 정보를 얻기 위해 취한 행동 자체가 그 행동과 우리가 알고자 하는 바 사이에 불확정 관계를 창출함으로써 그것을 얻지 못하게 하는 셈이다.

그런데 원자 및 다른 입자들의 본질에 관한 하이젠베르크의 견해는 입자들의 운동량과 위치 간의 불확정성에 대해 아주 특별한 해석을 내리도록 요구한다. 그것은 이른바 "코펜하겐 해석(Copenhagen interpretation)"으로 알려지게 되었다. 하이젠베르크는 실재가 "샅샅이" 수학적으로 계산할 수 있는 것이란 관점을 받아들였고, 또한 우리는 입자의 위치와 운동량을 모두 계산할 수 없기 때문에, 그는 입자들이 속도와 위치 둘 다를 갖고 있지 않아야 한다고 말했다. 이는 우리가 운동량이나 위치를 측정하려고 선택하는 입자는 언제나 우리가 측정하려고 선택한 속성들 중의 하나만을 갖고 있었다는 뜻이다! 즉, 만일 우리가 어느 입자의 속력을 알고자 하면, 그것은 결코 위치를 보유한 적이 없었고, 만일 우리가 그 입자의 위치를 알고자 하면, 그것은 결코 속력을 가진 적이 없었다는 말이다. 이것이 기상천외한 말이라는 것을 하이젠베르크도 시인한다.

> 이것은 [우리의] 관찰이 결정적 역할을 한다는 것과, 실재는 우리가 그것을 관찰하는지 하지 않는지에 따라 변한다는 것을 암시하기 때문에 아주 이상한 결과이다.[16]

그러나 이어서 우리가 아원자적 실체의 세계를 다룰 때에는 우리의 일상적이고 "고전적인" 개념들을 포기할 준비를 해야 한다고 그는 말한다.[17]

아인슈타인은 이 견해를 배격하면서 입자의 속력과 위치 간의 불확정성은 실재의 한계가 아니라 아원자적 사건들을 계산하고 발견하는 우리 능력의 한계라고 주장한다. 이는 마치 물에 온도계를 넣는 것이 그런 행동을 하기 전의 온도보다 현재의 온도를 발견하지 못하게 하는 것과 비슷하다. 이 두 물리학자 간의 차이점은 그들이 다른 모든 양상과 관련하여 수학적 양상에 부여한 서로 다른 지위에 있다. 우리가 이미 살펴본 대로, 마하에 반대하여 아인슈타인은 우리의 경험과 사유의 수학적 양상을 감각적 양상만큼이나 실재하는 것으로 보았기 때문에 수학의 성공적인 설명은 우리로 물리학이 제시하는 실체들의 존재를 믿도록 보증한다. 그가 수학을 높이 평가하긴 하지만 그렇다고 수학적으로 계산이 불가능한 것은 비실재적이라고까지 말하진 않는다. 그보다 수학을 더 높이 평가하는 하이젠베르크의 견해에 반대하여 그는 이렇게 비꼰 적이 있다. "계산할 수 있는 모든 것이 중요한 것은 아니며, 중요한 모든 것이 계산될 수 있는 것은 아니다."

8.5 이런 이론들은 어떤 영향을 미치는가?

우리는 실재에 대한 서로 다른 개념들이 원자론에 대한 다른 해석을 낳는다는 것을 간략하게 살펴보았다. 예컨대, 마하의 견해에 따르면 원자와 아원자 입자 같은 실체들의 존재를 확증하려고 노력해 봐야 아무 소용이 없다. 그런 것들은 모두 허구이므로 그 실재를 확증하려고 실험을 하는 것은 마치 크리스마스 아침에 루돌프 사슴의 발자국을 찾으려고 지붕을 검사하는 것과 같이 소용없는 짓이다. 다른 한편, 마하의 관점을 거부하는 물리학자들은 그 이론들이 제시하는 실체들이 정말로 존재하는지 여부를 발견하기 위해 폭넓은 노력을 기울여왔다.

예컨대, 볼프강 파울리가 주창한 중성미자(neutrino)의 가설을 생각해 보라. 이를 창안한 의도는 여러 관찰결과를 이해하고 또 에너지 보존의 법칙을 보전하기 위해서였다. 그 가설은 이런 역할을 훌륭하게 수행했고, 나중에는 원자론의 다른 설명 간격들도 해결하였다. 그런데도 중성미자가 탐지될 수 없을 정도로 작아야 한다는 점이 여러 물리학자에게 거슬렸다. 그래서 혹시 하나의 발명품이 아닐까 하는 우려를 낳았다. 그 이론에 따르면, 중성미자는 너무나 미소해서 다른 물체와 아주 드물게 충돌할 것으로 예상되기 때문이다. 사실 한 과학자는, 한 중성미자가 한 원자의 핵과 충돌하려면 "50광년에 해당하는 길이를 가진 고체 납을 통과해야 할 것"이고 "중성미자들의 빔을 솎아 낼 수 있는 차폐 벽은 1억 개의 별들만큼 두꺼워야 할 것"이라고 추정했다.[18] 이 때문에 그토록 많은 과학자들이 처음부터 중성미자는 언제나 탐지가 불가능한 것으로 남을 것이라고 생각했다.

그런데 이처럼 불가능해 보였던 과업이 마침내 1956년에 이뤄졌다.[19] 하지만 그 증거를 얻는 데는 엄청난 양의 재능과 시설과 시간과 돈이 들었다. 그처럼 막대한 비용과 노력은 거기에 참여한 많은 물리학자들의 **동기**를 부각시켜 준다. 그 동기는 다름 아니라 이론들은 실재를 알려는 시도라는 믿음이다. 말하자면, 이론은 현존하고 있는 것을 발견하고 그 본질을 알려고 노력한다는 뜻이다. 나의 논점은, 이런 믿음이 전제로 삼는 철학적 관점은 (최소한) 경험의 논리적, 수학적, 공간적, 물리적, 감각적 양상들을 (적어도 부분적으로나마) 실재의 본질로서 받아들여야 할 것이라는 점이다. 그런즉 그 사상가들이 이런 견해를 의식적으로 수용하든 않든 간에 과학은 이런 종류의 관점을 필요로 한다. 과학은 실재의 다면적 본성을 공공연하게 수용하는 실새관이 필요하고 또 그로부터 가장 많은 유익을 얻을 수 있다.

아마도 이제는 비록 이 모든 사상가들이 원자론을 받아들인다고 주장하지만 그 말의 의미가 서로 매우 다르다는 사실과 그 이유가 분명해졌을 것이다. 그 의미가 너무도 다르기 때문에 사실 20세기는 약간의 차이를 내포한 단 한 가지 원자론을 낳은 게 아니라 세 가지 원자론을 낳았다고 말하는 것이 오히려 공평하리라. 마하의 경우, 원자론은 허구로 가득하지만 유용한 미시적 입자들의 체계(a system of micro-entities)를 발명하는 것을 의미한다. 아인슈타인에게 원자론은 우리가 결코 경험하지 못하는 순전히 물리적인 실체들을 가정하는 것을 뜻했다. 하이젠베르크의 경우에는 원자론이 실재를 구성하는 미시적 입자들, 물리적 에너지로 구성되어 있지만 본래 수학적 본성을 갖고 있는 미시적 입자들을 가정하는 것을 의미했다. 원자와 미립자의 본성을 둘러싼 이런 첨예한 의견불일치는 실재의 본성을 둘러싼 의견충돌을 반영하고 있으며, 이 견해는 경험의 다양한 양상들 가운데 어느 것에 우선권을 부여하느냐에 따라 좌우된다. 그리고 이런 실재관의 차이는 신적 존재에 대한 서로 다른 견해들로 인해 생기는 것이다.

8.6 이런 이론들에서의 종교의 역할

지금쯤이면 방금 검토한 이론들이 어떻게 해서 종교적 믿음을 반영하고 있는지 그 이유가 분명해졌을 것이다. 물론 내가 이 주장을 정당화할 필요가 있긴 하지만 여기서는 이런 사상가들이 스스로 말하도록 해 보자. 예를 들면, 앞에서 인용한 존 스튜어트 밀의 말과 비슷하게 마하는 감각에 대해 이렇게 말했다.

> 따라서 세계가 오직 우리의 감각들로만 구성되어 있다는 주장은 옳다. 그렇다면 우리는 감각들에 관한 지식만 갖고 있는 셈이다.[20]

이 인용문은 감각적 양상에 신적 존재의 특징, 곧 신적인 지위를 부여하고 있다. 게다가 마하는 이 중요한 논점에 대해 아무런 논증도 제공하지 않는다. 그러므로 밀의 경우와 마찬가지로, 마하의 선언은 일종의 신앙고백과 같은 것이다. 즉, 그의 이론화 작업을 규제하고 지도하는 종교적 믿음을 진술하고 있다는 뜻이다.

다른 한편, 아인슈타인은 논리적 양상과 (또는) 수학적인 양상 역시 실재의 본질에 필수적인 것이라고 주장함으로써 의견을 달리하고 있다. 사실 그는 우리의 감각을 물리적 사물과 우리 정신의 상호작용으로 유발된 것으로 간주함으로써 아예 감각적인 것에 독립적인 존재성을 부여하지 않았다. 그런즉 아인슈타인은 우리의 직접 경험의 대상들이 순전히 감각적이란 점에서는 마하와 의견을 같이했지만, 그것들이 독자적이고 신적인 존재성을 갖고 있는 게 아니라 물질과 합리적 사유의 원리들이 신적인 것이라고 주장했다. 이에 비추어 보면 그의 나머지 견해도 이해할 수 있다. 그는 합리적인 것이면 무엇이든 실재한다는 믿음에 근거하여 어떤 가설이든 수용하는 입장이다. 그런즉 인간의 (지각이 아니라) 합리성이 무엇이 존재하는지에 대한 믿음을 지지하는 잣대인 것이다. 그리고 인간 이성에 대한 그의 신앙은, 논리와 수학의 법칙들은 물질이 취하는 모든 형태를 가능케 하는 지배원리이기 때문에 모든 실재에 적용된다는 믿음에 기초하고 있다. 그러므로 (물질과 더불어) 그 법칙들은 자존하는 신적인 존재이다. 아인슈타인이 스스로 그렇게 말하고 있다.

> 나로서는 자기 피조물에게 상급과 징벌을 주는 하나님, 또는 우리가 경험하는 것과 같은 종류의 의지를 가진 하나님을 상상할 수가 없다. 나는 스스로를 자연 속에 나타내는 절대이성(Reason)의… 존재하는 세계의 경이로운 구조를 인식하고 얼핏 보는 것으로… 만족한다.[21]

끝으로, 우리는 하이젠베르크가 수학적 개념들에 특별한 지위를 부여하고, 또 앞서 인용한 데카르트의 발언과 아주 비슷한 말로 명시적으로 그렇게 하는 것을 보았다.[22] 우리의 다른 모든 개념들은 의심스럽고 또 "우리는 그것들이 이 세계에서 우리의 길을 찾는 데 얼마나 도움이 될지 모르지만"[23], 수학의 개념들은 그 어떤 의심에서도 면제되고 모든 실재의 본성을 반영하므로 그것들이 계산할 수 있는 것은 실재하고 계산할 수 없는 것은 실재하지 않는다고 그가 말한다. 이 규칙의 전제는 바로 수학 법칙들은 다른 모든 것을 가능케 하는, 자존하는 원리들이라는 믿음이다. 이는 수학적 양상을 신적인 것으로 삼기 때문에 하이젠베르크 이론의 기본 전제 역시 하나의 종교적 믿음이라고 할 수 있다. 그런데 내가 굳이 이 점을 논증할 필요가 없는 것은 하이젠베르크 자신이 이렇게 말했기 때문이다.

> 우리는 기본적인 운동 법칙이 수학적으로 단순한 법칙으로 판명되길 바랄지 모른다. … 이런 바람에 대해 어떤 타당한 논증도 제공하기가 어렵다. 단, 이제까지 물리학의 기본 방정식들을 단순한 수학적 형식으로 쓰는 것이 언제나 가능했다는 사실을 제외하고. **이 사실은 피타고라스 학파의 종교와 잘 들어맞고**, 다수의 물리학자는 이 면에서 동일한 믿음을 공유하고 있지만, 아직까지 반드시 그래야 한다는 점을 보여 주는 설득력 있는 논증이 제시된 적은 없다.[24] (강조체는 추가한 것)

요컨대, 이런 이론들의 전제들이 서로 다른 본질을 부여받는 것은 그런 이론들의 옹호자들이 품고 있는 기본적인 실재관의 통제 아래서 그 본질들이 부여되기 때문이다. 그리고 실재의 본질로 간주되는 양상(들)에게 다른 모든 양상보다 우선권이 부여되는 근거는 그 양상(들)이 바로 무조건 자존하는 것의 본질과 동일하고, 다른 모든 것을 가능케 하고 또 실존케 하는 것이라는 점이다. 그러므로 이론이란 것은 궁극적으로 그 옹호자들이 무엇을 신적 존재로 간주하느냐에 따라 달라지는 법이다.

더 나아가, 우리가 방금 검토한 이론들은 모두 이런저런 이교적인 믿음에 의해 통제되고 있다는 사실도 분명해졌다. 따라서 유신론적 관점에서 보면, 상정된 다양한 실체들이 아무리 뛰어난 통찰력을 주고, 그것들에 기초해 아무리 훌륭한 설명을 엮어 낸다고 하더라도, 그것들이 모두 부분적으로 거짓일 수밖에 없는 것은 그 본질이 신적 지위를 가진 것으로 추정되는 특정한 양상들에 국한되기 때문이다. 우리는 또한 이런 종교적인 차이가 상정된 특정한 실체들의 본질을 왜곡시키는 것은 물론이고 물리학 자체와 연구방법의 이해에까지 영향을 미친다는 것도 살펴보았다. 우리는 현대 원자론의 체계를 낳은 재능과 천재성에 합당한 존경을 표하면서도, 현재 유행하는 해석법은 그 어떤 유대인이나 그리스도인이나 무슬림도 수용할 수 없는 것임을 알아야 한다. 유신론적 관점에서 보면, 물리학이 비환원주의적 실재관, 즉 창조된 우주의 어떤 양상도 신적인 것으로 간주하길 거부하는 실재관에 기초하는 것이 더 바람직하다고 할 수 있다.[25]

THE MYTH
OF RELIGIOUS NEUTRALITY

9장 심리학 이론

9.1 서론

   수학과 물리학에서와 같이 심리학 이론들도 상호 간의 의견충돌이 심한 편이다. 여기서도 이 과학의 개념 자체에 대한 다양한 견해는 실재의 본질에 대한 다양한 견해로 말미암는다. 어떻게 해서 이런 일이 발생하는지는 이미 살펴보았다. 실재의 본질에 대한 서로 다른 개념들은 경험의 특정 양상이 다른 모든 양상들과 맺는 관계를 보는 방식에 영향을 미친다는 것. 이 상호관계에 대한 견해는 이어서 그 사상가가 조사에 사용하는 모든 개념으로 전달되며, 특히 가설로 창안되고 제시되는 개념들로 전달된다. 그리고 이런 실재관이 어떻게 종교적 믿음에 의해 통제되는지도 살펴보았다. 이와 같은 논점은 심리학에도 그대로 적용된다.

   심리학은 19세기에 분트 헬름홀츠와 폰 헬름홀츠 같은 사상가들의 작업과 함께 별개의 과학으로 부상했다. 맨 처음 심리학을 "심리-감각적"인 면을 다루는 분야로 경계선을 그은 인물은 폰 헬름홀츠였다. 다른 한편, C. I. 루이스와 같은 사람들은 "감각적인(sensuous)"이란 용어를 사용했다. 그렇지만 그들이 집중했던 것이 심리적 내지는 감성적 속성들—사랑, 분노, 불안, 혐오 두려움 등과 같은—을 포함하는, 우리 경험의 심리적 양상임은 명백한 사실이다. 이 과학은 또한 빨갛고, 부드럽고, 짜고, 맵고, 시끄러운 것과 같은 시각적, 촉각적, 미각적, 후각적, 그리고 청각적인 속성들도 포함한다. 그리고 감성들 간의 연상의 법칙 또는 빨간 것은 파란 것을 배제한다는 법칙과 같은, 이런 속성들의 상호관계에 관한 법칙들까지 포함한다. 나는 이 모두를 요약하여 "감각적인 (sensory)" 양상으로 부를 생각이다.

심리학의 이론도 종교적 통제를 받는다는 나의 주장을 예증하는 샘플 이론들을 살펴보기에 앞서 한 가지 경고할 점이 있다. 심리학 이론들이 가정하는 실재관들은 종종 앞서 살펴본 수학과 물리학의 경우만큼 명백하게 진술되진 않는다는 사실이다. 가령, 수학의 경우에는 서로 상충하는 관점들이 흔히 이론들의 호칭에 반영되어 있다. 형식주의자, 논리주의자, 직관주의자, 경험론자 등과 같은 호칭들 말이다. 이와 달리 심리학의 경우에는 대표적인 이론들의 이름이 그것들을 규제하는 실재관과 상응하지 않고, 가장 널리 수용되는 심리학의 정의들은 너무 모호해서 경험의 심리적 양상과 다른 양상들의 관계를 정확하게 진술하지 못한다. 20세기에(특히 첫 3분 2에 해당하는 기간에) 가장 영향력이 컸던 두 가지 정의는 다음과 같다. ① 심리학은 인간의 정신에 관한 연구이다. ② 심리학은 인간의 행위에 관한 연구이다. 양자의 차이점은 심리학의 주제를 둘러싼 심각한 의견충돌을 나타낸다. 첫 번째(더 오래된) 정의는 인간의 의식을 탐구의 초점으로 삼는 데 비해, 두 번째 정의는 신체적 행위에 집중하고 있다. 나중에 제시된 정의는 첫 번째 것을 부정확하고 모호하다는 이유로 배격했는데, 아이러니하게도 양자 모두 동일한 종류의 개념적 모호성에 시달리고 있다.

이 둘 중 어느 것도 심리학의 범위를 제대로 정할 수 없는 이유를 알려면 우리가 앞에서 논의한 과학의 분류 방법을 상기할 필요가 있다. 거기에서 과학들은 자료에서 추출한 단일한 양상들을 탐구하기 위해, 또는 두 가지 이상의 양상들의 상호관계를 설명하기 위해 이론을 만들 목적으로 발생했다는 것을 살펴보았다. 그런데 방금 언급한 심리학의 정의들은 그 양상의 경계선을 전혀 밝히지 못하고 있다.

예전의 정의는 단지 이 과학이 인간의 정신을 다룬다고만 말하지 정신생활의 **어느** 양상을 조사하고 설명하는지 말하지 않기 때문에 별로 유익하지 않다. 인간의 정신생활은 사유, 믿음, 감정, 욕망, 의지의 행위들을 포함하고 있고, 그 가운데 어느 것이든 수학이나 예술, 윤리나 정치나 과학에 관한 것일 수 있다. 그런 정신적 행위들은 경험의 어느 양상과도 관계가 있을 뿐 아니라—우리의 전(前)이론적 경험의 관점에서 보면—이런 양상들을 보유하고 있기도 하다. 그런 행위들은, 가령, 계산이 가능하거나, 아름답거나, 사랑스럽거나, 배반될 수 있거나, 돈을 지불할 가치가 있을 수 있다는 말이다. 그리고 물론 공간적 속성, 물리적 속성, 생명적 속성, 감각적 속성, 논리적 속성 등을 갖고 있기도 하다. 그러므로 만일 우리가 한 이론의 영역을 형성하는 것이 행위 또는 의식하는 대상의 어느 양상(들)인지를 모른다면, 그 과학이 수행하는 작업의 테두리를 제대로 모르기 때문에 혼란스러울 수밖에 없을 것이다.

이와 동일한 종류의 모호함이 "인간의 행위에 관한 과학"이라는 호칭에도 해당된다. 정작 우리가 알아야 할 것은 인간 행위의 어느 양상을 연구하고 설명하는가 하는 것이기 때문이다. 인간의 행위 역시 모든 양상을 보여 주기 때문에 모든 과학의 연구 분야가 되었다. 예를 들면, 춤추는 행위는 미학적으로 아름답고, 경제적으로 수지맞고, 신체적으로 버겁고, 생물학적으로 건강하고, 감각적으로 피곤할 수 있다. 이와 동시에 종교적 축제를 기념하고, 많은 공간이 필요하고, 역사상 특정한 문화나 시기의 특징을 잘 보여 줄 수도 있다. 따라서 어느 과학이라도 그 행위의 모든 양상을 설명해 준다고 주장할 수는 없는 법이다. 그러므로 심리학은 그 자체의 "홈그라운드", 즉 인간의 행위에 대한 고유한 연구 분야로 삼을 수 있는 어떤 양상을 갖고 있어야 한다.

최근의 일부 심리학자들은 갈수록 기존의 정의들이 지닌 문제점을 알아차리긴 했으나 별로 중요하시 않은 것으로 치부히고 말았다! 예컨대, 이삭슨(Issacson), 허트(Hutt), 블룸(Blum) 등은 이렇게 시인한다.

> 심리학 이외의 많은 과학들은 가설을 세우고 그것을 테스트함으로써 행위를 설명하려고 한다. 그리고 심리학자들이 자기네 이론에서 나타내는 많은 관심사도 **다른 분야에 속한 과학자들의 관심사와 똑같다.**[1] (강조체는 추가한 것)

그들의 결론은 이렇다. 만일 심리학이 다른 과학들과 다른 차별성을 유지하려면,

개인을 총체적으로 기능하는 한 단위로 이해하는 면에 상대적인 강조점을 두어야 한다.[2]

그런데 문제는 어느 과학이든 총체적인 인간을 다루는 게 불가능하다는 점이다. 한 이론이 생물적 설명을 제공하는 순간 그것은 생물학일 것이고, 어느 이론이 물리적 설명을 제공할 때는 물리학일 것이며, 역사적 설명을 제공한다면 당연히 역사학일 것이다. 그렇기 때문에 우리는 심리학에 대한 기존의 대표적인 두 가지 정의를 뛰어넘어 특정한 이론가가 그 분야의 범위를 어떻게 정하고 그 분야를 실재의 다른 양상들과 어떻게 연결시키는지를 파악해야 한다. 오직 이런 방법으로만 어느 이론이 다른 경쟁적인 이론들과 어떻게 다른지 그 뿌리에 도달할 수 있고, 따라서 그것을 움직이는 존재론적 믿음과 종교적인 믿음을 파악할 수 있다.

앞에서 제시한 잠정적인 양상 목록은 감각적 양상을 포함하되 그 앞에 물리적 양상과 생명적 양상이 있고, 그 뒤에는 논리적 양상과 역사적 양상과 언어적 양상과 사회적 양상이 있다. 그 목록에 있는 양상의 순서는 나중에 명료하게 다룰 생각인데, 여기서는 그 목록의 아래편에 있는 양상들은 그 위편에 있는 양상들이 출현하는 데 필요한 전제조건이라는 점만 말할까 한다. 그렇다면 심리학 이론들 사이에 생기는 갈등이 대체로 감각적 양상이 그 목록상의 가까운 이웃들과 어떤 관계에 있는지를 둘러싼 것임은 결코 놀랄 일이 아니다. 흥미로운 사실은 다른 양상들을 감각적 양상으로 환원시키려고 한 인물은 물리학자인 마하와 더불어 버클리, 흄, 밀과 같은 철학자들이었고, 심리학 분야의 사상가들 대부분은 감각적 양상을 다른 어떤 양상으로 환원시킴으로써 그것을 설명하려고 했다는 점이다!

심리학 이론의 이런 추세를 간파한 인물은 장 피아제(Jean Piaget)로서, 그는 심리학자들을 나눌 때 심리학을 생물학이나 물리학(우리의 목록에서 아래쪽으로)으로 환원하여 그것을 설명하는 사람들과 심리학을 사회학(그 목록에서 위쪽으로)으로 환원하여 그것을 설명하는 사람들로 분류한다.[3] 피아제는 또한 이런 추세를 "환원주의(reductionist)"라고

부르고, 두 종류의 환원주의를 모두 반대하면서 이른바 "구성주의(constructionist)"를 선호하는 입장을 취한다.

> 심리학은 유기적인 것과 사회적인 것 사이에서 특정한 관점을 찾던 중에 특히 행위에 관한 연구 쪽으로 방향을 잡았다. … 그런데 행위라는 것은 다양한 관점에서 분석할 수 있다. … 일단 행위를 심리학적 현상으로 한정하기 위해 환원주의적 접근을 버리고 나서 이제는 구성주의적 접근을 취하고 있다는 것은 무척 흥미로운 점이다.[4]

"환원주의" 이론들의 포기에 대해선 나도 피아제에 동의하지만, 내가 그렇게 하는 이유는 그가 지적하는 개념상의 막다른 골목 때문만이 아니라 그런 이론들을 고무하고 지탱하는 이교적인 믿음 때문이기도 하다. 종교가 심리학 이론을 통제하고 있음을 보기 위해 먼저 심리학을 물리적 양상과 또는 생물학적 양상으로 환원하는 소위 "하향식" 환원의 예를 살펴보기로 하자. 이는 다름 아니라 "행동주의" 이론이라고 불리는 것이다.

9.2 왓슨, 손다이크, 스키너의 이론들

"행동주의(behaviorism)"란 용어는 심리학을 관찰 가능한 것에 국한시키기 위해 J. B. 왓슨이 창안한 것이다. 이로써 그는 윌리엄 제임스의 이론과 같이 심리학이 주로 의식에 초점을 둔다는 정의를 수용하는 이론들과 결별하고자 했다. 왓슨은 이렇게 말한다.

> 그 [의식이란] 개념이 얼마나 비과학적인지를 보려면 잠시 윌리엄 제임스가 내린 심리학의 정의를 살펴보라. "심리학은 의식 자체의 상태를 묘사하고 설명하는 것이다." 그 자신이 증명하려는 바를 가정하는 그런 정의와 함께 시작하는 제임스는 대인논증(argumentum ad hominem: 상대의 감정, 성격, 지위, 처지 따위에 호소하는 논증-역주)으로 자기의 곤경을

피해 버린다. … 다른 모든 내성주의자들도 똑같이 비논리적이다. 달리 말하면, 그들은 우리에게 의식이 무엇인지를 말해 주지 않고, 단지 가정에 의해 그 속에 이런저런 것을 집어넣기 시작할 뿐이다. 그리고 이후에 의식을 분석할 때가 되면 당연히 자기네가 그 속에 집어넣은 것을 발견할 따름이다.[5]

왓슨은 그 자신과 동료들이 의학과 화학 같은 과학 분야에서 어떻게 진보가 이루어졌는지를 살펴본 결과, 그것은 언제나 반복 가능한 실험실의 실험에 의해 확증될 수 있는 종류였음이 드러났다고 말을 잇는다. 그래서 이런 과학들을 모델로 삼아 심리학을 개조하려고 나섰다. 그의 주장은 행동주의자는 자기가 사용하는 어휘에서 "주관적으로 정의되는 것들, 곧 감각, 인지, 이미지, 욕망, 목적, 사유, 감정 등과 같은 주관적인 용어들을" 모두 없애야 한다는 것이다. 그 대신

> 행동주의자는 "왜 우리는 우리가 관찰할 수 있는 것만을 진정한 심리학의 분야로 삼지 않는가?"라고 묻는다. 이제 우리 자신을 관찰한 것에 국한시키고, 이런 것들에 관한 법칙만 만들도록 하자. 그러면 우리는 무엇을 관찰할 수 있는가? 글쎄, 우리는 **행동**을 관찰할 수 있다. 유기체가 행하거나 말하는 것 말이다. 그리고 나는 당장 이 기본적인 논점, **말하는 것**은 곧 행하는 것, 즉 **행동하는 것**이란 논점을 개진하고 싶다. 우리 자신에게 남몰래 말하는 것(사유하는 것)은 야구만큼이나 객관적인 행동이다.
>
> 행동주의자가 그 자신 앞에 놓는 잣대는 항상 이것이다. 나는 내가 목격하는 이 행동을 "자극과 반응"의 견지에서 묘사할 수 있는가?[6]

이 단순한 자극-반응의 반사궁(反射弓)이 모든 인간의 행동은 고사하고 모든 동물의 행동을 설명하기에도 충분하지 않다는 것은 말할 필요도 없다. 그렇기 때문에 E. M. 손다이크는 반사 행동의 제한된 설명력을 넘어서도록 행동주의 이론을 더욱 확대하려고 애썼다. 손다이크는 이 보완책을 "효과의 법칙(law of effect)"이라고 불렀다. 이는 과

거 행동의 결과가 미래의 행동을 결정짓는 데 일정한 역할을 한다는 뜻이다. 그는 이 논점을 피력하기 위해, 만일 어느 자극-반응에 "만족시키는 자(satisfier)" 내지는 강화자가 뒤따른다면 그 연관성은 더욱 강화된다고 말했다. 반면에 "방해하는 자(annoyer)" 내지는 혐오스러운 자극이 뒤따른다면, 그 연관성은 더 약화된다는 것이다. "만족시키는 자"와 "방해하는 자"란 용어는 관찰이 불가능한 내면적인 쾌락과 고통의 상태를 가리키지만, 손다이크는 이런 용어를 자기 이론 속에 슬그머니 집어넣지 않았다. 오히려 왓슨의 프로그램과 맥을 같이하여 그것들까지 행동주의적으로 정의했다.

> 만족스러운 상태란, 동물이 그것을 피하는 행동을 전혀 취하지 않고 종종 그것을 유지하거나 소생시키는 행동을 하는 상태를 말한다. 방해하는 상태란, 동물이 그것을 보존하는 행동을 전혀 취하지 않고 종종 그것을 끝내는 행동을 하는 상태를 말한다.[7]

또한 손다이크는 **목적**이란 것이 주관적이고 관찰 불가능하다는 이유로 그 용어를 일체 언급하지 않았다.

스키너는 손다이크의 성과를 기반으로 삼았다. 그의 임무는 비(非)반사적인 반응을 설명하는 일이었고, 이를 위해 "조작적(operant)" 반응이란 개념을 개발했다. 이런 반응은 반사적 행동과 다르다. 단순한 반사는 무조건적인 자극을 무조건적인 반응으로, 또는 조건적인 자극을 조건적인 반응으로 연결시키는 법칙들로 설명할 수 있기 때문이다. (물론 후자를 이런 식으로 설명하려면 그 유기체의 과거의 조건화 내력을 알 필요가 있다.) 하지만 조작적인 법칙은 이를 뛰어넘어 행동을 손다이크의 강화성 자극 개념과 연관시킨다. 스키너가 말하듯이, "조작자는 강화를 조건으로 삼는 속성에 의해 규정된다"[8]. 그러므로 스키너가 만들고자 하는 법칙은 자극을 반응과 연관시키는 것뿐만 아니라 반응을 그 강화자와 연관시키는 것들도 포함한다. 조작적 법칙은 강화성 자극을 특정한 반응이 속해 있는 반응들의 등급과 연관시킴으로써 특정한 반응을 예측하거나 통제하게 한다. 따라서 조작적 행동으로 우리는 자극을 유도하는 것과는 달리, 주어진 행동을 "유발"하지 않고 그런 행동 발생의 확률을 높이기만 하는 변수들을 다룬다. 이어서 우리는 가령 한 가지 이상의 그런 변수가 내는 종합적인 효과를 다룰 수 있을 것이다.[9]

이 모든 것은 손다이크의 "효과의 법칙"을 정교하게 다듬으려는 시도라고 보는 게 공평하다. 스키너의 경우, "효과의 법칙"이야말로 심리학 전체의 초점이 되기 때문이다. 이 견해에 따르면, 심리학자의 작업은 특정한 행동이 그 행동의 강화자와 관련하여 발생할 수 있는 확률을 확증함으로써 그 행동을 예측하거나 통제하는 것이다. 그는 그런 관계를 "강화 수반성(contingencies of reinforcement)"이라고 부른다.

유기체와 환경 간의 상호관계에 대한 적절한 공식화는 언제나 세 가지를 명시해야 한다. ① 그 반응이 일어나게 된 계기, ② 그 반응 자체, 그리고 ③ 강화성 결과 등. 이들 간의 상호관계가 바로 강화 수반성이다.[10]

이 모든 이론의 공통점은 인간의 정신생활 및 경험과 관련하여 명백히 비(非)행동적인 것들—생각과 느낌, 목적과 지각 등—은 결코 심리학에 진입하지 못하도록 배격한다는 것이다.

이처럼 간략하게 요약한 내용만 보더라도 무언가 아주 이상한 일이 벌어지고 있음을 충분히 알 수 있다. 우리 모두는 끊임없이 우리의 생각과 느낌, 지각과 의도를 경험하고 있는데, 왜 이 모든 것을 심리학은 무시하는 것일까? 왓슨이 제임스의 정의를 비판했던 것을 기억하라. 즉, 그 정의가 의식을 언급할 때 정작 **증명될** 필요가 있는 것을 **가정으로 삼고** 있다는 식으로 비판하지 않았던가? 그런데 생각과 지각의 자리를 차지하게끔 되어 있는 자극과 반응 그 자체도 실은 지각으로 인식되고 생각으로 해석되는 것이 아닌가? 그렇다면 행동주의자는 왜 생각과 지각을 **가정**으로 간주하는 것인가? 왜 그들은 생각과 지각의 존재를 **증명할** 필요가 있다고 말하는가?

이런 견해는 단지 이런 사상가들의 실재에 대한 관점의 산물로서만 이해될 수 있을 뿐이다. 이 관점을 정확하게 파악하기 위해 인간 본성에 관한 그들의 견해를 생각해 보자. 다른 심리학 이론들은 대부분 인간이 두 가지―정신과 몸―로 구성되어 있다고 보았었다. 그래서 생물학과 의학은 몸을 연구하며 다루는 데 비해, 심리학은 정신을 연구하며 다룬다고 생각했다.

이와 대조적으로, 행동주의자들은 정신-몸의 이원성을 배격한다. 그들은 인간을 단 한 가지, 곧 몸으로 본다. 그러므로 어느 과학이 설명의 몫을 담당하든지 상관없이, 연구하고 설명해야 할 것은 오직 몸밖에 없다. 그런데 행동주의자는 정신이라 불리는 별개의 실체가 존재한다는 믿음을 왜 거부하는 것일까? 그 이유는 실재에 대한 그들의 **유물론적** 관점에 있다.

유물론적 실재론이 행동주의의 배후에 있다는 점은 여러 면에서 볼 수 있는데, 가장 명백한 사실은 그들이 행동의 설명에서 모든 내적 경험을 배제시키기 원하는 이유가 바로 그 실재론 때문이라는 것이다. 혹자가 인간의 본성을 정신과 몸으로 보는 견해를 배격한다 하더라도 굳이 모든 내적인 경험을 제쳐놓아야 할 필요는 없기 때문이다. 어떤 이론이 인간은 두 가지로 구성되어 있다는 점을 부인하면서도―즉, 정신이 별개의 사물임을 부인하면서도―, 인간의 행동을 이해하는 데 꼭 필요한 내적 경험이 존재한다는 것은 수용할 수 있다. 그러나 혹자가 만일 유물론적 관점을 받아들인다면, 비(非)물리적인 정신에 대한 믿음이 당연히 배제될 뿐만 아니라 비(非)물리적인 내적 경험의 존재 또한 배제되고 말 것이다.

동일한 논점을 약간 다른 각도에서 생각해 보라. 만일―이론은 제쳐 놓고―우리가 직접 경험하는 것을 그냥 묘사한다면, 다른 모든 것과 마찬가지로 인간 역시 모든 양상을 보여 준다고 말해야 할 것이다. 예컨대, 사람들은 공간을 차지하고, 움직이고, 먹고, 느끼고, 추론하고, 말한다. 이런 행위들은 각각 공간적, 물리적, 생물학적, 감각적, 논리적, 언어적 속성들을 갖고 있다. 사람들은 또한 가치들을 갖고 있고, 가치판단의 행위는 진리나 경제, 아름다움이나 정의나 사랑을 겨냥할 수 있다. 반면에 우리는 오로지 물리적이기만 한 몸, 또는 오로지 비(非)물리적이기만 한 정신은 결코 경험할 수 없다. 이런 것은 인간의 본성을 설명하기 위해 창안된 존재자 가설이기 때문이다. 그리고 이런 것은 이론으로 제시되거나 그냥 전제의 역할을 하는 어떤 실재관의 통제 아래서 고안되었다. 정신-몸의 이원성을 규제하는 관점은 특정한 두 가지 양상을 한 사람의 다른 모든 양상들이 의존해 있는 양상들로 보는 관점이다. 이 두 양상은 보통 물리적 양상과 논리적 양상이다. 이런 관점에서 보면, 완전히 물리적인 사물들(몸)과 완전히 비물리적인 사물들(정신)이 존재한다는 것을 수용하기가 쉽다. 따라서 나머지 양상들은 정신과 몸의 상호작용으로 생성된다고 볼 수 있다.

이와 대조적으로, 행동주의 이론들을 지도하는 관점은 모든 실재는 물리적 양상에 국한되거나 의존해 있다고 보는 관점이다. 말하자면, 그 관점은 ① 오직 물리적인 몸들과 그들의 행동밖에 존재하지 않는다고 주장하든가 ② 관련된 비(非)물리적인 요인들은 어느 것이나 완전히 물리적인 몸과 그 행동에 의해 생성된다고 주장한다. 이런 이유로 행동주의와 다른 이론들의 차이점의 핵심을 단지 비물리적인 정신의 존재 여부를 둘러싼 논쟁으로만 이해할 수 없는 것이다. 행동주의적 관점은 정신이 어떤 것을 설명한다는 점을 부인할 뿐만 아니라 비물리적인 것으로 추정되는 것이면 무엇이든 부인한다. 이 관점은 다른 모든 양상과 더불어 감각적 양상 역시 ① 경험의 물리적 양상으로 환원되거나 ② 물리적 양상에 의존하고 있다고 본다. 양자 중 어느 경우든 진정한 과학적 설명은 항상 물리적 성격을 띠게 된다.

위에서 언급한 유물론의 두 가지 형태는 왓슨이 감각적 양상을 물리적 양상으로 환원하는 방식과 스키너가 그렇게 하는 방식의 차이점에 반영되어 있다. 왓슨은 첫 번째 형태를 취한다. 왓슨이 보기에, 의식이란 것은 그 상태와 내용과 더불어 명백한 허구일 뿐이다. 한마디로 그런 실체는 존재하지 않는다고 본다. "의식"은 "영혼"만큼이나 허구적인 것이라고 그는 말하고, 정신생활의 모든 개념을 인디언이 말하는 치료자의 미신과 동급에 놓는다.[11] 다른 한편, 스키너는 내적 경험이 존재한다는 것을 노골적으로 부인하진 않는다. 또한 그의 견해에 따르면, 내적 경험이 독특한 감각적 속성과 비물리적인 속성을 갖고 있을지도 모른다. 그럼에도 불구하고, 그는 그런 내적 경험이 심리학에 포함되어서는 안 된다고 주장한다. 왜냐하면 이런 경험은 절대로 행동을 유발하지 않고, 오히려 언제나 행동에 의해 유발되기 때문이라는 것이다.[12]

하지만 이 양자 모두 물리적 양상에 자존(自存)의 지위를 부여하고 있다. 이 양상이 모든 것을 설명하고 유발하는 것은 모든 것이 그것에 달려 있기 때문이고, 그 이론에 따르면 그것은 다른 어떤 것에도 의존하지 않기 때문에 자존하는 것일 수밖에 없다. 이런 식으로 유물론적 관점은 물리적인 것을 믿는 종교적 믿음을 전제로 삼고 있는 만큼 창조세계의 한 양상을 신적인 것으로 간주한다는 점에서 이교의 한 유형이라고 할 수 있다. 그러므로 행동주의는 하나님을 믿는 사람들은 도무지 수용할 수 없는 것임이 분명해졌다.

사례집에 나오는 다른 장들과 같이 여기서도 내 목적은 현재 검토하는 이론들을 비판하는 것이기보다는 그 이론들도 모종의 종교적 믿음에 의해 규제되고 있음을 보여 주는 일이다. 그럼에도 불구하고, 이 사상가들은 유물론적 신앙과 관점에 사로잡힌 나머지 그들의 이론이 비정합성에 시달리고 있음에도 그들의 입장을 고수하고 있다. 이런 비정합성의 예는 스키너가 조건화가 어떻게 행동을 통제하는지 설명하는 대목에서 엿볼 수 있다.

> 이와 똑같은 것이 사람이 책을 쓸 때, 물건을 발명할 때, 사업을 운영할 때에도 해당된다. 그는 아무것도 시작하지 않았다. 그것은 과거의 역사가 그에게 미친 효과일 뿐이다. 그것이 진리이고, 우리는 이 진리에 익숙해져야 한다.[13]

그런데 만일 책의 집필이 다른 모든 인간 행위와 마찬가지로 우리의 과거의 조건화에 의해 통제받고 있다면, 이는 스키너의 책에 대해 무슨 말을 하는 것인가? 행동주의 이론에 대해서는 무슨 말을 하는가? 행동주의자가 일관성을 지니려면 자신의 이론은 그 자신의 조건화의 산물에 불과하다고 시인해야만 할 것이다. 일단 이렇게 시인하고 나면, 행동주의자이든 어느 누구든지 그 이론(또는 다른 어떤 믿음이든지!)을 진리로 간주할 만한 이유가 없는 셈이다. 혹시 행동주의가 진리일 경우라도 어느 누구도 그것이 진리인 것을 알 수 없는데, 왜냐하면 그 이론에 따르면 모든 믿음은 그 신자의 조건화가 다른 어떤 것도 할 수 없도록 만들기에 어쩔 수 없이 그것을 품는 것이기 때문이다. 그러므로 스키너의 주장은 자기 지시적인 비정합성을 안고 있는 것이다. 그런데도 그는 "그것이 진리이고, 우리는 이 진리에 익숙해져야 한다"라고 말한다!

의식의 내적 상태를 심리학에서 배제하겠다는 행동주의 입장은 또 다른 비정합성을 안고 있다. 이 주장이 우리의 직접 경험에 대한 묘사와 비교할 때 개연성이 없다는 것은 이미 살펴보았는데, 내가 지금 언급하고 있는 것은 또 다른 문제점이다. 이는 행동주의자가 자극 내지는 강화자와 반응 간의 상호관계를 수립할 때, 본인이 그 연구대상인 유기체에 계속해서 적용될 어떤 것을 입증했다고 가정하지 않으면 안 된다는 점이다. 만일 발견된 사실이 발견된 순간에만 해당된다면 그 상호관계는 어떤 과학적인 예측이나 통제도 산출할 수 없을 것이다. 그러나 그 상호관계가 법칙으로 간주되어 계속 적용되어야 한다면, 그것은 그 개인 속에 있는 지속적인 기질이나 성향을 묘사해야 할 것이다. 스키너가 "만일 목마르다는 것이 오직 목이 마르는 성향을 갖고 있다는 것만 의미한다면, 그것은 수용할 만하다"고 말한 것은 그 문제를 농락하는 발언이다. 만일 그것이 그 사람으로 물을 마시도록 만든 목마름의 내적 상태를 언급하도록 되어 있다면, 그것은 반론의 여지가 있다는 뜻이었다.

여기에서의 문제점은 기질과 성향은 스키너와 왓슨이 심리학에서 제거하고 싶었던 다른 모든 실체들과 다름없이 관찰 불가능한 것이라는 사실이다. 그렇다고 그가 그 기질과 동일한, 순전히 물리적인 뇌의 상태가 존재한다고 가정한다고 해서 문제가 해결되는 것도 아니다. 왜냐하면 대체로 말해서, 우리가 한 가지를 다루고 있는지 아니면 두 가지를 다루고 있는지가 의심스러울 경우, 오직 한 가지밖에 존재하지 않는다는 주장은 (추정된) 두 가지가 똑같은 속성들을 갖고 있음을 증명해야 하기 때문이다. 그런즉 뇌의 상태가 성향과 동일시되려면, 그것이 성향이 지닌 모든 속성들을 갖고 있어야 하는 만큼 이는 관찰 불가능하고 비물리적인 속성들을 갖고 있어야 한다는 말과 다름없다! (물리적 속성들과 더불어) 비물리적 속성들이 없다면 뇌의 상태는 성향의 경험에 상응하지 않을 것이고, 또 성향에 대한 묘사를 충족시킬 수도 없을 것이다. 그뿐만 아니라, 이미 지적한 바와 같이, 우리는 뇌의 어떤 상태나 활동이든 오직 물리적인 것으로만 경험하는 것이 불가능하다. 우리가 관찰한 바에 따르면, 뇌와 그 활동은 다수의 양상들을 보여 준다. 예컨대, 공간을 차지하고, 관찰이 가능하고, 숫자로 계산할 수 있다. (나중에 내가 환원주의적 주장들을 상세히 비판할 때 단 하나의 양상만 지닌 사물의 개념을 만드는 게 결코 가능하지 않다는 것을 보여 줄 예정이다.) 다수의 양상을 순전히 물리적인 것으로 환원하는 일이 불가능할 뿐 아니라, 스키너는 성향과 기질이 없이는 자기 입장을 개진할 수 없다는 점을 시인해야 한다. 설상가상으로, 비록 누군가 성향과 기질을 명시적으로 언급하지 않을 수 있는 행동주의의 한 형태를 창안할 수 있다 할지라도, 행동주의의 설명력과 예측력은 암묵적으로라도 그것들을 가정할 것을 요구한다는 것이다. 따라서 비물리적인 내적 상태를 심리학에서 제거하겠다는 주장은 사람들이 성향을 갖고 있다는 가정과 상충되기 때문에 그 이론의 이 부분은 자기 가정적인 비정합성을 안고 있다고 할 수 있다.

끝으로, 강화자들과 자극-반응 패턴 간의 관계를 보여 줘야 할 법칙들이 미처 설명하지 못하는 점이 많이 있다. 이 문제는 강화자와 반응 간의 상호관계를 통계적으로 입증함으로써 해결할 수 있다고 스키너는 말했다. 그러나 설사 그런 작업에 포함된 많은 변수들을 정리하고 그 상대적인 비중들을 설정할 수 있다고 인정하더라도(이 일이 가능하다는 것은 결코 자명하지 않다), 그에 따른 확률은 무엇을 설명할 수 있을까? 예컨대, 겨울 날씨가 얼마나 혹독한지에 비례하여 바닷가보다 산에서 휴가를 즐길 사람이 더 많다는 점을 입증할 수 있다고 가정하자. 우리는 과연 무엇을 설명한 것인가? 피아제가 지적했듯이,

> 이것은 계산에 의해 사실상의 상태와 관찰된 법칙을 표명하는 것일 뿐이고, 그럴 확률에 대한 이유는 여전히 설명되어야 할 문제다.[14]

이런 문제점을 언급하는 취지는 유물론적 관점에 대한 신앙이 그 관점에 사로잡힌 사람들에게 통제력을 행사하고 있음을 부각시키기 위해서다. 이는 행동주의 이론이 그 옹호자들에게 매력적으로 보이는 것은 그 이론의 설명력 때문이 아니라는 점을 보여 준다. 그 이론은 논리적 일관성이 없기 때문이다. 오히려 그 매력은 과학의 마땅한 속성에 대한 특별한 관점, 즉 실재의 본질과 신에 대한 특정한 견해에 기초를 둔 그런 관점에서

나온다. 어떤 가설은 개연성이 있고 또 어떤 가설은 개연성이 없는지에 대해 한계를 긋는 것은 바로 유물론적인 실재관이다. 이 관점은, 만일 효과가 없는 것으로 입증되면 쉽게 포기되는 "작업가설"이나 "방법론적 가정"을 훨씬 뛰어넘는다. 이와 반대로, 도무지 극복할 수 없는 비정합성에 직면해서도 충성심을 요구하는 하나의 희망과 예언으로 남는다. 이런 충성심은 그것이 물질/에너지의 신성에 대한 종교적 믿음에 뿌리박고 있다고 설명을 해야 납득이 간다. 이 충성심이야말로 그 관점의 원동력이고, 그 지도 아래서 과학을 연구하는 이들에게 그 영향력을 발휘하는 진정한 근원이다.[15]

물론 이 관점을 변호하는 이들은 심리학에서 사유의 정확성, 측정 가능성, 효율성과 같은 훌륭한 특징들을 극대화하기 위해서 그 관점을 채택한다는 식으로 변명한다. 그런 특징들이 바람직한 것은 사실이라도, 그런 것의 중요성이 다른 모든 것보다 더 중요한 한 가지는 결코 추월할 수 없다. 바로 '그 이론이 관련된 자료를 제대로 설명해 주는가?'이다. 이 점에서 그들은 아리스토텔레스의 현명한 충고를 잊어버린 것 같다.

> 우리의 토론은 주제가 허락하는 만큼의 명료성을 갖고 있으면 충분할 것이다. 모든 토론에서 똑같이 정확성을 추구할 필요가 없기 때문이다. … 정확성을 찾는 것은 유식한 사람의 특징인데… 그 주제의 본질이 허용하는 한 그럴 뿐이다(*Nicomachean Ethics* 1094b12-25).

그러므로 의식의 상태는 비록 관찰이 불가능할지라도, 인간의 행동을 이해하는 데 사람들이 생각하고 느끼고 욕망하고—특히—믿는 것보다 더 적실한 것이 과연 있는지 도무지 상상하기가 어렵다. 행동주의 자체도 그것을 옹호하는 사람들의 믿음이 아닌가? 이 믿음이야말로 그들이 심리학을 추구하면서 취하는 "행동"의 이유가 아닌가? 이 이야기가 주는 교훈은 분명하다. 행동주의는 인간의 인지적 및 감정적 경험을 제대로 설명하기보다는 심리학에 이르는 문지방에서 이론적인 자살을 범했다는 것이다.

9.3 아들러와 프롬의 이론들

피아제가 언급한 환원주의적 성향의 두 번째 경우는 삶의 인지적 및 감정적 경험을 물리적 및/또는 생물학적 원인들이 아니라 사회적 원인의 산물로 설명하려는 시도이다. 그렇다고 사회적 지향성을 가진 이론들의 옹호자들이 인간의 물리적 양상이나 생물학적 양상을 모두 무시한다는 뜻은 아니다. 오히려 인간의 물리적이고 생명적인 구성요소들이 심리적인 삶의 기초와 한계를 설정하되 사람들이 생각하거나 느끼거나 행하는 방식을 **결정하지** 않으면서 그렇게 한다는 뜻이다. 이 접근의 뛰어난 본보기는 알프레드 아들러(Alfred Adler)가 행동주의자들 및 프로이드의 초기 이론들과 결별한 방식이다. 프로이드는 궁극적으로 심리학을 물리학으로 환원시키기 원하는 관점에서 이론을 개발한 데 비해, 아들러는 심리학을 **사회적인** 과학이라고 주장했다.[16] 심리학의 목표는 "생리학에서처럼 원인을 파악하는 게 아니라 방향을 제공하는 것… 다른 모든 심리학 운동을 지도하는 [사회적인] 세력들과 목표들을 파악하는 것"이라는 게 그의 주장이다.[17]

그래서 아들러는 우리의 유전자 구성이 우리가 가진 몸의 종류와 생명의 필수품을 결정한다는 점을 인정하면서도, 타고난 생물학적 충동조차 사람들의 **사회적** 지향성에 따라 다르게 다뤄진다고 말한다.[18] 이는 성적 충동과 같은 것들뿐만 아니라[19] 사람들이 세상을 인지하는 방식에도 해당된다고 그는 주장했다. 인지는 결코 감각적인 복사작용에 불과한 게 아니라 사람들이 자기네 사회생활의 요인들로 인해 감각들을 모으고 배열하는 방식의 산물이라고 말했다. 따라서 사람들은 문자 그대로 동일한 것을 보지 않는다. 이로 말미암아 심리학이 한 개인이 인지하는 방식으로부터 그의 내면생활에 관한 중요한 결론을 추론하는 일이 가능하게 된다.[20]

그러면 인간의 느낌과 인지와 행동을 낳는 사회적 요인들은 정확히 무엇인가? 아들러에 따르면,

> 본인의 편견들, 본인의 "무의식적인" 전제들은 인간의 모든 표현들처럼 사회적 맥락 내에 존재하고, 어떤 식으로든 권력과 의미와 안전을 얻으려고 애쓰는 모습을 표출한다.[21]

한마디로, 모든 사람은 하나같이 "우월성"을 차지하려고 애쓴다. 바로 이것이 "사람의 일반적인 목표"이고 "인간 생활을 조건 짓는 으뜸가는 요인"이다.[22] 사회적 우월성을 향한 욕구가 모든 사람의 "인생 목표"이기 때문에 "어느 누구도 실질적인 또는 외관상의 열등감을 견딜 수 없다."[23] (이와 관련하여 아들러는 "열등의식"이란 용어를 창안했다.)

각 개인의 권력과 우월성을 향한 사회적 욕구는 타인들 속에 있는 똑같은 욕구와 정면으로 충돌한다. 이 욕구를 억제하지 않고 그냥 내버려 두면 끊임없는 분쟁을 낳는 바람에 인간 사회가 존립할 수 없을 것이다. 이런 이유로 아들러는 우월성의 목표는 "현실의 관점에서 보면 웃기는 것"이라고 주장했다(여기서 "현실"은 사회적 현실을 가리키는 말이었다). 개인은 사회에 별로 영향을 미치지 못한다고 그는 주장했다. 더군다나 각 개인의 존립은 사회에 달려 있는 만큼 우월성을 향한 욕구를 봉쇄하는 억제책이 반드시 필요하다. 남성과 여성은 서로를 필요로 하고, 자녀들은 부모가 필요하며, 가족은 더 큰 사회집단에 의존해 있다. 그러므로 인간생활에서 으뜸가는 심리학적 요인인 그 욕구는 각 사람의 생존에 필요한 사회적 조건과 어쩔 수 없이 대립하고 있는 것이다. 이런 사회적 조건은 오직 상호조정, 즉 사람들이 우월해지려고 경쟁하기보다 생존을 위해 협력하는 조정 작업―주로 노동 분업―을 통해서만 보존될 수 있다.

> 만일 우리 삶의 조건들이 무엇보다도 우주적 영향에 의해 좌우된다면, 그것들은 또한 인간 존재의 사회적인 삶과 공동생활에 의해, 그리고 공동생활에서 자연스럽게 생기는 법칙과 규정에 의해 결정되기도 한다.[24]

아들러는 개인의 사회 집단에 대한 의존성을 "공동생활의 논리"라고 불렀는데, 여기서 "논리"란 "보편적으로 유용한" 동시에 개인의 생존에 필요한 모든 것을 가리킨다. 이어서 그는 이 용어들을 사용하여, 인간을 독특한 존재로 특징짓는 모든 것은 "공동생활의 논리" 때문에 발달되었다는 논점을 전개했다. 아들러는 이렇게 주장했다. 언어뿐만 아니라 사고와 개념들도 이성, 이해력, 논리, 윤리, 그리고 미학과 마찬가지로 그 기원을 사람의 사회생활에 두고 있다.[25]

아들러의 이론에 따르면, 각 인간은 거대한 충돌에 휩싸여 있는 셈이다. 한편으로, 홀로 있는 사람은 생존할 수도 재생산할 수도 없으며, 인간 특유의 능력은 모두 사회적 필요를 채우기 위해 진화된 것이다. 다른 한편, 개인의 열등감을 불러일으키는 요인은 바로 사회인 만큼 사회가 곧 개인이 대항하여 싸우는 장애물인 셈이다. 그런데 이 싸움은 완전히 일방적인 것이다. 어느 개인도 사회를 이길 수 없다는 말이다. 그런즉 이 갈등은 한 방향으로만 해소될 수 있을 뿐이다.

> 이 진퇴양난에서 우리가 유일하게 의지할 것은 우리의 집단생활의 논리를 가정하는 일뿐인데… 그것이 마치 궁극적인 절대 진리인 것처럼 생각하는 것이다.[26]

따라서 사회의 필요는 가장 중요한 것으로 간주되어야 하고, 개인은 그 필요에 적응해야만 한다. 그러면 이 필요들은 모든 가치들과 행습들과 관계들 등을 평가하는 궁극적인 기준이 된다. 말하자면, 심리학에서 정상적인 것과 비정상적인 것이 이 기준에 따라 좌우된다는 뜻이다.

> 우리가 공의와 정의라고 부르는 것, 인간 성품에서 가장 귀중한 것으로 생각하는 것은 본질적으로 인류의 사회적 필요에서 생기는 조건들을 충족시키는 것에 불과하다. … 우리는 나쁜 성품이나 좋은 성품을 오직 사회의 관점에서만 판단할 수 있다.[27]

개개인이 자신의 우월성 욕구를 사회적인 생존 조건에 맞추는 방식을 아들러는 "생활방식"이라고 불렀는데, 이는 심리학적으로 정상적일 수도 있고 비정상적일 수도 있다. 비정상적인 사람들의 경우, 그들의 "부적응은 언제나 내적 갈등이 아니라 생활방식과 사회적 요구 간의 부조화를 뜻하는 만큼"[28], 그 치료책은 "항상 '나쁜' 충동을 억제하는 게 아니라 사회적 감각을 강화시키는 것이다."²⁹ 일반적으로 말해서, 비정상적인 생활방식은 이런 식으로 특징지을 수 있다.

> 노동 분업은 인간사회의 보존을 위해 필수불가결하다. 따라서 각 사람은 어느 시점에 특정한 장소를 메워야 한다. 만일 어떤 사람이 이런 의무에 참여하지 않는다면, 그는 사회생활의 보존과 인류의 보존을 모두 부인하는 것이다.³⁰

이 논점은 섹스와 결혼이란 보다 구체적인 예에 다음과 같이 적용되고 있다.

> 정상적인 생활방식에서는 성적 매력이… 언제나 인류의 복지에 대한 열망에 따라서 형성된다. … 좋은 결혼은 인류의 장래 세대를 키우는 최선의 수단이고, 결혼은 언제나 이것을 염두에 두어야 한다.³¹

그러므로 한 남자가 한 여자에게 구애할 때, 우리의 눈에 그 남자의 행위가 인류의 장래에 대해 "예"라고 말하는 것으로 보인다면 그는 심리학적으로 정상적인 방법으로 구애를 하고 있는 것이다.³² 다른 모든 경우와 마찬가지로 이 경우에도 그 개인에게는 "한 집단의 내재적인 게임 규칙이… 절대 진리"가 되는 셈이다.³³

아들러는 이처럼 개인이 사회집단의 필요에 적응할 것을 강조했기 때문에 마르크스와 엥겔스의 사회 이론에 큰 관심을 갖게 되었다. 사실 그는 그들의 업적에 너무도 감탄한 나머지 언젠가 "칼 마르크스는… 사회적 관심의 궁극적 실현에 이르는 길을 보여 주었다"라고 극찬했다.³⁴ 그렇지만 아들러는 마르크스 이론의 역사적 결정론은 배격했다. 만일 모든 것이 역사의 흐름에 의해 예정되어 있다면, 규범은 존재할 수 없을 것임을 그는 정확하게 간파했다. 말하자면, 옳고 그름도 없을 것이고 정상과 비정상도 있을 수 없다는 뜻이다. "만일 사람이 환경에 의해 완전히 좌우된다면 우리는 잘못을 논할 수 없다"고 그는 말했다.³⁵ 그래서 그는 경제에 의해 좌우된다는 마르크스의 역사관을 뒤집어서 이렇게 주장했다.

> 매 순간마다 각 개인과 각 집단은 이전에 습득한 생활방식에 따라서 경제적 조건들을 반영하고 또 거기에 반응하기 마련이다.[36]

이처럼 그는 어느 이론이든 인간들에게 진리를 인식할 수 있는 진정한 자유를 허용하는 것이 필요하다고 말했다. 그가 정확하게 간파한 것이 또 하나 있다. 만일 모든 사상, 믿음, 감정, 선택이 원래 결정되어 있다면(즉, 외부의 조건에 의해 인간에게 강요된 것이라면), 결정론자들의 결정론의 수용 역시 그 동일한 조건에 의해 그들에게 강요된 것이라고 말했다. 이 경우에 그들이 자기네 이론이 옳다고 결코 주장할 수 없는 것은 그 이론이 자기 지시적인 비정합성을 안고 있을 것이기 때문이다. 달리 말해서, 그 이론에 따르면 그 어떤 믿음도 경험이나 이성에 기초하여 내려진 자유로운 판단이 아니라 언제나 신자가 통제할 수 없는 일종의 강박관념이기 때문이다.

아들러는 만일 그가 단순히 행동주의자의 물리적 결정론을 사회적 결정요소로 보충한다면, 결국 결정론의 딜레마를 피하지 못한 채 더 복잡한 형태로 귀결될 것임을 인식하고 있었다. 그는 단일한 힘(물리적인 것)보다 두 가지 결정적인 힘(물리적인 것과 사회적인 것)을 기꺼이 인정하고 싶긴 했지만, 여전히 자기 이론의 진리성을 자유로이 검증할 수 있다는 일관성 없는 태도를 도무지 피할 수 없었다. 그는 이 점을 명백히 인식하고 있었음에도 불구하고 지식의 획득과 관련하여 인간에게 진정한 자유를 허용하는 그런 이론은 결코 제공하지 않는다. 그 대신 계속해서 한 사람의 사고와 감정은 어린 시절에 형성된 사회적 지향성에 의해 좌우된다고 주장함으로써 자기가 피해야 한다고 생각했던 양 넌적인 결정론에 빠지고 만다.

> 어쩌면 우리가 자유의지와 자유로운 판단을 부정하고 있다는… 인상을 받는 일부 독자들도 있을 것이다. 자유의지에 관한 한 이 비난은 옳다. … 우리는 조사과정에서 [환자의] 초창기 어린 시절의 내력을 찾아내야 한다. 왜냐하면 영아기의 인상들이… 장래에 그가 반응하게 될 방향을 가리키기 때문이다. … 그가 가장 어린 시절에 느꼈던 특정한 압력은 인생에 대한 태도와… 그의 세계관을 채색할 것이다. … 사람들이 영아기 이후에는 인생에 대

한 태도를 바꾸지 않는다는 것을 알게 되는데, 이는 놀랄 일이 아니다.[37]

아들러가 미해결 상태로 남긴 또 다른 문제는 사회의 필요를 심리적 정상 상태를 가늠하는 기준으로 삼는 데서 발생한다. 그의 견해는 개인이 소속 집단의 사회적 필요에 항상 순응해야 한다는 것이다. 이는 사회 그 자체가 비정상적일지도 모른다는 의문을 아예 배제시켜 버린다. 이와 동시에 이런 견해는 아들러에게 실제로 사회적 우월성을 획득한 모든 지도자를 비정상적인 인물로 간주하도록 강요한다!

사회적 방향으로 움직이는 환원주의의 또 다른 예는 에릭 프롬(Erich Fromm)의 사상인데, 그는 아들러의 저술에 담긴 결함을 수정하려고 나선 인물이었다. 프롬의 초창기 저술을 보면 그 역시 자신을 사회적 심리학자로 불렀고, 아들러처럼 인간들이 그들 본성의 물리적/생명적 양상들에 의해 좌우된다고 보는 이론들을 배격했다. 프로이드는 심리학을 "사람에 관한 자연 과학"[38]으로 보았지만, 프롬은 인간의 참 본성은 "자유롭고 의식적인 활동"[39]에 있다고 말했다. 그런 자유롭고 의식적인 활동은 "자연스러운" 성적 충동이나 굶주림에 의해 결정되는 게 아니라 사람들이 아름다움과 사랑 같은 것들을 다루는 방식을 포함하고 있다.[40] 아들러처럼 프롬 역시 마르크스를 크게 존경했다. 그래서 마르크스가 강조한 계급과 경제적 요인들이 인간생활의 사회적인 면을 좌우한다고 보았다. 이런 요인들은 "사회의 심리적 매체"인 가족을 통해 개개인에게 전이된다.[41] 가족 자체는 사회의 경제적 조건과 계급적 상황의 산물이므로 마르크스는 우리에게 비판의 길을 열어 주었고, 또 우리가 **마땅히** 이룩해야 할 사회와 가족을 판가름하도록 해 주었다. 그런즉 온전한 사회심리학은 개인의 사회에 대한 적응만을 다루는 게 아니라 사회 자체가 과연 바람직한 모습인지 여부도 말할 수 있는 것이다.[42]

그런데 프롬은 사회심리학을 보다 철저히 마르크스주의적인 방향으로 밀고 나간 결과 아들러가 그에게 남겨 준 두 가지 문제 중에 단 하나만 피할 수 있었다. 그의 입장이 사회를 판단할 만한 기준이 없다고 시인해야 한다는 문제를 피할 수 있었던 것은, 사회주의적인 사회를 제외한 모든 유형의 사회는 결함이 있다고 말할 수 있었기 때문이다. 그러나 도무지 피할 수 없었던 문제는 역사와 사회에 관한 마르크스의 이론 역시 프롬이 배격하고 있던 이론들만큼이나 결정론적이었다는 점이다. 마르크스에 따르면, 사람들이 품은 정상과 비정상의 개념은 물론이고 정의나 사랑에 대한 해석 등 모든 것이 그들의 사회경제적 조건화에 의해 결정된다고 한다. 만일 우리가 지닌 규범의 개념 자체가 사회적으로 결정된 것이라면, 우리는 어떻게 사회를 판단할 수 있는 규범을 자유롭게 검증할 수 있겠는가?

맨 처음 프롬은 마르크스 이론을 각 개인이 경제와 계급에 의해 심리적으로 결정된다는 뜻으로 이해하면 안 된다는 식으로 마르크스의 결정론을 우회하려고 애쓴다. 그러니까 경제에 의해 구조가 결정되는 것은 사회적 기관들뿐이라는 말이다. 따라서 마르크스의 가르침은 "취득 욕구"가 각 개인의 각 행위의 최우선적인 동기라고 가르치는 게 아니라 개인이 몸담은 사회구조가 그렇다는 것으로 해석해야 한다는 뜻이다.[43] 그런데 프롬은 다음과 같이 말함으로써 애매한 입장을 취하고 있다.

> 심리적 욕구와 경제적 조건의 상호작용에서는 후자가 우선권을 갖고 있다.[44]

이 말은 경제적 요인들이 항상 가장 강력하다는 뜻은 아니고, 개인에 의해 "수정될 여지가 더 적은" 것이라는 뜻이라고 반복해서 언급한다. 하지만 동시에, "으뜸가는 형성적 요인들"의 역할은 경제적 조건으로 돌아가므로 "사회심리학의 과업은… 심리적 태도와 이데올로기들—특히 그 무의식적인 뿌리—을 설명하되 경제적 조건이 성적 충동에 미치는 영향의 견지에서 그렇게 하는 것"이라고 다시 주장한다.[45] 이 대목에서 프롬은 심리학적 설명을 위해 인간이 "본질적으로 역사적 소선에 좌우된다"고 말하고 싶은 동시에, 인간생활이 "그 자체의 내적 역학"을 갖고 있어서 자유로이 진리를 발견한다고 말하고 싶어 한다![46]

이처럼 일관성 없이 두 기둥 사이에서 망설이는 모습은 프롬의 책『자신을 위한 사람』(*Man for Himself*, 1947)에서 절정에 도달하지만『사랑의 기술』(1956)과『사람의 가슴』(*The Heart of Man*, 1964)에서 가장 명료하게 다뤄지고 있다. 이 두 권에서 프롬은 그 딜레마를 명시적으로 다룬다. 그리고 이미『건전한 사회』(1955)에서 마르크스가 그 딜레마를 풀지 못했다는 것을 인정했었다. 마르크스는 사회가 개개인을 결정하는 방식에 대해 많은 것을 제대로 보았지만, 그의 견해는 "경제적으로 지극히 단순할"[47] 뿐만 아니라 비현실적이라고 말했다. 왜냐하면 마르크스는 사회주의가 사회를 치유하는 데 필요할 뿐 아니라 그렇게 하기에 **충분하다**고 생각했기 때문이다.[48] 프롬은 『사람의 가슴』에서 이 비판을 좀 더 자세히 반복한다. 마르크스는 곳곳에서 사람에게 본질적인 성질이 있다고 가정하면서도 동시에 사람은 역사의 과정에서 스스로를 창조하고 "그의 사회적 관계들의 총체"에 불과하다고 말한다고 프롬은 그를 질책한다.

이 대목에서 사람은 정말로 본질적인 성질을 갖고 있다고 프롬은 주장하지만, 그 본성은 "인간 존재에 내재하는 하나의 모순"이 될 것이라고 말한다![49] 이 모순은 물론 마르크스가 해결하지 못했다고 그가 비판했던 바로 그것이다. 한편으로, 사람은 하나의 동물이고 자연과 사회에 의해 결정되는 자연적인 존재이다. 다른 한편으로, 사람은 의식과 이성을 가진 존재이고("스스로를 인식하는 생명")이고 "생각이 자유로운" 존재이다.[50] 바로 이런 자유로운 합리성을 통해 사람들은 개인과 사회 모두를 위한 규범이 곧 사랑의 규율임을 알 수 있게 된다. 그대의 이웃을 그대 자신과 같이 사랑하라는 것. 그런즉 프롬에게는, 그 이전의 칸트에게와 같이, 인간의 자유가 윤리적 진리를 아는 (실천) 이성에 있는 것이다. 그리고 루소처럼 그는 사람이 그 내적인 자아에 있어서는 본질적으로 선한 존재라고 본다. 사람을 악하게 만드는 것은 바깥에 있는 사회질서의 결정자들이라는 것이다.

그런데 이렇게 말하는 것은 비일관성의 양면이 모두 옳다는 것, 곧 인간은 동일한 의미에서 자유로운 동시에 자유롭지 않다고 말하는 것과 다름없다. 그리고 설사 그처럼 노골적인 모순은 있을 수 없다는 점은 제쳐 놓더라도, 그 딜레마의 자유의 측면을 견지한다는 것은 곧 프롬이 생각했던 그런 심리학은 존재하지 않는다는 것을 의미한다. 만일 인간의 생각과 선택이 참으로 자유롭다면, 그리고 이런 것들이 인간의 행동을 유발한다면, 그로부터 나오는 선택과 행위는 결코 그 어떤 법칙으로도 완전히 설명될 수 없기 때문이다. 물론 법칙들을 아는 지식으로 행동을 예측하거나 통제할 수 없다는 것은 말할 필요도 없다.

그리고 상호모순적인 믿음들을 피하는 이론을 개발하기보다 그런 믿음들을 수용하려는 입장은 (프롬이 생각하듯이) 그것이 해결하는 문제들보다 더 나쁜 문제들을 불러일으킨다. 비(非)모순의 논리 법칙에 따르면, 그 어떤 개념이라도—특정한 특징을 포함하든 않든—동일한 요소들을 포함하는 동시에 포함하지 않을 수는 없다. 이 법칙을 지키지 못한 모든 (추정상의) 개념은 희미하고 불확실할 뿐만 아니라 문자 그대로 그 어떤 의미도 지닐 수 없으며, 아예 개념으로 성립되지도 못할 것이다. 그런데도 프롬은 우리에게 논리의 법칙을 거부하고, 그런 상호모순은 환상에 불과하다는 그의 주장을 받아들이라고 권한다.

『사랑의 기술』[51]에서 프롬은 이 논점을 더 자세히 개진하려고 시도한다. 그는 서구 사상이 아리스토텔레스가 논리적 공리들을 명확하게 정립한 이래 그 공리들의 지배를 받아왔다고 말하면서, 바로 아리스토텔레스가 특히 비모순의 공리는 "모든 원리들 가운데 가장 확실한" 것이라고 덧붙인 인물이라고 했다. 위에서 언급한 것처럼, 이 법칙은 그 어떤 것도 동일한 의미에서 참인 동시에 참이 아닐 수는 없다고 한다. 예컨대, 그 어떤 것도 완전히 파란색인 동시에 완전히 파란색이 아닐 수 없고, 그 어떤 진술도 완전히 옳은 동시에 완전히 틀릴 수는 없다는 것을 의미한다. 이와 대조적으로, 프롬은 이른바 "역설적인 논리"라는 대안이 있다고 주장하면서, 이는 사물이 동일한 속성을 갖는 동시에 갖지 않을 수 있고 어떤 진술이 옳은 동시에 틀릴 수도 있음을 받아들이는 것이라고 한다. 이 논리를 지지해 주는 인물로는 그 옛날 일부 중국 사상가들과 힌두교 사상가들이 있었고, 보다 최근에는 헤겔과 마르크스를 비롯한 변증법적 철학자들을 들 수 있다고 한다. 그래서 해결할 수 없는 것처럼 보이는 결정론과 사유의 딜레마를 해결하는 방법은 양자 모두를 참으로 받아들이는 것이라고 결론을 내린다. 우리는 물론 **어떻게** 양자 모두가 옳은지는 알 수 없는데, 왜냐하면 "인간의 정신이 모순 가운데 있는 실재를 인지하기" 때문이라고 한다.[52]

그러나 상호모순적인 믿음들을 수용하려고 논리를 배격하는 프로그램은 단지 논리적으로 양립할 수 없는 두 가지 믿음이 모두 옳기를 바라는 무해한 희망에 불과한 게 아니다. 위에서 지적했듯이, 그것은 다름 아니라 **우리가 소유할 수 있는 모든 개념의**

파멸을 초래한다. 비모순의 법칙을 배격한다는 개념조차 그 법칙을 가정하고 또 사용하는 것에 달려 있다. 그 법칙이 없이는 그것을 배격하는 개념을 생각할 수도 없고 진술할 수도 없기 때문이다. 그리고 프롬은 그 법칙을 배격하는 개념을, 그것을 수용하는 **개념을 배제시키는** 것으로 보기 때문에 이로써 그 법칙의 진리성을 가정하고 있는 셈이다! 그런즉 프롬의 주장은 자기 가정적인 비정합성을 안고 있다.

프롬이 우리를 설득하기 위해 인용하는 헤겔과 마르크스, 또는 다른 변증법적 사상가들 역시 이런 끔찍한 결과를 피할 수 없다. 그들은 하나같이 자기네 개념을 형성하고, 자기네 입장을 진술하고, 반대 견해들을 비판하기 위해 비모순의 법칙을 이용한다. 이어서 그들의 이론이 지닌 비일관성을 변명하기 위해 그들로 이런 활동을 할 수 있게 해 주는 바로 그 법칙을 부정한다. 그들이 교묘한 솜씨로 그런 재주를 그럴듯하게 보이게 하는 유일한 방법은 논리의 부정을 **선택적으로** 활용하는 일이다. 즉, 자기네가 변명하고 싶은 모순들은 그냥 포용하는 한편, 다른 경우에는 일관성 있는 추론을 하고 다른 경쟁적인 이론들에 대해 일관성이 없다고 비판하는 것이다. 만일 그들이 자기네 이론 구석구석까지 철두철미하게 비모순의 부정 전략을 사용한다면, 그것은 그 어떤 믿음도 표현하거나 주장하거나 부인하지 못하는 난센스 덩어리가 되고 말 것이다.

프롬의 입장 또한 이와 똑같은 독단적인 선택의 본보기이다. 그가 자기 견해를 제시할 때는 마치 비모순의 법칙을 배격할 만한 이유가 있는 것처럼 처신한 뒤에 자신의 신관(神觀: 그는 신을 "궁극적 실재"라고 부른다)은 그 배격에서 **논리적으로 따라온다**고 주장한다. 그는 다음과 같은 사실을 무시하고 있다. 즉, 어떤 논리적 추론을 한다는 것ㅡ한 믿음이 또 다른 믿음에서 "논리적으로 따라오는" 것을 안다는 것ㅡ은 그 "따라오는" 믿음이 **자가당착의 고통**을 치를 필요가 있다는 것을 **의미한다**는 사실이다. 그런데 프롬은 모든 추론의 근거를 부정했음에도 불구하고, 실재 자체는 논리적 사고가 실재한다고 간주하는 모든 모순들을 조화시키는, 모든 것을 포괄하는 신비적인 연합체임에 틀림없다고 추론하고 있다. 더 나아가서, 인간의 사유는 모순을 피할 수 없는 만큼 궁극적인 실재는 사유로 알 수 없다고 추론하기까지 한다. 그는 이와 똑같은 견해를 가진 힌두교와 불교와 도교의 경우들을 요약하고, 그는 그들의 신관을 수용하기 때문에 하나님을 인식 가능한 인격적이고 개별적인 창조주로 보는 성경적인 개념을 배격하게 된다고 다시금 추론한다. 이어서 또 다른 논리적 추론을 다음과 같이 제공한다.

> 대립은 인간 정신의 한 범주이지 그 자체가 실재의 한 요소는 아니다. … 하나님이 궁극적 실재를 상징하는 한, 그리고 인간 정신이 모순 가운데 있는 실재를 인지하는 한, 하나님에 관해 어떤 긍정적인 진술도 할 수 없다.[53]

이런 식으로 프롬은 이미 그의 이론이 지닌 모순과 자기 가정적인 비정합성에 자기 지시적인 비정합성을 더하는 것으로 논의를 끝낸다. 왜냐하면 그는 하나님에 관한 어떤 긍정적 진술도 가능하지 않다고 하는, 하나님에 관한 긍정적인 진술을 하기 때문이다.

여기서 우리로서는 '과연 무엇이 프롬을 그런 혼란스런 입장에 빠지게 했는가?' 하고 묻지 않을 수 없다. 그는 사회심리학을 개발하는 것을 출발점으로 삼았으나 결국에는 논리의 포기로, 따라서 모든 과학의 포기로 끝을 맺었다. 이 질문에 대한 답변은 이렇다. 프롬의 급진적인 사고 전환의 진정한 동기는 다름 아니라 일종의 **종교적 회심**이었다고. 말하자면, 그는 창조세계의 일부 양상을 신적인 것으로 보는 이교적인 믿음으로부터, 우리가 경험하는 창조세계는 모든 것을 포괄하고 도무지 상상할 수 없는 신(神) 안에 담긴 하나의 환상일 뿐이라는 범신론적 믿음으로 전향했다는 뜻이다. 그랬기 때문에 그는 일부 범신론적 종교들과 노선을 같이하여 인간의 경험에서 발견되는 모든 차이점과 "대립"을 한갓 환상에 불과한 것으로 치부해 버리는 것이다. 여기에는 논리적 법칙들도 포함된다.

프롬은 사실상 성경적인 신의 개념을 처음부터 배격했던 터였다. 그래서 초월적 창조자인 하나님에 대한 믿음을 단순히 우리를 보살피는 하늘의 하나님에 대한 열망이 투사된 것으로 간주했다. 프로이드를 좇아서 이를 "유치한 환상"이라고 불렀다. 그런즉 그는 이교적 유형의 종교적 믿음을 전제로 삼아 이론을 정립했던 것이다.[54] 그는 인간의 경험과 사유의 소재가 되는 우주에 관한 어떤 것을 다른 모든 것이 의존해 있는 자존하는 실재로 바라보았다. 그러나 이와 같은 이교적인 전제로부터 심리학 연구를 수행한 결과 이런 비정합성에 이어 저런 비정합성에 줄줄이 빠지고 말았다. 동시에 그는 이전의 최고 사상가들 역시 그런 비정합성에 빠져서 그 문제를 결코 해결하지 못했다는 사실을 더욱 분명하게 알아차렸다. 결과적으로, 그는 이교적 토대를 가진 그토록 많은 이론들이 모순에 빠진 것은 결코 우연한 일이 아니고, 그런 모순은 그와 같은 신앙의 지배를 받는 모든 이론에서 생길 것이라는 점을 믿기에 이르렀다. 이 점을 깨닫고 나서 프롬의 종교적 신앙은 크게 흔들려서 새로운 방향을 취하게 되었다. (마르크스는 미처 알지 못했지만) 프롬은 논리적 법칙들을 포기하고 온갖 모순을 환상으로 간주한다는 것은, 곧 이론 구성을 위한 이교적 관점과 더불어 유물론도 포기하는 것을 뜻한다는 점을 알았다. 그는 일부 힌두교 사상가들과 대다수의 불교와 도교 사상가들과 같이 논리적 사고는 실재가 아니라 단지 환상만을 낳을 뿐이며 본래 모순되고 우리를 오도하는 것이라고 간주하게 되었다. 그 어떤 것에 관한 진리이든 진리란 것은 "그렇기도 하고 그렇지 않기도 한" 것이라고 그는 말했다.[55] 그래서 대다수의 범신론적 사상가들이 강조하듯이, 프롬 역시 비합리적이고 신비적인 체험이야말로 상상할 수 없는 단일한 신적 실재에 관한 진리를 알 수 있는 유일한 길이라고 주장했다. 그리고 후기 저술과 강연에서는 구체적으로 이런 견해의 불교적 형태를 채택하기도 했다(*Zen Buddhism and Psychoanalysis*, 1960).

9.4 인간의 본성

이제까지 우리는 심리학 이론이 인간 경험의 심리-감각적인 면을 설명할 때 모든 양상의 상호관계에 대한 관점에 따라 매우 다양할 수 있음을 몇 가지 예를 통해 살펴보았다. 이런 면에서 그 이론들은 다른 양상을 그 주제로 삼는 이론들과 전혀 다를 바가 없다. 그러나 심리학의 경우, 이 상호관계에 대한 관점을 특징짓는 그 양상이 또한 그 이론이 인간 본성의 핵심으로 주장하는 바로 그 양상이기도 하다. 이에 대해 솔로몬 애시

(Solomon Asch)는 이렇게 말했다.

> 각 학문은 나름의 특별한 정신, 곧 그 자료들을 조망하는 특정한 방식에 해당하는 정신을 갖고 있다. 사람에 관한 연구… 역시 그 나름의 관점을 요구하는데, 이는 아무리 잠정적이라도 인간이 된다는 것이 무엇인지에 대한 개념에서 출발해야 한다.[56]

J. A. 브라운은 이와 똑같은 논점을 심리학에 적용했다.

> 심리학의 모든 학파는… 반드시 사람의 본질적 성질에 대한 믿음과 함께 시작하고, 이 믿음은 암묵적인 참조 틀을 형성하고, 여러 사실들과 관찰 결과들이 그 틀에 맞춰지는 것이지 이와 거꾸로 진행되는 것이 아니다.[57]

인간 본성의 이슈는 이론 구성을 지도할 수 있는 계시된 진리 중의 하나로 우리가 간주했기 때문에(6장의 주 11을 보라) 이제 이 주제에 대해 성경이 말하는 바를 간략하게 살펴볼 필요가 있다. 물론 우리는 성경에서 인간 본성에 관한 상세한 이론은 기대할 수 없지만, 거기서 분명히 말하는 바는 우리의 이론 구성에 필요한 독특한 성경적 관점을 형성하는 데 도움을 줄 수 있다. 더 나아가, 유신론적 사상가들은 흔히 이 점을 놓치거나 소극적으로 다루고 또 비(非)유신론자들은 그것을 잘 모르기 때문에 여기에서 이중적 목적을 이룰 수 있을 것이다.

우리의 논의 주제와 관련하여, 인간 본성에 관한 성경적 가르침의 진수는 그것이 인간 자아의 중심에 있다는 것인데, 이를 가리켜 성경은 보통 "마음(heart)"이라고 부른다(이따금 "영"이나 "영혼"이란 용어도 사용하지만). 따라서 각 인간은 본질적인 통일체로 간주되고 있다. 한 개인이 창조물의 여러 양상에서 아무리 다양한 기능을 보여 준다 하더라도 그는 어디까지나 통일체이다. 그러므로 "마음"이란 용어는 단지 감정을 뜻하는 것이 아니다. 우리는 종종 우리의 머리(지성)를 따르는 것을 우리의 마음(느낌)을 좇는 것과 상반되는 것으로 말하곤 하지만, 성경 저자들은 마음을 그로부터 생명이 솟아나는 사람의 핵심 정체성 내지는 자아라고 말한다(잠 4:23). 그런즉 성경적 견해에 따르면, 마음은 생각과 믿음, 지식과 의지, 감정의 중심이고, 한 사람의 성질과 재능과 타고난 기질의 좌소이다. 아울러 한 사람이 생각하거나 행하는 선 또는 악의 근원이기도 하다(출 28:3, 시 90:12, 마 12:34, 35, 15:18, 고후 3:14, 15). 이와 관련해 성경이 오직 하나님만이 인간의 마음을 알 수 있다고 주장하는 것은 참으로 의미심장하다(삼상 16:7, 대하 6:30, 왕상 8:39, 렘 17:9, 10). 만일 마음이 모든 인간 행동의 궁극적인 주관적 기둥이라면 우리도 당연히 그렇게 예상할 것이기 때문이다. 그럴 경우에는 마음이 그 자체의 대상이 될 수 없는 만큼 우리는 그것을 분석하거나 개념화할 능력이 없을 텐데, 그것은 마음이 스스로를 분석하는 기관이 되어야 하기 때문이다. 그렇다고 해서 우리가 인간의 마음에 관한 (개념이 아니라) 생각을 전혀 품을 수 없다는 뜻은 아니다. 하지만 인간 본성에 관한 여러 생각들은 언제나 본인이 신으로 믿는 것의 간접적인 반영물이라는 것을 의미한다.

이것이 인간은 "하나님의 형상으로" 창조되었다는 성경의 가르침에 담긴 깊은 뜻이다. 즉, 이것은 그들의 상태에 해당될 뿐만 아니라 그들이 스스로를 이해할 수 있는 유일한 길이기도 하다. 달리 표현하면, 성경의 창조주를 믿지 않고 또 그 창조주를 모델로 삼아 인간 본성에 대해 생각하지 않는 이들은 어쩔 수 없이 인간 본성에 관한 생각을 다른 거짓 신의 본성에서 끌어오게 될 것이란 뜻이다.[58]

"마음" 내지는 자아가 인간의 모든 기능의 중심 기관이라는 견해는 우리의 목적상 인간 본성에 관한 성경의 가르침에서 얻을 수 있는 주요 지침이다. 그래서 이것이 이론에 얼마나 중요한지를 보여 주기에 앞서, 이 견해가 유신론자들 사이에 통용되는 관념, 곧 인간은 통일체가 아니라 두 실체(영혼과 몸)로 구성된 이원적 존재(이는 3장에서 헤르베르크의 말을 인용할 때 다룬 적이 있다)라는 관념과 상충된다는 점을 주목할 필요가 있다. 사실 많은 유신론자들은 성경이 이원론을 가르치고 이원론이 죽음 이후의 삶에 관한 교리의 기초가 된다고 믿고 있다. 그리하여 오직 몸만 죽고 영혼은 결코 죽지 않는다는 생각이 널리 퍼져 있어서 몸은 인간됨의 필수요소가 아니라고들 생각한다.

이 점은 앞에서 다룬 적이 있지만, 여기에서 꼭 상기해야 할 사항이 있다. 최근 이 견해에 대해 다양한 배경을 가진 성경학자들이 이것이 성경 자체가 아니라 그리스 철학의 영향을 받은 것임을 성공적으로 밝혀냈다는 사실이다. 성경은 몸을 단지 영혼을 위한, 불필요한 외적인 껍질로 보지 않는다. 또한 영생의 약속 역시 영혼은 본래 불멸의 존재라는 가르침에 기초를 두지 않는다. 오히려 성경은 영생은 하나님의 약속으로 보증된 것이고, 하나님이 약속하신 바는 심판의 날에 전인(全人)이 부활한다는 것으로 이야기한다.[59] 말하자면, 새로운 몸을 입고 부활한다는 뜻이다. 여기에서 이 논점을 길게 변호할 수는 없으므로, 앞으로 다룰 내용에서 나는 인간 본성에 관한 이원론적 견해가 아니라 통전적인(holistic) 견해를 가정할 것이라는 말만 하고 싶다.[60]

따라서 통전적인 견해는, 인간의 몸을 오로지 창조세계의 특정한 양상들(예컨대, 공간적 양상, 물리적 양상, 생명적 양상)과만 동일시하는 한편, 다른 양상들은 오로지 정신이나 영혼(예컨대, 논리적 양상과 의지적 양상)에만 부여하는 것을 거부한다. 이 견해는 플라톤의 입장, 곧 영혼은 영원한 합리적 진리를 앎으로 본래 그런 진리들처럼 불멸의 존재이기 때문에 몸에서 분리된 채 존재할 수 있다고 보는 입장을 배격한다. 이 견해가 인간의 본성을, 인간의 존재와 기능을 지배하는 법칙들 아래 있는 어느 한두 가지 양상과 동일시하는 것을 거부한다는 점은 무척 중요한 사실이다. 그와 같이 동일시한다는 것은 곧 인간 본성에 대한 환원주의적 견해, 즉 인간 본성과 동일시되는 어느 양상의 역할을 다른 양상들에 비해 과대평가하는 견해를 받아들이는 것과 다름없다. 이와 대조적으로, 성경적 교리는 인간의 마음을 그 모든 양상들의 총합 이상의 것으로 간주한다. 마음은 그 모든 양상에서 똑같이 작동할 수 있지만 어느 한 가지 양상이나 양상들의 조합과 동일시될 수는 없다. 그런즉 마음은 양상들을 뛰어넘는 면이 있고, 창조주에게 직접 의존하며, 하나님과의 인격적 관계에 그 문을 열 수 있다. 따라서 **이 견해는 인간 본성에 대한 모든 종류의 환원주의적 견해를 피한다**고 할 수 있다. 이와 동시에 인간이 생각과 행동 양면에서 자유로운 존재라는 말의 중요한 의미를 설명해 준다.[61] 비록 인간은 각 양상의 법칙들이 설정한 한계 내에 존재하고 그 안에서 기능하고 있긴 하지만, 인간의 자아는 전적으로 그것들의 산물도 아니고 창조세계 내의 어느 원인이 낳은 산물도 아니다. 오히려 각 인간의 마음은 하나님의 창조물이다.

그러므로 나는 고든 알포트(Gordon Allport)와 의견을 같이한다. 그는 인간 본성에 관한 환원주의적 견해들은 일련의 일방적인 이론들로 귀결된다고 말하기 때문이다. 알포트는 "컴퓨터나 생화학 합성물이나 곤충의 사회적 행위와 같은 것은 우리의 총체적 삶의 **양상들일 뿐이다**"라고 말한다. 이어서 환원주의 이론들을 피하는 방법은 "체계적인 다원주의"를 갖는 것이라고 말하면서도, 인간 본성에 대한 경쟁적인 정의(定義)들이 많다는 이유로 그런 다원주의를 이룰 수 있을지에 대해서는 절망적이다.[62] 그런데 알포트가 미처 보지 못하고 있는 점이 있는데, 다름 아니라 이런 경쟁적인 정의들은 바로 이교적인 전제들이 낳는 결과라는 사실이다. 사상가들은 이미 모든 실재의 본성을 한두 가지 양상과 동일시했기 때문에 이어서 인간 본성을 그 동일한 양상(들)과 동일시하는 것이다. 그렇기 때문에 인간 본성에 대한 환원주의적 견해는 모든 유신론자가 배격해야 할 이교적인 실재관을 반영하고 있다고 말할 수 있다. 바로 이 점이 헤르만 도예베르트의 마음에 와 닿았기 때문에 그는 인간 본성에 대한 비환원주의적인 견해와 함께 철학의 개혁을 시도하기 시작한 것이다. 그의 말을 들어 보라.

> 그 통찰이 내 사상의 큰 전환점이 되었다. 그로 말미암아 기독교 신앙과 (인간 이성의 자기 충족성에 대한 신앙에 뿌리박은) 철학의 내적 종합을 이루려는 모든 시도(나의 시도까지 포함한)가 실패할 수밖에 없는 이유가 새롭게 밝혀졌다.[63]

그 결과 그는 마음에 관한 성경적 견해의 중요성을 이렇게 표현했다.

> 사람에 관한 연구와 관련이 있는 특수한 과학들이 많이 있다. 그런데 그 각각은 사람을 한 특정한 관점 내지는 양상에서 숙고한다. 물리학, 화학, 생물학, 심리학, 역사학, 사회학, 윤리학 등 이 모든 학문은 사람에 관해 흥미로운 정보를 제공할 수 있다. 그러나 혹자가 그들에게 "사람은 그 자아의 중심적 통일체로 보면 과연 무엇인가?"라고 물으면 이 과학들은 아무런 답변도 제시하지 못한다. … 에고(ego)는 **모든** 양상의 중심적인 참조점이기 때문에 우리의 시간내적 경험의 어느 양상에 의해 결정되지 않는 법이다.[64]

인간 본성에 관한 이 점을 축소판으로 삼은 도예베르트는 그것을 확대시켜서 피조세계 전체에 적용할 수 있었던 것이다. 그리하여 그는 다양한 유형의 인간 이외의 사물들도 제각기 독특한 특징을 갖고 있지만, 이 사물들과 인간의 공통점은 그것들이 현재의 모습을 지닌 것은 하나님이 그렇게 만들었기 때문이지, 그들이 독립적인 고유한 본성을 갖고 있기 때문이 아니라고 했다. 그중에서도 가장 중요한 특징은 하나님께 의존되어 있다는 점이다.

　이런 점들은 단순하게 보일지 몰라도 이론 구성에 중대한 영향을 미친다. 다음 장에서는 왜 이런 성경적 통찰이 비환원주의적인 실재론의 정립을 요구하는지 그 이유를 자세히 살펴보고, 마지막 몇 장에서는 그런 이론이 어떤 모습일지에 대한 도예베르트의 제안을 제시할 예정이다.

THE MYTH
OF RELIGIOUS NEUTRALITY

10장 새로운 출발의 필요성

10.1 서론

이제까지 우리는 과학의 세 분야에서 개발된 가장 중요한 이론들이 서로 경쟁하는 실재관들의 규제를 받는 바람에 서로 얼마나 다른지 몇 가지 두드러진 예를 통해 살펴보았다. 그리고 그런 실재관들이 또한 어떻게 서로 다른 종교적 믿음의 지배를 받는지도 고찰했다. 하지만 앞에서 언급했듯이, 이런 예들을 제공한 목적은 그 이론들의 **진리성**을 입증하기 위함이 아니라 그것들이 종교적 규제를 받는다는 주장의 뜻을 명료하게 밝히기 위해서다. 그래서 지금까지는 왜 그런 종교적 통제가 불가피한지를 보여 주는 논증은 제시하지 않았다. 따라서 이번 장의 첫 번째 과제는 바로 이 논증을 제시하는 일이다. 출발점은 우리가 사례집에서 관찰한 종교적 통제가 왜 모든 과학 이론이나 철학 이론에 불가피한지 그 이유를 제시하는 일이다. 이런 이유들이 타당하다면, 과학 이론과 철학 이론이 이런저런 종교적 믿음과 관련해 결코 중립적일 수 없기 때문에 이론 구성은 결코 자율적이지 않다는 점을 입증할 수 있을 것이다. 동시에 사례집에서 관찰한 간접적인 종교적 통제야말로 성경적 주장의 핵심, 곧 하나님에 대한 믿음이 모든 지식과 모든 진리에 영향을 준다는 주장의 핵심으로 이해되어야 함을 보여 주게 되리라.[1]

따라서 이번 장의 두 번째 과제는 첫 번째 과제를 수행할 때 주어진 논증들이 또한 어떻게 환원주의 이론들에 대한 철학적 비판을 제공하는지를 주목하기 위해 그 논증들을 재검토하는 일이다. 이 비판은, 그리스도인을 비롯한 유신론자들은 환원주의 이론들이 말하는 대표적인 양상(들)을 하나님이 창조했다는 조건을 붙여서 그 이론들을 각색하려는 책략을 포기해야 한다는 내 주장을 더욱더 지지할 것이다. 우리가 이미 언급한 것처럼, 이런 조건을 붙인다고 해서 엄연한 사실, 곧 그 이론의 설명력을 행사하는 것은 환원주의적 주장인 만큼 하나님에 대한 믿음이 그 내용을 규제하지 못한다는 사실이 바뀌는 것은 아니다. 하지만 환원에 대한 비판은 그런 반론을 뛰어넘어 환원이란 개념 자체를 설명의 전략으로 삼는 것이 어째서 절망적인 조치인지를 보여 줄 것이다.

이번 장의 마지막 과제는, 내가 생각하기에, 대다수의 유신론자들이 여전히 환원 이론들을 각색하는 데 헌신하게 된 주요 이유를 검토하는 일이다. 그러므로 이것은 철학적 비판을 보충하려고 제공되는 환원에 대한 종교적 비판과 다름없다. 우리는 이미 환원의 전략이 이런저런 이교적인 믿음에 대한 헌신을 그 저변의 가정으로 삼고 있다는 것을 살펴보았다. 그렇기 때문에 유신론자들은 그런 이론을 하나님에 대한 믿음과 양립시키려고 그 가정을 중립화시켜야겠다는 의무감을 항상 느꼈던 것이다. 그런데 곧 제시할 종교적 비판은 환원의 이교적 특성을 중립화시키려는 책략 자체가 이교적인 가정을 갖고 있기 때문에 환원 이론들에 세례(또는 할례)를 주어 유신론자가 용납할 만한 것으로 만들 수 없다는 점을 보여 줄 것이다.

이 두 가지 비판은 서로 합력하여 의도적으로 하나님에 대한 믿음의 규제를 받는 이론 구성 프로그램을 위한 길을 닦아 줄 것이다. 이 프로그램은 기존의 이론들을 재해석할 것을 요구하고, 새로운 이론을 철저히 비환원주의적인 방식으로 개발할 것을 요구한다. 그래서 11장은 체계적으로 만든 비환원주의적인 실재론, 즉 도예베르트가 개발한 유신론적 실재론[2]에 대한 설명으로 시작할까 한다. 이 이론은 12장에서 독특한 비환원주의 사회학의 윤곽을 개발하는 데 사용됨으로써 더욱 구체화될 예정이다. 그리고 13장에 이르면 독특한 비환원주의적 정치 이론을 대충 그릴 목적으로 그 이론과 그에 따른 결과를 사회학에 적용함으로써 한층 더 발전시킬 생각이다. 이처럼 그 이론을 적용하는 과정에서 신약 성경의 여러 가르침도 활용할 예정인즉 여기서 개관될 사회학 이론과 정치학 이론은 폭넓은 유신론적 성격을 지닐 뿐 아니라 구체적으로 기독교적 성격도 띠게 될 것이다.[3]

10.2 이론은 왜 종교적 믿음의 규제를 피할 수 없는가?

이제 앞에서 입증한 몇 가지 논점을 복습하면서 시작해 보자.

양상들이란 속성과 법칙의 기본적인 **종류들**이고, 내가 양상에 관해 말할 내용은 내가 잠정적으로 사용하는 목록만이 아니라 한 사상가가 수용하는 어느 목록에든 똑같이 적용된다.[4] 하지만 내 목록에 속한 대부분의 양상은 널리 수용되는 것이므로 거기서 여러 본보기를 끌어올 생각이다. 그리고 여러 실재론들은 전통적으로 한두 가지 양상을 모든 실재의 본질로 삼았다는 것도 이미 다루었다. 그들은 다음 두 가지 중에 한 가지를 제안하면서 그렇게 했다. 하나는 그들이 선호하는 양상이 유일하게 진정한 양상이란 제안이고(강한 형태의 환원), 다른 하나는 그들이 선호하는 양상이 다른 모든 양상들을 생성한다는 제안이다(약한 형태의 환원). 이 두 가지 제안은 모두 전(前)이론적인 경험에 주어진 세계는 실재의 본질로서 선호되는 어느 양상(들)으로 "환원이 된다"고 한다. 강한 형태는 (우리가 전이론적으로 경험하는 있는 그대로의) 실재로부터 그 이론이 선호하는 양상을 제외한 다른 모든 속성들과 법칙들을 잘라내기 때문에 환원주의에 해당한다. 약한 형태는 다른 모든 양상들을 그 이론이 선호하는 양상의 산물로, 따라서 덜 실재적인 것으로 만들어 그 양상들의 위상을 낮춘다는 의미에서 환원주의에 해당한다. 끝으로, 이 두 종류의 환원은 자기네가 선호하는 양상에 신적 지위를 부여한다고 볼 수 있다. 왜냐하면 실재의 본질로 간주되는 그 양상은 따라서 무조건 비(非)의존적인 것으로 취급되는 셈이기 때문이다.[5]

그러면 무엇이 이론가들로 하여금 환원주의 이론을 제안하게 만들었을까? 왜 그토록 많은 이론가들이 실재의 본질에 관해 추측하지 않으면 안 된다고 느꼈을까? 왜 이론들이 그냥 그 이슈를 우회하여 양상들 **내에서** 설명을 구성할 수 없는 것일까? 앞에서 사용한 은유를 다시금 상기해 보자. 왜 이론들은 목걸이의 구슬들을 조사하는 데 만족한 채 그 줄에 대해 묻지 않을 수 없는 것일까?

이런 질문들에 답하는 최상의 방법은 먼저 또 다른 질문을 제기하는 것이라고 나는 생각한다. 말하자면, 환원 이론들이 답하려고 하는 그 질문을 진술할 필요가 있다는 뜻이다. 그 질문은 바로 이것이다. **서로 다른 종류의 양상들에 속한 속성들이 우리가 경험하는 그런 방식으로 서로 연결되도록 만드는 것, 또는 그런 속성들이 우리의 이론들 속에 있다고 전제하도록 만드는 것은 과연 무엇인가?** 어쨌든 그 종류들 각각은 다른 모든 종류와는 다른, 조화될 수 없는 질적인 차이점을 보여 주고 있다. 하지만 서로 다른 종류의 속성들은 우리가 경험하는 물체들 속에 결합되어 있되 그 물체들은 우리에게 합일체가 아닌 연합체로 다가온다. 각 속성은 그 고유한 정체성을 지닌 개체이다. 이론들 속에서도 양상 상호 간의 연결성의 문제가 발생한다. 왜냐하면 이론들은 서로 다른 종류의 속성들을 결합하는 개념들을 제안하고 또 그것들의 상호관계를 명시하기 때문이다. 그러면 문제는 과연 무엇이 서로 다른 종류들 간의 강한 연결성을 가능하게 만드는가 하는 것이다. 바로 이런 이유로, 체계적인 이론 구성이 처음 생겼을 때 실재의 본질에 관한 가설들(목걸이의 구슬들을 위한 줄)이 맨 처음 제안되는 것이다(우리가 알기로는 고대 그리스에서 그랬다). 그런즉 만일 이론들이 그런 실재관을 정말로 피하고, 따라서 아무것에도 신성을 부여하기를 피하려고 한다면, 그 이론들은 양상 상호 간의 연결성이란 이슈를 회피해야만 할 것이다. 그런데 문제는 과연 그 이슈를 피할 수 있는가 하는 것이다. 나는 피할 수 없다고 생각한다. 이제 나는 이 주장을 뒷받침하는 논증을 단계별로 제시하여 최대한 분명히 하려고 한다.

양상 상호 간의 연결성을 설명하는 일이 불가피함을 지지하는 논증의 첫 단계는 모든 이론 구성에 필요한 추상화 작업에서 끌어올 수 있다. 이제 4장에서 추상화에 관해 지적한 내용을 다시 생각해 보라. 추상화란 보다 넓은 배경에서 더 좁은 범위를 골라내고 추출하여 우리의 관심의 초점으로 삼는 것을 의미한다고 했다. 그리고 과학 이론과 철학 이론을 구성하는 데에는 고도의 추상화 작업이 필요하다고 했는데, 이는 사물의 개별적인 속성들을 분리시킬 뿐 아니라 모든 종류의 속성들을 분리하는 정도가 크다는 것을 말한다. 이렇게 하여 여러 과학들이 분화되었던 것이다. 즉, 과학은 서로 다른 종류의 속성들과 법칙들을 추상화하여 제각기 탐구 분야로 삼았다는 말이다. 그러므로 고도의 추상화가 이론 구성에 불가피한 한, 서로 다른 종류의 양상들이 어떻게 연결되는지의 문제 역시 피할 수 없는 것이다. 일단 우리가 그 양상들을 사물에서 추출하여 서로서로 뚜렷하게 분화시키고 나면, 우리가 설명하려는 바를 설명하기 위해 그것들이 서로 어떤 관계에 있는지를 말하지 않을 수 없다. 이와 반대로, 전(前)이론적인 사고는 서로 다른 법칙과 속성들이 어떤 관계에 있는가 하는 문제를 결코 제기하지 않는다. 왜냐하면 그 사고는 사물로부터 그런 속성들을 추출해 내지 않고, 또 그것들의 연결성을 문제로 삼을 만큼 서로 뚜렷하게 구별하지도 않기 때문이다.

이 첫 단계는 추상화 및 분화 작업이 양상 상호 간의 연결성을 이슈로 제기한다는 것을 지적한 만큼, 앞서 제공한 추상화에 대한 설명이 하나의 이론이 아니었다는 점을 상기하는 일도 중요하다. 그것은 추상화가 어떻게 일어나는지에 관한 **가설**이 아니었고, 추상화 작업에서 진행되는 것을 그냥 묘사한 것이다. 이는 당신이 스스로 행하는 자기 성찰에서도 확인할 수 있는 것이다.[6] 그런즉 이 점에 대한 논증은, 모든 사람이 합리적이지 않다는 소리를 듣기 싫어서 할 수 없이 수용해야 할 어떤 특별한 전제들에 의존하고 있지 않다. 아울러 인간 자아에 관한 지식의 본질과 관련된 어떤 가정에 기대고 있지도 않다. 그것은 단순히 추상화 작업을 묘사할 뿐이고, 당신에게 당신이 그런 추상화 작업을 하면서 스스로를 성찰적으로 포착할 수 있는지 물어보고 있다. 더 나아가, 그 묘사는 완벽할 필요는 없고 진실한 것이면 된다.

이 논증의 두 번째 단계는 우리가 사물로부터 양상들을 추상할 때 성공할 수 있는 정도와 우리가 양상들을 서로에게서 추출하려 할 때 일어나는 일 사이의 차이점과 관련이 있다. 우리의 주장은, 우리가 전(前)이론적 경험의 대상으로부터 양상들을 분리할 수는 있지만 그 양상들을 서로에게서는 결코 완벽하게 분리시킬 수 없다는 것이다. (그렇기 때문에 나는 앞 단락에서 양상들을 추상적으로 분리시킨다고 말하지 않고 "뚜렷하게 구별한다"고 말했던 것이다.) 양상들 간의 연결성이 너무도 강하기 때문에 우리가 어느 하나를 별도로 생각하기가 불가능할 정도다. 이로 말미암아 우리는 어느 한 양상의 경계선 내에서 어떤 이론을 구성할 수가 없는 것이다. 이런 시도를 할 때는 언제나 그 양상의 속성들을 다른 양상들의 속성들과 연결시킬 필요가 있다는 것으로 귀결된다. 그러므로 각 이론은 항상 그것이 다루는 양상이 다른 모든 양상들과 어떤 **종류**의 연결성이 있는가 하는 질문에 봉착하게 된다. 한 이론은 이 질문에 대해 답변을 줄 수도 있고 주지 않을 수도 있는데, 설사 주지 않는다고 해도 여전히 그 연결성이 모종의 묘사를 만족시켜 준다고 암묵적으로 가정할 테고, 따라서 어떤 특정한 종류에 속해 있다고 할 수 있다.

이 단계는 첫 번째 단계와 마찬가지로 하나의 가설이 아니다. 이는 우리가 사물과 사건과 상황과 관계와 사람 등을 경험한다고 가정하고, 또 이런 경험의 대상들은 질서 정연한 관계를 보여 주는 질적으로 다른 종류의 속성들을 나타낸다고 가정한다. 하지만 이런 가정들은 분명히 가설이 아니다. 우리가 '질서정연한 속성들을 가진 사물'을 경험한다는 것은 결코 하나의 **추측**이 아니다! 혹시 '양상들을 지닌 사물'이 실재한다고 가정하는 것에 누가 반론을 제기한다면, 다음 두 가지로 응답할 수 있다. 첫째, 그 사물들은 실재하는 것으로 우리의 경험에 주어진 만큼 그 실재에 대한 믿음 역시 하나의 가설이 아니다. 오히려 그 사물들의 실재를 부인하는 것이 하나의 가설일 것이다. 둘째, 이 논증이 성공하는 데는 굳이 그 실재를 가정할 필요조차 없다. 그 사물들은 우리가 경험하도록 주어진 것이라고 가정하기만 해도, 그 논증은 성공한다. (주어진 것으로 가정하면, 그 논증은 전이론적인 경험을 일괄적으로 부정하려는 시도, 즉 '양상들을 지닌 사물'의 존재를 부정하려는 시도는 비정합성을 피할 수 없다는 것을 입증할 수 있다.)

마찬가지로, 이 논증의 첫 번째 단계와 같이 이 단계 역시 합리적인 사람이라면 그 누구도 부인할 수 없는, 일련의 특별한 전제들을 갖고 있다고 주장하지도 않는다. 이 단계는 연역에 의한 결론이 아니기 때문에 어떤 전제도 갖고 있지 않다. 그리고 귀납적인 추론도 아니므로 그 결론은 단순히 있을 법한 것도 아니다. 그 대신 이 논증은 당신이 스스로 자기 성찰로 확인할 수 있는 일종의 사고 실험의 형태를 취한다. **달리 말하면, 당신이 이 논증의 힘을 완전히 파악하고 싶으면 실제로 그 실험을 감행해 봐야 한다**

는 뜻이다.

이 실험은 내가 방금 불가능하다고 말한 방식으로 어느 양상을 다른 모든 양상에서 분리시키는 일을 생각해 보는 것이다.[7] 즉, 당신은 내 주장을 반박하기 위해 어느 양상의 개념을 형성하려고 노력하는 것이다. 만일 당신이 그 일을 해 낸다면, 나의 논증은 실패로 끝날 것이다. 만일 당신이 그 일을 할 수 없다면, 당신 스스로 왜 양상 상호 간의 연결성에 관한 질문을 피할 수 없는지 그 이유를 알게 될 것이다. 그러므로 이제 한번 시도해 보자.

먼저 가장 일반적인 수준, 즉 모든 양상의 수준에서 시작해 보자. 그리고 첫 번째 예로서 물리적인 양상, 곧 물리적 종류의 속성들과 법칙들을 들어 보자. 이 실험은 당신이 과연 모든 비(非)물리적인 양상들로부터 완전히 분리되어 있는 물리적 양상의 개념을 형성할 수 있는지 알아보는 것이다. 당신이 품고 있는 "물리적"이란 개념에서 양적 양상과 공간적 양상과 운동적 양상에 묶인 연결고리를 모두 떼어내어 보라. 이어서 생명적 양상과 감각적 양상과 논리적 양상과 언어적 양상에 묶인 연결고리도 제거해 보라. 당신에게 남은 것이 조금이라도 있는가? 나는 아무것도 없다. 일단 다른 모든 양상들을 "물리적" 양상에서 빼내면 "물리적"이란 말은 아무런 의미도 없다는 것을 나는 발견한다. 게다가, 이 실험을 어느 양상에 실행하든지 똑같은 결과를 초래하게 된다. 예컨대, 감각적 양상에 대해 실험해 보라. 감각적 양상과 양적 양상, 공간적 양상, 물리적 양상, 논리적 양상, 언어적 양상 등의 연결고리를 모두 제거하면 그 양상에 대한 어떤 생각이 남는가? 논리적 속성들과 법칙들 역시 똑같은 결과로 귀결된다. 예를 들어, 논리적 양상의 기본 공리인 비모순의 법칙은 "그 어떤 것도 동일한 의미에서 참인 동시에 거짓일 수 없다"고 말한다. 이는 이런 식으로 다른 "의미들"과 시간을 언급함으로써 논리 이외의 속성들과 불가피하게 연결되어 있음을 보여 준다. 따라서 이 법칙은 그런 연결성을 떠나서는 생각할 수도 없고 시작될 수도 없다.

어쩌면 이 논증을 모든 양상의 수준에 놓는 것이 일부 독자에게는 너무 추상적으로 보일지도 모르겠다. 그래서 이번에는 특정한 속성의 수준에서 이 실험을 다시 시도해 보자. 먼저 물리적 의미에 속하는 무게의 속성과 함께 시도하자(여기서 무게를 감각적 느낌으로서가 아니라 한 사물이 다른 사물을 끌어당기는 중력 인력으로 생각하자). 이제 똑같은 실험을 해 보라. 이 양상의 개념에서 다른 속성들―양적 계산이 가능한 것, 공간적 위치를 밝힐 수 있는 것, 움직일 수 있는 것, 논리적으로 그 자체와 동일시되는 것, 언어로 언급할 수 있는 것 등―과의 연결고리를 모두 제거해 보라. 남는 것이 있는가? 또는 빨강이란 감각적 속성을 가지고 똑같은 실험을 해 보라. 당신은 양도 없고, 위치나 모양도 없고, 빛의 물리적 속성들과 관계도 없고, 논리적으로 다른 색채들과 구별할 수도 없는 빨강의 개념을 형성할 수 있는가? 또는 그 자체와 동일한 사물의 논리적 속성과 함께 시도해 보라. (이는 한 사물이 그 자체로부터 구별될 수 없는 속성을 일컫는다. 만일 이를 부정하면 비모순의 법칙이 깨지기 때문이다). 이런 실험을 하면 순전히 논리적인 것은 순전히 물리적인 것이나 순전히 감각적인 것처럼 도무지 생각할 수 없다는 사실을 알게 된다. 무엇이든지 참이 되려면 비논리적인 속성들의 정연한 조합을 소유해야 하고, 이 속성들이 다 함께 그 사물의 차별성을 만드는 것이다. 이렇게 말한다고 해서 논리적 법칙들이 실재하지 않는다거나 그런 법칙들이 우리가 경험하는 사물과 우리의 사고에 해당되지 않는다는 뜻은 아니다. 단지 우리는 논리 이외의 속성들과 법칙들과 분리한 채 논리적 양상만을 생각할 수 없다는 뜻일 뿐이다.

이 실험이 나에게와 같이 당신에게도 똑같은 결과를 가져다준다면, 당신은 여러 종류의 속성들과 법칙들을 추출하게 되면 그들 간의 연결성을 설명하는 일은 피할 수 없는 철학적 문제란 것을 스스로 알게 되었다고 할 수 있다. 내가 말했듯이, 어떤 이론은 이 이슈에 대해 침묵하고 단지 모든 종류가 서로 연결되어 있음을 당연시할지도 모르지만, 그 연결성이 특정한 성격을 갖고 있다고, 특정한 종류에 속한다고 가정하지 않고는 그렇게 할 수 없을 것이다. 많은 이론들이 그 이슈에 대해 서로 다른 견해를 갖고 있다는 것을 이미 살펴보았고, 양상 상호 간의 연결 관계의 성격에 대한 서로 다른 설명은 바로 실재의 본질에 대한 서로 다른 이론들과 다를 바가 없다는 것도 살펴보았다. 만일 양상들을 그런 연결성을 떠나서 도무지 생각할 수 없다면, 우리가 아는 한 그것들의 존재는 바로 그 연결성에 달려 있는 것이다. 따라서 그 연결성이 다른 어떤 것에 의존해 있다고 간주되지 않는다면, 그것은 신적 지위를 부여받은 셈이다. 그렇기 때문에 이론들은 모종의 종교적 믿음을 포함하거나 전제하지 않을 수 없는 것이다.

혹시 이 마지막 논점을 너무 빨리 지나가지 않았나 싶어서 다른 방식으로 다시 진술할까 한다.

질적으로 다른 종류의 속성들과 법칙들 간의 연결성을 가능케 하고 또 실존케 하는 것은 그 모든 것을 존재하게 하는 그것이다. 왜냐하면 우리가 그것들에 대해 생각할 수 있는 한 그것들은 서로에게서 분리된 채로 존재할 수 없기 때문이다. 그래서 이론은 그 연결성의 본질에 대해 설명하지 않으면 안 되는 것이다. 약한 환원주의 이론은 자신이 선호하는 양상(들)을 나머지 양상들의 존재의 필요충분조건으로 삼음으로써 이 문제를 풀려고 애쓴다. 이 경우, 그들이 어떻게 연결되어 있는지에 대해 제공하는 설명은 그것들이 모두 그 선호하는 양상에 의해 생성되었다고 하는 것이다. 다른 한편, 강한 환원주의 이론은 그 문제를 해결하기보다는 용해시키려고 애쓴다. 이 이론에 따르면, 자신이 실재의 본질로 선호하는 양상 이외의 다른 진정한 양상은 존재하지 않는다고 한다. 그러나 강한 환원주의자들에게도 양상 상호 간의 연결성이란 이슈는 어쩔 수 없이 생기기 마련이다. 그들 역시 우리가 경험하도록 주어진 세계는 적어도 질적으로 다른 종류의 속성들을 나타내는 것처럼 **보인다는** 점을 인정하지 않을 수 없기 때문이다. 만일 그렇지 않다면, 이론가들이 실재의 본질에 대한 다른 개념들을 형성할 수조차 없을 것이다. 즉, 강한 환원주의자가 그 존재는 인정하지만 거짓이라고 말하고 싶어 하는 개념들 말이다. 그런즉 강한 환원주의자는 양상 상호 간의 연결성의 문제를 완전히 피하기보다는 다른 방식으로 다루고 있을 뿐이다. 말하자면, 이 이슈를 실재와 환상 간의 관계로 해석하는 것이다. 예컨대, 강한 유물론의 한 형태는 비(非)물리적으로 보이는 모든 사물과 속성들을 소위 "통속 심리학"의 산물로 치부해 버린다. 그러나 사람들이 처음에는 전(前)이론적 경험으로부터 비물리적 속성의 개념을 얻는다는 사실은 인정해야 한다. 그런데도 만일 강한 유물론자들이 아무도 비물리적 속성으로 보이는 것을 경험하지 않는다고 부인한다면, 그들의 이론은 너무도 개연성이 없어서 진지하게 취급되지 않을 것이다.

요컨대, 양상 상호 간의 연결성의 이슈는 도무지 피할 수 없는 것이고, 이 점은 이론들로 하여금 그 연결성의 본질을 가정하거나 명시하도록 만든다는 것이다. 이 이슈가 불가피한 것은 서로 다른 양상의 종류들을 고립된 상태로는 생각할 수 없기 때문이다. 우리는 그 양상들을 전이론적 경험의 대상에서 추출하고 또 그것들을 서로 대조시켜 분화함으로써만 그것들을 명백하게 인식하게 된다. 그 연결성의 본질의 문제를 제기하는 일은 이처럼 어쩔 수 없는 것이고, 이 문제에 답하는 것은 실재의 본질에 관한 어떤 개념을 제안하는(또는 가정하는) 것과 같다. 이 연결성의 본질로 제안되는 양상이 무엇이든 다른 모든 것이 의존하는 비(非)의존적인 실재의 본질이기도 하기 때문이다. 이는 곧 목걸이의 구슬들을 생산함으로써 그 구슬들을 연결시켜 주는 줄의 종류를 밝혀 준다. 그리고 이런 이유로 환원주의적 실재론들은 자신이 그 줄로 선택하는 것에 신적 지위를 부여하지 않을 수 없는 것이다. 이유인즉 한 이론이 다른 모든 것이 의존해 있는 것으로 여기는 것이면 그것이 무엇이든 완전히 비의존적인 것이 되고, 따라서 그것이 신적 존재인 셈이다.[8]

10.3 이론을 위한 전략으로서의 환원에 대한 철학적 비판

이어지는 내용에서, 한편으로 양상 상호 간의 연결성의 문제는 타당하고 불가피하지만, 다른 한편으로 환원은 대응 전략으로서 타당하지도 불가피하지도 않다는 것을 논증할 생각이다. 이 전략은 처음부터 연결성의 본질이 한두 가지 양상으로 국한되는 것이 틀림없다고 가정한 나머지 목걸이에 달린 한두 개의 구슬이 사실상 그 줄이 되는 셈이다. 이는 어느 양상(들)에 신적 지위를 부여하는 것과 다름이 없으므로, 이 전략은 모종의 이방 종교를 가정하고 있다고 볼 수 있다. 내가 곧 논증하겠지만, 이런 가정은 이론을 정당화하는 것으로 사용되고 있으나 실은 정당화될 수 없는 것이다. 그런즉 그 가정은 이론의 맥락 내에서 작동함에도 불구하고 이론적인 가설이 아니라 종교적인 믿음에 해당한다.

앞에서 말한 것처럼, 이론이 그것을 통제하는 모종의 종교적 전제를 피할 수 없는 이유를 보여 주는 바로 그 논증들이 또한 설명 전략으로서의 환원에 대한 비판도 제공한다. 그러므로 이제 앞에서 제시한 논증을 복습하면서 이번에는 왜 그런지를 다른 각도에서 고찰해 보도록 하자. 하지만 그러기에 앞서, 이 다른 각도가 보여 주려는 것은 세계의 어느 양상에 신성을 부여하는 것이 잘못이라는 점보다는 그것이 왜 정당화될 수 없는가 하는 점이다. 그러므로 이 비판은 하나님의 존재를 증명하는 것도, 하나님만이 신적 지위를 갖고 있음을 증명하는 것도 아니다. 그 대신 모든 신성의 귀속은 전이론적인 경험으로부터 이론 구성에 초래된다는 것과 이런 의미에서 그것은 하나님에 대한 믿음과 전혀 다를 바가 없는 신조에 해당한다는 것을 증명하게 될 것이다.

환원에 대한 비판의 첫 번째 부분은 위에서 다룬 논증의 첫 번째 단계와 추상화 작업에 대해 지적한 내용에서 끌어올 것이다. 제일 먼저 주목할 점은, 일부 사상가들은 자기네가 특정한 양상을 추출한 결과 그것이 독립적으로 보인다는 이유로 그 양상의 독자적 존재성을 추론했다는 것이다. 예를 들어, 아리스토텔레스는 논리적 개념을 형성할 수 있는 인간 정신의 능력은 정말로 인간의 몸과 상관이 없다고 주장했다.[9] 이 주장의 근거인즉, 논리적 사고는 몸의 개념과 나머지 세계의 개념들을 형성할 수 있으므로 몸과 나머지 세계와 상관없이 독자적으로 존재하는 것이 틀림없다는 것이다. 그러므로 그의 논증은 바로 그 자신이 논리적 양상을 추출하고 구별했기 때문에 그것이 소위 독자적 존재성을 갖게 되었는데도 불구하고, (인간 사유의) 논리적 양상을 추상하여 거기에 실재적이고 독립적인 별도의 존재성을 부여한 명백한 사례이다! 데카르트 역시 이와 똑같은 잘못을 범했지만 그의 사례는 이보다 못한 경우다. 데카르트의 경우, 그가 만일 생각 속에서 어느 것을 다른 것에서 분리할 수 있다면, 그것은 실재로도 다른 것과 별도로 존재한다는 추론을 승인하고 있음을 그 자신도 인식하고 있기 때문이다.[10]

그러므로 이 부분의 논점은 단순한 편이다. 경험의 어느 양상을 추출한 뒤에 그것이 분리된 듯이 보이는 모양을 독자적인 존재성의 증거로 삼는 것은 자기 수행적인 비정합성의 잘못을 범하는 것이다. 선호되는 양상의 추상화와 뚜렷한 차별성은 그 사상가의 활동의 산물인 만큼, 그 양상이 지닌 (생각 속의) 차별성이 실존적인 독립성과 부합한다고 그 자신이 믿는 것은 결코 옳지 못하다. 물의 온도를 측정하기 위해 온도계를 물 컵 속에 넣는 예를 기억해 보라. 그 온도계가 그것을 집어넣기 전의 물의 온도를 알려준다고 우리가 말한다면, 그 정보를 얻으려고 우리가 수행한 활동이 그 정보를 바꾸었다는 사실을 무시하는 셈이다. 이 추상화 작업도 마찬가지다. 우리는 어느 양상을 좀 더 상세히 조사하기 위해 사물로부터 그 양상을 분리시켜 다른 양상들과 뚜렷이 구별할 수 있다. 그러나 우리가 그런 식으로 조사하려는 그 양상에만 주목할 수 있다고 해서 그 양상이 다른 모든 양상과 상관없이 독자적으로 존재할 능력이 있다는 결론은 결코 정당화될 수 없다.

이 부분의 두 번째 단계 또한 아리스토텔레스에게 불리하고 또 데카르트에게는 더 불리하다. 생각 속의 실험은 우리가 어느 양상이든 다른 양상들과 완전히 분리시켜 생각하지 않는다는 것을 보여 주었기 때문이다. 하지만 이것은 단지 데카르트의 논점을 거꾸로 뒤집은 것이 아니라는 점을 유념하라. 그러니까 그는 우리가 어느 양상을 별도로 생각할 수 있다면 그것은 그런 식으로 존재할 수 있음에 틀림없다고 말하는 데 비해, 우리는 그것을 뒤집어서 만일 당신이 그런 식으로 생각할 수 없다면 그렇게 존재할 수 없다고 말하는 것이 아니란 뜻이다. 우리의 논점은, 만일 당신이 독자적으로 존재하는 X에 관한 관념(X는 당신이 좋아하는 어떤 양상이라도 무방하다)을 형성할 수 없다면, 당신은 X가 그런 식으로 존재한다는 주장을 결코 **정당화시킬 수 없다는 것이다**. 하지만 **사람들이 설사 독자성을 지닌 것으로 추정되는 어느 양상의 관념을 실제로 형성할 수 없다 하더라도**, 그 양상이 신적 지위를 갖고 있다는 믿음을 형성할 수 있고 또 실제로 형성한다는 사실을 부인하는 것은 아니다. 그들은 이미 여러 번 언급한 이유, 즉 그들이 그 양상을 신의 본성으로 경험하기 때문에 그렇게 한다. 따라서 어느 의미에서 이교적인 경험은 그 자체와 껄끄러운 관계에 있다. 한편으로는, 전(前)이론적인 경험 세계의 어느 양상이 신적인 것으로 보인다. 다른 한편으로는, 사고 실험은 우리가 그런 지위를 소유한 어떤 양상의 관념도 형성할 수 없다는 것을 보여 준다. 그러므로 신에 대한 이교적인 직관은 결국 **우리가 비의존적인 실재로 생각할 수 없는 어떤 것이, 그럼에도 불구하고, 우리가 생각할 수 없는 방식으로 비의존적 실재를 갖고 있다**는 경험을 하는 것과 다름없다.

이런 믿음이 이론의 기초가 되는 한, 그것은 확실히 엉성한 입장이라고 할 수 있다. 그뿐만 아니라, 그 사상가의 실존적인 종교적 상태에 관한 한, 아주 형편없는 입장이 아닐 수 없다. 그렇기 때문에 다양한 이교적 믿음들이 내가 앞에서 언급한 불안정한 성격을 나타내고 있는 것이다. 한 양상의 신격화는 끊임없이 또 다른 양상의 신격화를 불러일으키기 때문이다. 그래서 아우구스티누스는 자신이 그리스도인이 되기 전의 상태에 대해 다음과 같이 말한 것이다. "주여, 내 마음은 그대 안에서 안식을 찾기까지 불안했습니다."

이 밖에도 이교적인 믿음이 결코 정당화될 수 없다는 점을 여러 방식으로 표현할 수 있지만, 가장 쉽게 이해할 수 있는 두 가지 방법을 제공할까 한다. 첫째, 우리의 사고 실험은 "독자적으로 존재하는 X"(여기서 X는 우주의 한두 가지 양상으로 국한된다)라는 표현 자체가 어째서 "네모난 원"이란 표현과 거의 운명을 같이하는지를 보여 주었다. 우리가 그 말을 할 수는 있지만, 이 말이 가리키는 관념은 결코 형성할 수 없다. 그런데 우리가 만일 그렇게 할 수 없다면, 도대체 "X는 독자적인 존재성을 갖고 있다"는 말이 참임을 입증할 만한 무슨 논증을 제시할 수 있겠는가?[11]

둘째 방법은 그런 이론들이 보통 생각 속의 추상적 분리와 실존적인 독립성을 동일시할 수 없다는 논점을 회피하려고 한다는 사실과 관련이 있다. 20세기 대부분의 철학자는 데카르트에 대한 나의 비판에 동의할 것이다. 그러나 그들이 자기네가 선호하는 양상의 선택을 정당화할 때, 그 양상의 추출이 그것의 독립성을 수반한다기보다는 설명력에서 그 입장의 우월성을 증명함으로써 다른 모든 양상이 그 양상에 의존하는 것으로 주장하려고 한다. 말하자면, 다른 모든 양상이 X 양상에 의존해 있다는 입장을, 그 양상이 우리가 설명하고 싶은 것에 관해 유일한 또는 최상의 설명을 제공한다는 점으로 정당화시키려 한다는 뜻이다. 그러나 이 접근 역시 우리의 사고 실험에 의해 약화된다. 왜냐하면 X의 속성들과 법칙들이 어떤 것을 설명한다고 말할 수 있는 한, 그것들은 언제나 다른 종류의 속성들과 법칙들에서 분리된 상태가 아니라 이런 것들과의 **관계 속에서** 생각되기 때문이다. 그래서 만일 그들이 선호하는 X의 분리 자체를 도무지 생각할 수 없다면, X와 다른 양상들 간의 "다리 법칙들(bridge laws)"을 전제로 삼는 일은 진정한 설명을 생산할 수 없다. 그것은 **다리 법칙들 역시 다른 어떤 것과 마찬가지로 오로지 X에게만 속하는 것으로 생각할 수 없기 때문이다.** 그리고 다리 법칙들이 오로지 X에게만 속하는 것이 아니라면, X는 다른 모든 것이 의존해 있기에 환원될 수 있는 그것의 본질이 아닐 것이다. 그러므로 가설적인 다리 법칙들을 전제한다고 해서 "오로지 X"라는 것은 도무지 생각할 수 없다는 사실이 바뀌는 것은 아니다. 이는 우리가 X를 알 수 있는 한 그것은 다른 양상들과의 연결성에 의존해 있는데, 그 연결성이 오로지 X 성격의 다리 법칙들에 의해 설명되도록 되어 있다는 입장과 다름없다! 요컨대, X의 독자성을 지지하는 증거로 제시된 모든 논증이 언제나 독자적인 X가 아니라 다른 양상들과 연결된 X를 가리키고 있는 한편, X와 그 양상들의 연결성은 순전히 X 성격만 갖고 있는 것으로 생각할 수 없다는 것이다. 이게 사실이라면 X를 다른 모든 것이 의존해 있는 것으로 간주하는 입장이 더 우월한 설명을 제공한다는 주장은 타당성이 있을 수 없다. 그 대신 "독자적으로 존재하는 X"를 도무지 생각할 수 없다는 반론이 그 이론의 곳곳에서 제기될 수 있어서, X를 독자적 존재로 간주하는 입장의 설명력을 지지하는 모든 증거에 영향을 미치게 된다.

이 후반부의 비판들은, 그보다 앞선 비판들과 마찬가지로, 내가 4장에서 "자기 수행적인 정합성"이라 부른 평가기준을 적용한 결과라는 것을 말해야겠다. 각 사례에서, 환원적 주장의 성공을 가로막는 장애물은 우리가 이론을 만들 때 수행해야 하거나(추상화 작업) 어떤 이론을 평가할 때 수행할 수 있는(사고 실험) 사유 활동이다. 그리고 이런 테스트를 우리 자신의 자기 성찰에 적용한 결과는 추상화 행위라든가 사고 실험을 통해 우리 자신을 포착함으로써 확인할 수 있다.

이 평가기준을 사용한 마지막 두 가지 방식을 좀 더 명확히 하기 위해, 나는 이제 각 경우를 다시금 예증하려고 한다. 이번에는 그 기준을 원자의 개념에 적용해 볼까 한다. 우리가 앞에서 언급한 것처럼, 원자론은 단순하게 "저기에 원자들이 있다"라고 말할 수 없다. 이 이론은 원자를 어떤 종류의 사물로 추정하는지를 명시해야 하고, 이렇게 하면 반드시 연결성의 이슈가 제기되기 마련이다. 더 나아가, 원자론이 원자의 본질이 다른 종류의 속성들을 포함한다고 주장하든, 원자의 본질이 오직 한 종류의 속성들로만 구성되어 있다고 주장하든지 상관없이 그 점을 명시해야 한다. 왜냐하면 후자의 경우라 할지라도, 원자론은 원자의 본질을 구성하는 속성들이 그것을 구성하지 않는 다른 양상들의 속성들과 어떤 관계에 있는지를 명시해야 하기 때문이다. 예컨대, 어떤 이론이 원자는 오로지 물리적 속성들만 갖고 있다고 말한다면, 그 물리적 속성들이, 가령, 감각적 속성들과 어떤 관계에 있는지를 설명해야만 할 것이다. 왜냐하면 그런 연결성이 존재하지 않는다면, 그리고 그것이 강한 연결성이 아니라면, 실험적인 관찰은 물리학에 아무런 소용이 없을 것이기 때문이다. 강한 환원주의적 유물론자는 감각적 속성들은 아예 존재하지 않는다고 응답해야 할 테고, 약한 환원주의적 유물론자는 감각적 속성들은 오로지 물리적 속성들만 가진 실체들의 조합으로 생성된다고 답변해야 할 것이다. 여기서 전자는 **실제로 경험하는 그대로의** 실험의 가치를 평가 절하하는 데 비해, 후자는 여러 종류의 속성들 간의 연결성 자체를 **물리적인** 것으로 만들게 된다는 점을 주목하라.

우리는 이 두 가지 답변 모두 사고 실험과 충돌한다는 것을 이미 살펴보았다. 우리가 만일 다른 모든 양상들과 분리된 상태의 어느 한 종류의 속성들과 법칙들의 개념을 형성할 수 없다면, 우리는 오로지 물리적인 원자의 개념을 형성할 수 없고, 원자들과 어느 비물리적인 속성들 간의 오로지 물리적인 인과관계의 개념도 형성할 수 없는 법이다. (그리고 이것은 어떻게 순전히 물리적인 원인이 비물리적인 효과를 낳을 수 있는지를 설명하는 문제와는 다른 별도의 문제다!) 이 두 가지 이슈와 관련하여, 이 문제들을 풀기 위해 그처럼 순전히 물리적인 인과관계를 제안하는 것은 해결되어야 할 문제들을 다시 제기하는 것일 뿐이다.

유물론에 관하여 방금 얘기한 내용은 다른 모든 "이념"에도 똑같이 적용된다. 이 논증은 다른 모든 것을 어느 양상이나 어느 양상들의 조합으로 환원시키든지 상관없이 그대로 적용된다. 어느 양상을 선택하든지 간에 어느 것도 다른 것들을 떠나서는 생각할 수 없으므로, 어느 것이든 그런 방식으로 존재한다는 입장을 정당화할 수 없는 것이다. 또한 이 비판이 양상 상호 간의 연결성을 설명하려고 경험하는 **대상들**의 양상들을 선택하는 이론들에만 효과가 있는 것도 아니다. 이는 주관주의 이론들, 즉 모든 종류의 속성들을 연결시키고, 따라서 우리가 경험하는 세계에 질서를 부여하는 것은 앎의 (인간) 주체라고 주장하는 이론들에게도 똑같이 적용된다. 주관주의 이론들도 똑같이 막다른 골목에 부딪히는 것은 그것들 역시 인간의 정신 또는 자아의 어느 양상이 그런 역할을 하는지를 말하지 않을 수 없기 때문이다. 왜냐하면 인간은 다양한 양상들을 경험하고 구별할 뿐만 아니라 소유하고 있기 때문이다. 예컨대, 우리가 행동주의를 논의할 때 주목했던 것처럼, 사고 행위는 양적, 공간적, 물리적, 생명적, 감각적, 논리적 등의 양상들을 갖고 있다. 따라서 과연 어느 **종류**의 주관적 행동이 그것 없이는 개별적 속성들과 모든 종류의 속성들을 생각할 수 없는 그 연결성을 제공하느냐 하는 질문을 도무지 피할 수 없다. 이와 같이 앎의 대상에 관한 환원주의 이론들이 그랬듯이, 앎의 주체에 관한 환원주의 이론들도 똑같은 막다른 골목에 봉착하는 것이다.

그러므로 왜 이론에서 모종의 종교적 믿음이 개입할 수밖에 없는지를 아는 데 열쇠가 되는 것은 다시금 양상 상호 간의 연결성이란 이슈이다. 우리는 다른 것들과 상관없이 독립적으로 존재하는 어느 한 양상의 개념을 형성할 수 없으므로, 모든 이론적 설명은 제각기 무언가를 그 연결성의 보증인으로 세우지 않을 수 없다. 만일 어느 한(또는 복수의) 양상에게 그 역할을 맡기게 되면, 그 양상(들)은 우리의 경험에 주어진 세계의 본질이 되는 셈이다. 그리고 이로써 그 양상은 또한 다른 모든 것이 의존하는 독립적 실재의 본질이 되는 만큼 신의 본질을 파악하는 역할도 떠맡은 셈이다. 그러나 동시에 각 양상은, 우리가 그에 관해 생각할 수 있는 한, 오직 다른 모든 양상들과 끊을 수 없는 연결성 안에서만 존재하기 때문에 한 양상이 신적 지위를 갖고 있다는 믿음은 이론적으로 정당화될 수 없는 것이다. 그러므로 이런 믿음은 우리가 내린 종교적 믿음의 정의(定義)를 충족시켜 줄 뿐만 아니라 이론들 속에서 규제적인 역할도 수행한다. 그러면서도 여전히 이론들이 정당성을 부여받는 식으로 정당화될 수 없는 것으로 남는다.

만일 아직도 이 마지막 논점을 부정하고 싶은 생각이 드는 사람이 있다면 나는 이렇게 묻고 싶다. 당신은 이론들이 '순수하고 중립적인 합리성'의 (신비로운) 기능에 의해 판결된다고 정말로 믿을 수 있는가? 만일 그렇다면, 칸트주의자가 합리적 논증으로 토머스주의자를 설득하는 데 결코 성공하지 못하는 이유는 무엇인가? 어째서 헤겔주의자는 유물론자를 설득하지 못하는가? 어떻게 해서 그토록 오랫동안 이원론자들과 일원론자들 사이에 있는 문제들이 하나도 해결되지 못하는가? 이런 차이점들은 실재론들뿐만 아니라 합리적이 된다는 말의 개념에도 붙어 다닌다는 사실을 유념하라! 이제까지 존재론은 물론이고 인식론 역시 환원주의에 빠져서 종교적 통제를 받지 않았던가? 인식론만 해도 지식은 본질적으로 논리적이라고, 논리적/감각적이라고, 수학적이라고, 물리적/생명적이라고, 역사적이라고, 언어적이라고, 윤리적이라고, 이런저런 양상의 조합이라고 주장하는 이론들이 즐비했다. 인식론은 토대주의, 정합주의, 실용주의, 외재주의, 내재주의 등에 따라 달라지기도 하지만, 지식의 본질을 지식의 기초들, 믿음 간의 정합성, 또는 성공적인 믿음이란 말의 뜻 등 어디에서 찾느냐에 따라 달라지게 마련이다. 마찬가지로, 그 이론들은 앎의 주체에 어떤 본질을 부여한 뒤에 그것을 내적으로, 외적으로, 실용적으로 정당화하려고 한다. 이런 면에서, 인식론은 언제나 존재론 안에서 꼼짝할 수 없게 되어 있고(거꾸로도 마찬가지다), 양자 모두 똑같이 모종의 종교적 믿음에 사로잡혀 있다고 할 수 있다.[12]

끝으로, 이 비판의 취지는 모든 환원주의적 믿음이 거짓임을 보여 주는 게 아니라 그런 믿음들이 하나같이 왜 종교적인 것인지를 입증하는 일이지만, 이것 역시 의미심장한 결과라고 강조하고 싶다. 이는 결국 유신론자와 비유신론자 사이에 있는 놀이터를 평준화하는 것이기 때문이다. 이제는 다양한 이교적 입장들이 그들의 환원주의적 믿음을 신앙이 아닌 "이성"의 판단으로, 또는 분파적이 아닌 "과학적" 판단으로, 또는 도그마가 아닌 "자유사상"의 산물로 독단적으로 선언함으로써 그 종교적 특성을 슬쩍 넘어갈 수 없게 되었다. 그 대신 우리 모두는 똑같이 우리가 신적 존재로 믿는 것의 통제 아래서 이론을 구성하고 있다는 사실을 인정할 필요가 있다. 따라서 이런 견해들을 비교하는 공정한 방법은 그에 따른 열매들을 평가하는 것이다. 만일 이교적 믿음과 그에 따른 환원주의가 이 세계에 대한 정합성 있는 설명을 내놓지 못한 반면에, 비환원주의적 이론들이 유신론적 기초 위에 개발된 것으로 판명된다면, 그 실패는 더더욱 뼈아픈 것이 되고 말리라.

10.4 이론을 위한 전략으로서의 환원에 대한 종교적 비판

여기서 제시할 비판을 "종교적" 비판이라고 부르는 것은 그토록 많은 유신론자들로 하여금 이론 작업에서 환원 전략을 보존하도록 만든, 그들의 하나님에 관한 이해에 초점을 맞출 것이기 때문이다. 나는 그 배경을 분명히 밝히려고 이미 입증된 몇 가지 논점을 복습하면서 다시 한 번 이 비판을 시작할 생각이다.

우리는 이미 대다수의 유신론적 사상가들이 이론 구성에 대해 조사할 때 이론을 위한 전략으로서 환원을 버릴 만큼 과격한 입장을 취할 필요가 없다고 생각한다는 점을 살펴보았다. 그 대신 그들은 거기에 하나님이 우주의 나머지 부분이 환원될 수 있는 어떤 양상(들)을 창조하셨다는 조건을 더함으로써 환원 이론들의 이교적 특성을 중립화시키려고 애썼다. 나는 이런 책략이 성공할 수 없는 이유를 몇 가지 제시했다. 대표적인 이유는, 그런 이론의 설명 작업은 모든 것을 창조세계의 한두 가지 양상으로 환원하는 점에 있기 때문에 하나님에 대한 믿음을 첨가한다고 해서 그 이론의 설명력이 조금도 바뀌지 않는다는 사실이다. (그런 이론에서 하나님에 대한 믿음에 남겨진 유일한 역할은 그것을 무지의 피난처로 삼는 것이리라. 예컨대, 데카르트가 정신과 몸의 상호작용을 설명할 만한 능력이 없자 그것을 슬쩍 넘어가려고 "하나님이 유발한 기적"이라 불렀던 것과 같다.) 그러므로 그 책략은 그런 이론의 내용 대부분과 그것이 지닌 설명력이 하나님에 대한 믿음에 의해 영향을 받지 않게 한다. 따라서 하나님을 아는 것이 모든 진리와 온갖 지식에 영향을 미친다는 성경적 가르침과 일치하지 않는 것이다. 게다가, 우리는 종교적 믿음이 어떻게 이론들을 규제할 수 있고 또 실제로 규제하는지를 살펴보았기 때문에 나는 이런 질문을 던지고 싶다. 왜 우리는 이교적 신앙들은 이론을 내적으로 또 폭넓게 규제할 수 있지만 하나님에 대한 믿음은 그럴 수 없다고 생각하는가? 왜 우리는 하나님에 대한 믿음이 적어도 이교적 신앙들만큼 수용 가능한 가설의 범위를 정해 줄 수 있다고 기대하면 안 되는가? 어째서 이교적인 믿음만이 사물의 본질을 설명할 수 있는 근거를 제공할 수 있고, 하나님에 대한 믿음은 아이의 생일 케이크에 달린 당나귀 꼬리처럼 이론에 추가로 붙여놓을 수 있을 뿐인가?

우리가 이미 입증한 몇 가지 논점들도 이런 각색 책략(adaptation ploy)에 대한 비판을 지지해 준다. 첫째, 창조세계의 한두 가지 양상이 다른 모든 양상들을 생성한다고 주장하는 약한 환원 이론들과 관련이 있다. 이런 주장은 그 한두 가지 양상과 나머지 창조물의 관계를 마치 하나님과 그 한두 가지 양상의 관계와 같은 것으로 설정한다. 이런 식으로 각색 책략은 그 한두 가지 양상에 반(半)신적인 지위를 부여하는 것이다. 추가된 유신론적 조건은 그 양상들이 본질적인 신은 아니라고 부인하지만 그것들에게 나머지 창조물보다 신적 독립성에 더 가까운 지위를 부여하는 건 사실이다. 그러므로 그 지위는 이교의 신 개념에 상응하는 것이다! 이런 이유로, 그 책략은 창조물의 특정 양상들에게 하나님과 나머지 창조물 사이를 중재하는 숨겨진 신의 지위를 부여한다고 말하는 것이 공평하다. 이에 비해 성경은 언제나 하나님이 자신을 제외한 모든 것을 **직접** 지탱하신다고 말하고 있다. 기독교적 관점에서 보면 이 논점이 시사하는 바가 많은데, 신약성경에 따르면 하나님과 창조세계 간의 유일한 중재자는 예수 그리스도이기 때문이다. 그리고 구원을 이루는 그리스도의 중재 역할은 그의 인성을 통해 수행되는 데 비해, 하나님의 창조 및 섭리의 능력에 대한 그의 중재는 그의 신성을 통해 이뤄진다고 말한다. "만물을 창조한 분"(요 1:3)이자 "만물을 다 함께 붙들고 있는 분"(골 1:17)은 창조세계의 어떤 양상이나 속성들이나 법칙들이 아니라 바로 삼위일체의 두 번째 위격인 예수 그리스도이다. 성(聖) 그레고리 팔라마스(1296-1359)가 언젠가 말했듯이, "그리스도인은 그리스도 이외에 창조주와 피조물 간의 그 어떤 중간적 실체나 중재적 가설 [토대를 이루는 실재]도 용납할 수 없는 것이다."[13]

이제 가설적인 방식으로 진술된 동일한 논점을 생각해 보라. 이런저런 이교적인 믿음이 아니라면, 이론 구성의 출발점에서 고대 사상가들이 실재론을 구성하는 방법은 우주의 나머지 모든 양상을 한두 양상으로 환원하는 것이라고 가정하게 된 연유가 과연 무엇이었을까? 만일 실재론이 이방의 그리스인들이 아니라 유대인들 사이에서 시작되었더라면, 가령 창조 교리와 같은 것이 그와 정반대 방향으로 그들을 이끌어 주었을 것이다. 만일 이론들이 우주의 모든 것이 하나님께 의존해 존재하고 있다는 성경의 교리 아래서 시작되었더라면, 그 이론들은 모든 것의 존재가 오직 하나님께만 달려 있다는 가정을 취했을 것이고, 따라서 이론의 지도 원리는 신적 지위를 다른 어떤 것에도 부여하지 않는 것이었으리라. 그 결과, 유대인 이론가들은 실재론이 노골적인 이교의 색채를 띠지 않으면서 얼마나 이교적 견해에 가까울 수 있을지를 생각하는 대신에, 아마 환원주의에 대한 종교적 혐오감을 지닌 채 실재론을 정립했을 것이다. 그들의 이론은 하나님께서 특정 양상을 그분의 지탱능력의 통로로 삼는다고 주장함으로써 그런 양상을 다른 모든 양상들보다 더 실재적인 것으로 격상시키는 대신에, 창조세계의 모든 양상은 직접 하나님께 의존해 있다는 가정과 함께 출발했을 것이다.

하지만 각색 책략에 대한 이런 비판들은, 내가 곧 제시할 비판에 비하면 일종의 예비 단계에 불과하다. 이런 비판을 제기하는 것은 본격적인 비판을 위해 배경을 설정해 주는 면에서 도움이 된다. 이런 비판들이 불러일으키는 답변들은 보통 환원 전략을 각색하고 유지하는 프로그램이 기대고 있는 더 깊은 전제를 분명히 밝혀 주기 때문이다. 따라서 내 비판은 이런 더 깊은 차원의 전제들을 겨냥할 텐데, 이것들이야말로 그 환원이 본래 이교적 특성을 갖고 있는데도 불구하고 유신론자들에게 계속 매력을 풍겼던 이유이기 때문이다.

위에서 제기한 반론들에 대한 답변은 흔히 성경은 전문적인 담론이 아니라는 점을 그 출발점으로 삼는다. 즉, 성경이 이론적 이슈들을 다뤄줄 것을 기대할 수 없다는 뜻이다. 특히 성경은 과학 이론과 철학 이론에 가득한 추상적인 존재자들을 다룰 수 없다고 덧붙인다. 그래서 하나님이 창조자라는 가르침은 하나님이 우리의 일상 경험의 세계를 무(無)로부터 창조했다는 뜻으로 해석해야겠지만, 하나님이 또한 법칙, 속성, 종류, 보편자, 명제, 집합, 숫자 등과 같은 "추상적 실재들"도 창조했다고 믿을 것을 요구하진 않는다고 한다. 오히려 추상적 존재자들이 하나님과 나머지 창조물을 중재하는 독립적인 존재성이나 지위를 갖고 있을 가능성이 많다는 것이다. 이런 주장에 따르면, 그런 독립적 존재자들을 믿는 것이 충분히 정당화될 수 있는 것은 하나님의 속성들을 해석하는 가장 그럴듯한 방법은 그것들이 필수적이고 독립적인 존재성을 갖고 있은즉 창조되지 않은 것이라고 말하는 것이기 때문이라고 한다. 어쨌든 하나님이 창조되지 않은 비(非)의존적인 존재라면, 당연히 그분의 속성들도 그래야 되지 않은가?

끝으로, 그 답변들은 하나님의 본성을 이렇게 이해할 때에만 우리의 언어를 하나님께 적용하는 방식에 대해 타당한 설명이 가능하다고 한다.[14] 그들의 주장인즉, 인간의 언어가 하나님에 관해 제대로 말할 수 있는 것은 우리가 하나님에 대해 사용하는 용어의 의미와 우리가 피조물에 대해 사용하는 용어의 뜻 사이에 유사성이 있기 때문이다. 달리 말하면, 피조물에 대한 우리의 경험에서 나온 용어의 뜻은 하나님에 대한 경험에 똑같이 적용할 수는 없지만 그와 비슷한 그 무엇이란 의미이다. 양자의 의미가 똑같지 않은 것은 하나님은 그런 용어들이 지칭하는 속성을 최고의 정도로 소유하고 있는 데 비해 피조물은 그보다 덜한, 불완전한 정도로 갖고 있기 때문이다. 그런즉 하나님의 정의와 선과 지혜는 무한정 완전하지만, 그에 비해 인간의 정의와 선과 지혜는 그렇지 않다. 그러므로 이 견해는 우리가 사용하는 용어의 의미가 피조물에 대한 경험에서 나오긴 했지만, 어떻게 해서 우리의 언어가 하나님에 대해서도 제대로 말할 수 있는지를 설명해 준다. 이 견해는 어떤 면에서 그 용어들의 의미가 (부분적으로) 똑같고, 또 어떤 면에서는 그 용어들이 하나님에게 사용될 때 의미상의 차이가 있는지를 설명해 준다. 이 답변은 결론적으로 다음과 같은 점을 지적할 수도 있을 것이다. 이런 종교적 용어의 유추 이론은 오랜 세월에 걸쳐 널리 수용되어 왔을 뿐만 아니라, 거기에 반론을 제기할 만한 20세기 최고 신학자인 칼 바르트조차 그것을 대치할 만한 것을 찾지 못했다고 시인했다는 점이다.[15]

이처럼 위에서 열거한 (예비적) 반론들에 대한 여러 답변이 인상적인 모습으로 즐비하게 놓여 있다. 그런데 아이러니한 사실은 유신론적 사상가들이 그들의 이론을 초월적 창조주에 대한 믿음과 조화시키려는 의향이 있음에도 불구하고, 우주에 있는 많은 존재자들과 속성들이 하나님에게서 독립되어 있고 따라서 창조되지 않았다고 주장한다는 점이다. 이보다 더 큰 아이러니는 이런 사상가들이 그런 입장을 견지하지 않을 수 없다고 느끼는 이유가 바로 창조주의 본성에 대한 그들의 이해라는 점이다! 하지만 이 신학의 아이러니가 곧 그 입장에 대한 반증은 아니다. 우리 앞에 놓인 물음은, 과연 하나님의 본성에 대한 이 견해가 ① 내적인 정합성을 갖고 있느냐 하는 것과 ② 성경에 계시된 하나님의 본성과 일치되는가 하는 것이다. 이 물음이 중요한 것은 바로 **하나님의 본성에 관한 이 견해가, 내가 앞에서 언급한 대로, 유신론자들이 환원 이론을 보존하려**

고 설정한 가장 심층적인 전제이기 때문이다. 그래서 나는 이 점을 검토하면서 왜 그것이 하나님에 대한 용납될 수 없는 견해인지를 밝힐 뿐만 아니라, 왜 그리고 어떻게 그것이 환원 전략을 권하기보다 금하는지를 분명하게 보여 주려고 애쓸 것이다. 그런 견해를 용납할 수 없는 것은 내적 정합성의 문제를 안고 있기 때문이고, 이 문제의 핵심은 성경의 창조 교리와 양립이 불가능하다는 점에 있다. 이것이 이 비판의 핵심 논점인 만큼 우리가 진도를 더 나가기 전에 "창조되었다"는 용어의 뜻에 대해 최대한 분명히 하는 일이 필요하다. 이를 위해, 어떤 것이 창조되었다고 말할 때는 다음 세 가지 의미를 지닐 수 있다는 사실을 알 필요가 있다.

우리가 가장 흔히 쓰는 그 용어의 의미는 어떤 것이 이전에는 존재하지 않았다가 존재하게 된 시점이 있다면 그것이 창조되었다고 말하는 경우이다. 지금부터 나는 이 의미를 창조되었다a라고 부를 것이다. 어떤 것이 다른 것에 의해 창조되었다고 말할 때의 또 다른 의미는 그것이 타자에 의해 생산되었고 별개의 존재를 갖고 있는 경우이다. 하나님에 관한 진술에서 이 의미가 중요한 것은 성경이 바로 이런 의미에서 하나님이 아닌 모든 것은 그분의 창조물이라고 말하기 때문이다. 나는 이 의미를 창조되었다b라고 부를 것이다. 세 번째 의미는 내가 토마스 아퀴나스를 좇아 처음 두 의미와 구별시키는 의미이다. 세 번째 의미로 보면, 어떤 것의 존재가 완전히 하나님께 달려 있어서 하나님이 창조하지 않았다면 그것이 존재하지 않을 경우에 그것은 창조되었다c고 말할 수 있을 것이다. 물론 하나님은 무(無)로부터 창조할 수 있는 분이다. 여기서 "무"란 용어는 어떤 실재의 이름이 아니라 하나님이 다른 것을 존재케 하지 않았다면 오직 하나님밖에 존재하지 않을 것이라는 주장을 가리킨다. 그러나 일단 하나님이 그 자신에 더하여 피조물들이 존재하도록 하신 뒤에는 그들 중 일부를 매개체로 사용하여 다른 사물과 사건들을 일으킬 수 있고, 그 모든 것 역시 이 세 번째 의미에서 하나님께 완전히 달려 있다고 말할 수 있다. 따라서 이 의미는 하나님이 무로부터 창조했는지 또는 다른 피조물을 매개체로 삼아 창조했는지, 그리고 창조행위가 초시간적으로 이뤄졌는지, 또는 모든 시간대에 진행되었는지, 또는 시간적인 시발점이 있는지 여부와 상관이 없는 것이다. 심지어는 창조된 것이 하나님과 구별되는지 여부와도 상관이 없다.

토마스가 지적하듯이, 그것은 시간적인 시발점이 있다는 것과는 다르다. 왜냐하면 어떤 것은 시간적으로 영원하면서도 그 존재가 영구적으로 하나님의 지탱하시는 능력에 달려 있을 수 있기 때문이다.[16] 이와 같은 것은 따라서 창조된a 것은 아니지만 여전히 창조된c 것일 테다. 그리고 그것이 창조된b 것과는 다른 것은 세상에서의 하나님의 활동은 그분에 의해 초래되었고 그분의 손에 달려 있지만, 그분과 별개로 존재하는 것이 아니기 때문이다. 그런즉 그것들은 창조되었든지a 여부와 상관없이 (하나님이 초시간적으로 창조했든지 시간 내에서 창조했든지 상관없이), 그것들은 창조되지b 않은 것이지만 여전히 창조된c 것일 테다.[17] 마지막 논점은 이렇다. 나는 창조되었다c라는 말을 그 용어의 가장 근본적인 의미로 간주할 것인데, 왜냐하면 그것은 첫째와 둘째 의미에 포함되어 있는 반면에 이 양자는 서로에게 포함되어 있지 않을 뿐더러 셋째 의미에도 포함되어 있지 않기 때문이다. 그러므로 창조되었다c는 말은 우리가 하나님에 대해 사용하는 그 용어의 의미 중에 가장 중요한 것이고, 다른 창조되었다b는 말과 함께 성경이 하나님을 창조주로 말하는 방식을 반영한다. 따라서 이어지는 내용에서 나는 그것을 유신론적 사상이 반드시 수용해야 할 계시된 진리로—하나님이 아닌 모든 것은 그 존재와 본성이 하나님에 의해 창조되었다c는 것—간주하게 될 것이다.

"창조하다"는 말의 세 번째 의미는 물론 우리가 보통 우리 자신이나 다른 피조물에 대해 그 용어를 사용하는 방식은 아니다. 우리는 무로부터 창조할 수 없다. 그리고 우리는 통상적으로 우리 자신의 행동을 창조한다고 말하지 않는다. 하지만 우리가 행동을 수행할 때 그렇게 하지 않으면 그 행동이 존재하지 않을 것인즉 실은 세 번째 의미의 창조가 일어나는 셈이다. 그래서 하나님이 그 자신의 행동을 "창조하신다c"라고 말하면 상당히 어색하게 들릴 것이다. 이 행동은 동시에 창조되지b 않은 것이기도 하다! 아마 이런 이유로, 대다수의 신학자들은 한 가지 표현으로 "창조하다"는 말의 세 가지 의미를 모두 망라하기를 좋아해서 단순히 하나님이 아닌 모든 것은 하나님의 뜻의 산물이라고 말하는 것처럼 보인다.[18] 이는 오직 하나님의 존재만이 무조건적이고 본질적인 신(神)인 반면, 다른 모든 것은 그분의 주권적인 통제로 유지되는 창조물이라고 주장하는 것이다.

나의 예비적 반론들에 대한 답변들이 취하는 하나님 견해는 바로 이 마지막 사항을 위반하고 있다. 게다가, 그 견해가 이 점을 위반하는 방식은 또한 그것이 환원 전략에 피난처를 제공하는 방식과 똑같다. 이제까지 다수의 저명한 인물들이 이 견해를 취했고, 또 이 견해가 기독교의 서방 진영과 라틴 진영의 신학을 지배했을 뿐 아니라 유대교 신학과 무슬림 신학에까지 어느 정도 영향을 미친 것을 감안할 때, 나로서는 정말로 마지못해 이 말을 하지 않을 수 없다. 이 견해의 길은 그 위대한 성(聖) 아우구스티누스가 닦았고, 성 안셀무스가 평탄하게 만들었고, 성 토마스 아퀴나스가 정교하게 다듬었다(그래서 이제부터는 이 세 인물의 이름 첫 자를 묶어서 AAA 견해라고 부르겠다). 이 견해의 핵심 주장들은 이미 조금 소개했지만 이제는 좀 더 자세히 살펴보면서 한 번에 하나씩 다룰 필요가 있겠다.

AAA 신학의 첫 번째 전제는 하나님께서 인간을 자기 형상으로 창조했다abc는 성경의 가르침은 인간이 하나님과 여러 속성과 능력을 공유한다는 뜻으로 이해해야 한다는 것이다. 이 전제는 절대로 옳기 때문에 아예 제쳐 놓기 위해 내가 맨 처음 언급하는 바이다. 이제는 좀 더 문제가 되는 다른 전제들을 검토해 보자.

이 신학의 두 번째 전제는 하나님의 속성을 무엇으로 간주하든지 간에 그것은 그분과 마찬가지로 창조되지 않은 게 틀림없다는 것이다. 이는 성경에서 진술하는 하나님의 속성들은 그분의 자유로운 선택이 아니므로 그분에 의해 창조된c 것이 아니라는 뜻이다. 그렇다고 하나님이 그런 속성들을 가진 적이 없었다거나 앞으로도 그럴 때가 없을 것이라고 말하는 건 아니고, 그 속성들이 하나님과 구별되지 않는다고 말하는 것도 아니다. 이 두 가지 점에 대해서는 나도 이의가 없다. 그런데 AAA 견해는 이보다 한 걸음 더 나아가서, 그 속성들은 그 존재를 하나님께 의존하지 않는다고, 그리고 하나님은 그들의 존재에 대해, 또는 자신이 그 속성들을 소유하고 있다는 사실에 대해 통제권이 없다고 말한다. 이 전제를 전통적인 방식으로 표현하자면, 하나님의 속성들은 모두 필연적으로 존재하고, 필연적으로 하나님은 그 모든 속성을 갖고 있다고 할 수 있다(여기서 "필연적"이란 말은 "그와 다른 것이 있을 수 없고" 하나님을 포함해 "어떤 것에 의해서도 바뀔 수 없다"는 뜻이다). 이 전제에 대해서는 내가 이의를 제기한다. 나는 하나님이 창조되지 않았기 때문에 그 속성들도 창조되지c 않았음에 틀림없다는 점과 그 속성들이 그분의 통제권 밖에 있다는 점을 모두 부정하기 때문이다.

그런데 이 견해의 또 다른 주요 전제는 하나님의 이 속성들은 모두 완전하다는 것이다. 말하자면, 하나님에게 부여된 가능한 최고 수준의 속성들이라는 뜻이다. 이를 달리 표현하자면, 하나님은 그분의 속성을 무한한 정도로 소유하고 계시므로 그 모든 속성의 소유는 그분을 최고로 위대한 존재로 만든다고 말할 수 있다. 더 나아가, 그런 완전한 속성이 얼마나 많든지, 또 우리가 그것들에 관해 알든지 모르든지 상관없이, 하나님이 그 각각을 소유하고 있다는 뜻으로 풀이된다. 바로 이런 의미에서 하나님은 "무한한" 존재라고 일컬어지는 것이다. 그러니까 모든 실재가 그분 안에 포함되어 있다(힌두교와 불교가 말하는 무한하다는 의미에서)는 뜻이 아니라, 그분은 무한히 완전하다는 의미이다. 성 안셀무스의 영향을 받아 이 점은 종종 하나님은 가능한 가장 위대한 존재라는 말로 표현되곤 하는데, 이는 그분의 완전성을 앨빈 플랜팅가(Alvin Plantinga)의 말대로 "위대함을 만드는" 속성들이 최고 수준에 도달한 것으로 이해하는 것이다.[19] 이 전제 역시 나는 반론이 가능하다고 본다.

끝으로, 하나님은 오직 완전성(perfections)만 갖고 있다는 전제가 있다. 이는 하나님이 위대함을 만드는 모든 속성들을 소유할 뿐만 아니라 이와 다른 어떤 것도 그분에게 해당되지 않는다는 것을 뜻한다. 그분은 모든 완전성과 오직 완전성만 갖고 있기 때문에 가능한 가장 위대한 존재인 것이다. 달리 표현하면, 만일 하나님이 완전성에 못 미치는 속성들을 갖고 있다면, 그분은 우리가 생각할 수 있는 가장 위대한 존재가 아닐 것이다. 만일 그렇다면, 우리는 오직 완전성만 가진 어떤 존재를 생각할 수 있을 테고, 하나님이 아닌 그것이 우리가 생각할 수 있는 가장 위대한 존재일 것이기 때문이다. 다시금 이 전제 역시 고도의 반론을 제기할 수 있는 것이다.

이 견해의 전제들은 서방 신학에 너무도 오랫동안 널리 퍼져 있었기 때문에 그런 것을 배우면서 자란 많은 유신론자는 다른 개연성 있는 대안이 있을 수 있기는커녕 심각한 반론이 있을 수 있다고 상상하기도 어렵다. 그럼에도 불구하고, 나는 그보다 더 개연성이 있을 뿐만 아니라 시기적으로 아우구스티누스보다 앞선 대안적인 견해가 있다고 주장할 생각이다. 하지만 이 대안적인 견해를 당장 진술하기 전에 위에서 개관한 AAA 전제들에 대한 몇 가지 반론을 제기할까 한다. 이어서 그 대안을 변호할 예정인데, 이는 그리스 정교 전통의 카파도키아인들이 상세하게 설명했고, 16세기에 서방에서 루터와 칼뱅이 재발견했으며, 20세기에 칼 바르트가 옹호했던 하나님에 대한 견해이다(나는 이 카파도키아 및 종교개혁적인 입장을 줄여서 C/R이라고 부르겠다).

우리가 이 논의를 진행하면서 늘 염두에 둬야 할 점이 있다. 그것은 우리가 약간 곁길로 나가서 철학적 신학을 다루는 이유는 다름 아니라 **하나님에 대한 AAA 견해는 우주를 환원주의적으로 설명할 것을 요구하는 데 비해 C/R 견해는 환원을 금하고 있다는 것**을 보여 주기 위해서라는 점이다. 그래서 나는 AAA 견해가 틀렸기 때문에 수정이 필요하고, 그 수정이 이뤄지면 유신론자들이 환원이란 것을 이론을 위한 전략으로 보존할 신학적 이유가 없어진다는 것을 주장할 생각이다. 이는 이 비판의 부정적인 면이다. 긍정적인 면은 C/R 견해가 어떻게 AAA 견해의 문제점을 피할 뿐만 아니라 하나의 전략으로서 환원을 요구하지 않고 오히려 금하는지를 보여 주는 일이다. 이 두 가지 면이 환원에 대한 종교적 비판의 내용에 해당할 것이다. 그리고 이 비판은 이미 제시한 철학적 비판과 더불어 이론 구성을 위한 유신론적이고 비환원주의적인 새로운 프로그램을 출범해야 한다는 내 입장을 완결시켜 주리라.

A. AAA 견해의 하나님 이해에 대한 평가

먼저 하나님의 모든 속성들을 완전한 것으로, 즉 어떤 존재를 가장 위대한 존재로 만드는 데 필요한 모든 속성을 최고 수준으로 보유하고 있는 것으로 이해할 필요가 있다는 전제와 함께 시작하자. 이 견해에 대한 나의 첫 번째 반론으로, 그리스 철학이 사용하는 "완전한(perfect)"이란 용어의 뜻과 성경 저자들이 가리키는 히브리적인 의미가 상당히 다르다는 점을 지적하고 싶다. 성경의 어느 저자도 "완전한"이란 용어를 어느 속성의 최고 정도를 의미하는 것으로 사용한 적이 없기 때문이다. 이 용어의 히브리적인 의미는 "온전한(complete)", "온전히", 또는 "틀림없이"라는 뜻이다. 그런즉 예수가 그의 제자들에게 "하늘에 계신 너희 아버지가 온전하신 것과 같이 너희도 온전하라"고 말한 것은 그들에게 하나님이 되라고 훈계한 게 아니었다. 오히려 하나님이 언약의 한편에서 온전히(틀림없이) 신실한 것처럼 그들도 그들의 편에서 그래야 한다고 말한 것이다. 실은 성경의 어느 저자도 하나님에게 어떤 속성의 "최고 정도"를 귀속시킨 적이 없으며, 하나님의 속성을 그런 이교적인 그리스 관념과 동일한 것으로 해석하는 것은 철두철미한 히브리 문헌인 성경의 해석에 플라톤식 개념을 이미 도입한 것이나 다름없다.

하나님의 속성은 완전하다고 말하고, 하나님은 우리가 생각할 수 있는 가장 위대한 존재라고 말하는 것은 물론 하나님에 대한 경의의 표시임에 틀림없다. 어쨌든 플라톤은 우리가 몸담은 세계와는 다른 별도의 완전한 영역을 전제로 삼았고, 그의 이론은 고대 세계를 지배했을 뿐 아니라 여전히 막대한 영향을 미치고 있지 않은가? 따라서 이런 완전성을 하나님께 돌린다는 것은 해롭지 않을뿐더러 반드시 필요한 일이 아닐까? 이렇게 보면 그것은 신적 존재에 해당하는 개별적인 추상적 존재자들의 비인격적 영역이 아니라 그 모든 완전성을 자기의 속성으로 지닌 유일한 참 하나님이다.[20] 그런즉 유신론자들은 재빨리 하나님이 곧 가능한 가장 위대한 존재라고 인정해야 하지 않을까? 이에 대한 대답은 이러하다. 하나님의 속성을 플라톤식 완전성으로 해석하는 것이 처음에는 무해한 듯이 보이고, 하나님을 가능한 가장 위대한 존재로 언급하는 일이 그분에 대한 경의로 보일지 몰라도, 이처럼 성경 저자들이 하나님에 관해 말하는 방식에서 벗어나는 것은 여러 성경적 가르침의 관점에서 보면 전혀 용납될 수 없는 아주 심각한 결과를 낳는다는 것이다. 나중에 이 이슈를 더 자세히 다루겠지만, 여기서는 다음 한 가지 점만 생각해 보라. 하나님을 "가능한 가장 위대한 존재"로 부른다는 것은 하나님과 관계없는 위대함과 가능성의 표준이 따로 존재한다는 것을 요건으로 삼지 않는가? 그리고 하나님을 그런 표준에 의해 평가하고 측정하는 것이 아닌가? 만일 그렇다면, 설사 그런 표준에 의해 평가될 때 하나님이 맨 꼭대기에 있는 것으로 결론이 나더라도, 하나님은 여전히 자신과 관계없는 표준에 종속되어 있는 셈이다. 이는 그럴 의도가 없을지라도 결코 하나님에 대한 경의의 표시가 아니다. 오히려 의도하진 않았지만 결국 하나님의 유일한 신성을 부인하는 일이고, 하나님이 모든 것을 판단하는 모든 표준을 창조한c 분임을 부정하는 일이다.

우리는 또한 과연 독자적으로 존재하는 완전한 정의, 지혜, 도덕적 선 등과 같은 것들이 있다고 믿어야 할 이유가 있는지 물을 수 있다. 그 대신, 마지막 자연수가 없는 것처럼, 그런 속성들의 가능한 최고 정도도 존재하지 않을 수 있지 않은가? 만일 그런 속성이 없다면, 하나님이 그런 것을 갖고 있지 않다고 말해도 그분을 무시하는 것이 아니다. 만일 그런 것이 존재하지 않는다면, 하나님은 그런 완전성이 없다고 말해도 덜 위대한 존재로 떨어지는 게 아니라는 뜻이다.

그러나 내가 완전성의 존재에 대한 가장 강한 반론을 제기하고 싶은 대상은, 그 각각이 **필연적** 존재성을 갖고 있은즉 하나님에 의해 창조되지c 않았다는 주장이다. 당신도 기억하다시피, AAA 전제들 가운데는 각각의 완전성이 필연적 존재성을 갖고 있고, 따라서 필연적으로 하나님이 그 모두를 소유하고 있다는 주장이 포함되어 있다. 그러니까 첫 번째 요건은 개개의 완전성은 무조건적인 독자적 실재를 갖고 있다는 것이고, 두 번째 요건은 하나님이 그 완전성들을 소유하고 있다는 것이다. 양자를 합치면, 결국 하나님은 자신이 창조하지도 않았고 통제할 수도 없는 실재들에 의존되어 있는 셈이다.

첫 번째 주장에 대한 나의 반론은 이미 당신에게 익숙한 것인데, 다름 아니라 우리가 이론을 위한 환원 전략을 테스트하기 위해 수행했던 바로 그 사고 실험이다. 거기에서 우리는 다른 모든 양상들과 관계없이 독자적으로 존재하는, 어느 한 종류의 속성들과 법칙들의 개념을 결코 형성할 수 없다는 것을 살펴보았다. 그래서 이제 그와 동일한 사고 실험을 개별적 완전성의 개념에 적용하고 싶다. 예컨대, 완전한 정의란 것이 필연적인 존재로서 유아독존(唯我獨存)하는 것을 애써 생각해 보라. 이 개념을 생각할 때 사람들의 행동이나 상태—양적, 공간적, 운동적, 물리적, 생명적, 감각적, 논리적, 역사적, 언어적, 사회적, 경제적, 심미적, 윤리적, 또는 신앙적 속성(또는 당신이 좋아하는 어떤 속성 목록이라도 무방하다)을 지닌—와 연관된 것을 모두 제거해 보라. 그러면 정의에 조금이라도 남는 것이 있는가? 만일 남는 것이 없다면, 어째서 독자적이고 필연적인 존재성을 가진 정의의 속성 같은 것이 존재한다고 추정하는가? 그런데 우리가 검토하고 있는 견해는 하나님의 속성들을 이해하는 법에 관한 한 **이론**임을 염두에 두라. 그러므로 이 사고 실험은 독자적 양상들이 존재할 수 없음을 보여 준 것처럼 독자적인 완전성들도 존재할 수 없다는 것을 보여 준다. 말하자면, 그 독자성의 가설은, 그 완전한 속성들에게 독자성을 부여하는 일이 그 개념 자체를 파괴하는 한, 결코 정당화될 수 없다는 뜻이다.

그런데 필연적으로 존재하는 완전한 속성들 같은 것이 있다고(그 개념을 구성할 수 없음에도 불구하고) 생각하는 것은 하나님의 정의 등은 완전해야 하고 또 그분이 그렇듯 독자적 존재성을 가져야 하기 때문이라고 답변한다고 문제가 해결되는 것은 아니다. 이 답변은 현재의 맥락에서 하나의 순환논법에 해당한다. 현재 문제가 되는 것은 하나님의 속성들을 과연 고대 그리스 철학에서 유래한 특수한 의미의 완전성으로 생각해야 하는지 여부와, 그런 속성들을 과연 하나님이 그렇듯 창조되지 않은 것으로 간주해야 하는지 여부이기 때문이다. 아울러 내가 이 두 가지 점을 모두 부정한다고 해서 하나님이 히브리적인 의미에서 우리에게 완전히 정의로운 분이란 점을 부인하는 것은 아니다. 하지만 하나님이 우리에게 틀림없이 또 온전히 정의로운 분이라는 점을 설명할 때, 그분이 필연적으로 존재하는 (위대함을 만드는) 속성을 가능한 최고 정도로 소유하고 있다고 반드시 말해야 하는 것은 아니다. 그 점은 성경이 하나님의 정의에 관해 말하는 방식으로 얼마든지 설명될 수 있다. 말하자면, 하나님의 정의는 그분의 통제를 받지 않는 어떤 것에 의해 강요된 속성이 아니라 자발적인 언약상의 약속, 그분의 은혜의 일면이라고 설명할 수 있다. 그리고 이렇게 이해한다고 해서 하나님이 우리를 다루실 때 현재는 물론이고 장래에도 언제나 정의로울 것이란 가르침이 조금도 위축되는 것은 아니다.

양상과 관련해 이 사고 실험이 초래한 결과들 중에는 하나님의 속성들에 관한 개념에 그대로 적용되는 것이 또 하나 있다. 그것은 우리가 그것들을 서로 연결되어 있는 것으로만 생각할 수 있을 뿐이므로, 우리가 아는 한 그것들은 상호 연결성을 떠나서는 존재할 수 없다는 점이다. 그러면 그것들이 의존해 있는 그 연결성은 무엇이 공급해 주는 것일까? 하나님의 속성의 경우는 양상의 경우보다 그 답변이 더 자명한 편이다. 그것들의 연결성은 모두 하나님의 속성이란 점에 있다. 그런데 만일 그 속성들이 그 연결성에 달려 있고 그 연결성이 하나님에게 해당하는 것으로 이뤄져 있다면, 그것들은 하나님에게 의존하는 게 분명하다! 그러므로 그 속성들은 필연적이고 독자적인 존재성을 갖고 있는 게 아니라 하나님에 의해 창조된c 것으로 간주되어야 한다. 우리가 곧 살펴볼 것처럼, 이것이 바로 C/R 입장의 핵심이다.

그런데 혹시 진도가 너무 빠른 것이 아닐까? AAA 견해를 또 다른 방식으로 해석할 수는 없을까? 하나님의 속성들은 곧 하나님과 동일하므로, 그 속성들이 필연적으로 존재하고, 또 하나님에 의해 창조된c 것은 아니되 하나님이 필연적으로 그 모두를 소유하고 있다고 말해선 안 될 이유가 있는가? 말하자면, 만일 그 속성들이 곧 하나님이라면, 하나님이 어떻게 그것들을 소유하는가 하는 것은 아무런 문제가 되지 않는다는 것이다. 사실 그분이 그 속성들을 소유하는 게 아니라 그분 자신이 곧 그 속성들이기 때문이다. 이렇게 생각하면 다음 두 가지 교리, 곧 오직 하나님만이 신(神)이라는 교리와 하나님이 아닌 모든 것은 하나님의 뜻에 따라 존재한다는 교리와 모순되는 것을 피할 수 있지 않을까?

이것이 실은 안셀무스와 아퀴나스가 취했던 입장이다. 그들은, 하나님의 완전성을 그분과 상관없고 그분이 필연적으로 소유해야 할 것으로 생각할 경우, 하나님이 그 완전성에 의존하게 될 것임을 알았다. 달리 말해서, 만일 하나님이 그 모든 완전성을 지닌 존재(가능한 가장 위대한 존재)로 정의된다면, 하나님은 하나님이 되기 위해 반드시 그 완전성을 소유해야 한다는 뜻임을 인식했던 것이다. 즉, 만일 완전성이 필연적으로 존재하고 따라서 하나님과 별개로 존재한다면, 하나님은 다음 두 가지 의미에서 그 자신이 아닌 다른 무언가에 의존하게 될 것이다. 첫째, 하나님으로서는 이런 완전성들을 소유하는 것이 필수적인 고로 그 완전성들이 존재하지 않으면 하나님도 존재할 수 없다. 둘째, 하나님의 성품이 현재와 같은 상태인 것은 그분과 별개로 존재하는 완전성들 때문이다. 둘 중 어느 경우이든, 하나님의 신성, 즉 그분의 비의존성[그들은 이것을 "자존성(aseity)"이라 불렀다]은 부정될 것이다.

그런데 안셀무스와 아퀴나스는 똑같이 하나님의 자존성에 대한 어떤 부정도 받아들일 수 없는 것으로 여겼다. 하지만 내가 방금 주장한 방향으로 그들의 견해를 수정한 것은 아니었다. 하나님의 속성들이 필연적 존재성을 갖고 있다는 주장을 포기하지 않고 오히려 그것들을 하나님의 뜻에 따른 것으로 보며, 완전성의 필연적 존재성은 그대로 보존하되 그것들이 하나님과 다른 별개의 것임은 부정했다. 이 이슈에 대해 토마스가 안셀무스보다 훨씬 더 길게 다루고 있는 만큼 이제 그의 견해를 고찰해 볼까 한다. (사실 토마스는 이 이슈를 너무도 중요하게 생각한 나머지 대표적인 한 저서를 이와 함께 시작한다.[21]) 이 문제에 대한 그의 해결안은 하나님을 "단순한(simple)" 분으로 간주하자는 것이다. 이는 하나님을 그분의 본성을 이루는 완전한 속성들과 동일한 존재로 여기자는 뜻이다. 이 이론에 따르면, 하나님은 곧 그분의 본성이다. 이렇게 주장하면, 더 이상 완전성이 하나님과 별개로 존재한다고 말할 필요가 없기 때문에 하나님의 신적 자존성을 부정하지 않아도 되므로 그 곤경에서 벗어날 수 있다. 그의 이론에 의하면, 우리는 하나님을 그분의 본성에서, 또는 그분의 본성을 그분의 존재에서, 또는 그분의 존재를 그분의 완전성에서 분리시킬 수 없으므로, 그 완전한 속성들은 필연적으로 존재한다고 말하는 게 여전히 가능하다. 요컨대, 하나님은 완전한 선, 정의, 지혜 등으로 구성된 그분의 본성과 그분의 존재와 동일한 것일 뿐이다.

그런데 온건하게 표현하자면, 이것은 절박한 해결안에 불과하다. 먼저, 만일 하나님이 그분의 완전한 속성들과 동일하다면, 그분의 완전한 속성들은 어쨌든 서로 동일한 것임에 틀림없다. 이는 하나님의 정의는 사실상 그분의 능력과 똑같은 특성이고, 이는 그분의 사랑과 동일하고, 이런 식으로 계속 이어진다는 것을 뜻한다. 이렇게 되면 이 용어들의 뜻이 파괴되고 만다! 그 모든 속성이 똑같은 특성이라고 말하는 것은 우리가 그 어느 것의 뜻도 모른다고 말하는 것과 다름없다. 예를 들면, 우리는 자비와 동일한 능력, 능력과 동일한 정의의 개념에 대해 전혀 모르고 있는 셈이다. 그 결과, 우리의 언어는 하나님에 관해 아무것도 말할 수 없고, 하나님에 관한 우리의 담론은 유추적이라고 말하는 토마스의 견해도 날아가고 만다. 만일 하나님이 그처럼 단순한 분이라면, 우리의 언어는 아무것도 전달하지 못한다. 하나님이 과연 무엇인지조차도 전달할 수 없다.

그런데 단순성의 원리에서 나오는 나쁜 결과는 이것으로 끝나지 않는다. 만일 하나님이 그의 완전한 속성들과 동일하다면, 그 완전한 속성들이 서로 동일할뿐더러 그것들은 하나님과도 동일하다. 이것은 결국 하나님을 분화되지 않은 단일한 속성으로 만드는 셈이다! 이런 결과는 하나님에 관한 참된 담론이 어떻게 가능한지를 설명할 수 없도록 만들 뿐 아니라 성경이 하나님에 관해 가르치는 모든 것을 거짓으로 만들어 버린다. 속성이란 인격이 아니므로 아무것도 행할 수 없다. 속성은 창조할 수도, 사랑할 수도, 언약상의 약속을 할 수도 없다. 그러므로 나는 이 해결안이 "하나님이 모든 완전한 속성을 갖고 있다"는 말의 문제점을 해결할 수 없다고 결론을 내리는 바이다. 즉, 하나님과 그분의 속성들을 동일시한다고 그 문제가 해결되지는 않는다는 뜻이다.

앨빈 플랜팅가는 『하나님은 본성을 갖고 있는가?』(*Does God Have a Nature?*)란 책에서 토마스의 단순성 이론에 대한 다양한 해석을 검토하고, 그 모든 해석과 관련해 이와 동일한 평가에 도달한다. "액면 그대로 보면, 토마스가 말하는 신적 단순성의 교리는 전혀 수용할 수 없는 것으로 보인다. … 그것은 하나님의 주권에 대한 경건하고 합당한 관심에서 시작하지만 유신론의 가장 근본적인 주장들을 조롱하는 것으로 끝난다."[22] 그럼에도 불구하고, 플랜팅가 역시 C/R 입장의 방향으로 가지 않기로 결정하는데, 이 입장이 논리적 비정합성과 자기 지시적인 비정합성을 요구하는 것으로 해석하기 때문이다. 이에 대해서는 곧 다룰 예정이다. 지금으로서는 플랜팅가의 입장, 곧 단순성은 배격하는 한편 AAA의 하나님 견해는 그대로 유지하려는 입장이 과연 하나님의 자존성을 부정하는 결과를 피할 수 있는지 여부를 고찰해야 하겠다.

여기서 주요 문제는 하나님의 자존성을, 그분의 속성들이 필연적인 논리적 및 수학적 진리들과 더불어 필연적 존재성을 갖고 있다는 견해와 조화를 이루게 하는 것임을 이미 살펴보았다.[23] 이는 그 속성들이 무슨 일이 있더라도 존재하지 않으면 안 된다는 뜻인 만큼, 그것들을 하나님에게서 독립된 것으로 만든다. 게다가, 우리가 위에서 짧게 언급한 것처럼, 중요한 의미에서 하나님을 그것들에게 의존하게 만드는 것처럼 보이기도 한다. 플랜팅가는 일단 토마스가 말하는 단순성을 배격한 후 그 의존관계를 거꾸로 뒤집는 방법을 찾아서 그 문제를 해결하려고 애쓰는데, 이는 올바른 접근이다. 이를 위해 하나님의 속성들과 필연적인 수학적 및 논리적 진리들이 필연적으로 존재하는 게 사실임에도 불구하고 어떤 의미에서 그것들이 하나님께 의존해 있다고 말할 수 있는지, 그 의미를 찾고 있다. 그래서 그 필연적 진리들을 하나님의 정신 속 관념으로 간주하자고 제의

한다. 이런 제의와 관련하여, 그 진리들을 각각 알고 긍정하는 일이 하나님의 본성의 일부라고 그는 말한다.

> 따라서 이런 관점에서 보면, 추상적인 사물들의 영역을 탐구하는 일은 하나님의 본성을 탐구하는 일이라고 볼 수 있다. … 그래서 수학은 신학의 한 장소로서 자리를 잡는다. … 이는 넓은 의미와 좁은 의미의 논리에도 적용된다. … 논리의 각 정리(定理)—가령, 독자성을 지닌 일차 논리—는 그것을 긍정하는 것이 하나님의 본성의 일부라는 것이다.[24]

물론 이것만으로는 그 문제를 해결할 수 없다는 점을 플랜팅가도 알고 있다. 필요한 작업을 완수하려면, 하나님이 필연적 진리들을 긍정하는 일이 어떻게든 그것들로 하여금 그분에게 의존하게 만들 수 있어야 한다. 그래서 플랜팅가는 그 책을 이렇게 끝낸다.

> 결론을 대신하여 나는 다음과 같은 질문을 제기하되 해답은 주지 않고 싶다. 어떤 필연적인 명제든지 들어 보라.
> (68) 7+5=12
> (68)은
> (69) 하나님은 (68)을 믿는다
> 와 같다.
> 그리고
> (70) 필연적으로 7+5=12는
> (71) 7+5=12를 믿는 것은 하나님의 본성의 일부다
> 와 같다.
> 그러면 우리는 (71)이 (70)에 앞선다는 것을 알 수 있는가? 어쩌면 설명하기 위해 앞서는 것일까? 우리는 (71)에 호소함으로써 (70)을 설명할 수 있을까? "왜 (70)이 참인가?"라는 질문에 (68)을 믿는 것이 하나님의 본성의 일부라는 사실을 인용함으로써 답할 수 있을까? 숫자 7의 필연적 존재성을, 그 존재를 긍정하는 게 하나님의 본성의 일부라는 사실을

인용함으로써 설명할 수 있을까? 좀 더 정확히 말하면, (71)은 (70)의 설명이지만 (70)은 (71)의 설명이 아니라는 그런 의미에서 "설명하다"는 말이 의미를 갖는가? … 이는 좋은 질문들이고 더 연구할 만한 좋은 주제들이다. 만일 우리가 이 질문들에 긍정적으로 답할 수 있다면, 어쩌면 우리가 추상적인 사물들이 하나님께 의존해 있다고 말할 수 있을 것이다. 비록 이 사물들에 대한 필연적 진리가 하나님의 통제 아래 있지는 않아도 말이다.[25]

여기서 이 제의를 할 때 플랜팅가는 이 마지막 질문들이 긍정적으로 답변될 수 있음을 입증했다고 주장하지 않는다는 점을 주목할 필요가 있다. 이 결론적인 제안이 면밀하게 추론되곤 있으나 하나의 희망사항에 지나지 않는다. 그러므로 그의 질문들에 긍정적으로 답할 수 없다고 추정할 만한 타당한 이유들이 있다면, 우리는 하나님에 대한 AAA 견해를 버리고 C/R 견해를 놓고 이 견해가 모든 반론을 견딜 수 있는지 검토할 만하다고 당당히 주장할 수 있다. 하나님의 속성들이 그분과 동일하진 않지만 필연적 존재성을 갖고 있다는 플랜팅가의 견해를 감안할 때, 플랜팅가의 질문들에 대해 부정적으로 답할 수밖에 없는 두 가지 이유가 있다고 나는 생각한다.

첫 번째 이유는 이러하다. 모든 필연적 진리들이 다 하나님이 긍정하기 때문에 옳을 수는 없고, 그 모두가 그에 대한 하나님의 지식이나 긍정에 의해 설명될 수 없고, 그분의 지식이나 긍정에 근거를 둘 수도 없다. 왜냐하면 AAA의 하나님 이해에 따르면, **하나님이 어떤 것이든 알거나 긍정하려면 그가 반드시 소유해야 할 것이 바로 수많은 하나님의 속성들이기 때문이다.** 예를 들면, 하나님이 어떤 것을 알거나 긍정하려면 의식(意識)을 갖고 있어야 할 것이다. 이 경우, 필요한 속성인 완전한 의식이 그에 대한 하나님의 지식이나 긍정에 의존할 수 없는 것은, 하나님으로서는 본인이 그것을 알거나 긍정하려면 의식을 갖고 있어야 할 것이기 때문이다. 이와 똑같은 이유로, 완전한 의식에 대한 하나님의 앎이나 긍정이 그 존재의 근거가 될 수 없고 또한 그것이 존재한다는 진리에 대한 설명이 될 수도 없다. 그러므로 이 특정한 속성이 어느 의미에서는 하나님께 의존할 수 있을 것으로 바랄 수 없는 노릇이다. 오히려 거꾸로, 하나님이 진정 하나님이 되려면 그것을 소유해야만 하므로, 이로써 하나님의 자존성이 부정되고 만다. 완전한 의식은 신적 지위를 갖고 있는 반면 하나님은 그렇지 못하기 때문이다.

어떤 의미로든 하나님의 긍정에 의존하는 속성은 의식에만 국한되지 않는다. 이와 마찬가지로 논리적 자기 동일성(logical self-identity)의 속성도, 하나님이 개인적인 의식적 사고를 가지려면(또는 되려면) 하나님에게 속해 있어야 할 것이다. 의식적 사고의 개념이 조금이라도 의미를 지니려면, 이런 실체가 그 자체와 동일해야만 할 것이기 때문이다. 그러므로 이 속성의 필연적 존재성 역시, 하나님의 의식의 경우와 똑같은 이유로, 그에 대한 하나님의 지식이나 긍정에 의해 설명될 수 없고 그분의 지식이나 긍정에 근거를 둘 수도 없다. 왜냐하면 하나님이 그것을 알거나 긍정하려면, 그것이 이미 하나님의 속성이 되어 있어야 할 것이기 때문이다. 그리고 하나님이 스스로와 논리적 동일성을 지니는 것이 오히려 논리적 법칙에 달려 있을 테므로, 이 법칙들 역시 어느 의미로든 하나님께 달려 있을 수는 없는 법이다. 그렇다면 완전한 의식의 경우와 같이, 논리적 법칙들 또한 신적 지위를 갖고 있는 반면에 하나님은 그렇지 못할 것이다. 하나님의 수적인 유일무이성도 마찬가지다. 만일 하나님 같은 존재는 유일무이하다는 것이 참이라면, 하나님은 숫자 1이 존재하지 않는 한 존재할 수 없는 법이다. 그런즉 만일 숫자 1의 필연적 존재성을 아는 하나님의 지식과 긍정이 하나님의 실존에 달려 있다면, 만일 하나님이 수적으로 유일한 신적 존재임이 하나님에게 필수적인 요건이라면, 숫자 1이 그에 대한 하나님의 긍정에 달려 있지 않은 것은 그것이 우리의 긍정에 달려 있지 않은 것과 같다. 그 대신 하나님도 결국 숫자들과 수학적 법칙들의 존재에 달려 있게 되는 만큼, 이런 것들은 신적 지위를 갖고 있고 하나님은 그렇지 않은 셈이다.

이 논점이 똑같이 적용되는 다른 속성들도 있지만 줄줄이 다 거론하는 것은 불필요하다. (AAA 견해에 따르면) 하나님과 관계없이 독자적으로 존재해야 하고 또 하나님이 정작 하나님이 되려면 반드시 소유해야 할 단 하나의 추상적 속성만 존재하더라도, **그 속성이 신적 지위를 부여받을 뿐 아니라 이로써 하나님은 그런 지위에서 제외되기 때문이다.** 이것은 바로 아퀴나스가 우려해서 피하려고 애썼던 결과이다. 그리고 플랜팅가 역시 피하고 싶었던 것이다. 그러나 안타깝게도 양자 모두 이것을 피할 수 없었다.[26]

그런데 플랜팅가의 제의와 비슷한 것을 효과적인 대안으로 만드는 길이 있다고 가정해 보자. 즉, 하나님의 속성들이 필연적으로 존재한다는 주장과 하나님의 자존성 간의 명백한 양립불가능성을 극복할 수 있다고 가정해 보자. 그러면 AAA 견해가 문제에서 벗어나겠는가? 나는 그렇지 않다고 생각한다. 이 견해는 도무지 넘을 수 없는 또 다른 장벽을 안고 있기 때문이다. 바로 이것이다. AAA 입장에 따르면, 하나님의 속성들(선, 정의, 또는 능력 등)은 필연적으로 존재하고, 또 그분 자체와 같이 창조되지 않은 것이며, (그보다 낮은 정도로) 인간들도 공유하고 있는 것이다. 문제점은 인간들이 하나님과 공유하는 속성들은 하나님 안에 있는 것인즉 우리 안에도 창조되지c 않은 상태로 있는 것이므로, 이로써 인간을 (부분적으로) 신으로 만든다는 데에 있다.[27]

여기에서 하나님은 속성들을 완전한 정도로 소유하는 데 비해 인간들은 불완전한 정도로 소유하므로, 인간이 소유하는 속성들은 하나님의 것들과 **비슷할** 뿐이라고 응답해도 소용이 없다. 그게 사실일지라도 도움이 되지 않는 것은 두 개의 사물이 비슷하려면 어느 면에서 유사점이 있어야 하고, 그 측면이 무엇이든 간에 하나같이 양자 모두에 해당되는 것이어야 하기 때문이다. 예컨대, 만일 하나님이 (완전히) 선하고 인간들이 (불완전하게) 선하다면, 선의 속성을 소유하는 일이 바로 그 측면에 해당하는 것임에 틀림없다. "선하다"는 용어가 하나님과 사람에게 사용될 때 유추적인 의미라도 가지려면, 그것이 다른 정도로 소유되고 있는 동일한 선의 속성이어야 할 것이다. 그런즉 하나님과 인간들은 모두 창조되지c 않은 그 속성을 소유하게 될 것이다. 그리고 이 점은 인간이 하나님과 공유하는 다른 모든 속성들에도 그대로 해당되리라.

이처럼 인간을 부분적으로나마 신적 존재가 되게 만드는 결과는 확실히 성경의 창조 교리와 양립힐 수 없다. 사실상 장세기에서는 원죄를 신이 되려는 인간의 욕망으로 묘사하고 있다! AAA 입장은, 하나님의 창조되지c 않은 특성들이 피조물에게 부여된 결과, 후자는 그런 속성들을 소유하고 있는 한 결코 단순한 피조물이 아니라고 말하는 것과 다름없다. AAA 입장이 이렇게 말한다는 것이 나의 비판이지만 이는 토마스도 시인하는 바다. 그의 말을 들어 보라. "'하나님은 선하시다'라는 것은… 피조물 안에 있는 선(善)이라고 우리가 부르는 것이 하나님 안에 더 높은 수준으로 있다는 뜻이다. 그런즉 하나님은 (단지) 선을 유발하기 때문에 선할 뿐만 아니라, 그분이 선하기 때문에 그분에게서 선이 흘러나온다"(*ST* Ia q. 13, a. 2). 그리고 이렇게 이어진다. "…하나님은 그분에게서 흘러나오는 완전성에 의해 인식되는 것이고, 이는 피조물 안에서도 발견되지만 그분 안에 초월적 방식으로 존재하는 것이다"(*ST* Ia q. 13, a. 3). 물론 이 점은 여전히 다른 면들에서는 인간이 창조되었다는abc 사실을 허용할 것이다. 그들의 공간적, 물리적, 생명적, 감각적 특성들은 물론이고 그들의 존재 역시 여전히 하나님에 의해 창조되었다는abc 사실을 인정할 것이다. 그러나 인간은, 성경이 묘사하는 내용과는 달리, 완전히 피조물에 불과하지만은 않을 것이다. 따라서 나의 반론은 단순하면서도 자명하다. AAA 견해는 인간을 여러 중요한 측면에서 창조되지c 않은 존재로 만든다는 것이다.

　여기에 나는 두 가지 논점을 덧붙이는 바이다. 첫째, 인간이 독자적으로 존재하는 (신적) 속성들을 소유하는 유일한 피조물은 아닐 것이다. 둘째, 피조물이 그 모든 속성들을 하나님보다 덜한 정도로 소유하고 있다고 말할 수 없다. 예컨대, 하나님은 하나이므로, 수적 단일성(numerical unity)은 하나님 안에 있는 창조되지 않은 속성이어야 할 테고, 수적 단일성은 분명 하나님뿐만 아니라 피조물 안에서도 발견된다. 그런데 개별적인 피조물 중에는 필연적으로 그 속성을 소유하되 **하나님과 같은 정도로** 소유하는 피조물도 있지 않을까? 하나가 되는 데 과연 정도의 차이가 있을 수 있는가? 있을 수 없다면, 바위와 달팽이 안에도 하나님과 인간 안에 있는, 그 창조되지 않은 그 무엇이 존재한다. 이와 똑같은 논점을 다른 속성들에까지 확대할 수 있다. 어느 피조물이든 논리적 자기일관성을 결여하거나 그 자체와 논리적 동일성을 갖지 못할 수 있을까? 물론 그럴 수는 없다. 하지만 피조물들이 이런 속성들을 하나님보다 적은 정도로 소유할 수 없다는 것도 똑같이 사실이다! 아니, 자기 동일성이나 자기 일관성에 정도의 차이가 있다는 게 도대체 말이 되는가? 만일 어떤 피조물이라도 동일한 의미에서 어느 면이 참이면서 참이 아닐 수 없다는 것이 필연적 진리라면, 어느 피조물도 하나님보다 덜한 정도로 이 법칙을 따를 수는 없다. (물론 하나님의 생각은 완전히 일관성이 있으나 우리의 생각은 그렇지 않을 수 있다. 하지만 내 논점은 하나님의 생각이 아니라 하나님의 존재와 관련이 있다.) 그러므로 다시금 AAA 견해는 피조물이 그저 신적 속성들을 갖도록 요구할 뿐만 아니라 그들로 하나님과 똑같은 정도로 그 속성들을 갖도록 요구한다. 이는 AAA 견해의 전제들 중 하나를 위반할뿐더러, 내가 곧 보여 줄 것처럼 하나님을 창조주로 선언하는 성경의 가르침과도 정면으로 배치된다.

우리는 그동안 하나님에 대한 AAA 견해를 살펴보면서 이 견해가 어떻게 그리고 어째서 환원 전략을 지지하고 격려하는지를 충분히 알게 되었다. 이 관점은 **우주에서 발견되는 특정 종류의 속성들과 법칙들은 필연적으로 존재하고 따라서 창조되지c 않은 것인 반면에 다른 것들은 그렇지 않다**고 주장하기 때문이다. 만일 우주의 일부 속성들과 법칙들은 창조되었지만c 다른 것들은 그렇지 않다면, 솔직히 우주의 의존적인 속성들과 법칙들이 창조되지c 않은 양상들에게 의존하는 방식을 찾음으로써 창조된 실재에 관한 이론을 구성하는 것보다 더 나은 방법이 있을까? 아니, 어떻게 이 방법을 피할 수 있겠는가?

이와 반대로, C/R 견해가 주장하듯이, 만일 하나님의 속성들이 하나님의 뜻에 따른 것이라면—만일 그 속성들은 하나님이 자신을 인간에게 나타내려고 선택한 성품을 표현한다는 의미에서 그분의 본성을 이루는 것이라면—, 이처럼 용납될 수 없는 결과가 하나도 생기지 않는다. 오직 하나님의 존재만이 진정한 신이므로, C/R 견해에 따르면, 하나님의 속성들이 결코 그분의 자존성을 손상시키지 않는다. 또한 하나님이 그분의 일부 속성을 인간과 공유한다고 해서 그 때문에 인간과 다른 피조물들을 부분적으로 창조되지 않은 존재로 만들지도 않는다. 양자 속에 있는 속성들은 모두 하나님의 뜻에 따라 창조된 산물이기 때문이다. 그래서 만일 하나님에 대한 이 견해가 내적 정합성이 있고 성경과 잘 조화된다는 것을 입증할 수만 있다면, 우리는 AAA 견해 대신에 이 견해를 정당하게 수용할 수 있을 것이다. 그리고 이 견해를 수용하면 유신론자들이 오랜 세월 환원 이론들의 이교적 특성과 씨름했던 문제를 신학적으로 말끔히 해결할 수 있을 것이다. 그렇게 되면 환원—약한 의미의 환원까지도—을 마침내 몽땅 쓰레기통에 내버릴 수 있게 되리라.

마지막 논점이 하나 남아 있다. 내가 방금 말한 내용에 대해 자주 제기되는 반론은 사실상 필연적 진리가 정말로 필연적이란 점을 부인한다는 지적이다. 만일 하나님이 원해서 수학과 논리의 법칙들을 창조했다면c, 그 법칙들은 "무슨 일이 있더라도" 유효한 게 아니라 하나님이 원해서 그것들을 지탱할 때에만 유효하다는 것. 이는 그 법칙들이 정말로 필연적인 것이 아니라는 뜻인즉, 이 경우에는 우리가 무엇에 관해 추론하든지 아무런 근거도 없게 된다고 이 반론은 말한다. 이런 결과는 옳을 수 없는 만큼, 필연적 진리들이 하나님의 뜻에 따른 것이란 입장은 무언가 심각한 잘못이 있는 게 틀림없다는 것이다.

하나님이 필연적 진리들을 창조했다는c 입장에 대한 이 반론은 여러 측면이 있는데, 나는 그중에 하나만 여기서 다루려고 한다. (나중에 이 주제로 돌아와서 좀 더 복잡한 다른 면을 다룰 생각이다.) 지금 내가 다루게 될 측면은, 이런 진리들 자체가 원인이 없고 불가피한 게 아니라면 참으로 필연적인 관계를 표출하지 못한다는 주장이다. 이에 대한 나의 답변은 이렇다. 이 반론은 "필연적(necessary)"이란 용어에 대한 심각한 오류에서 비롯되었거나 불합리한 추론에 불과하다는 것. 논리적 법칙이나 수학적 법칙이 우리의 추론을 위해 믿을 만하려면 필연적 진리가 될 필요가 있다는 말은, 그런 법칙이 창조세계의 어떤 것이라도 그 유효성을 바꿀 수 없을 만큼 틀림없이 유효한 관계를 진술하고 있다는 뜻이다. 말하자면, 만일 어느 사태가 옳다면 필연적으로 모종의 다른 사태도 옳은 것이(또는 틀린 것이) 틀림없다고 봐야 한다. 이와 관련된 필연성은 단지 그 법칙이 지배하는 **관계**의 특징이기만 하면 된다. 예를 들어, 만일 우리에게 (양적인) 1이 있고, 만일 우리에게 또 다른 1이 있다면, 우리는 틀림없이 (양적인) 2를 갖게 된다고 말한다. 그러나 이것은 이 법칙 **자체**가 존재하지 않을 수 없었다고 말하는 것과는 같지 않다! 이 법칙이 우주의 필연적 특징이 된 것은 하나님이 무로부터 그것을 창조했기 때문이고, 따라서 양적 법칙들의 지배를 받는 양적 속성을 지닌 피조물이 존재하게 된 것이라고 생각하지 말란 법이 있는가? 양이란 것과 그것을 지배하는 법칙들이 모두 하나님의 뜻으로 존재하게 되었다고 생각해도 무방하지 않은가? 이렇게 생각한다고 수학의 확실성이나 신빙성에 문제가 생기는가? 내가 보기에는, 만일 하나님이 그런 법칙들을 창조세계에 심어 놓았기 때문에 그것들이 유효하다면, 그것들이 법칙에 못 미치는 것이라고 생각할 만한 이유가 전혀 없다! 법칙들이 피조물을 위해 필연적인 관계를 표출한다고 해서 그 법칙들 자체를 원인이 없고 불가피한 것으로 반드시 간주해야 하는 것은 아니다.

수학과 논리의 법칙들은 우리가 생각하는 사물은 물론이고 우리의 사고 과정을 지배하는 법칙이기도 하다. 이 때문에 우리는 그런 법칙들이 사물과 속성과 사태에 유효하게 작동하지 않는 것을 도무지 생각할 수 없다. 그러나 우리가 어떤 것을 달리 생각할 수 없다는 사실은 하나님이 온 우주를 그 모든 양상과 함께 창조했다는 믿음, 곧 하나님이 창조하지 않았다면 그 어떤 실체나 속성이나 법칙도 존재하지 않을 것이란 믿음과 얼마든지 양립이 가능하다. (앞서 말했듯이, 나중에 이 문제로 돌아와서 C/R 입장에 대한 세 번째 반론을 다룰 때 이 비판에 대해 좀 더 상세히 답변할 예정이다.)

그러면 C/R 대안은 어떻게 설명할 수 있을까? 이 입장을 개발한 사상가들의 설명에 곧바로 진입하기 전에 먼저 성경적인 근거와 함께 시작하고 싶다. 이어서 여러 옹호자들이 이 입장을 어떻게 진술했는지를 간략히 살펴본 뒤에 자주 제기되는 몇 가지 반론에 대한 답변으로 논의를 끝낼까 한다.

B. 범창조론(Pancreationism)

AAA 견해에 대한 내 반론의 핵심은 가장 넓은 의미의 성경적 창조론을 취하는 것과 다름이 없다. 즉, 우주에서 발견되는 모든 것이 하나님에 의해 창조되었다는c 교리다. 그래서 우리는 먼저 이 견해에 성경적 근거가 있는지, 또는 성경이 하나님이 "모든 것"을 창조했다고 말할 때 그것이 과연 AAA 견해가 제안하는 식으로 해석될 수 있는지 여부를 살펴볼 필요가 있다. 말하자면, 이는 하나님이 구체적인 존재자들을 창조했지만 (소위) 추상적인 존재자들은 창조하지 않았다는 뜻일 가능성이 있는가?

성경의 저자들이 일상경험의 세계도 하나님이 창조했다고 주장한다는 점은 의심의 여지가 없다. 해, 달, 별들, 땅과 거기에 거주하는 온갖 생명의 형태들 등은 모두 하나님이 창조했고abc 또 지탱하고 있는 것으로 명시적으로 말하고 있다. 게다가, 저자들은 이 창조 작업이 단순히 이미 거기에 선재하던 재료를 갖고 모양을 빚어 낸 것이 아니라고 가르친다. 그것은 단순한 우주의 내부 장식이 아니라 무로부터 창조한 것이라고 한다. 그러면 "모든 것"이란 표현은 어떤 뜻인가? 이것은 대충 표현한 것이라서 우리가 다루는 이슈들에는 별로 쓸모가 없는 것일까? 그것은 창세기에 구체적으로 언급된 대로 일상적으로 인지할 수 있는 구체적인 물체들만을 언급하는 것일까? 만일 그렇다면, 지배적인 신학 전통이 말하듯 창조된 우주의 어떤 특성들은 창조되지c 않은 것일지도 모른다는 말이 옳을 수도 있다. 이 경우에는 성경의 창조 교리가 너무나 모호해서 하나님에 대한 AAA 견해에 반론을 제기하기가 힘들어질 것이다. 다른 한편, 만일 창조 교리가 성경에 좀 더 강한 어조로 진술되어 있다면―예컨대, 만일 하나님이 그 자신 이외의 모든 것을 존재하게 했으므로 **그분이 존재하게 한 것들 가운데는 창조되지 않은 것이 하나도 없다**는 말과 다름이 없다면―하나님의 속성에 대한 AAA 교리는 분명히 정밀 검사를 받을 필요가 있다. 더 나아가, 이런 정밀검사는 모든 지식과 진리의 비중립성이라는 성경의 가르침과 손을 잡으면, 이론을 위한 전략으로서의 환원을 포기하도록 요구할 것이다.

이와 관련된 텍스트를 검토하기 전에, 나는 성경이 일상적인 언어로 기록되었고 과학이나 철학의 전문적 개념을 반영하고 있지 않다는 점에 동의한다고 말하고 싶다. 그래서 우리는 사전에 성경이 추상적 존재자들의 존재에 대해 다룰 것으로 기대할 수 없는 게 사실이다. 그러나 오직 추상적인 전문 용어만이 우주의 모든 것이 하나님에 의해 창조되었고 예외는 없다는 주장을 표현할 수 있다고 추정할 만한 이유는 전혀 없다. (실은 나의 마지막 문장이 바로 그런 주장을 표현했다!) 그러므로 성경에는 비록 전문적인 언어가 없어도 정확히 그런 관점을 가르칠 수 있는 것이다. 따라서 성경이 일상 언어로 쓰여 있다는 점이 결정적인 것은 아니다. 아울러 성경이 추상화에 의해 발견한 실재의 지위와 상관있는 말을 할 것으로 우리가 사전에 기대할 수 없다는 점도 결정적인 것은 아니다. 우리는 성경이 어떤 것에 관해서는 말할 수 있고 또 어떤 것에 관해선 말할 수 없다는 식으로 사전에 결론을 내리면 안 된다! (예컨대, 성경이 모든 지식과 진리가 하나님을 아는 지식의 영향을 받는다고 말하는 것은 많은 유신론자에게 뜻밖의 선언이었다.) 우리로서는 성경이 말할 것을 사전에 예감하는 일이 아니라 성경이 실제로 말하고 있는 것을 신중하게 검토하는 일이 필요하다. 특히 성경이 "모든 것"이란 표현을 어떻게 사용하는지 검토할 필요가 있는데, 여기에는 그런 용법을 서로 비교함으로써 과연 무엇을 전제로 삼고 있는지를 알아보는 일도 포함된다.

이 이슈를 사전에 해결하려는 또 다른 잘못된 시도는, 하나님이 모든 것들을 창조했다고 말하는 만큼 이 표현만으로 볼 때 그것은 구체적인 물체들을 가리킨다는, 지극히 단순한 주장을 내세우는 일이다. 이런 주장이 타당성이 없는 이유는 "것(thing)"이란 단어가 그런 해석상의 무게를 지닐 수 없기 때문이다. "모든 것들"로 번역된 본래의 히브리어나 그리스어 표현에 "것들(things)"이 나오지 않는다는 단순한 이유로 하나님의 창조가 추상적인 존재자들에까지 확장되지 않는다고 해석할 수는 없는 노릇이다. 히브리어와 그리스어 텍스트를 보면 단지 "모두(all)"를 의미하는 한 단어만 있을 뿐이다. 그러므로 이 용어들 자체는 우리의 이슈와 관련하여 불확정적이므로 그 의미의 확장은 그 용법을 검토해야만 해결될 수 있다. 이 용어들의 사전적인 의미만으로는 충분하지 않다는 말이다.

이제 "모든 것들"이란 표현을 검토하기 시작하는 마당에, 우리는 히브리 성경 여러 곳에서 하나님에 대해 언급할 때 세계를 다스리는 법칙들(경계선 내지는 한계)을 주관하는 분이라고(시 119:89-91절을 시 148:9절과 비교하라) 말한다는 것을 알 수 있다. 이 법칙들은 그분의 종으로 일컬어지는 "모든 것들"의 일부이다. 이것들은 또한 하나님이 창조세계를 통치하는 수단에 해당하는 창조의 질서(또는 법령)로도 언급되어 있다(렘 31:35, 36, 33:25, 욥 38:33). 게다가, 세계 질서의 영속적인 신빙성―우리가 법칙이라고 부르는 질서―은 창세기 8장 22절과 같이 이 텍스트들에서도 하나님께 달려 있는 것으로 묘사되어 있다. 따라서 성경적 견해에 따르면, 하나님이 믿을 만한 분인 것은 창조세계의 일부 법칙이 하나님을 그런 분으로 보여 주기 때문이 아니라 그와 정반대의 이유 때문이다. 즉, 창조세계의 법칙들을 신뢰할 수 있는 것은 하나님이 그것들을 계속 작동시키겠다고 약속하기 때문이다. 우주의 질서정연함은 이처럼 하나님의 창조에 구체적으로 포함되어 있는 만큼 "모든 것"이란 표현이 구체적인 물체들만을 언급하지 않는다는 점이 분명하다. 그런데 이사야서 45장 7절과 같은 다른 구절들도 이 점을 지지해 준다. 그런 대목에서는 하나님이 전쟁과 재난을 포함하여 역사의 흐름을 창조하는 분으로 묘사되어 있다. 그런즉 다시금 말하건대, 하나님께 달려 있는 "것들"은 단지 구체적인 물체들만이 아니다.

신약 성경은 "모든 것"의 범위를 더욱더 확장시킨다. 하나님은 온갖 통치자와 권세(엡 1:10, 3:9-10, 롬 8:38-39)와 공간(롬 8:38-39)을, 심지어는 시간(딤후 1:9, 딛 1:2, 유 1:25, 계 10:5-7)까지도 창조하신 분이라고 말한다.[28] 그리고 이보다 더 강한 진술들도 있다. 골로새서 1장 15-16절은 하나님이 "하늘과 땅에서 보이는 것들과 보이지 않는 것들" 등 모든 것을 창조했다고 말한다. 그런데 모든 것은—추상적 존재자까지 포함하여—보이거나 보이지 않는 것이므로, 이 단락의 문자적 의미는 논리적으로 창조세계에는 창조되지 않은 것이 하나도 없다는 것이다.[29] 이처럼 "모든 것"이 하나님이 아닌 만물에까지 확장된다고 말하는 것은 이 구절만이 아니다. 로마서 1장 18-25절에서 사도 바울은 거짓 종교란 것이 하나님에 관한 진리를 거짓으로 바꿈으로써 사람들로 "창조주 대신에 피조물을 경배하고 섬기게" 한다고 말하고 있다. 여기서 창조주-피조물의 구별은 모든 것을 다 망라한다고 말한다. 즉, 모든 것은 하나님이든지 하나님이 창조한c 그 무엇이라는 뜻이다.

끝으로, 고린도전서 15장 24-28절을 골로새서 1장 17절과 비교해 보라. 후자는 그리스도(그의 신성)에게 "모든 것"이 달려 있다고 말하는 한편, 전자는 하나님의 최후의 나라에서 그리스도가 하나님을 제외한 "모든 것"을 다스릴 것이라고 말한다. 여기서 각 경우에 "모든 것"이란 표현이 동일한 범위를 갖고 있다고 이해하는 게 자연스럽다. 이것이 옳다면, 창조세계에 존재하는 것 가운데 창조되지c 않은 것이 없고, 또 하나님을 제외하고 그리스도의 통치를 받지 않는 것이 없다고 말하는 명시적인 가르침이 있는 셈이다. 따라서 "모든 것"의 범위는, 보이든 보이지 않든 간에, 하나님이 아닌 모든 것을 포괄한다는 점이 입증되었다!

그런데도 AAA 견해의 변호인은 여전히 설득력이 없다고 생각할 것임에 틀림없다. 이 텍스트들에 구체적으로 언급된 추상적 존재자라고는 법칙과 공간과 시간일 뿐인즉 거기에 하나님의 속성들은 포함되어 있지 않기 때문이다. 그러므로 이제는 추상적 속성에 관해 말할 뿐 아니라 그것을 하나님의 속성으로 말하면서도 그분에 의해 창조된 것이라고 주장하는 놀라운 성경 단락을 고찰해 보자! 그것은 잠언 8장 22-31절로서 의인화된 지혜가 스스로에 대해 말하고 있는 대목이다.

> 여호와께서 그 조화의 시작, 곧 태초에 일하시기 전에 나를 가지셨으며, 만세 전부터, 태초부터, 땅이 생기기 전부터 내가 세움을 받았나니, 아직 바다가 생기지 아니하였고, 큰 샘들이 있기 전에 내가 이미 났으며… 하나님이 아직 땅도, 들도, 세상 진토의 근원도 짓지 아니하셨을 때에라. 그가 하늘을 지으시며 궁창을 해변에 두르실 때에 내가 거기 있었고… 내가 그 곁에 있어서 창조자가 되어 날마다 그의 기뻐하신 바가 되었으며… 인자들을 기뻐하였느니라.[30]

물론 성경의 단 한 단락에 지나치게 기대는 것은 결코 좋은 조처가 아니므로, 이 텍스트가 내가 지지하는 입장을 확증하기에 충분하다고 주장할 생각은 없다. 여기서 의미심장한 점은 고립상태에 있는 이 텍스트가 아니라, 이것이 하나님이 모든 것을 창조했다고c 말하는 다른 모든 텍스트와 아름다운 조화를 이룬다는 사실이다. 게다가, 이는 시적인 글귀이긴 하지만 하나님이 어떻게 그의 속성을 소유하고 있는지에 대해 말하는, 보기 드문 성경의 암시의 하나이다. 그런즉 이 텍스트 하나만 놓고 봐도 너무도 멋진 단락이라 도무지 무시할 수가 없다. 하나님에 대한 AAA 견해를 가진 사람에게는 아무리 시적인 자유를 주어도 이런 글귀를 쓸 수 없을 것이 너무도 분명하기 때문이다. (안셀무스는 맨 정신으론 말할 것도 없고 몹시 취한 상태에서도 그런 글을 쓸 수 없었을 테다!) 이 구절은 지혜는 하나님 자신이 소유하고, 또한 인간들과 함께 있지만 ―따라서 인간들도 공유하고―, 여호와께서 "그 조화의 시작, 곧 태초에 일하시기 전에 나[지혜]를 가지셨다(창조하셨다c)"라고 명백히 주장하고 있다. 이는 분명 창세기에 나오는 창조 이야기를 가리키는 대목이다. 따라서 이 구절은 하나님이 지혜를 인간과 공유한다는 것을 부인하지 않고 또 하나님이 지혜를 갖지 않았던 시절이 없었다는 것도 부인하지 않지만, **하나님이 창조되지 않은 것처럼 하나님의 지혜도 창조되지 않았음에 틀림없다는 것은 확실히 부인하고 있다.**

이보다 더 중요한 점은 이 잠언 구절이 또 다른 의미에서 나 홀로 텍스트가 아니라는 사실이다. 이 텍스트가 하나님에게 그분이 창조한c 속성을 귀속시키는 유일한 대목은 아니다. 신약 성경은 성육신과 같이 중요한 교리에 대해 이렇게 말한다. 그 가르침에 따르면 예수는 완전한 인간인 동시에 하나님의 성육신이라고 한다. 또한 하나님은 이제 우주를 지탱하는 일을 포함해 우주와 맺는 모든 관계를 예수를 통하여 유지하신다고 말한다(골 1:17). 그리고 하나님이 예수를 창조하기abc 이전에는 그렇게 하지 않았던 것이 분명하다. 달리 표현하면, 삼위일체의 두 번째 위격이 어느 시점에 인간 예수로 성육했던 것인 만큼, 그 관계는 만일 하나님이 유발하고 싶지 않았더라면 결코 존재하지 않았을 관계이다. 그리고 그 관계가 예수의 인성을 소멸시키지도 않았고 삼위의 한 위격임을 부정하지도 않았다고 명백히 말하고 있으므로, 이를 이해하는 최선의 방법은 하나님이 스스로 예수 그리스도의 전(全)인격을 취했다고 보는 것이다. 그렇다면 성육신을 통해 하나님은 예수의 신적 측면이 되는 한편, 예수는 하나님의 인간적 측면이 되는 것이다. 다양한 진영에 속한 다수의 기독교 신학자들은 그 교리를 이런 식으로 정립하는 것을 인정했다. 예컨대, 아퀴나스는 성육신 안에서 "하나님은 사람이 되었고" "하나님이 인간의 몸을 입었다"라고 말한다(*ST* III, q. 1, a. 2) (여기서 "몸"은 물론 전인을 가리키는 제유적인 표현이다). 그리고 니사의 그레고리도 이 교리에 따르면 창조주는 또한 "스스로 완전한 인간성을 취함으로써" 성육하게 된 구원자였다고 말한다(*Eun*, 3.3.51).

이 모든 텍스트의 증거를 모두 합치면 창조교리의 엄밀한 해석을 지지하는 든든한 받침대가 된다. 이런 해석을 나는 "범(凡)창조론"이라고 부른다. 내가 그 증거로 삼는 것은, 성경의 증언, 곧 숫자, 집합, 속성, 관계, 법칙, 명제, 또는 플라톤의 앞마당에 있는 모든 것 등 하나님이 아닌 어떤 것이라도 과연 창조되지c 않은 것이 있는지 여부에 대해 침묵하지 않는다는 사실이다. 그 어떤 것도 창조되지c 않은 것으로 간주될 수 없다고 한다. 성경의 저자들은 한마디로 예외를 허용하지 않는데, 심지어는 하나님 자신에게 귀속되는 속성들도 마찬가지다. 우리가 살펴본 텍스트들은 범창조론을 가르치려고 애쓰는 인상을 풍길 뿐 아니라, 설사 전문적인 용어를 사용했더라도 그보다 더 분명히 표현할 수는 없었을 것이란 생각이 든다. 그러므로 성경 저자들이 "모든 것"이란 표현을 사용하는 방식, 하나님이 지혜를 소유하고 그리스도 안에서 성육하게 된 경위에 대한 잠언 8장과 성육신 교리의 의견수렴 등에 힘입어, 나는 모든 하나님의 속성을 이렇게 이해해야 한다고 주장하는 바이다.

이 입장에 따르면, 인간이 하나님의 형상을 지니고 또 하나님을 알 수 있는 것은 그들이 부분적으로 신적 존재이고 창조되지 않은 하나님의 일부 속성을 공유하고 있기 때문이라는 주장은 틀린 것이다. 오히려 인간이 하나님의 형상을 지니고 또 하나님을 알 수 있는 것은 **하나님이 스스로 세계와 우리 속에 두신 창조된c 관계와 속성을 자기의 것으로 취했기 때문이다.** 게다가, 하나님이 우주에 그런 관계들과 속성들을 창조해 두신 목적은 그로 말미암아 우리가 그분을 이해할 수 있게 하기 위해서다. 이런 것이 바로 계시된 하나님의 본성을 이루고 있고, 이 본성을 통하여 그분은 (성 바실이 표현했듯이) "스스로를 우리의 이해력에 맞추신" 것이다. 이처럼 우리에게 맞춰 계시된 하나님의 본성을 반영하는 형상이 바로 인간이다.[31] 그런즉 이 견해는 하나님이 피조물과 관계를 맺고 있고, 또 성경이 그분에게 귀속시키는 속성들을 갖고 있다고 인정하는 한편, 하나님이 존재하려면 반드시 그런 속성들을 소유할 필요가 있었던 것은 아니라고 주장한다. 오히려 그런 것들이 하나님에게 속하고 그분의 본성을 구성하는 것은 그분이 자발적으로 그런 것을 원했기 때문이다. 그런즉 그런 것들이 모두 하나님에 의해 창조되었지만c 그분의 유일한 참 본성을 구성하고 있고, 하나님이 맹세한 그 본성은 영원히 그분의 것이다. 성경은 사실상 창조세계의 모든 양상에 속한 속성들을 하나님께 귀속시키고 있다. 예를 들면, 그분은 양적으로 하나이고(신 6:4, 사 44:6), 공간적으로 무소부재하며(시 139:7-12), 물리적으로 전능하다(출 15:6, 대상 29:11, 12, 시 62:11, 히 1:3). 그분은 또한 생물학적으로 살아계신 하나님이자 우리의 아버지이고(삼하 22:47, 렘 4:2, 시 42:2, 계 7:2), 감각적으로 우리를 보고 들으며(시 17:6, 33:18, 34:15), 논리적으로 전지하고(욥 37:16, 시 44:21, 사 46:10, 눅 16:15, 요일 3:20), 경제적으로 온 세계를 소유하고 계신다(레 25:23, 대상 29:11, 욥 41:11). 이런 것은 하나님이 온 인류에게 제의한 언약들을 통해 그 자신을 알릴 목적으로 스스로 취한 특성들이다.

그뿐만 아니라, 하나님의 계시의 언약적인 형태도 그분의 본성에 관한 이 견해를 지지할 만한 이유를 제공한다. 여기서 언약의 개념은 하나님이 어떤 요구와 약속을 할 때 맹세하는 내용 중에 그 자신이 신실하고 정의롭고 사랑하고 자비로울 것이란 약속이 들어 있음을 가리킨다. 그런데 만일 AAA 견해가 주장하듯이 하나님이 그런 존재가 되지 않을 수 없다면, 하나님이 그렇게 되겠다고 약속하는 것은 터무니없는 소리에 불과하다. 이 견해가 옳다면, 성경이 이렇게 말할 것으로 우리는 예상할 것이다. 즉, 하나님이 자비롭거나 신실하거나 정의로운 것은 그분이 그렇게 되기로 맹세하기 때문이 아니라 그와 다른 존재가 될 능력이 없기 때문이라고.[32] 그런즉 하나님이 이런 것이 되겠다고 약속하는 일은 C/R 견해로 보면 충분히 이해할 수 있는 것이지만, AAA 견해로 보면 전혀 이해할 수 없는 것이 되고 만다. 그것은 마치 당신이나 내가 친구들과 사랑하는 이들에게 내일 우리는 삼각형이나 푸른색의 그늘이 되지 않을 것이라고 약속하는 일과 다름없다.

그러므로 여기에 하나님의 본성에 관한 바른 견해가 있다. 즉, 성경의 지지를 받고, 하나님의 자존성과 조화를 이루고, 왜 독자적 존재성을 지닌 완전함의 개념을 형성할 수 없는지를 보여 주는 사고 실험에도 걸리지 않는 견해가 있다.[33] 이 견해는 창조의 교리, 인간 속에 있는 하나님의 형상, 성경의 언약적인 틀과도 더욱 조화를 이룬다. 그리고 이 모든 일이 가능한 것은 하나님의 속성들을, 그분이 통제할 수 없는 독자적 존재성을 지닌 완전함으로 보지 않고, 그분이 원하는 관계들(과 관계의 속성들)로 간주하기 때문이다. 이 견해에 따르면, 하나님의 속성들은 플라톤이 말하는 일련의 필연성의 산물, 즉 그분의 존재와 역할을 현재와 같이 못 박는 그런 필연성의 산물이 아니라 그분의 은총을 표현하는 것이다.

10.5 카파도키아와 종교개혁의 신학적 전통

일부 독자는 이 시점에 방금 개관한 하나님 이해를 견지한 신학자들을 소개하는 일을 불필요하게 여길지도 모른다. 어쨌든 이 입장의 참이나 거짓은 누가 그것을 선호했는지에 좌우되지 않는데, 굳이 신경 쓸 필요가 있을까? 그러나 이 견해는 별로 알려지지 않은데다 종종 오해를 받고 있기 때문에 상당히 많은 남자와 여자들, 특히 성경을 연구하다가 하나님의 속성에 대한 신(新)플라톤주의 해석을 포기하게 된 이들이 견지했다는 사실을 아는 것이 중요할 듯하다. 그래서 하나님에 대한 이런 견해를 카파도키아인들 중에 가장 뛰어난 인물들이 어떻게 진술했는지를 간략하게 다룰까 한다. 이 진영에는 가이사랴의 바실(Basil of Caesarea), 그레고리 나지안저스(Gregory Naziansus: 바실의 처남), 니사의 그레고리(Gregory of Nyssa: 바실의 형제), 그리고 이들이 저술한 일단의 저서에 기고도 하고 그 모든 저서를 편집도 했던 바실의 누이, 마크리나(Macrina) 등이 포함되어 있다.

카파도키아인들은 하나같이, 하나님이 창조세계에 적응하신다는 점만 제외하고, 창조되지 않은 하나님의 존재는 "이성으로 도무지 이해할 수 없다"는 점과 이성적으로 이해할 수 있는 것은 모두 "창조세계에 속하는 것"이라는 점을 강조했다.[34] 그들은 제각기 이 점을 다양한 방식으로 표현했는데, 그중에 가장 유명한 것은 자주 인용되는 바실의 진술이다. "우리는 하나님이 무엇인지를 모르지만, 하나님이 무엇이 아닌지와 어떻게 피조물과 관계를 맺는지는 알고 있다." 그들은 하나님의 존재를 그분의 속성들과 동일시하는 것을 반대했고[35], "인간의 관습이 창안한 것이든 성경에 의해 전수되는 것이든, 각 이름은… 하나님의 본성 자체가 무엇인지는 나타내지 않는다"라고 주장했다. 오히려 "그 이름들이 하나님께 해당되는 것은 그분의 에너지, 하나님이 피조물과 관계를 맺는 활동을 언급하기 때문이다."[36] 하나님의 고유한 존재에 관한 한 "우리는 아무것도 모르고 단 하나, 곧 하나님이 존재하신다는 것만 알고 있다"라고 니사는 말한다.[37]

이는—하나님이 인간성에 적응한 것을 제외하고—하나님의 존재가 "속성들로부터 완전히 자유로웠다"는 것을 뜻한다는 설명이 추가되었다. 달리 말하면, 하나님이 어쩔 수 없이 소유해야 할 본성을 구성하는, 창조세계에서 발견될 수 있고 인간이 알 수 있는 속성은 존재하지 않는다는 뜻이다(아퀴나스에 대한 반론, 주 27을 보라). 그들은 이 논점을 지지하는 입장의 일환으로 일반적인 예측의 규칙은 "우주의 하나님에게는 적용되지 않는다"라고 주장하면서, 하나님에 관한 부정적인 주장은 "고유한 속성들의 현존보다는 고유하지 않은 속성들의 부재"를 의미한다고 말했다.[38] 달리 표현해서, 하나님이 어떤 속성을 갖고 있지 않다고 부정하는 것은, 피조물의 경우처럼, 동시에 하나님이 그 보완적 속성을 반드시 소유하고 있다는 주장은 아니다. 예컨대, 하나님이 시간을 창조했으므로 창조되지 않은 하나님의 존재는 무(無)시간적이다. 그러나 이는 하나님의 존재가 본래 무시간적이므로 하나님은 한시적 모습으로 나타나고 시간대 내에서 행동할 수 없다는 것과는 같지 않다. 오히려 하나님의 존재는 모든 속성과 그 보완성을 초월하고, 따라서 하나님은 자기가 원하는 관계는 마음대로 맺을 수 있고 그 관계는 그분이 원하는 어떤 속성이든 지닐 수 있다. 그렇기 때문에 계시된 하나님의 속성들은 하나님께 해당될 수는 있지만, 그분이 우리에게 적응한 것을 제외하면 그분의 존재 "그 자체"에 대해서는 아무것도 알려주지 않는다. 그래서 그들이 "우리는 하나님의 위대함, 하나님의 능력, 하나님의 지혜, 하나님의 선하심… 을 안다고 말하지만, 하나님의 존재 자체는 모른다"라고 주장했던 것이다.[39] 바실은 이렇게 말한다. "… 하나님이 인간에게 자신을 나타내신 여러 경우에 그분은 인간에게 적응하여 인간의 언어로 말씀하신다."[40] 14세기의 위대한 카파도키아 입장의 대변인이었던 성 그레고리 팔라마스는 그 입장에 대해 이렇게 논평한다. "[하나님의] 에너지는 하나님의 존재를 형성하지 않는다. 그 에너지를 존재케 하신 분은 바로 하나님이었다…" 따라서 "우리를 향한 선(善)이 지극히 풍성하신 하나님은 [비록] 모든 것을 초월하고, 도무지 이해할 수도 표현할 수도 없는 분임에도, 우리가 지적으로 이해할 수 있는 존재가 되기로 동의하시고, 자발적으로 낮아지셔서 스스로 정말로 다양한 존재의 양태를 취하신 것이다."[41]

이 입장을 심지어는 삼위일체 교리에까지 적용해야 한다고 카파도키아인들은 말했다. 하나님의 존재는 하나와 다수 또는 그 어떤 숫자도 초월한다. 펠리칸이 표현하듯이, "아버지와 아들과 성령 등 이 세 이름은 [하나님의 존재의] 이름이 아니라… 그것들은 하나님과 인간의 관계와 신적 위격들 서로간의 관계에 대한 '관계상의' 이름들이었다."[42] 이 관계는 모든 시간 이전에 존재했고 다름 아닌 '관계 속의 하나님'이기 때문에 창조되지ab 않은 것이다. 그러나 이 관계가 숫자, 인격, 사랑 등과 같은 특징을 포함하고 있는 한, 그것을 그분 자신의 영원한 창조된c 표현물로, 즉 하나님이 그 자신을 우리에게 계시하기 위해 유발한 표현물로 보아야 한다.

끝으로, 카파도키아인들은 하나님이 창조한bc "보이는 것들과 보이지 않는 것들" 속에 필연적 진리들을 명시적으로 포함시켰다. 필연적 진리들은 하나님이 아니라 피조물을 위해 필요한 것이라고 말했고, 숫자는 "물체의 양을 가리키는 상징으로 고안된" 우주 질서의 일부라고 명백히 언급했다.[43] 이와 관련하여, 토마스의 입장에 대한 팔라마스의 반론의 하나는 그 입장이 논리적 법칙들을 하나님의 존재의 일부로 간주함으로써 하나님을 지배하게 만들었다는 점이다. 팔라마스는 그 법칙들은 하나님이 유발한 것이므로 "절대 가치"를 지니지 않는다고 주장한다.[44]

로스키는 이 입장을 다음과 같이 요약했다.

> 부정적인 이름들은 신적 존재를 우리에게 계시하지 않고 그 존재에 이질적인 모든 것을 옆으로 제쳐 놓는다. … 그래서 하나님이 선하다고 말할 때는 그분 안에 악이 들어설 여지가 없다고 선언하는 것이다. … 참으로 긍정적인 뜻을 갖고 있는 다른 이름들은 신적인 활동이나 에너지를 언급한다. 이런 이름들은 하나님의 접근 불가능한 본질이 아니라 그분을 둘러싸고 있는 것을 알도록 이끌어 준다. 그러므로 순결한 마음이 하나님을 본다는 말과 아무도 이제까지 하나님을 본 적이 없다는 말은 모두 옳은 것이다. … [왜냐하면] 그분은… 그의 에너지에 의해 눈에 보이게 되기 때문이다.[45]

어쩌면 이 시점에 내가 하나님이 스스로를 그의 에너지로 "둘러싸고 있다"는 로스키의 표현을 사용하여 3장에서 성경적인 의존관계를 나타내려고 사용한 도형을 정교하게 다듬는 것이 좋을 듯하다. 다음 페이지에 나오는 〈도형 5〉는 잠언 8장과 성육신 교리에 따른 모델을 좇아서 성경적인 범창조론과 하나님이 피조물에 적응한다는 개념을 모두 반영하고 있다.

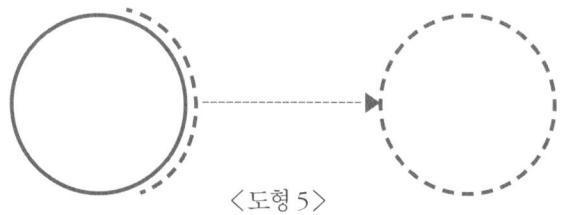

<도형 5>

이제까지 카파도키아 입장에 대해 비교적 상세히 설명했으므로 루터와 칼뱅의 글은 그만큼 인용하지는 않겠다. 하지만 이 두 사람의 글도 얼마나 카파도키아인들과 비슷한지를 눈여겨보라. 루터는 이렇게 말한다.

> 만일 당신이 시간 바깥에 또는 시간 이전에 존재했다면 그 경험을 어떻게 추정하겠는가? … 우리 모두 그런 생각들을 떨쳐버리고, 하나님이 창조 이전에 영원한 안식을 누리던 모습은 우리가 도무지 이해할 수 없다는 것을 인식하자. … 하나님은 또한 그의 행위와 말씀(the Word)을 통하지 않고는 자신을 나타내지 않는다. 이런 것의 의미는 이해가 가능하기 때문이다. … 시간 바깥에 존재하는 것과 같이 신성에 속한 다른 모든 것은 파악할 수도 이해할 수도 없는 법이다.[46]

> 그리고 하나님의 본성과 장엄함은 그대로 둘 필요가 있다. 이와 관련해서는 우리가 그분과 아무런 관계가 없고, 그분 역시 우리가 그분을 다루길 원하지 않기 때문이다. 우리는 하나님의 말씀으로 옷 입은 그분과 관계를 맺어야 하는데, 이로써 그분이 스스로를 우리에게 나타내기 때문이다.[47]

> 우리는 그의 약속들로 옷 입은 하나님 이외의 다른 하나님은 알지 못한다. … 그분이 사람의 목소리로 옷 입을 때, 그분이 우리가 이해할 수 있도록 스스로를 우리의 눈높이에 맞춰주실 때, 비로소 나는 그분께 접근할 수 있다.[48]

칼뱅도 비슷한 말을 한다.

> 인간의 정신이… 그 자신의 본성도 이해할 수 없는데 어떻게 하나님의 본성에 대한 지식에 이를 수 있겠는가?(*Institutes*, I, xiii, 21)

사실 칼뱅이 우리가 하나님의 존재에 관해 아는 바는 부정적인 면이라고—즉, 하나님은 무(無)시간적이고 비(非)의존적인 분이라는 것—말하는 것을 보면 루터의 문체보다 그의 문체가 카파도키아인들에 더 가까운 편이다.

> 영원성과 [자존성]보다 더한 하나님 특유의 것은 없다(*Institutes*, I, xiv, 3).

이런 이유로 말미암아

> 하나님의 완전한 속성들이 열거될 때는 그분의 본성이 아니라 그분과 우리와의 관계가 드러나는 것이다. … [성경에서 하나님께 부여하는] 모든 완전한 속성은 창조세계 속에서 관찰될 수 있다. 그것은 우리가 경험이 이끄는 대로 그분의 존재를 느끼는 것이고, 그분이 그의 말씀을 통하여 스스로에 대해 선언하는 그것이다(*Institutes*, I, xiii, 21).

이처럼 칼뱅은 성경에서 하나님께 부여하는 성품을 "그분이 기꺼이 그 자신을 나타내는 그 본성"이라고 말함으로써(*Institutes*, III, ii, 6) 하나님이 그 본성의 내용과 그에 관한 우리의 지식에 대해 통제권을 갖고 계심을 강조한다. 또 다른 곳에서는 이렇게 덧붙인다. "그러므로 우리는 기꺼이 하나님에 관한 지식을 그분에게 맡기도록 하자. … [그리고] 그분을 그 자신이 스스로를 알려주신 대로 생각하고, 다름 아닌 그분의 말씀을 열심히 탐구하도록 하자"(*Institutes*, I, xiii, 21).

끝으로, 다음에 인용하는 칼 바르트의 글을 카파도키아인들과 종교개혁자들과 비교해 보라.

하나님이 그 자신과 나란히 또 그 바깥에 있게 하려고 다른 실재를 창조하실 때, 시간은 이 타자의 존재 형태로 시작된다. … 하나님은 시간 안에 계시지 않는다. … 그러나 피조물은 영원하지 않다. … 피조물이 된다는 것은 이런 식으로 존재하는 것을 의미한다. 그러나 만일 피조물을 향한 하나님의 은혜로움에 의해, 그분이 후자의 수준으로 낮아져서 피조물의 존재 형태 속으로 들어오지 않는다면… 어떻게 하나님과 피조물 간의 상호교섭…의 가능성이나 실현성이 있을 수 있겠는가? … 만일 그분이 그것을 받아들여서 그 자신을 피조물의 수준으로 내어주지 않는다면… 창조주와 피조물 사이에는 그 어떤 상호교섭도 있을 수 없는 법이다.[49]

10.6 반론에 대한 답변

그러면 이 대안의 어떤 면이 AAA 견해의 옹호자들로 하여금 그토록 끈질기게 그것을 거부하게 만든 것일까? 어째서 오늘에 이르기까지 이 대안은 서유럽과 북아메리카의 종교철학 분야에서 아무런 목소리도 못 내고 있는 것일까? 이에 대해 답변하자면, 한편으로, 철학 전통의 상당 부분이 아직도 플라톤에 사로잡혀 있고, 다른 한편으로는 C/R 입장이 여러 방식으로 오해되어 왔기 때문이라고 할 수 있다. 물론 내가 여기서 그 모든 오해를 다 다룰 수는 없지만, 이번 장을 마치면서 가장 자주 반복되는 몇 가지 반론에 대해 간단하게 응답할까 한다.

첫 번째 반론은 AAA 견해에 친숙한 사람은 거의 누구나 C/R 견해를 처음 들을 때에 보이는 반응이다. 이런 반응은 신학적으로 단순한 수준에서도 일어난다. 내용인즉, 만일 인간이 하나님의 존재 자체에 접근할 수 없다면—하나님이 우리의 수준에 적응한 것은 제쳐 놓고—, 우리가 알고 있는 것이 무엇이든 그것은 하나님이 아닌 다른 무엇임에 틀림없다는 것이다. 여기에 자주 덧붙이는 점이 있다. 그것은 C/R 견해를 따르더라도 적어도 한 가지 속성, 즉 하나님의 절대 자존성은 그분이 스스로 지니게 된 것일 리가 없다는 점이다. 그러면 C/R 견해는 그것을 어떻게 설명하는가? 두 번째 반론은 우리에게 하나님의 존재에 대한 개념이 없다고 말하는 것은 자기 지시적인 비정합성을 안고 있다는 것이다. 말하자면, 만일 우리가 하나님의 존재에 대한 개념을 갖고 있지 않다고 주장한다면, 그런 식으로 이미 그분의 존재에 대한 생각을 품은 것이 아닌가? 세 번째 반론은 하나님이 필연적 진리들을 창조했다고 말하게 되면 상호모순적인 진술들과 온갖 불합리성을 옳은 것으로 허용하게 된다는 것이다. 이런 결과는 모든 추론에 마침표를 찍기 때문에 C/R 입장은 옳을 수 없다고 한다. (이는 내가 다시 돌아가겠다고 약속한 필연적 진리에 대한 반론의 다른 면이다.) 끝으로, 만일 하나님의 존재를 원칙적으로 알 수 없다면, 하나님과 피조물 사이에 닮은꼴이 있을 수 없는 만큼 하나님에 관한 우리의 언어가 참되다는 근거도 있을 수 없는 법이라고 반론을 제기한다. 그래서 C/R 견해는 하나님에 관한 참된 발언이 어떻게 가능한지를 설명할 수 없다는 것이다.

이제 이런 반론들 하나하나를 열거한 순서에 따라 다루어 보겠다.

첫째 반론

이 반론은, 하나님이 인간에 대한 행동과 인간과의 관계를 통해 계시한 성품을 스스로 취한 것을 보면 하나님의 존재에 모종의 원초적 본성이 있는 것이 틀림없다고 주장하는 것과 다름없다. 그런데 이 주장은 하나님도 피조물처럼 선재하는 본성에 **의거하여** 원하고 행동하는 존재라는 가정을 깔고 있다. 그러나 범(凡)창조론에 관해 우리가 살펴본 바에 따르면, 이런 가정은 마땅히 배격되어야 한다.[50] 그 대신 하나님의 원초적 존재야말로 계시된 그분의 성품의 창조적c 근원이 되어야 할 것이다. 우리가 그 성품을 이해할 수 있는 한 그렇다는 말이다. 왜냐하면 하나님이 우주에서 발견되는 모든 것의 창조자이고, 그분은 우주에서 발견되는 속성들과 관계들의 견지에서 그 자신을 계시하기 때문이다. 그분은 시간대 안에서 발견되는 모든 속성과 법칙과 더불어 시간을 존재케 했다. 이와 똑같은 이유로, 하나님의 원초적 존재는 모든 합리성의 원리들의 창조적c 근원인 만큼, 그분이 지금과 같이 우리와 관계를 맺는 이유가 될 만한 것은 존재하지 않는다. 그 너머에 하나님의 뜻이 있는 것이다. 다시 말하건대, 이런 점을 부인하는 입장은 창조세계에서 발견되는 모종의 속성들과 법칙들이 창조되지 않은 것인즉 신적 존재라는 가정을 깔고 있다. 이는 성경적인 범창조론을 정면으로 부정하는 것이다.

그뿐만 아니라, 만일 하나님이 스스로 계시하기로 한 그런 존재가 되기를 원했다면, 그분이 계시한 것이 무엇이든 그것은 **정말로** 그분이 아니라고 의심하는 것은 터무니없는 태도다. 이는 하나님이 어떤 것을 그렇게 만든다면 정말로 그런 것은 아니라고 말하는 것과 다름없다! 게다가, 이 반론이 무시하는 것은 우리는 적응하지 않은 상태로서의 하나님의 존재는 모르지만 **우리와 관계하는 분으로서의** 하나님의 존재는 분명히 알고 있다는 점이다. 우리에게 알려진 것은 우리를 향한 하나님의 에너지와 행동 그리고 우리와의 관계이다.

이 반론은 종종, 만일 '우리에게 나타난 하나님의 본성'이 그분의 뜻이라면, 그것이 변하지 않을 것이란 보장이 없다는 점을 지적함으로써 더욱 목소리를 높인다. 이와 반대로, AAA 견해는 하나님의 본성이 그분의 통제권 내에 있지 않다고 생각하기에 그것이 결코 변하지 않는다는 것을 우리가 확신할 수 있다고 말한다. 하지만 이것은 심각하고 실존적이며 **종교적인** 오류로서, 바로 아우구스티누스가 "하나님에 대한 모욕"이라고 부른 것이다(주 50에서 인용한 루터와 칼뱅의 글을 보라). 어쨌든 우리가 하나님을 신뢰할 수 있는 궁극적인 근거는 무엇인가? 하나님이 약속하신 대로 우리에게 영원히 변치 않는 존재가 되겠다는 그분의 언약적인 맹세인가? 아니면 그 근거가 우리가 하나님께 적용하는 논리적이고 형이상학적인 신용 점검인가? 우주의 어떤 법칙이 하나님은 자신이 약속한 존재가 아닌 다른 존재가 될 수 없다는 것을 보증해 주는가, 아니면 우리가 하나님의 말씀을 믿는 것인가? 우리가 하나님의 신빙성을 보증해 줄 수 있는 원칙들을 찾으려고 하는 순간 우리는 그것들을 하나님보다 더 궁극적인 것으로 삼을 뿐 아니라 우리의 궁극적인 신뢰를 하나님이 아니라 그것들에게 둔 것이다! (여기서 내가 2장 끝부분에서 말한 바, 궁극적으로 믿을 만한 것과 우리가 궁극적으로 실재한다고 신뢰하는 것 사이의 상관관계에 대한 내용을 상기해 보라.)

그러면 이 반론에서, 하나님의 무조건적 존재는 하나님이 창조하여 스스로 취한 것일 수 없다고 말하는 부분에 대해선 우리가 무슨 말을 하겠는가? 그것은 분명히 옳은 소리인 듯하다. 그런데 그것이 어떻게 C/R 견해에 대한 반론이 되는가? 무조건적인 실재는 하나의 속성이 아니고, 우주에서 발견되는 그 무엇이나 인간이 공유하는 어떤 것도 아니다. 그것은 하나님의 존재가 아닌 그 어떤 것에도 해당되지 않는다. 그리고 합리적으로 생각할 수 있는 것도 아니다. 어쩌면 이 마지막 논점이 그 반론의 핵심에 있는지도 모른다. 이제까지 C/R 견해는 하나님의 존재를 도무지 생각할 수 없다고 말했기 때문에, 일부 사람은 만일 우리가 무조건적인 실재의 개념을 형성할 수 있다면 C/R 견해는 자가당착에 빠진다는 식으로 잘못 생각했을지도 모르겠다. 이에 답하기 위해 나는 이제 개념과 제한적인 관념의 차이점을 설명해야겠다.

우리가 어떤 개념(concept)을 형성할 때에는 우리가 생각하고 있는 것이 무엇이든 사고 속에서 여러 속성을 결합한다. 그렇기 때문에 한 개념의 내용이 분석될 수 있고 또 명확해질 수 있는 것이다. 한 개념은 물론 그 내용(속성들)이 서로를 고수하는 관계도 포함하는데, 이 때문에 정의(定義)란 것은 한 개념의 내용에 대한 언어적 진술을 일컫는 것이다. 이와 반대로, 어떤 것에 대한 제한적 관념(a limiting idea)는 그 속성들의 결합이 아니라 그것이 다른 것들과 대비되는 관계를 통해 생기는 어떤 것에 관한 우리의 인식이다. 예컨대, 붉은 속성은 그것을 구성하는 요소가 전혀 없기 때문에 그런 요소들로 분석될 수가 없다. 이로 인해 정의될 수도 없다.[51] 우리가 붉은 색을 아는 것은 다른 색채들과 대비시키기 때문이지 그 구성요소들을 묶어서 어떤 개념을 만들기 때문이 아니다. 다양한 양상들(공간적, 물리적, 감각적, 생명적 등)을 꾸미는 메타 속성들은 이 면에서 색채와 비슷하다. 예를 들면, 우리는 특정한 모양을 공간적인 것으로, 또는 특정한 강도를 물리적인 것으로, 또는 특정한 음식물 섭취를 생명적인 것으로 경험한다. 그리고 우리는 그 어떤 메타 속성이라도 다른 모든 것과 고립된 상태에서는 그 제한적 관념을 형성할 수 없으므로 그 속성들을 서로 비교함으로써 구별하게 된다. 우리는 또한 제한적 관념들이 어느 정도의 내용을 가질 수 있다는 점을 유념할 필요가 있다. 어떤 것들은 개념들 속에서 발견되는 내용과 관계의 일부를 벗겨냄으로써 형성될 수 있다. 우리가 이런 식으로 어떤 관념을 형성할 때는 종종 그 개념과 그로부터 유래한 관념에 똑같은 용어를 사용하곤 한다. 따라서 미처 인식도 못한 채 두 종류의 지식 사이를 왔다 갔다 하지 않는 것이 중요해진다.[52]

혹시라도 개념적 지식(concept-knowledge)과 구별되는 관념적 지식(idea-knowledge)이란 것이 정말로 있는지 의심스럽다면 다음과 같은 제한적 관념의 예를 생각해 보라. 이제까지 아무도 생각한 적이 없고 앞으로도 없을 숫자들. 자연수의 연속은 무한하기에 언제나 어느 인간도 생각해 본 적이 없는 숫자들이 있다는 것은 틀림없는 사실이다. 그런데 우리가 이 말을 했다고 해서 그런 숫자를 방금 생각해 낸 것인가? 분명히 그렇지 않다. 그런 것은 생각하는 것 자체가 불가능한데, 우리가 생각하는 숫자가 무엇이든 그로써 이 제한적 관념이 골라낸 부류에서 제외되기 때문이다. 그런즉 여기에 개념이 아닌 제한적 관념의 사례가 있는 것이다. 우리는 그런 숫자들이 존재한다는 관념은 갖고 있으나 그중 어느 하나의 개념도 갖고 있지 않다. 이 관념은, 가령, 색채 관념이나 내가 메타 속성이라고 부른 양상의 수식어의 개념보다는 적은 내용을 갖고 있지만 거기에 어느 정도의 내용은 존재한다. 한 번도 생각한 적이 없는 모든 숫자들은 모종의 양을 갖고 있고, 다른 양들에 대해 다양한 수학적 관계를 맺고 있다. (이는 앞서 내가 설명한 것, 곧 어떤 관념의 내용은 그것이 우리가 개념 또는 관념을 갖고 있는 다른 것들과의 관계를 통해 알려진다는 것과 잘 들어맞는다.) 이와 마찬가지로, 이런 예들보다 적은 내용을 가진 다른 관념들도 형성할 수 있다. 그러나 이것이 가능한 것은 그들의 내용이 그들보다 더 많은 내용을 가진 개념들이나 관념들의 내용과 관계를 맺고 있기 때문이다.

우리의 존재 의식은 이런 관념들 중의 하나라고 나는 주장하는 바이다.

존재의 관념(the idea of existence)은 어렵기로 악명이 높은 만큼 여기서 내가 그것을 둘러싼 복잡한 논쟁을 해결하는 척하지는 않겠다. 다만 내가 왜 그것이 제한적 관념이라고 말하는지를 분명히 하고 싶을 뿐이다. 우리는 우리의 존재 의식을 주변 세계에 대한 경험에서 끌어온다는 것을 아무도 의심하지 않는다. "존재하다"는 용어는 문자적으로 "…중에 두드러지다" 또는 "…로부터 구별되다"는 의미를 갖고 있다. 우리는 어떤 것을 다른 것들로부터 구별함으로써 그 존재를 인식하게 된다는 것이다. 그러나 어떤 것의 존재는 그것이 식별될 수 있는 자체의 능력으로 정의될 수는 없다. 이는 기껏해야 그것을 둘러싼 테두리일 뿐이다. 우리가 어떤 것을 구별하는 일이 가능한 것은 그것이 존재한다는 사실 때문이고, 거꾸로는 성립하지 않는다. 그 결과, "존재하다"는 단어의 문자적 의미는 우리가 그 단어를 사용할 때 가리키는 것의 이름을 말해 주진 않지만, 그 자체의 의미를 넘어서 그 배후에서 그것을 가능하게 해 주는 존재의 사실을 가리켜 준다. 문제를 더 복잡하게 만드는 점은 우리가 경험으로 접하는 각 사물의 존재는 제각기 독특한 것이라는 사실이다. 그것은 한 사물이 다른 속성들과 나란히 소유한 어느 속성이 아니다. 왜냐하면 한 사물이 속성들을 소유하려면 먼저 존재해야 하기 때문이다. 그리고 그것은 분명 한 가지 이상의 사물이 공유하는 보편적인 속성은 아니다. 즉, 둘 이상의 사물은 동일한 존재성을 갖고 있지 않다. ('존재하다'의 문자적 의미를 형성하는 사물들의 구별 가능성은 공유될 수 있으나, 그들을 구별할 수 있게 해 주는 것은 그들이 존재한다는 사실이 아니다.) 이런 이유로, 존재는 우리가 결코 개념화할 수 있는 것이 아니라고 나는 생각한다. 존재란 우리가 경험으로 접하는 분석 및 정의가 불가능한 창조의 기본 요소이며, 우리가 개념으로 파악할 수 없고 오직 제한적 관념만 품을 수 있는 것이다.

그러므로 우리가 하나님의 자존성에 관해 말할 때는 존재에 대한 우리의 제한적 관념을 하나님에게 적용하는 만큼 그 내용이 더욱더 제거된 상태일 수밖에 없다. 하나님의 존재는 어떤 식으로든 그 어떤 것에도 의존하지 않고, 시간의 바깥에 있으며, 피조물에게 적용되는 어떤 법칙의 지배도 받지 않는다. 따라서 그것은 거의 부정적인 성격을 지닌 제한적 관념인데, 하나님의 "구별될 수 있는" 속성은 오직 그분과 창조세계의 관계에서만 가능하기 때문이다. 말하자면, 하나님이 창조하신 것을 떠나서는 그분이 구별될 수 있는 여지가 아예 존재하지 않기 때문이다. 이제 그 관념에 남은 것은 이것밖에 없다. 하나님의 무조건적 존재는 다른 모든 것의 존재가 의존해 있는 것이고, 하나님이 없이는 다른 어떤 것도 존재할 수 없는 한편, 하나님은 무슨 일이 있어도 존재할 수 있다는 것. 그런즉 그 존재가 **무엇인지**를 개념적으로 파악하는 일은 우리의 능력을 벗어나지만, 우리로서는 다른 모든 것의 존재가 전적으로 의존해 있는 궁극적이고 무조건적인 존재가 있다는 관념은 품을 수 있다. 그 결과, 우리는 다시금 성 바실의 진술로 되돌아가게 된다. "우리는 하나님이 무엇인지를 모르지만, 하나님이 무엇이 아닌지와 어떻게 피조물과 관계를 맺는지는 알고 있다." 요컨대, 우리는 하나님이 우리에게 적응한 형태와 관련해서는 하나님에 관한 개념적 지식과 관념적 지식을 모두 갖고 있지만, 그런 형태를 떠나서는 그분의 존재에 대한 약간의 제한적 관념만 품을 수 있을 뿐이다. 그리고 그 제한적 관념은 하나님의 원초적 본성이 아니라 다른 모든 것이 그것과 맺는 관계의 성격일 뿐이다. 그리고 그 내용은 하나님이 다른 모든 것의 존재의 무조건적이고 궁극적인 근원이라는 점뿐이다. 옛날 방식으로 표현하자면, 하나님은 그 본질이 곧 존재인 유일한 실재라고 할 수 있다.

여기에 곧바로 덧붙일 사항이 있다. 우리가 하나님의 존재에 대한 관념적 지식을 갖게 되는 것은 철학적 사변이 아니라 계시를 통해 이뤄진다는 점이다. 하나님의 초월적인 존재에 대한 관념이 생기는 것은 하나님이 그분의 적응된 본성을 계시하는 과정에서 창조세계(보이는 것이나 보이지 않는 것)의 모든 특징이 그분이 무로부터 창조한 것임을 또한 계시했기 때문이다. 그런즉 적응하지 않고 창조되지 않은 하나님의 존재는 우리가 결코 개념화할 수 없는 것이란 입장이 C/R 견해의 기초에 해당한다. 따라서 우리는 하나님의 존재에 대한 개념을 가질 수 없고 단지 그 존재에 대한 관념만 품을 수 있다는 우리의 견해는 전적으로 우리에게 맞춰진 그분의 계시, 곧 우리가 (명확한 내용을 지닌) 개념과 관념을 모두 갖고 있는 그 계시로부터 유래하는 것이다.

둘째 반론

하나님의 무조건적 존재성의 문제를 푸는 데 도움이 된 개념과 제한적 관념의 구별은 이제 또 다른 문제, 곧 C/R 견해가 자기 지시적 비정합성을 안고 있다는 비판을 다루는 방법을 제공해 줄 수 있다. 그것은 하나님의 초월적 존재에 대한 개념이 없다는 말이 비(非)정합적이지 않은 것은 우리에게 전혀 개념이 없는 숫자들이 필연적으로 존재한다고 말하는 것이 비정합적이지 않은 것과 같다는 점을 보여 준다. 우리가 그렇게 말한다고 해서 그런 숫자들 중의 어느 하나에 관해 생각한 게 아닌 것과 마찬가지로, 우리가 하나님의 존재에 대한 개념을 가질 수 없다고 말한다고 해서 그것에 관해 생각한 것은 아니다. 우리가 어떤 것을 관계와 무관하게(non-relationally) 무엇인지를 개념화할 수 없다면, 그 무엇이 존재한다는 관념조차 품을 수 없다고 주장하는 것은 결코 옳지 않다. 그뿐만 아니라, C/R 견해가 우리의 개념들이 하나님에게 적용될 수도 없고 적용되지도 않는다는 식으로 무조건 주장하지는 않는다. 오히려 우리의 개념들이, 만일 하나님이 피조물의 존재를 창조하고 지탱하는 관계를 넘어서 창조물과 기꺼이 관계를 맺으려 하지 않았다면, 하나님에게 적용되지 않을 것이란 반(反)사실적인 명제를 주장한다. 그리고 다행스럽게도, 그분이 우리가 이해할 수 있는 관계 속으로 들어왔기 때문에 우리와 우리의 이해력에 스스로를 적응시키지 않았다는 것은 한갓 거짓일 뿐이다.

셋째 반론

이제 우리는 내가 돌아가겠다고 약속한 반론을 다룰 차례가 되었는데, 이는 C/R 견해가 오늘날 서양의 종교철학 분야에서 아무런 목소리도 내지 못하는 주요한 이유라고 나는 생각한다. 반론의 내용인즉, 만일 하나님이 논리와 수학의 필연적 진리들(법칙들)을 창조했다면 그것들은 그의 통제권 내에 있을 테고, 만일 그것들이 그의 통제권 내에 있다면 그는 피조물과 그 자신이 그것들을 위반하는 일을 유발할 수 있다는 것이다. 그래서 C/R 견해에 따르면 하나님은 1+1=8이란 식을 성립시킬 수 있고, 그 자신이 존재하지 않는다는 것을 알 수 있고, 다섯 면으로 삼각형을 만들 수 있고, 아무것도 모르면서 전지(全知)할 수도 있다는 등 이런 반론을 제기한다. 앨빈 플랜팅가가 말했듯이 이 반론은 다음과 같이 귀결된다.

> 다음 두 가지 직관 사이에 갈등이 생긴다. 즉, 어떤 명제들은 불가능하다는 직관과 하나님이 진정 주권자라면 모든 것이 가능하다는 직관 사이의 갈등이다. 그런데 이슈를 이렇게

노골적으로 진술하니까 나에게는 아무런 이슈도 없는 것처럼 보인다. 모든 것이 가능하지는 않은 게 분명하다. 예컨대, 하나님이 전지한 동시에 아무것도 모르는 것은 분명히 불가능하다. … 그러므로 우리는… 심지어 하나님에게도 모든 것이 가능하지는 않다고… 솔직히 주장해야 한다.[53]

이 직관적 딜레마에 대한 나의 첫 반응은, 만일 이 두 가지 대안이 정말로 유일한 선택안들이라면, 나는 이 이슈에 대해 플랜팅가의 편을 들겠다는 것이다. 하지만 나는 이 답변에서 그 대안들이 전부가 아니라고 주장할 생각이다. 우리는 물론 두 가지 직관을 갖고 있고, 그중의 하나는 비(非)모순의 법칙과 같은 필연적 진리들이 존재한다는 것이다. 이는 상호모순적인 진술들은 둘 다 옳을 수 없으므로 어떤 진술이 표명하는 것은 불가능하다는 법칙이다. 그러나 다른 한 가지 직관은 올바로 제기되지 않았다고 나는 생각한다. 만일 하나님이 진정 주권자라면 모든 것이 가능하다는 명제는 옳지 않다. 이 명제는 내가 이제까지 개관한 견해에 따른 것이 아니다(이 인용문에서 플랜팅가가 비판하는 데카르트의 견해에 따르면 옳은 것이지만). 왜냐하면 C/R 견해에 따르면 하나님이 창조세계 속에 다양한 법칙을 심어 놓았기 때문이다. 하나님이 물론 그런 법칙들을 반드시 창조해야 했던 것은 아니다. 이는 마치 그분이 우주를 반드시 창조해야 했던 것이 아닌 것과 같다. 그러나 그분이 우주와 우주 속에 있는 법칙들—그중에는 비모순의 법칙도 포함된다—을 창조했다는 사실을 감안하면, 이 법칙들은 피조물에게 정말로 가능한 것과 불가능한 것의 경계를 설정한다. 그리고 이 법칙들은 피조물의 한계를 설정할 뿐만 아니라 이성적 피조물이 생각할 수 있는 것에도 한계를 설정해 준다.

따라서 이 견해에 따르면, 하나님이 창조한 이 세계에서는 1+1이 8이 된다거나 삼각형이 다섯 면을 갖는 것은 가능하지 않은 것이다. 피조물들(즉, 창조된 피조물의 속성들)과 숫자들과 삼각형들은 하나님이 창조세계에 내장한 법칙들의 지배를 받으며 존재하고 있다. 그러므로 하나님이 그런 법칙들을 창조했다는 사실에서 나오는 것으로 추정된 그런 부조리한 일은 실제로 나오지 않는다. 창조세계에 대한 하나님의 주권이 만일 그가 그런 법칙들을 폐지할 수 있다는 것을 의미한다고 응답한다면, 이에 대한 답변은 물론 그럴 수 있다는 것이다(여기서 "그럴 수 있다"는 말의 뜻은 주 52를 참고하라). 그런데 만일 양의 법칙과 공간의 법칙이 폐지된다면, **우리가 알고 있는 숫자나 삼각형 같은 것은 아예 존재하지 않을 것이다.** 그 잘못된 딜레마는 이 점을 무시하고 있다. 사실은 물체들이 현재와 같은 상태를 지니는 것은 그들이 복종하는 법칙들 때문인데도 불구하고, 그 딜레마는 설사 그런 법칙들이 폐지된다고 해도 물체들이 현재 상태를 유지할 것으로 가정하고 있다. 그런즉 하나님이 창조세계에 심어 놓은 법칙들 중 하나가 비모순의 법칙임을 감안하면, 그것은 (그리고 다른 법칙들도) 변경될 수 없는 것이고, 동시에 만일 그런 변경이 일어난다면 우리가 현재 알고 있는 어떤 물체에도 적용될 수 있다는 것이다.[54]

내 답변의 이 부분은 아우구스티누스가 기적에 대해 취한 입장과 밀접한 관계가 있다. 하나님은 이 세계에서 우리가 설명하거나 되풀이할 수 없는 사건을 일으키려고 얼마든지 행할 수 있고 또 실제로 행한다고 그는 주장했다. 그러나 하나님은 창조세계에 법칙들을 제정했다가 결국 그것들을 위반하는 분은 아니라고 말했다. (우리가 앞에서 언급한 성경 텍스트, 곧 "이 땅이 존속하는 한" 창조세계의 질서와 규례들[법칙들]을 유지하겠다는 하나님의 약속을 상기해 보라.) 그러므로 기적을 창조세계의 법칙의 위반이 아니라 하나님의 능력의 발휘로 생각해야 하고, 그동안에도 하나님이 여전히 창조세계에 심어 놓은 법칙을 지탱하신다고 봐야 한다.[55]

그런데 비록 필연적 진리들이 피조물에게는 유효하지만, C/R 견해는 그 진리들이 하나님에게는 유효하지 않다고 말하는 것이 아닌가? 하나님의 창조되지 않은 초월적 존재는 모든 법칙의 창조자인즉―비모순의 법칙까지 포함한―그 법칙들의 지배를 받지 않는 것이 아닌가? 그리고 그것은 하나님은 존재하는 동시에 존재하지 않을 수 있고, 하나님은 그가 존재하지 않는다는 것을 알 수 있고, 또는 하나님은 아무것도 모르면서도 전지할 수 있다는 것을 의미하지 않는가?

이에 대한 답변은 그렇지 않다는 것이다. 즉, 그 가운데 어느 것도 의미하지 않는다는 것이다. 하나님의 초월적 존재는 비모순의 법칙뿐만 아니라 다른 모든 법칙들의 영역을 초월해 있는데, **바로 이 때문에 이 주장으로부터 모순된 결과가 나오지 않는 것이다.** 하나님이 법칙을 초월한다는 것은 하나님이 법칙을 위반하는 것과 같지 않다. 법칙이란 것은 그것이 적용되는 어떤 것에 의해서만 위반될 수 있기 때문이다. 그런즉 피조물은 비모순의 법칙에 종속되기 때문에 그것을 위반할 수 있는 데 비해, 하나님의 초월적 존재는 그 법칙의 저촉을 받지 않기 때문에 그것을 위반할 수가 없다. 비유를 들어보겠다. 어떤 것이든 적당한 영양분과 물과 맑은 공기를 섭취하지 않는 한 건강할 수 없다는 것을 하나의 법칙이라고 가정하자. 우리 집 정원에 있는 바위는 이 법칙을 위반하는가? 분명히 그렇지 않다. 그 법칙은 바위에 적용되지 않는다. 내가 현재 말하고 있는 바는, 적응되지 않은 하나님의 존재와 하나님이 창조세계에 제정한 법칙의 관계도 그와 비슷하다는 것이다. 하지만 적용된 하나님의 본성은 창조의 법칙들에 종속된다는 점을 염두에 두길 바란다. 이것이 하나님이 우리에게 맞춰진다는 것의 일부이기 때문이다. 그러므로 하나님은 "기꺼이 스스로를 나타내기로 한 그 본성"과 관련해서는 논리적으로 일관성이 있는 것이다(나타난 그분의 존재, 즉 다른 모든 것으로부터 구별되고 그 자신과 동일하다는 의미에서의 존재를 포함하여). 오직 그분의 무조건적 존재만이 모든 법칙을 초월하되 우리가 생각할 수 없는 방식으로 그러하다는 것이다. 바로 그 존재는 비모순의 법칙을 복종하지도 않고 또 위반하지도 않는다는 뜻이다.

누군가 나서서 논리의 법칙에 종속되지 않는 것은 존재할 가능성이 없다고 반론을 제기한다면, 이것은 우리가 존재하지 않는 것은 생각할 수 없다는 사실로 인해 정당화될 수 없다는 점을 주목하라. 내가 앞에서 말했듯이, 논리의 법칙(그리고 다른 법칙들)은 우리의 사고 작용을 완전히 지배하고 있어서 우리로서는 그 법칙들에 종속되지 않는 것에 대한 개념이나 관념은 도무지 형성할 수 없다. 그러나 우리가 그런 것을 생각할 수 없다는 사실로부터 그런 것이 존재할 수 없다는 결과가 따라오지는 않는다. 이런 주장은 마치 우리의 그물이 잡을 수 없는 것은 물고기가 아니라는 독단적 주장과 다를 바가 없다. 말하자면, 우리가 그 법칙을 초월할 수 없으므로 다른 어떤 것도 마찬가지라고 내세우는 꼴이다. 하지만 논리적 법칙들을 (적어도 부분적으로나마) 모든 것의 신적 근원으로 간주한다면, 논리적 법칙에 종속되지 않는 것은 전혀 존재할 수 없다는 주장이 타당해진다. 바로 이런 이유 때문에 모든 유신론자는 그런 주장을 배격해야 마땅한 것이다.

넷째 반론

그러면 우리의 언어를 하나님에게 적용하는 문제는 어떤가? C/R 견해는 피조물은 하나님이 소유한 창조되지 않은 완전성을 적은 정도로 갖고 있다는 AAA 명제를 거부하는데, 그렇다면 우리의 언어가 하나님에 관한 진실을 말할 수 있다는 것은 어떻게 설명할 수 있겠는가?

지금쯤이면 이 반론에 대한 답변이 자명해졌을 것으로 생각한다. C/R 견해에 따르면 하나님은 그 자신을 우리의 경험과 언어에 적응시키셨다. 하나님이 영감을 불어넣어 우리에게 주신 언어적 계시는 바로 그 적응 때문에 하나님에 관한 진실을 말하고 있는 것이다. 이것이 가능한 이유는 성경의 언어가 유추적이거나 신인동형적이기 때문이 아니라(물론 이따금 그렇기는 하지만) **하나님이 스스로를 의인화시켰기** 때문이다. 하나님에 관한 성경의 언어는 따라서 평범한 언어이다. 그래서 우리는 정교한 유추론이 없이도 그 언어의 진실성 여부를 설명할 수 있다. 물론 하나님의 능력과 사랑, 자비와 정의 등은 우리 인간이 소유하거나 완전히 이해할 수 있는 수준을 뛰어넘는 것이 사실이다. 그러나 하나님이 그런 특성들을 우리가 전혀 알 수 없을 만큼 무한한 정도로 갖고 있다고 추정할 필요는 없다. 이런 특성들의 뜻에 관한 한, 우리가 능력, 사랑, 자비, 정의 등과 같은 말을 쓸 때의 뜻과 동일하다. 하나님은 스스로 이런 (창조된) 특성들을 취했고, 그것들이 현재 그리고 영원히 그 자신을 나타내는 본성이 되는 것을 기뻐하셨던 것이다. 그 결과, 이 용어들은 피조물 속에 있는 것과 똑같은 그분 속의 특성을 지칭하게 되었다.[56]

이렇게 말한다고 해서 하나님이 이런 속성을 소유하는 방식과 피조물이 소유하는 방식 사이에 차이점이 전혀 없다는 뜻은 아니다. 우리는 이미 그런 차이점 중의 하나를 다루었다. 다름 아니라, 하나님이 이 모든 속성을 소유하는 정도는 피조물이 도무지 복제할 수 없는 수준이란 점이다(피조물이 아는 것은 불가능하진 않지만). 또 다른 차이점은, 하나님은 틀림없이 선하고 정의롭고 지혜로운 데 비해 우리는 그렇지 않다는 것이다. 이 밖에 다른 차이점들도 있다. 그중의 하나는 하나님이 스스로 취한 그 특성들을 소유한 것으로 계시하되 어느 한계 내에서 그리고 피조물이 모방할 수 없는 잘 결합된 모양으로 계시한다는 점이다. 예를 들어, 하나님은 언약이 설정한 한계 내에서 인간들에게 선한 관계 안에 계신 것이지 최대한 많은 사람들에게 최대로 선한 존재가 되겠다고 약속한 적이 없다. 만일 이런 약속을 했다면 어느 한 사람의 삶에 약간의 실망만 생겨도 그 약속은 그릇된 것으로 반증되고 말 것이다. 하나님은 우리에게 사랑과 용서와 영원한 생명을 약속했음에도 불구하고, 이생에서 부당한 고통이 전혀 없을 것이라고 약속한 적이 한 번도 없다. 따라서 만일 하나님이 정말로 선하다면 그분의 선은 이 세상의 모든 부당한 고통을 미리 배제시켜야 한다고 주장하는 것은 터무니없는 소리다. 그와 반대로, 성경은 하나님이 부당한 고통을 알고 또 허용할 뿐 아니라 나중에 친히 보상할 분임을 보여 준다. 다시금 하나님의 선은 그리스 철학의 완전성이 아니라 언약적인 약속이란 것을 알 수 있다. 달리 말해서, 성경이 묘사하는 하나님의 선하심은 모든 사람 하나하나와 모든 환경에 베풀어져서 모든 경우에 최대의 행복을 초래해야 하고 그렇지 않으면 선하지 않은 것으로 치부되는 그런 것이 아니다. 오히려 성경의 저자들이 우리를 향한 하나님의 선하심에 놀라는 것은 우리에게 너무도 과분한 것이기 때문이지, 선행하는 독립적인 선의 표준에 하나님이 반드시 들어맞기 때문에 생기는 결과가 아니다. 그러므로 하나님의 선하심은 언제나 선행(先行)하는 의무를 짊어지지 않는, 절대적이고 궁극적인 실재의 편에서 베푸는 순전한 은혜의 문제로 묘사되어 있는 것이다. (이것이 예컨대 욥기 전체의 요점이고, 각주 50에 나오는 루터의 인용문이 훌륭하게 진술하고 있는 것이다.)

  하나님에 관한 언어에 대한 이 견해는 하나님의 본성을 다룰 때 지극히 조심하도록 충고하고 또 적응되지 않은 하나님의 존재에 관한 모든 억측을 차단시키는 점에서 C/R 견해의 나머지 부분과도 잘 들어맞는다. 우리는 결코 계시된 하나님의 본성 "배후"로 돌아가서 칼뱅이 말한 대로 "드러나지 않은 하나님의 본질"을 엿볼 수는 없는 법이다. 이렇게 하려는 것을 칼뱅은 "음란한 호기심"이라고 비난했다. 하나님은 모든 창조 법칙들의 창조자이기에, 우리가 그 가운데 어느 것을 이용하여 합리적 형이상학이나 신학으로 그분의 창조되지 않은 존재에 대한 설명을 정립할 수는 없는 노릇이다.[57] 그리고 변치 않는 하나님의 적응된 본성도 우리가 계시로만 알 수 있으므로, C/R 견해는 우리에게 가능한 한 하나님이 스스로에 관해 계시한 내용에 국한할 것으로 요구한다. 물론 계시된 내용에서 어느 정도 추론하는 일은 불가피하지만, 대체로 우리는 앞서 인용했던 칼뱅의 충고—"우리는 우리의 지침이 되는 성경의 내용을 벗어나서 하나님에 관해 생각하거나 말해서는 절대로 안 된다"—를 따르도록 노력할 필요가 있다.

그러므로 이 견해에 따르면, 어떤 용어를 하나님께 적용할 때와 피조물에게 적용할 때의 의미상의 주요 차이점을 그 용어의 뜻에서 찾으면 안 된다. 오히려 그 용어의 중요성에서 찾을 필요가 있다. 우리에게 사랑을 베풀거나 분노를 발하는 분이 바로 하나님, 곧 초월적인 창조주라는 사실이 "사랑"이나 "분노"라는 용어에 가장 중요한 차이점을 가져다주는 것이다. 그리고 이 차이점이 그런 용어들을 하나님에게 사용할 때 생기는 독특한 신앙적 의미를 생성한다. 이 차이점을 유추적인 것이라 부를 수도 있지만, 그것은 전통적인 AAA 견해와는 아주 다른 종류의 유추일 것이다. AAA 견해는 그 차이점이 동일한 속성의 무한한 정도와 유한한 정도 사이에 존재한다고 본다. 반면에 내가 주장하는 견해에 따르면, 그것은 의미상의 동일성을 보존하면서 중요성과 결과에서의 차이점을 유지하는 하나의 유추에 해당한다. 이런 식으로 이해하면, 신앙적 담론의 세계가 다른 양상 중심의 담론들의 세계와 근본적인 차이가 없는 것은 그런 담론들 사이에 그런 차이가 없는 것과 같다. 예를 들면, "좋다"는 용어를 예술에 적용할 때와 그것을 법률에 적용할 때는 서로 의미상의 차이가 있다. 그리고 우리가 아무 어려움 없이 그 차이점을 인식하는 것은 각각 심미적 담론의 세계와 사법적 담론의 세계에 속해 있기 때문이다. 마찬가지로 신앙적 담론의 세계라는 것도 존재하는데, 거기서는 용어들이 무조건 믿을 만한 것(신적 존재)에 부여될 때마다 추가적인 의미를 습득하게 된다.

이 반론에 대한 나의 답변을 요약하면 이렇다. C/R 견해는 신앙적 언어가 어떻게 하나님에 관한 진실을 표현할 수 있는지를 설명할 수 있다는 것. 먼저 이 견해는 계시된 하나님의 속성들을 하나님의 뜻에 따른 것(창조된c 것)으로 보기 때문에 하나님의 자존성에 대한 위협거리가 존재하지 않는다. 동일한 이유로, 하나님이 아닌 모든 것이 지닌 피조물의 지위를 타협하지도 않는다. 달리 말하면, 그 모든 것이 하나님과 창조되지c 않은 속성들을 공유한다고 주장함으로써 그것들을 부분적으로 신적 존재로 삼지 않는다는 뜻이다. 끝으로, 어떤 용어들을 하나님의 속성을 지칭하는 데 사용할 때 생기는 의미상의 차이점을 설명하려고 굳이 유추론을 비롯한 정교한 이론들을 거론할 필요가 없다. 성경이 하나님께 부여하는 속성들의 의미는 우리가 보통 사용하는 뜻과 동일하되 구체적인 한계 내에서 그러하고, 그 대상이 우주의 창조주이기 때문에 생기는 추가적인 의미를 지닌다는 점을 유념하면 된다. 이 때문에 그 용어들은 추가적인 신앙적 의미를 지니는 것이며, 이는 우리의 영원한 운명을 좌우하는 의미심장한 뜻을 내포하고 있다.[58]

이로써 환원을 이론을 위한 전략으로 삼는 하나님 이해에 대한 나의 종교적 비판을 마감한다. 이것이 너무나 많은 유신론자들이 이제까지 그 전략을 보유한 주된 까닭이고, 고대 그리스 철학에서 유래한 이방적인 가정들의 침투를 받아 이미 타협의 길로 들어선 하나님에 대한 견해이다. 이와 대조적으로, 나는 그런 가정들을 피하고 하나님의 자존성과 일관된 하나님 및 하나님에 관한 언어에 대한 대안적인 견해를 제시했다.

10.7 결론

환원에 대한 철학적 비판은 우리의 경험에서 추출된 어떤 속성과 법칙에 무조건적 존재성을 부여하면 그 의미가 우리의 정신 앞에서 증발하고 만다는 것을 보여 주었다. 다른 한편, 종교적 비판은 그와 같은 재난이 초월적인 창조주의 관념에는 닥치지 않는 이유를 보여 주었다. 우리가 일상에서 하나님의 말씀과 우리와의 지속적 관계를 통해 하나님을 만날 때, 하나님의 행동과 관계는 또한 우리가 추출할 수 있는 속성들을 갖고 있다. 그러나 그 속성들 중 어느 것도 무조건적인 존재성을 가진 것으로 간주되지 않기 때문에, 우주의 양상들을 신격화하는 이교적 입장과는 달리 그런 개념들이나 관념들은 우리의 사고 실험의 희생자로 전락하지 않는다. 오직 하나님의 초월적 존재만이 무조건적인 실재를 갖고 있고, 이는 이론적 정당화를 필요로 하는 하나의 가설이 아니고 또 그런 정당화가 가능하지도 않다. 그런 존재에 대한 우리의 제한적 관념은 우리가 그에 관해 생각할 때마다 증발하지 않는다. 이 관념은 내용이 결여되어 있기 때문에 사고 실험을 통과할 수 있게 되는 것이다. 달리 표현하자면, 무조건적 실재에 관한 제한적 관념은 세계의 어느 양상에 관한 관념과 결합할 때 그 결합체가 증발하도록 만들고, 이는 온전한 의미의 하나님의 속성들과 동일시될 수 없는 것이다. 그런즉 하나님의 무조건적 존재성에 대한 우리의 관념과 그분의 속성들에 대한 관념은 모두 스스로를 상쇄시키지 않는다.

결론적으로, 환원적 주장들은 원칙적으로 정당화될 수 없고, 환원은 이론들을 설명적 의미의 막다른 골목으로 치닫게 할 뿐이다. 그리고 이론을 위한 전략으로서의 환원은 창조 및 하나님의 자존성의 교리와 일관성이 있는 하나님 이해가 지지할 수 없는 것이다. 따라서 우리는 이제 완전히 비환원주의적인 실재론, 곧 오직 하나님만이 자존한다는 믿음의 지도를 받는 그런 이론이 과연 어떤 모습인지를 조사할 차례가 되었다.

PART 4

비환원주의 이론

NON-REDUCTIONIST THEORIES

THE MYTH
OF RELIGIOUS NEUTRALITY

11장 비환원주의 실재론

11.1 비환원주의 이론 프로젝트

6장에서 나는 철저한 성경적 입장과 근본주의 입장을 구별했다. 어느 의미에서 근본주의적 주장은 너무 강하다고 말하면서 그 이유는 성경을 마치 온갖 주제에 관한 계시된 진리들을 담고 있는 백과사전처럼 생각하기 때문이라고 했다. 그 입장에 의하면, 하나님의 말씀은 길을 비추는 빛이 아니라 그 길 자체이다. 바로 이런 백과사전적인 가정(假定)으로 말미암아, 근본주의자들은 이론이 하나님에 대한 믿음의 영향을 받는 길은 신학에 의해 성경에서 추정되거나 추론된 진리들로부터 유래한 가설 또는 확증된 가설을 갖는 것이라고 생각했다. 이 프로그램에 반대하여, 나는 성경이 백과사전이 아니고 대다수 자연과학 이론을 위해 내용을 제공하거나 비준의 역할을 할 수 있는 것은 거의 말하지 않는다고 주장했다. 물론 인간 본성, 사회, 윤리에 관한 이론에 포함되어야 할 구체적인 가르침은 담고 있지만 말이다. 그와 대조적으로, 종교적 믿음이 이론에 미치는 가장 중요한 영향은 그보다 덜 직접적이고 더 폭넓은 성격을 갖고 있다고 내가 주장했다. 말하자면, 이런저런 종교적 믿음은 언제나 철학과 과학 분야에서 이론 구성을 지도하는 규제적 가설의 역할을 한다는 것이다. 이 지도는 두 가지 단계를 거쳐서 일어난다고 주장했다. 종교적 믿음은 어느 관점의 실재관에게 한계를 설정해 주고, 이는 가설적인 실체들에 부여된 본질이 수용 가능하게 보이게끔 일정한 범위를 정해 준다고 했다. 따라서 하나님에 대한 믿음은, 비록 성경이 그 이론 분야에 적절한 다른 구체적인 가르침은 제공하지 않더라도, 이론 구성을 규제할 수 있는 것이다.

이와 동시에 나는 근본주의 입장이 또 다른 의미에선 너무 약하다고 주장했다. 왜냐하면 이론에 미치는 종교적 믿음의 영향을 설사 없어도 무방한 것으로 간주하기 때문이다. 이에 반대하여 나는 어떤 이론이라도 이런저런 종교적 믿음의 규제에서 결코 자유로울 수 없다는 주장을 폈다.

그리고 중간에 나오는 여러 장에서는 종교적 가설들이 실재론을 통해 그 통제력을 과학이론에 미친다는 것을 보여 주는 많은 예를 살펴보았다. 각 경우에 샘플 이론들은 모두 모종의 비성경적인(이교적인) 믿음의 통제를 받았다. 하지만 아직까지 성경적인 하나님 개념을 전제로 삼을 경우 이론이 어떻게 달라질 수 있는지를 보여 주는 샘플은 소개하지 않았다. 그렇지만 우리가 검토한 예들은 종교적 가설이 어떻게 영향력을 행사하는지를 보여 준 만큼, 이는 비성경적인 종교적 믿음 대신에 하나님에 대한 믿음을 전제로 삼을 경우 이론에 어떤 영향을 미칠지를 예상하도록 길을 예비해 준 셈이다.

종교적 가설이 과학이론에 영향력을 행사하는 일은 실재론을 통해 일어난다는 것을 알았으므로, 이번 장을 실재에 관한 이론으로 시작하는 것이 당연하다.[1] 그러나 내가 곧바로 덧붙일 것은, 이번 장에 따라오는 장들은 유신론적인 수학 이론과 물리학 이론과 심리학 이론을 개발하지는 않을 것이라는 점이다. 말하자면, 그 장들이 사례집이라 부른 장들과 병행하는 내용을 담게 되지는 않을 것이란 뜻이다. 두 가지 이유 때문이다. 첫째, 내가 그런 작업을 할 만한 전문가가 아니고, 둘째, 우리가 검토할 실재론은 한 장만으론 제대로 설명할 수 없고, 그 가설과 결과를 명확히 하려면 그 이론을 다양한 이슈들에 적용함으로써 충분히 개진해야 하기 때문이다. 그리고 대다수 독자들이 그 이론을 명확히 이해하도록 도모하려면 수학이나 물리학이나 심리학의 이슈들보다는 사회이론과 정치이론의 이슈들을 다루는 편이 나을 것이라고 나는 생각한다. 그러므로 이번 장은 하나님만이 유일한 신이란 전제를 깔고 있는 실재론의 청사진을 제시하고,

다음 두 장은 그 청사진을 먼저 사회에 관한 일반이론에 적용한 뒤에 보다 구체적으로 사회적 제도의 하나인 국가에 관한 이론에 적용하게 될 것이다.

이런 이유로 이 장들은 순서대로 읽는 것이 매우 중요하다. 이 점을 강조하는 것은 새로운 실재론을 대하는 일이 많은 독자에게 낯설고도 어려운 프로젝트가 될 것으로 예상되기 때문이다. 그래서 그들은 이번 장을 건너뛰고 좀 더 친숙하고 흥미로워 보이는 사회나 정치에 관한 장으로 넘어가고 싶은 유혹을 느낄 것이다. 그러나 사회이론과 정치이론의 지침이 되는 유신론적 실재론이 없이는 왜 그런 이론들을 유신론의 열매로 간주해야 하는지 그 이유를 알기 어려울 것이다. 그런 실재론이 없다면 그 속에서 독특한 성경적 이론을 정립할 수 있는 지적인 비계 또한 존재하지 않을 것이다. 게다가, 그토록 많은 유대인, 그리스도인, 무슬림 사상가들의 노력이 진정한 유신론적 이론들을 생산하지 못한 채 그저 하나님에 대한 믿음을 덧붙여 놓은, 본질적으로 이교적 이론들을 변호하게 되는 것으로 끝나는 주된 이유가 바로 그런 비계의 결여이기 때문이다. 그래서 우리가 수행할 작업은 실재론 프로젝트를 완전히 개조하되 그것이 제기하는 질문들과 그에 대한 답변들과 관련해서 그렇게 하는 것이다. 이런 이유로, 이제 내가 개관할 이론을 건너뛰게 되면 나중에 소개될 이론들의 주요 논점과 그것들을 추천하는 이유에 대해 전혀 모르게 될 것이다. 그뿐만 아니라, 이미 내가 말했듯이, 왜 그 이론들이 독특한 유신론적 이론들인지도 결코 명확하게 드러나지 않을 것이다.[2]

진도를 더 나가기 전에 이교적인 이론 구성에는 없지만 이 프로젝트가 봉착하는 몇 가지 특별한 어려움을 주목할 필요가 있다. 첫째, 이교적 믿음의 지도 아래 이론을 구성하는 사상가는 자신이 가진 전제의 종교적 특성을 인식하지 못할 뿐 아니라 그 전제의 내용도 전혀 인식하지 못할 수 있다. 이런 식으로 이교적인 믿음은 무의식적으로 품을 수 있을 뿐 아니라 그런 가운데서도 여전히 이론 구성을 지도할 수 있다. (이것은 물론 사례집을 다룬 장들에서 살펴본 이론들에서 일어난 현상은 아니다. 그 사상가들은 그들의 이론을 지도한 기본 전제들에 대해 아주 분명했고, 일부는 그 전제들의 종교적 특성을 인정하기까지 했다.) 여기서 나의 논점은 이렇다. 심지어는 무의식적으로 품은 이교적 신앙의 지도 아래서도 이론이 생산될 수 있지만, 유대인이나 그리스도인이나 무슬림 사상가의 경우에는 하나님에 대한 믿음의 통제와 지도를 받는 이론을 생산하려면 무의식적인 지도 이상의 것이 필요하다는 점이다. 이 프로젝트는 의식적인 노력이 필요할 뿐 아니라 가장 유능한 사상가의 성실한 노력조차 성공을 완전히 보장할 수는 없다. 적어도 다음 세 가지 이유 때문에 그렇다.

첫째, 하나님을 믿는 사람들이 신앙을 갖게 되는 독특한 방식 때문이다. 성경의 저자들에 따르면, 신앙은 두 가지 요소가 결합하여 생기는데, 하나는 하나님의 자기 계시와의 접촉이고, 다른 하나는 사람으로 그 계시의 진실성을 볼 수 있게 해 주는 하나님의 은총의 작용이다. 성경은 곳곳에서 이 특별 은총이 필요하다고 말하는데, 왜냐하면 하나님이 아닌 어떤 것을 신적 존재로 간주하고 싶은 인간의 타고난 성향을 극복해야 하기 때문이다. (이 성향이야말로 기독교가 말하는 "원죄" 교리의 진정한 뜻이다.) 그러므로 사람들이 무의식적으로 피조물의 전부 또는 일부를 신으로 간주할 수는 있지만, 아무도 무의식적으로 초월적인 창조주에 대한 신앙을 가질 수는 없다.

둘째, 그 죄스러운 성향의 후유증으로 인해 비성경적인 믿음과 태도의 영향을 저지하다 보면 아주 헌신적인 신자의 내면에서도 몸부림이 일어나기 때문이다. 성경적 전통에 속한 가장 위대한 인물들도 그런 몸부림을 경험했던 만큼 그들을 흠모하는 우리 역시 그런 몸부림을 피할 수 없을 것이다. 그런즉 우리의 종교적 연약함 때문에 개인적 태도와 행실이 신앙에 의해 채색되고 좌우되도록 하는 데도 의식적인 몸부림이 필요한 것과 마찬가지로, 그 신앙의 영향력을 이론 구성과 이론 평가와 이론 개혁의 작업에까지 미치게 하려면 몸부림이 따를 수밖에 없는 것이다.

끝으로, 하나님에 대한 믿음에 기초해 이론을 창안하거나 개혁하는 일이 더욱 어려워진 것은 유신론자들이 이교적인 환원 전략을 보존하려고 애쓴 오랜 전통 때문이다. 사실 이 견해가 유신론적 이론가들 사이에 너무나 오랫동안 군림하고 있었기 때문에 그로 인한 사고의 습관을 흔드는 일은 매우 어렵다. 그 견해가 부적절하다는 것을 깨닫게 된 사람들도 예외가 아니다.

철저한 유신론적 이론을 구성하는 데는 이런 내재적인 장애물과 전통적인 장애물이 모두 존재하기 때문에, 이 과업을 시도하는 사람들은 아무리 좋은 의도를 품어도 그들의 노력이 심히 부족한 것으로 드러날 수 있음을 뼈저리게 느끼지 않을 수 없다. 따라서 이번 장과 다음 두 장이 마치 성경적인 관점을 완벽하게 또는 결정적으로 반영한다고 주장하는 것처럼 오해해서는 안 된다. 또한 아주 순수하게 그 관점을 포착한다고 주장하지도 않는다. 그뿐만 아니라, 성경적 관점에서 개발될 수 있는 유일한 가설을 발견했다고 주장하는 것은 더욱 아니다. 오히려 여기서 제시할 이론들은 성경적 관점의 지도를 받아 그 관점 자체를 부각시키려는 하나의 시도일 뿐이다.

이 마지막 사항은 몇 가지 중요한 결과를 낳는다. 가장 자명한 것은 어느 특정한 이론적 질문과 관련하여 하나님에 대한 믿음을 전제로 삼는 여러 가설들이 있을 수 있다는 점이다. 그래서 어느 가설이 우리 신앙의 지도를 제대로 받는다 하더라도 여전히 틀릴 수 있는 것이다. 달리 말하면, 우리가 설명적인 추정 작업을 시작할 때 성경적 사고방식의 범위와 방향 내에 있다 하더라도, 여전히 우리가 가정하는 실체나 단기적 관점의 가설 면에서 틀릴 수도 있다는 뜻이다. 다른 한편, 불신자들은 거짓 신을 전제로 하는 관점에서 이론을 구성하더라도 정확한 주장을 개진할 수도 있다. 따라서 우리는 언제나 그런 이론들로부터 배우려는 열린 자세를 취해야 한다. 물론 동시에 그런 이론들을 유신론적 관점에서 재해석하려고 노력해야 마땅하지만 말이다. 그러므로 하나님을 믿는 신자들이 어느 이론이 비성경적인 신앙을 전제로 삼는다고 해서 그것을 통째로 배격하는 일은 커다란 잘못이다. 예를 들어, 우리는 원자론 전체가 유물론자들의 옹호를 받아왔다는 이유로 그것을 통째로 거부하고 그것을 대치할 만한 것을 찾을 필요는 없다. 그러나 어떤 가설이 잘못된 종교적 믿음의 통제를 받고 있더라도 여전히 중요한 면에서 옳을 수 있고, 실재에 대한 잘못된 관점은 반드시 그 제안의 성격을 왜곡하거나 부분적으로 틀린 것임을 입증하게 될 것이다. 그런즉 우리의 입장은 이러하다. 성경의 통제를 받는 존재자 가설과 비유신론적인 존재자 가설 모두 완전히 틀린 것으로 판명될 수 있는 한편, 비유신론적인 모든 가설은 결코 완전히 옳을 수는 없다는 것이다. 따라서 이론에 대한 철저한 유신론적 접근은 모든 과학에 대해 완전히 새로운 가설적 존재자들을 만들도록 요구하진 않지만, 우리에게 유신론적(즉, 비환원주의적) 관점을 반영하는 방식으로 모든 가설적 존재자들의 본질에 대한 개념을 재고하고 다시 형성할 것을 분명히 요구한다.

여러분에게 경고하고 싶은 것이 있다. 그런 독특한 성경적 사고방식으로 실재론을 재고하게 되면 결국 아주 새로운 가설로 귀결될 것이라는 점이다. 그런 가설 중 다수는 과거에 유신론자들이 실재론에 관해 생각했던 것에 비해 무척 이상하게 들릴 것이다. 우리 모두 동일한 하나님에 대한 믿음을 공유하고 있음에도 그럴 것이다. 이런 일이 일어날 때, 나로서는 동료 신자들에게 환원주의 이론을 각색하는 전통의 영향을 받지 않도록 제발 거리를 두라고 호소할 수 있을 뿐이다. 아무리 어렵다고 해도 우리의 이론에서 이교적 요소를 제거하는 일은 모든 유신론자의 의무라고 할 수 있다. 그렇지 않으면 하나님의 창조세계에 관한 이론 구성을, 이 세계를 하나님의 창조물이 아니라고 전제하는 사람들에게 넘겨 줄 수밖에 없다. 그런즉 우리의 과업은 하나님에 대한 신앙의 지도를 받는 이론을 개발하는 일이다. 우리의 신앙에 신임장을 제공하기 위해 이론화 작업을 하는 것은 아니고, "신앙을 위한 여지를 남겨 놓기" 위해 이론화하는 것은 더더욱 아니다. 이론에 의해 지적인 모양새를 갖출 필요가 있는 것은 하나님에 대한 우리의 믿음이 아니다. 오히려 우리의 이론들이 우리의 신앙을 동인과 지침으로 삼음으로써 종교적으로 수용할 만한 것이 될 필요가 있는 것이다.

11.2 몇 가지 지도원리

환원 전략의 강한 형태와 약한 형태에 종교적 믿음이 깊이 개입하고 있나는 사실은 이미 입증되었다. 그리고 각 형태가 어떻게 다른 모든 양상들을 (실재의 본질로 삼는) 한두 가지 양상으로 환원시킴으로써 실재의 본질을 파악하려고 애쓰는지 살펴보았다. 이 전략의 핵심 아이디어는 우주의 본질을 독자적인 양상(들), 곧 다른 모든 양상의 존재가 의존해 있는 그 양상(들)을 밝힘으로써 발견할 수 있다는 것이다. 그렇기 때문에 사물의 본질을 설명할 목적으로 환원 전략을 사용하게 되면 이교에 대한 헌신이 불가피해진다.

이는 창조세계의 어느 양상(들)에 신성을 부여하기 때문에 성경적인 하나님 교리, 즉 하나님을 그 자신이 아닌 모든 것을 창조한 유일한 창조자요 지탱자로 보는 그 교리와 정면으로 충돌한다. 그런 지위를 하나님이 아닌 다른 것에 부여하는 이론은 모두 그릇되고 우상숭배적인 것이다. 그러므로 이 점이야말로 진정한 유신론적 관점에 필요한 첫 번째 지도원리가 되어야 한다고 나는 주장한다. 이는 다름 아니라 지난 장에서 변호한 바 있는 **범창조의 원리**(principle of pancreation)이다. 즉, **하나님이 아닌 모든 것은 그의 창조물이고, 창조세계 속이나 주변에 있는 어떤 것, 또는 창조세계에 해당하는 어떤 것도 자존하는 것은 없다는 원리다.**

그런데 이 원리만으로는 성경적 관점을 차별화시키기에 충분하지 않다. 이를 수용하는 이론들이 그럼에도 창조세계의 일부 양상(들)이 다른 모든 양상의 존재를 생성하는 것으로 간주하는 경우가 적지 않기 때문이다. 그래서 보편적 창조의 원리가 이렇게 왜곡되지 않게 보호하려면 두 번째 원리, 곧 **환원불가능성의 원리**(principle of irreducibility)가 필요하다. **창조세계의 어떤 양상이든지 유일하게 진정한 양상으로 간주하면 안 되고, 다른 양상들의 존재를 가능하게 또는 실존하게 만드는 것으로 간주해서도 안 된다는 원리다.** 이 원리는, 모든 창조물은 직접 그리고 똑같이 하나님에게 의존하고 있는 만큼 모든 진정한 양상들(이 양상들을 어떻게 열거하든지 상관없이)은 똑같이 실재하고 있다는 성경적 견해를 반영하고 있다. 이 원리는, 보편적 창조론과 더불어, 보다 철저한 유신론적 관점을 뚜렷하게 보여 주는 역할을 한다. 말하자면, 이 원리는 환원 전략을 사용하는 이론들의 내용에서 반대할 만한 요소를 배격하는 소위 절충주의를 취하지 않고 환원주의 전략 자체를 완전히 포기하도록 요구함으로써, 하나님에 대한 믿음이 우리 이론들에 깊이 스며들게 하고 또 그 이론들을 통제한다는 것을 보여 준다는 뜻이다.

그런데 환원 전략을 포기할 때 우리는 단지 실재의 근본 본질에 관한 질문에 다른 답변을 얻게 되는 것만은 아니다. 새로운 방식으로 그 질문 자체를 구성하는 것으로 귀결되기도 한다. 우리는 여전히 다양한 유형의 사물이 독특한 본질들을 갖고 있다는 우리의 경험을 설명해 줄 수 있는 이론을 원할 것이다. 하지만 전통적인 환원주의 이론들이 사용하는 "근본(basic)"이란 말의 의미에서 모든 것의 근본 본질을 찾으려고 하지는 않을 것이다. 그 대신 어느 한 양상이 다른 어떤 양상보다도 더 실재적이라든가, 어느 양상이 다른 양상을 생산한다는 주장은 부인할 것이다. 그런즉 사물이 **무엇인지**를 탐구할 때 이교적인 "근본"의 개념이 배제되는 것은 마치 사물이 **왜** 존재하는지를 탐구할 때 그 개념이 배제되는 것과 마찬가지다. 그 대신 우리는 이제 완전히 비환원주의적인 방식으로 이론들을 창안하든지 재해석해야만 한다.

이렇게 말한다고 해서, 우리의 일상 경험에서 특정한 유형의 사물들이 다른 양상들보다 어느 양상을 그 중심 특징으로 삼는 본질을 공유하는 듯 보이는 걸 부인하는 것은 아니다. 그러나 특정 유형의 사물들의 본질을 더 잘 보여 주는 특정한 양상에 초점을 맞춘다고 해서 반드시 환원주의 실재론을 취해야 하는 것은 아니다. 예컨대, 식물은 바위와 마찬가지로 물리적 속성들을 갖고 있지만, 식물은 살아 있고 바위는 그렇지 않다. 이와 같이 식물의 본질은 다른 어떤 양상보다도 생명적 양상을 그 핵심 특징으로 삼고 있다. 하지만 이는 다른 양상들이 생명적 양상으로 환원되어야 한다는 뜻은 아니다. 단지 생명적 양상의 법칙이 식물의 내부 조직과 발달을 지배하는 면에서 주도권을 쥐고 있을 뿐이다. 그래서 우리는 그 본질을 **살아 있는** 사물의 그것으로 특징지을 수 있을 것이다. 이런 식으로, 우리는 식물의 본질과 관련하여 생명적 양상을 "중심적인" 것으로 골라낼 수는 있지만, 그렇다고 식물이 생명적 속성들만을 갖고 있다거나 그 속성들이 다른 모든 속성이나 일부 속성을 생성한다고 생각할 필요는 없다.

이제 다음 단락에서 이런 비환원주의적 접근을 더욱 발전시킨다면, 그동안 이교적 전제들이 배제시킨 어떤 실재론을 향한 방향이 활짝 열리게 되리라. 사물의 본질을 찾을 때 만일 더 이상 다른 모든 양상들이 귀결되는 어떤 양상 또는 다른 모든 양상들을 생산하는 어떤 양상을 찾지 않는다면, 모든 것의 본질이 될 만한 한 가시 근본 양상이 존재할 필요는 없는 것이다. 창조된 실재에는 우리가 경험하는 사물들의 유형을 설명하는 데 필요한 만큼의 다양한 "본질들"이 있을 수 있다. 이게 사실이라면, 현대의 환원 이론들이 수행해 왔던 것처럼, 아주 다양한 유형의 사물들이 실은 동일한 근본 본질을 갖고 있음을 보여 주려고 이상할 정도로 기나긴 노력을 기울일 필요가 없을 것이다. 우리는 사물들 속에 있는 그 무엇이 그들의 본질과 그들의 실존을 설명해 주는지를 찾으려는 강박관념에서 해방됨으로써 그런 막다른 골목에서 벗어날 수 있을 것이다. 물론 하나님이 사물을 현재의 모습으로 만든다는 것을 안다고 해서 당장 우리의 손에 어떤 실재론이 생기는 것은 아니지만, 그것이 우주 속의 모든 것을 가능하게 또 실존하게 만드는 자존하는 신적 실재를 찾으려고 우주를 샅샅이 뒤지는 작업에서 우리를 해방시켜 주는 것은 사실이다.

11.3 법칙 이론의 틀

경험의 대상이자 과학이 탐구하는 물체들이 보여 주는 다양한 양상들은 여러 종류의 속성들일 뿐 아니라 여러 종류의 법칙들이기도 하다는 것을 이미 살펴보았다. 바로 이런 법칙들로 인해 각 양상은 그 속성들 사이에 존재하는 질서를 보여 주기 때문에 그 속성들이 공존 가능성, 상호 배타성, 또는 필연적 연결성 등의 관계를 맺고 있는 것으로 우리가 경험한다. 예를 들면, 모든 소듐 솔트가 노란 빛을 내며 탄다는 것은 물리적 양상의 법칙인 데 비해, 어떤 것도 둥근 동시에 네모날 수는 없다는 것은 공간적 양상의 법칙이다. 그런 질서가 없다면 우리가 알고 있는 이런 창조세계는 존재할 수 없고, 그런 질서를 표현하는 진술이 없다면 창조세계에 관한 설명 이론들이 존재할 수 없는 법이다. 그러므로 우리가 만드는 법칙 진술은 우주적 법칙-질서 안에 있는 특정한 연결고리의 근사치에 해당한다. 이 진술은, 특정한 조건 아래서, **필연적이기** 때문에 결코 위반될 수 없는 관계를 표현하는 것이다.

우리는 성경에서도 법 관념이 아주 두드러지게 나타난다는 것을 이미 살펴보았는데, 거기에 나오는 법은 사물에 질서를 제공한다는 의미 또한 갖고 있다. 이 용어가 가장 눈에 띄게 사용되는 곳은 물론 종교적-도덕적인 법에 관한 대목이다. 이 법은 하나님이 모세를 통하여 이스라엘과 맺은 언약에서 중심적 역할을 하고 있다. 하지만 우리가 살펴보았듯이, 성경은 또한 범우주적인 질서에 관해 말하며 창조의 질서("법도")는 하나님이 세우고 유지하신다고 말한다. 그리고 하나님의 언약적인 약속의 일환으로 그분이 신실하게 그 법들을 보존하실 것이라고 덧붙인다.

이런 성경의 진술들은 철학이나 과학의 전문 용어로 표현되어 있지 않고, 내가 "고도의 추상화"라고 부른 것도 내포하지 않는다. 하지만 그 진술들은 한 실재론을 고안하는 데 중요한 기여를 할 수 있는 한 가지 점을 강조한다. 그것은 유신론자들로 하여금 **그 아래에서 모든 피조물이 존재하고 또 기능하게 해 주는 법적인 틀의 관념**을 정교하게 다듬어서 실재론을 재고할 수 있도록 격려한다는 점이다. 성경은 이런 법칙들을 창조된 것으로 말하고 있으므로 우리가 그것을 하나님과 동일한 것으로 간주하면 안 된다. 그럼에도 불구하고, 그 법칙들은 하나님이 창조세계 속에 내장한 질서를 설명하는 데 필수 불가결하고, 창조세계는 그 법칙들의 규제를 받고 있다. 그렇다고 해서 법칙들이 행성이나 나무나 바다와 같은 물체라는 뜻은 아니고, 또한 (플라톤이 말하는 형상들이 그런 것처럼) 그 법칙들이 지배하는 사물들과 사건들로부터 분리된 채 존재한다는 뜻도 아니다. 오히려 "법칙"이란 말은 하나님이 창조세계에 심어 놓은 질서를 가리키는 용어이고, 우리의 이론은 창조된 실재의 독특한 법적 측면을 인정하는 것을 출발점으로 삼을 것이다. 그뿐만 아니라, 우리는 환원주의 전략을 버렸기 때문에 그 법적 측면이 단지 한두 가지 종류의 법칙으로 구성되어 있다거나, 한두 가지 종류가 다른 모든 것을 생성한다고 예상할 필요는 없을 것이다. 그 대신, 우리의 이론은 우리가 경험하는 온갖 종류의 질서를 포함할 수 있고, 그 모두를 똑같이 우주적인 법적 틀의 진정한 구성요소로 간주하게 된다.

우리가 이 접근을 취할 때 반드시 구별할 필요가 있는 여러 종(種)의 법칙들이 있다. 그중의 하나는 우리가 보통 "인과 법칙(causal laws)"[3]이라 부르는 것이고, 또 다른 하나는 내가 "양상 법칙(aspectual laws)"이라고 불러 온 것이며, 세 번째는 내가 앞으로 "유형 법칙(type law)"이라고 부르게 될 것이다. 지금까지 우리가 아주 열심히 경험의 양상들에 초점을 맞추었기 때문에, 이제는 동일한 양상에 속한 속성들 사이에 존재하는 법칙들과 함께 시작하고 유형 법칙은 나중에 다루도록 하자. 그리고 이제는 그 아이디어를 이용해 이론을 개발하려고 하는 만큼 그 구성원들을 명확히 하기 위해 우리의 잠정적인 양상

목록을 다시 복습하기로 하자.[4]

신앙적
윤리적
사법적
심미적
경제적
사회적
언어적
역사적
논리적
지각적
생명적
물리적
운동적
공간적
양적

내가 이 목록의 구성원을 지칭할 때 명사를 피한 것은 명사를 사용할 경우 이것들이 사물의 부류 내지는 집단인 것처럼 오해하게 만들 수 있기 때문이다. 그 대신 형용사를 사용함으로써 여기에 열거된 것이 우리가 경험하는 사물과 사건이 보여 주는 여러 종류의 속성들과 법칙들임을 강조한 것이다. 따라서 약간은 이상한 용어도 있고 또 친숙한 용어에 특별한 의미를 부여한 경우도 있으므로 그 가운데 몇 가지에 대해 간단하게 설명할 필요가 있겠다.

"양적(quantitative)"이란 용어는 "얼마나 많은" 사물인지를 가리키려고 사용된 것인 즉, 수의 영역(이에 관한 이론)을 언급하는 것이나 양을 계산하려고 고안한 추상적인 수학시스템을 언급하는 것으로 오해하면 안 된다. 어떤 동물들은 비록 계산 능력이 없어도 양에 대한 의식을 갖고 있다는 증거가 존재하고,[5] 내가 여기서 가리키는 것은 바로 그처럼 "얼마나 많은" 사물인지에 대한 직관적 인식이다. 수학이란 과학이 자신의 탐구 분야로 추출한 것은 바로 우리가 경험하는 사물의 양이다. 이 분야 내에서 수학은 추상적인 양의 속성을 더욱 추출해 내고, 이는 자연수 급수의 기초가 되고, 이로부터 더 추상적이고 복잡한 수학적 개념들이 쌓인다. 그래서 양을 계산할 때 그것들 사이에 유효한 법칙들을 만들어 다양한 방식으로 계산하는데, 이 방식들에 따라 다양한 수학의 분과들이 개발될 수 있는 것이다. 그런데 이 모든 것은 사물이 양을 갖고 있다는 우리의 직관적 인식에서 나오는 것이다.

"운동적(kinetic)"이란 용어는 사물의 운동, 공간에서의 움직임을 가리키는 데 사용된다. 많은 과학자는 이런 속성들과 법칙들을 물리적 양상 내에 포함시키지만 갈릴레오는 그렇게 하지 않았던 것 같고, 오늘날의 사상가 중 적어도 두 명이 그것을 별개의 양상이라고 설득력 있게 주장했다.[6]

"감각적(sensory)"이란 용어는 9장에서 설명한 방식으로 사용할 생각인데, 이는 지각(촉각, 미각, 시각, 후각, 청각)과 지각에 따른 느낌의 속성들과 법칙들을 두루 포괄한다. 이런 것들이 동일한 양상에 포함되는 것은 지각과 느낌이 인간과 동물이 감수성을 얻는 통로이기 때문이다.

"역사적(historical)"이란 용어 역시 친숙하긴 해도 약간의 설명이 필요하다. 너무도 많은 사람이 그것을 과거에 발생한 모든 것을 언급하는 단어로 생각하기 때문이다. 여기서는 그런 뜻이 아니다. 또한 역사가들이 이 용어를 사용하는 방식을 가리키는 것도 아니다. 과거에 발생한 모든 일이 역사적 중요성을 지니는 것은 아니기 때문이다. 역사가들의 관심사에 비추어 판단하자면, 역사적으로 중요한 것과 그렇지 않은 것 사이의 차이점은 인간 문화의 형성에 중요한 것과 그렇지 않은 것 사이의 차이점과 같은 듯하다. 역사는 문화를 형성하는 능력의 전달과 관계가 있다. 그래서 우리가 사용하는 "역사적"이란 말은 사실상 "문화적"이란 용어와 동일한 셈이다. 그리고 문화의 형성은 기존의 재료에서 새로운 것을 형성하는 능력에 기초해 있기 때문에, 일부 철학자는 이 양상을 지칭하는 말로 "기술적"이란 용어를 선호해 왔다. 따라서 어느 용어를 사용하든지 간에, 내가 방금 묘사한 대로 그것을 이해하는 것이 중요하다. 말하자면, 나는 인간이 자연 재료에서 새로운 것을 형성하는 기술적 능력이 낳은 모든 산물을 문화적(역사적) 인공물이라고 부를 것이다.

"윤리적(ethical)"이란 용어는 인간의 행위 및 태도와 관련해 옳고 선한 것이나 그릇되고 악한 것을 언급하는 일반 용어로 사용되는 경우가 드물지 않다. 그렇지만 이 용어는 두 가지 별개의 의미들을 가리키는 데 종종 사용된다. 하나는 정의(正義)에 따라서 옳거나 그른 것을 가리키는 경우이고, 다른 하나는 도덕에 따라서 옳거나 그른 것을 가리키는 경우다. 위에 제시한 목록에서는 이 두 가지 양상이 따로 구별되어 있다. 사법적 양상은 **공정한** 것과 관련하여 우리의 태도와 행위에 적용되는 규범과 관계가 있다. 이와 대조적으로, 여기서 사용되는 윤리적 양상은 사랑하는 일이나 덕스러운 것과 상관있는 규범과 관련이 있다. 이 두 가지 의미는 물론 서로 다르긴 해도 상호연관성이 있다. 대체로 말하면, 우리는 누군가를 사랑하지 않으면서 그 사람에게 정의로울 수는 있지만, 우리가 정의롭지 않고는 그 사람을 사랑할 수 없는 법이다. 사랑은 우리로 하여금 상대방의 합법적인 자격을 뛰어넘어 그에게 무언가를 베풀도록 하는 경우가 많다. 이를 잘 보여 주는 것은 예수가 말한 선한 사마리아인의 비유이다. 그러나 우리가 어떤 사람을 사랑하는 일을 성공적으로 수행하기 이전에 먼저 환경이 허락하는 대로 그를 적어도 정의롭게 대해야 할 것이다. 그러므로 윤리적 양상에 대한 우리의 견해를 "사랑의 윤리"라고 부를 수 있겠지만 이 말은 일반적으로 사용되는 것보다 훨씬 강한 의미를 갖고 있다. 여기에는 사람이 마땅히 사랑해야 한다는 뜻뿐만 아니라 그 사랑이 바로 윤리의 모든 것이란 뜻도 내포되어 있다. 이 견해에 따르면, 사랑은 감정 이상의 것이다. "네 이웃을 네 자신과 같이 사랑하라"는 성경의 권면이 잘 말해 주듯이 그것은 하나의 규범적인 행동원칙이다. 달리 말하면, 우리 자신의 유익을 타인의 유익과 균형을 맞춰야 한다는 뜻이다. 그러므로 이 규범에서 윤리적 의무가 생기게 되는데, 그 의미는 우리가 맺는 다양한 사랑의 관계—자기 사랑, 배우자 사랑, 자녀 사랑이나 부모 사랑, 친구 사랑, 나라 사랑, 또는 가난한 자에 대한 사랑 등—에 따라서 달라지게 마련이다. 이런 의무들은 한 양상의 규범에서 생기는 만큼 인간 경험의 모든 스펙트럼으로 확장되므로 자연, 본인의 일, 본인의 나라, 예술, 학문 등에 대한 의무 또한 포함한다. 요컨대, 윤리적 양상의 질서는 인간이 마땅히 영위할 사랑의 삶의 규범과 의무를 모두 포함한다고 할 수 있다.

그런데 또 하나 주목할 점이 있다. 이 사랑의 윤리적 의미는 성경이 우리와 하나님의 올바른 관계를 지칭할 때 사용하는 "사랑"의 의미와 같지 않다는 점이다. 이 점은 하나님을 사랑하라는 핵심 계명이 이웃을 사랑하라는 윤리적 계명처럼 조건부가 아니라는 사실로 알 수 있다. 타인에 대한 윤리적 사랑은 자기 사랑과 균형을 맞추게끔 되어 있지만 하나님에 대한 사랑은 무조건적이다. "너는 마음을 다하고 뜻을 다하고 힘을 다하여 네 하나님 여호와를 사랑하라"(신 6:5, 막 12:28-34). 그러므로 종교적 의미에서, 하나님에 대한 사랑은 단순한 윤리적 덕행(이것도 중요하지만)이 아니라 본인의 존재 전체를 다른 무엇보다도 하나님을 섬기는 데 헌신하는 것을 말한다.

끝으로, "신앙적(fiduciary)"이란 용어는 사물이나 사람이 지닌 신뢰성 내지는 신빙성의 다양한 수준을 일컫는 데 사용된다. 이 양상은 특히 온갖 인간의 사회적 관계와 관련해 중요성을 지니는데, 이 관계는 신뢰가 결여될 때 급격히 붕괴되는 특징이 있다. 그런데 이 양상은 모든 수준의 신뢰성 및 확신과 관계가 있는 만큼 종교적 신앙과도 특별한 관계가 있다. 이 관계성은 누구든지 어떤 것을 무조건 믿을 만한 것으로 신뢰할 때마다 생기는데, 왜냐하면 무조건적인 존재성을 가진 것만이 무조건 믿을 만하기 때문이다. 그러므로 어떤 것을 무조건 믿을 만한 것으로 신뢰한다는 것은 그 대상을 자존하는 것으로, 신적인 것으로 전제하는 것이다.

이 초기 단계에서도, 이런 우주적인 법적 틀이란 비환원주의석 관념이 전통적인 실제론을 괴롭혀 온 옛 딜레마 중 하나에서 어떻게 우리를 해방시켜 주는지 얼마든지 볼 수 있다. 그 딜레마는 다름 아니라 바로 객관주의 vs 주관주의의 이슈이다. 이 이슈는 '창조세계에 질서를 부여하는 법칙들의 근원은 무엇인가?'라는 질문에 대한 상반된 답변들 간의 논쟁으로 이해할 수 있다. 객관주의자는 질서의 근원을 인간 경험의 대상 속에 두는 반면에, 주관주의자는 그 질서를 인식 주체의 정신 속에 둔다. 물론 대다수 이론들은 부분적으로 객관주의를, 그리고 부분적으로 주관주의를 견지하고 있다. 그러나 여기서는 이 논쟁의 양편을 모두 보여 주기 위해 이쪽이나 저쪽을 배타적으로 주장하는 이론들을 사용할까 한다. 이를 각각 대표하는 것은 아리스토텔레스의 이론과 칸트의 이론이다.

우리가 살펴본 것처럼, 아리스토텔레스는 "한 사물의 존재의 원인"을 그 사물의 실체 내지는 형상으로 보았다. 한 사물의 형상은 또한 그것이 동일한 유형의 다른 사물들과 공유하는 본유적 본질을 결정하는 책임이 있고, 사물들로 하여금 현재와 같은 방식으로 움직이고 또 다른 사물들과 관계를 맺도록 프로그램을 짜는 것은 각 유형의 본질이다. 그러므로 우리가 자연 법칙이라 부르는 것은 내재적으로 고정된 본질에 의해 유발된 사물의 움직임을 우리가 공식화한 것이다. 이는 창조세계에 독특한 법적 측면이 존재하지 않는다는 것을 의미한다. "법칙"이란 우리가 경험을 통해 관찰하는 규칙성에 붙인 이름일 뿐이고, 이런 규칙성은 각 유형에 해당하는 관찰 불가능한 형상에 의해 보장되고 있다. 그런즉 모든 규칙성과 질서의 근원은 경험의 대상 속에 위치하고 있다. 비록 그 근원 자체는 직접 경험할 수 없긴 하지만 말이다. 이 견해에 따르면, 인간들은 그들의 개념을, 그들의 정신 바깥에 존재하는 대상의 본질에 맞춤으로써 사물의 질서를 알게 된다고 한다. 달리 말하면, 우리의 사고 작용을 "객관적인" 실재에 맞춘다는 뜻이다.

다른 한편, 칸트는 인식하는 자 또는 "주체"의 정신이 우리가 경험하는 모든 질서의 근원이라고 주장했다. 우리의 정신에 다가오는 것은 무질서한 감각적 자극인데, 인간 정신이 그것을 이해 가능한 경험으로 정돈한다고 주장했다. 그의 이론에 따르면, 인간의 정신은 스스로 통제할 수 없는 고정된 방식에 따라 잠재의식적으로 그리고 자발적으로 이 작업을 한다는 것이다. 그래서 우리가 경험에서 규칙성을 관찰할 때, 그리고 우리가 규칙성을 법적 진술로 공식화하려고 할 때, 이런 작업은 우리가 이미 무의식적으로 자극에 부과하는 질서정연함을 의식적으로 다루는 일이고, 따라서 우리가 경험하는 실재를 창조하는 일인 셈이다. 그렇다면 우리의 의식적 인식작용에 관한 한, 우리는 아리스토텔레스가 믿은 것처럼 우리가 경험하는 사물을 이해하려고 애쓰고 있는 중이다. 그러나 이런 작업이 가능한 이유는 우리의 정신이 그런 대상들에게 질서를 부과함으로써 그 대상들을 먼저 형성했기 때문이라고 칸트는 말했다. 겉으로 보이는 실재의 객관적 질서는 사실상 그 뿌리에 주관성이 있다는 것이다.

유신론의 입장에서 보면 객관주의와 주관주의 모두 수용할 수 없는 것임이 자명하다. 이 관점들을 각각 창조세계의 일부에, 그 세계에 법칙을 제공하는, 독자적으로 존재하는 입법자의 역할을 부여함으로써 다양한 이방 종교를 전제로 삼기 때문이다. 성경적 관점에서 보면 인식의 대상과 인식의 주체 모두 우리가 경험하는 것의 질서의 근원이 아니고, 세계에 법칙을 제공하는 분은 하나님밖에 없다. 그런즉 창조세계의 법칙에 대한 유신론적 사고방식은 제3의 대안을 제공함으로써 객관주의와 주관주의의 딜레마를 피한다. 성경은 하나님이 창조세계를 지배하는 모든 법칙들을 창조했다고 가르치므로 우리는 사물의 질서를 인식되는 대상이나 인식하는 주체로 환원할 수 없다는 것을 알게 된다. 그 대신 대상들과 주체들 모두 동일한 하나님이 제정한 법적 틀의 지배를 받음으로써 질서가 잡히고 연결되는 것이다.[7]

이제 양상 목록으로 되돌아가서 우리가 주목해야 할 점이 있다. 먼저 거기에 열거된 멤버들이 우리가 전(前)이론적 경험에서 발견하는 것을 반영하게끔 되어 있듯이 그 멤버들이 등장하는 순서도 마찬가지다. 아래편에서 위편으로 읽으면 이 목록의 순서는 각 양상의 속성들이 이론화되기 전에 우리가 경험하는 대로 사물 속에 등장하는 순서를 나타내고 있다. 즉, 경험적으로 볼 때 사물이 양상들을 나타내는 방식에 순서가 있다는 것이고, 그 목록의 아래편에 있는 속성들은 위편의 속성들이 등장하는 데 필요한 전제조건에 해당한다. 예를 들면, 물리적 속성을 지닌 사물들 중에는 살아 있지 않은 것이 있지만, 살아 있는 것 가운데는 물리적 속성을 지니지 않은 것이 없다. 그런즉 물리적 속성의 소유는 생명적 속성을 지니는 것의 전제조건인 셈이다. 이와 비슷하게, 생명적으로 살아 있는 사물은 느낌이나 지각이 있을 수도 있고 없을 수도 있지만, 감각을 느낄 수 있는 사물 중에 생명적으로 살아 있지 않은 것은 없다. 이와 마찬가지로, 감각적 지각은 논리적 개념으로 생각하는 능력의 전제조건이고, 이는 계획을 생각할 수 있는 능력, 즉 역사-문화적으로 자연 재료에서 새로운 사물을 형성하는 일의 전제조건이 된다. 이 능력은 또한 가장 뛰어난 문화적 형성력의 하나인 언어의 발명에 필요한 전제조건이다. 이것은 인간 특유의 사회적 관계와 관습의 발달에 필요한 전제조건이 된다. 이런 식으로 그 목록의 위편으로 계속 올라간다.

이제까지 내가 말한 순서는 시간적인 것이 아니라 전제조건의 순서이긴 하지만, 방금 언급한 양상들 간의 전후관계가 과거에 일어난 연대기적 발달을 반영하고 있다는 증거가 많다는 사실을 부인하는 건 아니다. 이를테면, 지구상에 양적, 공간적, 운동적, 물리적인 것들은 존재했으나 살아 있는 생명체가 아직 존재하지 않았던 기간이 있었다는 증거가 있다. 그리고 살아 있기는 했으나 느낌이나 지각이 없었던 존재들이 있었던 기간이 존재했었고, 이후에는 감각은 소유했으나 논리적 사고는 없었던 존재들이 있었던 기간도 존재했다. 이런 식으로 계속 이어질 수 있다. 그렇지만 이와 같은 양상의 시간적 순서는 내가 가리키는 전제조건과 같은 것은 아니다. 이처럼 양상들이 시간이 흐르면서 점차적으로 펼쳐진 것을 전혀 모른다고 해도 전제조건상의 순서는 이미 제시한 이유들로 인해 여전히 유효할 것이다.

사실상 전제조건성과 과거에 일어난 양상들의 점차적인 출현을 혼동할 경우에는 처음에 나오는 네 가지 양상과 관련된 순서를 보지 못하게 될 것이다. 왜냐하면 창조세계에 있는 사물들 중에 언제든지 이 네 가지가 결여된 것은 하나도 없기 때문이다. 그래서 우리는 전제조건상의 순서와 목록상의 위편에 있는 양상들의 점차적인 출현 간의 차이를 다음과 같이 강조할 필요가 있다. 어떤 사물이 움직임을 가지려면 공간적인 것이어야 하고, 이 움직임은 또한 물리적 속성을 소유하는 데 필요한 전제조건이 된다고 할 수 있다. 이와 마찬가지로, 어느 분량의 공간이 있어야만 공간적 속성들이 양적인 전제조건을 갖게 될 것이다.[8]

그런데 양상 목록의 순서는 속성들이 사물에 나타나는 방식에서 전제조건상의 순서를 반영하고는 있지만, 이것이 실재론을 위한 약한 환원주의 전략을 지지하는 데 사용될 수는 없다. 그 전략에 따르면, 우리가 주목하고 있는 순서는 인과적인 것이라고 한다. 즉, 일부 양상들—보통은 목록의 아래편에 있는 것들—은 목록상의 위쪽에 있는 양상들의 존재의 원인이라고 말한다. 말하자면, 약한 환원주의는 목록의 아래쪽에 있는 어떤 종류의 속성들과 법칙들이 위쪽에 있는 것들의 등장에 필요한 전제조건일 뿐만 아니라 그런 높은 종류를 존재케 하는 이유이기도 하다고 주장한다. 그러나 더 높은 양상들의 속성들이 더 낮은 것들이 없이는 사물에 나타나지 않는다고 해서 낮은 것들이 높은 것들을 생산한다는 것을 입증해 주는 것은 아니다. 어떤 것의 전제조건이 된다는 것은 그것을 생산하는 것과 동일하지 않기 때문이다. 예를 들어, 나무에 불을 붙이는 데 필요한 전제조건은 산소의 존재지만, 산소가 존재한다고 해서 나무에 자동적으로 불이 붙는 것은 아니다. 그러므로 여기에서 목록상의 낮은 양상을 더 높은 양상의 존재 이유라고 주장하는 것은 사실상 이교적 가정을 만드는 것이라고 말하지 않을 수 없다. 왜냐하면 나머지 모든 양상의 원인이 되는 한두 가지 양상이 있을 것임에 틀림없다고 가정하는 것은 사전에 초월적인 창조주, 즉 그 모든 양상의 존재—여기에는 전제조건상의 순서도 포함된다—에 필요하고도 충분한 그런 창조주가 존재한다는 것을 배제시키기 때문이다.

이런 종교적 반론 이외에도, 양상들 간의 순서를 약한 환원 이론을 지지하는 데 이용하려는 노력은 심각한 이론적 난점들도 안고 있다. 우리는 이미 어느 한 양상이 다른 양상들의 존재를 유발할 수 있다는 주장이 그것들의 속성의 측면에 적용될 때에는 실패한다는 것을 살펴보았다. 그러니까 한 종류의 속성들을 추출하고, 그로 인한 고립상태를 진정한 독립성으로 간주하며, 그것을 한 가지 양상이 아니라 사물의 본질적 정체성으로 선포하는 일은 자기 수행적인 비정합성을 안고 있다는 것이다. 이런 주장을 한 양상의 법적 측면에 적용하는 것은 개연성이 없다는 것을 보여 주는 또 다른 이유가 있다. 양상의 속성들은 출현의 순서를 보여 주는 데 비해 양상의 법칙들은 그렇지 않기 때문이다. 이 점을 설명하려면 동시에 법칙틀이론(law framework theory)의 주요 부분을 소개할 필요가 있는 만큼 여기서 그렇게 하는 것이 좋을 듯하다. 그러나 이 논점을 명확히 하기 위해 먼저 새로운 어구를 몇 가지 소개할 필요가 있는데, 이는 한 양상이 지닌 법칙의 측면과 속성의 측면을 구별하도록 해 줄 것이다.

경험의 대상들(사물, 사건, 관계, 사태, 사람 등)에 대해서는 "한 양상 안에" 또는 "한 양상의 법칙들 아래" 존재하거나 움직인다고 말할 것이다. 이렇게 말함으로써 피조물의 존재는 항상 법칙의 지배를 받고 있다는 점과 우리는 언제나 법칙에 종속되어 있는 실체들과 지배력을 행사하는 법칙들을 따로 구별해야 한다는 점을 스스로 상기할 수 있을 것이다. 그래서 어떤 사물이 어느 양상 "안에서 움직이고 있다"고 말하는 것은 그 양상의 법칙들의 지배를 받는 속성들을 갖고 있음을 달리 표현하는 것이다. 법칙들이론은 한 양상의 속성들과 법칙들이 상호관계를 맺으며 존재하고 있다고 주장한다. 각 양상의 법적 질서는 그 양상 내에 어떤 속성들이 존재할 수 있는지 그 한계를 설정하며 그들 사이의 필연적 연관성을 보장하지만, 그런 속성들을 창조하지는 않는다. 또한 그것은 한 양상의 질서를 정해 주는 특정 속성들의 내재적 본질도 아니고, 그 종류의 다른 속성들을 창조하는 것도 아니다. 그런즉 한 양상의 법적 측면과 속성의 측면은 따로따로 존재하는 것은 아니지만 어느 하나가 다른 하나를 생산하는 관계는 아니다. 양자의 존재는 모두 하나님에게 달려 있다.

이 상호관계에 초점을 맞추면 한 사물이 어떤 양상의 속성들을 소유하는 데는 두 가지 방식이 존재한다는 것을 알 수 있다. 이에 대해 나는 한 사물이 어떤 양상 안에서 "능동적으로" 또는 "수동적으로" 작동할 수 있다고 말할 것이다. 그러나 이 두 가지 기능이 상호 배타적인 것은 아니다. 사실 우리는 이렇게 주장한다. 모든 사물은 동시에 모든 양상 안에서 수동적으로 작동하고 있으므로, 한 사물에 결여되어 있는 것은 어느 양상 속의 능동적인 기능일 뿐이고, 이는 위에서 말한 출현의 순서를 보여 주고 있다고 말이다.

예컨대, 바위를 생각해 보라. 앞에서 말한 구별에 따르면, 바위는 양적, 공간적, 운동적, 그리고 물리적인 양상들에서 능동적으로 작동한다고 말할 수 있을 것이다. 그것은 이런 속성들을 지니고 있고 그 법칙들에 종속되어 있으므로, 이런 종류의 속성들에 관한 한, 다른 사물에 능동적으로 영향을 미친다. 반면에 바위는 생명적 양상, 감각적 양상, 논리적 양상, 경제적 양상, 또는 사법적 양상과 같은 다른 양상들에서는 능동적으로 작동하지 않는다. 그렇지만 이런 양상들에서도 분명히 작동한다고 볼 수 있는 것은 그 법칙들에 종속되어 있는 측면이 있기 때문이다. 하지만 이런 측면들은, 바위가 그런 양상들에서 능동적으로 작동하는 다른 사물의 행위의 대상이 되는 것에 달려 있다. 그래서 한 사물이 어떤 양상에서 능동적으로 작동하지 않으면서 그 법칙들에 종속되어 있는 방식을 가리켜 그 양상에서의 수동적 속성들이라고 부르겠다. 바위가 생명적 양상에서 능동적으로 작동하지 않는다는 것은 그것이 살아 있지 않다는 것을 뜻한다. 바위는 신진대사나 소화나 재생산 작용을 수행하지 않는다. 그러나 살아 있는 사물의 삶에 필수불가결한 속성들, 곧 생명적인 속성들을 수동적으로 소유할 수는 있다. 내가 말했듯이, 이런 속성들은 바위가 어떤 작용의 대상이 된다는 의미에서 수동적이라고 할 수 있은즉 그것들은 그 양상에서 능동적 기능을 갖고 있는 사물들과의 관계에서만 나타날 수 있다. 예를 들면, 바위는 동물이 몸담는 우리의 일부가 될 수 있다. 바위는 기러기가 열어 제치려고 대합조개를 떨어뜨리는 대상이 될 수 있다. 자그마한 돌은 새의 모래주머니에 들어가서 그 양식을 가는 일을 도울 수 있다. 달리 말해서, 그것은 살아 있는 사물에 의해 생명적으로 활용되는 기능을 가질 수 있다는 뜻이다. 이와 비슷하게, 물을 비롯한 다른 비(非)생물체들 역시 살아 있는 상태가 아니면서도 생명적인 수동적 기능을 보여 줄 수 있다. 이런 속성은 물론, 생명적인 능동적 기능을 지닌 어떤 것이 그 기능을 실행할 때까지는 잠재적 상태로 남아 있을 뿐이다. 그럼에도 불구하고, 그 속성은 그 사물이ㅡ다른 모든 법칙들과 더불어ㅡ생명의 법칙의 지배를 받고 있다는 사실에 의해 가능하게 된 그 사물의 진정한 속성이라고 할 수 있다. (여기서 "능동적"인 것과 "실제적"인 것을 혼동하지 말라. 능동적인 속성은 언제나 실제적인 데 비해, 수동적인 속성은 실제적일 수도 있고 잠재적일 수도 있다.)

바위는 감각적 양상에서도 능동적으로 기능하지 않는다. 이는 그것이 느끼거나 인지하지 못한다는 것을 뜻한다. 그러나 바위가 감각상의 능동적 기능을 가진 동물과 사람에 의해 인지되는 것이 가능한 것은 그것이 (부분적으로) 감각적 법칙들에 종속되어 있고 수동적인 감각적 속성들을 갖고 있기 때문이다. 이와 관련하여, 우리가 **물리적 속성들**을 인지하되 "인지하다"는 말의 감각적 의미에서 직접 인지하는 것은 아니라는 점을 유념하라. 물론 그 속성들을 경험하되 "경험하다"는 말의 넓은 의미에서 그런 것은 사실이지만 말이다. 예를 들면, 물리적인 열은 분자 진동의 속도로 정의되고 있지만, 우리가 열을 느낄 때 한 사물이 빠르게 또는 느리게 진동하고 있는 것을 감각적으로 느끼지는 못한다. 그리고 물리적으로 말하면 빛의 파동들은 주파수가 다양하지만, 우리가 인지하는 것은 주파수의 차이가 아니라 붉은 색이나 파란 색이다. 그리고 우리가 느끼는 무게는 우리가 느끼는 압력이나 저항이지만, 물리적인 무게는 우리의 느낌과 상관없이 중력이다.

이와 비슷하게, 바위는 논리적 개념을 형성하지 않는다. 그러나 만일 그것이 논리적 법칙들에 종속되지 않는다면, 우리의 논리적 사고의 수동적 대상도 될 수 없는 법이다. 마찬가지로, 그것이 공급과 수요의 경제적 법칙에 종속되지 않는다면, 우리는 그것을 경제적으로 값을 매길 수 없는 법이다. 다시 말하건대, 이런 수동적인 기능들은 다른 사물들의 능동적 기능과의 관계에서만 실현될 수 있을 뿐이다. 바위는 누군가 그것을 값으로 매기기 전에는 실제적인 경제적 가치를 지닐 수 없다. 그리고 바위가 경제적 양상의 질서에 수동적으로 종속되지 않는다면, 그것은 우리에게 가치의 대상이 될 수 없는 법이다. 바위의 경제적 잠재성은 그것이 기존의 경제 질서에 종속됨으로써 실현될 수 있는, 바위가 소유하는 실질적인 특징이다.

바위와 대조적으로 나무는 양적, 공간적, 운동적, 물리적 양상들에서 능동적 기능을 갖고 있을 뿐 아니라 생명적 양상에서도 능동적으로 작용한다. 그것은 신진대사 작용을 수행하고, 수명을 갖고 있고, 재생산을 할 수 있고, 죽기도 한다. 다른 한편, 나무의 사회적 기능은 수동적이라서, 예컨대, 인간의 사회적 행사를 위해 그늘을 제공하는 데 이용될 때에만 실현되는 것이다. 그리고 그것이 정원의 심미적 조화에 기여하도록 어느 곳에 둔다거나 어떤 모양으로 만들어지는 경우에는 수동적인 심미적 기능을 가질 수 있다. 나무와 대조적으로, 동물은 또한 감각적인 능동적 기능을 갖고 있다고 말할 수 있다.[9] 가장 원시적인 동물이라도, 비록 유치한 수준이긴 해도, 식물과는 다른 방식으로 예민하다.

우리가 알고 있는 한, 지구상의 모든 피조물 가운데 오직 인간만이 모든 양상에서 능동적 기능을 갖고 있다.[10]

다음 도표는 우리 이론의 이 부분을 좀 더 선명하게 보여 주는 것 같다.

신앙적			
윤리적			
사법적			
심미적			
경제적			
사회적			
언어적			
역사적			
논리적			
감각적			▨
생명적		▨	▨
물리적	▨	▨	▨
운동적	▨	▨	▨
공간적	▨	▨	▨
양적	▨	▨	▨
	바위	나무	동물

■ 능동적 기능
□ 수동적 기능

〈표 6〉

능동적 속성과 수동적 속성의 구별은 우리로 하여금 객관주의와 주관주의의 양극단은 피하면서도 양자로부터 진리의 요소를 전유할 수 있게 해 준다. 우리가 주관주의자와 동의할 수 있는 점은, 사물이 능동적 기능을 가진 인간과의 관계를 떠나서는 어느 양상 속의 수동적 속성을 소유하지 못한다는 사실이다. (사물은 인간뿐만 아니라 동물과의 관계에서도 수동적인 기능을 갖고 있지만, 여기서는 그것을 단순화시켜서 인간과의 관계로만 언급할 생각이다.) 우리의 인식과 관련하여, 바위의 수동적인 감각적 속성들은 우리를 떠나서는 단지 잠재적으로 남아 있다가 실제로 현실화된다. 그러나 바위의 감각적 법칙에의 종속은 우리와 독립된 것이기 때문에, 우리가 그 감각적 속성들을 일괄적으로 창조하는 게 아니라는 객관주의자의 견해에 동의할 수 있다. 그렇지만 이런 잠재성을 오직 바위 속에만 둬야 할지에 대해서는 우리가 객관주의자와 의견을 달리할 수밖에 없다. 그 대신 우리는 그것을 바위와 인간 모두 창조세계의 독특한 법적 측면을 따르는 결과로 이해한다. 이런 구별에 따르면, 우리는 객관주의자와 의견을 같이하여 "아름다움은 보는 자의 눈에 달려 있다"라든가 경제적 가치는 순전히 인간의 창안물이라고 말하는 것은 잘못이라고 본다. 만일 심미적 규범과 경제적 규범이 이미 우주 속에 심겨 있지 않다면, 현실화될 수 있는 경제적 잠재성이나 심미적 잠재성이 존재하지 않을 것인즉 우리는 어떤 것도 그런 식으로 경험할 수 없을 것이다. 하지만 이와 동시에, 그런 속성들은 그것들과 관계하는 우리의 행동이 없이는 사물 속에 실제로(완전히) 현존하지 못한다는 것도 여전히 사실이다.

능동적 속성과 수동적 속성의 구별은 또한 우리가 창발 이론(emergence theory)을 개연성이 없다고 주장하는 이유를 잘 보여 준다(이 이론은 "창발"이 모든 양상의 존재를 설명한다고 본다).[11] 물론 사물의 능동적 기능들이 위에서 논의한 순서에 따라 "창발한다"는 것은 납득할 수 있지만, 그 법칙들을 포함한 모든 양상들도 창발했다고 주장하는 것은 이해할 수 없다. 각 양상 속의 능동적 속성과 수동적 속성의 질서는 각 양상의 법칙들에 의해 실현되는 것인 만큼 그 법칙들은 이미 존재하고 있어야 할 것이다. 예를 들면, 언젠가는 오직 순전히 물리적인 사물들만 존재했다가 이후에 논리적 법칙들이 논리적 속성들과 함께 "창발했다"고 주장한다면 과연 설득력이 있을까? 이는 그런 창발 자체가 **논리적으로** 보아도 결코 가능하지 않았다는 것을 의미한다! 그리고 그것이 논리적 법칙과 속성이 전혀 없는 세계에 대한 논리적 개념을 우리에게 제공한다는 주장을 이해할 수 있는가? 이와 같은 논점은 다른 비(非)물리적인 속성들과 법칙들에도 똑같이 적용된다. 이를테면, 우리는 순전히 물리적인 세계가 어떤 모양인지를 전혀 생각할 수 없는데, 그런 세계에는 감각적 속성들이 없으므로 모양이란 것이 아예 없을 것이기 때문이다! 그리고 만일 생물체를 존재할 수 있게 해 주는 생명적 법칙이 이미 존재했다는 것을 부인한다면, 생물체가 어떻게 생겨서 진화했을 것인지에 대한 개연성 있는 설명도 있을 수 없을 것이다.

이와 같이 능동적/수동적 속성의 구별은 모든 양상이 똑같이 실재한다는 우리의 주장에 대한 가장 그럴듯한 반론을 제거해 준다. 이 논점은 앞에서 우리의 사고 실험 논증을 통하여 자기 수행적인 정합성의 기준을 적용함으로써 변호한 바 있다. 그 논증은 우리가 다른 모든 양상과 동떨어진 어느 한 양상의 개념을 형성할 수 없다는 점을 보여 주었다. 이에 대한 반론으로서 창발 이론들은 이런 주장을 폈다. 능동적인 기능들의 순서를 이해하는 최선의 방법은, 더 낮은 양상들이 더 높은 양상들로부터 독립되어 있기 때문에 전자가 인과적으로 후자의 기본이 된다는 점을 보여 주는 것이라고. 우리는 이런 주장이 설득력이 없는 이유를 살펴본 만큼 그것은 우리가 제시한 두 가지 지도 원리에 대한 반론이 될 수 없다.[12]

더 나아가, 이 논점은 이제 우리의 이론을 위한 세 번째 지도 원리로 이끌어 준다. 만일 모든 창조세계가 능동적으로나 수동적으로 전반적인 법적 틀의 지배를 받는다면, 우리는 이제 **양상 보편성의 원리**(principle of aspectual universality)를 만들 수 있다. **모든 창조세계는 동시에 각 양상의 모든 법칙 아래서 존재하며 작동하고 있으므로 각 양상은 모든 피조물의 양상이라는 원리이다.**

이 추가적인 원리는 양상 비환원성의 원리를 보완하는 것이므로 이미 언급한 바 있는 다음 중요한 두 가지 점을 강조한다. ① 양상들은 사물의 유형이나 부류와 혼동되어서는 안 되며 모든 사물에 해당되는 여러 종류의 속성들과 법칙들이다. ② 우리가 경험하는 것 중에 (양상 면에서) 순전히 단일한 종류의 사물로 경험하는 것은 하나도 없다. 이 점이 중요한 이유는 현대 철학 이론들이 제안하는 너무도 많은 존재자들이 바로 이런 종류의 허구이기 때문이다. 이런 이론들에 따르면, 순전히 물리적인 사물들, 순전히 감각적인 대상들, 순전히 논리적인 개념들 등이 존재하게끔 되어 있다. 하지만 우리의 경험과 비교해 보면 그런 존재자들은 분명히 한갓 가설에 불과하다. 말하자면, 우리는 한두 가지 양상의 속성들만 지니는 사물을 결코 경험할 수 없다는 뜻이다. 그리고 환원 전략에 대한 우리의 비판은 그런 가설을 배격하고 경험이 보여 주는 것을 선호할 만한 타당한 이유를 제공했다.

이 마지막 문장을, 이론들은 결코 수정되거나 확대되거나 일상 경험의 어떤 특징과 모순될 수 없다는 말로 오해하면 안 된다. 우리는 순전히 단 하나의 양상으로 된 존재자를 결코 경험하지 못한다는 말 자체가 그런 결과를 초래하는 것은 아니다. 그러나 전체 양상과 관련하여, 이 말은 경험이 복수의 양상을 나타낸다는 것일 뿐만 아니라, 그런 복수성을 부인하려는 이론들은 자기 지시적인, 또는 자기 가정적인, 또는 자기 수행적인 비정합성을 지니게 된다는 것이다. 그러므로 우리는, 수동적 속성들과 능동적 속성들을 구별하기만 한다면, 모든 사물과 사건들은 모든 양상 안에서 작동한다고 말하는 것이 유일하게 타당한 입장이라고 주장하는 바이다. 따라서 만일 어떤 실재론이 우리가 경험하는 사물들의 본질을 설명하려고 한다면(실재론이 이것 말고 무엇을 설명할 수 있겠는가?), 사물들이 각 양상 안에서 어떻게 작동하는지를 고려하지 않으면 안 되는 것이다.[13]

이제 앞에서 언급한 한 논점에 관해 편하게 말하는 법을 소개하고 싶다. 우리가 경험하는 실재가 복수의 양상을 지니고 있지만, 다양한 유형의 사물은 특정 양상을 그 "중심적 특징"으로 삼는 독특한 본질을 보여 준다는 것을 간략하게 살펴보았다. 특정 유형의 사물들이 특정 양상의 법칙들 아래서 작동하는 방식은, 양상들 간의 환원을 포함하지 않고도, 다른 양상들 안에서 작동하는 방식보다 그 본질을 더 강하게 특징지을 수 있다고 내가 말했다. 이에 대해 이제부터는 특정 유형의 사물들이 그 양상에 의해 "규정된다(qualified)"고 말할 것이고, 실체들이 그 특징적 양상의 법칙들의 지배를 받는 것을 그들의 "특징적인 기능(qualifying function)"이라고 부를 것이다. 이 점은 실재를 순전히 물리적인 것, 또는 순전히 감각적인 것, 또는 다른 양상의 것으로 간주하는 너무도 많은 현대 이론들의 오류 속에 담긴 약간의 진실성을 설명하는 데 도움이 된다.

이런 오류의 실례를 보고 싶으면, 우리가 8장에서 살펴본 것, 곧 마하와 아인슈타인이 우리의 전(前)이론적 경험의 대상들이 모두 **순전히** 감각적이라고 믿었다는 사실을 상기하면 된다. 아인슈타인이 마하와 의견을 달리했던 부분은 우리의 경험 바깥에도 순전히 물리적인 사물들이 존재한다고 덧붙인 것이었다. 여기서 무슨 일이 일어나고 있는가? 우리의 이론에 따르면, 사물의 특징적 기능들이 그 사물의 배타적 본질로 잘못 간주되고 있는 것이다. 예를 들면, 우리는 보통 바위를 물리적인 사물로, 지각 행위를 감각적 지각으로 생각하며 말하곤 하지만, 그것들의 본질에 대한 이런 전(前)이론적인 직관은 그것들이 **오로지** 물리적이거나 감각적이기만 한 것을 보여 주는 건 아니다. 그 사물들의 본질에 대한 우리의 직관은 그것들의 중심적 특징에 해당하는 특정 양상에 초점을 맞추고 있는 것이지, 그 양상이 그것들의 배타적인 특징은 아니다. 그래서 우리는 바위가 능동적으로는 양적, 공간적, 운동적, 물리적 속성들을, 그리고 다른 모든 양상에서 수동적인 속성들을 갖고 있다고 보는 것이다. 마찬가지로, 지각 행위가 오로지 감각적인 것만은 아니다. 그 행위는, 능동적으로는 계산이 가능하고, 위치가 밝혀지고, 움직이고, 에너지를 사용할 수 있는 한편, 수동적으로는 훈련되고, 이름이 붙여지고, 금전적인 가치가 있고, 부당하고, 사랑스럽고, 또는 신뢰할 만한 것일 수 있는 것이다.

좀 더 예를 들자면, 앞에서 언급한 다른 인간 행위들을 생각해 보라. 인간의 행위는 세상에서 일어나는 다른 모든 사건들과 같이 많은 양상을 갖고 있고, 각각의 양상적인 특징에 따라 다양할 수 있다. 사거나 파는 행위는 경제적 특징을 갖고 있고, 먹는 행위는 생물학적 특징을 갖고 있고, 춤추는 행위는 심미적 특징을 갖고 있으며, 법정 사례를 판정하는 행위는 사법적 특징을 갖고 있다. 이런 사건들은 제각기 별개의 유형에 속하지만 각각 특정한 양상의 특징을 지니고 있고, 동시에 모든 양상의 법칙들 아래서 존재하고, 그중의 어느 한 관점에서 연구될 수 있다. 그 사건들은 이와 다른 양상들에 상응하는 다른 각도에서 연구할 수도 있을뿐더러, 우리가 살펴본 것처럼, 그 다른 양상들이 그에 대한 우리의 개념에 들어가지 않는 것은 불가능하다(4장에서 든 소금통의 예를 생각해 보라). 따라서 그 양상들은 어느 과학이 어느 양상에 초점을 맞추든지 간에 그 과학의 이론 속에 포함되지 않을 수 없다. 그런즉 우리의 비환원주의 논지에 따르면, 어떤 과학이 그 특징적 양상의 속성들을 제외한 모든 속성들을 그 설명에서 배제하려 해도 그 자료가 다른 양상들에서 나타내는 속성들을 다루는 일을 피할 수 없다는 것이다.

이제까지 이 논점을 변호하려고 내놓은 유일한 논증은 사고 실험인데, 이는 다른 모든 양상에서 고립된 상태의 어느 양상이나 특정한 속성의 개념을 우리가 형성할 수 없는 이유를 보여 주었다. 그런데 여기에서 언급할 만한, 똑같은 결론에 도달하는 추가적인 논증이 하나 더 있다. 비록 이것을 완전히 설명하는 일은 이번 장의 범위를 넘어서긴 하지만 말이다. 이 논증은 각 양상 내의 기본 개념들이 그 **의미**에 관한 한 다른 양상들의 개념들과 연결성이 있음을 보여 준다는 사실과 관련이 있다. 도에베르트는 그런 개념들이 이런 의미상의 연결성을 보여 주는 방식을 가리켜 "유추적 개념들(analogical concepts)"이라고 부르는데, 여기서 그 연결성이 단지 유사성으로 구성되어 있다는 뜻으로 생각하면 안 된다. 이보다 훨씬 더 강한 의미가 담겨 있다.

예컨대, 비(非)공간적 양상들 내의 기본 개념들은 우리가 본래 공간적 양상에 대한 직관적 경험에서 도출하는 한 요소를 포함하고 있다. 이 양상의 핵심 의미에 대한 원초적 직관은 그 모든 점의 동시성 내에 있는 연장과 관련이 있다. 그런데 그 관념은 다른 양상들에서 생기는 개념들과 너무나 얽혀 있어서 이 개념들은 그 관념을 떠나서 형성될 수 없고, 또 그 핵심적 관념 역시 그런 비공간적 개념들 속에 포함되어 있다는 사실을 떠나서는 개념화될 수도 없다. 이를테면, 순수 기하학의 공간과 동일하지 않은 **물리적** 공간의 개념이 존재한다. **생물학적인** 생명-공간의 개념도 있다. 그리고 수학이나 물리학의 공간과는 같지 않은 **감각적** 지각의 공간이란 것도 존재한다. 우리는 또한 수식어의 "영역"으로서, 또는 한 용어에 대한 언급의 연장으로서 **논리적** 공간에 관해 말하고, 사법 당국의 법적 능력의 한계로서 **사법적** 공간이란 말도 입에 담는다. 또는 본래 경험의 생명적 양상에서 유래하는 우리의 직관적인 삶의 관념이 다른 양상들의 개념들에서 나타나는 것도 보라. 심리적 차원의 감성적 삶, 문화적 삶, 사회적 삶이란 것도 존재하고, 이 각각은 그 관념에 생명적 삶에 대한 원초적 직관에서 끌어온 독특한 특징을 더해 주었다. 법적인 삶이나 신앙적인 삶 등도 마찬가지다. 예컨대, 우리의 언어적 삶에 관한 한, 생명적 유추를 아예 없애고 싶은 사람이 있다면, 그는 "살아 있는 언어"라든가 "죽은 언어"와 같은 표현의 전달 내용이 그 뜻을 상실하지 않은 채 대치될 수 있음을 보여 줘야 할뿐더러, 사회적 개념으로 사용되는 "다 함께 산다는 것"에 대해서도 그렇게 해야 할 것이다.

만일 누군가 나서서 "우리가 충분한 창의력을 발휘한다면 한 양상의 메타속성을 다른 양상들에서 생기는 개념들에 유추적으로 적용하는 걸 피할 수 있다"는 식으로 반론을 제기한다면, 간단하게 답변할 수 있다. 한 가지 유추적 적용을 피하는 완곡한 표현은 어쩔 수 없이 다른 유추적 적용을 할 수밖에 없을 것이라고. 그러므로 우리의 주장인즉, 유추적 개념들의 특정 세트가 특정한 과학에 불가피할 뿐만 아니라(이를 지지하는 타당한 증거가 존재한다), 어떤 유추적 개념들은 결국 다른 유추적 개념들로 대치될 수밖에 없기 때문에 이런저런 유추적 개념이 불가피하다는 것이다.

　몇 가지 예를 더 생각해 보자. 다음 장은 경험의 사회적 양상에 초점을 맞추게 될 것이므로 이번에는 이 양상에서 예를 끌어오면 좋겠다. 우리가 사회적 "삶"에 관해 말할 때는 생명적 유추에 의지하는 것이고, 우리가 사회의 "요소들"에 관해 얘기할 때는 수적 유추에 의지하는 것이다. 이와 비슷하게, 어떤 신념이나 경향을 사회에서 "보편적"인 것으로 취급하는 것은 공간적 유추에 의지하는 개념을 사용하는 것이고, 사회적 역학이나 불변성에 관해 말하는 것은 운동적 유추에 호소하는 것이다. 끝으로, 사회적 원인의 개념은 물리적 유추를 사용한다. 분명히 말하건대, 이 모든 유추적 개념들을 유추적이지 않은 다른 것들로 대치할 수 있다고 주장할 만한 사람은 아무도 없을 것이다.

　이처럼 한 양상에서 생기는 개념이 다른 양상들에 불가결한 개념으로 포함되는 일이 가능한 것은 우리의 사고 실험이 가리켰던 바로 그 강한 양상 상호 간의 연결성 때문이라고 우리는 주장한다. 그러므로 유추적 개념들은 각 양상이 의미의 덩굴손으로 다른 모든 양상들과 얽혀 있다는 것을 보여 주는 또 다른 증거라고 할 수 있다. 여기서 의미의 덩굴손은 각 양상의 속성들이 다른 양상들에서 생기는 개념들 속에 나타나고 또 거기에 추가적인 특징을 부여하는 것으로 구성되어 있다.[14] 그런즉 유추적 개념은 양상 상호 간의 연결성의 "내적인" 면을 구성하고 있는데, 이는 사고 실험 논증으로 변호한 바 있으며 이제껏 우리가 초점을 맞추었던 외적인 면과는 구별되는 것이다. 말하자면, 외적인 차원에서 양상들 간의 연결성을 입증하는 것은 그 속성들이 우리가 경험하는 사물에 의해 동시에 나타난다는 점과 그들의 환원 불가능한 실재를 도무지 부인할 수 없다는 점이다. 이 논점에 이제는 그들의 내적 연결성은 각 양상의 기본 개념들 속에서 발견되는 유추적인 요소들에 의해 입증된다는 사실을 덧붙이는 바이다. 이 유추적 요소들은 다른 유추적 개념들을 사용하거나 기본 개념들 자체를 제거하지 않고는 도무지 제거할 수 없는 것이다. (그리고 방금 내적인 면과 외적인 면이란 공간적 유추를 양상 상호 간의 연결성에 적용함으로써 이 논점을 개진했다!)

앞서 개진한 사고 실험 논증과 함께 과학에서의 유추적 개념들의 존재를 묶어서 또 다른 지도 원리의 기초를 입증하는 근거로 삼고자 한다. 법칙틀이론을 위한 이 다른 지도 원리를 나는 **양상 불가분의 원리**(principle of aspectual inseperability)라고 부르겠다. 이는 **양상들이 서로에게서 분리될 수 없는 것은 그들의 이해가능성 자체가 그들의 연결성에 달려 있기 때문**이라는 뜻이다. 양상들은 그것들을 나타내는 사물과 사건에서는 추출될 수 있으나―사고 속에서조차―서로에게서 분리될 수 없는 법이다.

그런데 양상 불가분의 원리를 지지하는 논증은 양상들의 연결성의 이슈가 이론에 대한 종교적 통제를 주장하는 우리 입장의 중심점이었다는 사실을 상기시켜 준다. 그래서 이제 법칙틀이론으로서는 그 연결성을 설명해 주어야 할 의무를 부여받은 셈이다. 그리고 내가 또한 당신에게 상기시키고 싶은 점은, 앞에서 내가 법칙틀이론이 전통적인 철학 문제들에 독특한 답변을 제공할 뿐만 아니라 그 문제들 중 다수를 새롭게 조명할 것이라고 말했다는 것이다. 그러므로 맨 먼저 설명할 사항은 목걸이의 은유가 서양 철학사를 묘사하는 데는 정확한 비유지만 우리의 관점에서 보면 왜 반대할 만한 것인지를 밝히는 일이다. 지금쯤이면 명확해졌을 것으로 믿는데, 우리 입장은 경험의 어떤 양상이라도 나머지 양상들에서 분리될 수 있는 것으로 여기든가 다른 어떤 양상에 의해 생산된 것으로 보면 안 된다는 것이다. 그래서 법칙틀이론에 더 적절한 은유는 분리 가능한 구슬들이 줄로 연결된 목걸이가 아니라 단단하게 얽힌 연속된 줄들로 된 목걸이일 것이다. 그리고 여기에 줄들이 서로서로 휘감겨 있을 뿐 아니라 각 줄에서 나온 섬유들이 다른 모든 줄과 뒤섞여 있다는 점도 덧붙여야 했다. 이 비유를 한 걸음 더 밀고 나가면, 목걸이는 그 줄들과 별개로 존재할 수 없을 뿐 아니라 줄들은 목걸이에 휘감긴 상태를 떠나서 존재할 수 없고, 그 줄들 중 어느 것도 다른 것을 생산하지 못한다. 그 모두는 똑같이 하나님에 의해 생산되고 서로 얽히고 유지된다. 그러므로 사물이 보여 주는 양상 상호 간의 연결성과 개별적 실재로서의 심층적인 통일성 및 정체성은 그 양상들 중의 어느 하나에 의해 추출되거나 설명될 수 없는 것이다. 예컨대, 논리적 정체성은 한 사물의 가장 기본적인 통일성이 아니라 한 사물의 개체적 통일성의 한 양상일 따름이다. 그리고 이 양상은 하나님이 공급하는 더 깊은 양상 상호 간의 연결성, 분석되거나 더 설명될 수 없는 그 연결성에 의존하고 있다.

물론 양상 상호 간의 연결성에 관한 우리 입장의 가장 중요한 부분은 그것의 초월적인 기원(Origin)이긴 하지만, 목걸이의 줄들이 우리 경험의 공통분모를 나타내고 있다는 점을 배제하지는 않는다. 이 견해에 따르면, 이교적 이론들과는 대조적으로, 그 줄들이 공동으로 갖고 있는 것은 그것들을 생산하는 것이나 그것들을 별개의 통합된 개체들로 묶어 주는 것과 같지 않다. 그러므로 우리 이론은 어느 한 양상을 다른 모든 양상의 존재의 근거로 간주하진 않지만 창조세계의 한 특징을 모든 양상의 공통분모로 주장한다. 그 특징은 바로 시간이다. 창조된 우주를 가득 채우는 사물들, 사건들, 사태들, 관계들, 사람들 등이 모두 한시적일 뿐 아니라 그들이 소유하는 속성들과 그들에게 유효한 법칙들도 마찬가지다. 사실상 비환원주의적인 시간관은 각 양상의 법적 질서가 전후(前後)의 특징을 보이기 때문에 그 각각이 독특한 시간적 질서의 관념이라고 말한다. 예컨대, 수학에서는 더 작은 숫자에서 더 큰 숫자로, 물리학에서는 에너지 원인에서 결과로, 심리학에서는 감각에서 느낌으로, 논리학에서는 전제에서 결론으로 움직이는 전후관계가 존재한다. 시간적인 지속성이 피조물의 실존이 지닌 근본 특징인 한편, 그들은 항상 그 역시 시간의 질서이기도 한 많은 (양상의) 종류의 질서에 따라서 그렇게 지속한다. 그래서 양상들의 법적 측면은 시간적 질서의 다양한 의미를 구성하며, 그들 중 어느 것도 다른 어떤 것과 마찬가지로 시간의 정체성에 해당하는 것은 없다.

이제 양상들의 공통분모를 시간으로 간주한 만큼 우주의 어떤 것을 신적 존재로 보는 관념을 재도입할 위험이 없기를 바란다. 시간은 하나의 실체가 아니다. 따리서 시간을 하나의 행위자로 간주하는 것은 터무니없는 일이다. 시간은 아무것도 유발하지 않기 때문이다. 이교적 이론들과는 달리, 법칙틀이론은 시간의 사실적 측면에 해당하는 실체들과 시간의 질서적 측면을 구성하는 창조세계의 법칙들 사이에 상호의존관계가 있다고 주장한다. 실체들과 속성들과 법칙들은 물론이고 시간 역시 서로를 떠나서는 존재할 수 없지만, 그 어느 것도 다른 것의 존재의 원인이 아니다. 그 모두는 하나님의 창조물이고 그분에 의해 지탱되며, (적응하지 않은) 하나님의 존재는 시간과 모든 법칙을 초월해 있다.

또 한 가지 분명히 하고 싶은 점이 있다. 위에서 만든 지도 원리들은 이제 우리 이론을 위한 가설을 추론해 내는 전제로 사용되지 않고, 종교적 믿음이 일반적으로 이론을 규제하는 방식으로 우리의 이론화 작업을 규제하게 될 것이다. 그러므로 만일 이론화 작업이 가정하는 어떤 가설이 우리를 다음과 같은 방향으로 인도한다면, 그 작업은 길을 잃었다는 표시로 간주할 것이다. ① 우리 경험의 복수적인 양상들의 독특성과 환원 불가능성을 부인하거나, ② 창조된 우주 내의 어느 양상의 범위를 제한하거나, ③ 양상들의 연속성과 상호의존성의 파열을 높은 추상화의 부분적이고 인위적인 산물로 보지 않고 완전하거나 실재적인 산물로 간주하는 방향으로 인도한다면 말이다.

이 지점에서 학생들은 이런 원리들을 하나님에 대한 믿음과는 별개로 수용할 수 없는지 물어보곤 했다. 그들은 이 원리들이 서양 철학을 지배해 온 기나긴 환원주의 행렬에 비해 매우 매력적이란 것을 발견했지만, 그것을 수용하는 일이 하나님에 대한 믿음을 수반하는지 여부에 대해 우려했다. 그래서 그들은 하나님에 대한 믿음이 없이도 그 원리들을 수용할 수 있기를 희망했는데, 이 경우에는 종교적 전제와 이론 사이에 필연적 연관성이 없을 것이기 때문이다! 이 질문에 대해 나는 언제나, 그 연관성은 양자가 동등하다는 것은 아니라고 응답한다. 하나님에 대한 믿음은 비환원성을 요구하지만, 비환원성은 하나님에 대한 믿음을 수반하지 않기 때문이다. 왜냐하면 누군가 양상들을 연결하는 것이 하나님이 아닌 미지의 X이고 이를 근거로 환원을 배격하는 입장을 취하는 일이 논리적으로 가능하기 때문이다. 물론 그것은 여전히 어떤 초월적인 신에 대한 믿음에 해당하지만, 그 신은 성경에 기록되어 있는 대로 인간과 언약을 맺는 그 하나님은 아닐 것이다.

그러나 나는 이렇게 덧붙이기도 했다. 그런 대안이 논리적으로는 가능하지만 실존적으로는 실제 인간들을 위한 진정한 대안은 아니라고 말이다. 그것이 유효한 대안이 되지 못하는 것은 이론적인 논리 때문이 아니라 인간의 종교적 본성 때문이라는 뜻이다. 누구든지 모든 양상에 대해 생각할 때 그 양상들이 의존해 있는 것이 그것들을 초월하는 완전히 미지의 것이란 이유로 그 양상들이 똑같이 실재하고 서로 환원될 수 없는 관계라고 생각하려고 애쓴다 할지라도, 그처럼 미지의 X에 대해 오래도록 만족할 수는 없는 법이다. 인간의 마음이 본래 종교적 성향을 지니고 있다는 사실을 감안하면, 약간이라도 묘사할 수 있는 어떤 것을 신적 존재로 경험하게 될 것이다. 그리고 그런 신앙적인 성향이 창조세계 바깥에서 특정한 신을 찾지 못한다면, 결국은 창조세계 내에 있는 어떤 것에 귀착하여 우주의 나머지 부분이 그것으로 환원되도록 요구할 것이다.

11.4 사물의 본질

A. 자연적인 사물

이제 경험적 차원에서의 사물의 본질상의 차이점이란 문제로 되돌아가서 인공물과 구별되는 자연적인 사물과 함께 시작하면서, 과연 우리의 지도 원리들에 부합하는 설명을 할 수 있을지 살펴보도록 하자. 우리는 이미 어떤 사물에 대한 우리의 전(前)이론적 관념이 특정한 양상을 그 본질의 "중심적 특징"으로 인식하게 된다는 것을 인정했다. 이것을 어떤 사물이 어느 양상으로 "특징지어진다(qualified by)"는 개념으로 설명했다. 이 점을 다음과 같이 보다 명료하게 기술할 수 있을 것 같다. 즉, 한 사물의 특징적 양상이란 **그 법칙들이 그 사물 전체의 내부 조직을 규제하는 양상**을 뜻한다고. 그래서 그런 전(前)이론적 직관들에 대한 설명은 곧 그것들이 사물의 내부 조직에 전반적인 지배력을 행사하는 법칙의 양상―우리가 "물리적", "살아 있는", "감각적", "논리적" 등으로 부르는―에 부합한다고 말하는 것과 다름없다. 그런 전(前)이론적인 분류는 결코 그런 사물들이 **오로지** 물리적이거나 생명적이거나 다른 어떤 것이기만 하다는 뜻이 아니고, 사물들이 보여 주는 그 양상의 속성들과 법칙들이 다른 양상들의 속성들과 법칙들의 원인이 된다는 의미도 아니다.

그러면 이제 한 사물의 특징적 양상의 법칙들이 그 사물 전체에 전반적 지배력을 행사한다는 말이 무슨 뜻인지를 살펴보도록 하자. 가령, 우리가 나무의 양적, 공간적, 또는 물리적 양상들을 생각해 보면, 이런 것들은 나무의 본질에 대한 우리의 전(前)이론적 관념에 가장 가까운 양상적 특징을 말해 주지 않는다는 것을 알게 된다. 그러나 나무의 생물학적 양상에 이르면, 나무 전체의 내부 조직과 발달을 지도하는 법칙들을 소유한 바로 그 양상에 도달하는 셈이다. 나무의 여러 부분의 전반적인 배열, 나무의 내부 관계, 나무의 작용, 그 모든 속성들 간의 구조적 배열 등을 지도하는 것은 바로 생물학적 법칙들이다. 그렇기 때문에 나무가 살아 있는 사물로 규정된다는 말은 그 본질에 대한 우리의 전(前)이론적 관념과 일치하는 셈이다. 그래서 우리는 나무의 본질이 공간적 양상이나 물리적 양상보다는 생명적 양상에 의해 그 "중심적 특징"이 드러난다고 말하는 것이다. 그뿐만 아니라, 이 부분은 앞에서 다룬 사물의 능동적 기능과 수동적 기능의 구별과도 잘 들어맞는다. 이 구별은, 사물의 능동적 기능의 출현에 관한 한, 양상들 사이에 존재하는 전제조건의 순서를 인정한 것이었다. 그런즉 우리가 어떤 예를 생각하든지 간에, 한 사물의 특징적 양상이 또한 사물이 능동적으로 작동하는 최후의 양상(우리 목록에서 가장 높은 것)이기도 하다는 점은 의미심장한 사실이다. 예컨대, 바위는 물리적 양상에 의해 규정되는데, 이 양상은 그것이 능동적으로 작동하는 가장 높은 양상이다. 바위가 나머지 양상들에서는 수동적이기 때문에 우리는 (부분적으로) 그것이 (그 중심에) 물리적 본질을 가졌다고 직관적으로 보는 것이다. 이와 대조적으로, 식물의 특징적 기능이 생명적 기능인 것은 식물의 내부 조직과 작용에 압도적인 지배력을 행사하는 것이 바로 생물학적 법칙들이기 때문이다. 아울러 식물이 능동적으로 작동하는 가장 높은 양상 또한 생물학적 양상이다. 그러므로 놀랍게도, 한 사물의 최고의 능동적 기능에 대한 우리의 직관적 파악과 법칙틀이론이 규정하는 그 사물의 특징적 기능이 서로 일치하는 듯이 보인다.

이런 일치성을 입증하기 위해 수백 개의 예를 더 들 수 있지만 여기에는 그럴 만한 지면이 없다. 그런데 이 작업은 이미 다른 곳에서 했고,[15] 이를 반증할 만큼 설득력 있는 반례(反例)가 없기 때문에, 이제 이 일치성을 사물의 특징적 기능에 대한 우리 개념의 일부로 수용하자고 제의하는 바이다. 그러므로 사물의 특징적 기능을 다음과 같이 정의할 수 있겠다. 그 법칙들이 어떤 사물 전체의 전반적인 내부 구조와 발달을 지배하고, 그 사물이 능동적으로 작동하는 양상의 순서 중에서 가장 높은 양상이라고 말이다. 이 정의는 다음 두 가지 요소를 모두 포함하고 있다. 한 사물의 전(前)이론적 직관은 그것이 능동적으로 작동하는 최후의 양상에 초점을 둔다는 점과 한 사물 전체의 내부 구조를 전반적으로 지배하는 법칙들을 파악하는 데 필요한 이론적 이유들이다. 그러나 우리가 직관적으로 한 사물의 본질을 특징짓는 것으로 보는 양상과 그 사물의 구조를 지배하는 법칙들 간의 일치성은 단지 이 이론만이 요구하는 게 아니란 점을 주목하라. 이것은 오히려 그 이론의 예측사항이므로 다양한 유형의 사물과 사건에 대한 철학적 및 과학적 분석에 의해 확증될 수도 있고 반증될 수도 있다. 그 분석 자체가 우리의 비환원주의 원리들을 따르는 한 그렇다는 말이다. 그런즉 사물의 특징적 기능이란 개념은 그 사물의 본질, 곧 철저히 비환원주의적인 동시에 경험적 확증이 가능한 본질을 설명하는 방법을 제공해 준다.

법칙틀이론을 더욱 확대시켜 이 부족한 부분을 보완하려면 앞서 논의한 양상의 능동적 기능의 출현 순서를 다시 언급할 필요가 있다. 양상들 사이에 순서가 있다는 사실은 양상들 내의 법칙들과 더불어 양상 상호 간의 법칙들도 존재한다는 점을 함축하기 때문이다. 이 양상 상호 간의 질서를 좌우하는 법칙을 나는 "유형 법칙(type laws)"이라고 부르겠다. 이 법칙들은 양상들을 가로질러 다양한 양상의 속성들이 어떻게 결합하여 특정한 유형의 사물과 사건을 형성하는지를 규제한다.[16]

유형 법칙의 개념은 이제 사물의 특징의 개념을 보완하여 한 사물이 속한 유형의 본질에 대해 보다 적절한 설명을 제공할 수 있다. 예를 들면, 나무가 생물학적 특징을 갖고 있다는 사실은 이제 그것을 버섯이나 국화가 아닌 나무로 만들어 주는 나름의 독특한 구조적 조직 및 기능과 결합될 수 있다. (물론 이런 법칙들이 어떤 구조를 허용하는지는 사전에 예측될 수 없다. 그것을 발견하는 일은 그 실재의 경험적 분석에 달려 있다.) 그러므로 법칙틀이론은 법칙들이 크로스해칭 되는 복잡한 그물망을 제의하고 있는 셈이다. 우리가 날마다 경험하는 인과관계에 덧붙여서, 이 그물망은 특정한 양상 내의 속성들 간에 존재하는 필연적 관계를 결정하는 양상의 법칙들을 포함할 뿐 아니라, 우주의 수많은 사물과 사건의 유형들을 가능하게 하는 다양한 양상들의 속성들 사이의 구조적 결합관계를 지배하는 유형 법칙들도 포함하고 있다. 우리 이론은 어떤 유형의 본질을, 바로 이 두 종류의 법칙들이 행사하는 크로스해칭식 지배력에 의해 설명한다. 말하자면, 한 사물의 특징적 기능과 더불어 그 구조적 유형의 분석에 대한 우리의 지식이 바로 그 사물의 본질에 관한 전이론적 관념에 관한 우리 이론의 설명을 구성하는 것이다. (유형 법칙 개념의 중요성과 이 이론이 도입하는 다른 원리들 및 개념들의 중요성에 대한 좀 더 자세한 설명은 다음 장에 제공될 것이다.)

이제까지 법칙 틀에 대해 개관한 만큼, 지금은 이제껏 다룬 내용에 암시되어 있으나 아직 명시적으로 다루진 않았던 우리 이론의 중요한 한 가지 특징을 언급할 차례가 되었다. 이 특징으로 말미암아 우리 이론은 (대다수 유신론적 사상가들이 채택한 것들을 포함한) 대부분의 환원주의 이론들과 결별하게 된다. 여기서는 간단하게 언급할 수밖에 없지만, 짧게 진술하기만 해도 그 이론의 독특한 **방향**이 아주 선명하게 드러날 것이다. 말하자면, 그 유신론적 전제들이 어떻게 그리고 왜 다른 노선들은 배제시킨 채 특정 노선을 따라 그 이론을 발전시키는지를 보여 줄 것이란 뜻이다.

내가 말하는 특징이란, 이 이론은 사물들이 "본체(substance)"를 갖고 있다는 관념을 요건으로 삼지 않고도 사물의 본질을 설명하는 방법을 제공한다는 점이다. 사고의 방향을 그런 관념에서 멀어지게 한 추진력은 다음 두 가지에서 나왔다. 하나는 창조세계의 어느 것도 독자적으로 존재하지 않는다는 성경적인 관념이고, 다른 하나는, 어느 양상이든 독립적으로 존재한다는 주장은 결코 정당화될 수 없음을 입증한 우리의 입장이다. 그러므로 피조물 중의 어떤 것도 피조물들이 현재와 같은 상태가 되도록 유발하지 않는다. 피조물이 현재와 같은 상태가 되게 하는 것은 바로 하나님이다. 그렇다면 모든 피조물의 가장 근본적인 특징은 모든 면에서 하나님에게 의존하고 있다는 점이다. 그 결과, 창조된 사물이나 사건의 본질에 대한 우리 이론에는 본체의 개념이 들어설 자리가 없다. 오히려 우리 이론은 한 사물을, **어떤 유형 법칙에 의해 결정되고 그 내부 조직을 규제하는 양상의 법칙들에 의해 그 중심적 특징이 드러나는 속성들의 구조적 조**

립체로 본다.[17] 왜냐하면 피조물의 어느 양상이라도 다른 모든 양상들이 의존하는 본체로 간주하면 안 되기 때문이다. 따라서 우리는 어느 사물이나 사건을, 그것을 구성하는 모든 속성들의 법적 구조를 지닌 결합체 이상의 것으로 간주하면 잘못이라고 생각한다. 이는 한두 가지 양상을 사물의 본질로 선택하고 나머지는 사물이 소유하는 것으로 여기는 (또는 그 모두를 부인하는) 환원주의 프로그램을 거부한 결과이다. 그러므로 우리는 사물의 본체가 있고, 이것이 나머지 속성들의 저변에 깔려 있으며 그것들을 유발한다는 생각을 배격한다. 그 대신, 우리는 사물을 온갖 양상의 속성들의 결합체, 그 사물을 특정 유형으로 결정짓는 우주적 법칙 틀 내의 법칙들에 의해 구조화된 결합체라고 주장하는 바이다.[18]

B. 인공물

이제까지 나는 법칙틀이론이 도입한 개념들을 자연적인 사물에만 적용했다. 그렇게 시작한 이유는 인공물의 본질은 그 자연 재료의 특징적 기능으로만 설명할 수 없을 만큼 복잡하기 때문이다. 그 설명에 자연 재료에 대한 유형 법칙을 덧붙인다고 해서 그 부족한 부분을 메울 수 있는 것도 아니다. 왜냐하면 자연 재료의 역할을 하는 사물을 유형화하는 속성들의 구조적 배열이 인공물의 본질에 담긴 새로운 요소에 관해 말해 주지 않기 때문이다. 즉, 그 자연 재료가 무엇이 되었는지에 관해 말해 주지 않는다는 뜻이다. 그래서 인공물이 인간의 사물이든 동물의 산물이든, 이제는 사물의 본질에 대한 우리의 개념을 특징적 기능을 넘어서 더욱 확대시킬 때에만 자연 재료에는 없지만 인공물은 소유한 새로운 본질을 설명할 수 있다.

예를 들면, 동물의 우리 또는 구멍을 싸고 있는 흙이나 바위는 그 자체로는 물리적 기능밖에 갖고 있지 않을 것이다. 하지만 일단 그것이 동물의 생명적 또는 감각적 필요를 채우기 위해 변형과정을 거친 뒤에는, 비록 생명적 또는 감각적 양상에서의 수동적 기능일지언정, 추가적인 기능을 취득하게 된다. 우리가 만일 그런 변형이 일어났다는 것을 인식하지 못한다면, 그 흙이나 바위를 **동물의 우리**로 결코 인식하지 못할 테고, 따라서 그것이 무엇이 되었는지를 놓치고 말 것이다. 그런즉 그런 사물의 본질에 대한 우리의 개념은 동물 우리를 생산한 **변형과정**을 묘사하는 양상을 포함하도록 더욱 확대될 필요가 있다. 그래서 우리 이론은 동물의 인공물의 양상적인 특징을 적어도 두 가지 양상으로 세분할 필요가 있을 것이다. 그런 인공물의 자연 재료가 지닌 최고의 능동적 기능이 속한 양상을 "기초적 기능(foundational function)"이라 부르고, 그 형성과정을 지배한 법칙들이 속한 양상을 "주도적 기능(leading function)"이라고 부르겠다.

예컨대, 비버가 진흙과 나뭇가지 등 여러 재료로 거처를 만들 때, 이 재료들은 자연 상태에서는 물리적 또는 생물학적 기능만 갖고 있다. 그러나 인공물로서의 거처는 추가로 **감각적** 기능을 취득했다고 할 수 있는데, 이는 비버의 활동이 그 감각적 본능과 필요(피난처, 온기, 새끼의 보호 등)의 지배를 받기 때문이다. 그런즉 그 거처는 물리적 또는 생명적인 기초 기능으로 특징지어지는 데 비해, 그것의 형성과정은 감각적 느낌과 필요에 의해 주도되었다고 말할 수 있다. 따라서 우리는 그 거처가 감각적인 "주도 기능"을 갖고 있다고 말할 것이다. 이렇게 말하는 이유가 있다. 인공물이 자연적인 사물과 다른 이유는 인공물을 특징짓는 것의 일부(주도 기능)가 현실화된 수동적 기능이지 자연적인 사물의 경우에서처럼 능동적 기능이 아니기 때문이다.

인간 역시 자연 재료들을 엮어서 새로운 것을 만들 수 있는데, 이 인공물의 본질도 본래의 특징적 기능에 추가된 것을 모르면 결코 이해할 수 없다. 여기서도 우리는 그 재료들을 변형했던 과정을 지배한 법칙들이 어느 양상에 속하는지에 초점을 맞출 필요가 있다. 예컨대, 돌은 자연 상태에서는 물리적인 기능밖에 없지만 인간의 노력은 그것을 집으로 변형시킬 수 있다. 그래서 그 돌들의 새로운 배열을 인간의 형성 능력의 산물로 인식하지 못한다면, 그것들이 집을 형성하는 것으로 인식할 수 없는 법이다. 그러나 대다수 동물들의 산물과는 달리, 자연 재료를 다루는 인간의 통제력은 단지 감각적 본능만을 따르지 않는다. 인간은 자연 재료들을 자유롭게 또 논리적으로 구상한 **계획**에 따라 변형시킨다(소수의 동물들도 개념을 갖고 있을 수 있고, 그들 역시 단순한 인공물을 계획하는 듯이 보인다는 점은 이미 살펴본 바 있다.) 그리하여 이 점에 따라 기초 기능과 주도 기능의 개념을 바꿀 생각이다. 계획에 따라 만든 인공물의 경우에는, 그것의 형성과정을 지배하는 법칙들이 속한 양상이 그 기초 기능이 될 것이고, 그것을 만드는 계획을 지배하는 법칙들이 속한 양상은 주도 기능이 될 것이다.

요컨대, 동물의 인공물의 경우에는 자연 재료가 능동적 기능을 갖고 있는 최고의 양상을 가리켜 "기초 기능"이란 호칭을 사용했다. 그러나 인간의 형성 행위는 인공물의 본질에 새로운 요소를 더하기 때문에 용어를 다르게 사용할 필요가 있는 것이다. 인간 인공물의 경우에는 그것이 거친 특정 종류의 과정이 있을 뿐만 아니라 그 과정을 주도한 특정 종류의 계획도 있기 때문이다. 이 가운데 그 **계획**이 속한 양상의 특징만을 가리켜 그 인공물의 "주도적" 기능이라고 불러야 한다. 따라서 형성 과정을 묘사하는 양상은 그 인공물의 기초 기능으로 간주될 것이다. 여기서 "기초적"이라는 말은 그 계획의 성취에 필요한 수단을 제공한다는 의미이다.[19]

그렇다면 인간의 특정 인공물에 대해 어느 양상이 그 기초적 기능에 해당한다고 말할 수 있는가? 이 질문에 대한 답변은, 사물의 양상적인 특징에 관한 다른 많은 질문과 마찬가지로, 우리의 이론에서는 추론할 수 없고 우리의 경험 대상을 검토함으로써 얻어 낼 수 있다. 그런즉 이 점에서 우리는 모든 양상들이 기초적 기능으로서 똑같은 자격을 갖고 있을 것으로 가정하면 안 된다. 그럼에도 불구하고, 우리가 앞서 양상의 의미를 명료하게 정리한 것과 맥을 같이하여, 대다수 인공물의 경우 그 형성 과정은 "문화적" 내지는 "기술적" 과정이라고 말할 수 있다(예외적인 경우는 다음 장에서 다룰 예정이다). 방금 다룬 집을 예로 든다면, 집은 언제나 계획된 기술적 지배력에 의해 자연 재료로부터 만들어진다는 것이 분명하다. 그뿐만 아니라, 집은 특정 문화의 어떤 역사적 시기의 업적에서 유래하는, 또 거기에 기여하는 스타일을 반드시 보여 주게끔 되어 있다.

그러면 집의 주도적 기능은 무엇인가? 그럴듯한 한 가지 후보는 생물학적 기능일 것이다. 집이 인간의 생물학적 필요를 충족시킨다는 것은 틀림없는 사실이다. 만일 우리의 몸이 현재의 모습과 아주 다르다면, 우리는 집을 전혀 다르게 지을 것이다. 하지만 집은 생물학적 숙소 이상의 것이다. 그래서 간소한 달개지붕이나 오두막과는 다른 것이다. 집은 사회적 교류의 장소인 동시에 사생활을 보호할 사회적 필요를 수용하기도 한다.

방의 규모와 모양은 방들의 배치와 더불어 그 집을 차지하는 이들의 다양한 사회적 지위를 보여 준다. 사실 어떤 건물의 구조가 그런 사회적 목적에 의해 주도되지 않는다면 그것을 집으로 부를 수 없을 것이다. 이런 이유로 우리는 집의 기초 기능은 역사적/문화적인 것인 데 비해 그 주도 기능은 사회적인 것이라고 말한다.

물론 역사상 건축된 인공물들의 주도 기능은 인공물에 따라 매우 다양한 만큼 하나하나 개별적으로 신중하게 분석할 필요가 있다. 하지만 그런 분석을 할 때 기초 기능과 주도 기능을 언제나 상관된 것으로 간주해야 하는데, 어느 것이든 다른 것이 없이는 제대로 이해할 수 없기 때문이다. 이 둘을 다 함께 분석할 때 우리는 해당 인공물의 본질에 대해 좀 더 온전한 관념을 얻을 수 있다.

인공물의 본질을 설명하는 데 이런 구별이 얼마나 적절한지를 보여 주는 수많은 본보기가 있지만, 모두 분석할 만한 지면이 없는 고로 몇 가지만 거론할까 한다. 예를 들면, 책은 역사적인 기초 기능과 언어적인 주도 기능을 갖고 있다고 말할 수 있다. 다른 한편, 책에 인쇄된 시(詩)는 역사적 기초 기능을 갖고 있으나 심미적 주도 기능을 갖게 될 것이다. 그림이나 조각이나 한 곡의 음악도 마찬가지다. 짐 싣는 플랫폼과 큰 저장소를 지닌 창고는 그 건축을 주도한 특정 유형의 목적을 보여 주고, 금전 출납원의 코너와 은행의 금고실은 또 다른 특정 유형을 보여 준다. 그런데 이런 것들은 서로 다른 유형의 인공물이긴 하지만, 그 각각은 별개의 유형 법칙을 반영하고 있는 한편, 양자 모두 경제적 목적을 나타내고 있으므로 양자의 주도 기능은 경제적 양상이라고 할 수 있다. 이와 대조적으로, 교회 건물이나 회당이나 모스크는 그 종교의 신앙적 주도 기능을 반영하는 구조를 갖고 있다. 이와 같은 것들은 보다 복잡한 인공물의 본질을, 좀 더 확대된 사물의 특징적 기능의 개념과 그 유형 법칙의 개념을 조합하여 설명할 수 있음을 보여 주는 몇 가지 예에 불과하다. 이런 예들은 인공물의 본질이 그 기초 기능과 주도 기능의 견지에서 묘사될 필요가 있을 뿐만 아니라, 인공물이 속한 특정 유형을 결정하기 위해 그 양상적 기능들이 유형 법칙들에 의해 연결되는 방식으로 묘사될 필요도 있음을 보여 준다.

앞에서 나는 인공물이 자연적 사물과 다른 점 중의 하나는, 우리 이론에 따르면, 전자의 주도 기능이 능동적이 아니라 수동적이라는 점이라고 지적한 바 있다. 그러나 그 것들의 주도 기능과 관련이 있는 또 다른 차이점이 있다. 그것은, 인공물의 주도 기능 은 양상의 목록상 그것의 형성 과정을 묘사하는 기초 기능보다 더 높을 필요가 없다는 점이다. 예컨대, 도구는 역사적(기술적) 기초 기능뿐 아니라 역사적 주도 기능도 갖고 있 다. 도구의 목적은 다른 인공물을 만드는 것이기 때문이다. 그리고 의치(義齒) 한 세트 는 역사적 기초 기능을 갖고 있지만 생명적 주도 기능을 지닐 것이다. 마찬가지로, 학교 는 역사적 기초 기능을 갖고 있으나 논리적 주도 기능을 지닌다. 그런즉 인공물의 종류 가 굉장히 다양하다 할지라도, 우리 이론은 그것들을 쉽게 설명할 수 있다.

법칙틀이론을 개관하면서 소개한 개념들에 대해서는 다음 장에서 구체적인 설명과 예를 제공할 생각인데, 거기서 그 개념들은 사회적 공동체 이론을 개발하는 데 사용될 것이다. 그리고 마지막 장에서는 법칙틀이론과 이것이 제공하는 사회 이론 모두 특정한 사회 공동체의 하나인 국가에 대한 이론에 보다 자세하게 적용될 것이다.

사회 공동체들은 우리가 그림이나 건물을 인공물이라고 부르듯이 보통은 인공물로 언급되지 않는다는 것을 나도 알고 있다. 그렇지만 공동체들도 인공물로 간주될 자격 이 있는 것은 그것들 역시 인간의 형성 능력이 만든 산물이기 때문이다. 공동체들은 인 간이 아닌 존재가 만든 인공적 실체들과는 달리 경험의 모든 양상에서 능동적으로 작동 하면서도 다른 인공물들만큼이나 실재하는 것이다. 그뿐만 아니라, 공동체들 역시 특 정한 본질을 갖고 있고 기초 기능 및 주도 기능으로 분석될 수 있으며, 유형 법칙들에 의 해 가능하게 된 특정한 구조들을 나타낸다. 그러므로 우리 이론은 공동체도 인공물로 분석할 예정이다. 말하자면, 기초 기능과 주도 기능을 발견하고 또 그들의 유형 법칙에 좌우되는 그 기능들 간의 관계를 발견함으로써 그들의 본실을 확증하려고 애쓸 것이리 는 뜻이다.

이 분석 절차는 먼저 상호분리와 환원이 불가능한 양상들에 관한 우리의 이론이 어떻 게 인간 사회 전체에 대한 관점을 제공하는지를 살펴볼 것이다. 이는 다양한 종류의 공 동체들이 사회 안에서 담당할 합당한 역할 및 서로 맺어야 할 관계를 일반적으로 결정 하는 데 필요한 사회적 원리를 제공할 것이다. 이어서 13장에서는 국가의 유형 법칙에 따라서 국가의 구체적인 내적 본질을 분석하게 될 것이다. 이를 통하여 사회에서의 국가의 합당한 역할에 관한 중요한 점을 보게 될 테고, 이는 다른 제도들의 요구가 아니라 국가의 본질 자체에 의해 결정되는, 국가의 의무와 한계에 관한 정확한 개념을 형성하게 해 줄 것이다.

사회와 국가에 관한 장들은 우리가 도입한 새로운 용어들을 자유로이 활용할 필요가 있고, 또 그 용어들이 대다수 독자에게 낯설 것이므로, 이번 장을 마치면서 짧은 용어풀이를 부록으로 다는 게 좋겠다는 생각이 든다. 이제까지 법칙틀이론이 소개한 개념들을 요약하면 다음과 같다.

1. 양상 — 기본적인 종류의 속성들과 법칙들.
2. 능동적 기능 — 한 사물이 어느 양상의 법칙들의 지배를 받는 방식으로서 그 양상의 속성들을 갖고 있되, 그 속성들이 다른 사물들에 의해 현실화되는 것과 상관없이 그것들을 소유하는 경우를 일컫는다. 양적 양상, 공간적 양상, 운동적 양상을 제외한 다른 모든 양상에서 한 사물의 능동적 기능들은 그것이 다른 사물에 미치는 영향에 의해 나타나게 된다.
3. 수동적 기능 — 한 사물이 어느 양상의 법칙들의 지배를 받는 방식으로서 그 양상의 잠재적 속성들을 갖고 있되, 그 양상에서 능동적 기능을 가진 다른 사물에 의해서만 현실화되는 경우를 일컫는다.
4. 특징적 기능 — 한 사물이나 사건의 양상으로서 그 양상의 법칙들이 전반적으로 그 내부 조직과 발달을 지배하는 경우를 일컫는다. 자연적 사물의 경우에는 이것이 또한 그 사물이 능동적으로 작동하는 최고의 양상이기도 하다.
5. 기초적 기능 — 그 법칙들이 (대다수) 동물의 인공물의 자연 재료를 묘사하거나 (일부 동물과) 모든 인간의 인공물이 생산되는 변화 과정을 지배하는 양상.
6. 주도적 기능 — 그 법칙들이 어느 인공물이 생산되는 과정을 주도한 계획이나 목적을 지배하는 양상.

한 가지 덧붙일 점이 있다. 주도 기능의 개념에 내포된 목적 개념은 일단 인공물이 형성된 뒤에 그것의 사용에 대한 어떤 주관적인 변덕을 의미하지 않는다는 점이다. 우리가 알다시피 컵은 재떨이로, 의자는 사다리로 이용될 수 있다. 주도 기능이 의미하는 것은 그 인공물의 형성을 가져온 계획의 양상적인 특징이며, 이는 그 구조에 구현되어 있고 그것의 유형 법칙을 반영하고 있다. 여기서 말하는 목적은 그런즉 그 인공물의 "구조적 목적"을 의미하며, 이는 이후의 사용자의 주관적 목적과 상관이 없고 그 인공물 자체를 바꾸지 않는 한 바꿀 수 없는 것이다.

7. 유형 법칙 — 양상들을 가로지르는 법칙으로서 다양한 양상들의 어느 속성들이 개체들 속에서 결합될 수 있는지를 결정하는 것이므로 가능한 개체들의 유형을 결정한다.

12장 비환원주의 사회론

THE MYTH
OF RELIGIOUS NEUTRALITY

12.1 서론

이번 장은 법칙 틀에 입각한 사회 이론 해석을 개발하는 데 이용할 목적으로 몇 가지 기본 용어를 정의하는 일부터 시작할까 한다. 이 작업에 앞서 지적할 것이 있다. 여기서 취한 접근은 특히 경험의 사회적 양상의 인식을 그 출발점으로 삼을 것이라는 점이다. 그런데 이런 접근은 사회 이론을 구성하는 일반적인 방법이 아니다. 대다수 이론은 스스로를 구체적인 조직들이나 문제들에 국한하는 편이지 그런 이슈들을 인간 경험의 사회적 양상이란 폭넓은 맥락 안에 두지 않는다. 이 양상은 명성, 지위, 존경, 권위와 같은 속성들과 노인에 대한 공손함과 경의와 같은 규범들을 포함하고 있다. 이와 관련하여 앞에서 개진한 논점, 곧 각 양상은 정의(定義)나 추론이 아니라 직접적이고 직관적인 경험에 의해 인식된다는 점을 유념하길 바란다. 다른 양상들과 마찬가지로, 인간 경험의 독특한 사회적 측면에 대해 어떤 정의를 내리더라도 그것을 인식하지 못하는 사람에게는 그 의미를 전달할 수 없다.

이번 장에서는 이처럼 보다 좁은 의미의 "사회적" 각도에서 이론화된 관계들을 조망하게 될 것이다. 그래서 우리의 접근은 이 양상의 규범들이 다른 양상들의 규범들과 상호작용을 하는 가운데 그런 상호작용이 조직화되도록 해 주는 방식과 함께 시작한다. 나는 특히 권위의 관계에 초점을 맞추고, 인간이 사회조직들에 내장된 권위의 구체적 유형들을 조사함으로써 그들의 사회생활을 조직하는 방식에 접근할 생각이다. "사회적"이란 말은 두 명 이상이 행하는 모든 일을 의미할 수도 있지만, 여기에서는 조직화된 사회생활에서 생기는 사회적 차원의 권위 관계에 집중하려고 한다. 그리고 법칙틀이론을 그 관계에 적용하여, 사회조직 내에서 행사되는 다양한 유형의 권위를 해석하는 올바른 방법을 결정하는 데 필요한 통찰력을 과연 제공하는지 살펴볼 예정이다.

맨 먼저 분명히 할 필요가 있는 용어는 물론 "사회"다. 나는 이 용어를 세 가지 기본적인 사회관계 중 하나에 참여하는 개인들 또는 집단들을 언급하는 말로 사용할 것이다. 여기서 세 가지 사회관계란 개인과 집단, 집단과 집단, 개인과 개인이 맺는 관계를 일컫는다. 여기에서 "집단"이란 용어는, 앞 단락들의 내용과 맥을 같이하여, 우연히 버스를 함께 기다리게 된 일단의 사람들이 아니라 그 멤버들을 인식 가능한 단위로 묶어 주는 영속적인 그룹을 의미한다. 그런데 "집단"이란 용어는 너무 모호해서 지금부터는 어떤 영속적인 사회적 단위를 지칭하는 말로 "공동체"란 용어를 사용할 생각이다.[1] 또한 앞 단락과 맥을 같이하여 나는 이 세 가지 관계 중에서 앞의 두 가지에 국한하여 논의할 텐데, 이 둘이 사회 조직들과 관련이 있기 때문이다. 이 작업은 다음 장에서 다룰 국가에 대한 법칙 틀의 이해를 위한 길을 닦아 줄 것이다.

나는 사회적 공동체를 다음 두 가지로 분류할 수 있다고 생각한다. 하나는 내가 "제도(institutions)"라고, 다른 하나는 "조직(organizations)"이라고 부르는 것이다. 가장 강한 종류의 사회 공동체만이 제도라고 불릴 것인즉, 이 용어는 다음 세 가지 특징을 모두 갖고 있는 공동체들만을 언급하게 될 것이다. ① 멤버들이 서로 강하게 연합되어 있다. ② 멤버십을 평생 유지할 의향이 있다. ③ 멤버십은 (적어도 부분적으로) 멤버의 뜻과 상관이 없다. 이런 특징을 지닌 공동체는 결혼, 가족, 국가, 그리고 사원이나 모스크, 교회와 같은 종교 공동체들이다.[2]

제도 내의 멤버십은 다음 두 가지 의미에서 멤버의 뜻과 상관이 없을 수 있다. 하나는 한 사람이 보통 어느 가족과 국가와 종교의 일원으로 태어난다는 의미이다. 다른 하나는 그런 제도 내의 멤버십을 바꾸는 일은 일방적인 결정으로 쉽게 이뤄지지 않는다는 의미이다. 시민권이나 종교적 멤버십을 바꾸려면 새로운 제도에 의해 수용되는 일이 필요하고, 결혼관계를 합법적으로 끝내려면 국가의 승인을 받아야 한다. 그리고 가족의 유대가 어떻게 붕괴되든지 간에 그 가족이 존속하는 동안에는 생물학적 멤버십이 여전히 존재한다. 이와 대조적으로, 사회적 "조직들"은 그 멤버의 유대가 그보다 덜 강하고 또 덜 영속적인 편이다. 조직들은 또한 누가 거기에 가입할 수 있는지를 정하긴 하지만, 멤버십은 보통 평생 유지할 의향이 없는 편이고, 멤버들은 비교적 쉽게 가입하고 떠날 자유를 갖고 있다. 조직의 예로는 사업체, 병원, 노조, 정당, 학교 등을 들 수 있다.

앞장에서 우리 이론에 따르면 인공물의 본질은 두 가지 양상에 의해 그 중심적 특징이 나타난다는 것을 살펴보았다. "기초적 기능"은 그 인공물이 형성되는 과정을 특징짓는 양상이고, "주도적 기능"은 그 형성을 주도하는 계획을 특징짓는 양상이다. 전자에 관한 한, 대다수의 인공물이 형성되는 과정은 역사적 양상으로 특징지어진다고 했다. (여기서 "역사적"이란 말은 "문화적"이란 말과 동의어이고, 인간이 자연 재료로부터 새로운 사물을 형성하는 기술력을 자유로이 발휘하는 것을 일컫는다는 점을 유념하라.) 그리고 사회 공동체 역시 인간이 형성하는 새로운 사물 중에 포함되어 있고, 그 대다수가 역사적/문화적 기초 기능을 갖고 있다는 점도 다루었다.

그러나 사물에 해당하는 인공물과 사회적 공동체에 해당하는 인공물 사이에는 중요한 차이점이 있다. 예컨대, 전자의 주도 기능은 그것이 수동적으로만 기능하는 양상을 그 특징으로 삼는다. 의자나 집은 사회적 주도 기능을 갖고 있지만, 사회적 관계를 능동적으로 운영하는 게 아니라 단지 그 양상에서 잠재적인 사회적 수동 기능만 갖고 있을 뿐이다. 그래서 그런 주도 기능은 인간의 사회생활과의 관계에서 현실화될 필요가 있다. 이와 반대로, 사회적 공동체들은 어느 한 양상에서 주도 기능을 갖고 있을 뿐 아니라 모든 양상들에서 능동적으로 작동하기도 한다. 이를테면, 사업체가 경제적 활동을 수행하듯이, 밴드나 무용단은 심미적 특징을 지닌 행동을 공연하고, 교회는 신앙적 주도 기능을 지닌 의례를 능동적으로 실행한다. 그런즉 내가 앞에서 오직 인간만이 모든 양상에서 능동적으로 기능한다고 말했는데, 이 말은 이제 인간 개개인뿐 아니라 인간으로 구성된 공동체들까지 포함하는 것으로 이해할 필요가 있다.

사회 공동체는 모든 양상에서 능동적 기능을 갖고 있다는 점에선 개인과 비슷하지만, 나름의 기초 기능과 주도 기능의 관계로 설명될 수 있는 본질을 갖고 있는 점은 개인과 다르다. 우리는 이미 인간의 본성은 특징적 기능이 없는 것으로 주장해야 할 이유를 살펴보았는데, 잠시 뒤에 이 논지를 지지하는 추가 논증을 제공할 생각이다. 현재로서는 우리가 살펴본 그 이유를 상기하는 것으로 충분하리라. 말하자면, 인간의 마음은 양상 법칙들의 한계 아래서 존재하고 또 움직이고 있으나, 그것들에 의해 좌우되지 않고 진정한 자유를 갖고 있다는 것이다. 이 자유가 가능한 것은 마음에 양상적인 기능들 이상의 것이 있기 때문이고, 이 "이상의 것"은 바로 그것이 하나님의 형상으로 창조되었음을 반영한다고 했다. 그러므로 인간의 본성을 특징짓는 것은 창조세계의 어느 한 양상도 아니고 그 모든 양상의 묶음도 아니다. 인간 본성은 속속들이 **종교적**이다. 즉, 인간은 하나님과 교제를 나누도록, 그 본성의 중심적 특징으로서 하나님과의 관계를 맺도록 창조되었고, 궁극적으로 현 우주의 바깥에서 하나님과 함께하는 운명을 지닌 채 태어났다. 사회 공동체는 모든 양상에서 능동적 기능을 소유한 면에선 개인과 비슷하지만, 방금 언급한 세 가지 종교적 관계를 특징으로 하는 본질은 갖고 있지 않다. 그 대신 이 공동체들은 그들의 유형 법칙과 관련하여 그들의 기초 기능과 주도 기능의 관계로 이해될 수 있는 그런 본질을 갖고 있다는 점에서 다른 인공물들과 비슷하다. 그래서 우리는 그들의 기초 기능을 그들의 형성과정을 특징짓는 양상으로, 그리고 그들의 주도 기능을 그 형성을 주도하는 계획을 특징짓는 양상으로 계속 간주할 것이다.

여기에서 당신은 왜 내가 "대다수" 사회 공동체들이 역사적 기초 기능을 갖고 있다고 말하는지 의아해할지도 모르겠다. '혹시 이와 다른 어떤 것이 그 공동체들의 형성 과정을 특징지을 수 없겠는가?' 하고 말이다. 내가 "대다수"라고 말한 데에는 그만한 이유가 있다. 그것은 인간의 계획과 형성의 창조물이 아니라 인간 본성의 **생명적** 측면, 곧 성적인 측면에 뿌리를 둔 두 가지 사회 제도가 들어설 여지를 남겨 놓기 위해서다. 이 두 제도는 바로 결혼과 가족이다. 결혼과 가족을 제정하는 구체적인 사회적 형태는 물론 인간의 통제 아래 있고 문화에 따라 다양하다. 그러나 결혼과 가족이 형성되는 과정을 특징짓는 것은 그 저변에 깔려 있는 남성과 여성 간의 차이점과 매력이다. 그리고 이것은 인간의 계획이나 발명이 낳은 산물이 아니다. 이 두 공동체의 중심에 생명적 양상이 있음을 보려면 그 공동체들만이 그 본래의 구성원들이 죽으면 더 이상 존재하지 않는다는 사실을 주목하면 된다. 결혼관계는 어느 한 배우자가 죽으면 언제든지 없어지고, 핵가족은 부모나 자녀 중 어느 한쪽이 죽으면 사라지게 마련이다(부모가 죽은 뒤에도 형제자매 관계는 남지만 그 가족은 소멸한다). 이 점이 바로 이 두 공동체와 다른 공동체들을 구별시키는 것이고, 후자에 해당하는 교회, 학교, 사업체, 자선기관, 국가 등은 창립 멤버들이 모두 떠나거나 죽더라도 계속 존속할 수 있다. 그러므로 우리 이론은 결혼과 가족의 생명적 기초 기능을 인지할 목적으로 이 두 가지를 "자연적인 제도"라고 부를 것이다.[3]

하지만 동시에, 결혼과 가족을 생물학적 차원으로 **한정시키는** 견해는 환원주의적이다. 창조의 생물학적 질서가 양자의 형성의 기초를 제공하지만, 그 둘의 주도적 기능과 구조적 목적은 사랑이란 윤리적 규범의 지배를 받는다. 여기서 우리 이론은 앞서 설명한 세 가지 지도 원리들에 호소할 뿐만 아니라, 그 셋을 결혼에 대한 성경의 가르침, 곧 본질적으로 남편과 아내 간의 사랑의 공동체라고 말하는 그 가르침과 묶어 놓는다(창 1:28, 2:18, 24, 막 10:5-9, 엡 5:25-33). 게다가, 창세기는 아담과 하와의 성적 관계를 이미 **타락 이전에** 그들 간의 사랑의 유대에 필요하고 또 양자 모두에게 선한 것으로 간주함으로써 이 견해를 입증해 준다. 그리고 끝으로, 우리의 일상 언어 역시 인간을 단지 "짝짓는(mating)" 존재에 그치지 않고 "사랑하는(making love)" 존재라고 말함으로써 이 점을 반영하고 있다. 그런즉 아리스토텔레스처럼 섹스의 유일한 목적이 종(種)의 영구적 존속에 있다고 주장한 사람은 심각한 잘못을 저지른 셈이다.

결혼과 가족이 인류의 존속이란 목적을 성취한다는 사실은 의심의 여지가 없다. 하지만 이 사실이 우리가 인공물의 "구조적 목적"이라고 부른 것, 즉 그 주도적 기능의 지배를 받는 그런 목적을 변경시키는 것은 아니다. 인공물의 구조적 목적에 관해 이미 지적한 내용을 염두에 두길 바란다. 거기에서 그 목적은 사람들이 품을 수도 있는 다른 주관적 목적들과 구별되어야 한다고 말했었다. 결혼에 돌입하는 배우자들이 물론 사회적 신분상승이나 재정적 이익을 동기로 삼을 수 있지만, 그래도 결혼 제도의 구조적 목적은 전혀 영향을 받지 않는다. 이 목적은 그 주도 기능에 의해 보증되고 그 내적인 정신에 의해서만 나타나는 법이다. 그것은 다름 아니라, 가장 친밀한 인간의 유대를 형성하는 그런 유의 사랑을 영속시키고 향상시키는 일이다.[4]

모든 공동체는 제각기 나름의 기초 기능과 주도 기능에 더하여, 어떤 유형 법칙에 의해 구조화되어 있고, 각 유형은 다양한 모습을 드러낸다. 예컨대, 다양한 국가와 사업체와 예술 공동체들이 존재하고, 가족도 가지각색이다. 가족의 다양한 모습은 종종 가족의 생계가 유지되는 방식과 관련이 있다. 이를테면, 농촌 가족, 노동자 가족, 왕족, 그리고 자기 사업을 운영하는 가족의 구성원들 간의 관계가 얼마나 다양한지 생각해 보라. 우리는 또한 망가진 자연적 사물이 있을 수 있듯이 망가진 사회 공동체도 있을 수 있다고 인정한다. 이와 같은 예로서 절대 독재국가와 일부다처 가족을 들 수 있다. 그러나 실제 사회 공동체의 다양성이나 결함이 그들을 가능케 하는 구조적 원리들에 영향을 줄 수 없는 것은 이런 원리들이 창조의 법적 측면에 귀속되어 있기 때문이다. 그래서 실제 공동체들은 망가질 수도 있지만, 그들의 구조를 짜는 특징적 기능들과 유형 법칙들은 결코 바뀌지 않는다.

사회 이론에 대한 이런 접근은 오늘날 전혀 환영을 받지 못한다. 많은 이론가들은 모든 사회관계를 완전히 인간의 고안물로 간주하여 변화무쌍한 것으로 간주하길 바라지, 이미 우주에 현존하는 유형 법칙들에 의해 가능케 된 잠재성의 실현으로 보지 않는다. 그러나 창조세계의 양상 법칙들과 양상 상호 간의 법칙들에 주목시키는 일이 우리 이론이 제공할 수 있는 해석상의 이점 중 하나이다. 그것은 우리로 사회 공동체의 다양한 유형들의 바탕이 되는 고정 원리들에 초점을 맞추게 해서 그들의 다양성이나 결함에 의해 길을 잃지 않게 해 주기 때문이다. 이것이 공동체들을 그들의 양상적인 특징(그들의 기초 기능과 주도 기능을 합친 것)과 특정한 유형 법칙의 견지에서 이해할 때 주어지는 중요한 이점이다. 후자를 발견하려면, 그런 유형의 공동체가 존재하기 위해 그 구성원들이 모든 양상에서 서로 맺어야 할 관계를 분석하면 된다. 그리고 우리는 이런 관계에 대한 일반적인 진술을 표명함으로써 그것을 가능하게 하는 그 유형 법칙에 근접할 수 있다. 그런데 만일 사회 공동체에 대한 이론을 지도하는 창조의 법칙 틀이란 관념이 없다면, 우리가 어떻게 각 유형의 양상적인 본질에 이를 수 있겠는가? 우리가 어떻게 어떤 사회적 형태들은 정상이고 다른 것들은 비정상이라고 말할 수 있겠는가? 도예베르트는 이렇게 말했다.

> 만일 우리가 아름다운 자수를 뒷면에서 보면 얽히고설킨 헷갈리는 십자형 무늬에서 어떤 패턴도 발견하지 못한다. 이와 비슷하게, 우리가 다양한 유형의 사회적 관계들을 볼 때 서로 얽히고설킨 모양[현존하는 형태들과 서로 관계하는 방식들]에만 주의를 기울인다면 그 구조적인 패턴을 결코 발견할 수 없는 것이다(*New Critique*, vol. III, p. 176).

이런 반론이 제기될 수 있다. 그러면 우리가 철학 이론이 없이는 사회학을 연구할 수 없다는 뜻인가? 만일 그렇다면 사회학은 사회 철학으로 귀결되는 것인가? 그렇지 않다면 양자의 차이점은 무엇인가?

우리는 이미 경험의 특정 양상을 다루는 어느 이론이라도 철학적 전제를 피할 수 없는 이유를 살펴보았다. 모든 이론은 똑같이 실재와 지식의 본질에 대해 어떤 가정을 할 테고, 이는 그 가정을 명시적으로 표명하든 않든 사실이다. 그러므로 우리의 실재론이 어떻게 사회학을 규제하는지를 지적하는 일은 우주의 본질에 대한 우리 견해(법칙틀이론)가 어떻게 사회 이론을 지도할 수 있는지를 명시적으로 밝히는 것과 다름없다. 따라서 이 접근은 모든 사회 이론가들에게 먼저 철학을 하도록 요구하는 게 아니다. 이는 다른 모든 과학에 대해서도 그런 요구를 하지 않는 것과 마찬가지다. 철학은 모든 양상들이 서로 어떤 관계를 맺고 있는지를 명시적으로 다루는 데 비해, (사회학자를 포함한) 과학자들은 그런 관념을 명시적으로 말하지 않은 채 그냥 전제로 삼을 수 있다. 하긴만 명시적으로 말하든 않든 간에, 하나도 예외 없이 이론들은 양상 상호 간의 연관성에 대해 어떻게 이해하느냐에 따라 무척 다양해질 것이다. 그런데 여기에서 법칙틀이론을 그냥 암시적인 상태로 두는 것은 이번 장의 목적에 어긋나는 일이다. 나는 여기서 이 이론이 사회학에 미치는 영향을 보여 줄 뿐 아니라 논의 과정에서 법칙틀이론을 상세히 설명할 생각이기 때문이다.

하지만 우리가 법칙틀이론을 사회 조직에 적용할 때 단지 특징적 기능과 유형 법칙의 개념들만을 사용하지는 않을 것이다. 이 둘 모두 강력한 도구이긴 하지만 말이다. 우리는 또한 양상의 규범들도 사용할 수 있는데, 이는 다양한 공동체들과 관련하여 무엇이 정상이고 무엇이 비정상인지를 가늠하는 잣대가 된다. 이것은 논란의 여지가 많은 이슈다. 다수의 사회 이론은 사회에 관한 어떤 설명이든 규범에 대한 언급을 없애지 않으면 결코 과학적이 될 수 없다고 주장한다. 그래서 과연 사회학이 공동체들이 마땅히 되어야 할 상태(사회적 규범)를 언급하지 않은 채, 단지 그들의 현 상태(사회적 사실)를 묘사함으로써 그 본질과 상호작용에 관한 이론을 개발할 수 있는가 하는 문제에 눈을 돌리게 된다. 이 이슈를 다루려면 먼저 "규범"이란 용어의 뜻을 분명히 할 필요가 있다.

12.2 사실 vs 규범

앞장에서는 사물이 지닌 능동적 기능들과 관련해 양상들 사이에 순서가 있다는 점을 살펴보았다. 양상 목록의 아래편에 있는 양상들에서의 능동적 기능은 위편에 있는 양상들에서의 능동적 기능의 전제조건이 된다. 아래편에 있는 양상들과 위편에 있는 양상들 간의 또 다른 차이점은 아래편의 양상 법칙들은 엄중하다는 것이다. 말하자면, 우리가 노력해도 도무지 위반할 수 없는 법칙들이라는 뜻이다. 실제로 우리가 양적 양상, 공간적 양상, 운동적 양상, 또는 물리적 양상에 담긴 법질서를 범할 수 있는 길은 없다. 그런데 그 목록에서 생물학적 양상부터 그 위편으로는 그 질서의 성격이 바뀐다. 위편으로 올라갈수록 각 양상의 질서가 위반될 가능성이 더 많아진다. 물리적 양상보다 높은 양상들 내의 질서는 무엇이 필요하고, 가능하고, 불가능한지를 엄격하게 정하는 질서가 아니라, 갈수록 식물과 동물과 사람이 각 양상의 목적을 최대한 성취하려면 마땅히 좇을 행동방식을 가리키는 규범들로 구성되어 있다.

예를 들면, 생명적 양상의 **법칙들**은 어떤 생물학적 속성들 간의 관계를 결정한다. 그런데 다른 생물학적 속성들과 관련이 있는, 건강을 위한 생명적 **규범들**도 존재한다. 생물체가 이런 규범을 어기고도 여전히 생존할 수는 있지만, 만일 그 규범을 따르면 더 건강해질 것이다. 또는 논리의 법칙들에 대해 생각해 보라. 어느 의미에서 논리 법칙은 범할 수 없는 것이다. 창조세계의 모든 것은 그 어떤 것도 동시에 동일한 의미에서 참과 거짓일 수 없다는 논리적 공리에 따라 존재하고 있다. 하지만 우리가 논리적 추론의 오류를 범하거나 양립 불가능한 신념들을 견지함으로써 생각 속에서 이 공리를 위반할 수는 있다. 그런즉 창조물을 위한 논리적 질서는 생각을 제외한 모든 것에 대해 범해질 수 없는 법칙의 특성을 갖고 있는 한편, 그 질서는 우리의 사고 활동에 대해 규범적이다. 물론 우리가 그 질서를 위반할 수는 있으나, 만일 우리가 타당한 추론을 했다는, 또는 우리의 믿음이 일관성이 있다는 논리적 확신을 품고 싶으면 그렇게 해서는 안 된다. 이보다 위편에 있는 양상들의 경우에는 그 질서를 위반할 수 있는 우리의 능력이 우리의 생각을 넘어 행동에까지 확장된다. 경제적 규범, 심미적 규범, 사법적 규범, 윤리적 규범 등은 우리가 생각이나 신념에서뿐 아니라 행동으로도 위반할 수 있다. 그러나 이로 인한 영향은, 거기에 개입하는 어떤 힘에 의해 바뀌지 않는 한, 언제나 부의 증대, 예술의 창조, 정의 실현, 또는 선행과 같은 목적을 저해하게 될 것이다. 하지만 우리가 규범을 위반할 수 있다고 해서 그것이 우주적 법칙 틀의 일부라는 사실이 바뀌는 것은 아니다. 실은 규범의 위반에 따르는 결과가 그런 규범의 실재와 구속력을 무척 생생하게 보여 주곤 한다. 요약하자면, 법칙 틀의 이 부분들은 인간에 의해 위반될 수 있는 독특한 성격을 지니고 있기 때문에, 그리고 그것들이 바람직한 상태에 대한 표준을 제공하기 때문에 "규범"이라고 불리는 것이다.

 이제까지 규범이 무엇인지를 얘기한 만큼 그것을 둘러싼 몇 가지 흔한 오해에 대해 경고하고 싶다. 첫째, 평균적인 것 내지는 통상적인 것과 양상의 규범을 따른다는 의미에서 규범적인[정상적인] 것을 서로 혼동하지 않는 것이 중요하다. 내가 "규범적"이란 말을 쓸 때에는 그것이 실제로 얼마나 자주 위반되는지와 상관없이 어느 양상의 규범을 따른다는 것을 뜻한다. 둘째, 이 규범이 해당 양상 내에서 지배력을 발휘하는 일은 우리의 의식이 그에 관한 정확한 진술을 아는지 여부에, 또는 그것을 따르려는 우리의 의도적 노력에 달려 있지 않다. 사람들의 생각과 행위는 자기가 의식적으로 표현하지 않은 규범의 지배를 자주 받곤 한다. 이 점은 사람들이, 그 규범이 무엇인지를 정확히 말할 수 없는데도, 어떤 행동은 규범을 따르는 반면 또 어떤 행동은 그렇지 않다는 것을 인식한다는 사실로 입증된다. 가장 자명한 예를 들면, 비(非)모순의 법칙을 거론한 적이 없는 사람들이라도 자가당착을 피하려고 애쓴다는 것이다. 그리고 우리는 비록 많은 예술 규범을 진술할 수 없고 또 정확하게 진술하지 않을지라도 "이 예술 작품이 저 작품보다 낫다"는 판단을 내린다. 유념할 점이 있다. 비교적 최근까지 아무도 심리학이나 경제학의 규범을 만들지 않았지만, 아직까지 특정 양상에 대한 규범이 안 만들어졌다고 해서 앞으로도 만들 수 없는 것은 아니라는 점이다. 언어학 분야도 마찬가지다. 우리는 특정한 단어들의 배열이 문장이 아니라 난센스라는 것을 알고, 어떤 것을 진술하는 이런 방식이 저런 방식보다 더 명료하다는 것을 인식하는데, 이는 우리가 규범적인 언어 규칙을 만들 수 있는지 여부와 아무런 상관이 없다. 이런 예들은 우리가 언제나 이런 양상들의 규범을 전제하고 있다는 사실을—그 규범들이 모호하거나 형성되지 않았거나 잠재의식 속에 있다고 할지라도—보여 준다.

끝으로, 규범은 이교적인 그리스의 형상(Form) 관념과 같은 절대적인 완전성이 아니다. 규범을 언어나 사업이나 정의나 도덕 등을 위한, 불변하는 완벽한 모델로 생각하면 안 된다. 만일 그렇다면, 모든 것은 그 모델을 빼닮기 위해 모방해야 할 테고, 그것을 닮은 모든 것은 판에 박은 듯 똑같게 될 것이다. 오히려 우리는 규범을, 한 양상의 특징적인 가치들을 지키는 역할을 하는 그 양상의 질서의 일부라고 본다. 이 때문에 많은 행위와 생각과 인공물은 모두 한 양상의 규범을 똑같이 따르면서도 서로 상당히 다를 수 있는 것이다. 예컨대, 심포니의 연주들은 서로 다르면서도 똑같이 미적으로 훌륭할 수 있고, 다양한 진술들이 똑같이 윤리적 연민을 지닐 수 있으며, 서로 다른 판단들이나 행위들이 똑같이 정의로울 수 있는 것이다.[5]

규범에 대해 방금 말한 내용은 사회학의 여러 문제를 다루기 위한 예비단계였다. 그것은 규범을 둘러싼 문제들로서 특히 규범이 주관적인지 객관적인지, 그리고 사회 이론에서 규범이 없어도 괜찮은지 또는 없어야 하는지와 관련이 있다. 주관주의적 견해에 따르면, 실제로는 규범이 없고 단지 개인과 사회가 행위의 (자의적인) 지침으로 생각하는 주관적인 감정과 편견만 있을 뿐이라고 한다. 그래서 주관주의자는 사회 이론이 규범을 포함하는 것을 비(非)과학적이라고 본다. 이 입장을 선호하는 주장은 규범이 정확히 무엇인지를 둘러싼 심각한 논쟁이 있고, 그것을 해결할 만한 명쾌한 해답이 없다고 말한다. 이로부터 나오는 결론은 객관적으로 참된 규범들이 있을 수 없으므로 사회학은 사회적 사실("현존하는" 것)에 대한 묘사에만 집착하고 일체의 규범적 평가("마땅히 되어야 할" 것)를 피해야 한다는 것이다. 그런데 이 접근을 취하는 자들 사이에도 일체의 규범적 판단을 벗어던진 뒤에 남는 사회학적인 "적나라한 사실들"이 무엇인지를 둘러싸고 의견이 분분하다.

다른 한편, 아리스토텔레스의 고전적인 객관주의 이론은 규범이 실제로 근거를 갖고 있다고 한다. 이 근거는 "자연적인" 양상들의 법칙들의 근거와 동일하다고 본다. 말하자면, 법칙 진술과 규범 진술 모두 사물의 형상(Form)이 보증하는 사물의 본질에 대한 우리의 설명에서 나온다는 것이다. 물론 규범에 대한 모든 객관주의적 견해들이 아리스토텔레스의 형상 이론을 신봉하는 것은 아니지만, 모두가 어느 의미에서 규범은 자연으로부터 직접 "읽어낼 수" 있다고 분명히 말한다. 이어서 그 규범들이 무엇인지를 읽어내는 그들의 해석을 변호하기 위해, 그리고 사회 이론에서 일체의 규범적 판단을 배제하는 게 불가능하다는 것을 보여 주기 위해 여러 논증을 제공한다.

실재론의 경우처럼, 우주적 법칙 틀의 관념은 주관주의와 객관주의와는 다른 경로로 나아가는 독특한 사고의 방향을 제시해 준다. 우리는 창조세계의 모든 것이 규범적 양상들을 포함해 모든 양상 법칙들 아래서 똑같이 작동한다고 주장하기 때문에, 논리와 언어, 경제와 예술, 정의와 윤리 등의 규범들이 주관적 편견에 불과하다는 입장을 철저히 배격한다. 물론 일부 양상의 규범들에 관한 정확한 진술에 대해선 의견이 분분하지만, 인간 행위와 사회 공동체들이 본질적으로 규범의 지배를 받는다는 사실은 아무도 피할 수 없다. 예컨대, 언어에서 명료성의 규범을, 또는 경제에서 수요와 공급의 규범을 사용하는 일은 담론과 사업의 분야에서 도무지 피할 수 없다. 도덕적으로 옳은 일을 하려면 사랑의 규범(네 이웃을 네 자신과 같이 사랑하라)을 피할 수 없고, 공정하게 되려면 정의의 규범(사람들이 자기 몫을 얻어야 한다는 것)을 피할 수 없는 법이다. 이 규범들은 이런 종류의 인간 활동과 공동체를 가능하게 하는 주도 기능을 지배하는 원칙들이다. **심지어 이런 활동이나 공동체에 참여하는 사람들이 그 규범들을 부인하거나 위반하더라도 마찬가지다.**

이 사실은 심지어 그것을 노골적으로 부인하고 싶은 이론이라도 암묵적으로 인정하지 않을 수 없다. 예를 들면, 사업체의 목적은, 설사 그 소유주의 주관적인 의도가 경제적인 부가 아니라 명성이나 경쟁자의 압도라 할지라도, 경제적 규범을 따를 수밖에 없다. 이와 비슷하게, 결혼 제도의 목적은, 비록 한 배우자가 경제적 이익을 위해 결혼했다고 해도, 여전히 사랑의 규범을 따르게 된다. 그렇기 때문에 남편과 아내 사이에 사랑이 없을 때에는 진정한 결혼관계가 존재하지 않는 것이고, 그들은 "명목상" 결혼관계를 유지한다는 소리를 듣게 되는 것이다. 마찬가지로, 가족의 구성원들 역시 사랑의 규범을 좇지 않고 서로를 미워할 수 있다. 하지만 이 경우는 비정상적인(ab-normal, 규범에서 이탈한) 가족이란 사실을 모두가 알고 있다. 회당이나 교회의 주도 기능 속에 심겨진 목적은 신앙적 규범의 지배를 받는다. 이는 일부 교인들이 순전히 사회적 위신을 위해 거기에 참여한다고 하더라도 변함이 없다. 그래서 인간 행위와 인공물의 주도 기능에 속하는 규범, 즉 그 본질 속에 어쩔 수 없이 새겨진 규범의 지배를 받는 그런 목적이 존재한다는 것이 우리의 주장이다. 만일 규범의 지배를 받는 구조적 목적이 우리의 시야에서 제거된다면, 우리는 그런 목적이 제거된 행위나 공동체를 인간 특유의 것으로 인식하지 못할 테고, 그것이 무엇인지를 도무지 이해할 수 없을 것이다. 예컨대, 우리가 사업체를 생각할 때, 만일 경제적 규범에 대한 언급이 모두 제거된다면, 우리의 머릿속에 무엇이 남겠는가? 우리가 결혼이나 가족에 대해 생각할 때, 사랑에 대한 모든 언급을 삭제한다면, 우리의 머릿속에 무엇이 남을까? 만일 우리가 신앙의 규범과 목적을 무시해 버린다면, 신전이나 회당이나 교회나 모스크에 관한 우리의 이해에 무엇이 남겠는가? 그러면 이런 공동체의 **개념들** 자체가 가장 본질적인 특성을 잃어버리는 꼴이 될 것이다!

공동체의 주도 기능 속에 심겨진 구조적 목적이란 개념을 인정하는 우리 이론은 다른 많은 이론들과는 달리 범죄 행위와 범죄 조직을 이해할 수 있는 장점이 있다. 가령, 범죄성 기업연합은 법률에 반영된 정의 규범을 고의적으로 위반하지만, 그 조직의 경제적 목적을 주도하는 경제적 규범에 의해 그 구조가 짜여 있다. 사실상 정의의 규범을 거론하며 그런 행위를 범죄로 판단하지 않는다면, 어떤 조직이 **범죄** 집단인지 여부를 인식할 수조차 없다. 이와 비슷하게, 만일 우리가 범죄율을 열악한 주택 환경이나 가난과 같은 요인들의 견지에서 설명하려 한다면, 이런 조건들이 사회적 규범과 경제적 규범을 위반한다는 사실 때문에 그런 것을 문제시할 수 있는 것이다. 주택 환경을 "열악하다"고, 또는 경제적 조건을 "가난"이라고 부르는 것은 규범적 판단을 내리는 일과 다름없다.

다른 사회 제도와 조직에 대해서도 똑같이 말할 수 있다. 국가는 불법적인 행위를 할 수는 있어도 여전히 정의의 규범이 이끄는 합법적인 구조적 목적을 갖고 있을 것이다. 그렇기 때문에 정부나 정부 관료의 범죄가 우리에게 더 혐오스럽게 보이는 것이다. 그 제도의 주도 기능이 규정하는 목적을 바로 그들이 침해하기 때문이다. 이는 정당, 곧 정책과 국가 지도자들에 대한 신뢰 형성을 그 구조적 목적으로 삼는 정당에도 적용된다. 이 때문에 우리는 정당이 신앙적 주도 기능을 특징으로 삼는다고 말하는 것이다. 그럼에도 불구하고, 정당은 사람들이 부여하는 신뢰를 깨뜨리고 심지어는 국가를 그 구조적 목적인 정의를 위반하도록 유도할 수 있다(나치당을 생각해 보라). 그렇지만 규범은 사라지지 않고 또 무시될 수도 없다. 흔히 말하듯이, 범죄 조직조차도 그들이 신봉하는 내부의 윤리적 규율이 있어서 그것을 "도둑끼리의 의리"라고 부른다. 그리고 가장 난폭한 무정부 조직이라도, 만일 그 조직원들이 공정성이나 신뢰의 규범을 전혀 준수하지 않는다면, 금방 무너지고 말 것이다.

그러므로 우리는 부분적으로 객관주의 입장과 의견을 같이한다. 이 입장은 규범들은 실재하므로 우리가 아무리 노력해도 무시될 수 없다고 주장하기 때문이다. 그러나 다른 한편으로, 고전적인 객관주의 입장과는 의견을 달리할 수밖에 없다. 이를테면, 규범은 사물의 본질(들)로부터 추정한 것에 불과한즉 그 본질이 규범을 가능하게 한다는 주장에는 동의할 수 없다. 그 대신 우리 이론은 창조세계에 독특한 법적 측면이 있다고, 즉 특정 유형의 사물들이 존재하는지 여부와 상관없이 그 규범은 존재한다고 주장한다. 일부 비평가들은 이 논점을 사소하게 여긴 나머지 우리 입장을 객관주의의 또 다른 형태로 간주한다. 그러나 법칙과 사물이 상호관계를 맺으며 존재한다는 주장은 결코 사소한 논점이 아니다. 만일 규범이란 것이 사물의 순수한 본질의 요약판에 불과하다면, **어떤 것이든 자체의 본질을 위반하여 다른 어떤 것이 되지 않고는 그 규범들을 위반하는 일이 불가능할 것이다.**[6] 그래서 우리 이론은 이런 객관주의와는 달리, 개별적 행위들과 공동체들이 규범을 위반해도 나름의 정체성을 유지할 수 있는 사실을 설명해 줄 수 있다.

더 나아가서, 이 점은 우리의 입장, 곧 규범을 그것이 지배하는 사물과 행위와 공동체와 동일시하면 안 되고 실재의 독특한 측면으로 간주해야 한다는 입장을 지지해 준다. 그렇기 때문에 우리는 그 주도 기능에 의해 규정되는 어떤 행위나 공동체의 목적을 "객관적인(objective)" 목적이라고 부르지 않는 것이다. 인간 행위와 인공물의 주도 기능에 내포된 규범적인 목적은 경험의 **주체(subjects)**인 우리 속에 있지 않은 것처럼 우리 경험의 **객체(objects)** 속에도 있지 않기 때문이다. 그래서 나는 그런 주도 기능을 "구조적인" 목적이라고 불렀던 것이다. 이는 바로 각각의 창조된 개체의 구조적 질서를 결정하는 유형 법칙들을 소유한 우주적 법칙 틀을 가리키고 있다.

우리는 또한 인간 이성은 자율적이고 사물의 본질로부터 규범을 읽어내는 면에서 중립적이라고 보는 전통적인 객관주의 입장과 의견을 달리한다. 이 규범을 둘러싼 논쟁으로 인해 주관주의자들은 객관주의를 배격한다. 만일 공평한 이성에 의해 우리가 경험하는 사물의 본질로부터 규범을 정말로 "읽어낸다면", 어째서 모든 사람이 그것을 똑같이 보지 않느냐고 그들은 묻는다. 하지만 이와 대조적으로, 우리는 규범과 규범적인 구조적 목적이 중립적으로 해석된다는 것을 부인한다. 우리의 주장은, 모든 사람이 전(前)이론적 경험으로 규범들을 직관적으로 인식할 수 있지만, 그 규범들은 언제나 그들의 이해를 규제하는 종교적 믿음에 따라 매우 다르게 해석되리라는(또 그릇 해석되리라는) 것이다. 이교적인 신관(神觀)은 신적인 것으로 추정되는 양상(들)과 밀접한 관계에 있는 규범을 과대평가하는 환원주의 실재관을 요구하고, 따라서 환원주의 견해와 가장 양립하기 어려운 양상들의 실재는 과소평가되거나 부인되게 된다. 그래서 규범과 관련해서도, 우리는 규범의 해석(그리고 어느 정도는 그에 대한 인식조차)이 철학적 관점의 규제를 받고, 또

이 관점은 이런저런 종교적 믿음의 통제를 받는다고 주장하는 바이다. 이런 식으로 법칙틀이론은 주관주의를 괴롭히는 현실, 말하자면 수천 년에 걸쳐 많은 문화에서 특정한 규범들을 인정한다는 사실을 설명할 수 있다(고도로 발달한 모든 문화가 인정해 온 많은 윤리적 진리와 사법적 진리를 생각해 보라). 그리고 동시에 이 이론은 객관주의의 난제로 꼽히는 것, 곧 규범들의 해석을 둘러싼 날카로운 의견불일치도 설명할 수 있다.

현재 유행하는 것은 주관주의인 만큼 이에 대해 나는 의문의 형태로 추가적인 비판점을 제시할까 한다. 왜 우리는 규범을 둘러싼 의견불일치를 볼 때 단지 주관적인 편견에 불과하다고 생각해야 하는가? 규범에 대한 그런 결론이 어째서 색깔에는 적용되지 않는 것인가? 예컨대, 두 사람이 동시에 동일한 빛에 비친 동일한 물체를 볼 때에도 그것이 파란색보다 녹색에 가까운지 여부를 놓고 의견이 다를 수 있다. 그런데 이것은 과연 색깔이 사물의 진정한 (수동적인) 감각적 속성이 아니라 우리의 주관적인 편견에 불과하다는 것을 증명하는가? 분명 그렇지 않다. 그렇다면 왜 규범에 대해서는 그런 결론을 내리는가?

요컨대, 순전한 사실들을 다루기 위해 규범을 제거하는 프로그램은 사회 이론에 해롭고 또 실제로 불가능하다는 것이다. "마땅히 되어야" 할 것은 언제나 "현존하는" 것의 일부이다. 규범들은 자연법과 같이 그 근원이 하나님에게 있고, 주체와 객체 양자와 구별되는 별개의 존재를 갖고 있다. 오직 하나님만이 창조세계에 법칙을 부여하는 분이다. 그렇기 때문에 심지어 사람들이 규범을 위반하는 자유를 행사할 때에도 규범은 계속해서 창조세계를 지배할 수 있고 또 실제로 그렇게 하는 것이다. 또한 이 때문에 인간 행위와 공동체들의 껍질을 조금씩 벗겨 "적나라한 사실들"에 이르고자 하는 이론들은 자기 파괴적인 짓을 하고 있는 셈이다. 규범의 지배를 받는 그 구조적 목적을 벗겨내고 그 주도 기능을 무시하는 처사는 그것들 특유의 인간적이고 사회적인 특성을 파괴하는 일이고, 결국에는 그 정체성을 알 수 없게 만들 것이다.

12.3 개인주의 vs 집단주의

사회 이론의 또 다른 대표적인 문제는 개인주의적 사회관과 집단주의적 사회관 중에 어느 것을 취하느냐 하는 것이다. 이 주제를 다루는 저자마다 오랜 세월에 걸친 이 딜레마의 어느 한편으로 기울어졌기 때문에 지금은 누구라도 어느 하나를 택할 수밖에 없다고, 또는 경우에 따라 양자를 결합하려고 노력할 수밖에 없다고 생각하는 것이 보통이다.

개인주의자는 기본적인 사회 단위가 개인이라고 주장하면서, 개인은 공동체 없이도 존재할 수 있지만 공동체는 개인들에 의해 형성되고 개인들로 구성되기 때문이라고 한다. 예컨대, 개인주의자인 토마스 홉스는 인간의 삶은 본래 "홀로" 영위되다가 나중에 사회 공동체들이 형성되었다고 주장했다. 공동체를 형성하게 된 동기는 그 외톨이 인생이 "가련하고 싫고 야만적이고 짧았기" 때문이라고 그는 생각했다. 하지만 일단 공동체가 형성된 뒤에는 그 본질을 이해하는 일이 중요하다고 믿었다. 다른 개인주의자들은 심지어 사회 공동체와 같은 실재는 존재하지 않는다고까지 주장한다. 정말로 존재하는 것은 개인들과 그들이 특정 방식으로 상호관계를 맺기 위해 승낙하는 동의밖에 없다고 한다.

다른 한편, 집단주의자는 모종의 공동체가 기본적인 사회적 실체라고 주장하면서, 개인들을 생산하고 지탱하는 것이 바로 공동체이기 때문이라고 한다. 그들은 개인을 문자 그대로 큰 사회적 덩어리의 일부라고 보며 후자 없이는 전자가 존재할 수 없다고 생각한다. 예를 들면, 아리스토텔레스는 이렇게 말했다.

> 그런즉 국가가 본래 가족과 개인보다 앞서는 것은 전체는 반드시 부분보다 선행하기 때문이다. … 그 증거는… 개인이 고립되면 자급자족이 불가능하다는 것이다(*Politics* bk 1, ch 2).

따라서 나름대로 타당한 논리를 지닌 두 가지 입장이 있는 셈이다. 집단주의자는 만일 어머니와 유아를 돌보는 부모와 확대 가족 집단이 없다면 어떻게 개인이 존재할 수 있느냐고 묻고, 개인주의자는 만일 집단을 구성하는 개인들이 없다면 어떻게 어느 집단이든 존재할 수 있느냐고 묻는다. 이것은 닭이 먼저냐 달걀이 먼저냐 하는 옛날의 농담과 비슷하고, 이 논쟁이 사회 이론과 사회 행습에 아주 심각한 결과를 초래하지 않는다면 오히려 이상할 것이다. 우리가 다음 장에서 살펴볼 것처럼, 특히 사회의 제도들과 조직들과 연관된 정의(正義)의 개념과 관련하여 더욱 그러하다.

그런데 개인주의/집단주의 딜레마를 다루기에 앞서 과연 사회 공동체들을 실존하는 것으로 간주해야 하는지의 문제를 처리하도록 하자. 우리는 보통 사회 제도나 조직을 하나의 "사물"로 거론하진 않지만, 그렇다고 그런 것이 실재하지 않는다는 뜻은 아니다. 우리가 보통은 사람을 "사물"로 거론하지는 않지만, 그렇다고 사람들이 실재하지 않는다는 뜻이 아닌 것과 마찬가지다. 그리고 사물과 사람을 별개의 단일체로 인식할 수 있듯이 사회 공동체들도 그렇게 인식할 수 있다. 그뿐만 아니라, 사회적 제도라는 것은 없고 개인들과 그들의 관계만 존재한다는 주장은 일종의 자가당착이다. 만일 개인 상호 간의 관계가 실재한다는 것을 인정한다면, 결혼, 가족, 사업체, 교회, 학교, 노조, 정당 등 역시 실재한다는 것을 어떻게 부인할 수 있는가? 개인들 간의 관계가 실재한다면, 그들로 구성되어 있는 공동체들도 실재하는 것이다. 그뿐만 아니라, 공동체가 그것을 이루는 개인들 이상의 그 무엇이라는 견해는 결혼을 제외한 모든 공동체의 경우 그 구성원들이 바뀌더라도 그 정체성이 지속된다는 사실로 충분히 지지될 수 있다. 게다가, 사회 공동체들은 경험의 모든 양상에서 작동하고 있고, 그들의 본질을 결정하는 다양한 특징적 기능들을 갖고 있다는 것도 이미 살펴보았다. 그러므로 이 모든 점에서 공동체들은 인간이 형성하는 다른 인공물들과 마찬가지이고, 인공물들과 똑같이 실재하는 것으로 간주되어야 한다.

일단 극단적인 견해를 제쳐 놓으면, 모든 개인주의 이론의 핵심은 개인들이 공동체보다 더 기본적인 실재라는 주장이다. 여기서 "기본적"이란 용어의 뜻은 환원주의 실재론에 나왔던 것과 동일하다. 말하자면, 개인들은 공동체가 없어도 존재할 수 있지만 공동체는 개인들이 없이는 존재할 수 없다는 뜻이다. 그런데 이것은 지극히 개연성이 없는 주장이다. 아리스토텔레스가 지적했듯이 외톨이 인간은 금방 죽고 말 것이다. 이 논점이 옳다는 것을 알려면, 유아들은 상당한 기간에 걸쳐 전적으로 무력하기에 지속적인 돌봄과 관심이 필요하다는 사실을 생각하면 된다. 그뿐만 아니라, 산모 역시 출산 직후에 보호와 음식이 필요하기 때문에 어떤 사회적 주선이 없으면 결코 생존할 수 없다. 혹시 고립된 어른은 광야에서 생존할 수 있지 않느냐는 반론을 들고 싶을지도 모르겠다. 하지만 그것이 가능한 이유는 그 사람이 인간 사회에서 성장하는 동안 생존에 필요한 지식과 기술을 획득했기 때문임을 잊어서는 안 된다. 끝으로, 홉스의 주장처럼 과거에 사람들이 사회 공동체에서 완전히 고립된 상태로 살았던 시기가 있었다는 증거가 없고, 존 로크의 주장처럼 지배 권력이 없이 살았던 때가 존재했다는 증거도 없다. 우리가 아는 한, 사람들은 언제나 가족, 부족, 친족, 또는 마을 안에서 그리고 모종의 공인된 권위와 통치와 전통과 함께 살아 왔다.

다른 한편으로, 집단주의 입장은 각 사람을 모종의 포괄적인 사회적 덩어리에 의존하는 존재로, 그래서 문자 그대로 그 일부로 본다. 그러나 이 주장은 사회 공동체들의 본질과 전혀 어울리지 않는다. 개인들이 사회 공동체가 없이는 존재할 수 없듯이 사회 공동체도 개인들이 없이는 존재할 수 없으므로, 사회 공동체는 개인들과의 관계에서 결코 자립적이지 않다. 그런즉 개인주의에 대한 우리의 첫 번째 반론이 그 입장의 가장 근본적인 주장을 공격했듯이, 집단주의에 대한 우리의 첫 번째 반론도 이 입장의 가장 근본적인 주장을 공격한다. 따라서 우리는 두 이론 모두 잘못되었다고 말하는 것이다. 왜냐하면 개인들과 사회 공동체는 어느 하나도 다른 하나가 없이는 존재할 수 없는 관계, 곧 상호관계를 맺으며 존재하고 있기 때문이다. **양자 모두 하나님에 의해 동시에 창조되었은즉 어느 것도 다른 것의 근원이었던 적이 없기 때문에 어느 것이 다른 것의 "기본"이라고 볼 수 없다는 말이다.**

게다가, 유신론적 관점에서 보면, 개인들을 어느 사회 공동체의 일부로만 간주하는 것은 도무지 용납할 수 없다. 그들은 국가라는 "기계의 톱니바퀴"나 가족이란 "유기체의 세포"에 불과한 존재가 아니다. 유신론적 관점에서 인간의 가장 독특한 특징을 꼽으라면 하나님과 교제할 수 있는 능력을 들 수 있다. 이것이, 창세기에 따르면, 그들이 창조된 목적이고, 이로 말미암아 사람들은 모든 인간 공동체를 초월하는 하나님의 영적인 나라의 일원이 될 수 있는 것이다. 이는 모든 인간에 해당되는 보편적 진리이므로, 설사 그들이 참 하나님을 배척할지라도 다른 무언가를 신으로 믿지 않을 수 없는 것이다. 이런 경우에는 그들이 모든 인간 공동체를 초월하는, 거짓 믿음의 영적인 나라의 일원이 된다. 이 때문에 우리로서는, 인간들이 사회 공동체 안에서 살고 또 기능하지만 그들이 단지 일부분에 불과한 그런 인간 공동체는 없다고 주장하지 않을 수 없다.

따라서 우리가 비환원주의 프로그램을 추구하고 이것을 방금 언급한 성경의 가르침과 결합하면 다음과 같은 입장으로 귀결된다. 즉, 인간은 창조세계의 모든 양상에서 능동적으로 기능하지만 인간 본성은 그 모든 기능의 총합에 불과한 것이 아니라는 입장이다. 우리가 9장과 11장, 그리고 이번 장의 앞부분에서 살펴본 것처럼, 인간 본성은 인간의 "마음" 내지는 자아 속에 있고, 이는 창조세계를 초월하는 창조주와 독특한 관계를 맺고 있는 만큼 이 모든 기능 이상의 것이다. 그러므로 다른 모든 피조물과는 달리, 인간은 단 하나의 특징적 기능을 갖고 있지 않다. 심지어는 그들의 신앙을 표현하는, 신앙적 양상에서의 기능조차도 그들의 마음과 하나님과의 관계와 동일하지 않다. 오히려 모든 신앙적 행위를 지도하는 것은 하나님(또는 하나님의 자리에 앉는 다른 신적인 것)과 관련된 마음의 방향이다. 그 방향을 올바로 잡으면, 마음과 하나님의 관계는 창조된 실재를 넘어 창조되지 않은 하나님에게로 확장되고, 이미 지적했듯이 그것은 곧 인간을 **종교적** 존재로 특징짓는 관계이다. 동시에 이 점은 인간들이—개인적으로 또 집단적으로—특징적 기능을 갖고 있는 사회 공동체 안에서 행동하고 또 거기에 참여한다는 사실과 얼마든지 양립이 가능하다.

우리는 또한 사회 공동체들은 각 인간이 하나님과 맺을 수 있는 그런 직접적인 관계를 맺을 수 없는 이유도 살펴보았다. 이 공동체들은 물론 하나님이나 다른 신격화된 존재를 섬기는 규범과 관념과 전통 등의 지배를 받고 있다. 그러나 종교적 제도조차도 사람처럼 영원한 운명을 지닐 수는 없다. 그런즉 사회 공동체의 본질과 인간 본성 사이에는 중요한 차이점이 있기 때문에 사람을 어떤 사회적 덩어리의 일부에 불과한 존재로 이해하면 안 된다.

이와 똑같은 이유로, 우리는 또한 이런 전통적 이론들이 제각기 초래하는 중요한 결과를 배격해야 한다. 예컨대, 개인주의 이론들은 모든 사회 공동체들이 자유로운 개인들, 즉 귀중한 가치를 증진하려고 그들 사이에 계약을 맺은 개인들의 자발적 결사로 형성되었다고 생각한다. 그 결과, 이 이론들은 보통 그런 "사회 계약"을 무엇보다도 중요한 개인의 가치와 안녕을 보장하는 최상의 방법으로 간주한다. 그래서 보다 큰 공동체의 안녕을 부차적인 것으로 간주하는 것이다. 이와 반대로, 집단주의 이론들은 개인들이 언제나 생물학적으로 또 문화적으로 사회 공동체들에 의존하고 있다고 주장한다. 그들의 견해에 따르면, 사회 공동체라는 것은 한때는 공동체 없이 살았고 또 원하기만 하면 지금도 그렇게 살 수 있는 사람들이 자발적으로 만든 것이 아니라고 한다. 따라서 그들은 포괄적인 사회 공동체의 가치와 안녕을 어느 개인보다 더 중요하게 여길 뿐 아니라 그 속의 모든 하부 공동체들보다도 더 중요하게 평가한다. 이런 식으로, 개인이 공동체를 창조하느냐 아니면 공동체가 개인을 창조하느냐의 질문에 대한 각 이론의 답변은 사회적 우선순위에 중요한 차이를 초래하는 것이다. 사회의 유익과 개인의 유익 사이에 갈등이 생길 경우, 전자는 개인에 우선권을 두는 반면에 후자는 공동체에 우선권을 부여한다. 우리의 이론과는 달리, 양편 모두 개인과 사회 간의 원칙적인 균형을 깨뜨릴 수 없는 것은 각 입장이 어느 한쪽에 환원주의적 우선성을 부여함으로써 출발했기 때문이다.

사회적 우선권을 어디에 둘지를 둘러싼 이 논쟁은 각 편에 있는 이들의 태도를 약간 다르게 만드는 것으로 그치지 않는다. 가령, 법정 소송에서 개인주의적 견해를 지닌 판사는 개인의 권리를 선호하는 방향으로 기울어지고, 집단주의자인 판사는 사회의 안녕을 선호하는 쪽으로 기울어지는 것으로 끝나지 않는다. 물론 이런 결과 자체도 상당히 중요하고 사건의 판결에 중요한 차이점을 가져오는 것은 사실이다. 하지만 이 두 가지 입장의 진정한 중요성은 그보다 더 큰 점에서 찾아야 한다. 다름 아니라, **각 입장은 사법적 판단뿐 아니라 법률의 기록 방식의 저변에 깔려 있는 정의의 개념에 편향된 관점을 제공한다는 점이다.**

어느 정도로 그러한지를 알고 싶으면, 아리스토텔레스와 마르크스의 집단주의 이론은 정의(正義)를, 사회 전체의 보존을 위해 사회의 부분들 간에 조화를 유지하는 일이라고 **정의(定義)했다**는 것을 상기해 보라. 그들의 견해에 따르면, 국가를 제외한 모든 사회 공동체는 국가의 유익을 위해 전적으로 국가의 규제를 받아야 한다는 것이다. 그들이 이런 입장을 취한 것은 다른 모든 공동체들을 포괄적인 사회적 덩어리인 국가의 일부로 추정했기 때문이다. **그래서 국가의 의견에 따라 국가를 보존하는 경향이 있는 것이면 무엇이든지 정의(正義)라고 보았다.** 그런즉 이 견해는 국가가 요구하거나 금하는 것에 본질적인 제약이 있을 수 없다고 본다. 결과적으로 인권이란 것도 국가 이익에 따라 국가가 승인하는 자유에 불과하다고 보는 것이다. 이와 반대로, 큰 영향을 미친 로크의 개인주의 이론은 정의 개념의 핵심은 각 개인의 생명과 재산의 보호라고 주장했다. 이 견해는 개인을 "타고난" 도덕적 권리와 법적 권리의 소유자로 보며, 이는 국가가 제공하는 게 아니라 오히려 보존되어야 마땅한 것이라고 한다. 개인들이 타고난 권리를 정당하게 잃을 수 있는 유일한 길은 그것들을 국가에 양도하기로 자발적으로 동의하는 경우뿐이라고 로크는 생각했다. 로크의 견해는 집단주의적 견해보다 크게 진보된 것임이 분명하다. (그리고 이 견해에는 성경의 가르침에서 끌어온 부분들도 있는데, 이에 대해서는 우리가 이의를 달지 않는다.) 그런데 로크의 개인주의는 정의의 개념을 개인의 생명과 사유재산의 보호에만 국한시키기 때문에 거기에는 사유재산과 관계가 없는 공공 정의(public justice)에 대한 국가의 관심이 들어설 여지가 없다. 그래서 로크의 설명에 따르면, 정부는 국가의 지배기구이기보다 사설(私設) 보안 회사에 더 가까운 듯이 보인다.

이 두 가지 전통적인 입장에 대해서는 다음 장에서 더 자세하게 비판할 예정이므로 여기서는 그로 인한 결과를 더 이상 다루지 않겠다. 현재 지적할 점은 각 견해가 정의의 본질을 개인의 보존이나 사회 전체의 보존으로 규정함으로써 정의의 뜻을 왜곡하고 있다는 사실이다. 다른 한편, 법칙틀이론은 우리를 개인주의와 집단주의 중 양자택일의 곤경에서 벗어나게 해 줄 것이다. 이 견해에 따르면, 인권의 근원인 정의의 규범은 개인들이나 사회 전체에 내재하지 않고, 정의의 집행에서 어느 하나를 선호해서도 안 된다고 한다. 법칙틀이론은 좁은 렌즈로 둘 중 어느 하나에 초점을 맞추는 대신 삶의 전반적인 스펙트럼을 포착하는 광각 렌즈를 제공함으로써 정의의 규범이 개개인과 사회 공동체들에 똑같이 적용되도록 해 준다.

12.4 부분과 전체

앞에서 집단주의 입장을 다룰 때, 아리스토텔레스는 전체가 부분의 기본(그의 말로는 "앞선다")이라는 논리로 그 입장을 변호했다고 간략하게 말했다. 그는 개인과 국가의 관계를 언급하며 이 논점을 개진했다. 물론 유신론적 인간관은 이런 논점을 완강히 부정한다. 그러나 어떤 사회 공동체들이 실제로 다른 공동체들의 일부인가 아닌가 하는 문제는 여전히 남아 있다. 이 문제가 중요한 이유는, 모든 사회 이론들은 부분이 전체에 의존하므로 다른 공동체의 일부인 어떤 공동체는 따라서 전자에 종속되어 있다는 관념을 수용하기 때문이다. 그래서 다른 공동체의 일부인 어떤 공동체는 **권위**의 면에서 더 낮은 위치에 놓이고, 전체를 아우르는 공동체에게는 거기에 속한 모든 공동체를 규제하는 최고의 권위가 주어진다. 그러면 최고의 사회적 권위라는 것이 존재하는가? 만일 존재한다면 그것은 무엇인가? 이런 질문들에 대해 모든 사회 이론은—집단주의, 개인주의, 법칙 틀 중에서 어느 관점을 견지하든지—반드시 답변을 내놓아야 한다.

이런 질문들이 **어느** 사회 이론에게나 중요하다고 내가 강조하는 데는 그만한 이유가 있다. 집단주의 이론들은 항상 모든 개인들과 다른 모든 공동체들을 다 포함하는 총괄적인 공동체를 지목하고 그 단일한 제도에 관해 명확하게 말하는 고로, 이런 질문들이 보통은 집단주의 이론들과 더욱 연관되어 있기 때문이다. 그들이 선호하는 특정 제도의 총괄적 특성 때문에, 그것이 사회적인 삶에서 최고의 권위를 지녀야 한다는 자기네 주장을 정당화한다. 다른 한편, 개인주의 이론들은 총괄적인 사회적 권위 자체를 거부하는 것으로 알려져 있다. 그들은 공동체가 개인들을 창조하는 게 아니라 개인들이 공동체를 창조한다고 보기 때문에, 개인주의자들은 대체로 사람들이 어느 면에서 모든 공동체의 권위에서 면제되는 권리를 갖고 있다고 주장한다.[7] 그런데 개인들을 특정한 종류의 권위로부터 면제시켜 준다고 해서 자동적으로 일부 공동체들이 다른 공동체의 일부로 포섭되는 것을 방지할 수는 없을 것이다. 대다수 개인주의 이론들은 개인들을 어느 면에서 공동체의 권위에서 면제시켜 주긴 했지만, 여전히 다른 모든 공동체들을 어느 최고의 공동체, 곧 다른 모든 공동체를 포괄하고 지배하는 것으로 추정되는 그런 공동체에 포섭시키는 것으로 귀결되었다. 그러므로 사실 모든 사회 이론은 똑같이 우리가 제기한 질문들을 도무지 피할 수 없다. 우리는 어떤 공동체가 실제로 다른 공동체의 일부인지 아닌지를 어떻게 말할 수 있을까? 우리가 언제 진정한 부분-전체의 관계의 문제에 봉착하는지, 또 언제 그렇지 않은지를 어떻게 알 수 있을까?

이제 우리는 이 질문에 답하기 위해 법칙틀이론과 맥을 같이하여, 양상 법칙들과 유형 법칙들의 네트워킹과 더불어 각 사물의 특징적 기능이란 개념에 호소할까 한다. 법칙틀이론은 어떤 조건 아래서 진정한 부분-전체 관계가 존재하는지를 결정하는 데 필요한 새로운 통찰을 제공할 수 있기 때문이다. 이 이론은 몇 가지 중요한 구별을 할 수 있게 해 주고, 이 구별은 흔히 부분-전체의 관계로 거론되는 많은 사례가 사실은 그렇지 않다는 것을 보여 준다.

먼저 아리스토텔레스가 변호한 견해, 곧 부분은 그것이 속한 전체에서 분리되면 존재할 수 없다는 견해를 수용하는 것을 출발점으로 삼겠다. 그가 부분에게 허용하지 않는 독립성은 두 가지 요소를 갖고 있다. 하나는, 부분은 전체의 내부 구조와 기능에 참여해야 한다는 것이고, 또 다른 하나는, 부분은 전체와 상관없이 존재할 수 없고 또 전체에서 분리된 채 작동할 수 없다는 것이다. 물론 이 두 가지 조건 중 어느 하나만으로는 진정한 부분-전체의 관계를 식별하기에 불충분하다. X가 Y를 떠나서는 존재할 수도 작동할 수도 없다는 사실 자체가 X를 Y의 일부로 만들어 주진 않는다. 어느 하나 또는 양자가 다른 하나가 없이는 존재할 수 없는 전체-전체 관계도 존재하기 때문이다. 예컨대, 나무는 그 자체의 내부 부분들을 갖고 있는 온전한 개체이지만 땅에서 분리되면 존재할 수 없고 또 기능할 수도 없다. 그렇지만 나무는 땅의 일부가 아니다. 마찬가지로 X가 Y의 내부 조직 안에서 작동한다고 해서 X가 반드시 Y의 일부라고 말할 수는 없다. 조약돌이 새의 소화기관 속에서 음식을 가는 일을 도와줄 수 있지만, 그것이 새의 일부는 아니다. 이처럼 두 가지 조건 중 어느 하나로는 진정한 부분-전체의 관계를 식별할 수 없는데도 불구하고 전통적으로는 이 둘만 갖춰지면 충분히 그럴 수 있다고들 주장해 왔다.

하지만 우리는 이것에 결코 동의할 수 없다. 인간들은 어떤 공동체를 떠나서는 존재할 수 없고 또 공동체의 내부 조직 안에서 기능하고 있음에도 불구하고, 그들을 단지 공동체의 일부로 간주해서는 안 된다는 것은 이미 살펴보았다. 그러므로 인간은 전통적 견해의 결정적인 반례(反例)인 셈이다. 전통적인 조건들에 추가되어야 할 사항이 있다. 그것은 어떤 사물이 참으로 전체의 일부가 되려면 그 전체와 **동일한 특징적 기능을 공유해야** 한다는 점이다. 따라서 진정한 부분-전체의 관계를 식별하는 데 필요한 새로운 기준들은 다음과 같다. 어떤 것이 ① 전체의 내부 조직 안에서 기능해야 하고, ② 전체를 떠나서는 존재할 수도 기능할 수도 없어야 하며, ③ 전체와 똑같은 특징적 기능을 가져야 한다.

일상 대화에서는 어느 사물이 전체의 내부 조직 안에서 어떤 역할을 하기 때문에, 즉 두 번째 조건을 충족시킨다는 이유로 그것을 다른 것의 일부로 부르곤 한다. 가령, 마당 한구석에 있는 큰 바위는 정원의 일부라고 말하는 것이 일상적인 표현이다. 그러나 전통적인 부분-전체 이론이라도 바위를 정원의 일부로 보는 것을 배격해야 할 텐데, 바위는 정원과 상관없이 존재할 수 있기 때문이다. 우리의 새로운 개념은 이런 판단에 동의하는 한편 또 하나의 이유를 제공한다. 바위는 물리적 특징을 갖고 있는 데 비해 정원은 심미적 특징을 소유하고 있다는 것이다. 바위가 물론 정원에 **포함되어** 있는 것은 사실이지만, 더 큰 전체의 **일부**로서가 아니라 더 큰 전체 내의 한 완전체로서 포함되어 있는 것이다. 정원에 있는 식물 역시 정원의 일부로 간주되면 안 된다. 식물은 생명적 특징을 지닌 자연적 사물인 데 비해 정원은 심미적 특징을 가진 인공물이기 때문이다.

이어서 우리는 또 다른 구별을 짓는 일이 필요하다. 다름 아니라, 한 사물이 또 다른 완전체 내에서 기능하되 후자의 일부가 되는 데 필요한 세 가지 기준 중 어느 하나라도 충족시키지 못한다면, 그것을 후자의 일부가 아니라 **하위 전체**(sub-whole)라고 부르겠다는 것이다. 그리고 하위 전체를 포함하는 더 큰 전체가 전자를 "캡슐로 싸고 있다(capsulate)"고 말할 것이다. 이런 용어들은 어떤 완전체가 더 큰 완전체 내지는 캡슐의 일부가 되지 않으면서 후자에 포함되어 있다는 뜻을 전달하기 위한 것이다. 그래서 이제부터는 하위 전체와 그것을 싸고 있는 전체의 관계를, 부분-전체의 관계와 구별하기 위해 "캡슐"의 관계라고 말할 생각이다.[8]

우리 이론의 이 부분은 전통적 부분-전체 이론에 비해 가능성의 범위를 더욱 넓혀 준다. 예를 들자면, 인간의 몸을 표상한 대리석 조각 같은 (비사회적인) 인공물에 대해 생각해 보라. 이 조각의 본질에 대한 우리 설명의 중요한 부분은 그것의 기초 기능(그 형성 과정이 지닌 역사적 특징)과 주도 기능(그 형성을 지도하는 계획이 지닌 심미적 특징)에 의해 설명될 것이다. 그런데 누군가 대리석과 그 예술 작품 전체의 관계를 어떻게 이해해야 하느냐고 묻는다면, 그것을 부분과 전체의 견지에서 대답하는 것은 불가능하리라. 전통적 견해를 취한다 하더라도, 대리석은 그 조각 없이도 존재할 수 있은즉 결코 그 조각의 일부라고 말할 수 없다. 그리고 우리의 기준으로 봐도 대리석은 그 작품 전체와는 다른 (물리적인) 양상적 특징을 갖고 있기도 하다. 그뿐만 아니라, 대리석이 그 조각의 내부 조직 내에서 기능하고 있다고 말하는 것은 어불성설이다! 그러나 방금 언급한 캡슐의 관계는 훨씬 나은 설명을 제공한다. 이에 따르면, 그 조각의 자연 재료인 대리석은 그 예술 작품의 일부가 아니라 캡슐 전체에 포함되어 있는 하위 전체라고 할 수 있다. 따라서 이 개념 덕분에, 우리는 굳이 대리석이 그 조각의 **일부**라고 말하지 않고(조각의 일부는 분명히 머리, 팔, 다리, 몸통 등이다), 또 어떤 새로운 완전체가 빚어진 게 아니라 본질적으로 대리석 조각일 뿐이라고(아리스토텔레스는 이렇게 말해야 했을 것이다) 말하지 않고도, 대리석으로 만든 새로운 완전체를 설명할 수 있게 되는 것이다.[9]

더 나아가, 캡슐에 싸인 대리석 조각과 그 작품 전체의 관계는 하위 전체와 그것을 싸고 있는 전체 사이에 흔히 존재하는 또 다른 특징을 보여 준다. 캡슐 내에 존재하는 하위 전체의 본질에 대해 아무리 많이 알아도 그 캡슐의 본질에 관한 지식에는 결코 이를 수 없다는 것이다. 왜냐하면 양자의 특징적 기능들이 서로 달라서 서로 다른 본질을 갖고 있기 때문이다. 이 경우에는, 대리석과 관련된 물리학의 모든 내용을 알고 있어도 하나의 예술 작품으로서의 조각에 관한 정보는 결코 얻을 수 없다는 뜻이다.

부분-전체의 관계와 캡슐의 관계를 구별하는 일은 인공물뿐 아니라 자연적인 사물에도 적용되므로, 몇 가지 예를 들면 좀 더 명확히 이해할 수 있을 것이다. 가령, 한 식물 안에 있는 원자들과 그 식물의 관계를 생각해 보자. 원자들은 분명히 그 식물의 내부 조직 안에서 작동하고 있다. 하지만 각 화학 원소의 원자들은 지구에 생명이 발생하기 전에 존재했고 식물이 파괴될 때에도 파괴되지 않기 때문에, 원자들이 식물과는 별개로 존재할 수 있음은 틀림없는 사실이다. 게다가, 원자는 물리적인 특징적 기능밖에 갖고 있지 않지만, 식물은 생물학적인 특징적 기능을 소유하고 있으므로 물리적 양상을 능가한다. 그런즉 원자들은 식물의 일부는 아니지만 하위 전체로서 캡슐 전체와 관계를 맺고 있다. 이와 달리, 그 식물의 세포들과 그 식물 전체의 관계는 부분-전체의 관계이다. 세포들은 식물의 내부 조직 안에서 움직이고, 그 식물을 떠나서는 존재하거나 계속 움직일 수도 없으며, 세포들은 식물과 동일한 (생물학적) 특징적 기능을 갖고 있기 때문이다.

다른 한편, 원자와 분자의 관계는 캡슐의 관계에 해당한다. 예컨대, 수소와 산소의 원자들은 분자 H_2O의 내부 조직 안에서 움직이고 동일한 물리적인 특징적 기능을 갖고 있음에도 그 분자의 일부가 될 수는 없다. 왜냐하면 그 원자들은 그 속에 결합되어 있는 것과 상관없이 존재할 수 있고 또 기능할 수 있기 때문이다. 따라서 이 경우는 캡슐의 관계를 보여 주는 또 다른 예에 해당한다. 그리고 다른 캡슐 관계와 마찬가지로 그 전체의 속성들은 그 하위 전체들의 속성들에서 이끌어 낼 수 없다.

우리가 어떤 경우를 생각하든지 간에, 어느 캡슐 속에 다 함께 묶여 있는 하위 전체들이 그들의 고유한 정체성을 유지하게 되는 것은, 캡슐화된 상태를 떠나서 생각해도, 그들의 특징적 기능은 변함이 없기 때문이다. 반면에 그들이 어느 캡슐 속에 포함되어 있을 때에는 그 특징적 기능들이 캡슐의 특징적 기능에 의해 압도되어 버린다. 말하자면, 하위 전체들은 나름의 속성들과 주도 기능을 지닌 어느 덩어리 안에서 존재하고 기능하는데, 그들 중 어느 것도 홀로 그런 속성들과 주도 기능을 소유하지 않은 채 후자를 섬기는 역할만 하고 있다는 뜻이다. 이 때문에(그리고 다른 이유들 때문에) 하위 전체들은 그들이 몸담고 있는 캡슐 전체의 **원인**이라고 볼 수는 없다. 전자가 후자의 필요조건이긴 하지만 후자의 충분조건은 아니기 때문이다. 캡슐을 설명하는 데 필요한 추가적인 요인은 그것이 또 다른 종류의 유형 법칙에 의해 존재하게 되었다는 점이다. 그러므로 우리는 다양한 양상의 속성들이 어떻게 부분들로 이뤄진 개체들 속에 결합되어 있는지를 결정하는, 양상들을 가로지르는 유형 법칙들을 가정하는 것에 더하여, 어떻게 해서 전체와 동일한 또는 다른 특징을 갖고 있는 하위 전체들로 구성된 전체가 있을 수 있는지를 설명해 주는 유형 법칙들도 가정하게 된다.

이제는 부분/전체의 관계와 전체/하위 전체의 관계를 구별하는 일을 사회 공동체에 적용할 수 있다. 한 사회 공동체가 다른 공동체의 일부가 되려면, 반드시 전자가 후자가 없이는 존재할 수 없고 작동할 수 없는 경우, 전자가 후자의 내부 조직 안에서 작동하는 경우, 전자가 후자와 동일한 주도 기능을 갖고 있는 경우라야 한다. 그렇지 않다면, 한 공동체가 다른 공동체의 영향을 아무리 많이 받고 있을지언정(심지어는 완전한 통제 아래 있더라도) 결코 후자의 일부가 아니다. 마찬가지로, 한 공동체가 다른 공동체의 캡슐 안에 싸인 하위 전체가 되려면, 첫째, 전자가 후자의 내부 조직 안에서 작동하고, 둘째, 전자는 후자가 소유한 특징이 결여되어 있고, 셋째, 전자가 후자를 떠나서도 존재할 수 있어야 한다.

이런 정의들을 다양한 사회 공동체에 적용하면 매우 중요한 결과가 나온다. 우리의 기준은, 한 공동체가 실제로 다른 공동체의 일부인 경우들도 있지만, **사회 제도와 조직의 대표적인 유형들은 서로의 일부가 될 수 없다는 것**을 보여 주기 때문이다. 예컨대, 한 회사가 그 속에 별도로 조직된 부서들이나 자회사를 갖고 있을 수 있는데, 이 경우에는 후자가 당연히 전자의 일부이다. 그리고 한 국가는 도(道), 군, 읍, 면, 리(里), 부(部), 시(市)와 같은 부분들을 가질 수 있다. 그러나 사업체는 결코 국가의 **일부**가 될 수 없다. 이 둘은 서로 다른 주도 기능들을 갖고 있어서 본질과 구조적 목적도 서로 다르다. 게다가, 양자의 내부조직 원리들(유형 법칙)도 다르기 때문에 도무지 환원될 수 없을 만큼 서로 다른 유형의 공동체들이다.

가정과 국가의 관계도 마찬가지다. 가정은 독특한 (윤리적) 주도 기능을 갖고 있고 독특한 유형 법칙에 의해 구조화되어 있다. 가정은 국가가 없는 곳에서도 존재하며 기능할 수 있다. 그런즉 가정이 특정 국가의 영토 안에 존재할 때에도 그 국가의 일부가 될 수 없는 법이다. 한 가정의 각 구성원이 동시에 다른 국가의 국민이 될 수 있다는 것이 그 증거다. 만일 가정이 국가의 일부라면 그런 일이 불가능할 것이다. 이와 비슷하게, 교회나 회당이나 모스크가 결코 국가나 사업체나 가정의 일부가 될 수 없는 것은 후자 중 어느 것도 종교 제도의 일부가 될 수 없는 것과 같다. 이 모든 제도들과 조직들은 서로 부분-전체의 관계가 아니라 전체-전체의 관계를 맺고 있는 것이다.

그런데 사회의 주요 제도들과 조직들은 어느 한 제도의 일부가 아닐뿐더러 어느 총괄적 공동체의 캡슐에 싸인 하위 전체들도 아니다. 무엇이 그런 캡슐이 될 수 있을까? 가장 자주 거론되는 후보는 국가이다. 그러나 만일 국가가 정말로 모든 것을 포괄한다면, 하위 전체들이 제각기 갖고 있는 주도 기능은 국가의 사법적 주도 기능에 의해 압도되고 말 것이다. 따라서 그 캡슐에 싸인 공동체들은 더 이상 나름의 독특한 구조적 목적에 부합하는 방식으로 작동할 수 없게 되리라. 그 대신 공공 정의를 입법화하고 집행하는 목적에 흡수당한 나머지 생계유지, 예술 생산, 차세대 교육, 또는 신앙의 표현 등과 같은 목적을 성취하는 공동체들은 더 이상 살아남지 못할 것이다. 이 점은 단순하지만 매우 중요하다. 이는 우리가 별개의 공동체들을 갖느냐 갖지 못하느냐 하는 문제이고, 어느 공동체라도 다른 총괄적인 공동체 내에 하위 전체로 기능하는 동시에 그 나름의 독특한 구조적 목적을 보존할 수는 없기 때문이다. 이런 이유로 국가기업, 또는 국가교회, 또는 국가학교[공립학교] 같은 개념들은 국가가족의 개념만큼이나 정합성이 없는 것이다. 어느 조직이나 제도가 교회나 학교나 사업체인 한, 그것은 결코 국가가 아니고 국가는 전자의 어느 것도 아니다. 교회, 노조, 재단, 기업, 또는 가정이 학교를 지원할 수 있듯이, 물론 국가도 학교 같은 다른 공동체를 **지원하기로** 결정할 수 있다. 그러나 어느 경우이든 학교가 그 지원하는 공동체와는 다른 별개의 본질을 갖고 있음을 인정하는 가운데 지원이 이뤄져서 그 자체의 내적 권위가 지원하는 공동체의 내적 권위에 동화되는 일이 없도록 해야 한다.

12.5 영역 주권

그러므로 법칙틀이론에 따른 이런 결과들로 말미암아 우리는 사회 전체에 대한 위계적인 견해를 배격한다. 물론 공동체 내부의 위계질서는 불가피하지만, 사회 전체를 아우르는 소위 "세계적인" 위계제(hierarchy)란 개념은 우리가 배격하는 바이다.[10] 이 입장은 위계제를 여러 수준을 갖고 있는 것으로 생각하든지, 총괄적인 최고 제도와 거기에 포섭된 공동체들 간의 차별성으로 이해하든지 변함이 없다. 사회 공동체들은 제각기 독특한 본질을 갖고 있어서 다른 공동체의 일부나 하위 전체가 되는 경우는 무척 드물기 때문에, 우리는 구조적으로 다원주의적 사회관을 지향하게 된다. 이 사회적 양상 내의 다원주의는 우리의 실재론에서 다룬 양상들 간의 환원 불가능한 다원주의와 같은 종류이다. 마치 어느 양상도 다른 양상보다 더 실재적이지 않고 또 후자의 근원이 아닌 것과 같이, 사회생활의 "영역들"도 서로서로 환원이 불가능하고 어느 한 영역도 다른 영역보다 더 실재적이지 않고 또 후자의 근원이 아니다. 그래서 다양한 공동체들이 지닌 다양한 종류의 권위는 어느 한 총괄적인 근원에서 유래하는 게 아니라 서로 간에 환원이 불가능하고 상호보완적인 것으로 간주된다. 그러므로 이 견해에 따르면, 인간의 삶 전체에 대해 최고의 권위를 갖고 있다고 정당하게 주장할 수 있는 제도는 존재하지 않는다. 그 대신, 공동체의 각 유형은 나름의 주도 기능에 의거한 독특한 구조적 목적과 나름의 유형 법칙에 의해 정해진 독특한 내부 조직뿐 아니라 그 자체의 독특한 권위를 갖고 있다고 할 수 있다. 그런즉 각 공동체는 그 내부 운영에 관한 한, 다른 공동체들의 간섭을 받지 않는 고유한 사회 영역 내의 주권을 누림으로써, 제각기 그 구조적 목적을 잘 달성하기 위해 나름의 운영 규칙을 자유로이 만들 수 있어야 한다. 이것이 바로 아브라함 카이퍼(Abraham Kuyper)가 19세기 말에 정교하게 만든 이른바 "영역 주권(sphere sovereignty)"의 원리이다.[11]

카이퍼가 이 원리를 어느 실재론이 아니라 성경에서 도출했다는 사실은 이 원리의 기독교 유신론적 특성을 잘 보여 준다. 그는 신약 성경이 이 땅의 모든 권위가 하나님에게서 나온다고 가르치는 것과, 단일한 최고의 권위가 아니라 복수의 권위들을 인정하고 있다는 점에 주목했다. 히브리 성경들은 이미, 이스라엘의 선지자들이 왕의 권위를 총체적이 아니라 제한된 것으로 간주했다는 사실을 통해 이 점을 시사했다. 그런데 신약 성경은 부모를 가정에서의 권위로, 정부 관료를 국가에서의 권위로, 성직자를 교회에서의 권위로 거론함으로써 이 점을 더욱 강하게 부각시킨다. 이런 사고의 노선을 좇은 카이퍼는 칼뱅의 사상에 바탕을 둔 전통을 이어가고 있었다. 칼뱅은 이미 오래전에 삶의 다양한 소명과 각 영역에 합당한 제한된 권위에 대해 이렇게 논한 바 있다.

> 그리고 아무도 주제넘게 자기의 합당한 [권위의] 한계를 벗어나지 못하게 하려고 [하나님의] 소명의 이름으로 다양한 생활양식을 구별하셨다. 그러므로 각 사람의 생활양식은 주님이 그에게 부여한 일종의 신분이다. … [그래서] 행정관은… 자신의 직분을 수행할 테고, 한 가정의 아버지는 스스로를 자신의 고유한 영역에 국한시킨다. … 당신의 합당한 소명을 좇는 면에서 하나님이 보시기에 영광스럽지 않을 만큼 비천하고 더러운 일은 없을 것이다(*Institutes*, III, x, 6).

영역 주권이란 사회적 원리는, 우리 이론이 유신론의 요건인 비환원주의 실재론뿐 아니라 신약 성경에 분명하게 나오는 구체적인 가르침의 지도도 받고 있음을 보여 주는 또 하나의 본보기인 셈이다.

하지만 당장 강조할 사항은 이 원리가 부정적인 것만은 아니라는 점이다. 이는 제각기 독특한 공동체의 권위에 외적인 한계가 있으므로 권위의 영역들 사이에 "분리의 벽"이 존재한다는 것만을 뜻하지 않는다. 그 부정적인 한계들은 각 공동체의 내적 본질에 의해 정해지는 만큼, 이 원리는 또한 각 공동체가 나름의 독특한 구조적 목직을 달성하도록 허용하는 긍정적인 목표도 갖고 있다. 영역 주권은 다음과 같은 실제적인 충고만 하는 것이 아니다. 즉, 공동체들의 독특한 성격과 목적을 인정하지 않으면, 사회 내에서 그것들 사이에 분쟁이 있을 것이라는 충고 말이다. 아울러 사업이나 예술에 불간섭의 영역을 허용할 때만 그 영역이 꽃을 피웠음을 근거로 각 공동체에도 그런 것을 허용해야 한다는 주장에 그치는 것도 아니다. 오히려 각 유형의 공동체가 지닌 권위의 영역적 한계는 그 유형의 본질에 의해 정해지는 만큼, 그 한계를 범하면 언제나 가해자뿐 아니라 피해자의 처지에 있는 공동체에게도 해(害)가 미친다는 사실이 입증되었다.

영역 주권의 개념은 이제 여러 사회 공동체들의 바람직한 상호관계에 대한 일반론의 지도 원리의 역할을 할 것이다. 언제나 우리 이론은 사회에는 서로 환원과 분리가 불가능한 영역들이 존재한다는 신념을 반영하려고 애쓸 것이다. 따라서 이런 영역들에 상응하는 다양한 공동체들이 상호 환원 및 분리가 불가능하다고 볼 텐데, 이는 그 공동체들이 다양한 양상들을 특징으로 삼는 인간의 다양한 필요와 능력과 관심에서 생기기 때문이다. 예컨대, 우리 모두는 우리의 신체적 안전, 양식과 거처와 같은 생명의 필수품, 고통의 회피와 즐거움의 향유를 포함한 주변 세계에 대한 감각적 인지 등에 관심이 있다. 우리의 목록에서 아래편에 위치한 이런 양상들을 연구하는 과학들을 흔히 "자연과학"이라 부르고, 사회학과 경제학과 같이 위편에 위치한 양상들을 연구하는 과학들을 "사회과학"이라고 일컫는다. 그러나 사회과학이 연구하는 양상적으로 다양한 관심사들 역시 "자연적인" 분야로 불린다는 점을 유의할 필요가 있다. 즉, 우리가 이런 관심사들에 반응하는 방식은 우리의 통제권 아래 있지만, 그 관심사들 자체는 우리가 창안한 방식이 아니라 하나님이 인간 본성을 창조한 방식을 반영하고 있다는 뜻이다.

예컨대, 창조질서 때문에 모든 인간은 필연적으로 (좁은 의미의) 사회적 사안들에 자연스런 관심을 품고, 이는 다양한 스타일의 옷, 여러 수준의 사회적 지위, 다채로운 예절 등을 낳는다. 그들은 또한 생계유지에 초점을 둔 경제적 관심을 품고, 예술과 스포츠를 창조하거나 향유함으로써 그들의 심미적 필요나 능력을 표현한다. 마찬가지로, 모든 사람은 정의, 사랑, 자녀교육, 신앙 훈련 등에 관심이 있다. 삶의 이런 양상들은 자연적인 것이기에 아무도 그런 것을 완전히 억압할 수 없다는 것이 우리의 주장이다. 오히려 이런 것들은 아주 보편적이고 인간의 삶에 중요하기 때문에 사람들이 필연적으로 그것들을 증진하고 보호하기 위해 여러 공동체를 만든다.[12] 그러나 동시에, 내가 거론하는 사회적 주권의 영역들이 다양한 집단들과 상응하지는 않는다는 점을 분명히 해야겠다. 누구든지 어느 관심사에 헌신한 공동체의 구성원인지 아닌지와 상관없이, 어떤 영역에든 관심을 갖지 않을 수 없다. 그리고 어느 공동체(가령, 국가)의 구성원인 사람들이 또한 다른 공동체들의 일원인 경우도 많다. 후자의 예로는 기업의 직원, 회당이나 교회나 모스크의 구성원, 정당의 일원, 학교의 학생 등을 들 수 있다.

이제 영역 주권의 원리가 제공하는 사회관을 더욱 분명히 하기 위해 사회적 권위의 개념으로 돌아가서 이 원리를 거기에 적용해 보자. 이에 초점을 맞추면 영역 주권 원리가 다음 질문에 어떻게 답하는지를 알 수 있을 것이다. 한 사람(또는 집단)이 무슨 권위로 남들에게 허용되는 일과 허용되지 않는 일을 일러주는 법률을 만들 수 있고, 그런 권위는 어디에서 오는 것일까?

이 질문에 대해서는 그동안 많은 답변이 있었다. 가장 영향력 있는 답변 중 하나는 권위의 본질은 합리성과 미덕 안에 있다는 아리스토텔레스의 이론이었다. 가장 좋은 지능과 윤리적 미덕을 갖춘 자들이 나머지 사람들을 지배해야 한다는 것이다. 굉장한 영향력을 미친 또 하나의 답변은 마르크스의 것으로서, 지배의 권위는 경제적 소유권 안에 있다는 것이다. 부를 소유하고 생활필수품의 생산수단을 가진 자들이 필연적으로 또 당연히 국가를 지배할 테고, 국가는 다른 모든 공동체를 지배해야 한다는 견해다(공산주의 사회가 이뤄질 때까지). 또 다른 견해는 군주제의 답변으로서 권위는 생물학적으로 상속된다고 주장한다. 이 견해에 따르면, 어떤 사람이 남들에게 할 일을 지시할 수 있는 것은 그 권위를 가졌던 마지막 인물의 가장 가까운 친척이기 때문이다. 또 다른 이론도 있다. 군사력이 권위와 동일하기 때문에 힘이 곧 정의라고 말하는 견해다. 그리고 어떤 이론들은 루소를 좇아 다수의 의지 또는 "일반 의지"에 지배의 권리를 부여하는 등 권위를 사람들의 의지에 귀속시킨다.

이 모든 이론은 권위의 본질을 특정한 인간 기능과 동일시하고 있다. 추론하는 일, 도덕적 판단을 내리는 일, 재화와 서비스를 생산하는 일, 재생산하는 일, 군사력을 행사하는 일, 또는 의지적인 행위 등이다. 그러므로 각 이론은 권위의 **본질**에 관한 질문에 대한 답변이고, 제각기 그 본질을 인간의 특정한 측면이나 인간의 의지와 동일시하고 있다. 이 이론들은 권위란 것이 근본적으로 이성적, 도덕적, 경제적, 생물학적, 또는 의지적 성격을 갖고 있다고 주장하는 것이다. 일단 이렇게 주장하면, 권위의 **근원**에 관한 문제도 해결되는 셈이다. 말하자면, 권위의 근원은 인간 본성의 특정 기능에 있으므로, 이 기능이 뛰어난 사람들이 그 권위를 삶의 전 영역에 행사해야 한다는 것이다. 가령, 모든 권위의 본질이 다수의 의지 안에 있다고 가정해 보자. 이 경우에도 사회에는 여전히 다른 종류의 권위들—가정에서의 부모의 권위, 또는 학교에서의 교사의 권위, 또는 기업주의 권위 등—이 존재할 것이다. 그러나 궁극적으로 이런 권위들은 다수의 의지가 허락하기 때문에 존재할 수 있을 뿐이다. 따라서 이런 것들은 그 근본적인 권위에서 파생되는 부차적인 권위로 간주되어야 한다.

과거의 이론들은, 다른 모든 종류의 권위들의 기초가 되는 권위를 가진 공동체가 그런 권위들을 자신의 일부로 포함하는 것으로 간주했다. 서양 문화의 역사를 보면, 이론과 실제 모두에서 그런 지위를 가장 자주 부여받은 제도는 바로 국가였다. 그리고 지금도 여전하다. 그러나 어느 공동체가 어떤 이론에 의해 그런 역할을 부여받든지 간에, 그 바탕에 깔린 권위관은 환원주의적 성격을 갖고 있고, 이에 따른 사회관은 위계적이고 문자 그대로 **전체주의적인** 성격을 띠게 된다. 왜냐하면 모든 권위의 근원으로 추정되는 공동체는 **모든 양상들에 걸쳐** 다른 모든 공동체들을 자기의 권위 아래 있는 것으로 간주하게 되고, 따라서 인간의 삶 전체를 지배하는 최고의 자리를 차지하기 때문이다.

개인주의 이론들이라도 일단 모든 권위의 본질이 특정한 인간 기능 안에 있는 것으로, 따라서 어느 특정한 제도 안에 존재하는 것으로 받아들이면 이런 전체주의적 결과를 피할 수 없다. 만일 다른 모든 공동체들의 권위가 최고의 권위로 인정되는 특정 공동체에서 파생하는 것으로 간주된다면, 그 공동체들은 그 최고 공동체의 일부로 또는 하위 전체로 여겨질 수밖에 없기 때문이다. 우리가 살펴본 것처럼, 개인주의 이론들은 개인들이 그 최고 제도의 권위에서 면제되는 측면을 찾아서 전체주의를 피하려고 애쓴다. 그러나 일단 특정 공동체를 다른 모든 종류의 기초가 되는 권위의 구현체로 간주하면, 그런 면제는 이론적으로 찾기 힘들 뿐 아니라 실제로도 획득하기가 불가능하다.

국가가 모든 것을 총괄하는 최고의 권위를 지닌 공동체라는 이론을 진술한 고전적인 표현은 아리스토텔레스의 [정치학]에 나온다.

모든 국가는 모종의 공동체이고, 모든 공동체는 어떤 선을 위해 이룩된다. 인류는 언제나 선하다고 생각하는 것을 얻기 위해 활동하기 때문이다. 그런데 만일 모든 공동체들이 어떤 선을 목표로 삼고 있다면, 다른 모든 공동체를 포괄하는 최고의 정치 공동체 또는 국가는 다른 어느 것보다 더 큰 선, 최고의 선을 그 목표로 삼는다(*Politics* bk. 1, ch. 1).

이 인용문이 표명하는 위계적이고 전체주의적인 사회관을 현대 사회에 적용하면 다음과 같은 도표로 그릴 수 있다.

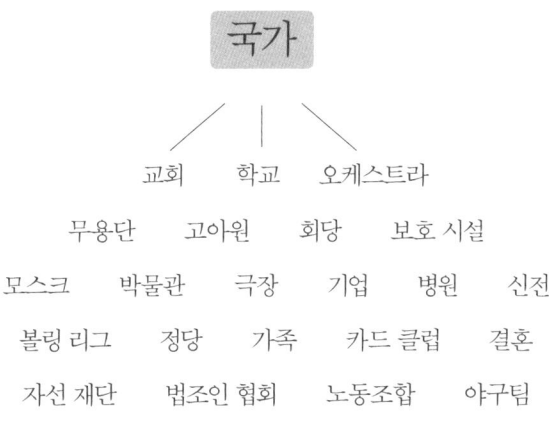

〈표 7〉

모든 권위가 하나님에게서 나온다는 견해가 일체의 전체주의적 사회론을 반대한다는 것은 이미 지적한 비 있다. 그리고 성경은 다수의 권위들—가정에서의 부모, 사업체에서의 소유주, 국가에서의 권력자들, 종교 기관에서의 성직자 등—이 존재한다는 사상을 명시적으로 지지하고 있다는 것도 살펴보았다. 이로부터 우리는 그 어떤 권위도 유일한 종류, 곧 다른 모든 종류의 근원이거나 다른 종류들을 뛰어넘는 최고의 권위일 수 없다는 것을 끌어냈다. 그런데 거기에서 도출해야 할 또 다른 중요한 결과도 있다. 합법적 권위는 인간이 아니라 하나님에게서 나오기 때문에 거기에 도전하는 일은 결코 옳지 않다는 것이다. 다수의 의지는 물론이고 그 어떤 개인이나 집단이라도 권위의 근원

내지는 창조자가 아니다. 인간은 권위를 창조할 수 없고 다만 권위를 지닐 뿐이다. 그래서 다수결이 국가에서 권위를 지닐 자들을 뽑는 최선의 방법일 수는 있으나, 투표 자체가 당선된 사람이 지닐 권위를 창조하는 것은 아니다. 기독교 유신론의 견해에 따르면, 우리는 어떤 권위의 담지자를 부적격자로 간주하여 다른 권위의 담지자로 대치할 수도 있다. (예컨대, 국가의 권력자는 탄핵을 당하거나 해임될 수 있고, 국가가 자녀들을 학대하는 부모에게서 떼어놓을 수 있다.) 그러나 권위 자체를 경멸하는 일은 결코 정당화될 수 없다.

사회적 권위와 공동체에 대한 이런 다원주의적 견해가 낳는 결과를 몇 가지 더 들어 보자. 사업체의 소유주는 자신의 소유권 덕분에 정당하게 권위를 행사할 것이다. 사업체는 경제적 특징을 지닌 조직이라서 경제적 특징을 지닌 권위를 갖고 있기 때문이다. 이와 대조적으로, 가정에서 자녀에 대한 부모의 권위는 부모가 가정을 소유하고 있다는 사실이나 부모가 자녀를 경제적으로 지원한다는 사실에서 나오는 것이 아니다. 그 권위는 하나님이 인간을 창조한 방식에 따라 부모와 자녀 사이에 존재하는 윤리적 특징을 지닌 관계에 내재하고 있다. 말하자면, 그들의 권위는 사랑을 특징으로 삼는다. 따라서 어떤 가족이 부모의 지원을 못 받고 기초생활급여로 살아가더라도 부모의 권위는 그대로 남는 것이다. 다른 한편, 학교는 논리적 특징을 지닌 조직이다. 교육을 통해 우리 자신과 주변 세상에 대한 우리의 개념이 확대되고 풍성해지고 교정된다. 그런즉 학교에서의 권위는 지적인 능력에 근거한다. 즉, 그 권위는 가르칠 과목의 개념들을 잘 아는 전문가들이 지니는 것이다. 국가 역시 나름의 독특한 권위를 갖고 있으며, 이 권위는 정의로, 구체적으로는 **공공** 정의(public justice)로 특징지어진다.[13] 따라서 정의를 실행하는 국가의 능력은 그 영토 내의 공적 영역 전체로 확장되어야 한다. 그럼에도 불구하고, 그 권위는 공적 영역의 한 양상에만 국한된다. 여기서 강조해야 할 것은, 정의는 모든 개인과 공동체들의 한 가지 양상에 불과하기 때문에 국가는 그들에게 합당한 권위를 행사하기 위해 그 모두를 국가의 일부로 포섭할 필요가 없다는 점이다. 달리 말해서, 국가의 권위는 모든 개인과 공동체에 정의를 보장하기 위해 전체주의적 권위가 필요하다는 구실로 다른 모든 권위보다 격상될 필요가 없다는 뜻이다. 게다가, 전체주의적 권위가 주어진 국가는 민주국가로 만든다고 해도 끔찍한 결과를 도무지 피할 수 없다. 일단 국가가 무소불위의 권위를 갖는다고 믿게 되면, 그 권위가 한 사람이나 지배 집단, 모든 시민 중 어디에 귀속되는지는 별로 중요하지 않기 때문이다.

잠시 동안 이 마지막 사항을 곰곰이 생각해 보는 게 좋겠다. 왜냐하면 흔히들 민주주의를, 사람들이 보호하고 싶은 권리들과 자유들을 보장하기에 충분한 정치 형태인 듯이 말하기 때문이다. 사실은 그렇지 않다. 모든 사람에게 각각 한 표씩 주는 것만으로는 단 하나의 권리나 자유도 보장할 수 없다. 우리가 정부의 권위를 원칙적으로 유한한 것으로 보지 않는다면, 민주주의는 한 명의 독재자의 횡포보다 더 못한 다수의 횡포를 보장할 따름이다. (독재자는 현대식 감시 수단을 동원해도 모든 사람의 거동을 추적하기 어렵지만, 우리는 언제나 다수에 둘러싸여 있지 않은가!) 인간의 권리와 자유를 보장하는 데 필요한 것은 **유한한** 국가의 개념이다. 즉, 국가의 법적 권한에 한계를 둠으로써 어떤 법률을 만들 수 있는지에 제한을 가할 필요가 있다는 말이다. 그리고 바로 이 점에서 기독교 유신론의 원리들은 좋은 지침이 될 수 있다. 첫째, 그 원리들은 인간의 본성 및 사회에 대한 모든 환원주의적 견해로부터 우리를 해방시켜 준다. 그 원리들에 의거하여 우리는 하나의 사회 제도로서의 국가의 진정한 본질을 분석하고 또 그 본질에 따른 한계를 설정할 수 있다. 이 견해에 따르면, 국가를 제한하는 것은 단지 어떻게 하면 안 된다는 사항 또는 종교의 자유를 간섭하지 말아야 한다는 규율만이 아니다. 오히려 국가는 창조의 법칙 틀이 정해 주는 고유한 주도 기능에 의해 제한을 받는다. 이런 이유로, 영역 주권 사상이 지배하는 가운데 왕이 다스리는 국가가 오히려 국가의 권위가 특정 사회 영역에 제한된다는 믿음이 없이 운영되는 민주주의 정부보다 여러 권리와 자유를 더 잘 규정짓고 또 보존할 수 있다는 것은 결코 과장이 아니다.[14]

때로는 우리가 만일 국가의 권위가 다른 공동체들의 **내부** 문제에 간섭하면 안 된다는 말로 그 권위를 제한하기만 하면 전체주의가 예방될 수 있다는 의견이 제안된다. 이렇게 하면 우리가 굳이 환원 불가능한 사회 영역 이론처럼 복잡한 것에 관여하지 않아도 된다고 생각한다. 이 지침에 따르면, 국가는 공동체들의 내부 운영에 간섭하지 않는 한 공동체들 간의 외부 관계는 모두 규제할 수 있다고 한다. 그런데 이런 제안은 잘못되었을 뿐더러 터무니없는 것이기도 하다. 한 공동체의 내부 문제는 공공 정의와 관련이 있는 한 결코 국가의 권위에서 면제될 수 없다. 예컨대, 국가가 가정이나 교회의 내부에서 벌어지는 범죄를 기소해서는 안 된다는 견해는 옳지 않다. 어느 개인이나 공동체의 행위가 공공 정의의 질서를 위반할 때는 언제나 국가가 권위를 행사할 수 있는 범위 안에 들어오게 된다. 마찬가지로 국가가 외적인 공공 생활의 모든 측면을 규제하는 것은 합당하지 않다. 그런즉 외부 vs 내부의 구별은 국가의 개입이 타당한지 여부를 가늠하고 전체주의 국가를 예방하는 데 아무런 소용이 없다. 사회 영역들 간에 존재하는 양상의 차이점을 인정하는 것만이 그런 역할을 할 수 있다.

이제 우리는 법칙틀이론을 한 걸음 더 밀고 나갈 수 있다. 이 이론에 따르면, 공동체들의 권위가 서로 다른 것은 서로 다른 영역에 속해 있을 뿐 아니라 서로 다른 유형의 공동체 안에 존재하기 때문이다. 동일한 양상적 특징을 갖고 동일한 사회 영역 내에 작동하는 공동체들이라도 동일한 종류의 권위를 구조화하고 행사하는 데는 차이점이 있을 수 있다. 예컨대, 결혼과 가정 모두 윤리적 양상인 사랑을 주도 기능으로 갖고 있지만, 이 둘만이 윤리적 특징을 지닌 공동체들은 아니다. 고아원이나 양로원 역시 사랑이란 윤리적 규범에 의해 주도된다. 하지만 이런 기관을 지배하는 권위는 결혼이나 가정에서의 권위와 똑같은 방식으로 구조화되지 않고 또 행사되지도 않는다. 왜냐하면 이 공동체들은 똑같은 윤리적 주도 기능을 갖고 있음에도 다른 구조적 유형에 속한 공동체들이기 때문이다. 그러므로 영역 주권 원리가 구상하는 권위의 제한은 각 공동체를 그 주도 기능을 특징으로 하는 해당 사회 영역에 배속시키는 것을 출발점으로 삼는다고 할 수 있다. 또한 동일한 영역 내에 존재하는 권위 유형의 다양성도 인정해야 한다. 그런즉 영역 주권의 원리는 (제각기 다른 영역을 갖고 있는 경우) 한 사회 공동체가 다른 사회 공동체에 간섭하는 것을 배제하는 한편, 유형 법칙의 개념은 동일한 상호불간섭 원칙을 동일한 영역 내에서 서로 다른 유형의 권위를 가진 공동체들에까지 확장시키는 것이다.

지금쯤이면 오직 하나님만이 최고의 권위를 갖고 있고, 모든 권위가 궁극적으로 하나님에게서 나온다는 진술을 신정정치와 혼동하면 안 된다는 우리의 주장이 명확해졌을 것이다. 이 말은 하나님이 친히 국가나 사업체, 학교나 가정을 지배해야 한다는 뜻이 아니다. 하나님은 인간과 세계를 창조한 방식을 통해 우리의 사회생활에서 권위의 근원이 되신 분이다. 한편으로 이것은 인간의 본성 속에 권위의 필요성이 심겨 있어서, 기존의 권위가 무너지면 사람들이 필연적으로 새로운 권위를 세우게 된다는 의미이고, 다른 한편으로는, 사람들이 필요로 하고 인정하는 여러 종류의 권위는 삶의 다양한 영역에 상응한다는 뜻이다. 그래서 창조세계의 하나님에 대한 의존이 양상들 중의 한두 가지를 통해 매개된다는 관념을 우리가 부정하듯이, 하나님이 교회나 국가 같은 한두 개의 제도를 통해 그의 권위를 모든 창조세계에 전달한다는 사상도 반대하는 것이다. 삶의 다양한 영역에 존재하는 각 권위는 직접 하나님에게 의존해 있고, 그 어느 것도 다른 것에서 파생되지 않는다. 따라서 **다른 모든 사회 제도들이나 권위들 위에 군림하는 단 하나의 제도나 권위는 존재하지 않는다**고 할 수 있다. 만일 어느 공동체에 그런 지위를 부여한다면, 그것은 오직 하나님에게만 속한 지위를 찬탈하는 것이다.

앞에서 나는 다수의 권위에 기초한 유한한 국가의 개념과 관련해 장 칼뱅을 인용한 적이 있는데, 앞 단락의 결론 부분도 사실은 그에게 빚진 것임을 인정하는 게 좋을 듯하다. 거기에 진술된 사상은 이미 16세기에 칼뱅이 명백히 인정한 것이며, 특히 국가와 교회의 관계가 그러하다. 당시만 해도 사회에서 교회와 국가 중 어느 것이 최고의 권위인지를 둘러싼 논쟁(과 싸움)이 이미 오랜 세월 진행되어 오던 중이었다. 칼뱅은 어느 편도 들지 않았다. 그는, 삶의 어떤 문제들은 국가의 관할 아래 있고, 또 어떤 것들은 교회에 속한 사안들이지만, 대다수 문제들은 둘 중 어느 것에 의해서도 규제되어선 안 된다는 입장이다.[15] 각 제도가 독특하고 제한된 권위의 영역에 속한다는 이 관념은 칼뱅 이후 2세기 뒤에 유럽과 북아메리카의 많은 정부에 큰 변동을 불러일으킨 전제들 중의 하나였다. 그것은 또한 개인들과 공동체들이 정부의 권한을 제한하는 상대역으로서 국가에 대해 상대적인 권리를 갖고 있다는 교리의 기초이기도 했다. 예컨대, 이 관념은 잉글랜드 청교도들이 언론의 자유와 종교의 자유를 요구하는 것을 정당화시켜 주었다.[16] 그리고 토마스 제퍼슨이 "교회와 국가 간의 분리의 벽"이라고 (잘못) 불렀던 관념도 칼뱅의 영향을 받은 것이었다. 내가 "잘못" 불렀다고 말한 것은 두 개의 공동체가 각 권위를 그 고유한 영역에 국한시키도록 할 수는 있지만 양자를 완전히 차단하는 것은 불가능하기 때문이다. 미국의 독립선언문에 표현된 많은 관념들이 칼뱅주의적 배경을 갖고 있다는 것이 너무도 분명했기 때문에 잉글랜드의 조지 3세는 그것을 처음 읽었을 때 "식민지에 있는 칼뱅파 교회들이 미쳐 날뛰는군!" 하고 말한 것으로 전해진다.

〈표 8〉

영역 주권의 사회관은 이차원적으로 나타낼 수 없기에 하나의 도표로 그릴 수 없다. 그래서 나는 두 개의 그림으로 표현하겠다. 먼저 〈표 8〉은 한 개인이 여러 규범적 양상들 안에서 기능하고 있는 모습을 표시하는데, 이 양상들은 그 옆에 적힌 공동체들의 주도 기능을 특징으로 하는 사회 영역에 상응한다. 원의 중심은 한 개인을 표상한다. 원의 여러 부문들이 가리키는 각 개인의 사회생활은 모든 양상을 갖고 있으며, 이는 개인이 각각의 공동체에 적극적으로 참여하는지 여부와 상관이 없다. 각 부문 바깥에는 그 양상을 특징으로 삼는 (일부) 공동체들로, 이는 사람들이 그 양상으로 특징지어지는 삶의 관심사들을 표현하고 증진하고 보호하려고 만드는 공동체들이다.

두 번째 도표(표 9)는 여러 사회 공동체들이 그들의 유형 법칙들에 따라 기초 기능에서 주도 기능에 이르기까지 여러 양상들을 가로지르는 모습을 표현한 것이다.

이처럼 간단한 도표에도 분명히 드러나는 바는 우리의 사회 이론이 모든 사회 공동체를 고려하기를 원한다는 점이다. 마치 법칙틀이론이 원자에서 조각과 공동체에 이르는 모든 것의 본질을 설명하려는 것처럼, 그것을 사회 이론에 적용할 때에도 그 어떤 사회 공동체도 빠뜨리길 원치 않는다. 이 점에서 이 이론은 로크와 미국의 건국 아버지들이 그랬듯이 개인과 정부의 관계에만 국한시키는 이론들에 비해 많은 장점을 갖고 있다. 오늘날의 많은 이론들도 그 범위를 기껏해야 가족, 정부, 교회, 사업체의 관계로만 확대시킬 뿐 크게 나아진 면이 없다. 그 결과 그 이론들은 학교, 예술 단체, 노조, 정당, 자선 기관 등을 국가에 포섭시키든지 사업체로 간주함으로써 이런 공동체들의 본질을 하나같이 오해하고 있다. 이런 오해는 이 공동체들의 본질 자체를 왜곡하고 또 그들의 효과적인 작동에 많은 해를 입힌다.

	가족	사업체	국가	교회나 회당
신앙적				L
윤리적		L		
사법적			L	
심미적				
경제적		L		
사회적				
언어적				
역사적		F	F	F
논리적				
감각적				
생명적	F			

F: 기초 기능
L: 주도 기능

〈표 9〉

다음 장은 법칙틀이론과 영역 주권의 원리에 입각한 국가론을 개관하게 될 것이다. 아울러 유형 법칙의 개념을 보여 주는 예를 더 많이 들어서 국가의 본질에 기초를 둔 국가의 의무와 한계에 대해 더욱 상세한 설명을 제공할까 한다. 그런데 먼저 영역 주권의 원리와 관련해 자주 제기되는 한 가지 질문은 지금 당장 답변할 필요가 있다. 그 질문은 사회 공동체들 간의 상호불간섭 사상을 때때로 실행해야 하지 않느냐 하는 것과, 만일 그렇다면 국가가 그것을 실행해야 하지 않느냐 하는 것이다. 이 질문의 의도는 국가로 하여금 스스로에게 제한을 가하도록 요구하는 일은 아이러니하고도 비현실적이라는 것이다.

이런 아이러니에도 불구하고, 두 질문에 대해 "그렇다"라고 답변할 수밖에 없다. 왜냐하면 영역 주권이 정의 개념의 지도 원리가 되어야 하고, 따라서 그 혜택을 누리려면 그 원리가 입법과정에 반영되어야 하기 때문이다. 그런즉 우리의 견해에 따르면, 모든 종류의 공동체들의 독특성과 영역 주권을 보장하는 일이 공공 정의를 실행하는 일의 일부이며, 이는 국가의 의무에 해당하는 것이다. 그렇다고 해서 국가가 공동체들 간의 영역적 경계선을 창조한다는 뜻은 아니다. 오히려 국가는 모든 공동체들과 각각의 구성원들의 유익을 위해 그런 경계를 지키고 또 강요하는 소명을 받았다는 뜻이다. 이와 관련된 아이러니에 대해서는 이렇게 말할 수 있을 뿐이다. 심각한 인권 문제 때문에 유한한 정부가 들어선 나라를 보면, 국가가 스스로를 제한했기 때문에 그런 유익을 얻을 수 있었다고. 그렇지 않고는 어떻게 그런 일이 일어날 수 있을까? 그 질문의 의도는 권력자들이 국가에 제한을 가하는 법률을 만들려고 하지 않을 것이란 회의를 표명하려는 것임에도, 그것은 실제로 사회생활의 본질에 관한 우리의 신념이 입법과정을 어떻게 지도하는지를 부각시켜 주고 있다. 사람들이 사회를 최고의 인물이나 제도가 있는 위계조직으로 믿는 곳에서는 그런 사상을 실행할 법을 만들기 마련이다. 반면에 개인들과 공동체들은 서로에 대해 권리와 의무를 갖고 있어서 단일한 최고의 권위는 존재하지 않는다고 믿는 곳에서는 당연히 이런 사상을 실행할 법을 만든다. 그리고 이에 대해 회의적인 사람들에게는 다음과 같은 유명한 본보기를 상기시켜 주고 싶다. 조지 워싱턴은 미국 의회로부터 비상시의 독재 권력을 두 번이나 부여받았으나 스스로 기꺼이 반납했다는 사실이다.

(그 결과 워싱턴이 죽자 그의 대적이었던 조지 3세는 그가 절대 권력을 가졌으나 그것을 기꺼이 포기했었다는 이유로 그는 세상에서 가장 위대한 인물이라고 불렀다.)

이 모든 사실은 그 어떤 형태의 정부든지 그것만으로는 여러 권리와 자유를 보장하기에 충분하지 않다는 것과 한 나라의 정체(政體)를 결정하는 주요 요인은 바로―정부 관료들을 포함한―국민들이 품은 신념임을 상기시켜 준다. 국민의 정의감과 사회 공동체 개념이 모종의 전체주의적 사회관이 아니라 다양한 공동체들 간의 영역 주권 개념을 그 지침으로 삼는다면, 그들은 유한한 국가와 인권을 선물로 얻게 될 것이다. 이런 경우라 할지라도, 정부 형태를 막론하고 국가가 그 권력을 남용하지 않으리라고 보장할 수는 없다.

그런즉 영역 주권의 개념이 많은 사회적 및 사법적 축복을 가져온다고 할지라도, 그것을 실행하기만 하면 유토피아가 도래할 것으로 생각하면 안 된다. 이 개념을 골고루 믿고 엄밀하게 적용한다고 해도, 그것을 적용하는 과정에서 실수가 없으리란 보장도 없고 인간의 죄나 죄성이나 가난이나 전쟁이 감쪽같이 사라질 것으로 기대할 수도 없다. 우리로서는 우리 이론의 원리들이 공동체들 상호간의 합당한 자유와 권리와 의무를 이해하는 열쇠가 된다고 주장할 따름이다. 아울러 공동체 상호 간의 한계와 권리와 자유의 개념은 또한 개인들이 공동체와의 관계에서 그리고 개인들 상호 간의 관계에서 갖는 권리와 자유를 묘사할 수 있는 여지를 남겨 준다.

THE MYTH
OF RELIGIOUS NEUTRALITY

13장 비환원주의 국가론

13.1 서론

지난 장에서 개관한 법칙틀이론의 사회관은 이제 구체적으로 정치 이론, 곧 국가 제도에 관한 이론에 적용될 수 있다. 이 제도를 언급할 때 주로 정부를 다룰 테지만 그것이 정부에만 국한되는 것은 아니다. 정부는 국가 내의 지배 집단이다. 이는 부모가 가정에서, 이사회가 기업체에서 지배 집단인 것과 같다. 가정에는 부모 이상의 것이 있고 기업체에는 이사회 이상의 것이 있는 것처럼, 국가에도 정부 이상의 것이 있다. 국가란 제도는 정부와 시민들을 모두 포함하므로 '정부 아래 조직된 시민들의 정치적 공동체'라고 정의할 수 있다.

"국가(the state)"를 이런 식으로 말한다고 해서 다음의 사실, 곧 어떤 국가는 때로 "주(state)"라고 불리는 하부단위들로 나눠진다는 사실 때문에 헷갈려서는 안 된다. 하지만 방금 제시한 정의는 우리가 그 하부구조들만이 아니라 정치적 공동체들 전체를 고찰할 것임을 분명히 밝히기 때문에 이 두 가지 의미를 헷갈리지 않게 하기에 충분하다. 그런즉 내가 "국가"라는 용어를 사용할 때는 예컨대, 미합중국을 구성하는 주(州)들과 같은, 한 정치 공동체의 하부단위들을 언급하는 것이 아니다. 나의 용법에 따르면 미국에는 한 정치적 국가가 존재한다.

현대의 삶에서 정부가 갈수록 더 큰 역할을 담당하고 있음에도 불구하고, 하나님을 믿는 많은 신자는 자기네 신앙으로부터 시민의 삶에 관해 아무런 지침도 얻지 못하는 실정이다. 물론 그 신앙이 그들로 국가 관료에게 정직성을 요구하도록 가르치고, 그들에게 법에 순종하도록 권고한다는 것은 알고 있다. 그러나 이런 점들은 정치적이라기보다 윤리적인 데다 너무나 초보적인 것이라서 시민의 자격으로 투표권을 행사할 때 신자로서 결정해야 할 수많은 어려운 이슈들과 관련해 아무런 지침도 제공할 수 없다. 그러므로 우리는 이제 법칙틀이론이 어떻게 하나님에 대한 믿음과 구체적인 **정치적** 이슈들 사이에 보다 밀접한 연관성을 끌어낼 수 있는지 살펴볼 것이다. 나는 그 이론이 제공하는 원리들이 국가의 본질과 소수의 주제들에 어떻게 적용되는지를 간단히 보여 줌으로써 그에 따른 정치적 결과를 예증하고자 한다. 앞의 두 장에서 그랬듯이 이번에도 그런 이론을 설명하는 법에 대한 하나의 청사진만 그릴 수 있을 뿐이다. 그리고 이번 장의 주요 목적은 그런 청사진에 있다기보다는 오히려 법칙틀이론의 개념들과 원리들을 이런 식으로 적용함으로써 그것들을 명료하게 하는 것임을 유념하길 바란다. 이런 이유로 나는 앞의 두 장에서 이미 제공한 사항들을 계속 언급할 테고, 그 사항들을 법칙틀이론이 국가의 독특한 성격에 관해 말하는 바에 적용할 것이다.

도예베르트는 언젠가 이런 말을 한 적이 있다. "아마 현대의 사회철학과 사회과학에서 국가만큼 혼란스러울 정도로 다양한 의견을 불러일으킨 공동체는 없을 것이다."[1] 이어서 현대 이론들은 물론이고 고대의 이론들에서도 국가의 성격에 관한 이해는 언제나 "힘"과 "정의"의 관계를 중심으로 맴돌았다. 달리 말해서, 정치이론의 중심 주제는 항상 국가의 권력 사용과 공공 정의의 질서를 형성할 책임 사이의 적절한 관계였다는 뜻이다. 따라서 이제 법칙틀이론을 국가의 성격에 적용하되 두 부분으로 나눠서 할 생각이다. 하나는 국가의 권력에 관한 것이고, 다른 하나는 국가의 정의와 관련된 것이다.

13.2 국가의 성격은 무엇인가?

우리 이론은 여러 각도에서 국가의 성격을 조명해 준다. 첫째, 사회를 위한 규범―영역 주권 원리―을 제공함으로써 전통적인 이론들이 제시한 두 가지 대안에 제한되지 않도록 우리를 해방시켜 준다. 두 가지 대안이란 (1) 국가가 사회적 위계질서의 맨 꼭대기에 있어서 다른 모든 공동체들과 개인들에 대해 전체주의적 통제권을 행사한다는 입장, (2) 국가가 다른 모든 공동체들에 대해선 전체주의적 통제권을 쥐고 있으나 개인들에 대해선 그렇지 않다는 입장을 말한다. 둘째, 우리 이론은 한 공동체의 기초 기능과 주도 기능을 찾게 해서 그 공동체의 특징을 발견하게 하고, 이로써 그 공동체의 본질의 양상적 특징을 알게 한다. 셋째, 우리 이론에 따르면, 국가의 기초 기능과 주도 기능 간의 관계를 분석하는 일은 모든 국가의 구조 원리인 그 유형 법칙을 발견하고 거기에 접근하는 길이다. 이와 같은 국가의 유형 법칙의 분석은 그 성격에 대한 보다 자세한 개념을 낳을 수 있다.

우리가 살펴보았듯이, 유형 법칙 개념의 중요성은 그것이 어떤 유형의 실체이든―국가를 포함하여―한없이 변한다는 것을 부인하고 또 완전히 자의적이지 않다는 점을 보여 준다는 데에 있다. 유형 법칙에 따르면, 우리가 어떤 것을 마음대로 바꾸면서 여전히 동일한 유형으로 유지하는 일이 불가능하다. 우리는 창조세계의 각 유형에 나름의 법칙이 있다고 믿기 때문에 특정 유형에 속한 사물들의 내부조직을 그 유형의 영구적인 면으로 이해한다. 유형 법칙들은 양상 상호 간의 법칙인 만큼, 그 유형에 속한 각 사물이 소유하는 다른 모든 속성들뿐 아니라 각 사물 내의 기초 기능과 주도 기능과 관계를 맺음으로써 그런 역할을 한다. 한 사물의 기초 기능과 주도 기능의 전형적 연관성을 이런 창조법칙에 의해 보장되는 것으로 해석할 경우, 우리는 그 내부 요소들을 이야기하고, 그 사물 및 동일 유형의 다른 모든 사물의 본질적인 기능들을 발견할 수 있게 된다.

그런데 여기서 상기할 점이 있다. 유형 법칙의 분석이 특정 유형에 속한 모든 사물의 본질적인 구성요소들을 분별하도록 도울 수는 있지만, 그 요소들이 언제나 그 법칙에 합당한 방식으로 연관되는 것을 보장하진 않는다는 것이다. 왜냐하면 유형 법칙은 (부분적으로) 규범적이기 때문이다. 그러므로 특정한 사물들이 그 유형 법칙을 따르는 정도가 제각기 다를 수 있고, 따라서 그 유형의 좋은 본보기가 되기도 하고 나쁜 본보기가 되기도 한다. 이는 인공물은 물론이고 식물과 동물처럼 규범적 양상들을 특징으로 하는 자연적인 사물에도 해당된다. 사실 어떤 사물이 심각하게 손상되어 그 유형 법칙에서 너무 동떨어져서 더 이상 그 유형으로 볼 수 없는 일도 생길 수 있다. 그런즉 유형 법칙은 특정 유형의 사물이 반드시 어떤 존재일 수밖에 없음을 보여 줄 뿐 아니라(그 본질적인 속성들과 부분들을 보여 준다), 어떤 존재가 되어야 하는지(그 본질적 부분들의 올바른 관계)도 보여준다. 예컨대, 결혼은 반드시 배우자들을 포함해야 한다. 그렇지 않으면 결혼이 존재하지 않기 때문이다. 가족은 부모와 자녀를 반드시 포함해야 한다. 그러나 결혼 배우자들 간의 관계나 가족 구성원들 간의 관계는 다양할 수 있은즉 어떤 결혼관계나 가족은 아주 양호한 반면에 다른 경우는 형편없을 수 있다. 이와 관련하여 유형 법칙들이, 부분적으로 필연적이고 또 부분적으로 규범적인 질서를 피조물에게 공급한다는 점을 살펴본 바 있다. 법칙들이 정한 것의 일부는 불순종할 수 있는 반면에 또 다른 일부는 불순종할 수 없다는 말이다. 이런 법칙들은 양상 상호 간의 질서를 구성하고, 이는 어떤 유형의 사물들의 가능성에 한계를 설정하는 동시에 그 사물들이 마땅히 도달해야 할 표준을 제공한다.

그러므로 국가의 경우, 그 유형 법칙을 분석해 보면 어떤 국가든 반드시 갖춰야 할 구성요소들을 이해할 수 있고, 그 요소들 간의 바람직한 관계도 알 수 있다. 이 두 가지를 혼동하면 안 된다. 그 법칙이 합당하게 보는 모든 관계들이 바로 과거와 현재의 모든 실제 국가들을 묘사한다고 생각하면 안 된다. 실존하는 국가가 이런 관계들을 소유하는 정도는 서로 다르기 때문이다.[2] 예컨대, 국가의 유형 법칙에 띠르면 국가는 군사력을 관장하는 기관이 있어야 한다는 것을 우리가 알게 되었다고 해서 이것이 실존 국가의 군사력 남용을 정당화시켜 주는 것은 결코 아니다. 이와 반대로, 군사력과 관련된 사법적 주도 기능이야말로 국가의 실질적인 권력 행사를 평가할 수 있는 규범이다.

A. 국가 권력

법칙틀이론의 사회관에 따르면, 국가 제도의 본질은 역사적 기초 기능과 사법적 주도 기능 간의 상관관계에 의해 특징지어진다. 말하자면, 한편으로 국가는 역사적 규범이 이끄는 인간의 문화 형성의 산물이고, 다른 한편으로 국가의 사회적 활동은 정의의 규범에 의해 주도된다. 국가의 사법적 주도 기능은 내가 앞에서 구조적 목적이라고 불렀던 것과 동일하다. 따라서 국가의 목적은 그 영토 안에 사는 사회 전체를 위해 공공 정의를 증진하고 실현하는 것이라고 규정할 수 있다.

역사적으로 설립된 공동체들은 문화 형성의 산물이지만, 각 유형은 그 주도 기능에 따라서 사회에 나름의 문화-역사적 영향력을 행사하기도 한다. 예컨대, 기업은 경제적 영향력을, 학교는 생각과 사상의 힘을 행사하고, 예술 기관은 심미적 영향력을 발휘하며, 교회나 모스크는 사회의 윤리적 및 종교적 신념에 영향을 미친다. 국가도 마찬가지다. 국가 역시 국가의 주도 기능에 상응하는 영향력을 행사한다. 국가의 경우에는 이것이 입법의 힘이다. 말하자면, 국가는 그 구조적 목적의 성취, 즉 공공 정의의 집행을 위해 법을 실행하는 힘을 발휘한다는 뜻이다.

이런 이유로, 국가를 좌우하는 유형 법칙은 국가의 내부조직이 적어도 두 가지 하부구조를 포함해야 한다고 말한다. 하나는 정의를 집행하는 기관(군대와 경찰)이고, 다른 하나는 정의로운 것을 결정하는 기관(입법부와 법원)이다.

더 나아가, 이 유형 법칙은 이 두 구조들이 국가 내에서 상호관계를 맺는 올바른 방법과 관련하여 중요한 것을 보여 준다. 무력 기관은 국가의 기초 기능에 상응하는 데 비해, 법을 제정하고 해석하는 기관은 국가의 주도 기능에 상응한다. 그러므로 제대로 형성된 국가에서는 이 두 부분이 동일하면 안 되고(군사 독재의 경우처럼), 군사 기관이 법의 제정과 해석을 통제하거나 지도해서도 안 된다. 오히려 정의의 기관들이 집행력을 가진 기관들을 통제하고 지도해야 한다.

그렇다고 해서 국가가 정의에 관심이 있는 유일한 공동체 내지는 사회관계라는 뜻은 아니고, 규칙이나 법을 만드는 유일한 제도라는 뜻도 아니다. 모든 인간관계와 공동체에는 정의가 필요하다. 학교, 기업, 결혼, 가정 등 모두가 정의를 필요로 한다. 그리고 "영역 주권"에 나오는 주권 개념이 지닌 가장 중요한 측면의 하나는 다양한 유형의 공동체들이 제각기 그 내부 운영을 다스리는 법이나 규칙을 만들 권리를 갖고 있다는 점이다. 그러나 공공 영역에 대한 정의를 입법화하고 집행하는 의무와 권리를 가진 것은 오직 정부—국가의 지배기구—밖에 없다. 그리고 오직 국가만이 그 법률을 뒷받침하기 위한 무력 사용의 권리를 갖고 그렇게 한다. 이것이 바로 문화적 권력의 다른 형태들과 구별되는 점이다. 이 권리는 국가의 주도 기능에 의해 부여되는 것이며, 그 기능을 섬기는 경우에 국가의 권력은 비로소 "정당한" 무력 사용이 되는 것이다. 예컨대, 가족은 여러 규칙을 만들고, 가족의 특권과 연관된 승인이나 처벌의 태도에 의해 그 규칙들을 집행할 수 있다. 기업 역시 나름의 규약을 가질 수 있고, 학교나 노조나 클럽도 마찬가지다. 그리고 교회의 법은 고도로 정교하게 만들어져 왔다. 이 공동체들은 모두 제재를 가할 수 있고, 그 규약을 위반하는 회원들을 축출하는 것까지 가능하다. 그러나 오직 국가만이 **공공** 정의를 세우는 법을 만들 수 있고, 물리적 강제력을 사용하여 재산의 압류, 자유의 상실, 또는 심지어 죽음과 같은 제재까지 가할 수 있다.[3]

이 때문에, (다른 공동체들의 법칙들과는 다른) 국가의 유형 법칙을 인정할 때 따르는 중요한 결과는, 국가가 그 영토 내에서 무력을 독점하는 경우에만 완전히 실재한다는 것이 우리의 주장이다. 국가가 그런 독점권을 소유하지 못할 때에는 그만큼 그 구조적 목적을 수행할 수 있는 능력이 약화된다. 이 경우, 어느 공동체든 국가와 경쟁하는 권력을 갖고 있다면, 그 공동체는 사실상 동일한 정치적 통일체 내에 존재하는 경쟁적인 정부인 셈이다. 이런 일은 내전의 시기에, 또는 경쟁적인 정치 운동이 정부를 타도하려고 무장할 때, 또는 어느 조직(예, 범죄 조직)이 무력으로 자기네 목표를 달성하려고 국가의 권한을 찬탈할 때에 일어난다. 그런즉 어떤 사회라도 강한 군사력이나 경찰의 보호 없이도 훌륭한 예술을 만들거나 강한 경제력을 갖출 수는 있지만, 자기네 법률을 집행할 수 없거나 자기네 영토를 방어할 수 없는 한 결코 강력한 국가를 갖지 못할 것이다.

국가의 부분적인 특징은 무력을 사용할 수 있는 권한의 소유이기 때문에, 기독교 전통에 속한 일부 저자들—특히 성 아우구스티누스[4]—은 국가가 인간 사회에 세워진 것은 오직 죄 때문이라고 주장했다. 그들은 국가를 본질적으로 범죄의 억제책으로 보는 만큼 사람들이 죄인이 아니라면 국가가 사회에 들어설 자리가 없을 것으로 생각했다. 본래 하나님이 계획했던 인간사(人間事)에서는 합당한 역할이 없는 "추가된" 제도라는 것이다. 이 견해는 두 가지 중요한 부작용을 낳았다. 한편으로는 국가의 진정한 과업에 대한 아주 편협한 견해를 부추겼고, 다른 한편으로는 국가와 정치에 대한 낮은 평가를 조장했다. 이런 낮은 평가로 인해 때로는 일부 사상가들이 신자들은 정치 활동에서 완전히 물러나야 한다는 견해를 갖게 되었다. 법칙틀이론은 이런 견해를 지나치게 편협한 국가관으로 간주한다. 나중에 좀 더 상세하게 살펴보겠지만, 공공 정의는 범죄의 억제보다 훨씬 넓은 이슈이고, 설사 죄가 없더라도 인간에게 꼭 필요한 것이다. 긍정적인 면으로 보면 국가의 과업은 사람들과 공동체들 사이에 평화와 조화를 이루는 것이다. 제임스 스킬렌은 국가와 가족을 비교함으로써 이 논점을 개진했다.

> 성경적으로 말하면, 가정생활은 사랑과 양육을 베풀고 하나님을 나타내는 긍정적인 목적을 위해 하나님이 창조하신 것이다. 하나님의 형상이란 우리의 정체성은, 부분적으로 우리가 아들과 딸이고 종종 어머니와 아버지라는 것을 의미한다. 가족은 나쁜 자식을 때리기 위해 특수한 창조물로 생긴 것이 아니다. 처벌과 부정적인 징계가 가족의 **존재 이유**가 아니다. 물론 죄로 인해, 부모가 건강한 가족을 부양할 목적으로 자녀양육에 벌을 포함해야 한다는 점은 우리도 인정한다. 그러나 매질을 비롯한 여러 징벌은 가정생활의 더 깊고 더 넓고 더 원초적인 의미에 들어맞는 것이다.
>
> 정치 공동체에서의 삶은 물론 가정생활과 상당히 다르다. 나는 시민생활을 가정생활의 확대판으로 묘사할 생각이 없다. 오히려 이렇게 유추할 수 있다. 정부의 **목적**, 정치적인 삶의 존재 이유는 무엇보다 먼저 경찰관과 법정 변호사와 군대를 통해 악행을 처벌하는 것이 아니다. 오히려 정치적 삶의 핵심적인 의미는 공적인 공동체의 긍정적인 실재에서 찾을 수 있다. 말하자면, 공적인 법적 수단을 통해 사람들이 건강한 상호관계를 맺음으로써 상업, 가정생활, 농업, 산업, 과학, 예술, 교육 등이 동시에, 동일한 영토 내에서 조화롭고 정의로운 방식으로 수행될 수 있게 하는 것이다.[5]

따라서 설사 죄가 원인을 제공하지 않았더라도, 설사 사람들이 서로 진정한 사랑과 조화 가운데 살았더라도, 정의를 규정하는 공공질서의 필요성은 여전히 존재할 것임을 알 수 있다. 예컨대, 재산이나 계약과 관련해 정직한 의견 차이가 여전히 생길 수 있고, 이는 공정한 전문가에 의해 해결될 필요가 있을 것이다. 그렇기 때문에 하나님 백성의 최종 운명에 대한 유대-기독교적 견해는 장차 그들이 메시아가 **다스리게** 될 하나님 **나라**의 시민이 될 것이라고 한다. 이사야서에 따르면, "나의 거룩한 산 모든 곳에서 서로 해치거나 파괴하는 일이 없다"(11:9)고 하는 그 나라에서조차 "진리로 공의를 베풀고" 또한 "세상에 공의를 세울"(42:3,4, 새번역) 통치자가 여전히 필요하리라. 이런 이유로, 그런 편협한 견해가 생긴 것은 형법과 국가 방어에 대한 국가의 책임에만 지나치게 초점을 둔 나머지 민법과 국제법에 대한 국가의 의무를 배제시켰기 때문이라고 나는 생각한다.

물론 나는 국가 권력의 특성이 인간사에 존재하는 죄로 인해 완전히 바뀌었다는 데 동의한다. 만일 죄가 없다면, 사람들이 현재와 같이 법이나 법정 판결에 억지로 복종해야 할 필요가 없을 것이다. 이와 관련하여, 이사야서가 또한 하나님의 최종 왕국에서 사람들이 "칼을 쳐서 보습을 만들고 그들의 창을 쳐서 낫을 만들 것이고" "이 나라와 저 나라가 다시는 칼을 들고 서로 치지 아니할 것"(2:4)이라고 내다보는 것은 참으로 의미심장하다. 그러나 그런 상황에서도 변화무쌍한 인간사에 정의의 원칙을 적용할 필요는 여전히 존재할 것이다.[6]

두 번째 부작용과 관련하여, 하나님을 믿는 사람이 정치활동을 하는 것이 합당하다는 점은 의심의 여지가 없다. 유신론적 관점에서 보면, 신자들에게 합당하지 않은 것은 정의에 대한 관심과 국가의 운영을 불신자들에게 넘겨주는 일이다. 이는 마치 과학이나 철학을 연구하는 일을 하나님이 아닌 다른 신을 믿는 자들에게 양도하는 것과 같다. 성경의 가르침대로 우리의 믿음이 삶의 전 영역을 인도해야 한다면 당연히 정치 이론 및 활동까지 지도해야 마땅하다. 그렇기 때문에 우리는 영역 주권이란 기독교적 개념의 도움을 받아 비환원주의적 실재론과 사회론의 개발을 통해 그런 지침을 찾아야 한다고 주장하는 것이다. 이와 같이 하나님에 대한 믿음은 그저 독재를 반대하고, 종교의 자유를 선호하고, 정부 관료들에게 정직할 것을 요구하는 일보다 훨씬 더 구체적인 정치적 지침을 제공할 수 있다. 이는 국가의 성격에 대한 특정한 견해뿐 아니라 사회를 위한 독특한 규범(영역 주권)도 제공하는데, 이 둘은 국가의 구조적 목적에 호소함으로써 국가의 의무를 명백히 밝히고 권력 사용에 적절한 한계를 정해 준다.

B. 공공 정의

법칙틀이론에 따르면, 인간의 경험에는 사람과 행위와 제도와 규칙이 소유한 사법적 속성들에 상응하는 독특한 양상이 있다. 아울러 이 사법적 양상의 법적 측면을 구성하는 규범도 존재한다. 다른 양상들의 법칙과 규범이 그렇듯이, 정의의 규범 역시 인간의 고안물이 아니라 하나님이 창조세계에 심어 놓은 법칙 틀의 일부이다. 그러므로 이 규범을 효과적으로 적용하려면 환경에 따라 이런저런 법령을 집행하거나 다양한 법적 절차를 밟을 필요가 있겠지만, 이 규범은 모든 시대 모든 사람에게 적용되는 것이다. 우리 경험의 사법적 양상은 애초에 다른 모든 양상들과 같이 직관적으로 인식된다. 말하자면, 우리는 그것을 인생 경험의 의미의 일부로 접한다는 뜻이다. 이 규범에 대한 직관을 우리는 보통 "정의감"이라 부르고, 이는 도처에 사는 인간들의 공통점이다. 이 규범은 다른 사람들에게 마땅한 몫을 줄 정도로 그들을 대우해야 한다는 관념이라고 정의할 수 있다. 아주 단순하게 들리겠지만 거기에 여러 측면이 있다는 사실을 덧붙여야겠다. 이를테면, 우리의 타인에 대한 대우는 공평해야 한다, 다양한 몫들 사이에 균형성을 보여야 한다, 몫의 분배에 공정성을 기해야 한다는 것과 같은 측면들이다. 그러므로 이 규범은 응보적 정의(retributive justice, 응보가 보상과 처벌을 모두 포함하지만)의 규범에 그치지 않고 분배적 정의(distributive justice)와 균형적 정의(proportional justice)의 규범까지 포함한다.

다른 양상들에 대한 경험이 그랬듯이 사법적 진리에 대한 직관적 인식 역시 유신론적 신앙에 국한되지 않는다. 다른 신을 믿는 사람들도 그동안 정의에 관한 많은 통찰을 발견해 왔기 때문에, 다시금 우리가 완전히 새로운 정의관을 굳이 찾을 필요는 없다. 예컨대, 로마법에 구현된 고대 세계의 정의 관념이나 앵글로색슨의 관습법 전통을 통해 내려오는 정의 관념을 무시해서는 안 된다. 그렇지만 다른 양상들과 마찬가지로, 사법적 진리에 대한 직관적 인식 또한 모종의 종교적 믿음의 영향을 받을 수밖에 없다. 그리고 삶의 다른 양상들처럼, 정의의 문제에서도 종교의 영향이 그에 관한 이론들에 매우 뚜렷하게 나타난다. 즉, 정의의 해석은 실재론, 인간 본성 이론, 사회의 본질에 관한 이론, 국가의 본질에 관한 이론 등의 영향을 받는다는 말이다. 그리고 이런 이론들이 이방의 종교적 믿음을 전제로 삼는 경우, 환원주의가 직관적인 정의감이 신적인 것으로 간주되는 양상을 선호하는 쪽으로 기울어지게 만든다. 그 결과 어떤 사법적 이슈들은 지나치게 강조하는 반면에, 다른 이슈들에는 합당한 비중을 주지 않거나 아예 놓쳐 버리고 만다.

잠시 한 가지 예를 들어 보자. 미국의 경우, 민법은 타인에게 상처를 입힌 사람은 그 피해자에게 보상해야 한다는 것을 당연시한다. 왜냐하면, 만일 내가 당신의 인격, 재산, 평판 등에 손상을 입혔다면, 내가 그 상실한 부분을 회복시키는 것이 정의의 분명한 요구로 보이기 때문이다. 그런데 민사 사건에서는 너무도 분명해 보이는 이 정의의 요구가 형사 사건에서는 인정을 못 받고 있으니 참으로 놀랍지 않은가? 만일 내가 무심결에 당신에게 상처를 입혔다면 법률은 나에게 당신의 치료비와 잃어버린 시간을 보상해야 한다고 요구하지만, 만일 내가 당신에게 강도짓을 하려고 고의적으로 똑같은 상처를 주었다면 법률은 나에게 보상하도록 요구하지 않는다니 이게 어찌 된 일인가?

이 사법적인 맹점 배후에는 그릇된 국가관이 있다. 그것은 앞장에서 내가 반론을 제기했던 견해이다. 그것은 정부의 권위가 하나님이 세운 법칙 틀이 아니라 국가 자체(이 경우에는 다수의 의지)에서 비롯된다고 보는 견해이다. 법의 권위가 국가에 의해 생성된다고 간주하는 경우 모든 범죄 행위를 그 피해자들이 아니라 국가에 대한 범죄로 보기가 쉽다. 그래서 미국의 형사법전은 국가를 범죄 행위의 피해자로 추정한다! 그렇기 때문에 국가가 벌금과 압류된 재산을 받고, 국가가 수감 기간을 채무 지불로 간주하는 당사자로 여겨지는 것이다. (석방된 죄수가 "사회에 자기 빚을 갚았다"는 표현을 쓴다면 "사회"가 "국가"의 유사어로 사용되는 것이다.) 이 견해는 피해 당사자가 자기 손실에 대해 보상을 못 받도록 보장하는 역할을 하기 때문에, 이것은 명백한 불의에 해당한다.[7] 모세의 율법은 이미 3,000년 전에 그보다 더 발전한 형태를 지녔고, 오늘날 많은 유럽 국가들도 그렇다는 사실을 생각하면 참으로 놀라지 않을 수 없다.

이와 반대로, 법칙틀이론은 국가를 정의를 집행하는 권위의 창조자가 아닌 **담지자**로 본다. 다수의 의지는 누가 그 권위의 담지자가 될지를 결정하지만, 권위 자체는 창조세계의 법칙 틀에서, 궁극적으로는 하나님으로부터 나온다. 따라서 국가는 시민의 사법적인 문지기 역할을 맡은 제도로 간주되는 셈이다. 그런즉 형법에 관한 한 국가는 그 자체의 위엄을 위해서가 아니라 시민을 위해 행동해야 마땅하다. 이런 식으로 우리는 미국의 형법이 보는 것보다 더 넓은 각도에서 국가의 합당한 과업을 보게 된다. 국가의 책임은 죄수를 체포하고 처벌하고―가능하면―복권시키는 일뿐 아니라 진정한 피해자를 위해 정의를 제공하는 일도 포함한다.

이것은 우리 이론이 제공할 수 있는 다수의 법적 통찰과 정치적 통찰들 중의 하나일 뿐이다. 법칙틀이론은 권위의 본질에 대한 기독교 유신론적 견해, 사회 영역들의 분화, 사회 공동체의 독특한 유형 분석을 견지하기 때문에 우리의 정의감을 잘 지도하여 사법적 스펙트럼의 다른 부문들은 무시한 채 어느 한 부문에게 편협하게 초점을 맞추지 않게 해 준다. 이런 장점을 잘 보려면 법칙틀이론을 가장 영향력 있는 다른 두 견해―개인주의와 집단주의―와 비교하는 게 좋겠다. 우리는 이 두 이론을 수용할 수 없는 이유를 이미 살펴보았다. 양자 모두 사회 공동체 내의 권위의 근원을 창조세계 안에서 찾았다. 전자는 자연적인 지배 권리를 가진 개인에게서, 그리고 후자는 모든 것을 포괄하는 공동체에게서 찾은 것이다.

이 환원주의 이론들에 대한 논의는 앞장에서 시작한 만큼 이제는 하나하나를 국가란 제도의 성격에 대한 법칙틀이론의 견해와 대조하려고 한다. 이를 진행하는 과정에서 나는 미국에서 볼 수 있는 정치적 이슈들과 상황들에서 실례를 끌어올 생각이다. 먼저 집단주의와 그 영향력을 잠깐 살펴보는 것으로 시작할까 한다. 이어서 법칙틀이론과 개인주의를 구별하는 일에 더 많은 시간을 보낼 예정인데, 너무도 많은 사람이 개인주의를 전체주의를 피할 수 있는 유일한 길로 생각하고, 개인주의가 미국의 정치상황에서 훨씬 큰 영향력을 미치기 때문이다. 이 논의에 많은 시간을 할애하는 또 다른 이유는 다수의 그리스도인을 포함한 많은 유신론자들이 개인주의가 전체주의를 회피한다는 이유로 그것을 유신론적인 관점으로, 또는 기독교적 관점임이 틀림없다고 생각하기 때문이다.

집단주의 이론에 따르면, 사법적 권리는 개인들이나 창조 규범이 아니라 국가에 의해 조직되는 일반 대중에게서 유래해야 한다. 집단주의적 견해는 사회의 유익을 가장 중요한 것으로 보기 때문에 정의에 대한 관점도 개인들과 (국가를 제외한) 공동체들을 하찮게 여기는 경향이 있다. 권리는 국가만이 창조하는 게 아니라 일반 사회에서 유래한다는 주장까지 허용하는 사회주의자들조차 결국에는 사회를 국가와 동일시하지 않을 수 없다. 아무리 노력해도 집단주의자들은 그들의 이론에 따르는 결과, 즉 권리는 국가가 개인들이나 공동체들에게 부여하는 선물이라는 것, 필요할 경우 그것을 철회하거나 변경할 수 있다는 것을 도무지 피할 수 없다. 이는 국가가 원칙적으로 무한한 법적 권한을 갖고 있다는 것을 뜻한다. 그러므로 정의의 개념 자체도 국가가 원하는 그런 것이 될 터이다. 그래서 사회 영역들 간의 양상적 차별성을 평준화하고, 따라서 다른 모든 사회 공동체의 영역 주권을 침해하는 전체주의 국가가 들어설 여지가 생긴다. 이 이론은 어쩔 수 없이 다른 모든 공동체들을 국가의 **일부분**으로 보는 견해, 따라서 그 공동체들의 독특한 유형 법칙들과 구조적 목적들을 모호하게 만드는 견해의 비호를 받는다.

우리가 이미 살펴본 바에 따르면, 법칙들이론은 국가가 사회 전체에 대해 한 가지 의무를 지고 있음을 인정하면서도 국가 권력을 (공공의 안전을 포함한) 공공 정의의 집행에 국한시킨다. 게다가, 이런 제한은 교회나 기업과 같은 다른 제도들의 영향으로 설정된 외적인 제약, 국가와 경쟁하는 권력에 의해 강요된 그런 제약이 아니라, 국가 자체의 성격에 내재되어 있는 것이다. 말하자면, 국가의 적절한 한계를 설정해 주는 것은 국가의 고유한 내적 구조라는 뜻이다. 그리고 국가의 헌법에 구현될 필요가 있는 이런 관념의 근원은 바로 국가의 성격에 대한 시민들의 이해이다.

미국의 정치 역사는 이른바 '영역 주권'이란 기독교적 개념뿐 아니라 존 로크와 같은 사상가들의 개인주의로부터도 큰 영향을 받았다. 그런데 이 양자 모두 반(反)집단주의적 성향을 갖고 있음에도 불구하고 아직도 미국의 정책과 법률에는 집단주의 색채가 남아 있다. 예컨대, 사소한 문제로 보이는 운전면허에 대한 생각을 들어 보자. 국가가 운전자들을 등록시키는 일이 합당하다는 데는 많은 이유가 있다. 하나는 면허증이 공공 도로의 건설과 도로 유지에 필요한 비용을 지불하게 하는 일종의 과세라는 것이다. 또 하나는 만일 운전자가 무모하거나 음주 운전을 하면, 국가는 그의 면허를 취소하고 도로에서 쫓아내어 다른 사람들을 보호할 의무가 있다는 것이다. 그런데 시간이 흐를수록, 그런 면허증을 국가가 한 사람에게 운전할 수 있도록 **허락하는** 것으로 보기에 이르렀다. 바로 이 지점에서 집단주의적인 국가관이 개인주의가 남겨 놓은 공백으로 들어온다. 왜냐하면 개인주의는 국가 권력에 대한 제약으로 단지 개개인의 타고난 권리들만 제시하기 때문이고, 우리 모두 자동차를 운전할 타고난 권리를 갖고 태어났다는 주장은 설득력이 없으므로 아무도 운전할 권리가 없다는 결론에 도달하기 때문이다. 이 경우에는 국가의 권위를 제한할 수 있는 것이 하나도 남지 않는다. 따라서 운전하는 일은 국가가 승낙하는 **특권**이라고 말하는 것만 남게 된다.[8] 이와 대조적으로, 영역 주권은 많은 활동을 국가와 관련된 권리나 특권으로 보면 안 되고 자유로 봐야 한다는 것을 보여 준다.[9]

결혼 허가증에 대해서도 똑같은 논점을 개진할 수 있다. 법칙틀이론에 따르면, 국가는 공공 건강과 관련이 있는 한 결혼을 규제하는 합법적 역할을 갖고 있다. 그러나 이를 제쳐 놓고, 결혼 허가증을 마치 전능한 국가의 허락을 받는 것처럼 보면 절대로 안 된다. 오히려 결혼을 국가에 등록함으로써 그것을 공공의 법적 질서 내에 자리매김하려는 것이다. 결혼은 본질적으로 윤리적인 제도인 만큼 배우자 간의 관계를 인도하는 사랑의 규범을 그 특징으로 한다. 결혼 그 자체는 배우자들 간의 배타적인 사랑의 서약으로 형성되는 것이다. 결혼 자체가 국가에 의해 창조되지 않는 것은 종교 기관에 의해 창조되지 않는 것과 똑같다. 요컨대, 종교 기관은 결혼을 축복할 수 있고, 국가는 결혼을 법적으로 인정할 수 있으며, 공적인 예식은 결혼을 선언할 수 있다. 그러나 오직 결혼의 동반자들만이 결혼을 만들 수 있는 것이다. 그런데 미국의 법들은 대체로 이와 정반대되는 태도를 취한다. 결혼이나 이혼에 관한 한, 그런 법들은 양자 모두를 정부가 승인하는 특권으로 추정한다.

미국의 공적인 사고방식에 이처럼 집단주의 색채(그리고 이에 수반되는 은밀한 전체주의)

가 남아 있음을 보여 주는 또 다른 실례가 있다. 바로 정치인들과 뉴스 평론가들 사이에 흔히 통용되는 특정한 표현 방식이다. 이런 표현은 보통 정부 행정 내의 스캔들과 관련하여 나오곤 하는데, 가령, 그런 스캔들을 제쳐 놓고 대통령의 주목을 끌지 않게 하는 것이 좋겠다는 취지의 발언이다. 그런데 이 점을 표현하는 방식이 실로 놀라울 따름이다. 우리는 이제 이 스캔들을 제쳐 놓고 대통령이 "국가를 운영하는 업무로 되돌아가게" 해야 한다는 식이다. 물론 이런 발언을 문자적으로 이해할 필요는 없겠지만—대통령의 직책에 대한 업무기술이 아니란 뜻이다—, 이런 식으로 말하는 것은 지극히 중요하되 취약한 몇 가지 정치적 원칙들을 모호하게 만들 위험이 있다. 몇 가지를 들자면, 국가는 다수의 사회 공동체들 중의 하나일 뿐이라는 개념, 정부는 (지배 집단이긴 하지만) 국가의 일부분일 뿐이라는 개념, 대통령은 연방 정부의 한 분파의 우두머리일 따름이라는 개념 등이다.

물론 이런 표현을 사용하는 사람들은 이와 같은 점을 인정할 것이다. 그러나 이런 표현이 사용된다는 사실은 개인의 권리가 국가 권력을 제한할 수 있다는 주장을 제기할 수 없을 때마다 집단주의적 생각이 작동할지 모르는 위험한 태도를 보여 주고 또 강화시켜 준다. 그래서 이 단순한 표현마저, 만일 개인적인 권리가 정부를 제한하지 않는다면, "나라" 전체가 정부의 규제를 받는 것이 합당하다는 신념을 정착시킬 수 있다.

게다가, 이런 식의 발언은 공중의 마음에 나라를 정부와 동일시하게 만드는 역할을 한다. 역사는 이런 그릇된 동일시가 얼마나 위험한지 보여 준다. 많은 유럽 국가의 정부들이 오랜 세월 시민들로 하여금 정부를 그들의 나라와 동일시하도록 부추겼다. 이런 노력이 성공해서 그런 나라의 국민들은 그 정부가 사회에 존재하는 다수의 제도들 중의 하나에 불과하다는 사실을 보지 못하게 되었다. 그 결과 그들은 그 정부의 자만과 권력을 자기 나라의 명예와 위엄으로 잘못 생각했다. 이로 말미암아 정부들은 그들 상호 간의 경쟁을 나라의 명예가 걸린 문제인 양 선전함으로써 전쟁의 빌미로 이용했다. 이처럼 국가의 자만을 나라의 명예와 동일시한 것이 수백 년에 걸친 유럽 전쟁들의 최대 원인이 되었던 것이다.[10]

이번에는 국가를 주권적인 개인들 간에 맺은 계약으로 보는 개인주의 이론을 생각해 보자. 범세계적으로 영향을 미치게 된 영향력 있는 진술 중의 하나는 미국 독립선언서에 나오는 대목이다. 토마스 제퍼슨은 "모든 사람이 평등하게 창조되었고, 창조주에게 양도 불가능한 권리들을 부여받았다"는 것은 자명하고, "이런 권리들을 지키기 위해 사람들 사이에서 정부가 제정되었다"라고 주장했다. 당시에 미국 식민지의 주민들은 잉글랜드의 조지 3세가 그들의 양도 불가능한 권리들을 침해했기 때문에 그를 그들의 합법적인 왕으로 삼을 수 없다고 주장하며 그 이유로서 이 진술을 내놓았던 것이다.[11]

사람들이 국가에 대해 이런 권리들을 갖고 있다는 관념은 부분적으로 종교개혁에서 잉글랜드 청교도 사상을 거쳐 식민지 주민들에게 도래한 성경적인 사상에 의해 고취된 것이다.[12] 그렇지만 제한적인 국가에 대한 믿음을 오직 개인의 권리, 곧 사람들이 태어날 때부터 갖고 있다고 생각되는 그런 권리들의 견지에서만 설명하는 일은 성경의 가르침을 왜곡하는 것이다. 왜냐하면 그것은 가장 중요한 점, 즉 국가가 모든 시민에게 보장해야 할 공평한 정의의 권리가 모든 창조세계를 다스리는 **정의의 규범**에서 유래한다는 점을 빠뜨리기 때문이다. 독립선언서의 문구는 실재의 사법적 양상의 법적 측면을 무시했고, 그 대신 국가에 대한 제약의 근거를 각 사람의 주관적 본성에 두려고 했던 것이다.[13] 그런즉 이런 개인주의적 접근에 대한 반론은 이러하다. 이 접근은 권리라는 것을 규범적이기 때문에 보편적인 것으로 보지 않고, 오히려 개인적인 것으로 생각한다는 점이다. 이와 반대로, 우리는 이렇게 주장한다. 한 사람이 권리를 갖는 것은 정의의 한 측면일 뿐이고, 또 다른 면은 타인들이 그 사람에 대해 의무를 갖고 있다는 사실로 구성된다는 것. 그리고 세 번째 측면은, 권리와 의무가 사람들에게 귀속되는 것은 정의의 규범이 하나님에 의해 창조세계에 내장되어 있기 때문이라는 것. 만일 그렇지 않다면, 개개인이 그런 권리를 소유하고 있다는 관념을 어떻게 변호할 수 있을까? 만일 정의의 규범이 창조세계 전체에 걸쳐 존재하지 않는다면, 우리는 모든 사람이 권리들을 갖고 있다거나 모든 사람이 동일한 권리들을 갖고 있다는 것을 어떻게 알 수 있겠는가? 권리 개념의 유일하게 적절한 근거는 그 권리들이 우리가 보편적 규범에 의해 지배되고 있다는 사실에 따른 결과라는 것이다.[14] 더 나아가, 그 규범은 보편적이기 때문에 개인들뿐만 아니라 공동체들도 지배하고 있고, 개인들만이 여러 권리와 의무를 갖는 것이 아니라 결혼, 가정, 학교, 기업, 교회, 병원, 노동조합, 정당 등도 마찬가지라고 우리가 주장하는 것이다.

권리의 근거를 개인의 본성에 두는 입장이 낳는 또 다른 해로운 결과는 최근의 저자들에게서 볼 수 있다. 그들은 사람들이 어떤 권리를 소유하려면 적어도 그것을 이해하고 그것이 보장하는 것을 원할 수 있는 능력이 있어야 한다고 주장했다. 그렇지 않다면 사람들이 실제로 그 권리를 소유한다고 말하는 것은 아무 의미가 없다고 말했다.[15] 또 어떤 이들은, 개개인 속에 있는 권리의 근원을 찾아내려면 그들의 권리가 그들의 역량의 생물학적 기초와 함께 발전할 필요가 있다고 지적하기도 했다.[16] 이런 견해들은, 권리를 인간이 지닌 어떤 능력이나 힘, 곧 타고난 시력이나 청력 같은 것과 동일시할 수만 있다면, 타당할 수 있다. 왜냐하면 볼 수 없는 사람은 시력을 가질 수 없고, 들을 수 없는 사람은 청력을 소유할 수 없기 때문이다. 그러나 권리를 이런 식으로 보게 되면, 유아들, 심한 지진아들, 노쇠한 자들, 혼수상태에 빠진 이들은 전혀 권리를 갖지 못할 것이다. 따라서 극단적인 경우에는 그들을 죽이는 것이 결코 살인이 아닐 것이다. 또는 원시문화에서 현대 국가로 수송된 정상적인 어른은 현대 사회에서 인정하게 된 다수의 권리들을 이해할 수도 원할 수도 없기 때문에, 이 이론에 따르면, 이런 권리들을 갖지 못하게 되리라.[17] 이 모든 경우에, 권리에 대한 개인주의적 해석은 정의의 규범이 실로 보편적이라는 인식을 방해하고 있다.

설상가상으로, 이런 가설적인 결과들은 실제로 미국 역사에서 발생한 것들과 매우 유사하다. 미국 헌법의 작성자들은 고의적으로 정치적 권리를 아메리칸 인디언과 아프리카계 미국인에게 확대하는 것을 피했고, 여성에게 완전한 정치적 권리를 제공하지도 못했다. 그들은, 예컨대, 인종적 차이가 이 사람들을 "창조주가 특정하고 양도 불가능한 권리들을 부여한" 이들 속에 포함시키는 것을 부정하기에 충분한지 여부를 놓고 심각한 논쟁을 벌였다. 그들은 사법적 권리만이 개인의 주관적 본성에 내재되어 있는 것으로 생각했기 때문에, 성이나 인종과 같은 차이가 누군가의 정치적 권리를 부정하기에 충분한지 여부에 대해 의문을 제기할 수 있었던 것이다. 이와 반대로, 법칙틀이론은 권리와 의무가 각 개인의 개인적 역량, 인종 또는 성에서 비롯되지 않기 때문에 모든 인간이 그런 것을 소유하고 있음을 부인할 수 없다고 본다. 이런 권리와 의무들은 (그들이 사람이라는 단순한 이유로) 모든 사람에게 해당되는 창조의 규범에 의해 보장되는 것이다.

권리에 대한 개인주의적 접근은 다른 난점들도 안고 있다. 하나는, 권리들을 양상적 규범의 결과로 인정하지 않는다면, 우리가 그것들을 파악할 수 없을 것이다. 사람들이 원하는 것은 한정이 없지만, 이런 욕망들을 그들이 가진 권리와 동일시할 수 없기 때문이다. 또 하나는, 권리를 규범에 기초한 것으로 인식하지 못하면 우리는 다양한 양상적 종류의 권리들이 있다는 사실을 놓칠 가능성이 많을 것이다.

이 마지막 문제점은, 우리가 양상적 차별성을 도입하지 못할 때마다 권리에 대한 논의가 명료성이 결여된다는 사실에 의해 더욱 심각해진다. 예컨대, 윤리적인 사랑의 규범에서 나오는 도덕적 권리와 공정성의 규범에서 나오는 사법적 권리는 서로 구별될 필요가 있다. 국가 권력에 제약을 가하고 정치적인 민권을 낳는 것은 바로 후자이다. "권리"의 이 두 가지 의미를 서로 혼동하지 않는 것이 중요한데, 양자는 여러 면에서 서로 다르기 때문이다. 다양한 양상적 종류의 규범들, 의무들, 권리들을 서로 구별하지 않는다면, 심각한 혼동이 일어나서 심지어는 한 종류의 의무가 다른 종류의 권리를 낳는다고 주장하는 일까지 벌어진다. 이를테면, 도덕적 의무가 사법적 권리를 창조할 수 있다고 결론을 내리는 모든 주장이다. 이와 달리 우리의 이론은, 타인을 사랑해야 할 규범적인 윤리적 의무는 이에 상응하는, 선한 대우를 받을 타인의 윤리적 권리와 긴밀히 연결되어 있다고 인정한다. 그리고 정의롭게 행해야 할 규범적 의무는 이에 상응하는, 정의롭게 대우받을 타인의 권리와 긴밀히 연결되어 있다고 인정한다. 그러나 이 점이 결코 다음과 같은 결론, 곧 한 사람이나 공동체가 타자에 대해 **윤리적** 의무를 갖고 있기 때문에 타자는 공적인 법이 실행해야 할 그에 상응하는 **사법적** 권리를 갖고 있다는 결론을 낳지는 않는다. 예를 들어, 성경의 가르침은 우리가 가난한 자에게 윤리적 의무를 갖고 있다는 점을 거듭해서 분명히 한다. 그러나 이것이 어떤 가난한 사람에게 나에게서 구제금을 받을 법적 권리를 주는 것은 아니다. 이제까지 국가의 성격에 대해 간단하게 살펴보았지만, 도덕적인 사랑의 의무를 실행하는 일은 국가의 법적 권한을 벗어나는 것임이 분명해졌을 것이다. 국가를 주도하는 것은 윤리의 규범이 아니라 정의의 규범이다. 즉, 국가의 구조적 목적은 개인적인 도덕의 실행이 아니라 공공 정의의 성취인 것이다.

그렇다고 해서 국가가 공공 도덕에 관심이 없다는 뜻은 아니다. 만일 많은 부모들이 대대적으로 자식들을 가정에서 쫓아내거나, 인구의 75퍼센트가 밤마다 술에 취해 일하러 갈 수 없게 된다면, 이로 인한 심각한 공공질서의 붕괴는 국가의 조치를 불러들이게 될 것이다. 그런즉 인간 도덕의 모든 차원을 다스리는 일이 국가의 특권은 아니지만, 도덕적으로 중대한 이슈가 공공질서를 위협하는 일은 국가의 합법적인 관심사이다. 다른 한편, 국가의 권력은 정의의 집행에 한정되긴 하지만 모든 정의의 이슈가 국가의 권한 아래 들어오는 것은 아니다. 국가의 영역은 어디까지나 **공공** 정의이다. 개인들 사이나 공동체 내에서 일어나는 소규모 불의들은 모두 공적인 법이 다룰 수 없고 다뤄서도 안 된다. 예컨대, 한 자녀를 다른 자녀보다 편애하는 부모는 사랑스럽지 못한 짓을 할 뿐 아니라 다른 자녀에게 불의한 행위를 하는 셈이다. 그러나 아무도 (사랑받지 못하는 자녀가 실제로 학대를 받지 않는 한) 이런 정의의 침해가 국가에 의해 교정되어야 한다고 생각하지 않는다. 국가의 의무는 원칙적으로 정치체(體) 전체에 영향을 미치는 이슈들에만 한정될 뿐이다.[18]

이 마지막 논점은 국가 권력의 행사에 적절한 한계를 두기 위해 제공된 것이다. 그러나 이와 동시에 앞에서 다룬 개인주의적 사회관과 국가관의 또 다른 약점을 지적해 주기도 한다. 이 관점에 따른 한 가지 결과는 권리를 개인에게만 국한시킴으로써 공공 정의와 공적 권리를 위한 대책을 마련하지 못한다는 것이다. 국가의 의무와 국가 권력에 대한 제한이 오직 개인의 권리에 의해서만 설정된다고 생각한다면, 어떤 사람의 권리도 침해하지 않는 불의가 있을 때에는 어떻게 되는가? 예컨대, 한 회사가 자기 부지에 어떤 생산물을 제조하는 과정에서 그 어떤 개인에게도 속하지 않는 강이나 대기를 오염시킨다면? 개인주의 이론은 그런 경우에 법적 조치를 취할 수 있는 근거를 제공하지 못한다. 만일 개인들만이 권리를 갖고 있다면, 개인들만이 법정 앞에서 법적인 지위를 가질 수 있기 때문이다. (사실 미국의 법정이 19세기 초에 바로 그런 이유로 그런 사례들을 기각시킨 경우들이 있었다.) 그러면 한 사업체가 다른 사업체와 법적 구속력이 있는 계약에 들어가거나 다른 사업체를 기소하는 데 필요한 법적인 지위는 어떻게 되는가? 이 문제는 미국(과 일부 유럽 국가들)에서 회사를 하나의 "법적 인격(법인)"으로 간주함으로써 해결되었다. 달리 말하면, 개인주의 이론은, 거짓말이 법적으로 진실로 선언되지 않는 한, 완전히 부적합하다는 뜻이다! 이렇게 꾸며 내지 않고는 회사가 그 어떤 법적 지위도 가질 수 없을 것이기 때문이다.[19]

그래서 우리는 '어째서 오직 개인들만이 법적 주체가 될 수 있다고 생각하는가?' 하고 묻는다. 왜 공동체들도 법에 종속되고 국가의 보호를 받을 권리와 의무를 갖고 있다고 인정하면 안 되는가? 이유인즉 어떤 이론이 법에 대한 그 자체의 견해를 실행시키기 위해 거짓을 진실로 선언할 필요가 있다면 그것은 틀린 것이라고 결론을 내려야 하기 때문이다. 이것만으로도 권리가 개인에게서 비롯되지 않고 개인 속에만 주재하지 않는다는 것을 알 수 있다. 다른 한편, 개인주의와는 달리 법칙틀이론은 가정, 학교, 노조, 클럽, 사업체, 그리고 심지어는 일반 공중까지도—이런 것들은 하나님이 "동등하게 창조한" 개인들은 아니지만—권리를 갖고 있다는 것을 설명하는 데 아무런 문제가 없다. 다시 말하건대, 이것이 가능한 이유는 권리의 근원이 창조세계 전체의 법칙 틀에서 발견되는 규범들이기 때문이다. 우리가 비록 제한된 국가를 가지려는 개인주의 이론의 의향은 높이 평가할지라도, 법적인 권리를 개인에게만 국한시킴으로써 국가의 **공적인** 의무를 경시하는 점에는 반론을 제기하는 바이다.

이 반론과 더불어 앞에서 잠깐 다룬 논점, 곧 개인주의가 국가와 다른 공동체들 간의 관계에 미치는 결과를 상기해 보라. 개인주의로서는 그 공동체들에 대한 국가의 권력에 대해, 예컨대, 회사와 같은 것들 역시 개별적 인격이라는 허구로밖에 제한할 도리가 없는 셈이다. 그리하여 마치 각 개인의 사생활을 정부가 간섭할 수 없는 것처럼 다른 공동체들의 "내부적" 사안들도 정부의 관여에서 벗어난다고 선포하는 것이다. 예컨대, 제퍼슨이 교회와 국가 간의 "분리의 벽"에 대해 쓴 것은 바로 이런 정신에서였고, 국가가 기업을 간섭해서는 안 된다는 "자유방임" 교리의 배후에도 동일한 사상이 있다.

그러나 한 사회의 어느 두 공동체라도 서로 완전히 벽을 쌓는 일은 불가능하다. 아울러 우리가 살펴보았듯이, 가정이나 기업이나 교회의 내부 활동이 국가의 권력에 합당한 한계를 설정한다고 말하는 것만으로는 부적절하다. 왜냐하면 개인주의 이론은 "내부적"이란 말을 너무 모호한 상태로 두기 때문이다. 각 공동체에 속한 내부적인 것이란 말의 의미는 단지 일상적인 활동에서 일어나는 일만을 의미할 수 없다. 만일 그런 의미라면 국가는 배우자 학대나 회사의 사설 군대 창설, 또는 교회의 화재 규정 위반 등을 방지하기 위해 관여할 수 없을 것이다. 오히려 국가가 간섭해선 안 되는 "내부적인" 것은 각 공동체의 주도 기능과 구조적 유형에 의해 규정되어야 한다. 그래서 국가의 권력에 대한 진정한 제한은 한 공동체와 다른 공동체 간의 외적인 경계에 의해서만이 아니라 국가의 속성과 다른 공동체들의 속성을 대조시킴으로써 조망할 필요가 있다. 개인주의적인 계약이론과 달리, 우리 이론은 혹시 생길지 모르는 전체주의 국가를 설정하고 나서 그 권력의 행사를 제한하기 위해 외적인 한계를 찾으려고 애쓰지 않는다. 이미 지적했듯이, 법칙틀이론은 국가 권력의 한계를 국가가 무엇이 아닌가 하는 데서만이 아니라 국가가 무엇인가에서도 찾는다. 그러므로 우리는 국가의 의무가 한 사람이나 공동체의 삶 속에 그 권위를 행사하게 하되, 그것은 어디까지나 공공 정의의 집행에 한정된다고 주장하는 것이다. 이런 이유로 우리는 "분리의 벽"이란 표현이 국가와 종교 기관들이 몸담은 별개의 사회 영역을 제대로 설명하는 것이라고 보지 않는다.

그러므로 특정한 종교적 믿음을 요구하거나 금하는 일, 또는 어느 종교 기관의 교리나 예배를 규제하는 일은 국가 권력의 올바른 사용에서 벗어난다는 주장의 근거를 제공하는 것은 개인주의가 아니라 영역 주권 원리라고 우리는 주장하는 바이다. 더 나아가, 이 원리는 종교 기관이 속한 별도의 영역이란 개념의 토대를 설명할 뿐 아니라 다른 공동체들과 관련하여 국가의 권력을 제한하기도 한다. 예를 들어, 국가와 경제 영역의 관계에 대해 한계를 설정함으로써 사기업을 접수하거나 통제하는 일, 또는 한 기업(또는 그룹)을 다른 기업보다 선호하는 공모에 진입하는 일은 국가의 권한 밖에 있는 것임을 밝혀 준다. 이와 비슷하게, 이 원리는 가정도 보호해 준다. 가정 역시 그 자체의 사회 영역에 해당하는 주권을 누림으로써 범죄의 증거로 법원이 발부하는 영장이 없이 경찰이 침입하거나 수색하는 일과 같은 국가의 독단적인 간섭을 모면할 수 있다. 그리고 이 점은 국가와 다른 모든 공동체들의 관계에도 그대로 적용된다.

나는 이미 영역 주권 원리가 넓게는 유신론적이고 구체적으로는 기독교적이라고 설명한 바 있다. 방금 영역 주권의 원리는 국가가 어느 종교를 선호하는 데 그 권력을 사용하지 못하도록 금한다고 했는데, 이 점에 대해 최대한 명확하게 설명하고 싶다. **이는 기독교적 국가관은 국가가 기독교를 선호해서는 안 된다는 것을 의미한다.** 게다가, 국가와 예배 기관의 영역적 한계는, 국가의 성격은 사법적 주도 기능을 갖고 있고 종교 기관의 주도 기능은 신앙적인 것인즉 국가 교회란 개념 자체가 어불성설이라는 것만을 뜻하지 않는다. 동시에 예배 기관이 국가에 정치적 정책을 지시하는 것이나 다른 공동체의 영역 주권을 침해하는 일도 허용하지 않는다는 것을 뜻한다. 그런즉 법칙틀이론은 유대인이나 기독교인이나 무슬림을 특별한 이익집단으로 차별화한다는 의미의 유신론적 사회 및 국가 이론이 아님을 분명히 해야 한다. 이는 정부로 하여금 하나님을 믿는 이들을 특별 대우하도록 압력을 넣으려고 특정한 의제를 설정하려는 것이 아니다. 오히려 이 이론은 하나님에 대한 믿음의 반(反)환원주의적 열매가 정의와 국가에 대한 이해에 영향을 미치도록 한다는 의미에서 유신론적이라고 할 수 있다. 그러므로 이 이론에 따르면, 정부는 특별한 편들기로 정의가 손상되도록 해서는 안 되고, 하나님을 믿든 안 믿든 모든 사람을 위해 최대한 정의로운 사회를 만드는 것을 목표로 삼아야 한다.

그러나 이 모든 결과 중 어느 것도 국가로 하여금 모든 종교적 믿음과 담을 쌓도록 할 수는 없다. 이 일이 불가능하다는 것은 이미 살펴보았다. 그 어떤 정의의 개념과 국가의 개념이든 모종의 종교적 믿음을 전제하고 있으므로, 국가는 언제나 유신론적 전제나 비(非)유신론적 전제, 또는 양자가 혼합된 전제를 바탕으로 조망되고 또 움직일 수밖에 없다. 다시 말하건대, 그렇기 때문에 하나님을 믿는 사람들이 그 믿음의 사회적 및 정치적 결과를 그들의 정치 생활과 입법 및 통치에 반영하는 일을 주저하지 말아야 하는 것이다. 그렇기 때문에 그들의 신앙이 어떻게 정의와 국가에 대한 독특한 이론을 제공하는지 명확히 인식하는 일이 매우 중요한 것이다. 그런 이론이 없으면 유신론적 신앙을 가진 이들이 신앙과 정치의 관계를 오해한 나머지 다수파가 되어 그들의 도덕을 법으로 만들어 다른 종교인들에게 강요하려는 부당한 프로그램을 실행할 위험이 있다.[20]

나는 이 점을 좀 더 설명할 목적으로 잠시 다룬 한 논점으로 되돌아가서 이 부분을 끝내고 싶다. 그 논점이란, 영역 주권은 국가의 권력을 종교 기관들과의 관계뿐 아니라 사회의 모든 공동체들과의 관계에서도 제한한다는 것이다. 그렇다고 부정적인 방식으로만 제한하는 것은 아니다. 이 원리는 국가가 다른 공동체들과 관련해 그 권력을 정당하게 행사할 수 있는 조건에 대해 명확한 관념을 제공함으로써 그 공동체들이 국가 권력에서 면제되는 매개변수를 설정해 주기 때문이다. 그 매개변수 중의 하나는 앞장에서 다룬 영역 주권의 실행이다. 말하자면, 우리 이론은 국가가 스스로 영역 주권적 한계를 지킬 뿐 아니라 다른 모든 공동체들 사이에서도 그런 한계를 실행하도록 요구한다. 그런즉 우리 이론은 국가가 기업체를 접수하거나 경제 전체를 규제하지 못하도록 금지하는 한편, 기업체에 영역적 한계를 강요하기 위해 미성년 노동 법률을 지키도록 정당하게 요구할 수 있다. 예컨대, 미국의 경우 이 법률이 있기 전에는 기업체가 가정생활의 영역을 침범했다. 기업체들은 아이들에게 매주 60시간 이상의 노동을 강요함으로써 교육과 가정 예배의 기회를 박탈했던 것이다. 영역 주권은 이런 식으로 어린이들만을 보호하는 것이 아니다. 20세기 초반까지만 해도 일부 미국 회사들은 성인 근로자의 집을 검열하여 어떻게 가정을 단장하고, 근로자가 무엇을 먹을 수 있고, 무슨 옷을 입어야 하고, 무슨 책을 읽을 수 있고, 무슨 음악을 들을 수 있는가 하는 것까지 지시했다. 영역 주권의 원리는 국가든 회사든 이처럼 가정의 영역에 침범하는 것이 왜 부당한지 그 이유를 잘 보여 준다.

이와 비슷하게, 반(反)트러스트 법률 또한 영역 주권의 개념을 지도 원리로 삼으면 정의를 집행하는 적절한 도구가 될 수 있다. 개인주의자들은 단순하게 국가가 자유 경쟁을 보존해야 한다고 주장한다. 그러나 우리는 국가에게 사회의 비경제적 영역들이 기업의 경제력에 침해당하는 일을 방지할 책임이 있다고 주장하는 바이다. 미국의 경우 특히 1865년과 1900년 사이에 이런 위험이 실제로 있었다. 대규모 회사들("트러스트"라고 불렸다)은 자유 무역을 견제하는 독점적 지위를 누렸을 뿐 아니라, 그들이 합력하기만 하면 국가를 지배해서 기업이 통제하는 사회를 만들 수도 있었던 것이다.[21]

13.3 국가의 성격에 대한 오해

지금까지 개인주의 사회 이론과 집단주의 사회 이론이 잘못된 정의 개념으로 인해 국가의 역할을 왜곡하는 것을 살펴보았는데, 이 밖에도 우리의 유신론적 이론과 비교할 때 반론을 제기할 만한 다른 이론들도 있다. 이런 이론들과 우리 이론을 대비시켜 후자를 좀 더 명확히 하기 위해 몇 가지 예를 간단하게 언급할까 한다.

첫 번째 실례는 국가 형성에 필요한 정치적 연합체가 있어야 할 경우 단일한 인종만이 시민을 구성할 수 있다는 오래된 사상이다. 이 사상은 뚜렷한 반례(反例)들이 그 오류를 보여 준 뒤에도 오랫동안 인기를 누렸고 오늘날에도 이따금 귀에 들리곤 한다.[22] 16세기의 잉글랜드는 그 시민이 켈트족과 색슨족과 노르만족으로 나눠져 있었는데도 강력한 국가를 이루었던 것만 봐도 그것이 잘못된 요건임을 알 수 있다. 그뿐만 아니라, 오늘날의 세계에서 최강대국들 중의 일부는 상당히 다양한 인종을 자랑한다. 물론 인종적 분열이 심한 곳에서는 정치적인 연합을 이루는 일이 더 어려운 건 사실이다. 그럼에도 불구하고 "동일한 종족"이나 "동일한 혈통"이 그런 연합체의 존재에 꼭 필요한 조건은 아니다. 정치적 연합의 진정한 본질은 공동의 공적 법질서라는 것이 우리의 주장이다. 그런즉 인종적 연합은 국가의 하나 됨에 필요한 조건이 아닐뿐더러 그렇게 간주되어서도 안 된다.

이 점은 공통의 언어가 정치적 연합 및 강한 국가의 필수 요건이라는 사상에도 그대로 적용된다. 물론 국민이 언어별로 분립되어 있는 것은 정치적 붕괴의 요인이 될 수 있다. 이것은 과거에 베네룩스 국가들의 큰 문제였기에 결국 벨기에와 네덜란드가 따로 분리되었다. 보다 최근에는 캐나다의 정치적 연합에 대한 위협요소(의 일부)로 작용해 왔다. 하지만 다시 말하건대, 그런 문제가 없는 강한 국가들이 있는 것을 보면, 그것이 정치 연합의 필수 조건은 될 수 없다. 그리고 그런 국가들이 실제로 존재한다는 사실은 정치 연합에 대한 우리의 관점을 뒷받침해 주는 좋은 증거이다. 그러므로 시민이 동일한 언어를 사용하는 국가에서 정치적 연합을 이룩하는 일이 더 쉽기는 하지만, 그렇지 않다고 해서 정치적 연합이 불가능한 것은 아니다. 스위스가 아마 가장 두드러진 본보기가 아닐까 생각한다.

또 다른 사상은 국가가 정치적 연합을 이룩하려면 공통의 종교를 강요해야 한다는 것이다. 이는 현재 이스라엘에서 뜨거운 감자로 떠올랐고, 소위 "이슬람 국가"로 자처하는 나라들이 옹호하고 있다. 게다가 지난 세기에 파키스탄이 인도에서 분리된 것도 대체로 종교적 차이 때문이었다. 우리는 영역 주권의 원리를 수반하는 법칙틀이론이 이런 견해를 반대하는 이유를 이미 살펴본 바 있다. 그리고 다시금, 많은 국가들이 종교의 자유를 허용하면서도 분열되지 않는 것을 보면, 종교적 믿음의 통일성이 결코 필수 조건이 아니라는 것을 알 수 있다. 앞의 여러 경우와 마찬가지로 이 경우에도, 국가의 성격(과 국가의 유형 법칙)에 관한 혼동이 국가 연합의 중심을 공공 정의가 아닌 다른 사회 영역에서 찾게 만든다고 할 수 있다.

그럼에도 불구하고, 인종적, 언어적, 종교적 적대감이 분열의 요인으로 작용할 수 있다는 사실은 그런 것을 경험하지 못한 이들에 의해 과소평가될 소지가 있다. 예컨대, 북아메리카의 경우, 특히 종교적 자유에 대해 상당히 순진한 생각이 퍼져 있다. 많은 지역에 종교적 다양성이 별로 없는 편이고, 대다수의 사람은 다른 종교들도 자기에게 익숙한 종교들과 아주 비슷할 것으로 잘못 생각하기 때문이다. 다양한 종교를 경험한 적이 없는 곳에 여러 종교―또는 그 밖의 다른 요인―가 생길 때에는 최강대국이라 할지라도 그 통일성이 혹독한 시험대에 오르게 된다. 그렇기 때문에 우리 이론이 요구하듯이, 정부가 그 영토 내의 모든 다양성을 매우 공정하게 취급하는 일이 그토록 중요한 것이다. 문화, 관습, 언어, 인종, 종교 등의 차이가 충분히 존중되어야 하는 것은 정의의 규범이 그것을 요구하기 때문이다. 급박한 정치적 이유로 그런 차이를 불평등하게 취급하거나 노골적으로 억압해서는 안 되는데, 그런 차이는 결코 국가의 존립에 영향을 미치지 않기 때문이다.

그렇다고 해서 국가는 종교적인 것과 일체의 관계를 끊어야 한다는 뜻은 아니다. 모든 종교적 관점에 공정하다는 것은 모든 종교의 공적인 표현을 똑같이 억압한다는 것이 아니다. 오히려 모두가 자유로이 표현하도록 똑같이 허용하고 국가가 그 가운데 어느 것도 선전해서는 안 된다는 뜻이다. 그러므로 예컨대, 국가가 어느 종교를 두둔하지 않고 학생이 특정 종교를 믿도록 압력을 받지 않는 한, 국립학교에서 종교를 공부하는 것은 아무런 문제가 없다.[23]

우리의 유신론적 이론이 배격해야 할 또 다른 국가관은 무력 국가의 개념이다. 이것은 바로 우리가 집단주의 이론이 부추겼다고 비판하고 또 개인주의 이론이 막지 못했다고 비난했던 그 견해이다. 이 관점은 국가가 삶의 모든 영역에 관여할 수 있는 권한이 있은즉 원칙적으로 국가의 권력에 한계가 없다고 주장한다. 이 견해는 때로 마키아벨리와 홉스와 헤겔 같은 사람들이 노골적으로 지지한 적이 있고, 1930년대의 파시즘과 나치즘처럼 합법적인 국가의 가면을 쓴 채 종종 위장된 적도 있었다. 어쨌든 국가의 권한을 공공 정의의 영역에 국한시키는 영역 주권의 원리는 그런 관점을 확실히 반대한다. 아울러 그런 관점은 권력 기관이 입법기관과 사법기관의 지배를 받아야 함을 보여 주는 국가의 유형 법칙의 특징과도 양립할 수 없다. 달리 말하면, 권력 사용을 정당화시키는 것은 정의의 집행이지, 국가가 무슨 일을 하든 권력의 소유가 그것을 정당화시키는 것이 아니다. 그러므로 유신론적 관점에서 보면, 그 어떤 국가라도 힘이 정의의 인도를 받지 않으면 결코 정통성이 없다고 하겠다. 그런 무력 국가가 통치기반을 아무리 잘 확립하고 그 권위가 아무리 널리 수용된다 할지라도, 그것은 무장한 범죄 집단과 다를 바가 없다. 이는 이미 오래전에 아우구스티누스가 말한 적이 있다.

우리의 이론과 대비되는 마지막 견해는 복지국가의 개념이다. 이 견해에 따르면, 국가는 일차적으로 시민들의 필요를 채워 주는 아버지와 같은 존재이다. 이 견해는 국가가 범죄와 침략에서 보호해 주는 만큼 일과 양식과 옷과 거처를 마련해 줄 의무가 있다고 주장한다. 그러나 이와 관련된 불의는 공적인 성격을 지녀야 할 것이다. 우리가 이미 살펴보았듯이, 모든 불의를 바로잡는 것이 국가의 의무는 아니기 때문이다. 만일 국가가 합당한 책임의 한계를 넘지 않으면서 공적인 경제적 불의를 바로잡을 수만 있다면, 반드시 그렇게 해야 한다. 그러나 만일 경제 정의의 이름으로 그런 한계를 위반하기 시작하면 쉽게 전체주의 국가로 변질될 수 있다. 그런 경우에는 더 큰 괴물이 더 작은 괴물과 싸우기 위해 창조되어야 할 것이다. 그런즉 국가가 경제적 불의에 접근할 때에도, 모든 정책이 그래야 하듯이, 다른 제도들의 독특성을 존중하는 태도를 지녀야 마땅하다.

국가는 스스로 부나 주택이나 교육을 창출하지 않는다는 점을 인정할 필요가 있다. 공정한 분배가 필요한 재화와 서비스는 농장과 기업, 가정과 학교 등이 생산한다는 뜻이다. 만일 시민들에게 필요한 재화와 서비스를 창조하도록 국가에 요청하는 정책을 세운다면, 그것은 다른 공동체들의 주도 기능뿐 아니라 국가의 주도 기능까지 스스로 파괴하는 결과를 초래할 것이다.

국가가 다른 공동체들의 고유한 역할을 침해하지 않고도 시민들의 기본적인 필요를 분배하는 면에서 정의를 증진하도록 도울 수 있는 방법은 많다. 한 가지 방법은 과세를 통해 평생에 걸쳐 그런 필요의 비용을 부담하게 하는 것이다. 예를 들면, 교육 서비스의 비용을 부담시킬 목적으로 과세하는 것을 생각할 수 있다. 가정이 자녀들의 재학 중에 교육의 비용 전체를 부담하게 하는 대신 과세는 그 비용을 평생에 걸쳐 부담하게 함으로써 모든 가정이 학교 교육의 기회를 누릴 수 있게 하는 것이다. 이와 같은 맥락에서 우리의 국가 개념은 비슷한 방식으로 과세를 통해 의료비도 분산시킬 수 있다.

이렇게 말한다고 해서 국가가 공공 정의 이외의 모든 재화와 서비스의 공급자 내지는 보증인이 되어야 한다는 견해를 정당화시키는 것은 아니다. 그렇다고 국가가 생계유지가 어려운 일부 시민에게 생필품을 제공하기 위해 안전망을 구축하는 일이 잘못이라는 뜻은 아니다. 심지어 이를 위해 공적 자금을 사용하는 일이 있더라도 그렇다. 그러나 이런 경우에도 국가 자체가 그런 필요를 공급하는 자가 되면 안 된다. 말하자면, 극빈자를 돌보는 경우라도 국가가 그런 필요를 산출하는 공동체들을 점유하면 안 된다는 뜻이다. 그리고 국가가 극빈자를 지원하는 일이 합당하다고 해서, 모든 사람이 스스로의 노력으로 생필품을 구입할 능력이 있는지 여부와 상관없이, 무조건 국가의 도움을 받을 권리가 있다는 뜻은 아니다.

13.4 후기

이제까지 국가 제도의 성격에 대해 간략하게 살펴보았는데, 이는 충분히 개발된 정치

이론이라곤 할 수 없는 것이다(이런 이론을 개진하려면 또 다른 책을 써야 하리라). 내 목적은 법칙틀이론이 도입한 개념들을 국가관에 적용함으로써 그 개념들을 명료하게 하려는 것이었다. 아울러 국가의 성격과 몇 가지 관련된 이슈들에 대해 그런 개념들이 어떤 중요한 차별성을 낳는지를 보여 주려고 했다. 그런데 최근에 이 이론을 옹호하는 사람들이 이보다 더 많은 것을 이룩할 수 있게 되어 지금은 법칙 틀의 관점에서 쓴 문헌이 증가하는 추세다. 이 저자들은 상당히 많은 독특한 통찰들을 지적함으로써 이 이론이 수많은 중요한 이슈들을 명료하게 하거나 바로잡는 데 기여할 수 있음을 보여 주었다. 예컨대, 미국의 경우만 해도, 정부가 교육을 다루는 방식, 하원 선거 방식과 관련된 법률들, 가난과 복지, 경제 정의, 인권, 환경 문제에 관한 정부 정책 등과 같은 문제에 깊이 뿌리 박힌 불의를 노출시킬 수 있었다. 그뿐만 아니라, 미국의 정치 및 법적 전통 가운데 건전한 요소들이 많이 있음을 정당화시켜 주었고, 그런 요소들이 법칙틀이론에 의해 더 심화되고 발전될 수 있다는 것도 지적했다. 아울러 이 이론이 비(非)정치적 공동체들에게도 영향을 미칠 수 있음을 보여 주는 저술이 증가하고 있는 만큼, 이런 접근에 관심 있는 독자들은 그런 자료를 참고하면 좋겠다.[24]

    이 책의 마지막에 다룬 두 장은 그 분량이 짧긴 하지만 독자 여러분에게 비환원주의 이론들의 프로그램이 어떤 것인지를 보여 주고, 또 환원주의적 전략이 다른 전략, 곧 우주의 모든 것이 하나님께 직접 의존해 있다고 전제하는 전략에 의해 대치될 때 무엇을 얻을 수 있는지 보여 주기를 바란다. 그리고 사회와 국가에 대한 이해에서 비환원주의 프로그램과 기독교적인 원리들을 묶을 때 어떤 결과가 나오는지를 잘 보여 주었기를 바라는 마음이다.

에필로그 _신앙 구조학

머리말에서 나는 종교적 믿음이 인간의 삶에서 하는 역할을 지구의 거대한 구조적 플레이트가 지형에 미치는 역할에 비견했다. 이제까지 다룬 여러 장은 이 점이 우리 자신과 우리 세계를 해석하는 이론들에 해당한다고 믿을 만한 이유를 제시했다. 우리는 이론이란 것이 그것을 옹호하는 사람들의 마음을 사로잡은 신의 관념에 의해 움직이고 규제된다는 것을 살펴보았다. 이런 의미에서 이론은 예배와 전혀 다른 유형이긴 해도 예배만큼 종교의 표출이라고 할 수 있다.

우리는 또한 이런 발견이 하나님을 믿는 우리에게 어떤 중요한 결과를 초래하는지도 살펴보았다. 이런 결과를 상세히 설명한 것은 우리의 신앙이 내적으로 규제하는 이론을 창안하거나 재해석하도록 돕기 위해서였다. 그래서 이것이 우리 신앙을 이교적인 이론과 제휴시키려는 전통적인 접근을 대치해야 한다고 주장했다. 외적으로 이런 이론을 성경적 신앙과 조화시키려는 시도는 기껏해야 종교적 양립 불가능성을 위장하는 역할밖에 하지 못한다는 것도 살펴보았다.

그런데 이 지점에서 내가—어쩌면 편의상—간과한 또 다른 결과도 있을 수 있다는 반론이 제기되곤 한다. 내용인즉, 이 입장은 사람들을 더욱 분열시키고 그들을 서로 갈등관계에 빠지게 할 것이라는 반론이다. 왜냐하면 이론을 영적인 신앙 공동체들의 산물, 즉 종교적 믿음에 따라 서로 다른 설명을 생산하는 그런 공동체들의 산물로 보기 때문이다. 게다가, 이 입장은 종교적 통제가 실제로 일어났다는 사실을 밝히는 것보다 진도를 더 나가기 일쑤다. 종교적 믿음의 역할은 이론적 추론의 본질 자체에 뿌리박혀 있기 때문에 그런 통제는 불가피하다고 주장한다. 더 나아가, 이론적 추론은 언제나 신앙의 지도를 받기 때문에 종교적 믿음 자체를 판결할 수 있는, 종교적으로 중립적인 기능이나 절차는 있을 수 없다고 주장한다. 그런즉 이 입장은 결국 철학과 과학의 "이념들"을 고립시키고 그것들 사이에 불관용을 조장하게 되지 않겠는가? 이론들을 다양한 신앙 공동체들에 귀속시키면 그 옹호자들을 서로 적대관계에 빠지게 함으로써 의사소통의 단절을 초래하지 않겠는가? 그리하여 대화 대신에 돌을 던지는 일이 발생하지 않을까?

　이런 질문들에 대한 답변은 사실은 전혀 그렇지 않다는 것이다. 무엇보다도 먼저, 이론상의 차이점의 원인을 지적하는 일이 그 차이점 자체를 낳는 것도 아니고 불관용이나 의사소통의 부재를 초래하는 것도 아니다. 자기 견해와 달리하는 이들을 관용하지 않고 그들과 소통하지 않겠다는 태도는 그런 의견불일치의 궁극적 원인을 밝히는 일이 아니라 인간 본성을 오염시킨 죄의 열매일 뿐이다. 불관용과 그 결과는 실제 생활뿐 아니라 철학과 과학에서도 의견불일치에 나쁜 영향을 미칠 수 있는 악이다.

　두 번째 답변은 이보다 더 중요하다. 이론적 관점의 종교적 뿌리를 밝히는 일은 사실상 더 풍성한 의사소통의 길을 열어 준다. 이렇게 말하는 것은 첫째, 만일 종교적 통제가 하나의 사실이라면, 그것을 인식하지 못한 채 소통하려는 시도는 그 통제의 숨은 영향에 의해 좌절될 것이기 때문이다. 그리고 둘째로, 서로 논쟁하는 당사자들이 이성 자체를 자율적이고 중립적인 것으로 본다면, 서로 상대편의 차이점을 이성적이지 않기 때문에 생긴 것으로 볼 수밖에 없기 때문이다. 따라서 상대편의 입장은 거짓으로 매도될 뿐 아니라 비이성적인 것으로 정죄를 받을 위험도 있다. 그리고 합리성을 인간의 본질적 특징으로 간주하는 한, 다른 입장뿐 아니라 다른 사람을 수준 이하로 또는 인간 이하로 보기가 쉬울 것이다.

　다른 한편, 모든 사람이 자기의 이론작업을 규제하는 종교적 믿음을 갖고 있다고 인정하면, 사상가들은 상대방의 대규모 이론상의 차이점을 그들이 가진 신앙의 표출로 여기며 서로를 존중할 수 있다. 그래서 그들은 왜 다른 이들이 자기네와 다른 종교적 믿음을 출발점으로 삼아 어떻게 다른 이론을 개발했는지 그 이유를 이해할 수 있을 것이다. 이를 기초로 그들은 서로 가능한 접촉점과 일치점을 탐구할 수 있고, 서로 화해할 수 없는 차이점의 본질에 대해 더 큰 통찰을 얻을 수 있다. 그리고 이것은 상대편을 비이성적 존재로 보지 않으면서 할 수 있는 일이다.

사실, 이론이 아닌 다른 차이점에 대해서도 이와 똑같은 유익을 얻을 수 있다. 이 책은 시종일관 이론에만 초점을 맞추었다. 하지만 우리는 종교적 믿음이 실제 생활, 즉 개인의 가치관, 태도, 행습, 생활방식 등에도 영향을 미친다는 사실을 인식해야 한다. 삶의 이런 측면 역시 종교적으로 중립적인 것으로 생각해서는 안 된다. 성경적 관점에서 보면, 이런 영역에서도 우리는 참 하나님이나 다른 신을 섬기고 있다. 그런즉 여기에서도 우리는 타인의 다른 가치관과 행습이 그들의 종교적 신념의 결과임을 인식하고, 이론상의 차이점과 마찬가지로 그런 차이점에 대해서도 똑같이 존중하는 태도를 보여야 한다.

내가 옹호하는 상호존중은 물론 범죄를 그냥 내버려 두라는 뜻이 아니다. 오히려 유신론적 믿음을 지닌 이들에게 거슬리는 행습과 생활방식에 대해 사랑과 인내와 관용으로 대하라는 말이다. 실제 생활과 이론 분야 모두에서 우리는 다른 신앙 공동체에 속한 이들을 공격하기보다는 우리의 행습과 이론 속의 비성경적인 것을 인식하고 뿌리 뽑는 일에 집중할 필요가 있다. 그래야만 우리는 온 인류의 유익을 위해 삶의 전 영역에 걸쳐 하나님을 믿는 믿음의 결과를 충실하게 대변할 수 있을 것이다.

이는 많은 수고가 필요한 작업이다. 우리 집을 깨끗하게 하는 것보다 타인을 정죄하는 것이 언제나 더 쉬운 법이다. 그러나 그것이 아무리 힘들다 하더라도 다른 대안, 곧 진리를 거짓과 타협하여 사상과 인생의 바람직한 방향을 모두 잃어버리는 것보다 훨씬 나은 길이다.

2장 종교란 무엇인가?

1. 소승불교는 신이 없다고 가르치기 때문에 일부 학자들은 불교가 과연 종교인지 의심한다. 그러나 대다수 불교도는 신들을 확실히 믿기 때문에 나는—현재로선—소승불교를 제외한 모든 형태의 불교를 종교에 포함시킬 것이다.

2. Paul Tillich, *Systematic Theology* (Chicago: University of Chicago Press, 1951), vol. 1, 11-55. 『조직신학1-5』(한들). *The Dynamics of Faith* (New York: Harper & Bros., 1957), 1-40.

3. Tillich, *Dynamics of Faith*, 10, 76-77, 96. 그의 책 *Systematic Theology*, vol. 1, 211과도 비교하라.

4. Tillich, *Dynamics of Faith*, 13.

5. 같은 책, 13, 14. 또한 *Systematic Theology*, vol. 1, 237도 보라. 이 두 번째 단락은 처음에는 하나님이 무한하다는 것을 부인했다가 나중에는 그의 무한성을 논하고 있다는 것을 언급해야겠다. 이 점을 어떻게 이해할지 모르겠으나, 이후에 나오는 내용은 신석인 것을 무조건적이고 모든 것을 포괄한다는 의미에서 무한한 것으로 본다.

6. Tillich, *Dynamics of Faith*, 12. 궁극적 관심이란 틸리히가 말하는 의미에서 무한한 것을 향한 것임이 틀림없다는 주장만 제외하면, 틸리히의 정의는 내가 변호하는 정의와 너무나 흡사해서 나중에 그를 내 정의를 지지하는 인물에 포함시킨다. 그것은 동일한 기본적 통찰을 구현하고 있고, 그가 내게 시인했듯이 루터의 말에서 유래한 것이다. 이 말은 주 22에 인용되어 있는데 나 역시 주

목하게 되는 명언이다.

7. T. W. Hall, ed., *Introduction to the Study of Religion* (San Francisco: Harper & Row, 1978), 16.

8. 예컨대, the Dakota evil Great Spirit. James Frasor, *The Golden Bough* (New York: Macmillan, 1951), 308을 보라. 플라톤도 선한 세계의 혼뿐 아니라 악한 세계의 혼도 존재한다고 주장하므로 하나의 본보기가 될 수 있다(*Laws* 10, 896).

9. 몇 가지를 더 들어 보자. 프리드리히 슐라이어마허는 종교를 특히 의존의 감정과 같은 "모든 고차원적 감정의 총합"으로 정의했다(*On Religion: Speeches to Its Cultured Despisers* [New York: Harper & Row, 1958], 45-6, 85). 그런데 종교가 믿음(belief)을 피할 수는 없지만 모든 믿음은 감정의 요소뿐 아니라 개념적인 요소도 갖고 있다. 다른 한편, 슐라이어마허는 또한 "절대적인 것"에 대한 의존이 종교의 핵심이라고 말하는데, 이는 내가 변호할 정의와 완벽하게 잘 들어맞는다(나는 물론 절대적인 것을 우주와 동일시하는 그의 견해에는 동의하지 않지만). William Tremmel은 본질적인 정의의 어려움을 피하기 위해 이른바 "기능적인" 정의를 제시한다. 이는 "종교가 수행하는 것"과 그 배후에 있는 경험에 대한 정의를 말한다(*Religion, What Is It?* [New York: Rhinehart & Winston, 1984], 7). 그런데 그는 종교적 경험을 "위대한 가치와 만족, 심지어는 황홀경"의 경험으로 묘사하기 때문에 그것의 차별성을 끌어내지 못한다. 이런 경험은 스포츠 경기의 승리, 공연할 때 박수를 받는 것, 또는 성적 오르가즘에도 똑같이 들어맞는다. 게다가, 그가 종교적 믿음으로 유발되는 행동을 얘기할 때, 그것을 사람들이 "무시무시한 것", "조종할 수 없는 것", "삶을 부정하는 것"을 다룰 때 행하는 것으로, 또 그들이 "자신의 유한성"을 극복하려고 애쓸 때 하는 행동으로 묘사하기 때문에, 이것 역시 차별성을 갖지 못한다. 어느 면으로 보든지 이것은 그릇된 견해이다. 사람들은 무시무시한 것을 다룰 때 정신병적인 철회, 약물, 자살 등으로 대처한다. 또한 삶을 부정하는 것을 다룰 때는 방탕한 생활이나 범죄로 대처하기도 한다. 그리고 힌두교와 불교는 열반에 도달함으로써 우리의 유한성이 신적 무한성에 흡수된다고 가르치는 데 비해, 유대교와 기독교와 이슬람교는 사람들은 언제나 하나님과 구별된 유한한 피조물로 남을 것이라고 가르친다. 또 어떤 사상가들은 정의는 올바로 내리면서도 거기에 잘못된 것을 덧붙여서 부분적으로 틀리기도 한다. 예를 들면, Joachim Wach는 종교란 "궁극적인 실재, 곧 모든 것의 조건이 되고… 우리에게 감동과 도전을 주는 실재로 [우리가] 경험하는 것에 대한 반응"이라고 정의한

다(*The Comparative Study of Religions*[New York: Columbia University Press, 1961], 30). 여기에서 일부는 옳지만 틀린 부분도 있다. 경마와 퍼즐도 우리에게 도전과 감동을 줄 수 있기 때문이다. 이와 비슷하게, 한스 큉이 풀어서 내린 정의 역시 부분적으로만 옳다. 그가 종교란 "사람과 그의 세계를 초월하거나 포괄하는 그 무엇과 맺는… 사회적 및 개인적 관계이다"라고 말하는 부분은 틀린 대목이다(*Christianity and the World Religions*[Garden City, N. Y.: Doubleday, 1986], xvi). 이는 너무 편협한 정의이다. 다음 장에서 내가 설명할 것처럼, 다수의 이방 종교들은 신적인 존재를 초월적인 것이나 포괄적인 것으로 간주하지 않기 때문이다. 그러나 큉은 이렇게 말을 잇는다. 종교적 믿음의 대상이 되는 실재는 "언제나 궁극적인 것, 진정한 실재로 이해해야 한다." 내가 주장할 것처럼, 이 대목은 옳다.

10. 예컨대, W. C. Smith, *The Meaning and End of Religion*(New York: Harper & Row, 1978), esp. xiv, 11-14, 141-46을 보라.

11. G. S. Kirk and J. E. Raven, *The Presocratic Philosophers*(Cambridge: Cambridge University Press, 1960), 10-18, 24-31; W. Jaeger, *The Theology of the Early Greek Philosophers*(Oxford: Clarendon Press, 1960), 10.

12. G. F. Moore, *History of Religions*(New York: Charles Scribner's Sons, 1913), vol. 1, 209-10.

13. Mircea Eliade, *Patterns in Comparative Religion*(New York: Sheed & Ward, 1958), 10-21.『종교형태론』(한길사)

14. E. B. Idowu, *African Traditional Religion*(London: SCM Press, 1973), 135. Geoffrey Parrinder's "The Nature of God in African Belief," in *The Ways of Religion*, ed. Roger Eastman(San Francisco: Canfield Press), 493-99; H. Dooyeweerd, *A New Critique of Theoretical Thought,* (Philadelphia: Presbyterian & Reformed, 1955), vol. 2, 316; and B. Malinowski, Magic, *Science and Religion*(New York: Doubleday, 1948), 19, 20, 76-79. A. C. Bouquet, *Comparative Religion*(London: Penguin, 1962), 45; and M. Nilsson, *A History of Greek Religion*(Oxford: Clarendon, 1967).

15. Jaeger, *Theology of the Early Greek Philosophers*(Oxford: Clarendon Press, 1960), 31-2.

16. T Dantzig, Number, *The Language of Science*(Garden City, N.Y.: Doubleday-Anchor, 1954), 42.

17. 아리스토텔레스는 형상을 신적인 것으로 주장했을 뿐 아니라 질료 역시 독자적 존재성을 가진 것으로 간주했다. 그래서 종교적 및 형이상학적 이원론자였다고 할 수 있다(*Meta*. 1042a). 이미 인용한 사상가들 이외에, Thales는 신적인 것을 "시작도 없고 끝도 없는 것"이라고 주장했다(Jaeger, *Theology of the Early Greek Philosophers*, 29). 다른 한편, Anaximander는 "태어나지 않고, 영속적이고… 모든 것을 지배하는" 것이면 무엇이든 신적인 것이라고 말했다(Aristotle's *Physics*, 3.4.203b14를 보라).

18. W. E. Albright는 출애굽기 3장 14절에서 모세에게 자기를 나타낸 하나님의 거룩하고 합당한 이름(YHWH)은 "존재의 원인이 되는 분"이란 뜻이라고 지적했다. *From the Stone Age to Christianity*(Garden City, N. Y.: Doubleday, 1957), 15-16을 보라. 그는 "내 영광을 다른 자에게 주지 아니하리라"(사 48:11)는 하나님의 말씀을 인용한다. 앞에서 이사야는 그 영광에 대해, 하나님의 존재는 다른 어떤 것에서도 비롯되지 않는다는 말로 설명한 바 있다(사 6:3). "거룩하다, 거룩하다, 거룩하다… 그의 영광이 온 땅에 충만하도다." 이것은 오랫동안 기독교 전례에 포함되어 온 낯익은 단락이지만, 일부 학자들(J. A. Alexander와 같은)은 이 마지막 어구를 "온 땅의 충만함이 당신의 영광이다"라고 번역하는 것이 더 정확하다고 지적했다. 달리 말하면, 다른 모든 것이 의존해 있는 분, 곧 창조주로서의 하나님의 영광은 온 땅을 피조물들로 가득 채우는 것이란 뜻이다. 그런즉 다른 어떤 것에 땅의 만물이 의존한다고 믿는 것은 하나님에게서 그분의 영광을 빼앗는 가짜 하나님을 모시는 것인 셈이다. 신약 성경도 동일한 논점을 개진한다. 로마서 1장은 모든 인간이 하나님을 창조주로 믿든지 "하나님이 창조한 어떤 것"을 창조주로 대체함으로써 "하나님의 진리를 거짓 것으로" 바꾸든지 해야 한다고 말한다. 그리고 갈라디아서 4장 3절과 골로새서 1장 17절과 2장 8절은 고대 그리스 형이상학의 유명한 4원소(흙, 물, 불, 바람)를 하나님과 대비시키면서 우주는 4원소가 아니라 그리스도 안에 계신 하나님에게 의존해 있다고 주장한다.

19. 예컨대 요한계시록 4장 11절을 보라. "우리 주 하나님이여, 영광과 존귀와 권능을 받으시는 것이 합당하오니, 주께서 만물을 지으신지라. 만물이 주의 뜻대로 있었고 또 지으심을 받았나이다." 그리고 요한일서 4장 19절은 하나님에 대한 우리의 사랑이 우리가 먼저 그분의 사랑을 받은 것에 기초해 있다고 말한다. "우리가 [그를] 사랑함은 그가 먼저 우리를 사랑하셨음이라."

20. 이것이 바로 성경에 나오는 구절, "어리석은 자는 그의 마음에 이르기를 '하나님이 없다' 하는도다"(시 14:1)의 진정한 뜻이다. 이 구절은 안셀름의 해석과는 반대로, 무신론자는 자가당착에 빠진다는 뜻이 아니라 신이 없다고 생각하는 사람은 누구나 자기기만에 빠진다는 뜻이다.

21. *Institutes of the Christian Religion*, I, xiv, 3.

22. "내가 자주 말한 것처럼, 오로지 마음의 신뢰와 신앙만이 하나님과 우상 둘 다를 만든다. 만일 당신의 신앙과 신뢰가 옳다면, 당신의 하나님은 참된 하나님이다. 다른 한편, 당신의 신뢰가 그릇되고 틀리다면, 당신에게는 참된 하나님이 없다. 당신이 마음이 꼭 붙들고 의탁하는 그것이 바로 당신의 하나님이라는 것이다"("Larger Catechism" in the *Book of Concord*[Philadelphia: Fortress, 1959], 365). 다음 책도 보라. *Lectures on Romans* in the Library of Christian Classics(Philadelphia: Westminster, 1961), vol. 15, p. 23.

23. A. C. Bouquet, *Comparative Religion*(Baltimore: Penguin Book, 1973), 21, 38, 45, 38. Dooyeweerd, *New Critique*(Philadelphia: Presbyterian & Reformed Pub Co. 1953), vol. 1, 57; N. K. Smith, *The Credibility of Divine Existence*(New York: St. Martin's, 1967), 396. William James, *The Varieties of Religious Experience*(New York: Longmans, Green and Co. 1929), 31-34.『종교적 경험의 다양성』(한길사). Mircea Eliade, *Patterns in Comparative Religion*(NY: New American Library, 1974), 23-33. C. S. Lewis, *Miracles*(New York: MacMillan, 1948), 15-22.『기적』(홍성사). Will Herberg, "The Fundamental Outlook of Hebraic Religion," in *The Ways of Religion*, ed. R. Eastman(New York: Canfield, 1975), 283. Robert Neville, *The Tao and the Daimon*(Albany: State University of New York Press, 1982), 117. Werner Jaeger, *The Theology of the Early Greek Philosophers*(Oxford: The Clarendon Press, 1960), 31-2, 71-2. Pierre Chaunu, *The Reformation*(Gloucester: Allan Sutton, 1989), 18. 틸리히와 큉과 와치 역시 이 정의에 미심쩍은 내용을 덧붙이긴 했지만 그 본질적인 요지는 지지했다. (주 6과 9를 보라.)

24. M. Nilsson, *History of Greek Religion*, 72.

25. 이 때문에 주요 종교들 중에 유독 불교만 창조 기사가 없는 것이다. *The Tao and the Daimon*, 116에 나오는 Neville의 말을 보라.

26. 일부 비평가들은 불교에는 내 정의에 담긴 그런 신의 개념이 없다고 주장했다. 이는 한마디로

잘못된 주장이다. "The Questions of King Milinda"라는 불교 경전의 유명한 대화에 이런 내용이 나온다. "혹자가 열반의 실현에 이르는 길을 가리킬 수는 있지만, 그는 열반을 생산하는 원인을 보여 줄 수는 없다. 그 이유는 무엇일까? 그것은 다르마(dharma), 열반은 조건이 없기 때문이다. … 그것은 어떤 것에 의해 만들어지는 게 아니고… 그것은 존재하는 어떤 것이다"(*The Buddhist Scriptures*[Baltimore: Penguin, 1968], 159). The Pali Canon(Udana 8.3) 역시 열반은 "어떤 기초도, 발전양상도, 발판도 없다"고 주장한다. 이에 대해 Lambert Schmithausen은 이렇게 논평한다. "어떤 단락들은 열반을 초월적인 형이상학적 상태나 본질로 논하기까지 한다. … 이런 단락들에 따르면 열반으로도 불리는 형이상학적인 실재가 존재하는 셈이고… 이는 영적인 사건인 열반보다 선재하는 것이다"(Kung, *Christianity and the World Religions*, 301, 327). 내가 내린 "신"의 정의에 반대하는 듯이 보이는 가장 그럴듯한 가르침은 아마 1800년 전에 있었던 불교의 수냐바다 분파의 대가인 나가르주나의 가르침일 것이다. 그는 신을 "공(쏘)"이라고 말하고 다르마도 "실재가 없는 것"이라고 주장했기 때문에 일부 사람은 그를 철저한 존재론적 허무주의자로 간주하게 되었다. 그러나 사실은 그런 말을 한 적이 없다. 그의 주장은 이랬다. 개별적인 사물들은 "그 자체의 본성이 없고, 따라서 비영구적이라는" 의미에서 실재를 갖고 있지 않다는 것이다. "그것들은 '의존적인 기원'의 법칙에 따라서 현상의 세계에 나타났다가 사라진다."(Heins Beckert, "Buddhist Perspectives," in *Christianity and World Religions*, 363을 보라.) 이처럼 변하기 쉽고 의존적인 것과 그렇지 않은 것을 대조시키는 일은 내가 변호하는 "신"의 정의를 전제로 한다. 다른 학자들도 이와 동일한 결론에 도달했다. 예컨대, David Dilworth in "Whitehead's Process Realism, the Abhidharma Dharma Theory, and the Mahayana Critique," *International Philosophical Quarterly* 18, no. 2(1978), 162-63. Robert Nevill, *The Tao and the Daimon*, 116. 대체로 불교의 관점은 존재론적 허무주의를 배격한다. *The Sutra of Hui Neng*, trans. Wang Mou-lam(Phoenix: H. K. Buddhist Book Distributor Press, 1982)에 나오는 다음과 같은 단락들을 생각해 보라.

> 최고의 깨달음에 도달하려면 자발적으로, 창조되지도 않았고 멸절될 수도 없는 자기 자신의 본성 내지는 마음의 본질[Essence of Mind, Suchness]을 알 수 있어야 한다. (p. 17)

마음의 본질이 본래 생성이나 멸절에서 자유롭다는 것을 누가 생각했겠는가? 마음의 본질이 본래 자기 충족적이란 것을 누가 생각했겠는가? 만물이 마음의 본질이 겉으로 나타난 것임을 누가 생각했겠는가? (p. 20)

유식한 청중은 공(空)에 대한 나의 말을 들을 때 곧바로 공허의 개념에 빠지지 않는 것은 그것이 멸절의 교리란 이론(異論)을 포함하고 있기 때문이다. (p. 28)

27. 사회조직이 어떤 핵심 목적을 갖고 있다는 말은 분화된 조직의 발달을 전제로 한다. 예컨대, 유일한 사회집단이 부족인 경우에는 어느 핵심 목적이 없고 오늘날 국가, 종교기관, 학교, 확대 가족 등이 담당하는 여러 목적들을 모두 포괄할 것이다. 게다가, 조직이 분화된 경우에도 동일한 사람이나 집단이 이를테면 종교적 권위와 정치적 권위를 모두 행사하는 일이 가능하다. 그렇다고 해서 동일한 기관이 동시에 종교적 기관과 정치적 기관이 될 수 있다는 것은 아니다. 오히려 동일한 사람이나 집단이 두 기관에서 지배적인 권위를 차지하여 때에 따라 어느 하나를 행사할 수 있다는 뜻이다. 그런즉 어느 사회의 종교 기관이나 학교를 동시에 대표하는 군주가 있을 수 있다는 사실이 그 국가를 종교 기관이나 학교와 동일하게 만들어 주는 것은 아니다. 각 기관은 여전히 나름의 독특한 목적을 견지할 것이다.

28. Nicholas Wolterstorff는 로크와 칼뱅을 비교하면서 신뢰의 감정의 가변성과 객관적인 진리로 보이는 것을 통찰력 있게 대비시켰다. 다음 글을 보라. "The Assurance of Faith," *Faith and Philosophy* 7, no. 4(Oct. 1990): 396-417. 또한 William James' remarks in *The Varieties of Religious Experience*, 258를 보라.

29. 예컨대, H. H. Price, "Belief 'In' and Belief 'That,'" *Religious Studies* 1, no. 1(Oct. 1965): 5-27. 나는 성경 저자들의 행습을 좇아서 "신앙"이나 "신뢰"를 하나님의 실재에 대한 믿음에는 사용하지 않을 생각이다. 그들은 이런 용어들을 하나님의 약속에 대한 신뢰에 사용하지 그분의 실존에 대해서는 결코 사용하지 않는다. 후자는 언제나 "지식"으로 언급되어 있다. 특히 다음 구절들을 보라. 신 4:35, 삼상 3:7, 시 46:10, 사 12:2, 딤전 4:3, 요 6:69, 10:38, 요일 2:3.

30. Wilfred Cantwell Smith는 이런 입장을 오래도록 견지했다. 모든 종교는 신적 지위를 가진 것에 대해 상반되는 진술을 하고 있음에도 불구하고 사람들을 신과의 올바른 관계로 인도하는 면

에서는 똑같은 효과를 발휘한다고. 그의 책, *The Meaning and End of Religion*을 보라. John Hick도 *An Interpretation of Religion*(New Have: Yale University Press, 1989)에서 똑같은 입장을 변호했다. 나는 세 가지 논평을 하고 싶다. 먼저 스미스와 힉조차 다양한 전통들에 대한 믿음이 모두 옳을 수는 없다는 점을 시인하는 것을 주목하라. 그것은 불가능하다고 그들이 말한다. 그들의 주장은, 모든 사람이 동일한 신적 실재(Divine Reality)를 경험하지만 그 실재에 대해 다르게 개념화하고 설명하고 이론화한다는 것이다. 개념적인 껍데기는 서로 달라도 그것이 각 사람의 궁극적 운명에는 영향을 미치지 않는다는 것이 그들의 입장이다. 스미스/힉의 주장이 지닌 심각한 문제점은 그것이 종교적 경험을 한 사람들의 보고와 일치하지 않는다는 것이다. 윌리엄 제임스가 *Varieties of Religious Experience*에서 보여 주듯이, 종교적 경험들 자체가 서로 다른 것이지 단지 그에 대한 해석이 다른 것이 아니다. 게다가, 진리의 문제도 쉽게 제쳐 놓을 수 없다. 우리가 생각하는 신의 개념과 우리와 신의 올바른 관계는 옳든지 틀리든지 둘 중 하나이고, 모든 종교는 하나같이 이런 문제들에 대해 틀리지 않고 옳은 것이 사람들에게 매우 중요하다고 주장한다. 그런데 스미스와 힉은 이 점을 부인하면서 모든 세계 종교들은 사실상 틀리지만 이것이 각 사람의 궁극적인 운명에 영향을 미치지 않는다고 주장하고 있다. 그러므로 그들은 기존의 종교들이 서로 조화를 이룰 수 있는 길을 제공한 게 아니라 다른 모든 종교들과 의견을 달리하는 새로운 종교를 창시한 셈이다.

31. 성경의 저자들은 이 점을 주장하고 있다. 다른 종교적 믿음들은 하나님께만 속한 지위를 하나님이 아닌 것에 부여하고 있다고 주장한다(사 42:8, 44:6, 롬 1:25을 보라). 모든 종교(와 모든 사람)가 희미하게나마 보는 것은 **무언가**가 신적인 것이라는 점이다. 이를 칼뱅은 모든 인간 속에 있는 "신 의식"이라고 불렀고, 이것이 타락 이후에 망가진 상태가 되었다고 했다. 다른 종교들도 자기네 믿음을 하나님에 대한 믿음과 대비시키며 전자를 두둔하곤 한다.

32. 이것은 실재론에서 다른 "주의(主義)들"에도 똑같이 적용된다. 예컨대, 실증주의는 물질 대신에 감각적 지각을 신적인 것으로 간주한다. Ernst Mach가 말하듯이, "그런즉 세계가 우리의 감각들로만 구성되어 있다는 주장은 옳다. 이 경우에 우리는 오직 감각에 관한 지식만 갖고 있는 셈이다." (*The Analysis of Sensation*, in J. Blackmore's *Ernst Mach* [Berkeley: University of California Press, 1972], 327 n. 14).

이와 반대로 J. S. Mill은 그 설명을 한 걸음 뒤로 물리려고 애썼다. 밀은 무엇이 감각들을 불러일으키느냐는 질문을 받자 그것들은 소위 "감각의 영구적인 가능성"의 산물이라고 대답했고, 이 신비로운 실체들을 형이상학적으로 궁극적인 것으로 간주했다. "자연 속에는… 불명확하지만 아마 엄청난 기간 동안… 존속되어 온 다수의 영구적인 원인들이 존재하고 있다. … 그러나 우리는 그 영구적인 원인들의 기원은 설명할 수 없다. … 존재하기 시작한 모든 현상들, 곧 원초적 원인들을 제외한 모든 것은 예외 없이 그 원시적 사실들이나 그들의 조합이 즉각적으로 또는 나중에 낳은 결과들이다"(*Philosophy of Scientific Method*, ed. E. Nagel[New York: Hafner, 1950], 202-3). 그리하여 이 신비로운 실체들은 무조건적으로 존재하기 때문에 자동적으로 신적인 지위를 갖게 되었다. 또는 Jacques Derrida의 말을 생각해 보라. 그는 자신의 실재관의 근본요소는 그에게 고지된 실재의 "경제적" 순간이며, 이는 명령의 형태로 그를 급습하여 사로잡고 결코 떠나지 않는, "도무지 부인할 수 없이 실재하는 것"이라고 말했다(*Philosophy in a Time of Terror: Dialogues with Jurgen Habermas and Jacques Derrida*[Chicago: University of Chicago Press, 2003], 134). Richard Rorty도 마찬가지다. 그는 "우리가 더 이상 아무것도 예배하지 않는 지점, 우리가 아무것도 유사 신(神)으로 취급하지 않는 지점, 우리가 모든 것―우리의 언어, 우리의 양심, 우리의 공동체―을 시간과 우연의 산물로 취급하는 지점에 도달하려고 애써야 한다"라고 주장하면서도, "이 지점에 도달하려면, 프로이드의 말처럼, '우연을 우리의 운명을 결정할 만한 것으로 취급해야' 할 것"이라고 말했다(*Contingency, Irony, and Solidarity*[Cambridge: Cambridge University Press, 1989], 22). 이런 권고에도 불구하고 로티는 이 우연의 본질을 자세히 설명하려고 애쓰는데, 그것은 종교적 믿음에 다름 아니다! 모든 (다른) 신념들은 실제적인 필요에 따라 상대화시키면서도 물리적/생명적 실재와 다윈의 진화의 독자성은 참으로 간주하기 때문이다. 그는 다른 실용주의자들에 동조하여 "인간에 대한 다윈의 설명, 즉 인간을 환경에 대처하려고 최선을 다하고, 더 많은 쾌락과 더 적은 고통을 누리게 해 주는 도구들을 개발하려고 최선을 다하는 동물로 보는 견해를 출발점으로 삼는다"("Relativism: Finding and Making," in *Debating the State of Philosophy*, ed. J. Niznik and J. Sanders[Westprot London: Praeger, 1996], 38). 그런즉 (다른) 어떤 신념도 실재에 부합하는 것으로 결코 인식할 수 없다는 그의 주장의 근거는 생물학적 진화가 실재에 부합한다는 그의 믿음인 셈이다. [내가 쓴 글, "A Critique of Historicism" in *Critica* 29, no. 85 (April 1997)도 보라.]

33. 다른 방향으로도 반론을 제기할 수 있다. ③유형의 믿음은 모든 종교의 공통요소가 아니라는

것이다. 에피쿠로스 학파는 많은 신을 믿었고 아리스토텔레스는 한 신을 믿었지만, 어느 경우에도 ③유형의 믿음이 그들의 믿음과 결합되어 있지 않았다.

그러나 그 신들은 모두 이차적인 의미에서만 신이었다는 것을 기억해야 한다. 에피쿠로스 학파는 공간의 원자들이 본질적 신성을 갖고 있다고 믿었는 데 비해, 아리스토텔레스는 형상과 질료가 그런 신성을 갖고 있다고 믿었다. 그리고 두 경우 모두 그 본질적인 신은 ②유형의 믿음뿐 아니라 ③유형의 믿음까지 수반했다.

34. 이것은 1962년 3월에 펜실베이니아 주립대학에서 열린 언어철학 강좌에서 한 말이다.

35. *Institute of the Christian Religion* I, vii, 2. 다음과 같은 Alister Hardy의 경험도 참고하라. "내가 하나님의 실재에 대해 확신하게 된 것은 성 메리 교회에서 설교를 듣는 중에 일어난 일이었다. 감정은 가라앉아 있었다. … 확신한다는 것은 기본적으로 지적인 문제도 아니었다. 나는 그 설교자가 진리를 말하고 있었다는 것을 알았을 뿐이다"(*The Spiritual Nature of Man: A Study of Contemporary Religious Experience*[Oxford: Clarendon, 1979], 100). 틸리히 역시 "신앙"을 증거가 없는 믿음으로 보는 일반적인 관념은 하나님에 대한 믿음의 근거가 되는 경험을 정확히 묘사하는 것이 아니라고 말했다. 이 그릇된 신앙관은 신앙을 "제한된 증거를 가진 지식의 행위"로 보고, "증거의 결여를 의지의 행위로 보충한다고 생각하는데… 이것은 신앙의 실존적 특성을 바르게 나타내지 않는다." 그리고 이렇게 덧붙인다. "신앙의 확신이 '실존적'이란 말은 [신자의] 온 존재가 관여되어 있다는 뜻이다. … [그것은] 자신의 존재에 대한 확신, 말하자면… 그 존재가 궁극적인 또는 무조건적인 무언가와 연관되어 있다는 확신이다"(*The Dynamics of Faith*, 34, 35.『믿음의 역동성』[그루터기하우스]). 이어서 그는 이것을 선택의 문제가 아니라 진리에게 "붙잡히는" 경험이라고도 말한다(p. 37).

36. *Knowing with the Heart: Religious Experience and Belief in God*(Eugene Oregon: Wipf and Stock Publishers, 2007). 본질적 신에 대한 믿음이 종교적 경험에 근거해 있다는 주장은 다양한 오해를 초래할 소지가 있는 만큼, 내가 *Knowing*에서 변호한 입장을 간단하게 묘사하면 이렇다. "종교적 경험"이란 어떤 종교적 믿음을 생성하거나 심화시키거나 확증하는 모든 경험을 의미한다. 그러므로 음성, 환상, 신과의 신비적인 연합, 또는 기적과 같은 특별한 경험 내지는 이상한 경험에 국한되지 않는다. 이처럼 비교적 드문 경험은 사실상 그 의미가 직접적인 진리 인식의 경험에 달려 있다고 나는 주장한다. 이는 다른 맥락에서 어떤 믿음의 진리성을 자명하다고 느끼는

직관이라고 언급한 바로 그런 경험이다. 그런 직접적인 진리 경험이 특별한 경험들(예. 앞에서 인용한 하디의 경험)뿐 아니라 평범한 경험들(성경을 읽는 것과 같은 경험)에게도 붙어 있다는 게 나의 주장이다. 나는 먼저, 진정한 자명성에 대한 전통적인 제한이 거짓임을 보여 줌으로써 이 입장을 변호한다. 말하자면, (데카르트와 로크가 주장했듯이) 어떤 믿음이 자명하려면 모든 이성적인 사람들이 그것을 그렇게 경험해야 한다는 주장이나 (아리스토텔레스가 주장했듯이) 자명성은 오로지 필연적인 진리에만 붙어 있고 틀림없는 믿음을 낳는다는 주장은 도무지 정당화될 수 없는 것이다. 그러나 동시에, 지각과 추론 같은 자명성의 직관들이 진리의 믿을 만한 원천이라는 점에 대해서는 의심할 필요가 없다. 이어서 올바른 조건 아래서는, 신과 관련된 자명성은 논리적 공리나 수학적 공리의 자명성과 동일한 인식론적 배를 타고 있다고 나는 주장한다. 이 진술은 따라서 앞에서 인용한 칼뱅의 입장을 변호하는 것이고, 파스칼도 다음과 같이 말했다.

> 우리는 이성이 아닌 마음(heart)으로 진리를 아는 것이고, 이런 방식으로 우리가 제1 원리들도 안다. 거기에 전혀 참여하지 않는 이성이 쓸데없이 그것들을 공격하려고 한다. … [예컨대], 우리가 …을 꿈꾸지 않는다는 것을 안다. … 그것을 이성으로 증명하는 일이 불가능하더라도… 공간, 시간, 움직임, 숫자에 대한 제1 원리들에 관한 지식은 우리가 추론에서 얻는 지식만큼 확실하다. 그리고 이성은 이런 마음의 직관들을 신뢰해야 하고, 모든 논증을 그런 직관들 위에 세워야 한다. … 그러므로 하나님이 직관에 의한 신앙을 준 사람들은 아주 행운이고 **정당한 확신**을 품을 수 있는 것이다. (*Pensées*, trans. A. J. Krailsheimer [London: Penguin, 1966], 58, 강조체는 나의 것)

37. 참고. Dooyeweerd, *A New Critique*, vol. 1, 55-57.
38. 다수의 사상가들이 최근에 이 입장을 주장했다. 여기서 나는 몇 사람만 언급하겠다. Alvin Plantinga, "Reason and Belief in God," in *Faith and Rationality*, ed. Alvin Plantinga and Nicholas Wolterstorff(Notre Dame, Ind.: University of Notre Dame Press, 1983), 16-93; Plantinga, *Warrant and Proper Function*(Oxford: Oxford University Press, 1993) and *Warranted Christian Belief*(Oxford: Oxford University Press, 1999); William Alston, *Perceiving God*(Ithaca: Cornell University Press, 1991); and Nicholas Wolterstorff, "Can

Belief in God Be Rational If It Has No Foundations?" in *Faith and Rationality*, 135-86.

내가 방금 신에 대한 믿음이 기본적인 것"일 수 있다"고 말한 것은 많은 사람이 그렇게 생각하지 않는다는 점을 지적하기 위해서임을 강조하고 싶다. 많은 이들이 종교를 받아들이는 것은 그 진리를 직접 경험하기 때문이 아니라 다른 이유들—위안을 준다든가, 타인과 사회적 관계를 맺게 한다든가, 삶에 질서와 아름다움을 선사한다든가 하는—때문이다. 이들은 아무도 어떤 종교적 믿음이든 진리임을 알 수는 없고, 자기네는 비극이나 죽음 앞에서 위로와 희망을 주는 것과 같은 실용적인 이유로 그 종교적 믿음을 수용한다고 시인한다는 말을 덧붙인다. 이런 사람들을 나는 앞에서 개진한 논점—모든 주요 종교는, 진정한 신자들이란 그들 스스로 그 종교의 가르침이 진리라는 것을 보는 자들이라고 주장한다는 점—과 비교하여 종교적 "동료 여행객들"이라고 불렀다. 하지만 이렇게 구별한다고 해서 동료 여행객들은 자기네 종교를 가볍게 여긴다는 뜻은 아니다. 오히려 이와는 반대로, 그들이 대단히 헌신적이고 지극히 충성스러운 경우도 종종 있다. 사실 종교적 광신주의는 **진리 인식을 대치하는 집단적 충성심**과 긴밀한 관계를 맺고 있기 때문에 동료 여행객의 헌신이 낳은 산물일 경우가 많다. 그런 집단이 마땅히 믿어야 할 가르침을 위반하도록 유도하는 것이 바로 집단적 충성심이다. 이와 대조적으로, 진정한 진리 인식은 다른 모든 충성심과 헌신을 뛰어넘는다.

3장 종교적 믿음의 여러 유형

1. W. Jaeger, *Theology of the Early Greek Philosophers*, 17.
2. W. Heisenberg, *Physics and Philosophy*(New York: Harper, 1958), 72-73.
3. J. Vander Hoeven, *Karl Marx: The Roots of His Thought*(Amsterdam: Van Gorcum, 1976), 12.
4. J. B. Noss, *Man's Religions*(New York: Macmillan, 1980), 181. 물론 범신론적 전통들 중에는 그토록 극단적이지 않고 신이 일상의 개별적 사물들보다 더 실재적이라고만 주장하는 유형들이 있는 것도 사실이다. 이런 큰 차이점은 범신론 전통들에서 흔히 볼 수 있다. 그들의 다양한 학파 간의 차이점은 가령 유신론자들 사이의 차이점보다 훨씬 더 크다.
5. W. Herberg, "The Fundamental Outlook of Hebraic Religion," op. cit., 283.

6. 같은 책, 284. 이 점은 10장에서 더 자세히 개진할 예정이다.

7. 성경 인용은 달리 표기하지 않은 경우에는 개정표준번역(RSV)을 사용할 것이다(역자는 개정개역판을 주로 사용했다).

8. A. N. Whitehead, *Adventures of Ideas*(New York: Mentor Books, 1955), 108. 『모험』(한길사)

9. A. N Whitehead, *Science and the Modern World*(New York, Free Press, 1967), 92. 『과학과 근대세계』(서광사)

4장 이론이란 무엇인가?

1. 예를 들어 다음의 자료를 참고하라. E. Nagel, *The Structure of Science*(New York: Harcourt, Brace & World, 1961), 1-28. 『과학의 구조』(아카넷); K. Popper, *Conjectures and Refutations*(New York: Harper & Row, 1965), 216. 『추측과 논박』(민음사); J. Kemeny, A *Philosopher Looks at Science*(New York: Van Nostrand Rienhold, 1959), 156ff.; R. Giere, *Understanding Scientific Reasoning*(New York: Holt, Reinhart & Watson, 1979), 61, 80, 163. 『과학적 추론의 이해』(소화); M. Martin, *Concepts of Science in Education*(New York: Scott, Foresman, 1972), 50-58; N. Rescher, *Scientific Explanation*(New York: Free Press, 1970), 8-24; J. J. C. Smart, *Between Philosophy and Science*(New York: Random House, 1968), 53-88; M. Wartofski, *Conceptual Foundations of Scientific Thought*(London: Macmillan, 1968), 35, 240; G. Gale, *Theory of Science*(New York: McGraw-Hill, 1979), 193-235; W. Balzer and C. U. Moulines, eds., *Structuralist Theory of Science: Focal Issues, New Results*(Berlin: Walter de Gruyter, 1996), 1-13; Margaret Morrison and Mary S. Morgan, eds., *Models as Mediators: Perspectives on Natural and Social Sciences*(Cambridge: Cambridge University Press, 1999), 10-37; U. Mäki, "Isolation, Idealization and Truth in Economics," in B. Hamminga and N. B. de Marchi, eds., *Idealization VI: Idealization in Economics. Poznan Studies in the Philosophy of the Sciences and the Humanities*, vol. 38(Amsterdam: Rodopi, 1994), 147-68.

2. 여기에서 제시하는 주요 논점들은 도예베르트가 *New Critique of Theoretical Thought*에서 제공하는 설명을 요약한 것이다. 특히 vol. 1, 38 이하를 보라. 도예베르트는 자신의 추상화 분석을 이론에 대한 "선험적 비판"의 근거로 이용한다. 이는 추상화가 선험적 질문―"이론을 가능케 하는 것은 무엇인가?"―에 대한 (부분적인) 답변이라는 뜻이다. 그는 이런 접근이 칸트에게 빚을 지고 있다는 점을 인정하지만, 그 자신이 개발한 것(과 그에 따른 이론들)은 실질적으로 칸트의 것이 아니다. 간략하게 말하면 이렇다. 도예베르트가 강조한 바에 따르면, 칸트는 "경험을 가능케 하는 것은 무엇인가?"라는 선험적 질문을 던졌지만, 그 다음에 물어야 할 비판적인 질문, 곧 "이론을 가능케 하는 것은 무엇인가?"는 묻지도 않은 채 즉시 그 질문에 답하는 이론을 제시했다는 것이다. 그 결과 칸트가 참으로 비판적인 태도를 견지하는 데 실패했다는 것이 도예베르트의 지적이다. 이 면에서 칸트의 시도는, R. Chisholm이 *The Foundations of Knowing*(Minneapolis: University of Minnesota Press, 1982)의 8장, 95-99에서 과거의 모든 선험적 논증이 실패했다고 주장한 바로 그 방식으로 실패한 셈이다. 이와 대조적으로, 도예베르트는 본인의 자기 성찰로 확증할 수 있는 고도의 추상화 작업에 대한 서술적 분석을 제공함으로써 선험적 입장을 견지한다. 추상화에 대한 서술은 이런 식으로 확증되기 때문에 도예베르트가 "선험적인 경험론적(transcendental empirical)"이라고 부른다. 그것은 선험적인 가정에 달려 있지도 않고 그 전제가 부정될 수 있는 추론도 아니다. 더 나아가, 고도의 추상화 작업에 대한 그의 설명은 어떤 특정한 이론의 근거가 되는 게 아니라 모든 이론의 정합성의 기준을 도출하는 데 활용된다. 그러므로 그는 그것을, 이를테면 칸트가 시도했던 것처럼 인간 사유에서 독립된 세계가 존재한다는 것을 증명하는 데 사용하지 않는다. 이는 Stroud가 선험적 논증이 이룰 수 없는 일임을 입증한 바 있다("Transcendental Arguments," *Journal of Philosophy* 65, no. 9[1968]: 241-56). 그러나 도예베르트의 기준들은 인간 바깥의 세계에 대한 부정을 **정당화하려는** 모든 이론이 그의 기준들을 위반하므로 한 가지 이상의 부정합성에 빠진다는 것을 확실히 보여 준다. 이 기준들은 이번 장의 뒷부분에 정리되어 있고, 칸트 이론에 대한 적용은 주 18에 요약되어 있다.

3. Nagel, *Structure of Science*, 4, 11.

4. 고도의 추상화 작업이 이론에 연루될 수 있는 세 가지 방식을 보여 주는 본보기는 다음과 같다. (1) 물이 언제나 불을 끄는지 여부를 묻는 데는 고도의 추상화 작업이 필요하지 않지만, 열이 어떻게 한 물체에서 다른 물체로 전도되는지를 묻는 데는 그런 작업이 필요하다. (2) 물이 모든 종류의

불을 끄진 못할 것이라는 가설을 제의하는 데는 고도의 추상화 작업이 필요하지 않지만, 열이란 것은 보다 빠르게 진동하는 분자들과 보다 느리게 진동하는 분자들의 충돌로 전도된다는 이론을 구성하는 데는 그런 작업이 필요하다. (3) 물이 불을 끄지 못한다는 것을 발견할 때까지 물을 불에 끼얹는 시험에 관해 생각하는 데는 고도의 추상화 작업이 필요하지 않다. 그러나 열전도 분자 이론을 지지하는 논증과 시험에 대해 생각하는 데는 고도의 추상화 작업이 필요하다.

5. 사회학은 잡다한 것을 포함한다. 어떤 이론들은 삶의 사회적 양상, 즉 명성, 존경, 지위, 관습, 전통, 옷 스타일 등과 관련이 있는 특성과 규범과 관계를 다룬다. 또 다른 이론들은 사회 공동체들을 그 분야로 삼고 공동체들의 여러 양상을 다루기도 한다. 12장에서 나는 공동체들을 가장 잘 이해하려면 그것들이 권위의 사회적 관계가 조직화되는 다양한 방식의 결과임을 알아야 한다는 입장을 취할 것이다.

6. G. Ryle, *Dilemmas* (Cambridge: Cambridge University Press, 1956), 13.

7. J. Piaget, *Main Trends in Interdisciplinary Thought* (New York: Harper & Row, 1970), 12-13.

8. 모든 이론이 모종의 종교적 믿음의 규제를 받는다는 주장은 실재론과 관련하여 이후의 장들에서 개진되겠지만, 인식론에 대해서는 그럴 만한 지면이 없다. 내가 쓴 다른 책, *Knowing with the Heart*를 보면 이 점이 인식론에도 적용된다는 것을 어느 정도 알 수 있다.

9. 어떤 이론이 아직은 발견되진 않았지만 직접 경험할 수 있는 어떤 실체의 존재를 제안한다면, 그것이 발견되는 순간 그 이론은 참이라는 것이 증명될 것이다. 예컨대, 우리의 태양계에 아홉 번째 유성이 존재한다는 이론을 폈던 천문학자들은 플루토가 1930년에 발견되었을 때 옳은 것으로 입증되었다. 세균론은 또 다른 예다. 한 이론이 제안하는 것이 실제로 발견될 때마다 그 이론의 제안은 추측에 그치지 않은즉 더 이상 가설이 아니다. 그런데 말할 필요도 없지만, 철학과 과학의 대다수 이론들은 직접 발견될 수 있는 실체들의 존재를 제안하는 것들이 아니다.

10. 그렇다고 이론적 존재자들을 둘러싼 실재론 vs 반실재론 논쟁에서 어느 편을 들려는 것은 아니다. 둘 다 너무 극단적이기 때문이다. 그러나 이는 존재자 이론들이 여태껏 생각지도 않은 실재들을 발견하려고 한다고 주장하는 점에서 실재론에 더 가깝다. 동시에 비록 우리가 추호의 의심도 하지 않은 채 그렇게 할 수 있다고 주장할 순 없다는 입장(앞의 주에서 인정한 예외와 함께)을 견지하긴 하지만 말이다. 이론의 정당화 작업의 주된 요소는 이미 강조한 바 있다. 즉, 어떤 이론을 민

는 이유는 그것이 설명하고자 하는 바를 얼마나 잘 설명하는가 하는 점에 있다. 그래서 "의도를 넘어서는 범위"와 "증거의 수렴"이 한 이론을 수용하게 할 수는 있지만, 그것은 여전히 그 이론이 제안하는 것과는 다른 방식으로 실재에 부합하는(그것이 효력이 있는 이유) 이론일 가능성이 있다. 게다가, 어느 이론—또는 한 이론에 대한 해석—이 최상의 설명을 제공하는지와 관련된 결론은 사상가가 취하는 실재론에 따라 계속 달라질 것이고, 따라서 그 사상가의 종교적 믿음에 따라서도 달라질 것이다. 결론적으로, 도예베르트가 자주 말하듯이, 우리가 전(前)이론적 경험에서 이론에 가져오는 확실성을 제외하면 "이론의 영역에서는 확실성이 존재하지 않는다"고 할 수 있다.

11. 어느 양상을 신적인 것으로 취급하는 것에 관한 나의 진술은 에둘러 하는 표현이다. 좀 더 정확히 말하자면, 이는 신적인 본질을 가진 것으로 믿는 양상을 가리킨다. 오래된 실재론들은 어떤 **종류**의 사물이 신적인 것인지를 명시하는 일뿐 아니라 그런 본질을 가진 것이 정확히 무엇인지를 밝히는 일에도 신경을 썼다. 그러나 보다 최근에 등장한 실재론들은 그처럼 명시적인 것을 싫어하는 편이다. 예를 들면, 오늘날의 유물론자들은 실재의 궁극적 본질이(그러므로 궁극적 실재의 본질이) 물리적이라는 것을 확신하면서도, 그들 중 아무도 정확히 (추정컨대) 어느 물리적 사물들이나 과정들이 독자적 존재성을 갖고 있다고, 따라서 다른 모든 것이 그것에 의존해 있다고 딱히 말하려고 하지 않는다.

12. 이것은 우선권 부여에 의해 전달되는 실재의 **불평등성**이다. 이는 이교적 믿음을 반영하기 때문에 반대할 만한 것이다. 이와 관련하여 2장에서 개진한 논점을 염두에 둘 필요가 있다. 내용인즉, 어떤 설명이 모든 것을 어느 근원(들)으로 거슬러 올라가되 그 근원이 독립적 실재라는 말을 명시적으로 하지 않은 채 그만 진술을 중단한다면, 자동적으로 그 근원(들)에게 독립적인 지위가 주어지는 셈이다. 그렇다면 그런 근원들은 신적인 것이라는 말이다. 그렇다고 해서 어느 개념(또는 어느 사물) 속에 내포된 특정한 속성들이 다른 속성들보다 더 중요할 수 있다는 점을 부인하는 것은 아니다. 그러나 나는 나중에, 특정한 속성들이 어느 개념이나 사물 속에서 더 중요한 위치를 차지한다는 점은 어째서 그런 속성들을 특징으로 삼는 양상에 신적 지위를 부여하지 않고도, 따라서 나머지 양상들을 존재론적으로 환원시키지 않고도 더 잘 설명할 수 있는지 그 이유를 보여 줄 생각이다. 그런 설명이 가능하다는 사실 자체는 서구 사상에 존재론적 환원이 끈질기게 존재하는 이유가 어떤 이론적 필연성 때문이 아니라 이교적 관점 때문이라는 입장을 더욱 강화시켜 준다.

13. 마이클 폴라니는 *Personal Knowledge*(New York: Harper & Row, 1962)에서 내가 방금 이

론적 개념에 관해 주장한 논점을 과학의 규칙에 대해 개진하였다. "과학적 절차에 대한 모든 공식적인 규칙들은 애매한 것으로 입증되어야 한다. **이유인즉 그것들은 어느 과학자를 주도하는 사물의 본질에 관한 개념에 따라 아주 다르게 해석될 것이기 때문이다**"(167, 강조체는 나의 것). 한 가지 덧붙일 것이 있다. 나는 이 논점을 개진하면서 인지된 대상과 가설로 창안된 실체들에 관한 고도로 추상적인 개념들(이는 과학과 철학 분야에서 발생하는 개념들이다)에 관해 거론해 왔다는 사실이다. 고도로 추상적이지 않은 개념들, 즉 일반적인 사상과 경험의 세계에서 발생하는 개념들의 경우에는 사람들이 어떤 종류의 속성들이 다른 종류(들)의 속성들에 의존되어 있는지를 거의 의식하지 않는다. 그래서 비(非)이론적인 맥락에서는 사람들에게, 어떤 것에 관한 그들의 개념에 내포된 어떤 종류의 속성들에게 다른 모든 종류의 속성들이 의존되어 있는지를 물으면, 그들은 솔직하게 "나는 모르겠다"고 대답할 것이다. 이것은 그들이 어떤 종교적인 믿음도 보유하고 있지 않음을 보여 주는 게 아니라 그런 믿음이 무의식적 전제로 남아 있음을 보여 준다. 가령, 한 걸음 더 나가서 (소금통보다는) 인간이 된다는 것에 관한 그들의 개념에 대해 물으면 그들의 암묵적인 종교적 믿음이 더 잘 드러날 것이다.

14. 그렇다고 해서 어느 과학자가 어떤 존재자 가설을 제안하고 변호하거나 채택하는 것이 반드시 어느 특정한 철학자의 영향 때문이라고 말하는 것은 아님을 분명히 하고 싶다. **어느 철학적 이론 속에 설명된** 실재의 본질에 관한 개관이 반드시 과학 이론들에게 규제적인 영향력을 행사한다는 주장이 아니다. 오히려 어느 과학자가 실재의 본질에 관해 전제하고 있는 것이 어떤 철학자에게서 나온 것이든 철학사(史)에서 한 이론으로 정립되어 온 것이든 상관없이, 실재에 본질이란 이슈는 도무지 피할 수 없는 것이다.

15. "[이론 논쟁의 경우에] 양측은 동일한 '사실'을 사실로 받아들이지 않고, 동일한 '증거'를 증거로 더욱 받아들이지 않는다. … 두 가지 서로 다른 개념적 틀 안에서는 동일한 범위의 경험들이 다른 사실과 다른 증거의 형태를 띠기 때문이다"(Polanyi, *Personal Knowledge*, 167. 『개인적 지식』[아카넷]).

16. 어떤 비평가들은 내가 제공하는 기준들이 모종의 종교적 믿음의 통제 아래 해석된다면 굳이 제시할 필요가 없다고 반론을 제기했다. "그런 기준들은 당신의 종교적 믿음을 공유하는 자들에게만 효력이 있지 않느냐?"고 그들은 묻는다. 다른 이들은 종교적 믿음에 대한 나의 정의에도 동일한 반론을 제기했고, 심지어 한 사람은 종교가 이론을 통제한다는 주장 자체가 자기 지시적인 비

정합성을 안고 있다고 주장했다.

후자부터 먼저 처리하도록 하자. 우리는 모든 이론이 모종의 종교적 믿음에 의해 생산되거나 우리에게 강요된 것이라고 주장하는 게 아니므로 여기에 자기 지시적인 비정합성은 없다. 우리의 주장은 한 이론의 가정의 본질은 언제나 신적인 것으로 전제된 것에 비추어 **해석되는** 법이란 것이다. 가설이 아닌 신념의 경우는 이렇게 설명할 수 있다. 나는 모든 사람이 똑같이 공유하는 경험과 사유의 한 차원에서 인식되는 무수한 사태들이 존재한다는 점을 분명히 하려고 시종일관 애썼다(1장에 나오는 나의 논평을 참고하라). 가령, 모든 사람은 하나같이 정지신호는 빨간색이라거나 저 정원에 한 나무가 있다는 것을 인식할 수 있다. 비록 한층 깊은 분석의 차원에서는 이런 사태에 관한 개념들이 그 바탕에 전제된 종교적 믿음에 따라 차별성을 보일지라도, 그것은 여전히 사실로 남아 있다(앞에서 나는 두 사람이 식탁에서 소금통을 건네주는 것을 예로 들었다). 이 점은 또한 종교적 믿음에 대한 정의, 이론에 대한 종교의 통제에 관한 주장과 더불어 여기서 제시한 이론에 대한 기준들에도 그대로 적용된다. 이런 것들은 가설이 아니라 그와 같은 사태에 속하기 때문이다. 그것들은 설명의 공백을 메우기 위해 제안된 유식한 추측이 아니다.

이 면에서 그것들은 우리의 핵심 주장과 관련하여 비모순의 법칙에 비견되는 지위를 갖고 있다. 이것 역시 하나의 이론이 아니라 우리 경험의 논리적 양상에서 추상된 것이다. 따라서 이것은 본인의 종교적 지향과 상관없이 누구나 인식할 수 있다. 이것은 물론 한 사람이 보유한 믿음에 비추어 해석될 것이기 때문에 다양한 방식으로 해석되어 왔다. 이를테면, 우리의 뇌가 진화하다 보니 어쩌다가 생긴 우연한 산물로, 우리의 사유에는 적용될 수 있으나 정신 바깥의 실재에는 적용될 수 없는 것으로, 언어에는 적용이 가능하나 수학에는 그럴 수 없는 것으로, 일상적인 인지의 세계에는 적용될 수 있지만 원자보다 작은 차원에는 적용될 수 없는 것으로, 우리가 출생 순환에서 벗어나려면 배척해야 할 환상의 세계의 일부로 해석된 것이다.

이와 마찬가지로, 종교적 믿음의 정의와 이론에 대한 기준들과 더불어 종교의 이론 통제에 관한 주장 역시 경험에서 끌어올 수 있는 사태이다. 물론 이런 것들은 다양한 종교적 관점에서 해석되겠지만, 이는 우리의 논점을 약화시키지 않고 오히려 확증시킬 뿐이다. (참고. *New Critique*, vol. 1, 34-37, 82-86, 545-66, vol. 2, 366-80, 429-34, 466-71, vol. 3, 1-53, 145.)

17. 이 기준은 배타적 유물론(믿음을 비롯한 명제적 태도의 존재를 부정하는 것)에 대한 통상적인 비판과는 매우 다른 비판을 낳는다. Churchland는 전자가 논점을 교묘하게 회피하는 "민속 심

리학"을 가정하고 있다고 주장했다(*A Neuro-Computational Perspective: The Nature of Mind and the Structure of Science*[Cambridge, Mass.: MIT-Bradford, 1989], 111-27). 그러나 내 기준은 믿음이 비(非)물리적이라고 주장하는 민속 심리학을 가정하고 있기보다는, 배타주의자들의 주장이 의미를 지니고 참이 되려면 왜 그들의 주장이 비물리적 속성을 갖고 있어서 비물리적 법칙들의 지배를 받는 것으로 가정하지 않으면 안 되는지를 보여 준다. 그리고 여기에는 민속 심리학에 대한 그들의 주장도 포함된다.

18. 이것은 도예베르트가 이론 구성에 대한 완전한 선험적 비판의 열쇠로 간주하는 기준이며, 칸트가 그것을 놓쳤다고 비판하는 그 기준이다. 이 기준이 칸트의 이론들에게 적용되면 그것들은 이론의 자격을 잃고 만다고 그는 주장한다. 도예베르트의 주장을 들어 보자.

> 처음부터 칸트는 인간 지식을 단 두 가지 기원에서 끌어왔다. 감성과 논리적 사고이다. … 그는 잉글랜드 경험론의 단계를 좇아서 경험 속의 '자료'는 순전히… 감각적 특성을 갖고 있다는 독단적 가정에서 출발한다.

> 여기에서… 태도 인식론은 지식에 대한 모든 비판의 주된 문제가 되는 것, 즉 인간 경험의 양상들의… 완전한 구성(systasis)으로부터 의식의 감각적 기능과 논리적 기능을 추상하는 것을 당연시했다. 이 추상화는 분리와 대립의 과정에 의해 이론적 사유 속에서만 이뤄지는 것이다.

> 인간 경험의 진정한 자료는 모든 이론적 [추상화]에 선행한다.

> 인식의 행위에서 이론적으로 분리된… 의식의 특정 기능들이 그 자료들이란 가정은 우주론적인 치명적 죄에 다름 아니다(*New Critique*, vol. 2, 431-32).

> 우리가 제기해야 할 원초적 질문은 이런 것이다. 우리는 경험의 진정한 자료로부터 무엇을 추상하는가? … 그리고 이 원초적 질문과 분리 불가능한 두 번째 질문은, [추상화된 양상들] 간의 반립은 어떻게 양상 상호간의 … 종합에 의해 조화될 수 있는가 하는 것이다(같은

책, 434).

자기 수행적인 정합성의 기준을 이런 식으로 위반하는 일은 칸트의 경우에 적용될 뿐만 아니라 서구 철학의 전형적인 문제이기도 하다는 것을 도예베르트가 보여 준다(참고. *New Critique*, vol. 1, 27-162, 297-405, vol. 2, 430ff, 특히 493-575를 보라). 이 논점은 이후의 장들에서 다시 거론될 것이다. 예컨대, 8장(특히 주2)에서는 경험의 자료를 어떻게 특징짓는가 하는 것이 원자론에 대한 경쟁적인 해석들 안에서 중요한 역할을 한다는 것을 보여 줄 것이다. 그리고 도예베르트의 비판 능력에 대한 완전한 설명은 10장에서 제공할 생각이다.

5장 이론과 종교: 몇 가지 대안

1. S. Kierkegaard, *Fear and Trembling and Sickness Unto Death*(Garden City, N.Y.: Doubleday, 1955), 48. 『죽음에 이르는 병』(한길사)

2. 같은 책, 218.

3. S. Kierkegaard, *The Concluding Unscientific Postscript, reprinted in Nineteenth Century Philosophy*, ed. P Gardiner(New York: Free Press, 1964), 306-7. 여러 키에르케고르 학자들은 이 인용문에 표명된 입장은 사실 우리를 오도하고 있고, 그의 진정한 입장은 나의 입장과 더 비슷하다고 나에게 일러 주었다. 하지만 내가 여기에 인용한 것과 같은 진술들은 확실히 내가 묘사한 대로 그의 입장을 가리키는 듯이 **보인다**는 것과, 그에 대한 이런 이해(또는 오해)가 오래도록 그의 지적 유산으로 간주되어 왔다는 사실은 그들도 시인했다. 실상이 이렇기 때문에 나는 이 인용문이 키에르케고르 자신의 의도를 정확히 반영하지 않을 수도 있다는 점을 인정하면서 그 입장의 한 가지 본보기로 그냥 둘 생각이다.

4. F. Schleiermacher, *On Religion: Speeches to Its Cultured Despisers*(New York: Harper & Brothers, 1958), 46. 『종교론』(대한기독교서회)

5. A. N. Whitehead, *Adventures of Ideas*(New York: Mentor Books, 1955), 165. 이것은 오랜 세월 서구사상을 지배해 온 견해이고, 다른 면에서는 이견(異 見)이 많은 사상가들이 공유해 온 것이다. 예를 들어, 칼 마르크스는 박사 논문(Berlin, 1841)에서 데이비드 흄의 견해에 찬성하면서

그를 다음과 같이 인용했다.

> 이것은 확실히 철학에 대한 일종의 모욕이다. 철학의 최고 권위는 모든 곳에서 인정되어야 하고, 모든 경우에 그녀의[종교의] 결론을 그 권위 앞에 해명해야 하고 그녀[종교] 스스로를 정당화하지 않으면 안 된다. … 이것은 자기 신하들에 대해 대역죄를 심문하는 왕을 상기시킨다.

곧바로 마르크스는 자신의 논평을 이렇게 덧붙인다. "인간의 의식은 최고의 신이다. 그것과 동등한 수준의 신은 존재하지 않는 것이 틀림없다"(from "Forward to Thesis: The Difference between the Natural Philosophy of Democritus and the Natural Philosophy of Epicureus," reprinted in *Marx and Engels on Religion*[Moscow: Foreign Language Publishing House], 14-15).

6. B. Russell, *Why I Am NOT a Christian*(New York: Simon & Schuster, 1957), 32-33. 『나는 왜 기독교인이 아닌가』(범우사)

7. Thomas Aquinas, *De Trinitate* exposition 2, 3.

8. 역사적 정확성을 기하기 위해, 스콜라주의 입장에 대한 저항을 살펴보면 그리스도인들보다 유대교와 무슬림 학자들 사이에 더 강한 흐름이 늘 있었다는 사실을 덧붙여야겠다. 이성과 종교적 믿음과 관련하여 일반적인 스콜라주의 입장을 채택한 많은 그리스도인 사상가들은 따라서 그들의 신학을 개발할 때 많은 그리스 철학의 개념들을 자유로이 원용했다. 그래서 예컨대, 하나님의 본성을 플라톤의 형상과 동등한 것으로 이해하기에 이르렀고, 인간 영혼의 개념을 성경 저자들의 사상에 부합시키기보다는 헬레니즘의 방식으로 정립했다. 이 주제는 10장에서 훨씬 길게 논의할 생각이다.

9. J. Calvin, *Commentary on the First Book of Moses*(Grand Rapids, Mich.: Eerdmans, 1948), vol. 1, 63.

6장 종교적 통제의 개념

1. James Barr의 글, "Literality", in *Faith and Philosophy* 6, no. 4(Oct. 1989): 412-28에 담긴 통찰력 있는 진술을 보라.

2. C. C. Gillespie, *Genesis and Geology*(New York: Harper & Brothers, 1959), 53에서 인용한 것.

3. Howard Van Till이 이 논점을 길게 개진했다. *The Fourth Day: What the Bible and the Heavens Are Telling Us about Creation*(Grand Rapids, Mich.: Eerdmans, 1986) and *Portraits of Creation: Biblical and Scientific Perspectives on the World's Formation*(Grand Rapids, Mich.: Eerdmans, 1990)을 보라.

4. 하나님의 섭리와 창조세계에서의 활동을 혼동하는 것은 다양한 사상가들에게서 볼 수 있다. 주목할 만한 한 가지 예는 Stephen Hawking의 *A Brief History of Time*(New York: Bantam Books, 1988), 174-75, 『시간의 역사』(청림)에 나온다. 이 책의 서문을 쓴 Carl Sagan도 그 잘못을 지지하고 있다.

5. 한 가지 예로 Gerald Schroeder's *Genesis and the Big Bang*(New York: Bantam Books, 1990)을 들 수 있다. 그런데 최근의 다른 저자들은 이보다 더 나가서 하나님의 존재를 증명하기 위해 과학적 증거를 이용하려고 애쓴다. 그들의 주장인즉, 우주의 다양한 특징들은 그런 것이 지적으로 설계된 것이란 결론에 도달하지 않을 수 없을 만큼 통계적인 개연성이 높지 않다는 것이다. 그런데 모든 유신론자들은 계시에 근거해 우주가 하나님의 계획에 의한 것임을 알고 있지만, 우주의 특징들 중 어느 하나의 통계적 비개연성이라도 결코 그것을 증명할 수는 없다. 그 이유는, 어떤 사건이 발생할 개연성이 아무리 작다 하더라도, 그 개연성이 우주에서 계획된 일의 계획되지 않은 일에 대한 비율보다 더 작다는 것이 밝혀질 경우에만 그런 결론을 낳을 수 있기 때문이다. 예컨대, 지적 설계와 상관없이 X가 발생할 확률이 1억분의 1임을 입증할 수 있다고 가정하자. 그 자체는 X가 설계되지 않았을 가능성보다 설계되었을 가능성이 더 높은지 여부에 대해 아무것도 말해 주지 않는다. **만일 우주에서 설계된 각 사물에 대해 1억 개의 설계되지 않은 사물보다 더 적은 숫자가 있다는 것을 우리가 이미 알지 못했다면** 그렇다는 말이다. 그러므로 이 논리가 성립하려면 우리는 사전에 우주에서 설계된 사물의 설계되지 않은 사물에 대한 비율에 접근할 수 있어야 하고 그것을 계획되지 않은 X의 발생 확률과 비교할 수 있어야 한다. 그런데 이 정보는 도무지 얻을 수 없

을 뿐 아니라 그것은 하나님이 세계를 설계했는지 여부를 이미 아는 것에 달려 있기도 하다! 만일 하나님이 설계했다면 설계되지 않은 사물은 하나도 없을 것이고, 만일 하나님이 설계하지 않았다면, 우주에서 (우리가 아는) 지적으로 설계된 것들은 인간들과 고등 동물들이 생산한 것들밖에 없을 것이다. 그런즉 이 논리는 일종의 생략 삼단 논법이고, 그 전제는 애초의 X의 개연성에서 끌어낸 모든 추론이 하나님에 대한 믿음과 관련된 논점을 교묘히 피하게 만든다. (John Venn's *The Logic of Chance*[New York: Chelsea Pub. Co., 1962]를 보라.)

6. 성경 자체가 성경의 영감이 그 자체의 진리성을 보증하는 것으로 우리가 어느 정도 기대할 수 있다고 진술하는 점을 주목할 필요가 있다. "모든 성경은 하나님의 감동[영감]으로 된 것으로 교훈과 책망과 바르게 함과 의로 교육하기에 유익하다"(딤후 3:16). 이는 내가 이제까지 성경의 "종교적 초점"으로 부른 것과 잘 들어맞는 것 같다. 이 진술을 그 문맥에 비추어 보면, 성경이 목회자에게 하나님의 언약의 선물인 "의"에 관한 참된 가르침을 제공한다고 말하고 있기 때문이다. 여기에는 영감 받은 성경의 권위가 성경이 하나님 및 우리와 하나님의 올바른 관계 등에 대해 가르치는 바를 넘어서는 주제에까지 연장되어 그런 가르침도 옳아야만 이 가르침도 옳을 수 있다는 암시는 조금도 없다.

7. N. H. Ridderbos, *Is There a Conflict between Genesis 1 and Natural Science?*(Grand Rapids, Mich.: Eerdmans, 1957). 또한 C. Vanderwaal, *Search the Scriptures*(St. Catherines, Ontario: Paideia Press, 1978), vol. 1, 53ff와 Meredith Kline and Lee Irons, "The Framework View," *in The Genesis Debate*, ed. D. Hagopian(Mission Viejo, California, Crux Press, 2001)를 보라. 나는 창세기에 대한 이 해석을 다음과 같은 글들에서 변호했다. "Genesis on the Origin of the Human Race," in *Perspectives on Science and Christian Faith*, 43, no. 1(March 1991): 2-13. "Is Theism Compatible with Evolution" in *Intelligent Design Creationism and Its Critics*, ed. Robert Pennock(Cambridge, Mass.: MIT Press, 2001), 513-36.

8. 헨리 모리스가 이 점을 너무도 잘 표현했다. "그러나 거기에는 여전히 지구의 나이 문제가 있었다. … 이것이 어느 곳에선가 해결될 수 있다면 그것은 반드시 성경 안에서라야 할 것이다. … 하나님이 그토록 중요한 문제를… 그의 말씀 안에 해결되지 않은 채로 내버려두었다는 것은 있을 수 없는 일로 보인다. … 하나님은 그의 말씀 안에 해답을 둔 것이 확실하다!" *The History of*

Modern Creationism (San Diego: Master Books, 1984), 96.

9. 인간 본성에 대한 이 견해는 여러 교부들과(Athanasius, *On the Incarnation* [Crestwood, N.Y.: St Vladimir's Seminary Press, 1953], 38) 칼뱅(*Institutes*, I, iii, 3)이 견지했기 때문에 새로운 것이 아니다. 이는 종교적이 되는 것은 **적어도** 인간이 되는 데 필요한 요건임을 의미하는 것으로 이해해야 한다. 천사들 역시 종교적 존재이지만 초인적인 존재들이다(시 8:5).

10. 여기에서 몇 가지 점을 덧붙일 필요가 있다. 첫째, 이 진술은 오래된 몇몇 해석들이 주장했듯이 여성됨의 기원을 남성됨에게 돌려야 한다는 것과는 전혀 관계가 없다. 둘째, 이것은 창세기를 나쁜 과학으로 비난한 창세기 비판가들의 많은 주장들뿐만 아니라 창세기가 좋은 과학을 담고 있다는 근본주의 주장도 거부한다. 예를 들어, 일부 사람은 창세기가 타락 이전에는 죽음, 잡초, 또는 출산 시의 고통 같은 것들이 없었다고 암시하는 것으로 잘못 해석한다. 사실은 그렇지 않다. 그 텍스트가 말하는 바는 종교적 보호 관찰을 받게 된 최초의 인간인 아담과 하와가 그런 것들에서 보호를 받는 특별한 "하나님의 동산"에 놓였다는 것이다. 일단 그들이 하나님께 불순종해서 특별히 보호받던 장소에서 쫓겨났을 때에는 인생의 온갖 우여곡절에 노출되었던 것이다. 이것이 그 텍스트의 관점이란 것은 창세기 3장 24절과 여호수아 5장 13-16절 및 민수기 14장 9절에 나오는 여호수아의 말을 비교하면 알 수 있다.

이제는 내가 인간 기원 이야기(의 일부)로서의 긴 생물학적 진화의 개념에 종교적 반론을 제기할 필요가 없다고 생각한다는 점이 분명해졌을 것이다. 이와 관련해 창세기 자체가 아담과 하와의 자식들이 알고 또 두려워했던 다른 인간들에 대해 은근히 언급하고 있다는 것을 주목할 만하다(창 4:14-16). 이 언급을 처음 읽는 사람은 거의 예외 없이 그 다른 사람들이 어디서 왔는지 의아해한다. 그런데 만일 진화 과정이 거의 동시에 인간에 가까운 존재들을 많이 생산했다면 이 문제는 답변이 가능할 것이다. 인간에 가까운 존재들이 아담과 하와의 출현 직후에 완전한 인간이 되었을 수 있고, 인과의 마지막 단계에서 하나님이 자신을 그들에게 알렸을 수도 있다. 나머지 인류와의 관계에서 아담과 하와의 머리됨은 따라서 생물학적이 아닌 **종교적인** 것으로 이해해야 한다. 그들은 하나님이 종교적 보호 관찰 아래 둔 자들인즉 모든 사람의 대표였다고 할 수 있다. 즉, 하나님의 명령과 약속과 관련하여 인류의 보편적 사례였다는 것이다.

나는 이 점이 오랜 신학적 전통(예컨대, 아우구스티누스가 지지한 것), 곧 아담과 하와를 다른 모든 인간의 생물학적 조상으로 주장하는 전통을 거스른다는 것을 안다. 그러나 나는 그 입장을 지지하는 성경적 근거를 찾을 수 없다. 그런 생각에 가장 가까운 것은 아담이 하와를 "산 자의 어머니"라고 부르는 구절이다. 그런데 이 말은 하와가 그녀의 후손 중 하나가 메시아일 것이라는 약속을 받는 문맥에 나온다. 따라서 아담의 진술은 단순히 생물학적 후손을 가리키기보다는 하나님과의 올바른 관계와 관련된 "생명"의 의미를 언급하는 것이다. 그러므로 아담이 인류의 **종교적** 머리라는 것을 모든 인간의 조상과 동일한 것으로 해석하는 것은 종교적인 취지에 비종교적인(생물학적인) 해석을 부여하는 (또 다른) 사례이다. 이것이 잘못이라는 것은 창세기보다 신약 성경에서 더 명백히 볼 수 있다. 신약 성경에서는 예수를 메시아라고, 따라서 "새 아담"이라고 말하는데, 예수가 인류의 머리됨은 오로지 종교적인 성격만 지니고 있다. 그는 어느 누구의 조상도 된 적이 없기 때문이다.

끝으로, 진화론에 대한 유신론적 반론의 대다수가 하나님의 섭리와 그분의 기적적인 행위를 혼동한 데서 비롯되었다는 것은 의미심장하다. 다윈이 『종의 기원』(London: John Murray, 1859)의 초판에서 다음과 같은 글을 쓴 것을 보면 이것이 핵심 사안이 될 것임을 알았던 것 같다.

> 내 생각에는 그것이 우리가 알고 있는, 물질에 각인된 창조주의 법들에 더 잘 부합한다고 본다. 내용인즉, 세계의 과거와 현재의 거주자들의 생산과 소멸은 개인의 출생과 죽음을 결정하는 것들과 같은 이차적인 원인들 때문이었을 것이라는 것이다. (p. 488)

이 진술은 선행 인류(pre-humans)의 출현에 이르는 물리적 및 생물학적 과정을 잘 묘사하는 것 같다. 단, 창세기의 초점인 완전한 인간의 출현에 필요한 마지막 단계는 여전히 빠뜨리고 있지만 말이다. 근본주의자들과 비(非)유신론적 진화론자들 간의 반목의 대다수는 제각기 자기가 선호하는 진실의 측면만 고집하는 것에 기인한다. 한편은 오로지 자연적인 과정만 있었다고 말하고, 다른 한편은 오직 하나님의 직접적인 행위만 있었다고 한다.

다윈이 결국 위의 인용문에 표현된 입장을 포기하고 종교적 불가지론자가 된 것은 잘못된 **신학**에 찬동했기 때문이었다. 그는 점차적으로 일어나는 것은 무엇이든 자연적이고, 자연에서 도무지 설명할 수 없는 도약들만 하나님에게 기인한다고 확신한 것이다. Howard Gruber, *Darwin on Man: a Psychological Study of Scientific Creativity* (Chicago: University of Chicago Press, 1981), 242.

11. 나는 이제까지 성경이 이론들의 내용을 공급하거나 확증함으로써 이론들을 지도한다는 근본주의 주장을 비판했지만, 아울러 이런 일이 **절대로** 일어나지 않는다는 뜻은 아님을 분명히 하려고 애썼다. 예컨대, 성경은 그동안 여러 이론들이 부인해 온 것들, 가령, 우주는 자존하지 않는다는 가르침과 인간 본성에 관한 명백한 가르침을 담고 있는 것이 확실하다. 그러나 내가 5장에서 말했듯이, 한 이론의 일부가 되어야 하거나 한 이론을 확증할 수 있는 계시된 진리들이 이따금 존재하는 것은 사실이지만, 하나님에 대한 믿음이 모든 진리와 모든 지식에 영향을 준다는 성경의 가르침 때문에 그런 것들이 종교적 믿음과 이론의 일반적인 관계의 모델이 되기에는 너무 드문 편이다.

12. 어떤 비판가들은 믿음을 가지려면 그 내용을 인식해야 하기 때문에 무의식적 믿음을 거론하는 것은 의미가 없다고 반론을 제기했다. 이것은 "믿음"의 성향적인 의미와 명시적 의미를 혼동하는 것이라고 나는 생각한다. 2장의 끝부분에서 나는 믿음은 어떤 사태를 사실 그런 것으로 또 그에 대한 진술을 참으로 간주하는 습득된 성향이라는 입장을 취했다. 이런 성향은 그 소유자가 의식하지 못하는 상태로 존재할 수 있다. 여기서 의식하지 못한다는 말은 어느 순간에 생각하지 못한다거나 의식적으로 설명한 적이 없다는 의미를 지니고 있다.

13. 전제에 관해서는 철학자들과 언어학자들의 유명한 토론이 많이 있지만 그들은 믿음의 조건 대신에 진리의 조건이란 의미에서 그것을 다루고 있기 때문에 여기에는 적실하지 않다. 예컨대 다음의 글들을 보라. B. Russell, "On Denoting," *Mind* 15(1905); P. Strawson, "On Referring," *Mind* 59, no. 235(July 1950), and "Identifying Reference and Truth Values," *Theoria*, vol. 20, pt. 2(1964); G. Lakoff, "Linguistics and Natural Logic," in *Semantics of Natural Language*, ed. D. Davidson and G. Harmon(Dordrecht: Riedel, 1972); J. Katz, *Semantic Theory*(New York: Harper & Row, 1972). 이런 글들에서 진리의 조건으로 사용하는 "전제"는 일상 언어에서 지니는 의미와 같지 않다. 그래서 다른 사상가들은 때로 그 일반적인 의미를 가리킬 때 다른 용어들을 사용하는 것이다. 예컨대, Isabel Hungerland는 "맥락적 함의"라는 단어를 제안했다("Contextual implication" in *Inquiry* 4[1960]: 211-58). Dierdre Wilson은 전문적인 의미를 "논리적 전제"라고, 일반적인 의미를 "논리외적 전제"라고 불렀다(*Presupposition and Non-Truth Conditional Semantics*[New York: Academic Press, 1975], 141ff.). 이제 내가 여기서 사용하는 "전제"의 의미는 일반적인 또는 "논리외적" 의미라는 점이 명백해졌을 것이다. 이런 의미를 지닌 "전제"의 정의를 좀 더 공식적으로 진술하면 다음과 같다.

믿음 X를 보유한 사람 P는 다음의 조건들을 충족할 경우 X와 관련하여 또 다른 믿음 Y를 전제하고 있다고 말할 수 있다.

1. X와 Y는 동일하지 않다.
2. P가 X를 믿으려면 X가 아닌 다른 근거로 Y를 믿어야 할 것이다.
3. P는 Y로부터 X를 연역하지 않는다.

물론 특정한 믿음에는 다수의 가능한 전제들이 있을 수 있고, 그것들은 굳이 상호일관성이 있을 필요가 없다. 이 정의의 두 번째 부분에 나오는 "당위성(믿어야)"은 논리적 측면을 갖고 있지만, 그것을 위반한다고 공식적인 모순으로 귀결되지 않는 만큼 논리적인 것에 한정되는 것은 아니다. Y가 X의 전제인 경우, 믿음으로 X를 주장하고 (믿음으로) Y를 주장하는 것은 자기 모순적인 믿음의 세트가 아니라 이른바 "자기 가정적인 비정합성"을 지닌 믿음의 세트에 해당한다. 이 관계는 좁은 의미의 논리적 관계가 아니라 넓은 의미의 인식론적 관계이다. Strawson은 비록 믿음의 조건이 아니라 진리의 조건으로서 전제를 논의하는 중에 이 점을 지적하긴 하지만, 이런 비정합성에는 논리적 규칙 이상의 것이 포함되어 있다고도 말했다. 그의 저서, *Introduction to Logical Theory*(London: Methuen, 1967), 175를 보라.

14. 흔히 믿음뿐 아니라 행동도 전제를 갖고 있다고들 말한다. 이것은, 엄밀히 말하면 정확하지 않은, 에둘러 하는 표현이다. 사람들이 전제를 갖고 있다는 말은 그들의 행동이 그들이 전제하는 것에 의해 **유발될** 수 있다는 뜻이다.

15. Nicholas Wolterstorff는 *Reason Within the Bounds of Religion*(Grand Rapids, Mich.: Eerdmans, 1976.『종교 한계 내에서의 이성』[성광출판사])에서 특정한 계시된 믿음들이 이론 구성을 규제하는 방식을 가리키는 말로 이 표현을 처음으로 사용했다. 이 책에서 월터스토프가 스콜라주의적 지향으로 보이는 것에서 출발하지만 그것을 내가 여기서 변호하는 방향으로 상당히 수정하고 있는 것이 무척 흥미롭다. 예를 들어, 그는 이론이 종교적 믿음과 일관성이 있어야 할 뿐 아니라 후자와 "어울려야" 한다고 말하고(72), 종교적 믿음이 행사하는 통제는 단지 외적인 체크포인트의 역할을 하기보다는 이론 구성의 과정에 "내적인" 기능을 발휘해야 한다(77)고 말한다. 그런데 그는 "어울린다"는 말을 분석하거나 정의하지 않고, 내적 통제를 외적 통제와 대비시켜 설명

하지도 않는다. 그러므로 나는 이어지는 장들에서 개진된 입장을 이 두 개념에 대한 해설로 제시하는 바이다.

7장 수학 이론

1. A. Whitehead, *Science and Philosophy* (Paterson, N. J.: Littlefield, Adams & Co., 1964), 103.

2. Quoted by E. Cassirer in *The Philosophy of the Enlightenment* (Boston: Beacon Press, 1961), 237.

3. Dooyeweerd, *New Critique*, vol. 1, 223-1.

4. *Collected Works of John Stuart Mill*, ed. J. Robson et al. (Toronto: University of Toronto Press, 1973), bk. 2, chaps. 5 and 6; and bk. 3, chap. 24.

5. B. Russell, *Principles of Mathematics* (New York: W. W. Norton, 1938), xi.

6. 같은 책, 119.

1+1은 어떤 [논리적] 유목 w의 숫자이며, 이는 두 유목(class)—u와 v—의 논리적 합계로서 이 둘은 공통된 용어는 없고 제각기 한 용어만 갖고 있다. 여기서 관찰할 주된 사항은 유목들의 논리적 추가가 근본적인 관념인 데 비해, 숫자의 산술적 추가는 완전히 후속적이라는 점이다.

예전의 러셀의 제안은 다음과 같이 표현할 수 있을 것이다.

$$(\exists u)(\exists v)(\exists w)(\{[(u \in w) \land (v \in w)] \land (u \neq v)\}$$
$$\land (\forall z)\{(z \in w) \rightarrow [(z=u) \lor (z=v)]\}).$$

이 공식에서 ∈라는 상징은 "의 멤버이다"라는 뜻인 만큼 "의 **한** 멤버이다"라는 뜻과 다르지 않기 때문에 여기에 양적인 의미가 포함되어 있지 않다는 러셀의 주장에 동의하기가 어렵다. 그뿐만 아니라, 존재 기호(existential quantifier)는 "최소한 한 x가 존재한다"는 뜻이다. 그런즉 이 공식의 기호들이 논리적 유목들만을 아우르고 있지만 이 공식의 의미에 의하여 양이 불가피하게 전제되어 있는 동시에 언급되어 있다.

7. B. Russell. "The Study of Mathematics," reprinted in *Mysticism and Logic* (Garden City, N.Y.: Doubleday Anchor Books), 65.

8. John Dewey, *Reconstruction in Philosophy* (Boston: Beacon Press, 1964), 156. 『철학의 재구성』(아카넷)

9. 같은 책, 149.

10. 같은 책, 137.

11. 정확성을 기하기 위해 생물학적 관점이 듀이의 실재론의 최종 단계는 아니란 점을 말해야겠다. 그것은 듀이가 생물학적 양상을 물리적 양상에 의존하는 것으로(또는 포함되어 있는 것으로) 보았기 때문이다. 그런즉 결국 그가 실재의 기본속성으로 여기는 것은 창조세계의 물리적(또는 물리-생명적) 양상이다.

12. Morris Kline, *Mathematical Thought from Ancient to Modern Times* (New York: Oxford University Press, 1972), 32. 『수학사상사』(경문사)

13. 같은 책, 115.

14. Morris Kline, *Mathematics, The Loss of Certainty* (New York: Oxford University Press, 1980), 236. 『수학의 확실성』(사이언스북스)

15. 같은 책, 237.

16. 같은 책, 233.

17. 같은 책, 6.

18. 또 언급해야 할 점이 있다. 많은 직관주의자는 수학이 경험의 다른 양상들로부터 독립된 독자성을 갖고 있다고 선언하면서도 수학의 진리는 인간의 생각에 달려 있다고도 주장한다. 이는 수학의 진리가 자존하는 어떤 것을 반영하는 동시에 의존적이라고 말하는 듯이 보이기 때문에 아리송하다. 이 갈등을 해소하는 한 가지 방법은 Kronecker와 함께 "하나님이 자연수를 창조했지만 나머지는 모두 사람의 업적이다"라고 말하는 것이리라. 그런데 Karl Popper는 Brouwer의 직관주의에 대해 논평하면서 비일관성을 피하기 위해 또 다른 해석을 제안했다. 그는 Brouwer의 이론이

그 자신(포퍼)이 "제3의 세계"라고 부르는 것, 곧 (적어도) 수학적 존재자와 언어적 존재자를 포함하는 그런 세계를 요구하는 것으로 이해한다. 플라톤과 같이 포퍼 역시 이 세계를 자존하는("존재론적으로 자율적인") 것으로 여긴다. 그러나 플라톤과는 달리, 그것이 현실화되려면 인간의 사유를 필요로 하는 **가능성**의 영역으로 본다. 그러므로 제3의 세계는 어떤 의미에서는 신적인 것이지만 또 다른 의미에서는 인간의 사유에 달려 있다고 할 수 있다. 따라서 포퍼의 입장은 이교적인 믿음을 반영하는 셈이다. 그의 책, *Objective Knowledge*(Oxford: Clarendon Press, 1972), 특히 128-90을 보라. 『객관적 지식』(철학과 현실사)

19. 2장의 주 32에서 인용한 밀의 글을 보라.

20. 예를 들어, W. V. O. Quine와 Nelson Goodman은 빈사들(predicates)이 실제로 존재하는 보편자들을 상징하는 것으로 취급하는 일을 피하기 위해 공식적인 개별자 계산법을 개발했다. *The Structure of Appearance*(Indianapolis: Bobbs, Merrill, 1966)의 2장(33ff)도 보라.

21. 하나님에 대한 믿음이 수학 이론들에 미치는 비환원주의적 영향에 대해 더 알고 싶으면 Dooyeweerd's *New Critique*, vol. 2, 55-93을 보라. 이 견해는 다음과 같은 사상가들에 의해 더욱 발전되었다.

D. H. T. Vollenhoven. *De Wijsbegeerte der Wiskunde van Teistische Standpunt* (Amsterdam: Wed G. Van Soest, 1918).

_____. *De Noodzakeljkhbeid eener Christelyjke Logica*(Amsterdam: H. J. Paris, 1932).

_____. "Problemen en Richtingen in de Wijsbegeerte der Wiskunde," *Philosophia Reformata* 1(1936).

_____. "Hoofdlijnen der Logica," *Philosophia Reformata* 13(1948).

D. Strauss. "Number Concept and Number Idea," *Philosophia Reformata* 35, no. 3(1970) and 35, no. 4(1971).

A. Tol. "Counting, Number Concept and Numerosity," in *Hearing and Doing: Philosophical Essays Dedicated to Evan Runner*, ed. J. Kraay(Toronto: Wedge, 1979).

D. Strauss. "Infinity," in *Basic Concepts in Philosophy*, ed. Z. Van Straaten(Oxford: Oxford University Press, 1981).

_____. "Are the Natural Sciences Free from Philosophical Presuppositions?" *Philosophia Reformata* 46, no. 1(1981).

_____. "Dooyeweerd and Modem Mathematics," *Reformational Forum*, no. 2, 1983, 40-55.

_____. "The Nature of Mathematics and Its Supposed Arithmetization," *Proceedings of the Ninth National Congress on Mathematics Education*, 1988, 10-31(Mathematical Association of South Africa).

_____. "The Uniqueness of Number and Space and the Relation between Realism and Nominalism," *Journal for Christian Scholarship*, 1ste & 2de kwartaal, 1990, 104-25.

_____. "A Historical Analysis of the Role of Beliefs in the Three Foundational Crises in Mathematics," in *Facets of Faith and Science*, ed. J. vander Meer(Lanham, Md.: University Press of America, 1997), vol. 2, 217-30.

_____. "Primitive Meaning in Mathematics: The Interaction between Commitment, Theoretical Worldview, and Axiomatic Set Theory," 같은 책, vol. 2, 231-56.

_____. "Reductionism in Mathematics," *Journal for Christian Scholarship*, Jaargang 37, 1ste & 2de kwartaal, 2001, 71-88.

_____. *Paradigms in Mathematics, Physics, and Biology*(Bloemfontein: Teksor, 2001).

_____. "Frege's Attack on 'Abstraction' and His Defense of the 'Applicability' of Arithmetic as Part of Logic," *South African Journal of Philosophy* 22(1), 2003, 63-80.

_____. "Is a Christian Mathematics Possible?" *Journal for Christian Scholarship*, 3de & 4de kwartaal, 2003, 31-49.

8장 물리학 이론

1. 이 정의는 부분적으로 James Cornman, *Materialism and Sensation*(New Haven and London: Yale University Press, 1971), 11-12에서 끌어온 것이다. 어떤 속성의 능동성 vs 수동성의 구별에 대해서는 11장에서 설명할 예정이다.

2. A. Aliotta가 이 점을 잘 표현했다.

> [마하가] 기계론의 폐허 위에 새로운 세계상(世界像)을 건설하고 물질적 원자를 감각의 요소로 대체하려고 노력할 때, 그는 기계적인 것을 감각적 신화로 대치할 뿐이다. 원자는… 하나의 추상적 개념이었다. 그러면 다른 어떤 것이 감각적 요소인가?(*The Idealistic Reaction Against Science*[London: McCaskill, 1914], 65)

이것은 도예베르트의 비판이 주목한 점이고, 내가 자기 수행적인 정합성의 기준이라고 부른 것이기도 하다. 여기서는 Aliotta가 그 비판을 유물론과 현상론에 적용하지만 4장의 주 18에서는 그것을 칸트의 이론에 적용했다. 이 점이 중요한 이유는, 이 장에서 대조되는 견해들 각각은 경험 자료의 특성에 대한 서로 다른 관념들에서 나오는 다른 것들과 차이점이 있기 때문이고, 이런 관념들 각각은 독단적이라서 자기 수행적인 정합성의 기준을 위반하기 때문이다. 게다가, 각 경우에 그 독단주의는 자존하는 것, 곧 신적인 것에 대한 **종교적** 신념에서 나오는 것이 명백하다. 10장에서 자기 수행적인 정합성의 기준을 더 자세히 설명해서 경험 자료의 모든 환원적인 특성화가 원칙적으로 왜 정당화될 수 없는지 그 이유를 보여 줄 생각이다.

3. From Mach's *The Analysis of Sensations*, in J. Blackmore's *Ernst Mach*(Berkeley: University of California Press, 1972), 322.
4. From Mach's *Conservation of Energy*, 같은 책, 86.
5. 같은 책.
6. Blackmore, *Ernst Mach*, 174-75.
7. E. Mach, *Knowledge and Error*(Dordrecht: Reidel, 1976), 354, 358.
8. A. Einstein, *Ideas and Opinions*(New York: Bonanza Books, 1954), 290-91.
9. 같은 책, 22.
10. 같은 책, 23.
11. *Descartes' Selections*, ed. R. Eaton(New York: Scribners, 1953), 178.
12. Einstein, *Ideas and Opinions*, 295.
13. W. Heisenberg, *Physics and Philosophy*, 70.『하이젠베르크의 물리학과 철학』(온누리)

14. 같은 책, 71-72.

15. 같은 책, 74-75.

16. 같은 책, 52.

17. 같은 책, 145. 여기서 나의 취지는 하이젠베르크의 견해보다 아인슈타인의 견해를 우위에 두거나 코펜하겐 양자 물리학의 다른 견해들을 배척하려는 게 아님을 유념해야 한다. 또한 모종의 뉴턴의 역학을 변호하려는 것은 더더욱 아니다. 오히려 아인슈타인과 하이젠베르크 모두 환원주의적인 실재론, 환원주의적인 원자론을 취하고 있음을 지적하려는 것이다. 양자 모두 증거에 따른 많은 결론에 도달하고는 있지만, 그들의 논증은 그런 결론들에 대해 환원주의적인 **이유들**을 제시하기 때문에 왜곡된 요소들도 내포하고 있다.

18. Philip Morrison, "The Neutrino," *Scientific American* (Jan. 1956): 61.

19. R. Gale's *Theory of Science* (New York: McGraw Hill, 1979), 278ff., and A. McDonald, J. Klein, and D. Wark, "Solving the Solar Neutrino Problem," *Scientific American* (April 2003): 40-49를 보라.

20. Mach, *The Analysis of Sensations*, in Blackmore's *Ernst Mach*, 327 n. 14.

21. Einstein, 같은 책, p. 11.

22. 불확정 관계에 대한 하이젠베르크의 해석이 지닌 합리주의적 기반에 대해 더 자세하게 다룬 것을 보려면 나의 다음 글을 참고하라. "A Critique of Descartes and Heisenberg," *Philosophia Reformata* (45e Jaargang 1980- N. R. 2): 157-77.

23. Heisenberg, *Physics and Philosophy*, 92, 144-46.

24. 같은 책, 72-73.

25. 하나님에 대한 믿음이 어떻게 수, 공간, 물질에 대한 비환원주의적 견해로 귀결되는지를 더 알고 싶으면 Dooyeweerd, *New Critique*, csp. vol. 2, 93-106을 보라. 이 견해는 다음과 같은 사상가들에 의해 더욱 발전되었다.

M. D. Stafleu. "Analysis of Time in Modern Physics," *Philosophia Reformata* 35(1970).

____. "Metric and Measurement in Physics," *Philosophia Reformata* 37(1972).

____. "The Mathematical and Technical Opening Up of a Field of Science," *Philosophia*

Reformata 43(1978).

_____. *Time and Again: A Systematic Analysis of the Foundations of Physics*(Toronto: Wedge, 1980).

_____. "Theories as Logically Qualified Artifacts," *Philosophia Reformata* 46, 47(1981, 1982).

_____. "The Kind of Motion We Call Heat," Tydscrif vir Christelike Wetenscap, 1984.

_____. *Theories at Work*(Lanham, Md.: University Press of America, 1987).

_____. "Criteria for a Law Sphere," *Philosophia Reformata* 53(1988).

_____. "The Cosmochronological Idea in Natural Science," in *Christian Philosophy at the Close of the Twentieth Century*, ed. S. Griffoen and B. Balk(Kampen: Kok, 1995).

D. Strauss. "The Significance of Dooyeweerd's Philosophy for the Modern Natural Sciences," 같은 책, 127-38.

R. Clouser. "A Brief Sketch of Dooyeweerd's Philosophy of Science," in *Facets of Faith and Science*, ed. J. van der Meer(Lanham, Md.: University Press of America, 1996), vol. 2, 81-99.

M. D. Stafleu. "The Idea of Natural Law," *Philosophia Reformata* 64(1999).

D. Strauss. "Kant and Modern Physics," *South African Journal of Philosophy* 19, no. 1 (2000), 26-40.

_____. *Paradigms in Mathematics, Physics, and Biology*(Bloemfontein: Teksor, 2001).

M. D. Stafleu. "Evolution, History, and the Individual Character of a Person," *Philosophia Reformata* 67(2002).

9장 심리학 이론

1. R. Isaacson, M. Hutt, and H. Blum, *Psychology: The Science of Behavior*(New York: Harper & Row, 1965), 6.

2. 같은 책, 7.

3. Jean Piaget, *Main Trends in Psychology* (New York: Harper Torchbook, 1973). 이 지점에서 도예베르트가 자신이 수용하는 양상들의 목록을 폭넓게 변호하지만 나는 여기서 그 모든 것을 반복할 수 없어서 그 목록을 잠정적으로만 이용할 뿐이라고 말했음을 상기시키고 싶다. 피아제는 다른 많은 사상가들처럼 동일한 목록 또는 그와 아주 비슷한 것을 수용하는 듯이 보인다. 그러나 반복하건대, 피아제의 환원주의 이론에 대한 비판과 도예베르트의 비판에 대한 나의 해설 모두 이 목록의 정확성에 의존하지는 않는다. 그 이유는 10장의 주 4에 설명되어 있다.

4. 같은 책, 36.

5. J. Watson, *Behaviorism* (New York: W. W. Norton, 1925), 5.

6. 같은 책, 6.

7. E. M. Thorndike, *The Elements of Psychology* (New York: A. G. Seiler, 1913), 2.

8. B. F. Skinner, *Science and Human Behavior* (New York: New York Free Press, 1965), 66.

9. 같은 책, 62.

10. B. F. Skinner, *Contingencies of Reinforcement-Theoretical Analysis* (Englewood Cliffs, N. J.: Appleton-Century-Crofts, 1969), 7.

11. "의식이란 것이 존재하고 우리가 반성으로 그것을 분석할 수 있다는 이 중요한 가정의 결과로… 실험적으로 심리적 문제들을 공격하고 해결할 수 있는 길과 방법들을 표준화할 수 있는 길은 없다"(Watson, *Behaviorism*, 6).

12. "'그는 목이 마르기 때문에 마신다'는 말을 듣는 것은 어느 정도 도움이 되는가? 만일 목이 마르다는 것이 마시고 싶은 성향을 갖고 있음을 의미한다면, 이것은 쓸데없는 반복에 불과하다. 만일 그것이 목마른 상태 때문에 그가 마신다는 의미라면, 내적인 원인이 제기된 셈이다. 만일 이 상태가 순전히 추론에 의한 것이라면 ― 만일 그것에 직접 관찰을 가능케 하는 차원이 전혀 부여되지 않는다면 ― 그것은 설명의 역할을 할 수 없다. 비록 그것이 심적인 속성들을 갖고 있더라도 행동과학에서 무슨 역할을 할 수 있겠는가?"(Skinner, *Science and Human Behavior*, 33)

13. "Skinner's Utopia: Panacea or Path to Hell?" *Time*, Sept. 20, 1971, 52.

14. Piaget, *Main Trends in Psychology*, 37.

15. Richard Lewontin은 솔직히 이 점을 시인했다. "과학의 방법과 기관들이 세계에 대한 물질적

설명을 받아들이도록 우리를 강요하는 것은 아니지만, 그와 반대로 조사 기구와 물질적 설명을 생산하는 일련의 개념들을 창조하려는, 물질적 원인들에 대한 우리의 **사전의** 집착에 의해 우리가 강요받는 것이다. 그것이 아무리 반직관적이고, 풋내기에게 아무리 신비롭게 보일지 몰라도 그렇다. 게다가, 우리는 신의 발이 문지방에 들어오는 것을 허용할 수 없으므로 유물론은 절대적이다. … 전능한 신에게 호소하는 것은 어느 순간에든 자연의 규칙성이 단절되고 기적이 일어날 수 있음을 허용하는 것이다(*New York Review of Books*, Jan. 7, 1997, 31).

16. Alfred Adler, *Cooperation between the Sexes: Writings on Women, Love, Marriage, Sexuality and Its Disorders*, ed. H. Ansbacher and R. Ansbacher(New York: Doubleday, 1978), 305.

17. 같은 책, 307.

18. *The Individual Psychology of Alfred Adler*, ed. H. Ansbacher and R. Ansbacher(New York: Basic Books, 1956), 207.

19. Adler, *Cooperation between the Sexes*, 305.

20. Alfred Adler, *Understanding Human Nature*(London: George Allen & Unwin, 1974), 47-48.『아들러의 인간이해』(을유문화사)

21. Adler, *Cooperation between the Sexes*, 176.

22. Alfred Adler, *The Practice and Theory of Individual Psychology*(London: Routledge & Keagan Paul, 1964), 7-8.

23. Adler, *Cooperation between the Sexes*, 281.

24. Adler, *Understanding Human Nature*, 27-28.

25. 같은 책, 31.

26. 같은 책, 26-27.

27. 같은 책, 32.

28. Alfred Adler, *Superiority and Social Interest*, ed. H. Ansbacher and R. Ansbacher(Evanston, Ill.: Northwestern University Press, 1964), 288.

29. 같은 책, 295.

30. Adler, *Cooperation between the Sexes*, 3-4.

31. 같은 책, 136-37.

32. 같은 책, 135.

33. 같은 책, 270.

34. 같은 책, 256.

35. 같은 책, 270.

36. 같은 책.

37. Adler, *Understanding Human Nature*, 80-81.

38. E. Fromm, *The Crisis of Psychoanalysis*(New York: Holt, Rinehart, Winston, 1970), 47.

39. 같은 책, 48.

40. 같은 책, 52.

41. 같은 책, 117.

42. 같은 책, 119.

43. 같은 책, 121-23.

44. 같은 책, 121.

45. 같은 책.

46. D. Hausdorff, *Eric Fromm*(New York: Twayne, 1972), 48.

47. 같은 책, 90.

48. 같은 책.

49. E. Fromm, *The Heart of Man*(New York: Harper & Row, 1964), 117. 『인간의 마음』(문예출판사)

50. 같은 책, 117-23.

51. E. Fromm, *The Art of Loving*(New York: Harper & Row, 1956), 61ff. 『사랑의 기술』(문예출판사)

52. 프롬은 이와 같은 그의 사상의 중요한 전환점을 변호하는 가운데 마땅히 배격할 서양의 논리 법칙들은 짧게 얘기할 뿐이고, 서로 모순되지만 양자 모두 옳은 진술들의 실례를 여럿 들고 있다. 그러나 프롬의 입장은 설득력이 없다고 말하는 게 좋겠다. 첫째, 그는 논리의 법칙을 잘못 진술하

고 있고, 이어서 그의 실례들 중의 어느 것도 상호모순적인 신념들이 아닌 것으로 판명된다. 예컨대, "중력이 가벼움의 뿌리다"(*The Art of Loving*, 63)라는 도교의 속담과 같은 것이다. 이 경우와 마찬가지로 다른 실례들에서도 프롬은 역설적인 또는 이례적인 용어들이나 특질들의 배합을 논리적 모순으로 착각한다.

53. Fromm, *The Art of Loving*, 64.

54. 프롬의 사상에는 그의 유대교 유산에서 끌어온 성경적인 요소들이 많이 있음에도 불구하고—특히 사랑을 개인과 사회 양자의 규범으로 보는 관념—이것이 여전히 사실이다. 참고. Rabbi Jakob Petchowshi's review of *The Art of Loving*, "Eric Fromm's Midrash on Love," *Commentary* 22(Dec. 1956): 549.

55. Fromm, *The Art of Loving*, 62.

56. Solomon Asch, *Psychology: A Study of a Science*, ed. S. Koch(New York: McGraw Hill, 1959), vol. 3, 367.

57. J. A. Brown, *Freud and the Post-Freudians*(Baltimore: Penguin, 1961), 15.

58. 이 논점을 개진하는 고전적 진술은 칼뱅의 『기독교 강요』(I, I, 1-2)의 첫 대목에 나온다.

> 우리의 지혜가 참되고 건실한 지혜로 간주되는 한 거의 전부가 두 가지 부분으로 구성되어 있다. 바로 하나님에 대한 지식과 우리 자신에 대한 지식이다. … 다른 한편, 사람은 먼저 하나님의 얼굴을 깊이 생각하기까지는 진정한 자기지식에 이를 수 없는 것이 자명하다.

59. 예를 들어 다음의 자료를 참고하라. Oscar Cullman, *Immortality of the Soul or Resurrection of the Dead?*(New York: MacMillan, 1958); 또한 John Cooper, *Body; Soul and Life Everlasting*(Grand Rapids, Mich.: Eerdmans, 1989).

60. 아우구스티누스는 "영혼"이란 단어의 성경적 용법이 보통은 "몸의 생명"과 동일시하는 것이고 피타고라스와 플라톤을 비롯한 그리스 철학자들의 경우처럼 독립된 이성적 실체를 의미하지 않는다는 것을 알고 있었다(*Retractiones* 1, xiii). 내가 보기에, 성경은 놀랄 정도로 일관성 있게(예외가 없는 건 아니지만) "마음(heart)"이란 단어를 자아의 중심적 통일성을 지칭하는 데 사용하고, "영(spirit)"이란 단어를 대체로 한 사람의 다양성(기능, 재능, 기질 등의)을 언급하는 데 사용하는

것 같다. 아우구스티누스가 말한 것처럼, "영혼"은 보통 한 사람을 몸을 가진 살아 있는 존재로 지칭할 때 사용된다. 그런데 이 입장이 전통적 이원론은 배격하지만 인간 본성의 개념 속에 있는 모든 이원성을 제거하는 것은 아님을 덧붙여야겠다. 왜냐하면 인간에게는 죽을 때 파괴되는 부분이 있고, 죽음 이후에도 그 사람의 정체성으로 계속 존속하다가 장차 하나님의 최후의 왕국에서 몸을 가진 완전한 존재로 부활할 때 회복될 마음도 있어서, 이 둘이 서로 구별될 필요가 있기 때문이다.

61. 이는 또한 믿음이 "지적인 동의" 이상의 것임을 의미한다. 믿음은 마음속에 뿌리를 두고 있기 때문에 단지 논리적 이성의 문제에 불과한 게 아니라 전인의 (성향적인) 상태이다. 예컨대, 믿음이 되려면, 어떤 논리적 개념이나 관념 역시 그것과 관련된 것에 부합한 것으로 신뢰될 수 있어야 한다. 그래서 믿음은 신앙적 양상을 특징으로 삼는 것이다. 믿음은 신뢰할 만하면 참이고, 그것이 참이면 신뢰할 만하다. 모든 양상이 완전한 의미에서 믿음을 형성하도록 수렴되는 것은 마음의 통일성 안에서 일어나는 일이다.

62. G. Allport, *The Person in Psychology* (Boston: Beacon Press, 1968), 13-14.

63. Dooyeweerd, *New Critique*, vol. 1, v.

64. Dooyeweerd, *In the Twilight of Western Thought* (Philadelphia: Presbyterian & Reformed, 1960), 179-80. 『서양사상의 황혼에서』(크리스천다이제스트)

10장 새로운 출발의 필요성

1. 이어지는 내용의 강조점은 종교적 믿음이 모든 **지식**에 미치는 보편적인 영향이 아니라 모든 **이론**에 미치는 영향에만 두어질 것이다. 그러나 이론에서 설명 전략으로서의 환원에 대한 비판은 확실히 보편적으로 적용될 수 있다. 모든 사설들은 물론이고 모든 개념 하나하나는, 적어도 암시적으로나마, 환원주의적이거나 그렇지 않거나 둘 중에 하나이기 때문이다.

2. 앞으로 개진될 것은 비환원주의 실재론이긴 하지만, 내 주장은 하나님(과 다른 성경의 가르침들)에 대한 믿음이 독특한 인식론을 개발하는 일에도 사용될 수 있다는 것이다. 그리고 이 이론은 모든 분야의 이론에 영향을 줄 수 있다. 내가 앞에서 언급했듯이, 나의 책 *Knowing with the Heart*에서 이 인식론 프로그램의 몇 가지 결과를 상세히 다루었다.

3. 성경의 계시가 삶의 전 영역에 대한 해석에 그런 독특한 관점을 제공할 수 있고 또 제공해야 한

다는 생각은 대중적이진 않지만 새로운 것은 아니다. 장 칼뱅은 16세기 당시의 지배적인 스콜라주의에 대항하여 그런 생각을 품었고, 이는 훗날 아브라함 카이퍼(1837-1920)의 저술에서 되살아났다. 이 통찰력을 이론에 직접 적용한 인물은 카이퍼였다.

> 특히 우리의 주관심사가 되는 삶의 영역에서 우리가 형성한 대표적인 사상은 우리 의식의 내용 전체, 즉 우리의 종교적 견해들에 막대한 지배력을 행사한다. … 그렇다면 우리는 실수를 하는 셈이다. … 그것이 어떻게 우리의 모든 과학적 연구에 파괴적인 영향을 미치지 않을 수 있겠는가?(*Encyclopedia of Sacred Theology*[New York: Scribners Sons, 1898], 109-10)

이것은 과학이론뿐 아니라 철학이론도 의미한다.

> 따라서 이와 동시에 우주 전체에 대한 지식… 철학도… 똑같이 죄[그릇된 종교적 믿음이란 의미에서]에 의해 무너질 수밖에 없는 것이다(같은 책, 113).

카이퍼는 그 이유를 다음과 같이 말한다. 그런 지식은

> 만물의 기원과 목적에 관한 의문들… 절대적인[비의존적인] 존재에 관한 의문들을 반드시 포함하는 여러 의문들에 대한 응답으로 생기는 것이기 때문이라고(같은 책, 113).

이런 이유로 성경적 신앙은 초자연에 대한 진리를 제공하는 것으로 국한될 수 없는 것이다.

> 성경은 믿음으로 의롭게 되는 것을 발견하게 할 뿐만 아니라… 모든 인간 존재를 지배해야 할… 모든 인생의 토대를 밝히기도 한다. (*Lectures on Calvinism*[Grand Rapid, Mich.: Eerdmans, 1976], vi. 이는 프린스턴 신학교에서 행한 1898년도 스톤 강좌였다.)

이 입장은 가장 많이 인용되는, 다음과 같은 그의 명언에 반영되어 있다.

인간 존재의 전 영역에서 그리스도께서 '내 것!'이라고 말하지 않는 곳은 단 한 평도 없다 (*Souvereintiteit in Eigen Kring*[Amsterdam: J. H. Kruyt, 1880], 5).

이 전통을 한층 발전시킨 인물이 헤르만 도예베르트(1894-1977)인데, 그의 이론은 다음 세 장에 개관되어 있다. Arthur Holmes는 도예베르트의 접근을 다음과 같이 요약했다.

(존 칼뱅을 필두로 한 프로테스탄트 전통에 속한) 개혁신학은 토마스주의의 자연과 은혜 교리에 만족하지 못하여 인간 본성의 모든 작용을 다스리는 하나님의 주권과 이와 똑같이 만연된 죄의 영향을 강조한다. 이 견해에 따르면, 자연적 이성의 문제는 인간의 유한성뿐만 아니라—그만큼 심각한—인간의 죄이기도 하다. 철학적 이성의 자율성을 주장하는 것은 죄이고… 이 죄는 철학적 지식을 곡해한다. 따라서 도예베르트는 주권적인 하나님에게 순종하는 중생한 마음에서 나오는 기독교 철학과 다른 모든 철학들 사이에 날카로운 선을 긋는다 ("Christian Philosophy," *Encyclopedia Britannica*, 1974 edition, vol.4, 555-56).

4. 곧 제시할 이론 구성에 대한 비판이 나의 양상 목록에만 적용되는 것이 아닌 이유는 다음과 같다. 일단 기본적인 종류의 속성과 법칙의 지위를 지향하는 후보가 한 사상가의 양상 목록에 포함되기 위해 다른 모든 것들과 (논리적으로) 충분한 차별성이 있는 것으로 간주된다면, 따라서 그것은 내가 사용하려고 하는 어느 속성과 법칙이든 내가 활용하는 목록으로 환원되지 못하도록 동일한 장애물을 불러오기 때문에 차별성이 있는 셈이다. 그래서 정확한 목록에 대해서는 의견이 분분할 수 있지만, 일단 어느 목록의 양상들이 그 본질상 서로 충분히 다른 것으로 구별되어 그 목록에 포함되면 환상적인 것으로 치부될 수도 없고 다른 어떤 것에 의해 유발된 것으로 주장될 수도 없다. 그것이 환원되기 어렵게 하는 것은 추정적 양상의 질적인 차이다. 내제로 그 이유는 (1)배제적 환원의 경우, 두 양상을 서로 구별할 수 있을 만큼 충분한 질적 차이가 존재한다면 양자를 동일시하는 것은 참일 수 없기 때문이고, (2)인과적 환원의 경우에는 양자를 별개의 양상들로 간주할 만큼 충분한 질적 차이가 존재한다면, 그들 사이에 인과관계의 개념이 들어설 여지가 없기 때문이다.
5. 이런 여러 의미의 "환원"에 대해 충분히 묘사해 보자.

A. 강한 환원

(1) **의미 교체**. 실재의 본질은 오로지 X 양상의 것이므로 모든 것은 오직 X 종류의 속성들만 갖고 있고 오직 X 종류의 법칙들의 지배만 받는다. 이 견해를 변호하는 방법은, 비(非)X의 의미를 가진 것으로 추정되는 모든 용어들은 의미의 상실 없이 X 용어들로 교체될 수 있지만, 모든 X 용어들이 다 비(非)X의 의미를 가진 용어들로 교체될 수는 없다고 주장하는 것이다. (Berkeley, Hume, Ayer가 현상론을 변호하려고 이 전략을 사용했다.)

(2) **사실적 동일성**. 실재의 본질은 오로지 X 양상의 것이므로 모든 것은 오직 X 종류의 속성들만 갖고 있고 오직 X 종류의 법칙들의 지배만 받는다. 이 견해를 변호하는 방법은, 비(非)X 용어들의 의미는 X 용어들의 의미로 환원될 수는 없지만, 그것들에 대한 언급은 오로지 X 사물들만을 가리키는 것일 수 있다. 실재의 본질에 외재적으로 그리고 내재적으로 부합하는 종류의 용어들을 선택하는 것은 그것들의 설명적 우월성에 근거한다고 주장한다. 이 논증은 그 무엇을 설명하든지 간에 유일한 또는 최상의 설명은 언제나 그 본래의 용어와 법칙이 X 종류임을 입증하려고 애쓴다. (J. J. C. Smart가 이런 식으로 유물론을 변호했다.)

B. 약한 환원

(1) **인과적 의존관계**. 실재의 본질은 기본적으로 X 양상(또는 X와 Y 양상)의 것이다. 다른 종류의 속성들과 법칙들을 그 본연의 상태로 만드는 것은 사물의 X적 본성이다. 그런즉 다른 양상들도 실재하고 또 과학적 탐구의 적당한 대상이 될 수 있지만, 비(非)X 양상들과 X 양상 사이에는 일방적인 인과적 의존관계가 존재한다. 비(非)X 양상들은 X가 없이는 존재할 수 없어도 X는 다른 것들이 없이도 존재할 수 있다. (아리스토텔레스와 데카르트는 특정한 양상들이 "실체"의 본질이고 다른 모든 양상들은 비본질적이고 부차적인 것이라는 이론을 변호했다.)

(2) **부수 현상설**(Epiphenomenalism). 이 견해는 비(非)X 양상들을 훨씬 덜 실재적인 것으로 여기는 것 말고는 인과적 의존관계와 아주 비슷하다. 그런 양상들이 존재하기는 하지만 그 자체의 법칙들도 갖고 있지 않고 과학적 탐구의 적당한 대상도 아니다. 그러므로 모든 진정한 설명은 오로지 X 속성과 법칙들의 견지에서 제시되어야 한다. (헉슬리와 스키너는 의식의 상태는 신체적 작용이나 행위의 부수 현상이라고 주장했다.)

이런 전략들은 동일한 이론 내에서 여러 방식으로 조합될 수 있다. 예컨대, 한 사상가는 어떤 양상들은 의미 동일성 때문에 배제되어야 하고, 또 어떤 양상들은 사실적 동일성 때문에 배제되어야 한다고, 이와 동시에 또 다른 양상들은 인과적으로 의존하거나 부수 현상이라고 주장할 수 있다.

여기에 묘사된 주장들은 철학에서 사용되는 "환원"이란 용어의 유일한 의미는 아니지만, 여기에서 철학적으로 또 종교적으로 반대할 만한 것으로 배척되고 있다. 아울러 일부 철학자들은 "수반(隨伴, supervenience)"이란 용어를, 위에서 정의한 어떤 의미로도 특정 종류의 양상들 상호간의 환원을 믿지 않으면서 그것들의 출현 순서를 지칭하는 것으로 사용했다는 점도 주목할 필요가 있다. 이 용법은 굳이 반대할 필요가 없고, 사실은 도예베르트가 그의 실재론에서 환원에 대한 대안으로 제안한 입장과 가까운 편이다. 하지만 수반현상은 결코 일회적 사건이 아니라 지속적 패턴으로 간주된다는 점을 주목해야 한다. 따라서 수반되는 속성들이 왜 계속해서 현재의 방식으로 잇달아 일어나는가 하는 문제는 여전히 해결되지 않는다. 이 문제에 대한 답변은 환원주의 이론을 갖고 있든지 도예베르트의 비환원주의 이론과 같은 것에 의지해야 할 것이다.

6. Dooyeweerd, *New Critique*, vol. 1, 34-46.

7. 같은 책, vol. 2, 539.

8. 여기에서 2장에서 개진한 논점을 상기시키는 게 필요하다. 거기에서 나는 성경, 신화, 신학 등이 모든 것의 기원을 어떤 원초적인 원리(들)로 거슬러 올라갈 때 그 원리(들)에게—신적이라고 부르든 않든 간에—신성의 지위를 부여한다고 지적했다. 이론도 마찬가지다. 한 이론이 어떤 것을 다른 모든 것을 가능하게 또 실존하게 만드는 것으로 가정한다면, 그 이론가가 그 사실을 인정하고 싶은지 여부와 상관없이 그것은 본질적인 신인 셈이다.

9. *Aristotle*(London: Oxford University Press, 1960), 49-52에 나오는 아리스토텔레스의 *Metaphysic* XII, 3, 1070a와 *Portrepticus*에 대한 Werner Jaeger의 논평을 보라. 아리스토텔레스는 우리가 몸과 상관없이 정신을 생각할 수 있기 때문에 이른바 정신의 독자적 존재성을 주장했고, 이것이 정신을 불멸의 신적인 것으로 믿은 그의 믿음의 근거이다. 그리고 아리스토텔레스는 독자적으로 존재할 수 있는 것이면 무엇이든 신적인 것이라고 인정했기 때문에(*Meta*, 1064a34) 예거가 *Protrepticus*를 다음과 같이 인용한 것은 의미심장하다. "사람에게는 단 한 가지만 빼놓고 신적인 것이 없다. 우리 속의 누스(Nous, 정신)와 이성에 속한 것이 무엇이든 그것을 말한다. 우리가 가진 것 중에 오직 그것만이 불멸의 신적인 것인 듯하다."

10. 예를 들어, "한편으로, 나는 오직 사유하는 존재인 한, 나 자신에 대한 명석하고 판명한 관념을 품고 있고, 다른 한편, 그것이 오직 연장된 존재인 한, 몸에 대한 판명한 관념을 갖고 있으므로, 내가 나의 몸과 분리되어 있고 후자가 없이도 존재할 수 있다는 것이 확실하다"("Meditations on First Philosophy," in *Descartes' Philosophical Writings*, trans. N. K. Smith[New York: The Modern Library, 1958], 237).

11. 내가 "거의 운명을 같이 한다"고 말하는 이유는 아주 동일한 운명은 아니기 때문이다. 네모와 원은 우리가 함께 묶을 수 없는 것임을 직관적으로 아는 두 가지 형태들이다. 이와 대조적으로, (X가 일종의 속성들과 법칙들인 경우) "독자적으로 존재하는 X"는 직관적으로 불가능한 것은 아니고 알맹이가 결여된 말일 뿐이다. 그런즉 전자는 존재하지 않는 세트를 가리키는 데 비해 후자는 텅 빈 세트를 지칭한다. 그럼에도 그들의 실재를 정당화하는 것과 관련해서는 동일한 운명에 처해 있는 셈이다.

12. *Knowing with the Heart*는 오늘날 유행하는, 자명함에 대한 환원주의 견해를 비판하고 이를 대치하기 위해 비환원주의적 해석을 개발하는 데 초점을 두고 있다.

13. John Meyendorff, *A Study of Gregory Palamas*(London: Faith Press, 1964), 130. 또한 J. Pelikan, *Christianity and Classical Culture*(New Haven: Yale University Press, 1993)를 보라. 사실 일부 유신론적 사상가들은 그들의 이론을 지나치게 이교 전통에 맞추어 각색했다. 그래서 만일 하나님이 모든 필연적이지 않은 실체들을 창조한 유일한 존재라면, 하나님 이외의 많은 실재들도 비(非)의존적으로 존재한다고 주장하는 것이다(예. Nicholas Wolterstorff in *On Universals*[Chicago: University of Chicago Press, 1970]). 그러나 신성에 대한 우리의 정의는, 이 입장을 반대하는 주된 이유가 단지 그럴 경우에는 하나님의 통제를 벗어난 사물이 존재할 것이기 때문만이 아니라 **유일신론**이 위태롭게 되기 때문이라는 것을 보여 준다.

14. 최근에 몇몇 저자들이 이 주장을 폈다. 예를 들면, "Analogy as a Rule of Meaning for Religious Language," *International Philosophical Quarterly* 1, no. 3(Sept. 1971): 476; and J. McQuarrie, *Principles of Christian Systematic Theology*(Chicago: University of Chicago Press, 1951), vol. 1, pt. 2, 235ff.

15. Karl Barth, *Church Dogmatics*(Edinburgh: T. T. Clark, 1964), vol. 2, pt. 1, 230. 『교회교의학』(대한기독교서회)

16. *Summa Theologica*, q. 46, a. 1.

17. 내가 하나님의 행동은 창조되었거나a 창조되지a 않은 것일 수 있다고 말하는 이유는 성경이 하나님의 결정과 목적들 중 일부는 "영원 전부터" 있었던 것이라고 말하는 반면(딤후 1:9, 딛 1:2) 어떤 것들은 특정한 시간에 발생하는 것이라고 말하기 때문이다. 그러므로 전자의 경우에는 "행동"이 신인동형적인 용어일 것이다(하나님이 시간을 우주의 한 특징으로 창조했다고 가정하면). 하지만 우리가 변호할 견해에 따르면 하나님은 어떤 결정이나 목적을 초시간적으로 확증하면서도 그것을 시간적으로 재확증할 수도 있다. 이 경우에는 그 재확증이 창조되었고a, 창조되지b 않았고, 또 창조된c 것일 터이다.

18. 이 용어도 명료하게 할 필요가 있다. 내가 앞으로 안셀무스/아퀴나스 견해와 대비시킬 하나님에 대한 견해는 하나님의 무조건적 존재는 우리가 생각할 수 없는 것임을 주장하기 때문이다. 그런즉 "뜻(will)"이란 용어를 이해할 때, 미지의 하나님의 존재가 우리가 생각할 수 있는 다른 어떤 것도 아니듯이 문자적으로 하나의 뜻이란 의미가 아님을 알아야 한다. 이 견해에 따르면, 그 미지의 하나님 존재가 영원 전부터 그분이 가진 속성(창조되지b 않은 인격성, 사랑, 지혜 등)을 창조했다고c 본다. 그래서 "뜻"이란 용어는 하나님의 통제를 벗어난, 그 자신의 무조건적 실재 이외의 어떤 것이 있음을 부인하기 위해, 그분은 자신에 대해 밝힌 것처럼 피조물과의 관계에서 무조건적 자유를 행사한다는 것을 긍정하기 위해 사용한 신인동형적인 용어이다. J. Pelikan은 이것이 카파도키아 교부들이 "뜻"을 사용했던 방식이라고 다음과 같이 말한다. "그렇다면 하나님의 [창조의] 말씀은 하나님의 '뜻'과 동일했고, 이는 하나님의 행동과 동일했던 것이다. 이 모두는 물론 초월적이고 부정적인(apophatic) 의미로, 즉 이 각 용어가 인간의 뜻이나 행동에 적용될 때 전달하는 의미와는 근본적으로 다른 의미로 이해되어야 한다"(*Christianity and Classical Culture*, 105). 따라서 이런 것을 조건으로 삼는다면, AAA견해에 대한 이 대안은 하나님은 그분의 존재를 선택하고 하나님은 그분이 선택하는 존재라는 입장이라고 말할 수 있을 것이다. 오직 하나님의 무조건적 존재만이 본질적인 신이다.

19. *God, Freedom and Evil*(New York: Harper & Row, 1974), 98.

20. Vladimir Lossky의 말을 참고하라. "…클레멘트와 오리겐 같은 변증가들은 이방인들에게 헬레니즘 지혜의 모든 보화가 교회의 '참 철학' 속에 다 담겨 있고 후자가 전자를 능가한다는 것을 보여 주려고 너무나 신경을 썼다. 그래서 본의 아니게 기독교 사상과 다른 사상을 종합

하는 일이 생겼다. 복음의 정신에 생소한 플라톤의 주지주의를 강조한 것이다." *The Vision of God*(Crestwood, N.J.: St Vladimir's Seminary Press, 1983), 65.

21. *Summa Theologica* 1a, q. 3 and 1a, q. 21, a. 1, ad 4. 다음 책도 참고하라. *Summa Contra Gentiles* 1, 38, 45, 73.

22. Milwaukee: Marquette University Press, 1980, 53-54.

23. 나는 하나님의 자존성과 그의 속성들을 필연적으로 존재하는 완전성으로 보는 견해의 양립불가능성에 초점을 둘 것인즉 내가 반론을 제기할 만한 다른 AAA 전제—**오직** 완전성만이 하나님에게 해당된다는 것—에 대한 상세한 논의는 그만두려고 한다. 하지만 이 전제 역시 잘못된 것이라고 생각한다. 먼저, 그것은 하나님이 창조세계와 실질적이고 의존적인 관계를 맺을 수 없다는 것을 뜻하기 때문이다. 아퀴나스 또한 이런 결론에서 물러나지만 그의 "해결안"은 단순성의 이론만큼 나쁜 것이었다. 그는 "피조물들은 정말로 하나님과 연관되어 있지만, 하나님 안에는 피조물들과의 진정한 관계는 없고 논리적인 관계만 있을 뿐이다"라고 주장했다(*ST*, 1a, q.13, a.7; q.6, a.2). 그런데 이것은 개연성조차 없다. 예컨대, 하나님이 우리를 사랑한다는 것이 진실이 아니라면 어떻게 우리가 하나님의 사랑을 받을 수 있겠는가?

24. *Does God Have a Nature?*, 144.

25. 같은 책, 145-46.

26. 하나님의 속성들은 창조되진 않았으나 그분에게 달려 있는 것이라고 추론하는 견해가 개연성이 없는 또 다른 이유를 보려면 다음 글을 참고하라. Brian Leftow, "God and Abstract Entities," *Faith and Philosophy* 7, no.2(April 1990): 193-217.

27. 아퀴나스의 말처럼, "피조물들에게서 발견되는 모든 완전성은 더 고차원적으로 하나님 안에 선재하는 것이다"(*ST* q. 14, a. 11). 하지만 그와 같은 모든 속성들은 분명 우리가 창조세계를 경험하면서 습득한 것이고, 하나님 안에서 완전한 수준에 도달하는 것으로 가정되고 있다. 그 결과를 칼 바르트는 이렇게 지적한다.

> 하나님은… 일차적으로 인간 정신의 속성들인… 일련의 속성들로 이뤄져 있고… 인간 정신은 그 안에서 그 자체의 특성을 보고… 절대자 안에서 추월된다. … [그러나 이런 식으로] 나는 나를 초월하고 또 대면하는 절대적 존재와 마주치는 일은 없지만 단지 거듭해서 나 자

신의 존재와 마주하게 된다. 그리고 나 자신의 자기초월성에 의해 만들어 낸 어떤 존재의 실존을 증명함으로써 나는 거듭해서 나 자신의 실존을 증명하는 데 그치게 될 것이다(*Church Dogmatics*, vol. 3, pt. 1, 360).

28. 디모데후서 2장과 디도서를 그리스어로 보면 하나님의 계획이 "영원 전부터" 존재했다고 말하고, 고린도전서 2장 7절도 비슷한 표현을 사용한다. 유다서는 하나님의 영광과 위엄과 권력과 권세가 "영원 전부터 이제와 영원토록" 있다고 말한다.

최근의 한 번역판은 방금 인용한 요한계시록 구절을 "시간이 없을 것이다"가 아니라 "더 이상 지체가 없게 하라"고 번역했다. 그러나 Liddell and Scott(*A Greek English Lexicon*, p. 2005)에 따르면, 그리스어에서 "지체"를 뜻하기 위해 καιρός 대신에 χρόνος와 함께 ἔσται란 동사를 사용한 전례는 찾아볼 수 없다. 그뿐만 아니라, 이 모든 텍스트의 공통 주제는 하나님이 시간을 주관하고 계심을 강하게 시사한다. 나는 이 입장을 다른 곳에서 아주 상세히 변호한 바 있다. "Is God Eternal?" in *The Rationality of Theism*, ed. A. Garcia de la Sienra(Amsterdam: Rodopi, 2000), 273-300. 내 결론은, 하나님의 비(非)시간성이 AAA의 하나님 견해와 양립할 수 없다는 이유로 그것을 배격하는 입장은 그런 양립 불가능성이 없는 C/R 견해와 관련하여 논점을 교묘히 회피한다는 것이다. 게다가, 만일 하나님을 시간 "이전"에 존재하고 시간을 파괴하는 분으로 표현하는 성경의 진술들을 액면 그대로 받아들인다면, 그 진술들은 AAA 견해가 C/R 견해와는 달리 성경과 조화를 이루지 못한다는 것을 다시금 보여 준다.

29. 카파도키아인들 역시 이 텍스트를 아주 의미심장한 것으로 간주했다. 이방의 그리스 사상은 실재가 궁극적으로 합리적인 것과 비합리적인 것으로 나뉜다고 생각했던 데 비해, 이 텍스트는 합리적인 것조차 창조물로 간주함으로써 창조주와 피조물을 구분하고 있다고 그들이 강조했다. Pelikan, *Christianity and Classical Culture*, 51-53을 보라.

30. 저자는 칠십인 역 대신에 히브리어 텍스트에 따라 새롭게 번역하고 있는데, 역자는 한글개역성경을 사용했다.

31. 신자들이 "신적 본성"에 참예하고 있다고 말하는 베드로전서 1장 4절도 이렇게 이해할 수 있을 것이다. 그것은 신적 존재인 하나님이 자유로이 취해 소유한 창조된c 본성이리라. 이는 하나님의 창조되지abc 않은 존재를 공유한다는 범신론적 의미에서 피조물이 신적 존재가 될 것이라는 뜻은

아니다.

하지만 이것이 그 본문에 대한 유일하게 가능한 해석은 아니다. 신자들이 하나님의 동반자들임을 주장한다고 해석하는 것도 가능하다. 다음 글들을 보라. A. Wolters, "Partners of the Deity," in *Calvin Theological Journal* 25(1990): 28-44. The postscript in *Calvin Theological Journal* 26(1991): 418-20.

32. 예를 들어, 성경은 하나님이 거짓말을 할 수 없다고 말한다(딛 1:2, 히 6:18). 그런데 이 진술은 명시적으로 언약의 맥락에 나오므로, 그 의미는 하나님이 거짓말을 하지 않겠다고 약속했기 때문에 신자들에게 그럴 수 없다는 것이다. 다른 곳에서는 하나님이 신자들이 아닌 사람들을 속인다고 성경이 분명히 말하고 있음을 유념할 필요가 있다(겔 14:9, 살전 2:11).

33. 하나님을 모든 필연적인 완전성들을 소유한 존재로 보는 신플라톤주의에 대해 제기할 수 있는 반론은 이 밖에도 많이 있다. James Ross는 최대 집합에 대한 집합론의 금지에 대한 위반과 피조물이 신적 전형들에 참여할 수 있는 방식에 대한 정합성 없는 설명 등 여러 이유들을 훌륭하게 제시했다. "God Creator of Kinds and Possibilities: *Requiescant universalia ante res*," in *Rationality, Religious Belief, and Moral Commitment*, ed. R. Audi And W. Wainwright(Ithaca, N.Y.: Cornell University Press, 1986), 315-34.

34. Pelikan, *Christianity and Classical Culture*, 42, 45, 50-54. 도예베르트 역시 코넬리우스 반 틸에 대한 답변에서 이 논점을 폈다.

> 이 점은… 고유한 의미에서… [우리의] 경험과 존재의 지평 안에 있는 것, 곧 하나님이 성경에서 사람에게 자신을 계시했다는 것과 같이… 하나님에게 부여되는 이른바 하나님의 속성들에도 적용된다. … 우리의 현세적 지평의 양상들은 피조물의 특성에 속하므로 하나님의 존재에 부여될 수 없고… [그 대신] 그것들은 현세에서의 하나님의 현존과 그의 절대적 초월성을 표현해 준다. 먼저, 모든 피조물의 한계를 초월하는 하나님의 절대성을 가리키기 때문에 그의 초월성을 표현하는 것이고… 이는 그것들이 별도로 절대적인 것으로 불리거나 하나님의 절대적 존재와 동일시되어서는 안 된다는 뜻이다. [그렇게 하면] 창조와 타락과 구속이란 핵심 사실들조차 논리적 필연성의 결과로 만들 것이고… 이는 하나님의 뜻의 주권적 자유가 들어설 여지를 남기지 않을 것이다. 당신의 견해에 따르면, 하나님의 뜻은 하나

님의 계획을 **결정하는** 게 아니라 그것을 수행할 수 있을 따름이기 때문이다(*Jerusalem and Athens*, ed. J. Geehan[Presbyterian and Reformed Pub. Co., 1971], 87-89).

35. Pelikan, *Christianity and Classical Culture*, 55.
36. 같은 책, 209, 210.
37. 같은 책, 214.
38. 같은 책, 40.
39. 같은 책, 55. John Meyendorff가 이 입장을 오리겐의 입장과 비교한 것을 참고하라. "오리겐의 잘못은 이 점에 있다. 그는 하나님을 [알 수 있는] 본질과 동일시했고, 불변성과 움직임, 미지(未知)성과 계시, 초시간성과 시간 내의 행위가… 하나님의 인격적 존재의 신비 속에 연합된 채 실제로 공존할 수 있다는 것을 알지 못했다." *A Study of St. Gregory Palamas*(London: Faith Press, 1964), 223.
40. Pelikan, 같은 책, 88.
41. *A Study of St. Gregory Palamas*, 211, 204, 226.
42. Pelikan, 같은 책, 212, 231페이지 이하도 보되 특히 235페이지를 주목하라. 여기에 아들과 성령을 "낳다(begetting)"는 말은 그들이 창조된ab 것은 아니지만 여전히 신적 존재에 의해 창출되었으므로 창조된c 것을 의미한다고 설명되어 있다.
43. 같은 책, 102, 101.
44. *A Study of St. Gregory Palamas*, 131. 칼뱅 역시 하나님의 초월성은 그분이 창조세계를 지배하는 법칙들에 종속되지 않는다는 뜻이라고 동일한 논점을 편다. 예를 들면, "우리는 하나님이 독단적[*exlex*]이라고 생각하지 않는다. 그분은 그 자신에게 하나의 법이다. 하나님의 뜻은… 모든 법칙들의 법이다"(*Institutes*, III, xxiii, 2). 이런 이유로 그는 "인간의 정의의 잣대로 신을 측정하는 일은 부당하다"고 말한 것이다(*Institutes*, I, xxiii, 2). 도예베르트는, 칼뱅의 이 입장은 "인간 이성을 하나님의 보좌로 승격시키기를" 거부함으로써 "기독교의 문제에서 사변적인 형이상학의 개입을 근본적으로 잘라버린다"고 말했다(*New Critique*, vol. 1, 93). 이어서 도예베르트는 칼뱅의 일반 논점을 논리 법칙에 대한 하나님의 초월성에 구체적으로 적용한다(*New Critique*, vol. 1, 144).
45. *The Vision of God*, 85. 이 도표(표 5)가 하나님의 에너지가 그분 밖에 있는 것을 보여 준

다고 생각하면 안 된다. 그 에너지들은 그가 취한 마스크일 뿐만 아니라 그가 영원히 그렇게 되었음을 보여 주기도 한다. 성 그레고리 팔라마스의 말처럼, "[하나님의] 에너지들은 하나님의 존재를 구성하지 않는다. 오히려 그 에너지들에게 존재성을 부여하는 자가 하나님이다. … 하나님은 우리를 향한 지극히 풍성한 선하심으로 인해… 우리가 이해할 수 있는 존재가 되기로 하고" 또한 "자발적으로 낮아져서 스스로 정말로 다양한 존재 양식을 취하셨다." John Meyendorff, *A Study of Gregory Palamas*(London: Faith Press, 1964), 204, 211, 226에서 인용함.

46. "Lectures on Genesis," in *Luther's Works*, ed. J. Pelikan(St. Louis: Concordia Publishing House, 1958), vol. 1, 11.

47. From *The Bondage of the Will*, as quoted by J. Dillenberger in *Martin Luther*(Garden City, N.Y.: Anchor Books, 1961), 191.

48. P. Althaus, *The Theology of Martin Luther*(Philadelphia: Fortress Press, 1966), 20. 하나님이 "그 자신을 우리에게 맞추다"는 것은 창세기의 논점, 곧 하나님이 인간 본성을 "그가 기꺼이 자신을 표현한 그 성품"의 형상으로 창조했다는 점의 뒷면이다.

49. *Church Dogmatics*, vol. 3, part 1, sect. 41(Edinburgh: T. T. Clark, 1964).

50. 그래서 루터는 이렇게 말한다. "하나님의 뜻에 대해선 어떤 원인이나 근거라도 그 잣대나 기준으로 설정할 수 없다. 왜냐하면 아무것도 그 뜻과 같은 또는 그 상위에 있지 않고, 그 뜻이 오히려 모든 것의 잣대이기 때문이다. 만일 어떤 잣대나 기준, 또는 원인이나 근거가 그 뜻에 대해 존재한다면, 그것은 더 이상 하나님의 뜻일 수 없다. 하나님이 뜻하는 바는 그가 마땅히 그래야 되기 때문에 또는 그럴 수밖에 없기 때문에 옳은 것이 아니다"(Martin Luther, 같은 책, 196). 그리고 칼뱅도 동일한 논점을 편다. "아우구스티누스는 하나님의 뜻보다 더 높은 이유를 요구할 때마다 하나님은 모욕을 받는다고 불평하는데, 지당한 말이다"(*Institutes*, I, xiv, 1).

51. 이 논점은 붉음에 대한 진정한 정의, 즉 누구나 그 정의만으로 이 색깔의 속성을 알 수 있는 그런 정의와 관련이 있다. 따라서 우리의 시력이 정상이고 이러이러한 파장의 빛에 노출될 때 보게 되는 빛깔이라는 식의 정의는 소용이 없을 것이다. 우리는 붉음이 어떤 모습이기에 그와 같은 파장 파라미터를 설정할 수 있는지에 대해 이미 알고 있어야 할 것이다. 이 점은 "피의 색깔이나 루비의 색깔"과 같은 것에도 그대로 적용된다.

52. 예컨대, 우리가 하나님은 세계의 창조자임을 표현하려고 "원인(cause)"이란 용어를 사용할 때

그것은 하나의 개념이 아니라 관념에 해당한다. 우리에게는 하나님의 창조자 됨에 상응하는 인과의 개념이 없다. 그것은 공식적이지도, 최종적이지도, 물질적이지도, 효율적이지도 않고, 물리적으로, 생명적으로, 감각적으로, 역사적으로, 또는 경제적으로 특징지을 수 있는 인과관계도 아니다. **이유인즉 하나님은 우주에서 발견되는 모든 종류의 인과관계의 창조자**이기 때문이다. 그러나 이런 것들을 비롯해 모든 개념적 세목(시간, 모든 법칙)을 제거하면, 남는 것이라고는 어느 것이 막연한 의미에서 다른 것을 일으킨다는 제한적 관념밖에 없다. 오직 이런 식으로 제한적 관념을 가리킴으로써만, "원인"이란 용어는 하나님이 아닌 모든 것이 하나님에게 의존한다는 점에 사용될 수 있다. 또 다른 예는 "그럴 수도 있었다(could)"는 용어가 하나님에게 적용되는 경우다. 우리가 하나님이 세계를 다른 방식으로 창조할 수도 있었는지, 또는 우리가 경험하는 것과 다른 법칙들을 만들 수도 있었는지 여부를 물을 때, 우리는 이 단어(could)를 하나의 개념이 아니라 제한적 관념으로 사용하고 있는 것이다. "그럴 수도 있었다"는 우리의 개념들은 모두 현재 우주를 지탱하는 법칙들, 곧 하나님이 실제로 창조한 법칙들에 의해 한정되는 가능성의 의미들이다. (그래서 하나님은 기존의 여러 가능성들 가운데 어느 것을 선택해서 창조한 것이 아니라, 우리가 개념화할 수 있는 모든 가능성의 의미를 창조했던 것이다.) 하지만 모든 양상적인 (그리고 다른) 세목들을 제거한다면, 우리는 (우리의 지식은 하나님이 실제로 창조한 법칙들의 지배를 받기 때문에) 우리가 현재 그 관념을 형성할 수조차 없는 다른 가능한 법칙들을 "창조할 수도 있었다"는 제한적 관념을 사용할 수는 있다. 그렇기 때문에 하나님이 다른 법칙들을 만들 수도 있었는지 여부를 묻는 일이 논리 법칙들이 현재의 그것들과 다른 것이 **논리적으로** 가능한지 여부를 묻는 것과 매한가지가 아닌 것이다. 그 질문에 대한 긍정적인 대답은 모순을 낳는다. 그러나 이것이 그 질문을 제대로 이해하는 방식은 아니다. 오히려 그 질문은 "could"를 우주에서 발견되는 모든 유의 가능성의 존재론적 근거에 대한 제한적 관념을 가리키는 데 사용한다. 그 근거는 물론 모든 것의 기원이 되는 미지의 하나님의 존재이다. 이는 하나님이 그 자신에 대해 관계들과 속성들을 "취한다"는 관념에도 적용된다. 이것 역시 하나님은 우리가 설명할 수 없는 방식으로 그 자신에게 해당되는 것들을 생성한다는 하나의 제한적 관념이다.

53. *Does God Have A Nature?*, 139-40.
54. 표준적인 논리학 교재들이 모순된 논증은 모든 결론을 수반한다는 "역설"을 다루는 것을 보면 이와 비슷한 점이 빠져 있다. (예컨대, *Introduction to Logic*, I. Copi and C. Cohen[Upper

Saddle River, N. J.: Prentice Hall, 2002], 375-78을 보라.) 역설이란 본래 모순된 전제들을 가진 논증은 모든 결론을 타당하게 수반한다는 것을 의미한다. 역설은 사실상 다음과 같은 사실을 망각한 결과이다. 즉, 어느 논증이 그 결론을 수반하는지 여부를 평가하는 것은 그 결론이, **만일 그 전제들이 참이라면**, 참인지 여부를 살펴보는 프로젝트라는 사실을 잊어버린 결과란 뜻이다. 모순된 논증은 모든 결론을 수반한다는 주장은 강조체로 표시한 이 점을 무시하는 것이고, 만일 전제들이 참이라면, 다른 어떤 것이 참일지를 살펴보는 프로젝트를 포기한 결과라는 점을 인식하지 못하는 것이다. 왜냐하면 만일 모순된 전제들이 참이라면, **비(非)모순은 거짓일 테고, 수반과 같은 것은 존재하지 않을 것이므로 어떤 결론도 나올 수 없을 것이기 때문이다.** 바로 이런 전환이 보편적 수반의 환상을 낳는 것이다. 그것은 일반적인 평가 프로젝트를 비모순의 법칙을 그 전제들이 그 법칙을 부인하는 논증에 부과하는 메타 프로젝트로 바꿔 버린다. 이렇게 말한다고 해서 비(非)모순 법칙을 거부하거나 의심해야 한다는 뜻으로 오해하지는 말라. 그 법칙을 유지하고 모순된 논증의 전제들 중에 한 가지 이상을 배격하는 일은 확실히 옳다. 그러나 일반적인 논리적 평가 프로젝트를 그런 전환을 인식하지도 않은 채 버리는 것은 올바른 절차가 아니다.

이 점이 중요한 이유는, C/R의 하나님 견해가 하나님이 비모순의 법칙을 창조했다고 말한다고 해서 비판자들이 그와 똑같은 전환에 대한 인식 부족을 C/R 견해에 종종 갖다 붙인다는 사실 때문이다. 비판자들은 그런 견해는 하나님에 관한 모순된 믿음들을 모두 옳다고 주장하게끔 되어 있다고 지적한다. 그러나 사실은 그런 주장을 하지 않는다. 만일 비모순의 법칙이 존재하지 않는다면 논리적 결론과 같은 것이 존재하지 않을 터인즉 어떻게 될 것인지를 생각해 보고, **우리가 그 법칙을 따르는 어떤 개념도 형성할 수 없기 때문에 그 법칙의 지배를 받지 않는 그 어떤 실례도 없을 것임**을 고려하는 것에서 어떤 모순의 실례도 도출되지 않는다. 그런즉 하나님의 창조되지 않은 존재가 논리 법칙을 초월한다는 견해로부터 하나님에 관한 어떤 모순된 주장도 나오지 않으며, 만일 법칙이 하나님에게 적용되지 않는다면 무엇이 참일지에 대한 추정상의 본보기는 ─ 모순된 전제들이 모든 결론을 수반한다는 역설과 같은 것 ─ 법칙이 하나님에게 적용되지 않는다는 주장을 비판하기 위해 비모순의 법칙을 하나님의 초월적 본질에 부과하는 경우이다. 그러므로 그런 비판은 C/R 입장에 내재한 어떤 결함도 보여 주지 못하는 독단적인 반박에 불과하다.

55. 이 입장은 C. S. 루이스가 『기적』이란 책에서 잘 설명하고 있다. *Miracles* (New York: Macmillan, 1948), 69-70.

56. William Alston은 종교적 언어의 가능한 범위에 대해 통찰력 있게 말한 바 있다.

> 그러나 물론 피조물의 용어가 하나님에 관해 말하는 데 사용될 수 있는 다양한 방식이 존재한다. … 거기에 포함되는 방식들은 다음과 같다.
>
> (1) 직접적인 일의성(straight univocity). 일반적인 용어들이 하나님과 인간에 대해 동일한 일반적인 의미로 사용된다.
> (2) 수정된 일의성. 의미를 정의하거나 확립하되 용어들이 하나님과 인간 모두에 대해 그런 의미로 사용될 수 있게 한다.
> (3) 특별한 문자적 의미. 용어들이 하나님에게 적용되는 특별한 전문적 의미를 취하거나, 용어들에게 그런 의미가 부여될 수 있다.
> (4) 유추. 피조물에 대한 용어들이 하나님에게 적용될 수 있도록 유추적으로 연장될 수 있다.
> (5) 은유. 문자적으로 피조물에게 적용되는 용어들이 은유적으로 하나님에게 적용될 수 있다.
> (6) 상징. 이 용어의 이런저런 의미에서 앞의 것과 동일하다. 디오니시우스에서 아퀴나스를 거쳐 틸리히에 이르는, [하나님의] 타자성을 주장하는 가장 급진적인 인물들은 (4)에서 (6)까지는 지지하고 (1)은 노골적으로 배척한다. (3)의 가능성도 거의 무시되었고, (2) 역시 별로 인정받지 못했다. (*Divine Nature and Human Language*[Ithaca, N. Y.: Cornell University Press, 1989], 65)

나는 알스턴의 분류를 이해하면서도 이런 견해를 갖고 있다. 성경 언어의 대다수는 (1), (2), 그리고 (3)에 부합하는 한편, 이따금 (4)유형과 (5)유형을 사용하는 경우도 있지만, 여기에다 이 가운데 어느 용법이든지 그 차이점은 의미에 있다기보다 중요성에 있다는 나의 논점을 덧붙여야겠다. 이어서 (6)유형에 대해서는, 하나님에 관한 성경의 언어 가운데 틸리히가 말하는 상징적인 의미를 가진 것은 하나도 없다고 지적하는 한편, 그것은 너무 모호하여 나로서는 판단을 내릴 수 없다고 말해야겠다.

57. 이런 프로젝트의 전망에 대한 날카로운 비판을 보려면 다음 글을 참고하라. James Ross, "The Crash of Modal Metaphysics," *Review of Metaphysics* 43, no. 2(Dec. 1989).

하나님은 논리 법칙을 초월한 분이기에 그의 존재를 증명하려는 것도 그의 신성에 어긋나는 것이다. 언젠가 도예베르트가 표현했듯이 "증명될 수 있는 것은 무엇이든지 하나님이 아닐 것이다." 말하자면, 논리 법칙을 이용하여 증명할 수 있는 것은 그 법칙들의 창조자일 수 없다는 뜻이다.

58. 이 주제에 대한 보다 상세한 논의와 반론들에 대한 충분한 답변을 보려면 내가 쓴 다음 글들을 참고하라. "Religious Language: A New Look at an Old Problem," in *Rationality in the Calvinian Tradition*(Lanham, Md.: University Press of America, 1983), 385-407. "Divine Accommodation: An Alternative Theory of Religious Language," in the *Tydskrif vir Christelike Wetenscap*(Bloemfontein: 2de Kwartaal, 1988), 94-127.

11장 비환원주의 실재론

1. 여기에서 소개하는 법칙틀이론은 헤르만 도예베르트가 *Wijsbegeerte de Wetsidee* (Amsterdam, 1935)에서 최초로 개발한 이론의 요약이며, 이는 나중에 더욱 확대되어 *New Critique*에 포함되었고 다른 출판물들에서도 더 정교하게 다듬어졌다. 도예베르트의 주요 저서들의 영어번역판 목록은 이번 장의 마지막 각주에 실려 있다.

2. 이번 장에서 소개하는 비환원주의 실재론은 폭넓은 유신론의 입장으로 제시되는 만큼 유대인과 그리스도인과 무슬림이 공유하는 초월적 창조주에 대한 믿음을 전제로 삼고 있다. 내가 이미 말했듯이, 하나님에 대한 믿음이 비환원주의 실재론을 요구하는 것과 더불어 성경은 또한 이론에 영향을 주는 구체적인 가르침들을 담고 있기도 하다. 그리고 나는 이론에 영향을 주는 이 추가적인 가르침들이 내 목록상의 하위 양상들보다 상위 양상들과 관계가 있다는 것도 말한 바 있다. 그런즉 성경의 가르침들 가운데 수학, 물리학, 생물학, 논리학 등의 이론에 구체적인 정보를 주는 것은 찾지 못했지만(단, 그 모든 자료들이 하나님에 의해 창조되었다는 것을 제외하고), 인간의 본성과 인간 생활의 사회적, 사법적, 윤리적 양상들에 관한 가르침들은 확실히 찾을 수 있다. 그래서 이어지는 장들에서 비환원주의 존재론을 사회적 양상과 국가론에 적용할 때 그 존재론과 이런 추가적인 가르침들을 묶을 생각이다. 그리고 그 가운데 다수는 주로 신약 성경에서만 발견되므로 그에 따

른 이론들은 폭넓은 유신론적 성향을 띨 뿐 아니라 구체적으로 기독교적이라고 할 수 있다. 그 이론들이 유대인이나 무슬림에게도 어느 정도 수용될 수 있을지는 모르지만 상당한 중첩이 있을 것으로 추정한다.

3. 수학적, 공간적, 또는 운동적 속성들 간에는 인과관계가 존재하지 않으므로 도예베르트는 인과법칙이 물리적 양상에서 비롯되었다고 본다. 하지만 우리의 양상 목록에서 물리적 양상의 위쪽에는 그런 원인-결과의 관계가 존재하기 때문에 그는 인과율이 물리적 양상에 "토대를 두고" 있지만 그 양상에 국한되지 않는다고 말하는 것이다. 물리적 양상보다 높은 양상들은 제각기 인과관계에 추가적인 요소를 기여하는 만큼, 우리는 물리적 인과율에 더하여 생명적, 감각적, 사회적, 경제적, 법적 의미의 인과관계를 경험하는 것이다. *New Critique*, vol. 2, 41, 110. vol. 3, 34ff를 보라.

4. 이 목록은 얼마든지 수정될 수 있지만, 도예베르트가 그것을 설득력 있게 변호했다고 나는 생각한다. *New Critique*, vol. 2, 79-163.

5. T. Dantzig, *Number: The Language of Science* (Garden City, N.Y: Doubleday, 1954), 2-3. 『수, 과학의 언어』(한승)

6. Dooyeweerd, *New Critique*, vol. 1, 93-106; and M. D. Stafleu, *Time and Again* (Toronto: Wedge, 1980), 80ff.

7. 두 가지 논평을 하고 싶다. 첫째, 법칙들에 대한 객관주의적 입장과 주관주의적 입장 모두 개연성이 없다. 어떻게, 객관주의가 말하듯이, 법칙은 고정된 사물의 본질에 대한 우리의 일반화에 불과하다고 할 수 있는가? 그리고 어떻게, 주관주의가 말하듯이, 모든 법칙은 정신의 경험에 공급되는 것이라고 할 수 있는가? 만일 정신의 창조물이 아닌, 정신을 다스리는 법칙들이 이미 존재하지 않는다면, 정신이 경험에 법칙을 부과하는 방식들의 획일성을 어떻게 설명할 수 있겠는가? 둘째, 나는 양상들과 관련하여 비환원주의적 접근을 강조해 왔지만, 이론들은 또한 다른 방식으로도 환원주의적 성격을 지녀왔다는 사실을 간과하면 안 된다. 예컨대, 우리가 방금 본 것처럼, 일부는 법칙을 사물로 환원시키려고 애썼고 또 다른 일부는 사물을 법칙으로 환원시키려고 했다. 법칙틀이론은 그 모든 환원에 대해 똑같이 반대하는 입장이고, 그 대신 창조된 우주의 모든 측면들이 상호연관성을 맺으며 존재한다고 본다. 그리고 이 이론이 양상의 환원에 반대하는 논증들은 다른 부류의 환원에도 그대로 적용될 수 있다.

8. 전제조건의 정확한 순서는 그 목록의 구성원들만큼이나 수정될 수 있고, 법칙틀이론을 옹호하는 일부 사람은 그와 다른 것들을 제안했다. 물론 그 목록이나 그 순서가 다를 경우에는 여기에 개관한 이론이 수정될 필요가 있겠지만, 그 본질적인 요소들은 영향을 받지 않을 것이다. 진정한 양상들은 무엇이든 여전히 직접 하나님에게 의존하고, 똑같이 실재하며, 서로 환원될 수 없는 것으로 간주될 것이다.

9. 두 가지 점을 언급할 필요가 있겠다. (1) 최근의 연구는 어떤 동물들 역시 제한된 논리적인 또는 언어적인 능동적 기능들을 갖고 있을지 모른다고 시사한다. "Conversations with a Gorilla," Francine Patterson, *National Geographic* (October 1978). (2) 단세포 유기체들은 식물이나 동물로 분류되어서는 안 된다고 생각할 만한 타당한 이유가 있다. 다음 글을 보라. Uko Zylstra, "Dooyeweerd's Concept of Classification in Biology," in *Life Is Religion*, ed. H. Vander Goot(St. Catherines, Ontario: Paideia Press, 1981), 239-48.

10. 그러나 인간이 모든 양상에서 능동적 기능을 갖고 있다는 사실이 다른 피조물들과 구별되는 유일한 차이점은 아니다. 9장에서 언급했듯이, 각 인간의 정체성은 성경이 "마음" 또는 "영혼"이라고 부르는 자아에 중심을 두고 있다. 이는 인간의 모든 양상적 기능들의 합일점, 의식의 좌소이며, 대다수 신학자들이 몸의 죽음 이후에도 살아남아 죽음과 부활 사이에 그 사람의 연속적 정체성을 공급하는 것으로 여기는 것이다. 우리 이론은, 성경적 견해에 따르면 인간의 마음은 양상의 법칙들 아래 작동하는 한시적 기능들로 망라될 수 없는 "기능 이전의" 측면을 갖고 있다고 설명한다. 이 점은 두 가지 중요한 결과를 낳는다. (1) 그것은 각 양상의 법칙들과 관련하여 생각과 행동에서의 진정한 자유를 허용한다. 왜냐하면 인간은 양상의 법칙들과 인과관계에 의해 가능한 것과 불가능한 것이 정해지고 이 때문에 행동의 제약을 받지만, 그 법칙들에 의해 창조되거나 결정되는 존재는 아니기 때문이다. (2) 인간 마음의 종교적 특성은 신뢰나 신앙의 신앙적 양상에서의 그 기능과 동일하지는 않다. 오히려 마음의 종교적 특성은 하나님이나 다른 신성을 지향하는 타고난 기능 이전의 성향이 있다고 할 수 있다. 이것은 그 자체와 다른 모든 것을 마음의 지향성에 비추어 이해하는 것을 포함한다. 그런즉 그 지향성은 또한 각 사람의 구체적인 신뢰 행위를 지도하기도 한다. 바로 이런 행위들만이 신앙적 양상에 의해 특징지어지는 것이다. 이런(그리고 다른) 이유들 때문에 인간은 특징적 기능을 갖고 있지 않다는 것이 우리의 입장이다. 이 점은 곧 설명할 예정이다.

11. 그렇다. 이는 각 양상의 법칙들이 "태초부터" 존재해 왔다는 것을 뜻한다. 여기에서 반대하는

창발 이론의 유형은 단지 양상들 간의 위계질서를 보는 유형(이에 대해서는 우리도 동의한다)이 아니라, 한 양상을 주 5에서 마지막 장에 이르기까지 계속 반대하는 의미의 다른 양상(들)으로 환원하는 유형임을 주목하라. 그런즉 "창발"이란 용어가 그런 의미로 사용되지 않는다면 법칙틀이론이 굳이 반대할 이유가 없다.

12. 내가 반대하는 유형의 창발 이론들은 그래서 그 개연성을 위해 "원인"이란 용어의 전(前)과학적인 용법을 이용하지만, 그 이론들에게 필요한 것은 그 용어의 과학적인 의미이다. 우리는 일상 대화에서 한 사건이 다른 사건의 필요조건과 충분조건이 아닐 때에도(이런 관계는 과학이 추구하는 것이다) 전자가 후자의 원인이라고 말할 때가 종종 있다. Andre Troost(*The Christian Ethos*[Bloemfontein: Patmos, 1983])는 다른 양상들을 특징으로 하는 사건들이 보통 서로의 원인들로 거론되지만 실제로는 필요조건과 충분조건을 충족시키지 못하는 좋은 예를 들었다. 예컨대 어떤 바이올린 연주자가 저녁식사를 준비하다가 손가락을 다쳤다고 하자. "원인"의 일반적인 의미에서는, (물리적) 상처가 그녀의 (감각적) 통증을 유발했고, 이것은 그녀로 (심미적으로) 연주회를 망친 잘못을 범하도록 유발했고, 이것은 그녀가 (법적으로) 해고되도록 유발했고, 이것은 그녀 편에서 (비윤리적인) 욕설을 퍼붓도록 유발했다고 우리는 말한다. 그러나 각 경우에 앞선 사건은 후자의 필요조건도 아니고 충분조건도 아니다. 각 전제조건은 다음의 결과가 없이도 얼마든지 발생할 수 있었고, 각 결과는 그 계기가 된 사건이 없어도 얼마든지 생길 수 있었다.

이 지점에서 때로는 이런 반론이 제기된다. 법칙틀이론이 정말로 모든 환원주의를 피하는 것은 아니라고 주장하면서 모든 양상들이 똑같이 하나님에게 의존한다고 주장하여 그것들을 하나님에게 환원시킨다는 것이다. 이에 대해 답변하자면, 많은 이론들이 한 양상이 다른 양상에 의존한다고 주장함으로써 어떤 환원을 이루려고 애쓰지만, 환원은 의존과 결코 동일한 것이 아니라고 할 수 있다. 그 차이점은 다음과 같다. 모든 양상들이 하나님에게 의존하는 반면에 그 의존성으로 인해 지위 면에서 서로에게 환원되는 것은 아니라는 것이다. 모든 양상은 의존적이긴 하지만 창조된 우주의 구성원들로서 똑같이 실재한다.

13. 이 강조점에도 불구하고 이것을 소박한 실재론(naive realism)이라고 부르면 곤란하다. "소박한 경험"이란 본래 우리가 그것을 고도의 추상작용으로 나누기에 앞서 우리가 가진 경험을 언급하는 것인 만큼 결코 하나의 가설이 아니다. 우리 비판의 요지는, 실재론들이 심각한 비정합성에 빠지지 않고는 소박한 경험을 대대적으로 부인할 수 없고 경험의 모든 양상들을 부정할 수도 없다

는 것이다. 이론들은 소박한 경험을 잘 설명해야지 대충 얼버무리면 안 된다. 이런 식으로 법칙틀 이론은 비트겐스타인의 명언, 철학은 그의 이론들이 했던 것보다 더 낫게 "모든 것을 발견한 그대로 두어야 한다"는 말을 실현한다(*Philosophical Investigation*, part 1, sect 124).

14. 도예베르트는 이 관념을 아주 길게 개진하면서 그런 연관성을 단순한 비유적 표현으로 치부할 수 없다는 것을 입증한다. 다음 두 가지 자료를 보라. *New Critique*, vol. 2, 55-180와 그의 논문 "De analogische grondbegrippen der vakwetenschappen en hun betrekking tot de structuur van de menselijken ervaringshorizon," in *Mededelingen der Koninglijke Nederlandse Akademie van Wetenschappen*, afd. Letterkunde, New Series, vol. 17, no. 6(Amsterdam: Noord-Hollandsche Uitgevers Maatschappij, 1954). (미출간된 Robert Knudsen의 번역판이 있다.)

15. Dooyeweerd, *New Critique*, vol. 3, 53-153.

16. 여기서 내가 "유형 법칙"이라고 부른 것을 도예베르트는 "개별 구조"라는 용어로 표현했고, 그것이 "전체 구조 내의 양상들의… 전형적 배열"을 가능하게 한다고 말한다(*New Critique*, vol. 3, 78-153). 내가 그 표현을 바꾼 이유는, "개별 구조"라는 용어는 속성들이 우리가 세계에서 발견하는 개별자들의 유형들로 조직되는 것을 가능케 하는 법칙으로 이해되지 않고 특정한 개별자들의 사실적 조직으로 오해되기 쉽기 때문이다. 앞에서 언급했듯이, 도예베르트는 이 개념을 칼뱅에게서 얻었을지 모른다. 칼뱅은 "각 부류의 특정한 본질"을 결정하는 "창조 법칙"을 거론한 적이 있기 때문이다(*Institute*, II, ii, 16).

아울러 양상 법칙들은 그 목록의 하위에 있는 양상들의 속성들과 관련해 엄격한 방식으로 사물의 속성들을 연결한다는 점을 주목해야 한다(엄격한 법칙이란 피조물이 범할 수 없는 법칙을 말한다). 그래서 수학적, 공간적, 운동적, 또는 물리적 속성들이 동일 유형의 사물들 속에서 조합된 방식에는 아무런 변동이 없다. 그러나 규범적 질서(엄격하지 않아서 피조물이 범할 수 있는 질서)를 지닌 양상들의 속성들은 엄격하지 않은 방식으로 유형 법칙들에 의해 조합된다. 그런즉 생명적 양상보다 상위에 있는 양상들의 속성들의 경우, 유형 법칙이 그 양상들의 속성들이 동일 유형의 사물들 속에서 조합되는 방식에 변동이 있도록 허용하는 것이다. 그렇기 때문에 기형의 국화나 돼지들은 물론 기형의 문화, 문장, 가족, 국가, 동상, 미술 등도 있는 것인데, 그럼에도 불구하고 그것들은 여전히 국화요 돼지요 문화요 문장 등이다. 이 점은 다음 장들에서 더 자세히 설명될 것이다.

17. 한 사물은 "그 모든 속성들의 개별 구조적 조립체"라고 말한다고 해서 사물들이 부분들로 구성되어 있다는 사실을 경시하려는 것은 아니다. 오히려 그것은 부분들의 지속적인 분석이 속성들의 분석으로 끝난다는 현대철학의 교훈을 반영하는 것이다. 이 교훈이 이교적인 이론들에 적용된 방식과 다른 우리의 차이점은, 그들은 다른 모든 종류의 속성들을 가능케 하고 또 실존케 하는(또는 다른 모든 종류의 속성들이 그것으로 분해될 수 있는) 한두 종류의 속성을 찾을 것을 주장한 반면에 우리는 그 어떤 양상도 그런 역할을 할 수 없다고 주장한다는 것이다.

18. 이 논점의 종교적 근거는 앞에서 제시한 바 있다. 특히 10장의 주 13에서 언급한 그레고리 팔라마스의 인용문을 보라. 이 견해가 낳는 추가적인 결과들은 다음과 같다. 어떤 사물들이 정말로 가능한지를 결정하는 것은 양상 법칙들과 유형 법칙들의 협동 작업이다. 양상적 가능성들이 홀로 그 일을 할 수 없고, 심지어는 흔히 가정되어 온 것처럼 논리적 가능성조차 그럴 수 없기 때문이다(예, Leibniz, "Meditations on Knowledge, Truth, and Ideas"; "On the Method of Distinguishing Real from Imaginary Phenomena"). 어느 개념에 논리적 모순이 없다고 해서 그것이 가능한 실체나 사태에 부합하다는 것이 입증되는 것은 아니다. 예컨대, 네모난 원의 개념은 동일한 네 면과 동일한 네 각도를 지닌 채 그 경계선의 모든 점이 중심에서 등거리에 있는 둘러싸인 평면의 모습으로 해독될 수 있다. 이런 정의는 엄밀한 의미에서 논리적 모순이 없다. 이 정의의 비정합성은 그것이 주장하는 공간적 양립 불가능성에 있는데, 이는 논리만으로 발견될 수 없는 것이다. 그런즉 네모난 원은 논리적으로 불가능한 것이 아니라 공간적으로 불가능한 것이다. 또는 속도에 한계가 없는 것은 어떤 속도든지 그것을 늘리는 것을 생각하는 데 논리적 한계가 없기 때문이라는 라이프니츠의 결론을 생각해 보라. 논리적/개념적 한계가 없다고 해서 상대성 물리학이 입증한 것처럼 속도에 **물리적** 한계가 있다는 것을 부정할 수 없다. 이런 이유로 우리가 '말하는 바위'라는 일관성 있는 개념을 형성할 수 있다고 해서 그런 사물이 정말로 존재할 수 있다는 뜻은 아니다. 어떤 사물의 개념 형성은 가능하지만 그 사물은 존재하지 않을 수 있다는 말이다. 이와 동시에, 그런 사물을 가능케 하는 유형 법칙이 존재하지 않는다고 해서 통상적인 의미에서 그것이 불가능하다는 것을 뜻하지는 않는다. 즉, 그런 사물은 어떤 법칙을 범할 것이기 때문에 불가능하다고 말할 순 없다는 것이다. 그런즉 '말하는 바위'가 불가능하다는 것은 A와 A가 아닌 것을 모두 주장하는 것이나 네모난 원이 존재하는 것이 불가능하다는 것과는 다른 의미이다. 이 때문에 유형 법칙과 관련해 "가능하지 않다"는 것은 "불가능하다"는 말과 같지 않다. (James Ross는 앞에서 인용

한 글, "God, Creator of Kinds and Possibilities"에서 비슷한 논점을 변호한다.)

19. 도예베르트는 이 이론을 이용하여 변화의 단계들을 분석했다. 즉, 자연적 사물로서 생명적 특징을 지닌 한 나무가 그 몸통이 잘려서 반쪽 형태를 지니는 단계를 거쳐 그 몸통이 판자들로 만들어지고, 마침내 그 판자들이 의자와 같은 완제품으로 변모하는 과정을 분석한 것이다(*New Critique*, vol. 3, 129-32). 내가 알기로는 이런 프로젝트를 시도한 다른 철학자가 거의 없고, 성공한 사람은 하나도 없다. 그는 또한 책의 본질을 폭넓게 분석한 뒤에 그것을 아리스토텔레스의 실패작과 대비시킨다(같은 책, 3, 150-53).

본래 네덜란드어로 쓰인 도예베르트의 저술들은 현재 영어로 번역되어 뉴욕 주의 Lewiston, 캐나다 온타리오 주의 Queenston, 그리고 영국의 Lampeter에 소재한 Edwin Mellen Press에 의해 출판되는 중이다. 이 시리즈 중에 이미 (재)출간된 것은 다음과 같다. *A New Critique of Theoretical Thought*(4 vols.), *In the Twilight of Western Thought*, *Roots of Western Culture*(『서양문화의 뿌리』[크리스천다이제스트]), *Christian Philosophy and the Meaning of History*, *Essays in Legal, Social, and Political Philosophy*, *Encyclopedia of the Science of Law*(3 vols.), and vol. 1 of *Reformation and Scholasticism in Philosophy*(3 vols.) 이 삼부작의 두 번째와 세 번째 책을 비롯하여 다른 에세이들과 단행본들은 곧 출간될 예정이다.

12장 비환원주의 사회론

1. 이것은 조직을 갖춘 공동체들을 가리킨다. 말하자면, 조직되지 않은 공동체나 카리스마적인 리더들만 지닌 공동체가 아니라 공식적인 리더십을 지닌 공동체를 지칭한다. 그래서 내가 사용하는 "공동체"란 말은 우리가 흔히 거론하는 "흑인 공동체", "게이 공동체", 또는 "프랑스어권 공동체" 등과 같은 것이 아니다. 그러므로 이제부터 내가 이 용어를 사용할 때에는 공인된 리더십을 지닌 공동체를 가리킬 것인즉 모든 종류와 유형의 공동체는 각각의 기초 기능과 주도 기능에 따라 사회적 권위 관계를 조직하는 하나의 인공물로 간주될 것이다.

2. 이 맥락에서 "종교적"이란 말은 2장에서 설명한, "이차적인" 종교적 믿음과 행습의 의미로 사용된다. 그것은 구성원들로 하여금 신적 존재와 올바른 관계를 맺도록 돕는 구조적 목적을 가진 공동체들이다.

3. 이제까지 내놓은 사회적 공동체에 대한 설명은 도예베르트의 설명과 최대한 비슷하게 개진하려고 했다. 그러나 그것을 더욱 발전시키려고 한 여러 사상가들은 그 비환원주의 입장을 유지하려면 또 다른 구별과 개념들을 도입하는 것이 필요하다고 느꼈다는 점을 주목할 필요가 있다. 예컨대, M.D. Stafleu's "On Aestheically Qualified Characters and Their Mutual Interlacements," *Philosophia Reformata* 68(2003): 137-47을 보라. Stafleu를 비롯한 여러 사람은 또한 별도의 정치적 양상이 존재한다는 입장을 변호한다. 이와 같은 법칙틀이론의 여러 변형은 이 책의 범위를 벗어난다. 이 책의 목적은 비환원주의 이론들을 어떻게 개발할 수 있는지를 보여 주는 데 있기 때문이다.

4. 우리가 제도의 구조적 목적이란 개념을 거론한다고 해서 그 목적이 언제나 역사적인 발달 단계마다 또는 모든 문화적 배경에서 완전히 실현된다는 말은 아니다. 그래서 도예베르트는 이렇게 말한다.

> 우리가 결혼, 국가, 교회 등이 그 구조적 원리들에 의해 결정되는 변함없는 본질을 갖고 있다고 말한다고 해서 이런 사회적 [조직들]의 **모든** 원리가 인류의 발달 단계마다 실현되어 왔다는 뜻은 아니다. 다만 이런 사회적 관계의 유형들의 **내적 본질**이 인간사회의 가변적인 역사적 조건에 의존하지 않는다는 뜻이다. 달리 말하면, 그런 원리들이 인간 사회에서 실현되는 즉시 그 제도들이 각각의 구조적 원리들, 곧 그것들이 없이는 우리가 그 제도를 사회적으로 경험할 수 없는 그 원리들에 묶여 있음이 나타난다는 것이다. … 이것은 그것들이 실현되는 여러 형태의… 큰 가변성을 조금도 감소시키지 않는다. (*New Critique*, vol. 3, 170-71)

5. 이것은 10장에서 개진한 논점, 곧 성경적인 완전성 개념과 고대 그리스 철학에서 유래한 완전성 개념 간의 차이에 관한 논점의 연장선상에 있다. 우리가 전통적인 하나님의 완전성 개념을 거부하는 이유는 그 개념이 성경적인 것이 아니라 이방의 헬라적인 것이기 때문이다.

6. 가장 잘 알려진 객관주의 이론들―플라톤의 이론과 아리스토텔레스의 이론 등―은 규범을 위반할 수 있는 모든 것의 본질을 이원론적인 것으로 간주함으로써 이 난점을 우회하려고 애썼다. 이원론은 규범적 질서는 단지 이중성의 한 면에만 고유한 것이고 다른 면은 그것을 위반한다고 말함으로써 사물이 규범에 상반되게 행동할 수 있는 여지를 남겨둔다. 이 입장의 문제점은, 그렇다면

이중성의 양면은 본질상 상호배타적인 만큼 양자가 단일한 연합은 그만두고라도 어떻게 합일을 이룰 수 있는지를 설명하지 못한다는 것이다. *New Critique*, vol. 3, 10-18에 나오는 도예베르트의 비판을 참고하라.

7. 내가 "대체로"라고 말하는 이유는 토마스 홉스의 이론이 주목할 만한 예외이기 때문이다. 홉스는 개인주의 입장과 함께 시작하지만 나중에 사람들이 만들 수 있는 최상의 국가는 정부의 권위에 제한을 두지 않는 국가라고 주장함으로써 시민들에게 자기보존을 제외한 아무런 권리도 허용하지 않는다.

8. 도예베르트는 또한 전체-전체 관계를 "엔캅시스적 관계(enkaptic relations)"(*New Critique*, vol. 3, 627-784)라고 부른다. 그러나 나는 전체-전체 관계 중에서 어느 편도 다른 편의 하위 전체가 아닌 경우와 어느 편이 다른 편의 하위 전체인 경우에 동일한 용어를 사용하는 것은 혼란스럽다고 생각한다. 그래서 "전체-전체"라는 표현은 전자에 사용하고 후자의 경우에는 "캡슐로 싸고 있다"는 말을 사용했다.

9. Aristotle, *Metaphysics* bk. Z, 1043a.

10. 일부 토마스주의자들은 내가 사회에 대한 "위계적인" 견해라고 부르는 것을 "보완적인" 견해라고 언급했다. 예컨대 다음 책들을 보라. Yves Simon, *Philosophy of Democracy*(Chicago: University of Chicago Press, 1951). *A General Theory of Authority*(Notre Dame: University of Notre Dame Press, 1962). 곧 분명해질 것처럼 우리 이론은 전반적인 사회관으로서의 위계적인 견해는 배격하지만, 동일한 공동체 내의 위계질서와 다른 공동체를 지지하고 섬기려고 구성된 보조 공동체들 간의 위계질서―예컨대, 학교나 오케스트라를 위해 기금을 마련하는 조직―는 인정한다. 그런즉 법칙틀이론은 보완성을 특정한 제도들의 내적 운영을 위해 필요한 원리로 인정한다. 이런 식으로 보면, 보완성은 사회 전체에 대한 영역 주권 사상과 합쳐져서 유신론에 기초한 강력한 사회 이론의 근거를 조성할 수 있다. 그러나 보완성 개념은 잘 알려진 반면에 영역 주권은 그렇지 못하기 때문에 나는 이제부터 후자에 초점을 둘 생각이다.

11. *Calvinism*(Grand Rapids, Mich.: Eerdmans, 1976, 『칼빈주의 강연』[크리스천다이제스트])이란 책으로 출판된, 아브라함 카이퍼가 프린스턴 대학교에서 행한 스톤 강좌를 보라. 이와 관련하여 다음과 같은 점을 주목하는 게 필요하다. 영역 주권 이론이 사회 공동체들의 본질을 그들의 특징적 양상들의 견지에서 설명하긴 하지만, 그렇다고 해서 일단 어떤 공동체가 형성되면 그것이 그

공동체의 주도 기능을 특징짓는 양상에 대해 소유권을 갖고 있다는 말은 아니라는 점이다. 기업체들만이 경제적 문제에서 유일한 발언권을 갖고 있지 않듯이, 정의의 문제에 관심을 가진 것은 국가만이 아니며, 교육의 기능을 하는 것이 학교만은 아니다. 사회 영역들은 모든 사람과 모든 공동체들이 늘 참여하는 곳이다.

12. 도예베르트는 각각의 사회적 관심사에 상응하는 분화된 공동체들을 개발하지 못한 것이 원시 사회의 특징이라고 지적한다. 이런 사회에서는 보통 모든 사회적 관심사들의 유일한 감독 역할을 하는 확대 가족이나 부족과 같은 단일 공동체가 존재할 뿐이다. 그는 그런 분화의 결여가 이른바 "개현 과정"을 통해 어떻게 극복되는지, 그리고 그 과정을 종교적 믿음이 어떻게 지도하는지를 설명한다. *New Critique*, vol. 2, 68-72, 192ff, 특히 298-330을 보라.

13. 국가는 사법적 주도 기능으로 특징지어지지만, 그 구조적 목적을 모든 종류의 정의가 아니라 공공 정의로 삼음으로써 더욱 제한된다. 그러므로 국가의 의무는 자기 자녀들의 취침시간에 대한 부모의 생각을 철회시킨다거나 성례에 참여할 수 있는 자격에 대한 교회의 규정과 같은 것에까지 확장되지 않는다. 그런 생각이 정말로 부당하다고 하더라도 그렇다. 이 점은 다음 장에서 국가에 해당하는 유형 법칙을 설명할 때 더욱 명확해질 것이다. 아울러 주목할 점은 공공 정의가 공공의 안전에 대한 정부의 책임을 포함하고 있다는 전통적인 사상을 우리가 수용한다는 것이다. 그런즉 국가 방어와 범죄 억제뿐 아니라 비행기와 다리와 음식과 의료의 검열과 고속도로 순찰까지 이 정의에 포함된다.

14. 도예베르트는 이 논점을 세우기 위해 여러 대표적인 사회 이론들에 대한 폭넓은 비판을 제공한다. *New Critique*, vol. 3, 198-261을 보라.

15. *Institutes*, III, x, 6에 나오는 칼뱅의 진술을 보라.

16. 언론의 자유를 옹호하는 고전적인 입장은 청교도 칼뱅주의자인 존 밀턴이 "Areopagitica"(1644)란 글에서 개진했다.

13장 비환원주의 국가론

1. Dooyeweerd, *New Critique*, vol. 3, 380.
2. 국가들을 발생시켜 다양한 형태를 취하게 하는 역사적 과정은 그 다양성의 또 다른 측면이다.

이 측면은 12장 주 12에서 언급한 사회 공동체들의 역사적 "개현 과정"에 대한 도예베르트의 분석이 설명하고 있다. (거기에서 제공한 참고자료와 더불어 *New Critique*, vol. 2, 181-92, 335-65도 보라.) 이는 국가들이 때로는 영토 방어를 위한 조직에 불과하다는 사실을 고려하고, 법률이 앵글로-색슨의 관습법의 경우와 같이 국가의 성문법이 아니라 법원의 판결에서 유래하기도 한다. 그래서 내가 이제 제공할 국가의 성격에 대한 설명은 공공 정의 질서의 정립을 목표로 하는 완전히 발전한, 또는 "개현된" 국가를 가정한다. 이것이 바로 다음과 같은 아리스토텔레스의 말이 보여 주듯 일찍이 인정되었던 완전히 발전한 국가의 성격이다. "정의는 국가 안에 있는 사람들의 유대이다. 정의의 집행, 즉 정의로운 것에 대한 결정은 정치사회 안에서의 질서의 원리이기 때문이다"(*Politics*, 1253a37-39).

3. 두 가지 논평을 할까 한다. 첫 번째, 이처럼 처벌을 대조시킨 것은 어른을 염두에 두었다. 부모는 종종 어린아이를 통제하기 위해 힘을 사용하지 않으면 안 된다. 예컨대, 유아를 안전한 놀이용 우리에 가두어 놓거나 어린이를 처벌하는 경우이다. 이와 동시에, 물론 국가는 아이들을 그런 부모의 힘의 남용에서 보호할 의무를 갖고 있다. 특히 아이의 생명이나 건강이 걸려 있는 경우가 그렇다. 두 번째 논평은 사형에 관한 언급과 관련된 것이다. 계획적인 살인에 대한 사형은 토라와 신약 성경 모두에 분명히 나올 뿐 아니라(참고. 창 9:6, 롬 13:4), 그 희생자가 하나님의 형상이라는 점에 기초해 있으므로, 그것을 특정한 시대나 집필 당시의 상황과 관련이 있는 것으로 치부할 수 없다. 그러므로 나는 유럽에서 사형을 폐지한 것은 성경적 근거보다는 인본주의적 근거를 반영한다고 생각한다. 게다가 다른 사람을 죽이는 것이 잘못된 행위라면 사형 역시 잘못된 것이라는 논리는 터무니가 없다. 어떤 범죄에 대한 합법적 처벌이 아니라면, 범죄를 처벌하는 어떤 행위도 그 자체가 범죄 행위가 아닌 것이 없을 것이다. 예를 들면, 만일 어떤 범죄에 대해 정당한 당국이 부과한 벌금이 아니라면, 다른 사람의 돈을 그의 뜻에 반하여 취하는 것은 훔치는 일일 것이다. 그리고 어떤 범죄에 대해 정당한 당국이 부과한 처벌이 아니라면, 다른 사람을 감금하는 것은 납치와 불법적인 통제일 것이다. 처형도 마찬가지다. 그러나 압도적인 증거가 있고 정당한 사법적 절차가 준수되었음을 보장하는 재심 법원의 심리가 있은 뒤에는 계획적인 살인에 대해서만 사형을 선고해야 한다고 나는 생각하지 않는다. 이에 덧붙여 그런 경우에 증거와 증인을 조사하기 위해 독립된 부서에 의한 재심이 있어야 한다고 나는 생각한다.

4. Augustine, *The City of God* bk. 19, 12-17. 도예베르트 역시 *The Christian Idea of the*

State(Nutley, N.J.: Craig Press, 1968), 40에서 이 견해를 취했다. 거기에서 구체적으로 아퀴나스(그리고 나의)의 견해, 곧 국가의 군사력의 필요성만이 죄의 결과라는 견해에 반하여 어거스틴의 편을 든다. (하지만 도예베르트가 토마스의 이유들을 배격하는 점은 나도 동의한다.)

5. James Skillen, "The Bible, Politics, and Democracy": 1985년 11월, Center for Religion and Society of the Rockford Institute이 휘튼에서 주최한 학술대회에서 발표한 글.

6. 우리는 무력 사용이 굳이 폭력적이 될 필요가 없다는 사실을 종종 간과한다. 길 중간에 톨게이트를 설치하거나 임시적인 장애물을 두는 것도 일종의 무력이다. 압수한 물건을 캐비닛에 넣고 자물쇠로 채우는 것이나 임금을 압류하는 것도 마찬가지다. 참고. N. K. Smith, "The Moral Sanction of Force," *The Credibility of Divine Existence*(New York: St. Martin's Press, 1967), 214ff.

7. 그렇다고 해서 국가는 절대로 피해자가 될 수 없다는 뜻은 아니다. 반역, 국가 재산의 도둑질, 또는 탈세와 같은 것이 그런 경우에 해당한다.

8. 내가 고등학교 시절에 밟은 펜실베이니아 주 운전자 교육 자료는 명시적으로 이런 주장을 펼쳤다.

9. 본질적인 권리와 자유의 권리를 구별하자면 이렇다. 본질적 권리는 침략과 범죄로부터의 보호와 같이 시민들이 국가로부터 직접 받는 유익과 관련이 있다. 다른 한편, 이차적인 권리는 시민들이 어떤 식으로 자유로이 행동할 수 있는 권리를 말하는데, 그 자유를 사용하고 싶은지 여부와는 상관이 없다. 그런즉 우리에게 범죄로부터 보호받을 본질적인 권리는 있지만 결혼할 본질적인 권리나 사업을 할 본질적인 권리는 없다. 왜냐하면 우리와 결혼하기를 거부하거나 사업하기를 거부하는 사람이 우리의 권리를 침해하는 것은 아니기 때문이다. 우리가 가진 것은 자유로이 결혼하거나 사업을 할 수 있는 권리이다. 그래서 운전은 본질적인 권리는 아니지만, 영역 주권의 견해에 따르면 그것은 이런 이차적인 의미의 자유에 해당하는 하나의 권리이다.

10. 참고. 오토 폰 비스마르크가 프랑스-프로이센 전쟁을 불러일으킬 목적으로 엠스 전보를 편집한 것을 정당화했던 발언(*Bismarck, the Man and the Statesman: Being the Reminiscences of Otto, Prince of Bismarck*, trans. A. J. Butler[New York: Harper & Row, 1899], vol. 2, 97-101).

11. 미국 독립선언서의 개인주의가 미국 헌법에서 다수결 원칙의 집단주의에 양보하는 것을 보면

참으로 놀랍다. 독립선언서는 양도 불가능한 권리에 대해 말하는 데 비해 헌법에 열거된 권리들은 모두 의회나 주들의 투표로 폐지될 수 있는 수정안들이다. 미국 헌법에 열거된 권리들 가운데 양도 불가능한 것으로 보장되는 것은 단 하나도 없다.

12. 제퍼슨이 본래 다음과 같은 글귀를 제안했었다. "우리는 이 진리들을 신성하고 부인할 수 없는 것으로 생각한다." 프랭클린은 그것이 너무 종교적으로 들린다고 생각해서 그에게 좀 더 합리주의적인 어구로 바꾸라고 말했다. "우리는 이 진리들을 자명한 것으로 생각한다." 그럼에도 불구하고, 청교도들 사이에서는 자명성과 종교적 진리 사이에 강한 연계성이 있어 왔고, (로크보다 앞선) 이들은 또한 성경적 가르침을 제한된 정부의 개념과 연결시켰었다. 식민지 주민들이 옹호한 것은 로크의 이론을 더 오래된 청교도 유산과 결합한 것이었다. Staughton Lynd, *International Origins of American Radicalism* (New York: Pantheon, 1968), 20, 24-31.

"권리"란 용어가 성경에 나오지 않지만 그 개념은 나온다는 점을 유의할 필요도 있다. 권리란 것은 불의가 없이(법적 권리의 경우) 또는 사랑의 결여가 없이는(윤리적 내지는 도덕적 권리의 경우) 부인될 수 없는 유익 또는 면제이기 때문에 예컨대, 모세의 율법과 선한 사마리아인의 이야기는 모든 인간이 하나님의 형상이란 이유로 권리를 갖고 있다고 분명히 가르친다.

13. 제퍼슨은 첫 단락에서 "자연의 법과 자연의 하나님"을 분명히 언급한다. 하지만 그는 이 언급을 개인의 권리에 대한 사항과 구체적으로 연결하지는 않는다. 오히려 여러 나라들 중에 미합중국이 차지하는 "분리되었으나 평등한 지위"와만 연결시킨다. 이후에 진행된 많은 권리 토론은 제퍼슨을 따르다 보니 권리를 규범과 연결시키지 못했다.

14. 때로는 사람들이 나에게 이런 주장을 한다. 우리에게 권리에 대한 믿음을 설명해 주는 이론이 필요 없는 것은 그런 권리는 실용적인 창안물 이상일 필요가 없기 때문이라고. 우리에게 필요한 것은 사람들은 권리를 갖고 있다고 말하기로 동의하는 것뿐이라고 한다. 그러면 국가 권력에 대한 똑같은 제한이 따라올 것이라고 말한다. 그러나 이보다 더 진실과 동떨어진 소리는 없다. 사실 실용적인 권리관은 실용적으로 자멸이다. 그런 것은 실제로 존재하지 않고, 우리가 그런 것이 존재하는 체할 뿐이라는 말에 동의한다면, 두 가지 실질적인 결과가 생길 것이다. 한편, 아무도 그런 진술에 구속되지 않을 것이고, 다른 한편으로는, 모든 사람이 그런 권리가 자기네에게 유리한 방향으로 선언되기를 원할 것이다. 이에 따른 정치적 결과는 대혼란일 것이다. 그뿐만 아니라, 만일 권리란 것을 권력자들의 창안물로 보고 따라서 국가가 시민들에게 부여할 만하다고 생각하는 것

이라면, 실용적인 권리관은 즉시 집단주의적 국가관을 초래하여 국가 권력에 원칙적인 제한을 가할 수 없게 된다. 그래서 실용주의적 권리관은 진정한 권리에 대한 믿음이 낳은 가장 중요한 실제적 결과를 파괴하는 것이다.

15. 예컨대, 다음 글들을 보라. Mary Warren, "On the Moral and Legal Status of Abortion," *Monist* 57, no. 1(Jan. 1973): 55; and Michael Tooley, "Abortion and Infanticide," *Philosophy and Public Affairs* 2(1971).

16. Thomas Hayes, "A Biological View," *Commonwealth* 85(March 1967): 677-78.

17. 이와 관련하여, 아직도 어떤 저자들은 권리의 근거를 생각보다 느낌을 가진 존재의 능력에 둠으로써 이런 결과를 피하려고 애쓴 나머지 동물도 권리를 갖고 있다는 결론에 도달한 것은 무척 흥미롭다. 법칙들의 권리관에서 보면, 두 이론 모두 여전히 해당 존재의 주관적 상태에 묶인 끈에 너무 제한되어 있다. 우리 견해에 따르면, 동물들뿐만 아니라 모든 무생물도 권리를 갖고 있다. 적어도 간접적으로 그렇다는 말이다. 왜냐하면 인간은 다른 인간은 물론 하나님과 그분의 모든 창조물에 대해 정의의(그리고 윤리적) 의무를 갖고 있기 때문이다. 예컨대, 하나님께서 우리에게 창조 세계를 돌보는 책임을 주셨기 때문에 우리는 그 세계를 보살피고 개선할 의무를 갖고 있다. 이 때문에 공기나 물을 오염시키는 것이 현재 아무에게도 해를 끼치지 않을지라도 잘못된 것이라고 우리가 설명할 수 있는 것이다. 반면에 다른 이론들은 장래 세대는 아직 존재하지도 않는데 어째서 우리의 행동과 관련해 권리를 가질 수 있는지를 설명할 수 없다.

18. "윤리"라고 불리는 것에 대한 대다수 정치적 및 법적 논의가 윤리적 양상과 정의의 양상을 제대로 구별하지 못해서 많은 혼동을 일으킨다. 종종 **공적** 성격을 갖고 있지 않아서 국가가 법을 제정할 사안이 아닌 정의의 문제들, 또는 심지어 국가가 앞으로 법규를 통과시켜야 할 공공 정의의 문제들도 사랑이 아닌 정의의 규범에 해당되는데도 불구하고 "윤리적" 내지는 "도덕적" 문제들이라고 불린다.

19. 회사들에게 법정 앞에서 법적 지위를 부여하기 위해 회사들도 인격들이란 허구에 의지하는 것은 여전히 회사가 아닌 단체들의 법적 지위를 보장하지 못한다. 이 견해의 부적합성은 특히 호펠드(Hohfeld)의 연구 이후에 분명히 드러나게 되었다. 오직 개인들만 권리를 갖고 있다는 가정에 기초해 법정이 법적 해결책을 제대로 제공할 수 없다는 점은 비(非)호펠드파들과 관련된 계급 행동 등과 같은 사례들에 의해 입증되었다. R. Cover, O. Fiss and J. Resnik, *Procedure*(New York:

Westbury, 1988)을 보라.

20. James Skillen은 다음 글에서 그 이론의 이 부분을 아주 잘 설명했다. "Going Beyond Liberalism to Christian Social Philosophy" in *Christian Scholar's Review* 19, no. 3(March 1990). 스킬렌은 정부가 모두에게 공평할 것을 요구하는 법칙틀이론의 주장은 상대주의를 용인하는 게 아니라고 강조한다. 대신 **정의**의 논점이다.

> 정의의 성경적 기초는 다음과 같다. 하나님은 최후의 심판 때까지 오래 참고 인내하신다. … [이것은] 죄에 대한 하나님의 상대주의적 무관심이 아니라 그의 자비와 은혜에 대한 증거이다. 만일 하나님이 인내하신다면… 우리 역시 그래야 한다. … 만일 정부가 모든 시민들에게 한 가지 신앙을 고백하도록 강요하기, 또는 모든 부모에게 자녀를 단일한 학교 시스템에 보내도록 강요하기, 또는 모든 친구관계가 동일한 성행위 패턴을 충족하도록 강요하기를 자제한다면, 이로써 정부가 상대주의자로 행하는 것은 아니다. … 정부는 공공 정의를 증진하려고 애쓸 때 하나님 앞에서 그 의무를 완수하는데, 이는 자기 영역에서 하나님의 법을 순종하거나 불순종할 자유를 누려야 마땅한 비(非)정치적인 비(非)정부 기관들과 관계들의 고백의 권리를 완전히 보호하는 것을 포함한다.

21. Bob Goudzwaard가 *Capitalism and Progress*(Grand Rapids, Mich.: Eerdmans, 1979), 110-13에서 하는 논평을 보라. 『자본주의와 진보사상』(IVP)

22. 1986년 11월에 일본 수상 야수히로 나카소네는 미국이 내리막길에 시달리는 것은 그 인구가 인종 혼합으로 희석되도록 허용하기 때문이라고 공개적으로 말한 바 있다.

23. 그뿐만 아니라, 비록 어느 학교가 특정한 종교적, 정치적, 또는 윤리적 관점을 옹호할지라도, 그 학교는 여전히 정부가 시민들에게 제공하는 교육에 대한 대가로 부과하는 세금으로부터 똑같은 지원을 받아야 한다고 우리는 말하겠다. 왜냐하면 (1) 모든 이론이나 해석은 어떤 종교적 믿음을 전제하는 만큼 종교적으로 중립적인 교육은 아예 존재하지 않기 때문이고 (2) 영역 주권은 정부가 어느 종교적 관점을 다른 관점보다 선호하지 못하도록 요구하기 때문이다. 그런데 현행 미국 교육 정책은 바로 그런 선호를 하고 있다. 미국 정부는 어느 학교의 교사들이 자기네가 가르치는 관점의 종교적 전제를 인식하지 않는 한 그 학교를 지원하는 반면, 그 교사들이 그들의 종교적

전제를 인식하고 과목들을 통합된 관점에서 가르치려고 애쓰는 학교에는 지원을 거부한다. 영역주권의 관점에서 보면, 정의는 모든 학교를 똑같이 지원하든지 아예 지원하지 않든지 할 것을 요구한다. J. S. 밀이 주장한 것처럼, 국가의 의무는 보편 교육을 요구하는 것이지 그것을 제공하는 것이 아니다. 밀은 이렇게 덧붙인다.

> 만일 정부가 그런 정책을 채택한다면, 정부는 부모들이 자기네가 원하는 곳에서 원하는 방식으로 교육을 획득하도록 내버려 둘 수 있고, 내용도 그렇고… 국민 교육의 전부 내지는 대부분이 국가의 손 안에 있어야 하고, 나는 한 사람도 면제되지 않기를 기원한다. … 전반적인 국가 교육은 사람들을 서로 똑같은 모습으로 만들려는 장치일 뿐이고… 그 모습은… 정부의 지배층을 즐겁게 만든다. … 그것은 이로써 정신을 몸보다 우위에 두는 자연적 성향에 따라 전제정치가 정신 위에 군림하게 만들어 준다(*On Liberty*, ed. D. Spitz[New York: W. W. Norton Co., 1975], 97-98).

24. 사회이론이나 정치이론에 관해 더 알고 싶으면 다음 자료들을 참고하라. P. Marshall and R. Vander Vennen, eds., *Social Science in Christian Perspective*(Lanham, Md.: University Press of America, 1988); Bruce Weame: *The Theory and Scholarship of Talcott Parsons to 1951-A Critical Commentary*(Cambridge: Cambridge University Press, 1989), "Elias and Parsons: Two Transformations of the Problem-Historical Method," in *Talcott Parsons Today: His Theory and Legacy in Contemporary Sociology*, ed. J. Trevino(Lanham, Md.: Rowman & Littlefield, 2001), and "Deism and the Absence of Christian Sociology," *Philosophia Reformata* 68(2003); D. Koyzis, *Political Visions and Illusions*(Downers Grove, Ill.: InterVarsity Press, 2003); and D. Strauss, *Reintegrating Social Theory*(forthcoming, 2005).

교육 분야에서 정부의 적절한 역할이란 쟁점에 관해서는 다음 자료들을 보라. R. McCarthy et al., *Society State, and Schools*(Grand Rapids, Mich.: Eerdmans, 1981); R. McCarthy, J. Skillen and W. Harper, *Disestablishment a Second Time: Genuine Pluralism for America's Schools*(Grand Rapids, Mich.: Christian University Press and Eerdmans, 1982);

Charles Glenn, *The Myth of the Common School*(University of Massachusetts Press, 1987); James Skillen, ed., *The School Choice Controversy*(Grand Rapids, Mich.: Baker Books, 1993); Charles Glenn and Jan de Groof, *Finding the Right Balance: Freedom, Autonomy, and Accountability in Education*(Utrecht: Lemma, 2002); and Steven Vryhof, *Between Memory and Vision: The Case for Faith-Based Schooling*(Grand Rapids, Mich.: Eerdmans, 2004).

선거가 어떻게 시행되는지의 문제에 관해서는 the Center for Public Justice의 연구담당 대표인 제임스 스킬렌이 발표한 성명서 *Justice for Representation*을 보라. 이 센터는 법칙틀이론에 입각해 사람들이 성경적 신앙과 정치 이슈들을 연결시키도록 교육하는 기관이다. 웹사이트는 www.cpjustice.org이고, 접촉하고 싶으면 inquiries@cpjustice.org로 연락하라.

인권의 문제에 관해서는 다음 자료들을 보라. Johan Van Der Vyver, *Seven Lectures on Human Rights*(Capetown: Juta, 1976); Max Stackhouse, *Creeds, Society, and Human Rights: A Study in Three Cultures*(Grand Rapids, Mich.: Eerdmans, 1984); Paul Marshall, "Dooyeweerd's Theory of Empirical Rights," in *The Legacy of Herman Dooyeweerd*, ed. C. T. McIntire(Lanham, Md.: University Press of America, 1985); John Witte, "The Development of Dooyeweerd's Theory of Rights," in *Political Theory and Christian Vision*, ed. J. Chaplin and P. Marshall(Lanham, Md.: University Press of America, 1994); and "Universal Rights and the Role of the State," in *Sovereignty at the Crossroads*, ed. L. Lugo(Lanham, Md.: Rowman & Littlefield, 1996).

국가, 가난, 복지 등의 문제에 대해서는 Paul Marshall, *Thine is the Kingdom*(Grand Rapids, Mich.: Eerdmans, 1984), esp. pp. 90-113, 『기독교 세계관과 정치』(IVP)을 보라. 일반적인 경제 정의에 관해서는 다음 자료를 참고하라. Bob Goudzwaard, *Capitalism and Progress*, trans. and ed. Josina Zylstra(Toronto and Grand Rapids, Mich.: Wedgewood and Eerdmans, 1979); Alan Storkey, *Transforming Economics: A Christian Way to Employment*(London: SPCK, 1986); R. Goudzwaard and H. de Lange, *Beyond Poverty and Affluence*, trans. and ed. R. Vander Vennen(Grand Rapids, M ich.: Eerdmans, 1995); D. Strauss, "Capitalism and Economic Theory in Social Philosophic Perspective," in

Journal for Christian Scholarship, 1ste & 2de Kwartaal, 1997: 85-106; and D. Donaldson and S. Carlson-Thies, *A Revolution of Compassion* (Grand Rapids, Mich.: Baker, 2003).

환경문제에 관해서는 *Tending the Garden*, ed. Wesley Grandberg-Michaelson (Grand Rapids, Mich.: Eerdmans, 1987)을 보라.

결혼과 가족에 관해서는 James Olthuis의 탁월한 책들을 보라. *I Pledge You My Troth* (New York: Harper & Row, 1975) and *Keeping Our Troth* (San Francisco: Harper & Row, 1986).

색인

ㄱ

가난 424, 434
가미(Kami) 42, 45, 75
가설 110-123, 187-191, 453-454n10
가족 367-368, 377, 381
가치(최고의) 36-37, 81, 84
강화 수반성 230
개념-지식 310-312, 317, 320
개인주의 381-386, 418-429
개인주의/집단주의 딜레마 381-386
객관주의 337-339, 345-346, 376
결정론 240-241, 243
결혼(관계) 367-370, 377
계시/계시된 진리
   하나님의 속성 319-320
   성경적 전통에서 83-87
   와 인간 본성 299-300
   하나님의 본성 276, 312-313
   창조의 목적 84-85
   철저한 성경적 견해 157
   합리주의 입장 138
   스콜라주의 입장 147-148
고통(부당한) 318

공(호) 34, 45, 80
공공 정의
   와 사형 386
   와 다양성 400, 402, 406
   와 국가 409, 412-419, 425, 431-433
공공 도덕 425
관념(제한적인) 309
관점적인(관점에 기초한) 이론 117-118, 123, 213
구성주의 개관 225-227
구원 47, 84, 86, 162, 272
국가
   개관 408-409
   칼뱅에서 394-395
   가족과의 비교 414
   정의(定義) 408-409
   민주주의 401
   나라와의 차별성 421
   성격 410-411
   교회와의 분리 426-427
   와 영역 주권 395-407
   와 전체주의적 통제 410
   복지 432
권리
   양상적 차별성 423-424
   집단주의에서 385, 418-420
   와 자유 400-401

양도불가능한 421-422, 424
　　개인주의적 사회 이론에서 385-386, 422-426
　　법칙틀이론에서 387, 402, 426-429
　　본질적/이차적 502n3
　　와 성경 504n12
　　근원 421-422, 426
　　와 영역 주권 420-421
그레고리(Gregory of Nyssa) 298, 301
근본주의 26, 157-168, 172, 324-325, 462n10
기독교
　　창조 교리 30-31, 73-74, 82, 165-173, 274-277, 293-300
　　최종 운명 415
　　하나님의 언약과 성육신 49, 298
　　와 가치의 순위 37
　　와 합리주의 138
　　영역 주권 415
　　궁극적 실재 49, 172-173, 306-307
　　사회관 399-400, 403, 405
기독교 스콜라주의 144-158

ㄴ

나가르주나(Nagarjuna) 464
나지안저스(Gregory Nazianzos) 301
네빌(Robert Neville) 48
누멘(Numen) 42, 45, 75
능동적/수동적 기능 343-346, 356-361, 364, 369, 373, 494n10
니르바나(열반) 54-55, 80, 82, 86

ㄷ

단순성의 교리 285
대승불교 38
데리다(Jacques Derrida) 446n32
데이비드 흄(David Hume) 210-211, 226, 458n5
도구주의 194
도예베르트(Herman Dooyeweerd)
　　유추적 개념 350
　　하나님의 속성 486n34
　　마음에 대한 성경적 견해 251-253
　　인과적 법칙 493n3
　　이론에서의 비정합성의 정의 125
　　인간 본성 251-253
　　"개별 구조" 496n16
　　칸트에 관해 452n2
　　와 법칙틀이론 492n1
　　사회적 형태의 본질 371-373
　　공동체의 "개현 과정" 501 502n2
　　죄와 자연적 이성 477-478n3
　　국가 409
　　제도들의 구조적 목적 499n4
　　이론에 대한 선험적 비판 452n2, 457-458n18, 470n2

독립선언문 403
동일성(사실적) 480-481n5
듀이(John Dewey) 192-193, 202-205

ㄹ

라이프니츠(G. W. Leibniz) 187-188, 193
라일(Gilbert Ryle) 108
러셀(Bertrand Russell) 190-191, 197, 201-203
로스키(Vladimir Lossky) 303
로크(John Locke) 383, 386, 419
로티(Richard Rorty) 447
루소(Jean-Jacque Rousseau) 244, 397
루이스(C. I. Lewis) 223
루이스(C. S. Lewis) 48
루터(Martin Luther) 279, 304
르네상스 153-155, 157
르원틴(Richard Lewontin) 473n15

ㅁ

마나(Mana) 42, 45, 75
마르크스주의 76-77, 97, 117, 156, 243
마야(Maya) 54, 80
마크리나(Macrina) 301
마키아벨리(Machiavelli) 432
마하(Ernst Mach) 209-212, 218-221, 348
맹목적인 신뢰/믿음 69, 132, 142, 146

멜란히톤(P. Melanchthon) 155
모리스(Henry Morris) 461n8
무신론/무신론자 20, 25, 56-57, 77, 89, 443n20
무한성 439n5, 440n9
무한한 것 35, 36
믿음, 일차적/이차적 39-40, 49, 51, 59, 66, 73, 81, 84
밀(J. S. Mill) 188-189, 446n32, 506n23

ㅂ

바르트(Karl Barth) 274, 279, 305, 484n27
바빌로니아 신화 42
바실(Basil), 가이사랴의 301-302
바일(Hermann Weyl) 195, 197
바흐(Joachim Wach) 48
방법론적 자연주의 171
버클리(George Berkeley) 210-211, 226
범신론적 의존관계 79, 81-82, 91
범창조론(Pancreationism) 293-300, 303
법칙틀이론
  용어 풀이 364-365
  옹호자들 434
  유추적 개념 350-352
  사회적 양상에 적용된 366, 404-405
  성경적 토대 330, 332-339
  도예베르트에서 492n1

과 개인주의/집단주의 딜레마 387
"법칙"의 의미 332-333
원리들 329-331, 347-348, 351-353
보완성 500n10
개념들의 요약 364-365
시간적 질서 353-354
궁극적 실재 376-377
베자(Beza) 155
보일(Boyle)의 법칙 207
보편성(양상 보편성의 원리) 347
본질적 신에 대한 믿음, 비의존성을 보라 42, 44, 49, 61, 67, 179, 200, 283
부분-전체의 관계 388-390
부수 현상설(epiphenomenalism) 480
"분리의 벽" 395, 426-427
분트(Helmholtz Wundt) 223
브라운(J. A. Brown) 249
브로우베르(Luitzen Brouwer) 195-196
비(非)의존성
  신의 특징 41-51, 52-53, 56-57
  C/R 신학에서 299-300
  과 의존관계 90-91
  하나님의 자존성 283-289, 483n18, 484n23
  이교의 종교적 경험에서 264-265
  과 환원주의 이론 257, 262-264
  과 인간의 종교적 본성 69-70
비모순의 법칙 246, 260, 315-316

비존재/무(無) 34, 36, 41, 45, 80, 90, 273, 275
비중립성의 교리 155
비합리주의(종교적) 131-134

ㅅ

사랑의 기술(프롬) 245
사형 502n3
생물학적 진화 446-447n32, 462n10
선험적 비판 452n2, 457n18
성경적인 의존관계 83, 91, 303
성육신 49, 298-299, 303
손다이크(E. M. Thorndike) 229-230
솔로몬 애시 249
수-세계 이론 187-189, 196, 198, 201-202
슈레더(Gerald Schroeder) 460n5
슐라이어마허(Friedrich Schleiermacher) 133, 440n9
스미스(N. Kemp Smith) 48
스미스(Wilfred Cantwell Smith) 445n30
스키너(B. F. Skinner) 229-230, 232-235, 479n5
스킬렌(James Skillen) 414, 506n20, 507n24
스태플로(M. D. Stafleu) 499n3
신적인 것
  아리스토텔레스에서 32-33, 46-47, 442n17, 481n9

의식 169-171

종교 전통의 중심으로서 41, 43-44

비의존성 41-53, 56-57

비유신론적 종교에서 74-79

범신론에서 79-82

본질적인 신 89-92

다신교에서 50-53

자명성 164-165, 449n36

실증주의 446

심판의 날 251

ㅇ

아들러(Alfred Adler) 237-243

아우구스티누스 167, 266, 277, 308, 315, 413, 432, 462n10, 476n60, 488n50

아인슈타인(Albert Einstein) 212-215, 218, 220-221, 348, 471n17

아퀴나스(Thomas Aquinas) 145, 148-149, 155, 275, 277, 283, 288, 298, 483n18, 484n23, 484n27, 502n4

아후라 마즈다(Ahura Mazda, Ohrmazd) 45

안셀름(Anselm) 442n19

알라(Allah) 82

알스턴(William Alston) 491n56

알포트(Gordon Allport) 252

양상 불가분의 원리 352

양상 상호 간의 연결성 129, 257-258, 260- 263, 268-269, 351-353

에피쿠로스 학파 32-33, 447n33

엘리아데(Mircea Eliade) 48

엥겔스(Friedrich Engels) 240

오렌다(Orenda) 42, 45

오케아노스(Okeanos) 41, 45

올리오타(A. Aliotta) 450n2

올브라이트(W. E. Albright) 442n18

와칸(Wakan) 42, 45

왓슨(J. B. Watson) 227-234

우선권 부여 117, 122-123, 180, 454n12

워싱턴(George Washington) 406-407

원죄 197, 289, 327

월터스토프(Nicholas Wolterstorff) 465n15

유일신론 482n13

유추적 개념 350-352

유한성(인간의) 440n9, 479n3

유형 법칙 333, 357-359, 362-365, 369, 371, 373, 379, 388, 391-392, 394, 402, 404, 406, 410-413, 496n16, 497n18

은혜(하나님의) 148, 151, 164, 306

음양 교리 78

의미 교체 480n5

이교의 의존관계 200

이론에서의 정합성/비정합성

    추상화에서 264-265

    행동주의에서 232-237

판단 기준 125-130
　　C/R 신학에서 306-307, 312-313
　　도예베르트의 비판 452n2, 457-458n18, 470n2
　　스콜라주의에서 157
　　서구 철학에서 457-458n18
이원론 45, 78-79, 87, 250-251
인과적 의존관계 479-480n5
인식론 108-110, 270, 453n8, 457n18, 464-465n13, 477n2

ㅈ

자극-반응 행동 228-229, 235
자기 수행적인 정합성의 기준 347, 470n2
자이나교(Jains) 45
자존성(비의존성)
　　오직 하나님의 48, 162, 276, 291, 320
　　논리적 진리의 203-204
　　단일한 양상의 129-130, 221-222
　　우주의 202
적대감(인종적/종교적/언어적) 431
전체주의 사회 399-402, 407, 410, 418-419, 427, 432
절대적인 것(the absolute) 44, 203, 440n9, 486n34
정신-몸의 이원성 231-232
제임스(William James) 48, 227-228, 446n30

제퍼슨(Thomas Jefferson) 403, 422, 426, 504n12
조로아스터교 32, 45
조작적 행위 229-230
조지 3세(잉글랜드의 왕) 404, 407, 422
존재론 108-109, 270
존재자 가설/이론 110-113, 116-117, 123, 125, 188, 190-191, 232, 328, 455n14
종교개혁 48, 153-155, 157, 279, 300, 422
종교적 경험 49-50, 70, 142, 440n9, 445-446n30, 448n36
종교적 언어 491n56
종교적 의식 171
주관주의 268-269, 337-339, 345, 376, 379-381, 493n7
주도적 기능 360-361, 364, 368, 370
죽음, 이후의 삶 23, 146, 250
중성미자 219
지식론 110
지프(Paul Ziff) 69
직관주의자 195-197, 467n18
진리(필연적인) 187, 448-449n36
집단주의 381-387, 418-421, 430, 432, 503n11, 504n14

ㅊ

창발 이론(emergence theory) 346-347,

494n11, 495n12

창조주로서의 하나님

  모든 가치들의 36-37

  인과의 156-157, 488-489n52

  무로부터의 창조 165-166, 275-276, 292-293

  창조의 날들 165-167

  창세기 이야기에서 164-173

  유대교, 이슬람교, 기독교에서 73-74

  "창조"의 뜻 274-276

  "만물의" 295-297

철저한 유신론적 이론 327

최고의 존재 34

최종 운명 415

추상적 존재자(abstract entities) 273, 280, 294, 296

추상화(abstraction) 100-107, 129-130, 257-258, 264-265, 294

ㅋ

카오스(Chaos) 41-42

카이퍼(Abraham Kuyper) 394-395, 478, 500n11

칸토어(Georg Cantor) 198

칸트(Kant) 23, 338-339, 452n2, 457n18, 470n2

캡슐의 관계 390-391

커완(Richard Kirwan) 160-161

큉(Hans Kung) 48, 440n9, 443n23

클라인(M. Kline) 196, 198

키에르케고르(Søren Kierkegaard) 132-133, 458n3

ㅌ

터틀리안(Tertullian) 144

트렘멜(William Tremmel) 440n9

틸리히(Paul Tillich) 35-36, 48, 439n6, 443n23, 448n35, 491n56

ㅍ

파스칼(Blaise Pascal) 142-143, 448n36

파스칼의 법칙 207

파울리(Wolfgang Pauli) 219

팔라마스(Gregory Palamas) 272, 302-303, 487n45, 497n18

포퍼(Karl Popper) 467n18

폰 헬름홀츠(Hermann Von Helmholz) 223

폴라니(Michael Polanyi) 454n13

푸앵카레(Henri Poincare) 195, 198

프랭클린(Benjamin Franklin) 504n12

프로이드 이론 111, 122, 237, 242, 248

프롬(Erich Fromm) 237, 242-248, 475n52, 476n54

플랜팅가(Alvin Plantinga) 278, 285-288,

313-314, 449n38

피아제(Jean Piaget) 108, 226-227, 235, 237, 473n3

피타고라스 학파 45, 58, 76, 195, 198, 222

필연적 진리 285-287, 290-292, 303, 307, 313-315

ㅎ

하나님을 아는 것 139, 271

하나님의 속성 47, 273, 277, 280, 282-285, 287-289, 291, 294, 296, 299-302, 319-321, 484n26, 486n34

하디(Alister Hardy) 448n35

하이젠베르크(Werner Heisenberg) 215-218, 220-221, 471n17, 471n22

행동주의 227-237, 241, 269

행복(진정한) 81, 82

헤겔(G. W. F. Hegel) 156, 245-246, 432

헤르베르그(Will Herberg) 48, 82, 86-87

헤시오도스(Hesiod) 41, 75

형상 이론 376

형상-실료 믿음 78

형이상학적 믿음 71-72

호메로스(Homer) 41, 45

홉스(Thomas Hobbes) 381, 383, 432, 500n7

화신불(Dharmakaya) 38, 44, 80

화이트헤드(A. N. Whitehead) 88, 135, 186

환원(전략으로서의)
  AAA 신학에서 277
  포기함 329-331
  절망적 255-256
  철학적 비판 263-270
  종교적 비판 291-300
  단점의 요약 320-321

환원불가능성의 원리(양상의) 330

환원주의적 이론
  유신론자들의 각색 255, 272-275, 329, 482n13
  정당화하려는 시도 266-270
  과 성경 교리 271-275, 329-330
  인식론에서 269
  성경 교리와의 양립 불가능성 329, 499n5
  과 양상 상호 간의 연결성 262-263, 268-270
  의미 129
  과 이교에 대한 헌신 329-330
  종교적인 것으로서 271
  강한/약한 262, 268, 272, 340-341, 479-480n5
  단점의 요약 320-321

효과의 법칙(손다이크) 229-230

휴머니즘 157

히브리 종교 83

히파수스(Hippasus) 195

A-Z

AAA 신학 277, 279-300, 306-308, 317, 319, 485n28

C/R 신학. 카파도키아/종교개혁(C/R) 신학을 보라 279, 283, 285, 291, 293, 300, 306-307, 309, 312-319, 485n28, 490n55

Does God Have a Nature?(Plantinga) 285

Knowing with the Heart: Religous Experience and Belief in God(Clouser) 448n36, 453n8, 477n2, 482n12

이 책은 웨슬리 웬트워스 선교사의 후원으로 제작되었습니다.

종교적 중립성의 신화

초판 1쇄 인쇄   2017년 4월 5일
초판 1쇄 발행   2017년 4월 11일

지은이 로이 클라우저
옮긴이 홍병룡
펴낸이 홍병룡
만든이 최규식·정선숙·홍지애

펴낸곳 협동조합 아바서원
등록 제 274251-0007344
주소 서울특별시 영등포구 도림로139길 8-1 3층
전화 02-388-7944   **팩스** 02-389-7944
이메일 abbabooks@hanmail.net

ⓒ 협동조합 아바서원, 2017

ISBN 979-11-85066-65-3 (03200)

이 도서의 국립중앙도서관 출판예정도서목록(CIP)은 서지정보유통지원시스템 홈페이지(http://seoji.nl.go.kr)와 국가자료공동목록시스템(http://www.nl.go.kr/kolisnet)에서 이용하실 수 있습니다. (CIP제어번호 : CIP2017006577)

잘못 만들어진 책은 구입한 곳에서 교환해 드립니다.